中世日本の宗教テクスト体系　目次

第III部　儀礼空間宗教テクストの世界

序章　宗教テクスト学試論

一　宗教というテクスト宇宙

宗教は、自らが成り立つために、己を構成する諸要素をすべからくテクストとして生み出す強い志向を備えている。己が依拠し、また体系ともなるテクストを創出するはたらきこそ、宗教の普遍的な特質と言ってよい。ここで言うテクストとは、狭義の文字資料としての文献に限らない、文化の所産であり媒体として創出されるところの記号と表象の体系を指している。宗教が創造するテクストとして、第一に焦点となるのは聖典である。それぞれの宗教において聖典は複雑な形成過程を経るが、正典《カノン》であり根本経典としての聖典は、口頭で伝承された教祖の言説が書記化され編纂される過程で〈聖なる書物〉としてそれ自体が象徴物と化す。あるいはひとたび成立した聖典も、絶えずさまざまな解釈にさらされて、新たな意味を析出し、更にはそれを根拠に編纂者すら予期せぬ信仰上の営為を生み出すことさえある。もうひとつの焦点は、尊像《アイドル》として造形される図像《イコン》であろう。宗教は〈聖なる図像〉を媒体として己の世界像ないし宇宙観を示し、また神の似姿を描写し象《かたど》る。それは偶像崇拝を否定する運動を一方で惹起し、〈聖なるもの〉の秘匿や象徴化と、それを否定し破壊しようとする行為との二つの極の間で揺らぎつつ、豊饒な所産をもたらしている。そうした容易に見てとれる現象からすれば、宗教が成立するためには、一方に思想的位相として、始原の神話的伝承から教祖の説示までを含む、口頭伝承と文字言語による言語テクストの次元があり、もう一方に図像的位相として、視覚化された媒体を用いて、それぞれの宇宙観の体系の許で至高の存在を表象するイメージの次元があると言うことができよう。

加えて、宗教には、その観念する世界を実現するために、一定の時空間つまり〝場〟を生成し、運用し実践する儀礼的位相が必須である。聖典については、その所説や教義を読み解いて弟子に教示するための講説談義や一般信徒への唱導教化など、日常の勤行礼拝において読誦される水準から盛儀の舞台に荘厳され祀り上げられるまでの用途に供される。尊像についてみれば、それは何より本尊や眷属からなる曼荼羅を道場に招請して讃嘆し供養したり、あるいは聖像や聖者を配するイコンとして聖堂に安置され、または荘厳する典礼の具となる。その儀礼自体が高度にプログラムされた機構として既にテクストとなるのであるが、その実施には儀軌や次第法則などプロセスを書記化したテクストが手引として必要となり、また儀礼が行われるためには、その空間として建築や荘厳の施設と道具が必要となる。その結果、より広く境内や霊場として〈聖なる空間〉が創出されるに至るが、その宗教空間全体もまたテクストである。こうして見ると、いかなる宗教も、その思想を具現するために図像的位相と儀礼的位相の二つの位相を具有して、はじめて一箇の宗教として成り立ち、機能するものであるといえよう。それらの結合および統合によって、それらは宗教にとって不可欠な〝アウラ〟を纏うことになる。この霊威を生成する装置もまたテクストに他ならない。

このような前提に立つならば、宗教においてはあまねく聖典、図像、儀礼の諸位相におけるテクストが求められ、創り出されることが認識されるであろう。のみならず、それらが形成され機能するプロセスの総体が一箇の大きなテクストとして成り立っている。その構想が見取り図として設計、構築され、運用され、ひいては廃棄されるに至るまでの生滅の諸相が全て備わって現象することで、はじめて宗教はその生命を完うするのではなかろうか。

ここに至って、宗教にとってテクストとは、単にそれが生み出すところの外在的な容体《オブジェ》ではなく、そのものに内在して備わる生命体の如き有機的な運動であると言ってよい。そして、その運動は悉くテクストとして読みとりうるものとなろう。

二　宗教テクストの探究

本書は、筆者が構想する宗教テクスト学の一環として、日本中世において成立したさまざまな宗教テクストの体系的把握を試みるものである。その前提となる統合的なテクスト学[1]によれば、たとえば文学や歴史など各分野ごとに作品や史料という概念の許で自明なもののように固定された静態的なテクスト観は批判される一方、言語理論におけるテクスト生成論[2]を参照しつつ、対象のテクストを、プレテクスト／パラテクスト／メタテクスト等の諸位相のテクストに分節すると共に、相互の生成的動態の過程において認識するために、とりわけ間テクストないし間テクスト性における媒介的機能と位相間の相互作用の果たす役割について探究することが重要となる。そして、その探究すべき最も豊かな領野が、宗教に他ならない。

こうした探求の文脈から捉え直せば、聖典という宗教テクストの一方の頂点となる位相は、それが正典として成立するまでに、口承から書記化へという一元的で単純な図式だけでなく、多様な異伝・異説の間から撰択され整理される過程に生滅した厖大なプレテクストの段階が想定される。共時的にも異本や異訳などの変奏が併存し、それをめぐって各種のテクストが附属して種々のパラテクストが派生する。あるいは抄出・引用され、ないしは目録上に位置付けられてメタテクストと化す。更には、講ぜられ注釈され、伝承の中で新たな意義を与えられ、または類聚・再編されたり、改作されて再テクスト化されるに至り、流通や解釈の運動によって映像や芸能など異なるメディアに乗せられ、ひいては異言語に翻訳されるなど、多元的な水準において間テクスト性の許で再生産される。これらの諸位相のテクストの結合と相互の働きかけによってアウラが生成される一方、仮託や仮構の許で脱構築され、全く新しいテクストへと変容するに至る。または文字／言語の水準を超えて、その所説や象徴が図像化されて形象されたり、儀礼や演劇として時空間の場で人の所作を介して発現することもある。更に、その解釈は堅固な思想体系として構築され結晶するだけでなく、その真正性や正統性をめぐって議論や紛争を惹き起こし、テクスト自体が標的となって焚かれたり毀損される事態さえ生起する。テクスト（であること／となること）こそが文化創出（あるいは破壊）の欲望の焦点となるのだ。これらの動きの全てが、宗教においてテクストの生成として現象する。いずれも、聖典という〈聖なる書物〉の蔵すテクストとしての特性を発動させる現象であるが、それらはテクスト一般の特性を超えて、とりわけ宗教テクストとなる過程において顕著に発現する超越性ないし越境性に由来するものではなかろうか。(3)

それでは、日本中世における宗教テクストを総合的に体系化しようとする本書の課題は、いかなる視点と方法をもって試みられるべきであろうか。考察に臨んで確認しておくべきは、人間の文化創造において、その究極の相として辿りつく地平、ないし根源として根ざすところこそが宗教に他ならないということである。

宗教は、人が超越的な〈聖なるもの〉を希求する求心的な運動であり、同時に〈聖なるもの〉から人へメッセージとして放たれる〝力〟でもある。換言すれば、〈聖なるもの〉を仰ぎみるまなざしであり、また〈聖なるもの〉からまなざされる存在としての己を省み、問いかける対話でもあろう。こうした双方向からなる運動は、その媒体や所産としての表現（表象）において、テクストとして認識することができるだろう。それがいかなる次元においてであれ、音声・文字、造型イメージ、身体所作とその空間などを媒体とする運動体である以上、それらの事象は全て〈聖なるもの〉に向かう志向を帯びたテクストとして立ちあらわれている。したがって、宗教という文化領域を構成する諸次元の要素（媒体）は、悉く〈聖なるもの〉をめぐる諸位相のテクストという座標の上に位置付けることが可能であろう。この仮定が、本書の議論の前提となる。[4] 諸位相は、テクスト自体が示す現象形態としての次元に応じて分節され、互いに位置付けられ、それが一箇の宗教の体系を映し出すだろう。更に、その各位相ごとに共通する座標軸を設定し、それぞれの象限の上に、現象する各種のテクストを布置してみることもできよう。それらの布置の中で、テクストの諸位相の中心にあって、むしろそれらの位相を生成し統合するものが認められるかもしれない。ひいては、それらの諸位相を貫いてあらわれ、統一的に認識される〝正中線〟の如き動きや流れを浮かび上がらせることもできるのではないか。その現象が一定の法則や論理構造を有すると認められるのであれば、それを宗教テクストの統辞法と呼ぶことも可能であろう。

日本中世の宗教をめぐっては、従来から人文学の諸分野において、その所産としての各種テクストがさまざまな視角から研究対象として探究され、既に多くの成果が蓄積されている。[5] これら各領域における諸位相のテクストについて、その形成過程や体系、構造の分析によって世界像が析出され、それが生成・享受される歴史・文化上の文脈が尋ねられ、またそこに籠められたメッセージを解読し問い直す試みが活発に展開されてきた。[6] とりわけ経典とその目録・密教聖教・祭祀儀礼・和歌・神道文献・宗教図像などの領域は、テクスト論的な解読の試み、あるいはその基礎となる文献学ないしフィールドワーク的研究が活発に進展しており、国際的にも注目を浴びている分野である。[7] それら各分野は、単独でのみならず、相互に連繫して、宗教テクストの探究に大きな貢献を果たすべき課題を担っているといえよう。また、各領域が現象するところの宗教テクストの特質を摘出してみるならば、それらに共通する普遍的な地平が析出されるだろう。

たとえば、本書の主要な課題として提示される目録における宗教テクストの特質は、第一に、目録が単に既に成立した宗教テクスト体系を固定化した静態的な標本《オブジェ》のようなものではない、ということである。実際には、目録とは、その成立当時の宗教テクストが生成・展開する動態を直截に反映する記録《ドキュメント》であり、むしろ、目録というテクストを介してこそ、宗教テクストにおけるカテゴリーが創出されると言ってよい。目録こそは、宗教体系成立の指標であり、継承のための必須の具《ツール》であり象徴ともなる、枢要となるべきテクストなのである。目録はまた、それが代表するところの宗派や教団の正統性を担うものであり、その相承する法流や所説の真正性を証明する、テクストについてのテクスト（メタテクスト）でもあった。その背後には、権威を再生産するテクストとして、テクストの価値を創出する目録の実践的な機能が浮かび上がる。その先には、目録上にのみ仮想された、あるべき理想のテクスト体系がその実体を伴わずに形成され、目録だけが機能するような事態も生起する。そうした目録のはたらきは、歌道・歌学にみられる目録伝授のような諸道芸能の領域に典型化していく。目録という座標からテクスト世界の体系を再現しようと期したところが、逆に座標のみを設定することでその世界全てを実体に置換するという転倒をも、目録は担うことになる。

あるいは日本中世における突出した宗教体系として、多元的かつ高度なテクストの構造を形成した密教における宗教テクストが示す顕著な現象は、中世において一貫してそれが国家と王権の意志に深く結びついていたことである。その所産は、テクストを創造した主体の欲望を映し出すものであり、その意図の実現をはかる儀礼の創出のためにテクストが生成されたことも跡付けられる。密教の実践において、修法儀礼とそのテクスト化は不可分にして必須のものであり、そこでは、本尊・曼荼羅以下の図像の形成と創出も儀礼と一体のものとしてなされるであろう。

儀礼における宗教テクストの特質は、その宗教の場（時空）——本尊〈聖なるもの〉を招き、祈り、送り出すプロセス——を構成する多元的要素としての音声言語・文字言語・身体行為・図像（更には火（燈明）や水（閼伽）などの要素を含む）を生成する過程を司ることにある。その各次元（水準）の諸要素は、それぞれにテクスト化されるが、その相互の関係を調整することもまた、テクストの役割である。その点で、次元間の葛藤相克まで含む高度なプログラム（言語化されていない、ないしは非言語化された人間の経験にも及ぶ）がその範疇である。そこまでを視野に入れるなら、儀礼はいわば宗教テクストという座標の場《フィールド》なのである。

宗教における儀礼とテクストとの関係は、認識の立脚点によって、二つの方向からアプローチされるべきであろう。ひとつは、宗教儀礼に用いられる（文字）テクストを取り上げ、それが〝読まれること〟において認識—現象する宗教性を問うこと、そしてそれはどのように読まれるのか、という運用面のテクスト機能を検討することである[8]。もうひとつの方向は、儀礼そのもの（全体）をテクストとして読む、という解釈学的な方法である。これは儀礼の過程それ自体が宗教を現象させるという立場から発想される志向である。それもやはり近代的な認識枠組みの投影に他ならないとする留保に同意するとしても、これが宗教テクスト学にとって大きな可能性をもつ方法論的試みであることは認めてよかろう。

とりわけ宗教の顕著な特質は、聖／俗の二元に分節する一般的な宗教観が端的に示すように、それが境界を生み出し動かすところにあり、その境界性から〈聖なるもの〉が顕現し交流（交信）することにあるといえよう。それは、この過程を司る人の働きにかかっており、テクストは、そこで（文字テクストであれば）読まれなくてはならない。祭儀における台本による詞章の「読み上げ」は、その声においてシナリオにはない自由な口頭詞章を唱えることも含めて機能を発動し、それによってはじめて、儀礼の場へ喚び出された〈聖なるもの〉に働きかけることが可能となる[9]。それは、他の宗教儀礼における文字テクストの役割についても再認識を要求する現象だろう。ひとつの宇宙論的世界を生成する儀礼の過程全体の中で、その場に位階と役割を与えられた仏神との交信を焦点としてテクストを生み出す行為者たちの姿が示される。ここに目を凝らせば、決して〈聖／俗〉の二元／二分法によって固定化／静態化したテクストの運用に留まらない、その間を越境・往還し逸脱する運動を生きる宗教テクストとしての儀礼の動態が見出されることだろう。このような視点から、次に、本書で論ずる、中世日本における宗教テクストの世界像の輪郭を素描してみよう。

三　中世宗教テクストの世界像

（1）聖徳太子の尊像・絵伝・伝記

中世人にとって、「聖徳太子」は、彼らの宗教生活のうちでは確かに実在する〈聖なる〉偶像《アイドル》であった。それは、太子像という尊像《イコン》（彫刻／画像）として、本朝仏法流布の本尊と崇められ、観音の垂迹であり釈尊と等しい〝生身〟の像として表象され、血肉身を備えたアウラを纏うが、これらもまた図像学上のテクストとして解釈されよう。その尊像を祀るため、太子講という仏事が営まれる。そこでは導師が講式を読み、表白で太子の功徳を讃歎し、一座の旨趣を修辞化した漢文の訓読により音声化することで、聴聞する講衆にその意義が伝えられ諒解される。結びに至り、一同は講式の末尾に伽陀《カダ》（漢語による讃嘆詩）の偈頌を和らげた讃歌を唱和して、儀礼において一味和合を成就する。更に、太子の生涯の事蹟は、本朝への仏法伝来と〝日本国〟の形成を併せて示す壮大な歴史像としての太子絵伝という、掛幅形式の説話画にイメージ化され（口絵1参照）、この図像を媒体とする絵解《えと》きという語りにより、太子の一生の物語を衆《ひろ》く聴聞させる。それは芸能《パフォーマンス》でもあり、同時に太子尊像の礼拝と勧進のための唱導教化の営みでもあった。(10)その典拠は、太子伝記の正典《カノン》であり聖典とも化した漢文テクスト『聖徳太子伝暦』であるが、中世にはそれを元に『正法輪蔵』という絵解き台本が成立した。(11)「和国教主」として本地観音の垂迹たる太子像を礼拝の対象とする太子講式を読誦して太子和讃を唱和し、また太子絵伝を用いて絵解きによって太子伝を物語る唱導を併用する太子堂の如き道場が、汎《ひろ》く中世日本の各地に成立したのである。

こうした〝太子信仰〟を生き、自ら創り出した主体の一人が親鸞である。叡山の堂僧であった彼は、太子創建の縁起を伝える遺跡寺院として洛中の観音霊場であった六角堂に参詣を企て、夢想を得た。その曾孫にあたる覚如による伝記は、建仁三年（一二〇三）四月の「夢記」を引くが、そこでは、夢中に顕現した救世観音が親鸞に霊告する。[12] すなわち、観音（すなわち太子）は自ら玉女と化して行者の妻となり一生を荘厳しようと告げるのである。その霊告の詞《ことば》は漢文の偈頌形式で書かれ、太子よりもたらされた聖なる言葉であった。本願寺覚如は、永仁三年（一二九五）に宗祖親鸞の事蹟を『善信聖人親鸞伝絵』として絵巻化する際、その場面を図像化し、また詞書は『御伝鈔』として報恩講の際に拝読されて門徒に信受される儀礼テクストと化し、宗祖の事蹟の一節となっていく（図序-1）。

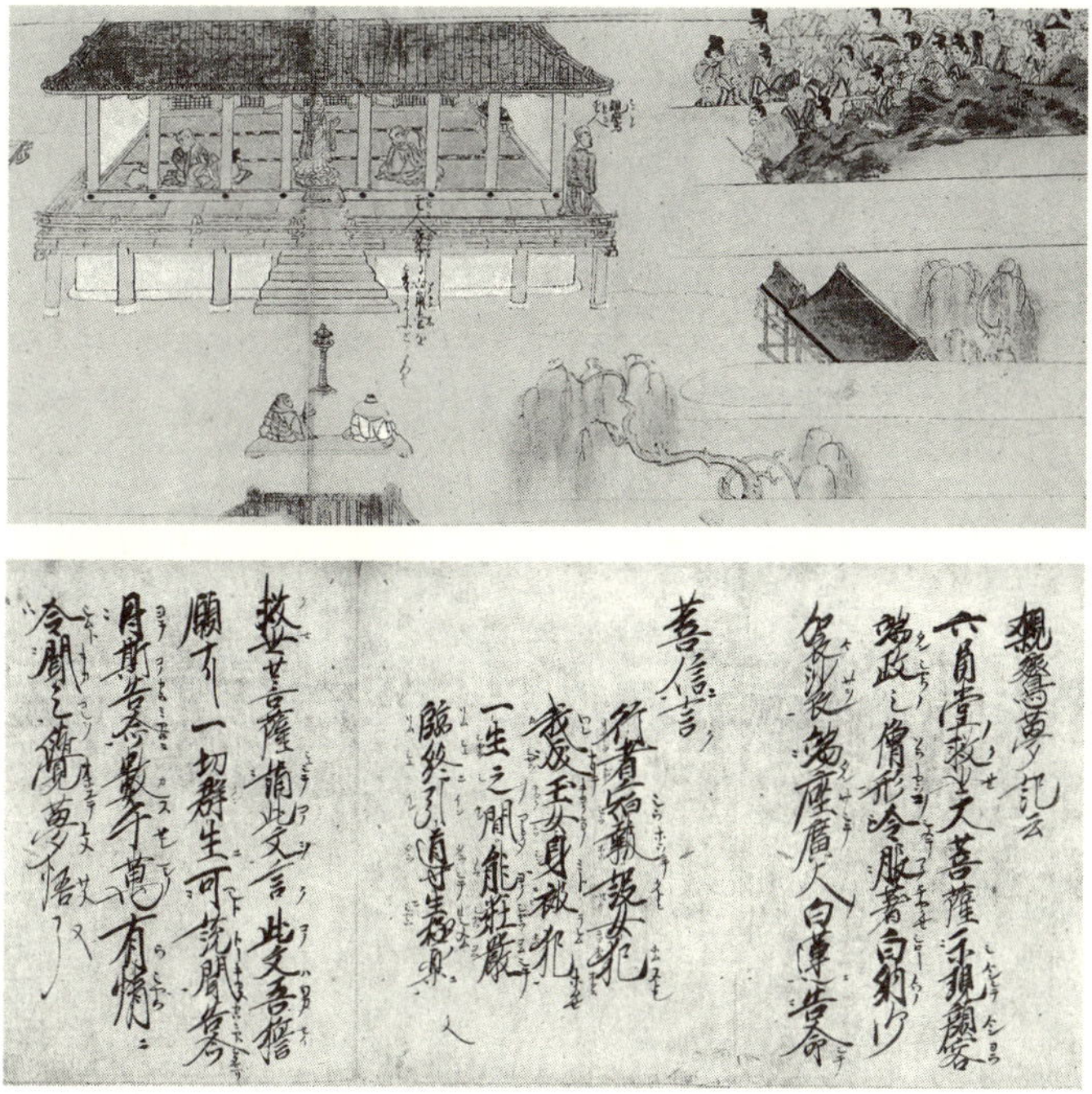

図序-1　上：『善信聖人親鸞伝絵』，下：『親鸞夢記』（共に専修寺）

親鸞の六角堂夢告は、宗祖の神話としてテクスト化される。この決定的契機をめぐるテクストは、観音（本地）―太子（垂迹）の霊託としてひそかに伝えられる秘事的テクストである一方、布教の具として衆庶に開示される絵伝という図像テクストと結びつき、伝記拝読という儀式を介して享受される奇蹟として形成された。また『伝絵』において、この段は六角堂で夢告を蒙る場面のみで終始しない。寺社縁起絵や参詣曼荼羅と共通した図像文法で描かれた六角堂とその境内の景観の傍には、なお親鸞が夢中で東の高山に無数の民衆が彼の教えを受けるべく群集する姿を望み、それに向かい教えを説く光景が描かれている。中世の貴賤あらゆる階層の

図序-2　勝鬘経講讃図（斑鳩寺）

男女を象ったそのイメージは、絵伝という宗教テクストの志向を鮮やかに示唆するものであろう。[13]

　聖徳太子伝記の正典《カノン》としての『聖徳太子伝暦』には、太子が自ら講じ、また注釈を著したという維摩・勝鬘・法華の三つの経典のことが記される。太子の代表的な著作とされるのが、いわゆる「三経義疏」という経典の注釈テクストであることは、注目されてよい。また、その成立について、講経という仏法唱導の基幹となる儀礼を太子が自ら営み宣説した行為を経たもの、と主張されていることも注意すべきだろう。中世初頭に、その伝記の一場面は、「勝鬘経講讃図」（図序-2）という、太子尊像の一図様でありながら説話画の性格を兼ね備えた、新たな太子崇敬のイコンとして図像化される。[14]更に、太子一族の斑鳩宮遺跡と伝える法隆寺上宮王院には、太子御自筆と伝えられる『法華義疏』四巻が蔵されていた。同じく、太子前生の同朋所持経と伝えられる細字法華経一巻も、その宝蔵宝物[15]のひとつであった。それらは伝記と呼応して、その真正性を証明するテクストであり、経典とその注釈という宗教テクストの基本単位としての範疇を超え、もはや神秘的なアウラを纏った〈聖なるテクスト〉として、太子のパンテオンを荘厳する聖遺物と化している。

（2）経典・目録・経蔵

釈尊の金口から出でた説法は、聴聞授記されて経典という文字テクストとなった。その受持・読誦・書写を功徳とするのみか、文字そのものが霊験をあらわす信仰伝承は、法華経に顕著である。その経典は、書物としての次元において、その霊威を荘厳して形象されることになる。すなわち装飾経である。その荘厳は、中尊寺経の如く紺紙金（銀）泥経として貴重物を費やして書写されたり、平家納経の如く料紙のみならず表紙や見返に意匠を凝らした経絵が描かれ、宝飾が鏤《ちりば》められる。巻子本という古典的書物の形態は、善美を尽くしたその装丁によって、ひいては経帙や経筥など外周の容器にまで意匠を凝らして、テクストの〈聖なるはたらき〉を表象することになる。

聖典テクストとしての経典は、二つの方向でテクストの運動を展開する。ひとつは、全ての経典を集め、その真偽を定め、本文を校勘して書写もしくは刊行する、一切経の営みである。それは何より国家と王権の事業として行われるものであって、正しい聖典の確定と流布は、仏国土に準ずる帝国の権威の発揚でもある。それと共に、訳経僧つまり三蔵たちによる翻訳事業も国家の支援の許になされた。もうひとつは、そうして完成された聖典による広宣流布の側面である。それは学僧たちの講経儀礼を介した章疏の製作によって担われ、その経釈はまた唱導の拠《よりどころ》かつその中核となる。すなわち経典の注釈テクストへの展開であり、所依の経論と教判の差異から宗論が催され、そこでの立義から宗が開かれ、諸宗が生ずることになる。仏教を公に受容した南北朝から隋唐帝国に至る中国において、経典をめぐるテクストの運動は、各時代の皇帝の許での「経録」編纂に収斂する。すなわち、当代に収集し得た一切経律論の目録であり、それは欽定として王権によって正統化される。唐代に編まれた二つの経録が、中国仏教テクストの全貌と変遷を伝える記念碑的な目録となった。智昇の『開元釈経録』（七三〇）と、それを改訂増補した円照の『貞元新定釈経録』（八〇〇）である。これらは、以降の大蔵経形成においてその規範となった。このように、三宝のうち「法宝」としての仏教のテクストは、基本的に経録という綜合目録《グランド・カタログ》によって体系化される。目録というメタテクストは、それが収録するテクストの世界を（収められなかった録外のテクストを含めて）、範疇と体系を定めることで座標上に位置付ける機能を有する。その役割は、宗教テクスト、とりわけ仏教のそれにおいて殊に重く、顕著なはたらきを示すのである。

日本においても、一切経の書写は、中世初頭まではやはり『開元録』および『貞元録』に準拠していたが、これらに加え、経録成立以降に中国および新羅・高麗と日本における各宗の学問活動の所産としての厖大な著作《テクスト》が「章疏目録」に編まれ、それは基本的に諸宗毎に分かたれる。現存する何点かの章疏目録は、それらが集積された南都の大寺院の経蔵目録にあたると推定されている。[16] 加えて重要な目録が、日本に将来された新たな仏法テクストの目録である。特に密教経典と儀軌、尊像や曼荼羅、および法具などの「請来目録」が、空海をはじめ入唐して密教を伝えた留学僧によって朝廷に提出された。後に（おそらく安然によって）これら入唐僧たちの主要な請来目録を綜合したものが、『八家秘録』ひいては『真言宗所学密教惣目録』[17] である。これは、天台宗と真言宗によって担われた中世国家仏教の枠組みとしての顕密仏教における、密教の領域をその根底から支える典拠《テクスト》の目録として位置付けられる。一方、諸寺院の学匠が自ら著し、または所持した聖教の目録を編むことが己の学業の所産として営まれた。今に遺されるその希有な例に、前者としては、石山寺の淳祐の手になる『薫《においの》聖教』目録があり、淳祐自筆になる聖教一合と、同じく自筆とされるその目録断簡の一具を石山寺聖教のうちに伝える点で貴重である。[18] また、鎌倉時代の根来寺の学僧頼瑜《らいゆ》の『自鈔目録』一帖は、後世の新義真言宗にとって重要な意義をもった著作目録である。[19] 後者の例には、『別尊雑記』を編んだ仁和寺の心覚の自筆になる『宰相阿闍梨法文目録』[20] 一巻が仁和寺御経蔵に伝存し、この名匠の許に集積された〝知の体系〟の様相を如実に示している。心覚はその著作目録も遺しており、晩年に住した高野山に伝えられたその聖教の全容が窺われる。[21] これらの目録は、一宗の中の法流、寺院、僧侶それぞれの次元で形成された聖教体系《テクスト》を示すものであり、それらの諸水準の集合が目録によって眺望されることにより、歴史的に形成された仏教の世界がテクスト上に可視化されるのである。

　王権の許で仏教の法宝を聚め収める場としての経蔵は、一切経と章疏、聖教法文のみならず、仏舎利をはじめ仏像など仏宝や、袈裟や鉢など僧宝に属する道具ないし聖遺物と呼べるような三宝の貴重品を納める宝蔵となっていく。古代においては、東大寺では本願聖武天皇の遺品を光明皇后が大仏に捧げるべく献納し、更に東大寺供養の法具等を納めた正倉院と、別に一切経等を納めた尊勝院の聖語蔵があり、これが一体化したのは近代に至ってのことである。[22]更に、空海により創始された密教による国家修法である真言院後七日御修法の本尊舎利や所用の曼荼羅仏画と道具を、一切経を収めていた東寺経蔵に納めてこれが宝蔵となるところに、そこに付与された真言宗の象徴的意義を見ることができる。後の成立ではあるが、杲宝の編んだ『東宝記』に、その目録の輪郭が再構成されている。[23]

王家に匹敵する権威を獲得した摂関家は、頼通の時代、宇治平等院に一切経蔵を建て、一切経会を催したが、[24]経蔵に本尊、道具、聖教等を収めて、これら宝物を氏長者が検ずる、いわゆる宇治入りの儀が営まれた。中世に伝説的な場《トポス》となるその「宇治の宝蔵」の内実は、龍門文庫蔵の平安末期写本『平等院経蔵目録』[25]（図序-3）の伝えるところである。空海将来の愛染王已下、仏像から舎利、大般若経、瑜伽論、三衣匣《はこ》、法具、道具、香薬などの名目がそれぞれ由緒を併記して連ねられ、最後に惟宗孝言作「納和歌集等於平等院経蔵記」を載せ、その宝蔵としての聖俗の法宝物の構成と意味を締め括っている。それはやがて、再び治天の君による王権を回復した院の宝蔵に継承され、鳥羽勝光明院の宝蔵、そして後白河院による蓮華王院の宝蔵として継承され、より規模と意義を肥大化させていく。

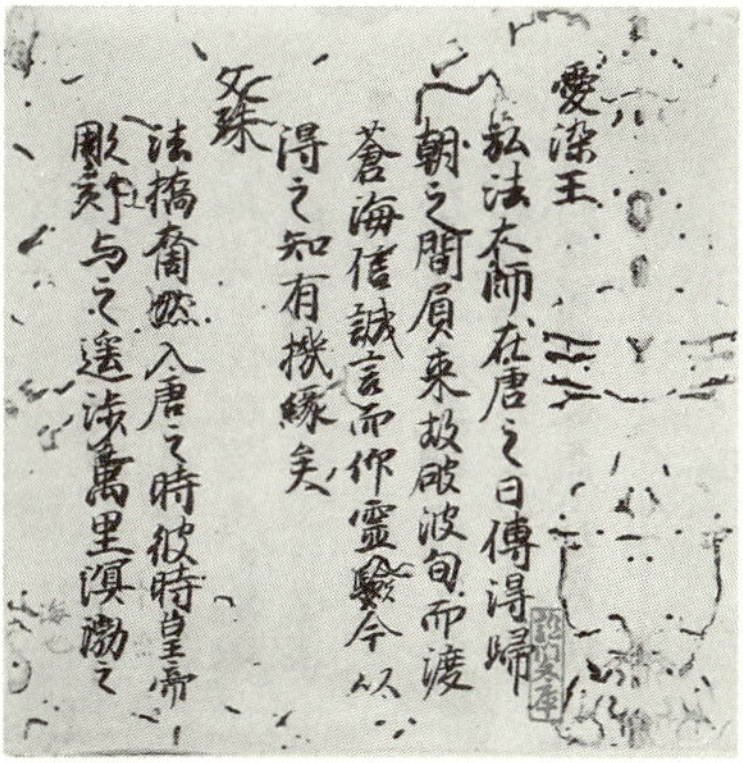
図序-3　『平等院経蔵目録』（龍門文庫）

鳥羽の宝蔵については、『本朝世紀』がその概容を伝える。久安二年（一一四六）に鳥羽院の命により（おそらく信西によって）その目録が作られた記事によれば、「顕密之聖教、古今之典籍、道具、書法、弓剣、管絃之類、皆是、往代之重宝」が納められたという。そのうち「顕密之聖教」については、同じく龍門文庫の蔵になる仁安三年（一一六八）写本『小野経蔵目録』[26]（図序-4）が、その内容を伝えるものであることが指摘される。[27]その記載は、根本（大師）御手跡已下、真雅、観賢から仁海に至るまでの真言祖師の自筆を中心とする経軌等の聖教をそれぞれ筥

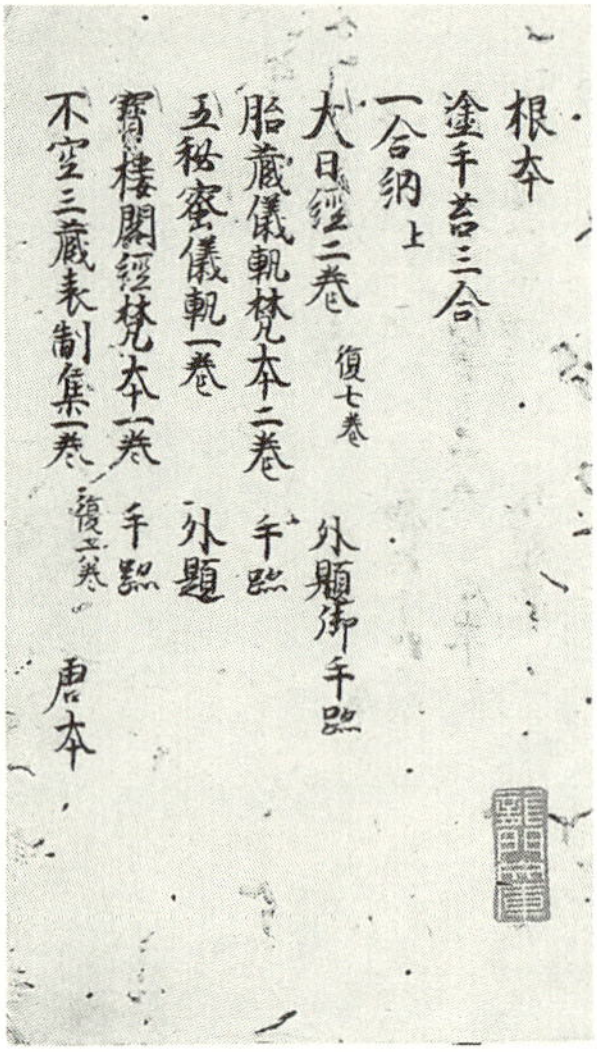
根本
塗手莒三合
一合納上
大日經二巻　復七巻　外題御手跡
胎蔵儀軌梵本二巻　手跡
五秘密儀軌一巻　外題
寶楼閣經梵本一巻　手跡
不空三蔵表制集一巻　復五巻　唐本

図序-4　『小野経蔵目録』（龍門文庫）

の合ごとに列記し、次いで東西の厨子に収められた経軌から伝記等までを含む法文を、収納された空間ごとに整理した目録である。これは仁海により創建された小野曼荼羅寺に伝来した、仁海が所持しかつ自ら形成したところの真言聖教の全貌を目録化したものと思しく、興然の事相書について栄海の口伝を記した『慈尊院四巻書伝授私記』(28)によれば、範俊が鳥羽法皇に献じて宝蔵に納められた「四合八合」の「小野聖教」に相当するものであろう。また「大師御聖教二合」は、信西の奉じた院宣により蓮華王院宝蔵に渡されたともいう。すなわち院の宝蔵は、密教寺院の門流が形成した代々の祖師による聖教体系を一括して召し取ったものといえる。それらが歴史的に生成し来った通時性を包含する仏法の諸領域は、宝蔵という権力の表象回廊へ一望の許に集覧される。宝蔵目録とは、権力の志向する共時性を体現するテクストなのである。後白河院の王権を体現する蓮華王院宝蔵に関しては、そこが絵巻をはじめ、琵琶などの楽器や譜など、汎く諸道、芸能の文化表象媒体を宝物として納めることで注目されるが(29)、東山御文庫本『蓮華王院宝蔵目録』冒頭部によれば、その書目は全て経典であり、この宝蔵もやはり経蔵を基盤としている消息が明らかになった(30)。一切経に始まり、カテゴリーを創出・網羅し、収集物を宝物としてメタテクスト化する装置が宝蔵ではなかったか。そして、それらの宝物を全て目録化することこそ、王権の本質に根ざす欲望だといえよう。

（3）儀礼テクストと神祇

一寺院に伝来し集積された目録は、そのテクストに網目格子《マトリックス》として集約された情報を解読できれば、そこに座標

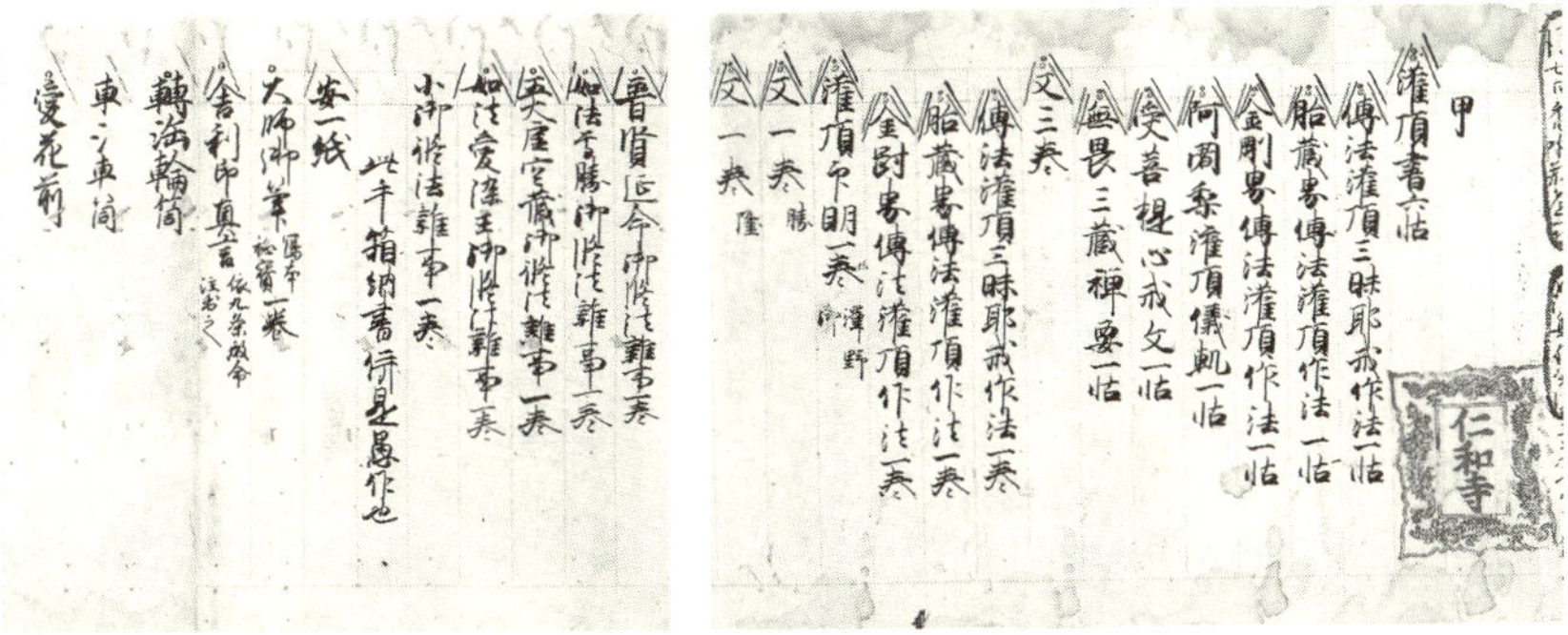

図序-5　『密要鈔目録』（仁和寺）

化された水準（個人／寺院／法流／宗門等）ごとに創出され、蓄積された仏法の〝知の体系〟を読み出すことが可能となる。あるいは、それらが複合ないし超越した次元で体系化された世界像さえも浮かび上がるかもしれない。真福寺大須文庫に伝来した古目録のうち、仁和寺御室守覚法親王の著作『文車《ふぐるま》第二目録』[31]から知られるところは、一人の主体によって収集され創成される聖教テクストの驚くべき広がりを示す世界像である。後白河皇子守覚は、その生涯を通して、法親王としての権威を以て当時の真言密教の諸法流を統合し、その上に立つべく「御流」を創出した。その聖教としての『密要鈔』四合は、自ら編んだ『密要鈔目録』一巻（図序-5）によってその全貌が知られ、また後継の御室はこの目録に拠って点検し管理継承していた[32]。その、守覚の自作自筆なることを示した聖教自体も仁和寺御経蔵に現存する。この中核となる「御流」聖教に加えて、その周囲を取り巻き基盤として支えるべき、いわば「第二」水準の諸法流聖教の目録にあたるものが『文車第二目録』なのである。それは、当代の野沢諸流を代表する名匠たちが著した尊法集成を中心とした著作群の目録であった。この徹底した営為は、守覚の壮大な構想の許で、幾重にも積層した水準の聖教体系の構築を目指したものであったと察せられる[33]。

　この守覚による〝宗教テクスト宇宙〟構築の企ては、分かちがたく儀礼テクストを含むものであった。その、書物において統一された装丁様式を以て名付けられた『紺表紙小双紙』三百余帖一合は、御室法親王が統率する院政期の国家的仏事法会の次第を集成した儀式書である。[34] 更に、この〝次第〟という座標《マトリックス》から、儀礼において機能する諸領域の宗教テクストの体系が位置付けられる。[35] その代表として、『法則集』等の声明テクストと並んで表白が挙げられる。守覚は、仏事法会の意義を表明し、その儀に臨んで用いた表白についても、いくつもの位相で類聚した『表白集』を編んでいる。[36] 宗教テクストの核としては、世俗の側に願文という重要なテクストの領域が存在するが、その集成として記念碑的価値を与えられたテクストである「願文集」に匹敵する、厖大な唱導のテクストが遺されるのである。

『文車第二目録』によってその範疇が知られる、守覚の許に聚められた野沢諸流の聖教は、更にその下に、独立した纏《まとま》りをもった聖教群を形成することが指摘される。守覚の師であり、また「御流」生成の同伴者でもあった覚洞院勝賢から授けられた三宝院御流の秘伝聖教として真福寺聖教中に伝えられた「野決」内聖教には、その目録である『野決目録』によれば多くの神祇書が含まれている。それらは、宗教テクストとしての多様な性格をそれぞれ示しながら、一貫した構想の許に展開するテクスト群として、有意の配列を認めることができる。こうした、密教聖教と共通する宗教テクストの諸位相を備えた神祇書テクストは、他の「野決具書」の秘伝テクストと等しく、梵語、漢文と印明、偈頌および和歌を交え、和語も梵漢の文字を以て表記するように、三国の文字言語を用いて密教の奥義を伝えようとする。[37] それは更に神祇の位相を包摂することで、全きものとなるといえるだろう。

真福寺本「野決具書」と同じく伝来書写されたのが、中世真言（両部）神道の代表的な神祇書である『麗気記』である。これが「麗気灌頂」という儀礼の印信血脈と一具に伝来したことは明らかで、[38] それらは密教の一流伝授と等しい相承儀礼によって写し伝えられるテクストであった。その中核となる『麗気記』は、中世に新たに創出された〝神典〟つまり聖典テクストである。[39]

『麗気記』は、天照皇太神と豊受皇太神の二所を中心とする伊勢神宮を両界曼荼羅と重ねて解釈する。その象徴的に複合した漢文と梵語を交えたテクストは、古代の『日本書紀』神代巻を元に密教の儀軌の方法を用いて再構築した、中世の仏教的神話の体系化といえる。その構成の一部には「神躰図」を備え、諸神の尊形や三種神器図等を描き、本文中にも社殿の「形文」の象徴を図説するように、密教の仏像、曼荼羅、三摩耶形等の白描図像と共通した図像テクストを含んでいる。加えて、印信血脈を用いて灌頂により伝授されると共に、その本文中に灌頂儀式に関する言及を含むように、それは儀礼テクストでもあった。更に『麗気記』には、その周辺に伝授儀礼と不可分なかたちで縁起説や注釈書などのパラテクストも生み出されており、また、その所説や周辺の神祇説を体系的に事項化し、問答体を用いて解説を展開した広義の注釈書も伝わる。(40)更には寺家の学問の一環として『麗気記』を中心に『日本書紀』神代巻や『先代旧事本紀』と共に「神道」伝授を行う、その所産としての注釈(41)も中世後期に次々に生み出される。『麗気記』は、それ自体の〈内部〉に各位相を内包すると共に、〈外部〉に多様なテクストの位相を展開させるのであるが、それらは全体として、守覚のそれが典型を示すような、中世密教の巨大な体系の一画をなす神祇灌頂の伝授儀礼という文脈《コンテクスト》の上で機能するテクストなのである。「野決具書」中の神祇書がその位置と原型を示し、その発展型と見なされる『麗気記』を核とする神祇書も、密教聖教と共通する儀礼のコンテクストを構成する〝場のテクスト〟というべき普遍性をもった宗教テクストであるといえよう。

中世密教は、伊勢神宮と天照大神をそれぞれ道場と本尊として祀るための『麗気記』という複合宗教テクストを儀礼と共に形成したが、そればかりでなく、天皇の即位に際し関白を介して顕密僧が授与する王権の秘儀としての即位法をも生み出した。それは決して単に秘説としてのみ閉ざされた世界のうちで自己完結的に棲息していたわけではない。鎌倉後期、ダキニ天を本尊として修する「頓成悉地法」を以て「輪王灌頂」とする即位の秘法が、灌頂印明とその次第作法および相承記を伴って形成されていた。その実態は、修法の典拠として儀軌を備えることからはじめて口伝に至るまで、密教の儀礼テクストとして普遍的な在り方を示しており、宗教テクストとして決して特異な例ではなかった。(42)

中世密教は鎌倉末期から南北朝にかけて、その最も爛熟した達成を遂げていた。その究まったところに、神道の生成とも、即位法の伝流とも深く関わった小野三宝院の法流から生み出された秘密修法とそのテクストがある。それが、文観弘真による三尊合行法とその聖教である。

文観は、叡尊門下の西大寺流律僧ながら、後醍醐天皇の王権の一画を真言密教において担い、建武政権にあってその頂点に立った。南朝の没落と共に吉野に逐われ、河内金剛寺に終焉した彼の事績については、真福寺をはじめとして、高野山、仁和寺など諸寺院の聖教からその著作が新たに確認され、そのテクスト自体から文観の思想と表現を読みとることが可能となった。[43] その著作の中心をなすのは「三尊合行法」という修法に関する聖教である。これは醍醐寺三宝院の本尊とされる一仏二明王を本尊とする秘法であるが、文観はそれを真言密教の最極秘説として壮大な聖教体系を構築した。これらの聖教も、中世宗教テクスト生成の普遍的方法を共有して、聖典本文の引用に始まる注釈を基盤とし、口伝を介した秘説を導入して解釈を展開し、その象徴解釈に図像を媒体として思想を可視化し、一箇の世界像として提示するテクスト複合をさまざまに試みている。その複合をあらしめるのは、テクストの実践の場としての修法儀礼であろう。文観は、そのような儀礼と図像を統合する術に長けた天才的な師範であり、その実践としてテクスト複合を操る卓越した技量の持主であったといえよう。

文観による宗教テクストの創造が、聖教の水準と連なって分かちがたく図像の形成に及ぶものであった消息は、三尊合行法に限ったことではなかった。それは、文観による独特な天皇御影の制作に関わって、興味深い展開を示している。遊行寺に伝来する後醍醐天皇御影（口絵2）は、瑜祇灌頂を受けて王法と仏法を体現し即身成仏した姿としてあらわされる。[44] 上部には「天照皇大神／八幡大菩薩／春日大明神」の三社神号を掲げ、帝と併せて礼拝されるかの如き、いわば仏／神一体を王が象る特異な尊号／御影／尊像の複合である。一方、文観による瑜祇経の注釈書『瑜伽瑜祇秘肝鈔』（仁和寺蔵）は、経典本文の解釈に止まらず、多くの口決や秘説が挿入され、更に大量の彩色図像が含まれて、〝瑜祇経図像集〞の如き観を呈している。文観という主体の許では、瑜祇灌頂という秘儀伝授儀礼を媒《なかだ》ちとして、注釈／秘伝／図像が複合した聖教というテクストの営みと、その象徴図像として、これまた多義的に複合した帝王御影とが、同時に創造されているのである。その突出した異形ともみえる過剰な豊饒さは、しかし同時に中世宗教テクストの普遍性に根ざす原理を徹底して追究した結果であろう。

（4）複合する宗教テクストとアウラ

文字、図像、儀礼の各水準に展開する中世宗教テクストの諸位相は、それらが複合するところにおいて、最も豊かな達成を示している。中世密教の運動の究まったところ、それは文観による三尊合行法聖教の如く、迷宮のような複合テクストを生み出した。それらは、灌頂や修法の秘儀伝授に用いられるように、絶えず儀礼の過程と関わって生成される。本尊もその一環として絶えず変容を遂げ、種々の変奏を示す。たとえば、聖徳太子を祀る儀礼と図像のテクスト体系も、それぞれの場ごとの太子講とその式の制作に応じて礼拝のための本尊が多様な尊容を展開し、また一方では画一化した仏舎利出現を象る幼童像としての南無仏太子像に収斂していく。これに加えて絵伝という説話図像と伝記の唱導説話も、複合テクストとしてその場に機能する。その中心に位置付けられ〈聖なるもの〉としてアウラを放つ本尊のイメージは、仏神の似姿としての尊像に限らない。それは、あるいは肉眼では不可視に近い仏舎利の容器や厨子の荘厳として造顕され、時に種子や名号や題目の如き文字テクストが、さながら礼拝対象となる。それは経典のミニマムな象徴化でもあるが、その文字が蓮台に坐し光明を放つように、あるいは文字自体が曼荼羅の如く配されるように、荘厳されてアウラを纏うのは、称名念仏や唱題の声の儀礼と一体として機能するための装置であった。また、教祖や開基の僧侶や聖人については、その存在の写し絵としての「御影」や「御真影」と呼ばれる肖像が描かれたり造立される。それは御影堂に祀られて、釈尊の遺身舎利を祀るが如く、もしくは神像を祀るが如く、「生身供」や「御影供」の儀礼を介して祭文が読まれ礼奠が供えられて、その〈聖なる〉場の伝持が宗派教団にとって己の正統性を維持する存在証明となる。本願寺留守職の覚如が『報恩講式』[45]を著し報恩講の儀礼を創始したのに続いて、前述の如く宗祖親鸞の伝絵を制作しその詞書を著すように、多元的なテクスト複合を企てたのも、宗祖をカリスマとして御真影にアウラを纏わせる巧みに他ならない。[46]

聖典という文字テクストにも、本尊図像と同様〈聖なるもの〉に備わるべきアウラが発生する。宗祖や派祖の自筆著作や消息が殊に尊重され、秘蔵されて厳重な管理の許に伝えられる。それは後継者や門弟にとって、忠実に写し伝えるべき聖典として、筆跡まで模して副本が作られる。時には、それに似せて祖師の作に仮託したテクストまでも創造される。現在であれば偽作とか捏造と呼ばれる行為[47]すら、自筆や御作のテクストに付与されるアウラのはたらきを期す所為の一環なのである。宗教テクストに備わるべきアウラは、そのものを秘匿し封印すること——皮肉にもテクスト本来の機能とは一見相反する——によっても生起する。または、敢えて難解な階梯を設けて、本文を解読するために、特別な知識と技法の習得を求める場合もあり、それはさながら伝授の過程となり儀礼において成し遂げられる。それは限りない解釈、つまり再テクスト化の対象となり、注釈が重ねられ、その解釈方法と理論の差異化から宗派《セクト》が成立していく。そこでは聖典注釈の再注釈が更に聖典となり、アウラを帯びることになる。こうした分化と聖化は、テクスト解釈の差別によるのみではなく、中世密教諸法流の簇生の如く、修法実践における儀礼の方法や故実の相違によって生ずることもある。それに応じて、儀礼テクストとしての事相聖教は絶えず分裂・再編を繰り返して増殖していく。一方で、祖師によるテクスト創出は、極限まで単純化されたり、または文字の位相に純粋化され、そのものが強烈なアウラを放つ運動を現出する。ひいては、カリスマを戴く教団のヒエラルキーも、それらが儀礼を介して顕現するアウラも、悉く宗教テクストが担い、創り出すものであった。

宗教におけるテクストの運動は、更なるテクストを生み、それらが交錯しつつ精緻な網目を織り成して世界を構築している。この世界が蔵す多元的な位相を座標《マトリックス》として設定した平面に投影してみるならば、テクスト相互の関係と位置を読みとることが可能ではないか。それ自体がすぐれてテクスト解釈の実践に他ならない、そうした営みの積み重ねによって、アウラの発生装置の組み立てと布置を明らかにする探究は、いつしかその宗教を解体することになる可能性さえ秘めている。

四　中世宗教テクストの場へ

日本中世宗教の中心を成す場として、第一に挙げられるべきは寺院であり、それは、とりもなおさず宗教テクストの場《フィールド》であろう。寺院とは、端的にいえば、仏、法、僧の三宝が備わるところである。[48]「住持三宝」の成就すべき座としての寺院こそは、宗教テクスト探究の最も大きな対象であるといえよう。

伽藍には本尊を中心に荘厳された仏像が安置され、時に、曼荼羅などが儀礼本尊として掛けられ、塔には仏舎利が納められるように、その中心には仏宝が位置する。これらは図像の位相であらわされるものであり、これを法儀勤行を以て祀り祈願する僧侶をはじめ、寺の護持に奉仕する人々のはたらきにおいて僧宝は担われ、儀礼の位相として示されるといえよう。加えて経蔵には一切経論が収まり、その周りに章疏聖教が積み重ねられる。その半ばは修法儀式のための次第法則や伝授相承の所産である印信や切紙であり、また寺領の寄進状や置文などの文書が縁起と共に運営に関わる記録として保管される。更に、鎮守神祇の法楽興行のための和歌や連歌の懐紙から工具書としての辞書や類書、外典の書籍までも伝わる。これら法宝に属す文字の位相は、仏宝と僧宝を成り立たせる必須の要素である。それらを働かせる法具や道具、楽器、装束、什器に至るモノの位相も備えられる。これらには全て、寺の経営や学問に携わった僧侶たちの関与がしるしづけられており、逆に一人の僧の事蹟や遺物から寺院の世界を全体的に眺望することもできる。その全てが、寺院という小宇宙を形成しているのである。[49]

寺院の世界は図像のイメージを介して可視化される。その空間中に参詣者ばかりか祝祭や縁起伝承上の存在までを描き込んだ参詣曼荼羅[50]のように、一幅のうちに時空を超えた世界が収められる。堂舎や儀式の指図、伽藍図や寺領の絵図など実用に供されるものや、あるいは開山から歴代の祖師の肖像、御影など特別な忌日の影供のために掲げられるものも含め、それらの図像は寺院の宗教空間を表象する見取り図である。とりわけ縁起絵や祖師絵伝は、寺の始源からの歴史を寺院空間の中に鳥瞰的に視覚化して縁起や伝記と複合させた、最も綜合的な寺院世界ひいては仏法世界の縮図となる図像テクストと言ってよい。

一方、文字テクストの次元では、前述した目録というメタテクストによって、寺院の宗教空間は悉く情報化され、分類されて配置される。目録化の対象は、経蔵目録や聖教目録などの文字テクストだけではない。仏像目録から宝物目録、道具目録など寺に属す全てのものに及び、寺領目録として財産台帳ともなる。あるいは年中行事記や日課勤行集、臨時の供養記や作善目録など儀礼の記録も一種の目録といえる。寺院の宗教空間は全て目録化《カタログ》でき、[51]極言すれば、その運行は全てテクストに移し替えることができるのである。

更に寺院は、自らの宗教空間を、単に目録化するに止まらず、進んで各種のテクストを組み合わせ編纂することにより一箇のテクストに象ろうとする。いわゆる寺誌[52]は、院政期の『東大寺要録』をはじめ、中世東寺の杲宝による『東宝記』、そして近世の義演による『醍醐寺新要録』など、その営みは時代を通じて絶えることがない。今に至るまで、寺院の蔵し伝える巨大な遺産《レガシィ》は尽きることのない宗教文化の宝庫であり、その機構は現在も生きてはたらき、新たな価値や意味、そしてテクストを生み出し続けている。それゆえに、近代に至ってこの世界を再び文化財として目録化したり、あるいは歴史学や美術史学などの学問分野の成果を綜合した各種の寺院『大観』の如き、[53]その全貌を再テクスト化する試みも、そうした運動の流れに連なるものである。

このように見渡すならば、寺院という宗教空間を構成する諸次元の文化活動とその発現ないし表象は、全て諸位相のテクストとしてあらわれ、またテクストとして読みとることが可能である。テクストという概念を、宗教という領域に従って拡大し、仏教が司る儀礼行為やその身体所作、図像造型とそのイメージの次元まで含め、それらの諸位相と文字テクストや書物が相互に働きかけつつ、意味を生み出していく場《トポス》として捉えるなら、中世宗教の世界を構成する「資料」や「史料」もしくは「文化財」なるものの本質が、はじめて意味あるものになるのではないだろうか。このような認識は、むろん宗教一般に敷衍して適用できるものである。いま寺院を中心とする領域について説こうとするのは、日本中世が何より仏教が主役となり、寺院を中心に文化が担われ、創り出されていく時代だったからである。神祇もまた、神社に神宮寺や本地堂を備え、宮寺や鎮守など仏寺と一体の宗教空間を形成するものであったこと、あるいはまた神祇のテクストも寺院に伝来し、法流伝授の一部を成していたことを想起するなら、それらも寺院世界の欠くべからざる一環と位置付けられよう。

文学もまた、その生成や表現の達成から思惟、そして伝承に至る全てにわたって、寺院とそこに生きた人々の存在を無視しては論ずることができない。それゆえ文献学、ひいてはテクストを対象とし、世界をテクストとして読みとる人文学としての文学研究こそは、この沃野、テクストの森というべき寺院の世界を、他の諸学と連携して探究する務めを負う主体であるべきだろう。

また、中世文学の巨大な生成基盤として、寺院を中心に形成された宗教文化の存在と、その所産としての豊かな文献資料の世界が広がっていることは、国文学や歴史学における永年にわたる研究の蓄積、とりわけ近年に急速に進展した寺院資料の調査の過程で、周知のことになってきている[54]。そのことは、たとえば中世文学研究にとって欠かせない重要な書物の来歴を例に挙げてみても納得されるところであろう。

『方丈記』大福光寺本がもと醍醐寺西南院に伝来したこと[55]、延慶本『平家物語』が根来寺で書写され伝来したことなどが[56]、ただちに想起される。最新の知見では、公家における和歌の中枢的蔵書であった冷泉家時雨亭文庫の蔵書の一部が、三井寺の定円を介して伝わった真観本であったり、西山三鈷寺の承空が写した歌書であったことが判明しているように、冷泉家の蔵書と寺院資料との密接な関係も明らかになっている[57]。かつて存在し、今にその一端を確かに遺す膨大な世界の姿が、調査研究を通じて立ちあらわれてくるに従って、寺院世界とその〝知の体系〟が文学の母体であり、文学の所産もその一部として位置付けられる必然性が改めて認識されるに至ったといえよう[58]。それは仏教という普遍宗教自体が、地域や民族、国家を超えて伝来流布するなかで創出し、体現してきた運動の一端なのである。

テクストを視座として日本中世の宗教世界を多元的かつ統合的に捉えようとするこの試みからは、きわめて興味深い日本宗教の様相が可視化されることになろう。その世界への探求のアプローチは、二段階の水準でなされる。まずは、ある宗教を構成するテクストの諸相を探り出し、それらの解読を通してその宗教世界を解釈していく段階であり、更には、その宗教が現象する全てをテクストとして分節し、それらの布置と意味機能を解釈することを通して、その宗教世界を再構築していく段階である。前者においては、テクスト相互の関係を読みとり、その体系を復原していく作業が欠かせず、しかも無前提に自明のこととみえる各テクストの領域や位相を絶えず問い直す必要がある。[59] 後者については、一箇の世界をテクストとして分節しようとすること自体が既にして解釈行為に他ならず、それが対象化する世界に則さない観念や理論の枠組みを強ちに用いた恣意的な解釈に終わらないか、絶えず検証される必要があろう。この二段階は必ずしも前者から後者へと移るべきものではなく、互いに弁証法的な往復運動として還元し合う解釈行為である。そのような視座を確保することによって、一見豊饒な混沌ともみえる日本中世の宗教世界の複雑にして多面的な相貌を、普遍性の許で明らかにすることが可能ではないか。

本書は、その試みの端緒に過ぎないが、それでも、日本中世の宗教を構成する諸領域が悉く多彩なテクストによって成り立っており、その機能の相互作用や関係性において生成するカテゴリーによって、座標が設定されると想定することは許されよう。換言すれば、全ての宗教テクストは座標上に位置付けられ、同一位相上の集合がカテゴリーを成す。と同時に、テクストが座標を生成するのであり、生成の運動をうながす志向こそが座標軸を成すのである。宗教とは、そうしたテクストの本質的な機制を最も尖鋭に現象するフィールドにほかならない。

宗教におけるテクストは、〈聖なるもの〉をめぐる思惟、その認識、交信、表象、形容など、諸次元での各媒体を介しての表現—示現、すなわち顕現《ヒエロファニー》の役割やはたらきを負わされている。それを実現するための諸位相のテクストは、斉《ひと》しく〈至高なもの〉への志向をまなざし、かつまなざされる対象である。故に、それは必ず他界や異次元への超越を喚起する越境性をはらんでいる。座標という以上、それは軸を設定しなくては成り立たないが、宗教テクストにおいては、その〈聖なるもの〉への超出の志向、あるいは、その高みからの降下という運動自体が、第一の垂直的な座標軸である。これに対して、もうひとつの座標は人間世界の地平における〈聖なるもの〉をめぐる文化の平面である。この地平を構成するのは、文化的カテゴリーとしての思想／儀礼、あるいは音声（聴覚）／図像（視覚）、ないし言語／身体など、仮定的に二分法で分節された位相によって設定される、人間の地平における水平的な座標軸である。第一の〈聖なるもの〉を志向する座標軸には、至高の絶対者からすれば、あるいは高みを仰ぎ見る側からしても、自ずと高低や位階というヒエラルキーが生じる。また、〈聖なるもの〉の顕現の過程や変成の動態という変化の軸も成り立つところから、こちらも人間の平面に対して垂直に交差する座標面を構成する。こうしてみると、宗教テクストの座標空間とは、いわば三次元のモデルとして設定されなくてはならないといえよう。本書の各章で提示するそれぞれの宗教テクストの座標《マトリックス》は、行論の便宜のため、また紙面の制約上、二次元平面に表示せざるを得ないのだが、本来、それらは立体的な三次元空間の上に立ちあらわれる現象なのである。本書では、これを「宗教空間」と呼ぶことにしたい。なお、いかなる宗教テクストもそれ自体が必ず境界性を有し、越境ないし超出の運動の所産であるならば、それらのテクストとは悉く座標の臨界に現象する運動体に他ならず、座標上に静止するオブジェではない。以上のような前提の許で、本書における探究を具体的に始めてみたい。

*

本書は、以上に展望したところの中世日本の宗教テクストの世界を、四つの視点から捉え、それらが示す領域から宗教テクストの範疇を可視化し、その体系を復原すべく試みるため、四部に構成される。

第Ⅰ部「聖徳太子宗教テクストの世界」（第一章～第四章）は、聖徳太子という信仰・伝承上の尊格をめぐる宗教テクストを、尊像・伝記・絵伝・儀礼およびそれらの複合する霊地寺院などの宗教空間にわたり、そのテクスト生成の主体による営みに至るまで多角的かつ綜合的に検討する。

第Ⅱ部「寺院経蔵宗教テクストの世界」（第五章〜第九章）は、寺院の経蔵をめぐって形成される宗教テクストについて、一切経、目録、事相聖教を対象として、国土から灌頂儀礼、そしてテクスト創出の主体による営為の全体像を探究する。

第Ⅲ部「儀礼空間宗教テクストの世界」（第十章〜第十四章）は、仏教儀礼および芸能によって生成する宗教空間を、たとえば願文という儀礼テクストのはたらきと、修正会・修二会という儀礼をテクストから捉える、双方向の視点によって立体的に再構成し、更にその儀礼空間に流通する媒体としての声の系譜や、儀礼の場とその伝承の生態を記述して、その機構を探る。

第Ⅳ部「神祇祭祀宗教テクストの世界」（第十五章〜第十八章）は、神祇を中心とする宗教空間とその体系の記念碑的達成を、テクストに則して、神社、神祇書、そして修験道まで多面的に考察する。

各部のはじめには、概論にあたる章（第一、五、十、十五章）を配して、それぞれの宗教テクストの世界を包括的に論じている。それにより、各領域の課題について、通時的には歴史上の文脈を通観し、共時的にはテクストの布置や機能が見渡されるよう配慮して、その下で各論が個別の対象についてより具体的に論を展開する。それゆえ、敢えて記述の重複を厭わず言及する部分があることを諒解いただきたい。

終章では、以上の検討と考察を踏まえて、これら中世宗教テクストの諸位相を通じて、そこに共通する統辞法のありかを探る。以上に扱った諸領域にわたって、普遍的な現象として認められる、中世宗教テクストの突出した様相について、その運動の核となってテクストの生成を司る〈聖なるもの〉としての舎利に注目し、とりわけ図像と儀礼の水準を複合させつつ統合する文字テクストの現象様態を、そのテクスト主体としての宗教者の軌跡に焦点化して、それが中世仏教の三宝の原理のテクストにおける実践的発現であることを論ずる。

第Ⅰ部　聖徳太子宗教テクストの世界

第一章　聖徳太子の世界像
——中世太子宗教テクスト体系の形成

一　聖徳太子をめぐる宗教テクストの場

越中、砺波平野の一角にある井波は、瑞泉寺という真宗大谷派別院を中心とした町であるが、その巨大な本堂の隣にこれも大きな太子堂が建ち、夏の太子伝会には満堂の参詣者に対して堂の内陣左右に展《ひろ》げられた掛幅の聖徳太子絵伝が役僧により順番に絵解《えと》かれる（図1-1）。一座の説法を了《お》えると縁起が読み上げられて正面内陣の厨子の帳《とばり》が上げられ、幼童《おさなご》の太子の像が礼拝される。そこでは、太子の伝記はまさしく絵伝を媒体として物語られる語りであり、その絵解き説法を聴聞する人々にとっては聞法であると共に娯《たの》しみでもある。そこには今もなお、古代の聖徳太子の存在が生き生きと象《かたど》られて伝承され、中世の太子伝記にみえるような説話が息づいているのである。

太子伝会を構成するのは、本尊の南無仏太子像と、これを荘厳する八幅の太子絵伝、更にそれを絵解く説法であり、その素材となる太子伝記である。法会の中で太子御自作として読み縁起によって価値付けられる尊像と、巨勢金岡の筆になると伝える御絵伝とが後小松院から開基の綽如《しゃくにょ》上人に下賜された由緒を称し、太子伝会はその開帳法会として江戸時代に十二代真照上人（正徳元年〈一七一一〉住職）によって創始された年中行事と伝える。しかしまた、この法会は開帳法会一般に還元できない、真宗寺院には類を見ない独自の特色を示している。すなわち、太子を本尊として礼拝讃仰し、しかも太子絵伝の絵解きを儀礼全体の基盤とする点である。それは、古代から中世を通じて形成展開した、聖徳太子祭祀儀礼としての聖霊会や太子講などに連なる仏事法会の系譜上に連なるものと認められよう。一方で、太子の伝記についてみれば、井波別院では確固とした聖典や寺宝として伝わらず、絵解きを勤める寺僧各人の許に相伝される秘伝ないしは実用的な手控えとして使われているテクストであって[1]、儀礼テクストとしての読み縁起によって聖化される尊像とは対照的な位相にある。と同時に、それは説話図像としての太子絵伝の位相を端的に照らし出し、活かすテクストでもあろう。それは当座性の強い、芸能とも言うべき絵解き説法の語りを支えて太子を生気づける〝物語テクスト〟としてはたらいている。

図 1-1　井波別院瑞泉寺太子伝会（太子堂内陣）

こうして、太子伝会という儀礼の場は、いくつかの位相に立つ太子の宗教テクストの相互・相乗的な運用によって創出される宗教空間である。すなわち、絵伝という説話図像を媒体とした伝記による物語テクストの複合が、儀礼の中で開帳される本尊太子という尊像図像の顕現に向けて統合されていく機構が確かに存在し、伝承されている。それは、太子宗教テクストの場なのである。

尊像や説話図像に加え、経蔵や儀礼を構成する宗教文化の集合を〝宗教テクスト〟という概念によって捉えることで、より広い視野から寺院という聖なる場の諸相を明らかにすることができるだろう。たとえば瑞泉寺では顕在化せずにはたらく（古写本等としては伝存しない）太子伝というテクストも、その経蔵聖教のうちに常に位置を占めている[2]。序章に論じたような宗教テクストを成り立たせる諸位相の複合という観点からすれば、古代から中世に受け継がれつつ変容する太子伝の文献研究と、先に述べた太子絵伝絵解きの伝承のフィールドという、一見遥かに隔たるかに思える二つの世界を、宗教テクストという概念によって結びつけることも可能であろう。

中世の日本における宗教テクストの世界を最もすぐれて豊かに体現するのが、聖徳太子という存在である。太子は、古代から現代に至るまで、日本の歴史を貫くように変容しつつ絶えず重い意味を与えられて担う偶像《アイドル》であり続けた。そのような太子の記憶を留め、重ねて表象され続けるところの聖徳太子の遺産《レガシィ》こそは、日本の宗教テクストの精華であろう。その諸位相の遺品は、井波別院の太子堂のように今も多くが生きた信仰の対象となり、なお宗教空間を生気づけている。それらは、個別に文化財として研究の対象にされるだけでは知ることを得ない、相互の有機的な関係や機能を探り、本来の位置や生成展開の機構を解き明かされることが待たれている。すなわち聖徳太子の世界こそ、宗教テクストの位相と布置を解釈するための沃野であろう。その諸位相の表象とはいかなるものか、それらがどのように連繋して宗教空間を創出していたのか、ひいてそれらはいかに統合されるのか、という課題を、第Ｉ部では〝聖徳太子〟に則して解き明かすことを試みよう。

まず、第一章では、古代から中世にかけての聖徳太子伝記の成立過程を概観し、その拠点としての太子遺蹟寺院に注目する。その宗教空間を構成する宗教テクストの布置について、中世の太子尊像と太子絵伝を通して、テクストの座標上に定位することを試みる。更には、これら太子宗教テクスト形成の主体となる宗教者の営みに焦点化して、彼らによる宗教テクスト生成の運動に接近したい。

二　古代における聖徳太子伝と絵伝

『日本書紀』によって「聖徳太子」と呼ばれる存在となった、滅亡した上宮王家の主であった厩戸皇子は、一方で「法王」という称号を与えられ、釈尊にも重ねられる存在として、「尺寸王身」（法隆寺金堂釈迦如来像光背銘文）の本尊を祀る法隆寺に、その記憶が伝承された。律令国家成立の許で、太子は「皇太子」かつ「摂政」となって天皇の政治を輔佐する先蹤として、王朝の体制を根拠づける役割を付与されたといえる。(3) こうした太子像を規定し創り出すため、古代に成立した幾つもの太子伝記のうち、それらの集大成として、やがて中世に太子伝の正典《カノン》というべき位置を占めたのが『聖徳太子伝暦』であった。このテクストでは、太子のおよそ五十年の生涯を天皇の紀年の枠組みにおいて記録した年代記の許で、太子の事蹟がその言辞を交えた逸話ないし霊験譚として記される。歴史書と伝記とは『伝暦』において重なり合い、複合しているのである。(4) その跋文には、先行する各種の太子伝がプレテクストとして参照されたことが示されているが、その中には「四天王寺壁聖徳太子伝」の如く、壁画形式の太子絵伝の銘とおぼしいテクストも含まれており、文字テクストの次元に留まらない図像を中心とする諸位相の太子伝承がそこに流れ込んだであろうことを示唆している。

『伝暦』の成立と並行して著された、太子伝を含む重要な宗教テクストが、源為憲が永観二年（九八四）に尊子内親王に献じた『三宝絵』である。この若くして出家した后であった皇女のための仏法入門書は、仮名の絵物語として制作されており、本来は経意絵や仏伝のような説話画と一体の複合テクストであった。その中巻、法宝第一話に序に続いて位置付けられた太子伝は、『伝暦』のダイジェストとも見え、その骨格ともいえる古代太子伝の輪郭が仮名物語として完成されたかたちで叙《しる》されている。その絵が全く伝わらないのが惜しまれるが、その前提には当然、既に存在していた太子絵伝があり、それは上巻仏宝が取材したであろう仏伝や本生譚のような東アジア仏教芸術の流れと交錯するものであったろう（第二章参照）。なお、『伝暦』の一部伝本に残る正暦三年（九九二）識語には、この段階での増補改訂の営みが伝えられており、現行伝本のような年代記の形式の許に注を付し諸記を引用するテクスト形態は、この時点で成立し、むしろ『三宝絵』はそれ以前のかたちを反映しているのであろう。そして以降の院政期から中世にかけては、そのような注釈テクストの志向が、『伝暦』を正典として注釈の対象とする知の営みとして展開していく。

現行の『伝暦』本文に注のかたちで摂り込まれた重要なテクストのひとつが、太子創建の仏法最初の寺である四天王寺の縁起である。これは、太子の自撰かつ自筆に仮託された「荒陵寺《あらはか》」建立の縁起、いわゆる「御手印縁起」と呼ばれる。一巻の全面にわたって太子の「御手印」が朱で捺されていることからそう呼ばれるが、太子の手形により根拠付け主張するのは、仏敵守屋を降伏《ごうぶく》して建立した四天王寺の四箇院の伽藍とそこに属す人々およびそれらを支える寺領が不可侵の聖域であることを、太子自ら未来永劫まで保証することであり、侵犯する者には国王であろうと災いがもたらされるという威嚇である。縁起にしるしづけられるその主張を成り立たせる装置は、塔に収めた太子の霊髪であり、またこの寺が釈尊転法輪の故地であり、極楽東門の中心にあたる聖なる場《トポス》であるという辞句である。この『御手印縁起』が寺僧により金堂の塔から〝発見〟されたのは（陽明文庫本や真福寺本の識語によれば）寛弘四年（一〇〇七）のことであるが、それは御堂関白道長の権力の絶頂期であって、その保護を期して投機された企ての所産がこの縁起であったと思われる。『扶桑略記』等によれば、道長は、この前後から治安年間にかけて、金峯山、高野山、法隆寺を含む南都七大寺そして天王寺へと参詣巡礼に赴く。そうした〝国王〟的な道長のふるまいに呼応した縁起としてそれは創り出されたのであろう（第三章参照）。

四天王寺を皮切りとして、聖徳太子ゆかりの古代寺院が、太子を祀る聖地霊場として再生する動きが認められる。これを〝太子遺蹟寺院〟の霊地化、ということができるのではないか。それがこの『御手印縁起』のテクストには巧まれており、「御手印」がもたらす太子のアウラと併せて、鮮やかな構図を見てとることができよう。天王寺の場合は、この縁起によって、四箇院における仏法興隆および慈善救済の使命《ミッション》が太子により宣言される。やがてその霊地化は、天王寺西門の日想観と念仏儀礼、金堂内陣の舎利礼拝とその奇瑞、そして六時堂と石舞台における聖霊会の大法会と芸能などの諸位相に具現する。巡礼する参詣者が結縁するこれらの祭儀は、聖霊院に祀られる太子の「霊像」等の尊像図像、および絵堂に描かれる太子絵伝壁画の説話図像と呼応して、一体化した宗教空間を形成する仕掛けである。この、平安中期から院政期にかけて展開した〝太子遺蹟寺院〟天王寺における太子宗教テクストの再創造は、より鮮明な姿で院政期の法隆寺において見出すことができるであろう。

法隆寺においては、太子の宮処である斑鳩宮の故地である上宮王院が、遺蹟として再構築の焦点となった。後三条天皇の治暦五年（延久元年〈一〇六九〉）に、救世観音像を本尊とする正堂（夢殿）の北に建つ七間の大経蔵が改造され、中央一間の馬道をはさんで東に舎利殿（宝蔵）、西に絵殿が設けられた。舎利殿には、太子が誕生の際に右手に握って日本国にもたらされたという舎利が祀られ、また太子の生前の道具、手跡等の遺物が宝物として安置されている。絵殿には、五間分の壁面を用いた聖徳太子絵伝の障子画が秦致貞によって描かれた。現在は法隆寺献納宝物として東京国立博物館に収蔵されるこの障子絵伝は、現存する最古の太子絵伝であると共に平安期の本格的な大和絵であり、仏法と世俗にまたがる説話画として、ほとんど唯一の貴重な作例である。そこには単なる『伝暦』の絵画化という以上の、ユニークな創意が幾つも見出される。全体で五九枚の銘札が『伝暦』にもとづいた銘文によって伝記の事蹟場面を示しており、それはゆるやかに右から左へと移ろう。そして、広大な山水の空間に巧みに配置された殿舎や寺院の内外で、太子をめぐって展開する伝記上の逸話が描き出され、それが銘札の伝記テクストと呼応して読み解かれるように工夫される。そこでは、伝記という歴史であり物語でもあり、かつ聖者としての太子の前生や本地を明かす宗教的寓話のテクストが、絵伝として図像イメージに変換されることにより、森羅万象のなかで人生儀礼の祝祭や遊戯芸能から戦闘や災害、ひいては奇蹟の顕現に至るまでが表象され視覚化されて、両者の複合は見事な融合を遂げている（第二章参照）。

図 1-2　童形聖徳太子行像（法隆寺上宮王院）

図 1-3　聖徳太子摂政像（法隆寺聖霊院）

上宮王院では、障子絵伝の制作と同時に、仏師円快の彫刻と秦致貞の彩色により太子尊像の造立も行われた。この童形坐像の太子（図1-2）は、宝輦型の厨子に安ぜられ、通常は絵殿の裏堂に納められているが、太子忌日の聖霊会の際には、舎利殿の仏舎利と共に輦《れん》に乗せられ八部衆に担《かつ》がれて夢殿へ——大法会の際には西院伽藍まで——渡御する、すなわち行像なのである。つまり礼拝像であると同時に、カソリックの祝祭において聖堂を出御してお渡り《プロセッション》する聖母像や聖者像と同様な、儀礼のための尊像であった。こうして、法隆寺では十一世紀後半に集中して、祝祭のための太子尊像と唱導の媒体であり荘厳のための太子絵伝が制作され、舎利を核とする太子宝物という聖遺物群とも併せて、太子宗教テクストの諸位相が創り出された。それら儀礼と図像の次元にまたがるテクストのはたらきの一部は、今に伝承される聖霊会において観ることができる。(5) その行道の行先は近世以降は西院となるが、その一角に在る聖霊院は保安二年（一一二一）に東室を改造して太子を祀る儀礼空間としたものである。その内陣には、等身の摂政太子像（図1-3）が眷属の諸王子および恵慈法師像と共に本尊として造立され、安置された。この太子像の胎内には、本地救世観音像と太子が講じたとされる三経（法華、維摩、勝鬘）が納められている。(6)そこで尊像図像は聖典テクストと一体化して太子宗教テクストを構成すべく企てられ、内蔵されたわけであるが、それは今も聖霊院を会場《えじょう》として行われる聖霊会の「お会式」の儀礼と荘厳——須弥山を象った菓子の飾りなどで彩られる——によって祀られ、更に聖徳太子講式および聖徳太子讃嘆式という中世的な儀礼テクストの演唱により礼拝されることで成就し、完結するものになっている。

三　中世聖徳太子尊像図像の生成

法隆寺にみられるような太子宗教テクストの多元的で複合した形成が、他の太子遺蹟寺院においても院政期（十二〜十三世紀）にかけて活発に行われていたことは、現存する遺構や尊像等によって確かめられる。たとえば播磨の鶴林寺の天永三年（一一一二）建立と伝える太子堂は、その東壁に童形太子像を描き、これに厨子を装着して秘仏として祀り、その前にやはり院政期の太子三尊像を安じている。殊に重要な作例は、太秦広隆寺上宮王院の本尊として保安元年（一一二〇）に頼尊により造られた童形太子像（図1-4）であろう。

近年の修理によりその全貌が明らかになったこの太子像の最も大きな特徴は、御躰が汗衫《かざみ》に下袴という姿に彫出された着装像である（後掲図3-1）ということである。何時の頃からか天皇即位の際に着用した黄櫨染御袍《こうろぜんのごほう》を纏うようになり、衣冠束帯姿となった（図1-4）が、本来は角髪《みずら》を結った童形像であった。本像はいわば下着姿であるが、それは以降の中世に多くの類例が見られる裸形着装像の先駆と言うことができる。広隆寺像に先立つ作例としては、東寺鎮守八幡宮の伝武内宿祢神像以外には類例を見ない、珍しい造型である。しかしそれは、鎌倉時代に入ると爆発的と言ってよいほどに増加し、弘法大師像や日蓮上人像など祖師像においても造立され、また地蔵、

図1-4　聖徳太子着衣像（広隆寺上宮王院）

弁才天など菩薩や天部どころか、不動明王や阿弥陀如来像にまで及んで拡がりを示す。太子の裸形着装像はその中でもひとつの中心を成す流れを形成し、その造作は鎌倉期の鶴林寺、叡福寺、権現寺等の像のように植髪像にまで発展する。こうした〝生けるが如き〟像主のリアリティを追究する宗教的表象は、「生身《ショウジン》」思想の端的な図像造型化の所産としての〝生身像〟と見なすことができよう[7]。広隆寺の太子像は、そうした生身像の画期をなす作例として歴史的に定位できる重要な遺品である（第三章参照）。

奝然の請来した清凉寺本尊釈迦如来像、三国伝来の栴檀瑞像は、「生身二伝」の釈迦として信仰された。この像に源を発する、〝生身像〟をめぐる営みとしての造型、意匠、儀礼、そして伝承は、中世人の思惟様式の発現としての宗教テクストの機構《しくみ》を捉える上で、興味深い視座を提供してくれるだろう[8]。中世の〈聖なるもの〉のイメージを端的に表象した生身像は、その表面の生々しさだけでなく、内部にも「生身」の思想が籠められて造立される。広隆寺の太子像についてみれば、その金箔で荘厳された胎内には多くの納入品が収められており、胸中には心蓮を象った蓮台上に太子本地救世観音および天竺震旦の垂迹身たる勝鬘夫人と恵思禅師を顕した御正躰の鏡像が据えられている。また、併せて納められた金色の優美な筥の中には、天王寺や法隆寺、橘寺など他の太子遺蹟寺院で収集した土砂や仏像仏具の断片など、まさしく霊地の聖遺物たるべきモノがその記録と共に包まれていた。その全てが皆金色で荘厳されることが大きな特徴であり、太子の聖性の表象である。

本像造立の主体となり、太子聖遺物の収集者であった人物こそ、同じく納入物のうちの願文に名をとどめる天台僧定海である。彼は、古代太子伝のひとつで『伝暦』の大きな基盤となった『聖徳太子伝補闕記』の書写者であり、また法隆寺に伝来する太子宝物のひとつ、前生弟子所持（妹子将来）法華経の落字勘文を注進した学僧でもある。つまり、太子に関わる重要な伝記と聖典の伝持と考証を介してそのテクストに関わった人物なのである（第三章参照）。その彼にとって最大の太子宗教テクスト構築の営みが、広隆寺の太子像に集約されていると評しても過言ではない。そして、この生身太子像の祭祀のための儀礼テクストまでも、定海は制作している。金剛三昧院蔵『聖徳太子生身供式』[9]は、朝の起床の御手水から供御など、貴人への一日のもてなしと礼拝讃嘆のための講経とを合体させ、入定する弘法大師への生身供など今に伝承される祖師供養儀礼に通ずるものでもあるが、ここで重要なのは、それが叡山横川霊山院釈迦堂本尊の供養次第を元にしていることである。すなわち、天台における思想的系譜の上にこの太子像が造顕され祭祀されるのを確認できる点が注意される。

広隆寺太子像の事例から照射されるように、院政期に創出された聖徳太子図像は、その尊像内部にも小宇宙《ミクロコスモス》の如き世界構造を抱えているが、像の外部では、着衣を纏わせることもその一環となる生身供の祭祀儀礼によってその機能を発現させ、一箇の宗教空間を成り立たせることになる。この関係はまた、法隆寺上宮王院や聖霊院の太子尊像の配置と機能についても見出すことが可能である。そこでも、太子像は聖霊会という祭式の具として用いられ、あるいはそこで渡御する像を迎える生身像としてあらわされたと想定することができよう。一方で障子絵伝は、その背景として太子伝記という文脈《コンテクスト》を物語的図像《ナラティヴ・イメージ》によって説示し続ける装置となってはたらいた。もちろん、随時に、また時を定めて、その物語を絵解きとして説示することもできるが、ただそこに荘厳として置かれ眺められるだけでも、その機能は果たされていると考えることができる。

なお付言するならば、これらのように、ただ見えるものだけで完結するテクストとしてのみでは、宗教テクストの生成はありえない。不可視の神聖な内部空間に秘して籠められた御正躰や聖遺物篋のように、尊像ひいては宗教

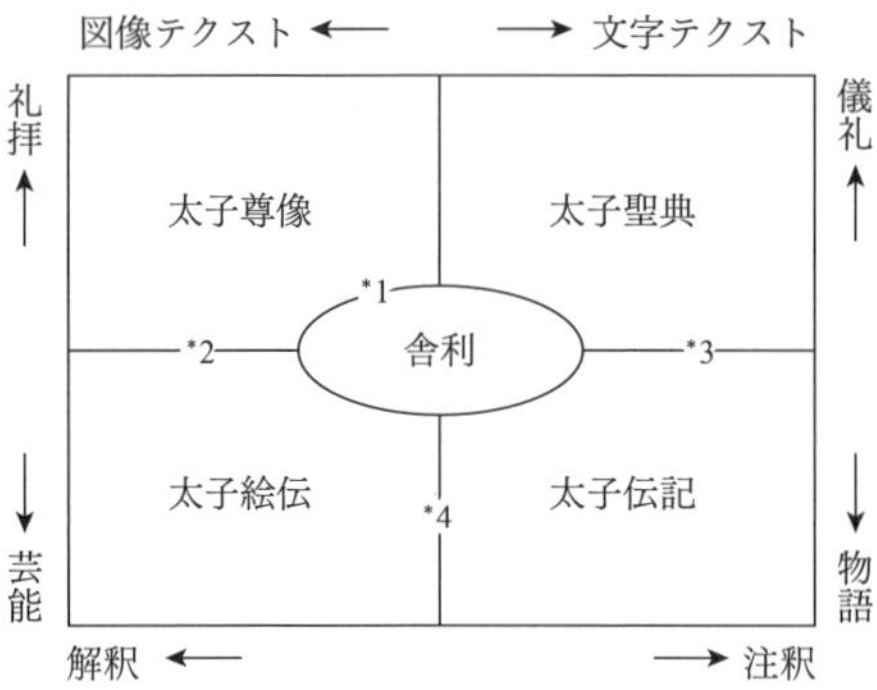

図 1-6　太子宗教テクスト体系の座標

* は座標の境界上に成立する，以下の太子宗教テクストの位置を示す。
*1 南無仏太子像
*2 勝鬘経講讃図
*3 太子講式・『正法輪蔵』太子讃嘆表白
*4 定円『法隆寺宝物和歌』

図 1-5　南無仏太子像（満性寺）

空間全体の聖性を根底で支え、また祭儀を介して顕現し生成されるべく核心的な位置を占めるのが、舎利という聖遺物である。それはまさしく釈尊の「生身」そのものであるが、モノそれ自体は微細にして限りなく零記号に近い象徴物である。しかしそれは荘厳と儀礼によって、また諸位相のテクストにおいて意義付けられることによって、それら宗教テクスト全体を生動させ機能させる力《パワー》を与えるモノとなるだろう。法隆寺上宮王院の舎利殿に本尊として祀られるのは、まさにそのような聖遺物であった。聖霊会では太子像と共に渡御し、かつては毎日舎利殿の庇に出御して礼拝されたこの舎利は、太子が右手に握って誕生した「拳内御舎利」と伝えられ、『伝暦』に拠って二歳の二月十五日に「南無仏」と唱え合掌した時に顕われた舎利として、その縁起が説かれる。その時の太子の御姿を象ったのが、「南無仏太子像」と通称する上半身裸で朱下袴姿の幼童太子像（図1-5）である。この、比類ない〈聖なる幼童〉の尊像はまさしく〝生身としての太子〟像の完成されたイコンにほかならない。なお、南無仏像の遺品の多くには、胎内に舎利をはじめとする多種多様な宗教テクストが納入されていることが知られている[10]。

　かくして、中世に形成された太子宗教テクストの位相構造は、これまでに眺めわたしたところから還元してみれば、舎利という〈聖なるもの〉を中心に、大きく四つの象限に分節された座標《マトリックス》によって単純化して概念化することができると考えられる（図1-6）。

四　中世太子宗教テクスト形成の主体

中世に至り、天王寺や法隆寺という中核的な太子遺蹟寺院の復興に臨み、そこに伝えられた太子宗教テクストの再創造がなされることになる。それを担ったのが、慈円や慶政という個性的な宗教者であり、それぞれ偉大な宗教テクストの継承と創造に携わった人物の営みであった。

鎌倉初期の天王寺においては、天台座主であった慈円が、それまで永く寺門派に独占されていた別当に就任し、殊に建暦五年（一二一三）に再任されてからは生涯その地位を離れず、天王寺の復興をはかった。それが慈円自らの深い太子への崇敬によるものであることは、既に多賀宗隼の研究によって明らかにされているところである(1)。殊に注目すべきは、先に仮説として提示した太子宗教テクストの各座標に属すテクストの多くを慈円が新たに創り出していることであろう。それは文字通り再構築というべきものであった。とりわけ重要な事業は絵堂の再興である。そこでは旧来の壁画絵伝を「本様」に従って再現するだけに止まらず、その裏に、九品往生人を和讃の往生伝から撰び、その往生を図画させると共に、漢詩の讃を当代一流の儒者菅原為長に作らせ、更に和歌を九人の歌人に勧進して詠ませ、その絵銘としたのである（『法然上人絵伝』巻十五）。極楽東門念仏往生の霊地としての天王寺を象るべく、おそらく九品来迎の図像をも含むであろう往生人図という説話画と和漢の詩歌とが交響する複合テクストを創り上げ、これを太子絵伝と表裏一体とすることで、前代までの絵堂とは一変した豊かな信仰空間が生み出された、と言ってよい。

天王寺における慈円による太子宗教テクストの更なる創出は、太子講式というべき『皇太子五段歎徳』[12]であり、これは現在も聖霊院で用いられる現役の儀礼テクストである。その詳細は第三章第二節に詳説するところだが、その特徴は天王寺、とりわけ聖霊院における太子尊像の礼拝と密接に呼応するテクストであるということである。そこで重要なのは、各段の末に付される礼拝のための偈頌(伽陀)の四句文である。それらは太子を讃嘆する詞だが、本尊として祀られる太子像の讃歌として詠唱される要文であった。そのうち初段の偈頌と等しい四句文が、藤井有鄰館蔵の太子童形画像(笏と香炉を持つ、いわゆる真俗二諦像の座像。後掲図3-2参照)の上部に付される色紙型の銘文として書かれている。つまり、この他に類を見ない童形太子像が、慈円の礼拝対象として描かれた像容を伝えるものである可能性を想定できる[13]。

かくも多様な慈円における太子宗教テクストの営みの中で、最もめざましい果実をもたらしたのは和歌という文芸テクストにおいてであろう。『新古今集』に西行に次いで多数の入集を果たすなど、当代の歌壇で活躍した慈円は、その生涯にわたって帰依、信仰する仏神と寺社への法楽としても数多くの和歌を詠じた。その中心は、百首和歌という当時流行の形式を用いたものである。神祇ないし神社への法楽和歌奉納は、これも当時の風潮なのだが、とりわけ晩年の西行が両宮自歌合という独創的な企てを試み、伊勢神宮への奉納を実現したことが、彼に大きな影響を与えたことであろう。更に西行は、慈円を含む当代の歌人に大神宮十二社法楽百首を勧進したのである。

やがて慈円は、自ら一連の諸社百首の制作を発起して、さまざまな主題の許に詠む。とりわけ晩年の建保から承久年間にかけて、九条家の命運を賭けた祈りともいうべき営みとして、それらは詠ぜられたと推測される。北野、八幡、日吉、春日、賀茂そして大神宮と、諸社の神祇について和歌が作られる中に、『難波百首』のみが天王寺、および太子への祈りとして詠作された。そこに設定された宗教的主題が「真俗二諦」であり、各首は真諦と俗諦にかけて交互に詠まれている。『拾玉集』[14]には、その詠作から中書、清書という段階を経たことと、太子の宝前に奉納するための制作の過程において自他の夢想と奇瑞が示されたことが詳しく記録されており、それは彼にとって、歌による祈りが太子に納受されて願望が成就する証《あかし》でもあった。慈円にとって、天王寺に参籠し、そこで太子の霊告を蒙ることは、祈る人としての彼の存在を支え、在らしめる〈聖なるコトバ〉の感得であった。最晩年の慈円による自筆の「聖徳太子・十禅師告文」によれば、太子より夢中で賜ったそのコトバは、木の札に墨で真名（漢字）で書かれた「御躰」すなわち和歌であったという。その歌の詞そのものは知られていないが、それは慈円にとって究極の宗教テクストであったのである（第三章参照）。

青蓮院の慈円の許に入室出家し、範宴と名乗ったと伝えられるのが真宗の祖師親鸞である。この親鸞の事蹟においても、太子への崇敬と併せて太子宗教テクストのめざましい創出が認められる。何より祖師の伝記のうえで重要なのは、建仁三年（一二〇三）のことと伝える六角堂夢告の段であろう。覚如による『善信聖人親鸞伝絵』の一段は、参籠中の親鸞に白衣の僧の姿で救世観音が告げる場面をあらわす。その示現の詞は、弟子真仏の写した「親鸞夢記」（図序-1）に記されており、親鸞上人自身の主張するところの根拠のある〝事実〟なのである。後世、本願寺では宗祖の報恩講において、掛幅の伝絵を本堂余間に懸け、その詞書である『御伝鈔』の奉読が行われ、門徒は一同で聴聞する。そこで伝記と絵伝は併せて儀礼テクストとして機能するのであり、説話・芸能性は排され、厳粛な儀式のうちに神聖な伝承と化していく。

親鸞の太子崇敬は、その晩年に至り、一連の太子和讃の制作において頂点を迎える。それらはほぼ『伝暦』と『御手印縁起』を根拠とするのだが、『皇太子聖徳奉讃』七五首をはじめとして四句を一首とする偈頌は、今様と共通した仏会歌謡でもある。遺されたその自筆断簡には仮名で訓だけでなく注を加え、また朱で声点圏発を付しており、作者自身がその歌謡としての音声化を強く意識していたことを教えてくれる。更に親鸞はその原典テクストも自ら写している。西本願寺蔵の覚如写『上宮太子御記』(15)は、親鸞が七五歳（正嘉元年〈一二五三〉）の時に写した本の転写本だが、その中心には前述の『三宝絵』法宝の序と、続く太子伝をそのまま写している。つまり、為憲の仮名による仏法入門書は、寺院文化の中で唱導テクストへと転換し、再利用されていたのである。そのひとつの姿を観智院本『三宝絵』に見ることができるが、その一端からこの抄出書写本も生み出されたのである。

『上宮太子御記』の覚如写本は、彼が徳治二年（一三〇七）に三河国和田の寂忍《じゃくにん》の許に伝えられていた親鸞自筆本を写したものであるが、これは、宗祖の太子崇敬の拠《よりどころ》となるテクストを初期の門徒たちが継承していた消息を示すものといえる。それを裏付けるように、三河の真宗寺院には、親鸞の由緒を伝える太子崇敬の遺構、遺品が今も多く伝えられている。その代表が、矢作の妙源寺「柳堂」である。関東より上洛する途上の親鸞が念仏教化したゆかりを伝承する道場だが、『三河念仏相承日記』（貞治三年〈一三六四〉）[16]によれば、その高弟真仏および顕智らが矢作の薬師寺で念仏勧進したことが記されており、おそらくその時点で草創されたものであろう。妙源寺には室町時代の太子堂が建ち、本尊に真俗二諦太子童形像を祀る。更に親鸞自筆の十字名号をはじめ、鎌倉末期から室町初期にかけての法宝物を多く伝えている。その中で最も重要なのは、真仏筆の銘を有する（つまり親鸞在世時に遡る）真宗独自の〝念仏曼荼羅〟というべき三幅一対の光明本尊であろう。これは、「南无不可思議光如来」の九字名号幅を中央に、天竺震旦高僧図幅と本朝祖師先徳図幅が左右に配される構成であるが、そのうち本朝幅の下半に、垂髪童子形の太子（香炉を捧げる、いわゆる孝養太子）を中心に侍臣と僧が囲繞する〝太子曼荼羅〟が位置する（図1-7、全図は図終-7）。太子像の周囲には、太子墓（磯長廟）より出現した太子の御記文が抄出銘記されている。つまり、尊像図像と御記文の二つの位相のテクストが組み合わされるかたちである。三幅は一具として、その上下に（親鸞自身が撰び、抄出した）真宗教義の基幹を成す経論等の要文が抄書され銘文とされて、名号本尊や三国高僧祖師影と組み合わされ、全体として真宗念仏教義の正統性と真正性を体系的に図像化するという、独創的なテクスト複合を成し遂げている。その中で、それ自身が複合して成り立つ太子宗教テクストは、重要な位置を占めている。この妙源寺の三幅本を合体させて一幅としたような大幅の光明本尊が、東国の初期真宗門徒集団の間では汎く流布し、それらは名号、図像、要文の全てにおいて多様な変奏を示すが[17]、太子像と太子の要文は必ず備わっている。そこで太子の像《イコン》とその詞《ことば》が担う意義とは、太子こそまさしく三国を転生して本朝仏法の祖として誕生し、その働きにより仏法を興し、念仏を流布する証明者であったことであろう。何よりもテクスト上でのその位置は、確かに親鸞自らが与えたところであった。

三河の真宗寺院の古い道場には、妙源寺以外にも、こうした初期真宗門徒によって担われた、その念仏共同体の核となる太子宗教テクストの遺産が数多《あまた》伝存しており、それらは彫刻、絵画、書籍など多様なジャンルにまたがっている。それらは全体として一箇の体系を成し、本尊図像（太子像）を中心とし、伝記／説話図像（太子絵伝）によってその背景と文脈を形成する。更に、冒頭に掲げた井波瑞泉寺の太子堂の如き宗教空間をその場として、太子講という礼拝儀礼によって信仰共同体を生成する。それは前節に述べた、院政期に遺品と遺構を通して顕在化する、太子遺蹟寺院において形成された太子宗教テクストの世界を簡略化したものである。同時に、それら特定の寺院組織や霊地の場に独占ないし限定されず、日本国中のどの地にあっても移動しつつ設けること——つまり、太子講の道場として営むこと——ができる本尊と道具によって、信仰共同体としての太子堂が成立した証が、これら真宗に伝存した太子宗教テクストなのである。それは、まさしく画期的な革命というべき中世の宗教運動であるが、全国に数多遺される太子像はその偶像《アイドル》であり、厖大な太子絵伝はその太子をイコンとする世界像を呈示するものであった。中世の民衆はこれらを媒体《メディア》として受容し、自らの世界の成り立ちと来歴を認識したのであろう。(18)

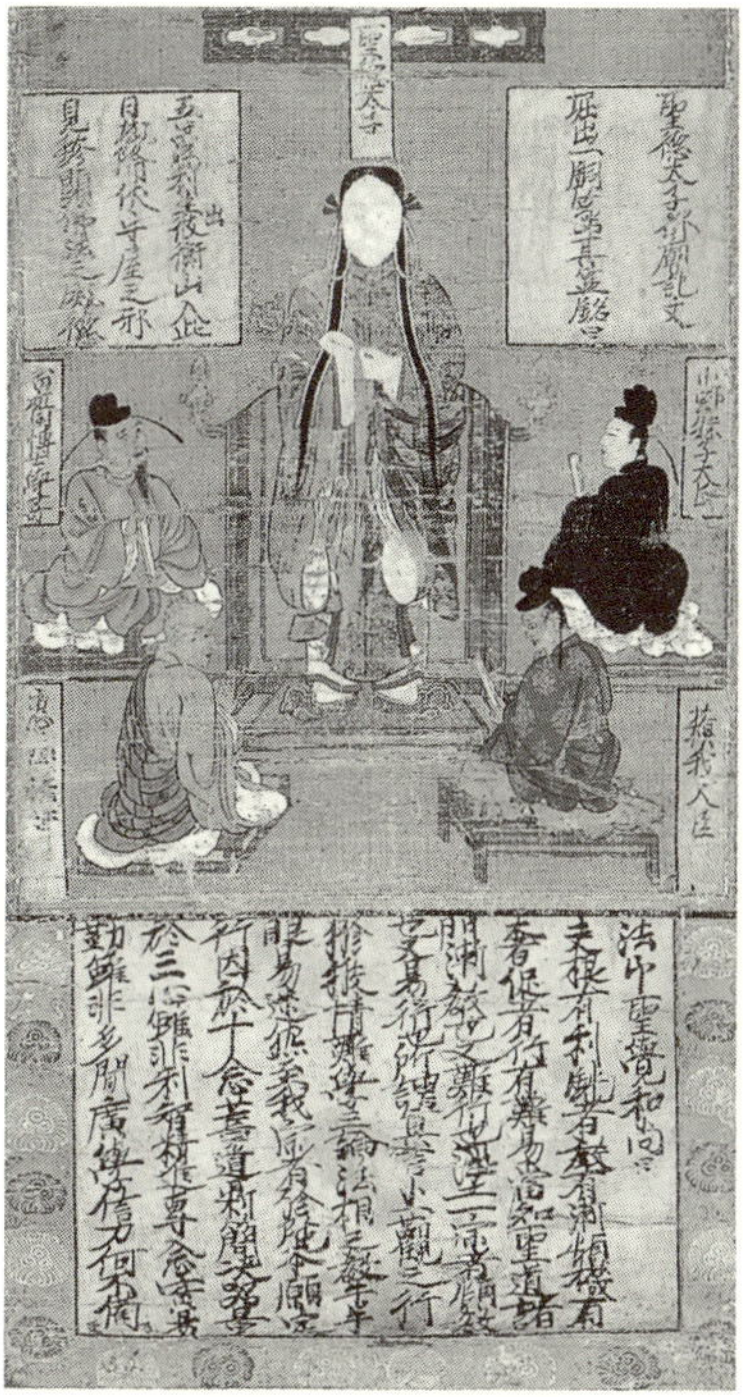
図 1-7　光明本尊，本朝祖師図幅太子曼荼羅部分（妙源寺）

こうした太子宗教テクストの全体像

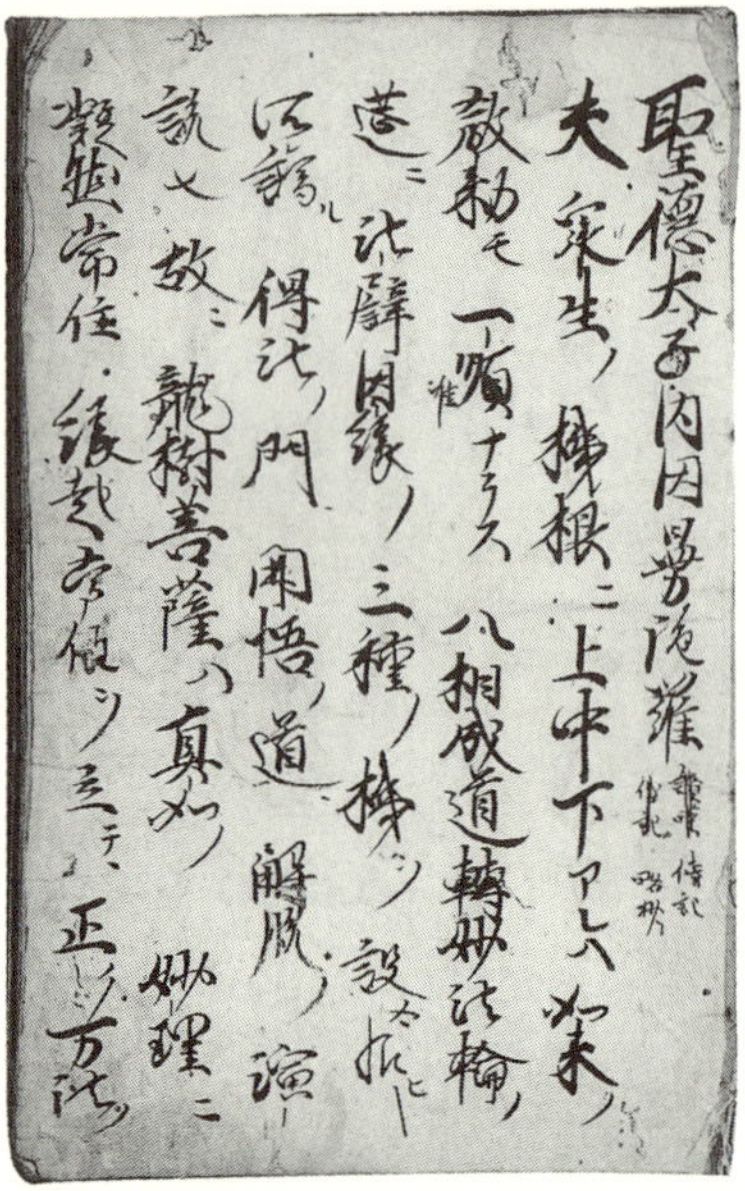

図1-8 『聖徳太子内因曼荼羅』初丁表（満性寺）

とその特質をよく示すのが、岡崎の満性寺の太子堂と、そこに伝えられる遺品群である。寺伝によれば、正応二年（一二八九）に河内から移住した、源海の弟子了専（安藤氏、法名寂秀）が開山で、その弟の親重は鋳物師を職として近代までその家業を継いで寺の傍で生業《なりわい》を営んでいた。荒木門徒の流れを汲み、のちに高田派に転じた寺である。初代了専が携えて来たと伝える南無仏太子像（図1-5）は鎌倉後期の優作であり、併せて伝えられた色紙阿弥陀経という聖典とともに寺院の中心に備わる。これを荘厳する背景となるのが、やはり鎌倉末期制作の四幅からなる太子絵伝（静嘉堂美術館現蔵）で、これは法隆寺献納宝物本や四天王寺本と並ぶ中世太子絵伝の代表的作品である。更に満性寺は、絵伝に対応する、その絵解き台本としての中世太子伝『聖（正）法輪蔵』（鎌倉末期文保年間〈一三一七～一九〉に成立）の最もまとまった写本（十五世紀寂玄が高田専修寺蔵の元亨二年〈一三二二〉写本を永禄年間に書写）を蔵しており、[19] 伝記テクストも備えていた。加えて注目すべきは、太子伝記として他に類を見ない、『聖徳太子内因曼陀羅』（正中二年〈一三二五〉書写、図1-8）と題する写本の存在である。[20] これは、太子伝を中心とする三国にわたる仏法（念仏）流伝の縁起を三巻の絵伝としてその「口伝」を「略抄」した、やはり絵解き台本としての性格をもつテクストである。この『内因曼陀羅』が注目されるのは、これに太子絵伝のみならず、善光寺縁起、法然伝、親鸞伝の三つの絵伝が併せて結びつけられていることである。それは、太子の三国転生と仏法流布の「内因」を、天竺勝鬘夫人の前生譚から始めて、南無仏太子譚や膳后との結婚（芹摘后物語）など特別なエピソードが選ばれ、同じく三国伝来の善光寺如来の流伝のこと、そして法然の念仏始行、更に親鸞の六角堂夢想による専修念仏帰依と、念仏の系譜が説かれるのだが、それらは全て「絵」すなわち絵伝によって示されるところのテクスト複合の仕組みにおいて成り立つものであった（第四章参照）。

満性寺には、かつて伝来した太子絵伝の他に、現在も南北朝時代の善光寺縁起絵伝（四幅）と法然上人絵伝（六幅）を伝えている。このように三河地方には、太子像を中心に、太子絵伝のみならず、善光寺縁起と法然絵伝、そして親鸞聖人絵伝の中世掛幅絵伝の優作を伝来する真宗寺院が多く存在する。その代表が前述した妙源寺「柳堂」であり、ここには、鎌倉後期の聖徳太子絵伝（奈良国立博物館現蔵）の他に、いずれも鎌倉末期を下らぬ善光寺如来絵伝、法然上人絵伝、親鸞聖人絵伝が、全て三幅一具で、興味深いことにあの光明本尊と同じ形式で伝来する。それは、ここにおいて本尊太子尊像を祀りつつ、その太子像を含む光明本尊を教義の図像化とし、その背景の文脈《コンテクスト》を縁起と伝記および祖師伝の説話図像が荘厳しつつ説示するように、総体として宗教テクストの複合が有機的に機能するよう構成されたものとみることができる。そうした、太子を中心とする壮大な真宗宗教テクスト体系の最も大規模な構築を、安城の本證寺において見出すことができよう。高田派の法系に連なる慶円を開基とする安城の本證寺には、鎌倉末期の聖徳太子童形（真俗二諦）像と共に、中世掛幅太子絵伝の遺例中で最大の規模である十幅に及ぶ太子絵伝と善光寺如来絵伝（五幅）および法然上人絵伝（元六幅）が伝えられ[21]、親鸞絵伝こそ欠いているが、全てが一堂に会せば、驚くべき壮麗な仏法の世界図が展《くりひろ》げられるであろう（第四章参照）。

このように、中世の真宗系の念仏聖によって東国を舞台に展開された太子宗教テクストの複合的な形成は、まことにめざましい達成を示している。改めて瞠目すべきは、これらの遺品群が、太子遺蹟寺院において形成されたもののような国家や権門寺院の高僧たちによる所産ではなく、有名無名の念仏聖たちの勧進唱導の営みにおいて創出された庶民のモニュメントとして遺されていることであろう。そのような民衆信仰の遺産としての太子像は、中世から近世に至るまでの作例を含めると、数限りなく伝存しており、その大半は童形、幼童の幼な神、御子神というべき太子像なのである。[22]これらの小像は、満性寺の伝承のように、聖が何処へでも背負い持ち運んで祀ることが可能であり、されば全国の至るところに太子堂が造立されることになる。こうした信仰形態は一光三尊の小金銅仏像である善光寺如来の場合も基本的に同様であり、高田派の専修寺は今も本山においてその両方を併せて祀っている。その道場で、太子を祀る儀礼として太子講が営まれ、講式などの儀礼テクストが導師に読み上げられ一同が念仏礼拝すれば、そこに立ちどころに一座が成就されることになるだろう。冒頭に紹介した井波瑞泉寺の太子堂と太子伝会は、その遺風を今に伝承する、希有な生きた宗教空間なのである。

五　太子宗教テクストの生成展開をうながすもの

かくして、中世前期までの太子遺蹟寺院に独占された太子宗教テクスト体系から、中世後期の全国的な拡がりをみせる念仏聖に担われた太子宗教テクスト体系へ、という大きな構図を描くことができる。では、その間をつなぎ、展開をうながすものは何なのか。この問いに関して、いま想起されるのは二つの視点である。ひとつは、鎌倉時代（十三世紀）の法隆寺をめぐる太子宗教テクスト再創造の過程である。もうひとつは、鎌倉から南北朝（十四世紀）にかけての中世聖徳太子絵伝の展開と流布の様相から見えてくる動向である。

中世の法隆寺においては、鎌倉前期に、天王寺における慈円の営みを引き継ぐかのように、同じく九条家出身の遁世僧慶政（慈円の甥にあたる九条良経の子で摂政道家の兄であった）が、上宮王院の修造をはじめ法隆寺の再興勧進活動に携わった。その営みは多方面にわたることが知られるが、特筆すべきは、彼が太子尊像図像の再創造を担ったことであろう。すなわち、現在太子像として最も周知される、所謂「唐本御影」と呼ばれる二王子を両脇に配した三尊形式の俗躰の姿を太子像と定めたのは、この慶政であることが指摘されている。[23]こうした外部の権門からの働きかけに呼応して、法隆寺内部から太子宗教テクストの再創造を担ったのが、寺主の一族で太子の従者調子麿の末孫と称する顕真である。顕真は、彼の許に伝えられた法隆寺における太子をめぐる秘事口伝説（それらは切紙など師資相承の聖教秘伝書と同じ形態で伝承されたテクストであった）を集成し、これに上宮王院の宝物や法隆寺伽藍の記録、年中行事などを併せ編んだ『聖徳太子伝私記（古今目録抄）』を遺す。(24) その題から察せられる通り、それは『伝暦』など太子伝の「私記」つまり注釈でもある、まことに複合的な性格をもったテクストであり、中世の法隆寺とその周辺の太子崇敬をめぐる諸活動や伝承とその言説を知ることのできる宝庫と言ってよい。

『私記』が記すところは法隆寺に限らず、磯長の太子廟をめぐっても、顕真の先祖康仁や念仏聖たちの展《くりひろ》げる活動が伝えられる。そこに提示される太子の未来記というべき廟から堀り出された石篋蓋銘の御記文（起注文）や、廟壁に刻まれた太子の遺言というべき「廟崛偈」廿句文などは、やがて前述した光明本尊の銘文のような、真宗の太子像をめぐる記文として受用される要文につながるものであった（第三章参照）。

図 1-9　聖皇曼荼羅（法隆寺）

太子をめぐる種々の秘事口伝や縁起説（その例として、空海が太子廟に参籠して本地を感得した伝承や善光寺如来と太子の「御書」往反など）と、それに伴う御記文や消息詞などの要文などが如実に示すのは、顕真の伝承者としてのはたらきであるが、同時に彼は中世の新たな宗教テクストの創造者でもあった。彼が自ら創案した法隆寺における独自の太子尊像テクスト図像が、「聖皇曼荼羅」と称す一幅の〝太子曼荼羅〟である（図1-9）。

その制作には、顕真の協力者であった西大寺の叡尊が関与したと思しく、その許で活躍した南都絵所の堯尊により建長六年（一二五四）に描かれ[25]、聖霊院の内陣脇に掲げられた。その、「上宮一家」を悉く図像《イコン》化しようと意図した一幅は、密教の別尊曼荼羅に倣って構成され、内院には太子と母后と妃の三尊を中心に、外院には王子等の一族と眷属の僧や大臣たちが連なり、上段には太子廟や弘法大師、下段には黒駒と調子麿――つまり発願者顕真の先祖――も連なっている。この曼荼羅図像が本尊太子像や本地救世観音像と並び掲げられることによって、垂迹身としての太子聖霊およびその一家の聖なる本地と布置とが明かされる仕組みである。

顕真によって類聚・伝承された太子をめぐる秘事口伝説は、叡尊を介し、更にその甥である惣持により律僧の間に受け継がれ、伝授されていった。その血脈を含む太子伝の秘伝書が金沢称名寺聖教（金沢文庫寄託）の中に伝えられている。釼阿により写された『上宮皇太子秘伝』が最も詳しい内容を伝えるが[26]、その秘事口伝説の幾許かは中世太子伝に吸収され、既述した『正法輪蔵』にも反映されるところである[27]。他にも、称名寺聖教中には、顕真が伝えた切紙の面影を彷彿とさせるような形態を保った、太子伝や秘事口伝説の断簡が数多く遺されている[28]。こうして法隆寺において顕真が媒《なかだ》ちとなって関与し創出した太子宗教テクストは、秘伝の聖教を媒体として、さながら密教法流の如く相承されて中世社会に流通していくのであるが、その流布によって広汎な階層に太子伝承が行き渡っていく有様は、前に述べた念仏聖たちの担うところと重なるといえよう。

中世の太子宗教テクストの展開についての、もうひとつの視点は、太子絵伝という物語図像テクスト、つまり宗教テクストの中でも重要な媒体であり、集合的な記憶イメージの遺産というべき画面のうえにおいて捉えられる。固定した場を占有する障壁画として描かれる絵伝と異なり、移動可能で随時に何処でも展観可能な掛幅画は、縁起絵や祖師絵伝など中世説話画において画期的な可動性《モビリティ》と可変性《フレキシビリティ》を有した道具《ツール》となった。一言でいえば、さまざまな文脈に結びつき、かつそれらを生み出すことが可能なテクストに生まれ変わったのである。掛幅画のこうした特性は、太子絵伝が古代以来の太子遺蹟寺院という限定された特権的な場から解放されて汎く日本国中に流布するのに大きく寄与したことであろう。但し、そうした変革は一足飛びに起こったわけではない。むしろ、掛幅絵伝という中世の新たな媒体《メディア》の運動は、太子絵伝についてみた場合、太子遺蹟寺院から発すると考えられる。中世掛幅画太子絵伝の確実な基準作も、法隆寺で作られたのである。

法隆寺献納宝物のひとつとして現在は東京国立博物館に所蔵される四幅一具の絵伝は、嘉元三年（一三〇五）に多数の法隆寺僧の発願により播磨房が描いたことが銘により知られ、さまざまな点で説話画の文法を検討するための興味深い題材を提供している作例である[29]（図1-10）。ここで特に強調すべきは、そこに描かれた事蹟には太子による三経講経と注疏製作の場面がもれなく盛り込まれており、それは中世法隆寺僧の学問研鑽の場であった三経院において用いられた可能性を示唆する、と指摘されることである[30]。このように、掛幅絵伝もなお場の文脈と密接に

図 1-10 『聖徳太子絵伝』第二面（東京国立博物館）

結びつき、それを具現化するために創り出されたものであった。この法隆寺四幅本をはじめ、元亨三年（一三二三）定意の発願により南都絵所勝南院座の遠江法橋が描いたことが知られる六幅本絵伝[31]（四天王寺現蔵）、また法隆寺四幅本と図像モティーフを共有しつつ四季の移ろう大景観の中に自由に事蹟場面を配し、銘札や銘文を一切付さず絵のみで構成される叡福寺（太子廟）の八幅本絵伝[32]など、太子遺蹟寺院に関わって制作、伝来した掛幅絵伝が基準作となることは、やはり注意されるべきであろう。更に、これらと共通する図様をより縮約し、二幅のうちに緊密に配置した宇陀の大蔵寺本やメトロポリタン美術館本など、〝南都系太子絵伝〟と呼ばれる作例が十四世紀前半に集中して遺されている。

その一方で、もうひとつの太子絵伝の本所《センター》というべき四天王寺絵堂の太子絵伝は、根本の壁画の伝統（慈円が再興の際に「本様」と称した）を継承しつつ、独自な太子伝の伝承生成と併せて一貫して重要な拠点であった[33]。また、前述した真宗系の絵伝（妙源寺旧蔵本、本證寺本、勝鬘皇寺本、上宮寺本など）は、いずれも構図の中に大きく四天王寺の伽藍を配し、しかも西門や鳥居のみならず、聖霊院と絵堂までも描いている。それは、その絵伝の成立の履歴と拠を示す一種の自己言及というべき指標であろう。ひいては、それらの絵伝の紛本というべきものが、絵解き台本である太子伝『正法輪蔵』と併せて天王寺から真宗の念仏聖にもたらされた可能性がある（第三章参照）。

これらの他にも、南北朝から室町時代に降って制作され、太子遺蹟寺院において備えられた太子絵伝として、鶴林寺本、橘寺本、広隆寺本、六角堂本など、それぞれの寺院の特色ある縁起伝承や銘文などを有した個性的な絵伝が認められる。その中で、たとえば鶴林寺の八幅本は、前半二幅分に善光寺縁起を組み合わせた〝複合絵伝〟というべき構成を持ち、しかも秘伝的な説話図像を多く含む興味深い作例である[34]。鶴林寺と同じく天台系の太子遺蹟寺院の絵伝として、近江の観音正寺旧蔵本や大和の談山神社（多武峯妙楽寺）の、全く図様を共有する四幅本があるが、これらの図様は元亨四年（一三二四）識語を有する堂本家蔵『聖徳太子絵伝』十巻本小絵巻[35]と共通するものであり、その拠るところはやはり古い成立の絵伝（および太子伝記――『正法輪蔵』とは別系統の『宝物集』系の太子

図 1-11　『聖徳太子絵伝』（杭全神社，全十幅の内，右から第二・五・九幅）

伝）であることが知られる。天台系で更に尋ねれば、古代以来の太子遺蹟寺院ではない寺院に太子絵伝が伝えられる例として、近江の油日神社や湖西の中野太子堂（旧太山寺）が挙げられるが、特に後者は孝養太子画像を本尊図像とし、また四幅の太子絵伝（その最終幅の一隅に寺独自の縁起図を組み入れる）の他に三幅の善光寺縁起絵伝を有しており、祖師絵伝こそ持たないものの、ここでも異なった絵伝を組み合わせた〝絵伝複合〟を真宗の例以外に実現した一例と言うことができよう。それは、あるいは真宗の〝絵伝複合〟の影響を受けて成立したものかもしれない（第四章参照）。

　こうして、中世後期には次第に、太子遺蹟寺院からその周縁、更により広汎な世界へと、太子絵伝は豊かに展開しつつ拡がっていく。その一例として、大阪平野の杭全《くまた》神社蔵（元は奥院の全興寺に伝来し、太子開基縁起と南無仏太子像を伝える）の室町時代作十幅本の太子絵伝がある（図1‐11）。天王寺から二里南東にある摂津平野郷は、中世より続く自治都市であった。その中心となる熊野権現と牛頭天王を祀る郷社に伝来する[36]この絵伝は、本證寺本と並ぶ太子絵伝としては最大規模の構成だが、その特色は何よりも、十幅のうち太子が黒駒に乗って飛翔する富士山（第五幅）を中心に右（第二幅）に日、左（第九幅、口絵1）に月を画面上部中央に配し、全体として四季絵的な大景観の許でいわば富士日月曼荼羅を構成する点であろう。他に類を見ない、太子絵伝上において世界像を具現しようとするが如きユニークな掛幅太子絵伝である。応永二三年（一四二三）の寄進銘が写されているが、それよりやや下る十五世紀末から十六世紀初の制作と考えられる。その成立についてはなお検討の余地があるが、天王寺に最も近い中世都市において室町期に誕生した独創的な宗教遺産として、読み解くべき多くの課題を投げかけている。

六　中世太子宗教テクストの座標と布置

以上、複数の視点から、通時的かつ共時的に、中世の太子宗教テクストの諸相を眺めわたしつつ、その流れを辿ってきた。これらを「宗教テクスト」の観点から捉え直すことによって、テクストの体系の輪郭が浮かび上がってこよう。それは、日本の宗教文化が創り上げた最も豊饒にしてめざましい表象体系のひとつである。それはまた、三国に伝来した仏法が我が国独自に誕《う》みだした偶像《アイドル》の世界であり、それをめぐる曼荼羅であるが、この体系は、テクストの座標《マトリックス》として位置付けることが可能であろう。第三節で示したように、太子宗教テクストは大きく四つの象限によって分節される。すなわち、文字テクストの次元では聖典（経典・注釈）／伝記（物語・説話）、図像テクストの次元では尊像（本尊・曼荼羅）／絵伝（聖人伝・縁起絵）と配当してみることができる（図1-6）。これらはいずれも、第三の水準としての儀礼の次元において、それぞれ結合―分化の運動を生じつつ連絡する。その運動は、今も井波の太子伝会が鮮やかに示す如く、聖典／尊像を志向する儀礼化と、伝記／絵伝を志向する芸能化との二つの対照的な方向に分節されるだろう。太子伝および絵伝の機能を担う中世の唱導とは、この両者の志向と運動を兼ね備え、かつそれらを統合する機構といえよう。

これまでに取り上げた尊像や絵伝などの他に、太子宗教テクストの枢要な遺産を紹介しつつ、その座標の上に布置してみることにしよう。聖典としては、恵思禅師の再誕たる太子の証としての、前生所持法華経が挙げられる。これは『伝暦』において完成された取経譚に登場する、太子自ら夢殿へ入定し魂を青龍車に乗せ衡山に飛翔してもたらすという霊異のアウラをまとった経典であるが、しかし太子の滅後に消え失せてしまう。代わりに法隆寺の宝蔵に伝えられたのは、小野妹子が誤って将来した弟子所持の細字法華経（法隆寺献納宝物）[37]であった。この伝承には少しも皮肉は含まれていない。むしろ太子がもたらした〝大乗仏典〟の価値を高めるための伝承なのであろう。それに次いで重要な聖典が、太子自筆と銘される『法華義疏』をはじめとする「三経義疏」であり、ここに太子による経典の請来とその講経および注疏の製作[38]という、仏法聖典テクストの基幹が儀礼と共に備わることになる。「法隆学問寺」とはそれを学ぶ場として成り立つしくみのことを指すが、その法隆寺において、舎利殿や夢殿、また義疏講莚の場であった三経院にも存在していたと伝えられるのが、太子尊像の典型のひとつである勝鬘経講讃図である[39]（図序-2）。それは一面で『伝暦』に拠る太子絵伝中の三五歳岡本宮における、推古女帝のために勝鬘経を講説し霊験を現した説話図像でもあり、同時に礼拝図でもある。つまり、尊像と絵伝の中間にあり、本尊と説話図像の二つの位相を兼ね備えた複合図像と言ってよい、境界的なテクストなのである。この例のように、テクストの位相の座標象限にあってその境界線上に立つテクストこそが、まさしく宗教テクストとして活発なはたらきを示すのであり、そのような現象は前述した真宗の光明本尊の諸作例においても認めることができよう。

文字テクストの次元でいえば、そのような境界に立ってはたらくテクストとは、儀礼テクストとしての聖徳太子講式諸本（前述の慈円『皇太子五段歎徳』や叡尊の三段式、法隆寺聖霊院所用の『聖徳太子讃嘆式（五段）』など）[40]におい

図 1-12　法隆寺舎利殿内陣舎利厨子

て認めることができる。それらは、本尊を礼拝する法儀次第のうちに表白から廻向までの間の詞として、体系立って論理的に太子の本地垂迹を明らかにし、その事蹟と功徳を称嘆し、一同を代表して祈願を述べるのだが、読み上げる導師の声を介して唱導されるのは、聖典の要諦を釈したり、あるいは尊像図像の深義を解くような、やはりすぐれて多元複合的な宗教言説である。更には、その各段の間に礼拝の尊号（名号）や伽陀（偈頌）の聖句が声明により詠唱され、時には管弦による音楽まで奏される総合的な講演が成就することになる。それに連なる性格をもつのが、前述の絵解き台本である太子伝記『正法輪蔵』である。その冒頭に「太子讃嘆表白」が位置するが、これは全く講式の表白段と共通する文法修辞を以て作文され、絵伝の絵解きを一座の講演として意義付ける儀礼テクストであり（その仏事を執行し演唱を担う演者のために、声の高低まで指示される）、これを序として、本篇たる各歳次の一帖毎も一座の唱導となるべき起承転結を備えている。こうして、中世の太子宗教テクストにおいては、儀礼と芸能の次元によって聖典や伝記が媒介され、世間に流通していくことになる。

更に、これら諸位相の、あるいはその境界に立ちはたらく太子宗教テクストの全てを統合し、価値付ける〈聖なるもの〉が存在するであろう。第三節で指摘したように、それが舎利である。法隆寺においては、上宮王院舎利殿に祀られる南無仏舎利であり（図1-12）、天王寺にあっては、金堂に祀られる舎利がその〈聖なるもの〉である。これらの舎利は、毎日出御して礼拝されたり、また時に紛失しては出現する霊験を顕したりした。そのいずれもが、聖霊会では奉請され太子像と共に渡御して会場に祀られ、供養される。勝鬘経講讃図の中にも、画面の一角、講経する太子の傍に、荘厳された台上に載る壺に収められ、香華を以て供養されているのが舎利である。それらの舎利とは、それ自体としては認知し難く、記号といえるほどに微少なモノでありながら、仏の遺身すなわち「生身」の証として超越的な象徴物となり、如意宝珠と同躰とされる如くあらゆる〈聖なるもの〉を媒介し生気づけ、統御する力となる。それはまた、法身仏としての盧舎那大仏や大日如来、阿弥陀仏など諸寺、諸宗の本尊の本質ともなり、後七日御修法の本尊として国家王権を祈る儀礼の核ともなる。(41) 更には、祖師たちの肖像に籠められてその礼拝の焦点となり、ひいては諸社の神祇の神躰そのものとして祀られることになる。かくして、舎利という聖遺物は、中世世界における究極の宗教テクストと言うことができるが、他の中世の宗教テクスト体系においても同様な中核的位置にあることを認めるならば、それは中世宗教テクスト全般の普遍性を共有する表象といえるだろう。

なお、もうひとつ忘れてならない中世宗教テクストの重要な位相について言及しておこう。和歌という文芸において、これらの豊饒な宗教テクストの世界がすぐれて表象されていることを見逃してはならない。(42) 和讃や今様などの歌謡や連歌とも共通するが、仏神に手向け詠みかける法楽として一首を詠むこと、あるいは逆に仏神に祈ればそこから夢想を通じて声として届けられる示現としても、〈聖なるもの〉は歌を介して感得される。詠歌を連ね合わせて一篇を編む営みにまで、それは展開する。太子については、慈円の『難波百首』がただちに想起されよう。ひいては、彼の祈りを導いた太子の霊告のテクストもまた歌なのであった。このような太子への祈り、また太子からのメッセージが歌に収斂することは、慈円のような達人にのみ限られた現象ではなかった。中世の法隆寺においては、三井寺の定円が弘安元年（一二七八）に参詣し、『法隆寺宝物和歌』を遺している（第二章参照）。

唱導者、説経師として活躍した定円は、関東歌壇の中心歌人として著名な真観（葉室光親）の子として自らも勅撰歌人であったが、また深く太子を崇敬し南都でも活動していた。彼は橘寺の勧進帳（仁和寺蔵）を草し、(43) また法隆寺で信如尼が発見した天寿国繡帳供養のために『天寿国曼陀羅講式』(44) を制作しているが、そこにこの『宝物和歌』を加えることができる。その序に続いて、冒頭にまず詠まれるのが「拳内御舎利」すなわち舎利殿に祀られる南無仏舎利の歌である。

名ぞ惜しき　手に拳ります此国の　人をうきせるうたへ舎利をば

それはなお意味を解し難い句を含んでいるが、太子とそのもたらした舎利の、末代にわたる功徳を讃える趣旨は明らかであろう。

本章で取り上げた中世の太子宗教テクストは、決して遠い過去の遺物ではなく、今も生きる文化の遺産であり、祀られ続ける営みのうちに、絶えず古《いにし》えの記憶が再現されている。

聖徳太子を中心とする、以上のような宗教テクストの世界は、確かに一箇の体系を成して存在し、生き続けている。冒頭に紹介した、太子絵伝の絵解きを今も伝承し続けている越中砺波の井波別院瑞泉寺のように、太子伝会という儀礼を太子堂という宗教空間において催すことによって、中世当時の宗教テクストの遺品を伝えながら、その体系を再生・継承するという驚くべき生命力を、それは示している。あるいはまた、近隣の城端別院善徳寺でも、同時期に催される虫干法会において（こちらでは蓮如上人伝の絵解きが行われている）、同じく南無仏太子像が祀られ太子絵伝が掛けられて、その縁起が読みあげられていた。これらも中世太子尊像と絵伝の系譜に確かに連なる遺品であった。更に近年、それを用いた太子伝の絵解きが寺院の発起により創められ、それに筆者が主体的に関与するという事態となった。それはあたかも、太子宗教テクスト諸位相の相互の有機的な関係性と潜在する生命力を喚び起こすような試みといえる（第十四章参照）。それはまた、我々の前に遺された中世宗教テクストの遺産が、どのようにその秘める意味を解読されうるかという問いへの、端的な回答ないしテクスト学の実験的実践でもあった。以下の各章において取り上げる中世聖徳太子宗教テクストの認識と解釈についても、その試みはひとつの視座と方向性を与えるものといえるだろう。

第二章　複合宗教テクストとしての聖徳太子伝と絵伝

一　古代における太子像と太子伝の成立

聖徳太子という存在は、古代日本の国家像をその一身に体現するようにして創り出された偶像《アイドル》と言ってよい。「厩戸皇子」は、既に『日本書紀』においてさまざまな性格を託され、「聖徳太子」として形象されている。彼はまず、蘇我氏と物部氏が覇権を争う戦いの中に童子の姿で登場し、四天王に誓願して勝利を導いた少年英雄として立ちあらわれる。推古紀では女帝の摂政皇太子として国政を担い、十七条憲法を草し冠位を定めて国家秩序を創成する政治家である。また隋の皇帝に使者を遣わして対等な地位を主張し、東アジアの一角の古代国家としての日本を代表する外交の主体でもあった。更には片岡山の飢人を哀れむ歌を詠み、自らの死を全ての国民のみならず異国の僧からも悼まれ哀惜される聖人として描かれる。太子はその出発点から、正史としての国史という正統な歴史テクスト上に定位された存在として浮かび上がるのである。

〈歴史〉に強く刻印された聖徳太子という存在は、どのように表象されたのか。たとえばそれは、太子の故宮斑鳩宮跡に建てられた法隆寺金堂の本尊釈迦三尊像の光背銘に、この像が「尺寸王身」つまり太子等身の仏像として太子像《イメージ》と重ねられているところに見ることができる。つまり、仏像という尊像図像と銘文という文字記録を併せて中心として、太子を記念する宗教空間が早くも太子没後ただちに営まれることになるのである。[1]

しかしその太子の生涯を、伝記という独立したジャンルのテクストにおいて対象化することは、『書紀』以降、ただちに行われることはなかった（『上宮記』という記録の逸文が知られるが、系譜断片の如くで全貌は不明）。奈良時代末期に編まれたと推定される『上宮聖徳法王帝説』は、太子一族の系図や、先の釈迦像光背銘、天寿国繡帳銘文などで構成される幾許かの太子関係記文、および太子創建の寺院についての記述や太子を悼む臣の詠歌など、断片的な各種テクストの雑纂というべきもので、到底、統一された伝記とは言い得ない性格のテクストである。[2]

それに比べて纏まった伝記として成ったのは、平安初頭、聖武朝に来朝した鑑真の弟子、唐僧思託の撰述した『上宮皇太子菩薩伝』であり、これは本来、彼の編になる『延暦僧録』の一部をなす、僧伝集成すなわち仏法史叙述の一環となるものであった。[3] 思託はそこで、太子に「菩薩」すなわち救世観音の化身、応現（後世にいうところの「垂迹」）としての尊格を与えるが、同時に太子の前生は天台の祖師である南岳恵思であって、倭国の皇子として転生したものだとする再誕伝承が主張されている。この伝承は、淡海三船の撰『唐大和上東征伝』によれば、すでに唐において流布しており、鑑真自身も来朝の動機として認識していた所説であった。[4] 海東の皇子が恵思禅師の再誕である根拠として、その舞台である南岳衡山での七代にわたる転生の経緯を記した『大唐国衡州衡山道場釈思禅師七代記』が伝わり、のちの太子伝記にも引用されるが、『記』の本文自体は唐で成立したものと考えられる。[5] この太子と恵思の転生再誕伝承の祖型は、すでに『大唐伝戒師僧名記伝』に説かれる、衡山において恵思が少年の頃の天台大師智顗を迎え、「昔仏在世、我与弟子、霊山同聴」と再会を喜ぶ一説に求められよう。[6] これらを携えた鑑真の来朝により、聖徳太子は古代東アジア諸国間において、三国にわたる仏法伝来を象徴する存在へと高められるのである。

転生菩薩としての太子像は、平安朝の国家仏教を担う天台真言の両宗における〝高僧図像〟のイコンに列なった。それは久安六年（一一五〇）書写の大谷大学図書館蔵『高僧図像』の如く香炉を捧げる童形坐像を典型とするが、その原型は、天慶九年（九四六）に供養された叡山東塔法華堂の天台祖師像と考えられている。その祖師像には、橘在列の作になる画讃が銘として付されていた[7]（図2-1）。太子像と画讃という最少単位でのテクスト複合が、ここに認められる。それは、尊像図像と文字テクストの結合による宗教テクスト体系における中枢的な位置を占めるテクスト複合なのである。その銘文は、勧修寺法務寛信の書写になると推定される大谷大学本や醍醐寺本『三国祖師影図像』など真言寺院の伝本の場合は、初句を「観音後身」と天台宗の文脈から変更して、ニュートラルな性格を付与されているが、いずれにせよそれは、古代に成立した太子像と太子伝を集約した赴きをもつ聖句である[8]。

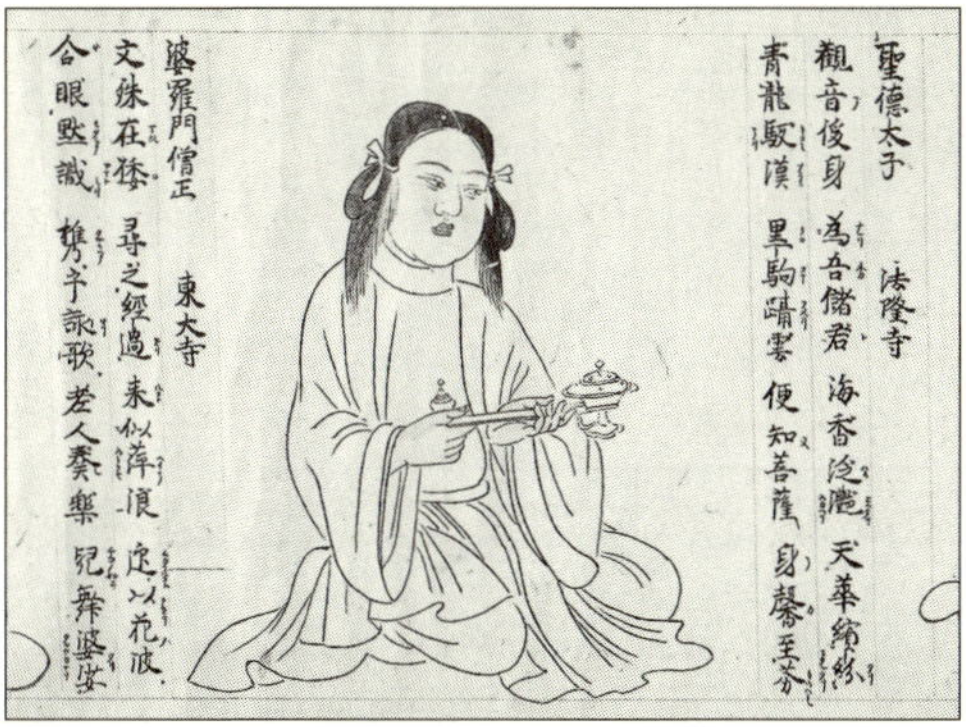

図 2-1　『高僧図像』聖徳太子図と銘文（大谷大学）

南岳後身、為吾儲君、海香泛艶、天華繽紛、
青龍駆漢、黒駒躡雲、便知菩薩、身馨至芬、
（南岳の後身、吾《わ》が儲君と為《なれ》り、海香泛艶《はうえむ》たり、天華繽紛《みだれたり》たり、
青龍漢《そらにめぐり》駆《のり》、黒駒《くろこま》雲を躡《ふめ》り、便ち知りぬ菩薩と、身の馨《か》至て芬《かうば》し）

そこには既に、『捕闕記』や『伝暦』において説かれる、太子が青龍車に魂を載せて漢土に取経したり、甲斐黒駒に乗って諸国に飛翔する神異譚が踏まえられている。このように高僧列影図の中に図像化された太子像に付された讃は、影供のような祖師礼拝儀式に臨んで誦唱された儀礼テクストであった可能性がある。そこに示唆される、尊像図像と文字テクストの複合とは、儀礼の位相を可視化し、その場の文脈を〝声〟によって響かせる媒体ともなるのではないか。

二　平安期における太子伝の生成と『三宝絵』

古代の聖徳太子諸伝承をひとつの伝記に集約した画期をなす太子伝が、平安前期に成立した無名氏の『上宮聖徳太子伝補闕記』である。[9] その序文によれば、先行の諸伝（書紀、暦録、四天王寺聖徳王伝）が委曲を尽くさぬのを憤り古記を探り、「調使、膳臣等二家記」を得て太子の行事「奇異」の状を録したという。その伝には、太子の入胎誕生より入滅および滅後の上宮一族の滅亡までが記され、斑鳩寺被災後の蜂岡寺已下三箇寺の造立で結ばれる。伝は、法華取経譚や片岡山飢人伝承および黒駒伝承など、後につながる主要な太子伝の構成要素がほぼ出揃って、太子の生涯を通して叙すように配列される。但し、その中には法華経等の講説と製疏について詳述されるにもかかわらず、恵思後身説が組み入れられていないことが注意される。また、干支により各事蹟の年代がおよそ示されるが、全体を網羅するものではない。

一方、平安前期には、太子と蘇我馬子によって編まれたとその序において仮託する史書『先代旧事本紀』十巻が成立しており、『書紀』に匹敵する権威をもって中世を通して重んじられた。特に、神道における「神書」聖典として、『書紀』神代巻と並ぶ位置を占め、注釈の対象ともなった。このように、太子は歴史ないし神祇の始源を記すテクストの主体として在らしめられたのである。そうした太子自身について、新たな歴史テクストとしての伝記が、『補闕記』に依拠しつつ、更に先行の諸伝を摂り込み、集大成して成立した。それが、以降の太子伝の正典《カノン》となった『聖徳太子伝暦』である。

「平氏伝」と呼ばれる『伝暦』の成立は、その諸伝本のうち、杏雨書屋蔵元徳三年（一三三一）写本の本奥書に見える正暦三年（九九二）識語[10]がひとつの指標となる。「一本」を得た編者は、その太子事蹟の年代にすこぶる「闕暦」があり、これを補い真の年代を知らんがため「数本」を参照、「日本紀」を引き、つぶさに所々の「要文」

を記し加えたという。それらをして「分為上下」すなわち現行の『伝暦』の如く上下二巻として改編された。それは、欽明天皇三二年（五七二）の金人夢告による太子入胎から始まり、太子崩御を経て皇極天皇二年（六四二）の入鹿誅殺までに至る、壮大な上代史伝となって完成した。

『伝暦』の原型かつ土台となった「平氏伝」の太子伝そのものは残っていない。しかし、その面影を伝えるのが、第一章に述べた如く源為憲の筆になる『三宝絵』法宝第一話の太子伝である。それは仏、法、僧の三宝を各主題とする三巻の絵と詞からなり、その中巻はじめにあたる段に太子伝が「昔、上宮太子と申聖いましき」と書き始めて据えられる。伝の末尾には、依拠した出典として、『日本記（紀）』や『上宮記』『日本霊異記』と共に「平氏撰聖徳太子伝」が挙げられる。以下に詳しくみるように、おそらくその伝の大部分は、『伝暦』の前身《プレテクスト》となった「平氏伝」に拠ったものであろう。(11) その伝記内容は、『伝暦』と多く重なりながら、しかし、つぶさな年代は示されない。その点でまさしく「闕暦」の伝なのである。しかるに、『三宝絵』の太子伝が注目されるのは、単に『伝暦』の祖型となった太子伝を窺い知ることのできる材料であるからではなく、その伝記テクスト自体が有し、創り出したと思しい独自な性格のゆえである。

『三宝絵』が企図したのは、日本における綜合的な仏法のテクスト化ともいうべき構想であった。(12) それは絵と詞、すなわち図像と文字テクストの結合からなる複合テクストであり、先の画讃より遥かに複雑な次元での営みであった。またそれは経典とその見返絵のような形式の結合ではなく、むしろ敦煌遺文中の変文と変のような、あるいは平安末期の説話絵巻のような作品《テクスト》を想起させる、女手の仮名文の詞と物語絵の組み合わせにより成り立つ絵物語の一変奏であったと推定される点で、すぐれて和様化された仏法テクストではなかったか。為憲自身もその序の中で、内親王に奉るにあたって、現世においてまず第一に厭い去るべきはかなき「女の御心を遣《や》る」物語の数々を挙げているが、それらもみな絵物語の草子であったろう。その絵物語の文体とイメージの様式に拠りながら、その文法を利用してさながら仏法のテクストと仕立てあげた点に、『三宝絵』の類を見ないユニークな達成があったといえよう。

三宝を主題とする各巻は、それぞれの「趣」と「讃」を以て枠組みとし、仏宝は昔（過去世）の仏の因縁を以て説き、法宝は中頃（本朝の古《いにし》え）の仏法弘通の人々の伝記、僧宝では寺々での万《よろず》の僧の行《おこな》い（年中仏事・法会）とその縁起を記す。配列されるそれらの因縁、伝記、縁起等は、全て出典を挙げその趣を和らげて叙《しる》す。その仏法記述の大きな特徴は、仏すなわち天竺の釈迦如来について直接言及することがないこと、つまり、仏伝を省くことである。震旦（中国）における仏法の伝記も含まれない。ただちに法宝の第一話で太子が位置付けられ、その讃も太子の守屋降伏を讃えて結ばれる。このような全体の要《かなめ》に太子を据える意義は、法宝の「趣」に明かされる。釈尊説法の「御法《みのり》」の様を天台宗の五時教の比喩を以て示し、仏滅後も「教法」は留まり天竺より我が国に至って盛んになり、「迹《あと》を垂《た》れたる聖《ひじり》、昔多くあらはれ、道を弘め給ふ君、今にあひ次《つ》ぎ給へり」と、仏法の流伝した東土の本朝においてこそ繁栄し尊崇されるものであることを言挙げするのである。その証であり担い手である「聖」と「君」の代表こそが、太子にほかならない。

このように格別な位置を占める『三宝絵』における太子伝は、大きく四つの主題によって構成されていると読みとれる。

一は、母后への入胎（託胎）から厩戸での誕生、そして南無仏を唱える（二歳）まで、これらは謂わば「託胎・誕生相」と捉えられよう。これに付随して経論将来と披見、六斎奏上（六歳）、仏像将来（八歳）、日羅との対面と偈、舎利感得などの幼少時の事蹟が続く。

二は、仏法を破滅せんとする守屋大連らとの戦いに臨み、四天王に祈り勝利して「これより仏法盛りとなりぬ」とする。これを「降魔相」とみなすことができる。元服（十九歳）し、推古天皇の摂政となることがこれに続く。

三は、勝鬘経講讃と妹子遣隋使派遣をめぐる衡山取経（夢殿入定、前世所持経将来）および諸経の疏を製作することで、これは「転法輪相」といえよう。この前に、阿佐太子の面謁と偈が位置し、黒駒による飛翔が続く。

四は、膳后と生死の道を問答し、次いで片岡山飢人説話における飢人との歌問答と葬礼、そして太子と后の同床での薨去と葬送、前世所持経の消失と黒駒の殉死へと続く。これらの一連は、「涅槃相」といえよう。

このように、順を追って伝記を分節すれば、全体は仏伝における釈迦八相のうちの主な四相に対応するものといえよう。太子は終生優婆塞であり、小王身であったから、当然のことに出家相はない。そして、日羅と阿佐の礼拝と偈頌により、その本地垂迹の相が明かされ、本地観音ながら垂迹の聖人として太子は形象される。つまり、天竺の仏の化身として本朝の太子は位置付けられるべきことを、伝の構成そのものが示しているのである。

最後に、太子の三つの異名を釈すくだりが加えられる。その一に厩戸豊聡耳皇子とは、厩での生誕と一度に十人の愁《うれ》いを聞くことのできる、異相と異能を持つ存在であることを示す。その二に聖徳太子とは、容儀が僧に似て経疏を作り、仏法弘通の徳をあらわすことを示す。その三に上宮太子とは、王宮の南に住居《すまい》し国政を掌る故であるという。それらは、仏法と王法の成就を体現する聖なる王を指す名なのである。このような太子の認識は、法宝の「讃」に、「守屋大連の愚かなる詞にかかりて、我が国の仏の種は断《た》えぬべかりけるを、厩戸皇子の賢き政《まつりごと》によりて、今日まで法門は伝《つたは》れるなり」と結論するところに「趣」とも併せて呼応しており、その功徳が伝に詳述されるという仕組みになっている。

太子および太子伝に釈迦八相を重ねて解釈することについては、やや時代が下るが興福寺の貞慶による「太子八相」が知られる。南北朝期の聖云の編になる『伝暦』注釈書『太鏡百練抄』にその逸文が収められ、うち七相分が知られる[13]。それがいかなる儀礼のために作られたかは未だ詳らかでない。しかし、八相に宛てて徳用を讃歎する発想は、明らかに仏伝図のような説話図像や礼拝画に対応するもので[14]、釈迦八相を模した太子八相図の如き太子伝図が企てられた可能性も想像されるところである。翻って、『三宝絵』の太子伝の場合も、その絵はいま解釈したような四相の主題に対応する場面で構成されていたかもしれない。だが、いずれにしても絵が喪われてしまったことにより、その複合宗教テクストとしての真価はついに明らかにならないままで読み解かなくてはならない。『三宝絵』はそのような困難《アポリア》を抱える、幻の作品なのである。

三　『聖徳太子伝暦』における正典の確立

聖徳太子伝は、その形成の初期から絵伝という図像化の運動を伴う複合テクストであった。そのような伝記と絵伝が複合し、一体となって生成された場の中心が四天王寺である。古く「四天王寺障子伝」と呼ばれた敬明撰『四天王寺聖徳王伝』や、『伝暦』の末尾に挙げられる太子伝の一つとして「在四天王寺壁聖徳太子伝」など、独自の太子伝を有していたことが知られるが、それらは「障子」や「壁」に描かれた太子絵伝に伴う銘の如き文字テクストの伝記であったと考えられる。四天王寺には、奈良時代末期の宝亀年間に太子絵伝を描く絵堂が設けられ[15]、平安時代を通じて太子伝の唱導が行われていた。そのつぶさな様相は、院政期に鳥羽上皇の四天王寺参籠に扈従した藤原頼長の『台記』に詳しく記される[16]。寺僧がそこで絵伝の「絵説」を行っていたこともよく知られるところである。この絵堂は、その後も退転と再興を繰り返し、元和の再建時に狩野山楽の描いた絵伝壁画の一部が今に伝えられて、そこに継承されてきた四天王寺絵伝の伝統的図様の片鱗が窺われる。しかし、その画面上にはもはや古代の独自な太子伝テクストを読みとることはできない。すでに『台記』において頼長も参籠中に太子伝を読んだことが見えるが、それは上巻と下巻とあって現行の『伝暦』上下二巻を指すと思しい。平安末期には、四天王寺においても『伝暦』が太子伝を代表するものとなっていたのであろう。

『聖徳太子伝暦』の基本的な構造は、欽明天皇から皇極天皇までの歴代の天皇の治世紀年の枠組みに、季と月単位の時間軸に従って全ての記事が配列されるように、全く史書としての形式を備えている（図2-2）。『補闕記』など先行する太子伝テクストの本文は、その枠組みの中に吸収されて内実をなしている。この〝伝暦〟という新たな枠組のもとで太子伝を形成したその本文作成のめざましい方法的な特色は、すべての年次に必ず太子の事蹟を記す（太子滅後はその限りでない）ために、『日本書紀』において本来は太子と無関係であった記事をも悉く太子が主役ないし関与したように改変したことである。それは伝記が〝伝暦〟となるための一種の換骨奪胎のしわざである。そこで太子は、自ら天皇や臣下に語り、働きかけ、生起する事象について予言し意味づける。つまり、歴史の主体となって解釈を行う存在と化すといえよう。『伝暦』では、先行の伝において成立した太子による経典講説や疏の製作という宗教テクストの創出も、歴史の文脈に定位され他の事蹟と結びつけられて一体化する。更に注目されるのは、その本文の随所に〝要文〟にあたる各種のテクストが抄入されることである。最も大規模な抄入は、太子自撰に仮託された四天王寺の縁起「本願縁起」（『御手印縁起』）であり、また太子の恵思後身説を証す前述の『七代記』や、闕暦を補うために参照したとされる『暦録』などを引いている。これらの抄入は、伏見宮本や徳島本願寺本、興福寺本など鎌倉時代に遡る古本系の諸伝本では、いずれも本文と同じ一行書きの形式であるが、東大寺本など室町時代の写本を中心とする別本系では小字割書（割注）形式で書かれており、本文と明らかに区別される。また、抄入が書式形態の上で注記化するのが後出伝本であることに注意する必要がある。[17] これは、『日本書紀』の本文に対して「一書」として立てられる注文が、平安期に遡る古い伝本では小字割書形式であるのに対し、中世に成立した卜部本系統の伝本が本文と同じく一行書きで書写するように変化したのとは、逆の動態を示していることが興味深い。

かくして、『伝暦』は、太子の生きたであろう時代から滅後にも及ぶ広汎な時代にわたり、あらゆる出来事が太子に関わり、太子が主役となって

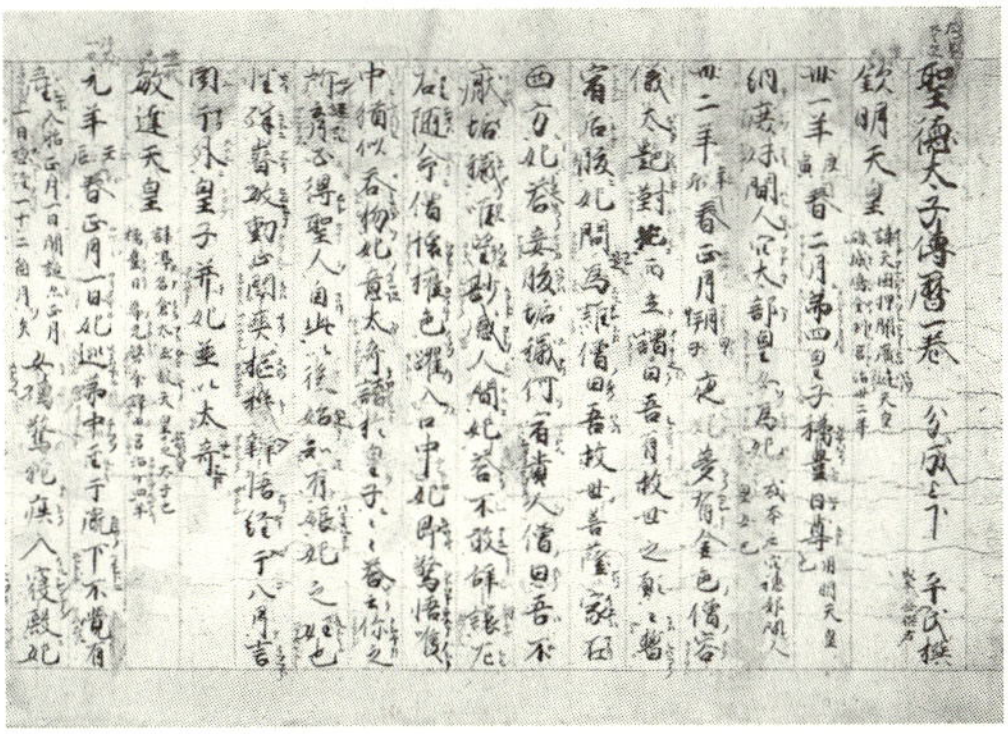

図 2-2 『聖徳太子伝暦』上　巻頭部分（徳島本願寺）

立ち働くところの仏法にもとづく国家的な歴史叙述と化した。それが、他の伝記に冠絶する権威が本書に与えられた理由であろう。のみならず、『伝暦』は太子の前生と転生の因果の網目を幾重にも全篇に張り巡らせて、太子が自ら告げ、また日羅や阿佐太子ら来訪者によっても語らせる。あるいは予言や因縁を説いて未来や過去世を告知する詞も、太子によって宣べられる。更には太子の遺言となる「四節意願文」や太子を礼拝鑽仰する聖句の偈頌などが、啓示されるようにして掲げられる。抄入された要文と併せて、多様な位相のテクストが太子の口から発せられ、もしくは太子をめぐって唱えられ、その聖性を際立たせて太子を荘厳するように布置されているのである。

精妙に構築され編み上げられた織物《テクスト》として成り立った『聖徳太子伝暦』は、『源氏物語』に僅かに先立つほとんど同時代作品と言ってよいテクストである。(18) それは以降、中世には聖徳太子伝の正典の地位を獲得し、聖典に準ずる扱いを受けて重んじられるようになる。『伝暦』伝本のテクストそれ自体に書き入れられたパラテクストとしての詳細な付訓や声点、傍注、裏書など、その本文にさまざまな位相で付された注釈は、経典や神典のそれと共通する絶えざる解釈行為の対象となっていることを示している。その漢文は、訓読されることによって享受されるのだが、諸伝本の本文や識語が示すように、その訓点は公家（博士家）と寺家にまたがる学問の伝授継承の所産であった。(19) つまり、『伝暦』は中世古典学という〝知の体系〟の一環をなす書物《テクスト》であり、その本文をめぐって、単なる訓読の水準だけでなく、出典考証から和漢および仏教をはじめ諸学にわたる知識の集積と参照が営まれた、交流の接点であったのである。

『伝暦』正典化の運動は、その写本自体に付されていた注釈の外部化ともいうべき『伝暦』注釈書の成立となって中世に継承されていく。現存する『伝暦』注釈は、四天王寺において成立した『提婆羅惹寺麻訶所生秘訣』（嘉禄三年〈一二二七〉）が早く、次いで鎌倉後期に橘寺の律僧法空による『平氏伝雑勘文』『上宮太子拾遺記』（正和三年〈一三一四〉）、更に南北朝期に常楽寺の律僧聖云による『太鏡鈔』『太鏡百錬鈔』『太鏡底容鈔』の三部作が成り、次いで聖誉の『聖誉鈔』、法隆寺僧重懐の『太子伝見聞記』に及ぶ。室町時代に至り法隆寺が『伝暦』研究の中心となって、訓海の『太子伝玉林抄』がそれらの蓄積を集大成している。[20] そののちも江戸時代に至るまで、法隆寺では注釈書の再生産が継続して行われており、それらはいわば太子伝の間テクストとして広く流布した。こうした学問の系譜を担う解釈活動のテクスト上の現象形態が注釈書といえるが、その運動は『伝暦』というテクスト自体のもつ独特な構造から発するといえよう。[21]

四　平安期における聖徳太子絵伝――法隆寺障子絵伝の成立

『聖徳太子伝暦』が内包する構造の外在化というべきテクスト解釈の運動は、注釈の位相のみならず、物語化というべき方向にも展開していく。『伝暦』の物語化も注釈書の成立と同じく中世、鎌倉時代に至って顕在化し、新たなテクストが成立する。比較的『伝暦』に忠実に仮名物語化した『聖徳太子伝宝物集』[22] は、その本文を節略し詞書として絵巻化した堂本家本『聖徳太子絵伝』絵巻十巻[23]（元亨四年〈一三二四〉）の存在から、それ以前の成立が想定される。更に、四天王寺周辺で文保元年から三年（一三一七〜一九）にかけて成立したのが、真名本絵解き台本というべき『正法輪蔵』（図2-3）である。[24] これらの物語化された唱導的な中世太子伝が共通して示す現象は、その絵巻化や絵解きという機能に端的にあらわれる、絵伝という伝記の図像化であり、イメージによる解釈と不可分な複合的テクスト化であろう。そこで太子伝とりわけ『伝暦』は、イメージによって読み解かれる。かつて『三宝絵』がそれを試みたように、絵物語として図像と文字の複合によって再テクスト化されるのである。『伝暦』に即した太子の各歳次ごとに一帖を構成し、その中で絵指示の詞を事蹟描写の叙述に組み込む『正法輪蔵』は、その絵と物語の関係を明確に意識化（顕在化）して機能するように作られた伝記である。それは同時に、太子の生涯の事蹟をイメージ化した絵伝という説話画の制作が要請され、あるいは絵伝の存在が前提となっている。すなわち、太

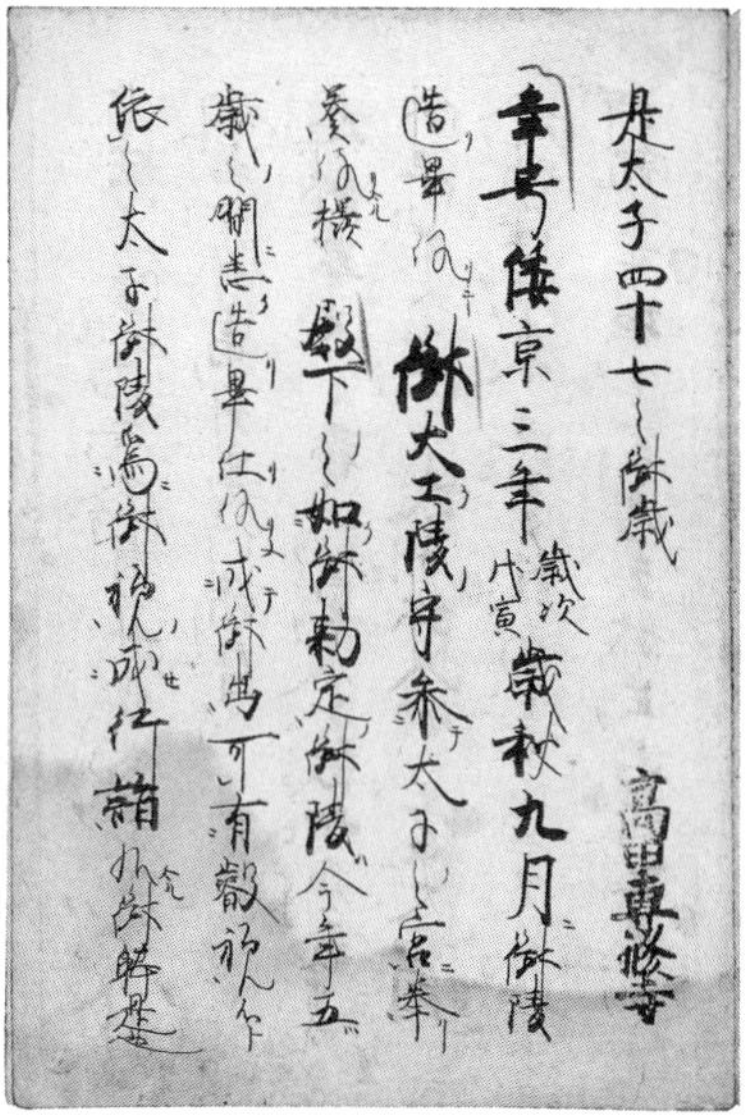

図 2-3　『正法輪蔵』初丁表（光久寺）

子絵伝という物語――説話図像のジャンル――の確立である。それは、仏教の広義の宗教テクストの範疇において、仏伝図という古い伝統をもつ宗教図像[25]を基盤として、その本朝版というべく形成された説話図像ジャンルとして位置付けられるが、一方では物語絵として太子伝の物語を図像化して解釈する、世俗画としての側面をもつのである。

聖徳太子絵伝の現存最古の作例であり、また『伝暦』解釈における図像化ともいえるテクストが、法隆寺上宮王院の絵殿に延久元年（一〇六九）秦致貞によって描かれた聖徳太子障子絵伝（以下、障子絵伝）である。この絵伝の画面には、全体で五九を数える大小の銘札（色紙形）が付されて、描かれた太子の事蹟を示しているが、その銘文の大部分は『伝暦』本文に拠っていることが確認されている[26]。その絵伝としての諸図像もまた、大半は『伝暦』によって理解することが可能である。換言すれば、障子絵伝の図像のコンテクストを『伝暦』が成しているのであり、銘文はその関係を保証し媒介する間テクストであった。

障子絵伝の世界に入る前に、第一章にも言及したが、この絵伝が創り出され置かれる場となった上宮王院という太子祭祀の宗教空間と、その中での絵伝を含む各種宗教テクストの布置について改めて述べておこう。法隆寺における太子の聖所としての東院伽藍は、廻廊に囲まれた八角円堂の北に七間の経蔵が立ち、その背後に伝法堂が位置する。治暦五年（一〇六九）に経蔵は改造され、中央一間を馬道（通路）とし、東三間を宝蔵、西三間を絵殿として、宝蔵には南無仏舎利を本尊とする太子宝物類を安置し、太子勝鬘経講讃の御影なども祀られていた。この絵殿には、北の脇間に太子童形像が安置されていた。七歳像と通称される童形坐像には、治暦五年に仏師円快が造立し秦致貞が彩色した旨の胎内銘があり、障子絵伝と同時に、その画家が尊像の制作にも関与したことを示している。団扇を執り垂髪姿の童形太子像（図1-2）は、現在も伝承される法隆寺の太子忌日祭祀である聖霊会に際して、輿に載せて渡御するための「行像」であって、宝蔵の仏舎利を載せる舎利輿とともに仮面を着けた八部衆に担われて、西院の聖霊院まで運ばれるために軽く作られている、儀式用の尊像である。このような儀礼テクストの化身というべき偶像《アイドル》としての尊像と同時に創出された祭祀空間の一方に、伝記―説話テクストの図像化としての絵伝が同一作者により制作されたことは、両者が一具として相互補完的に機能するように構想されたであろうことを推測させる。

延久元年（一〇六九）に制作された障子絵伝[27]は、建保七年（一二一九）の絵殿と舎利殿の改築の後、建武五年（一三三八）から暦応二年（一三三九）にかけて修理され、絵師実円により「本ノ絵ノ上ヲ彩色」されたという。次いで康暦二年（一三八〇）に賢覚により修理され、重懐により加筆されたという。三度目には、延宝三年（一六七五）に佐野長兵衛らにより修理され、更に天明六年（一七八六）に至り吉村周圭により模写が描かれ、本の障子絵伝は取り外され屏風に仕立てられて別置され、絵殿には模写が嵌め替えられた。法隆寺献納宝物のひとつとして東京国立博物館に所蔵されたのちに額装に改められて伝来する障子絵伝の現状は、白綾立涌紋の絹地に胡粉下地を置き、その上に彩色し描き起こしの輪郭線を引いた層の剝落が全体に甚だしく、建築や人物等、また樹木山水や土坡などの構図や配置は概ね判別されるが、それらの細部については判然としない部分が多い。特に太子をはじめとする各事蹟場面の主要な人物や事物ほど欠損している場合が多く、場所によっては事蹟場面が画絹ごと脱落し全く描き改められている箇所もあると推定される。僅かに残る彩色描き起こし部分（この層が延久のオリジナルか、あるいは後代の修理の際の補彩かは筆者には判断し得ないが、いずれにしても当初の構図を伝えるものと考えられる）から窺える人物像の面貌は、男女とも面長の独特な顔立ちで、その装束や衣紋を含め太子や天皇など主要な人物の個性と表情を

図 2-4　『聖徳太子障子絵伝』第二面全図（東京国立博物館）

描き分けようとする工夫が見てとれる。また、童子や従者など貴族以外の庶民の姿は、平安末期の説話絵巻のそれに共通しており、蝦夷のグロテスクな〝蛮族〟としての形象や新羅百済からの異国の客の〝唐人〟形象も、中世絵巻の類型を先取りするかのようである。

この障子絵伝は、絵殿の母屋三間の空間に、庇に南面する三間分と両側の東西壁の各一間分、併せて五間分がコ字形をなす長大な壁面に装着されていた。一間毎に五つの大画面を単位として描かれているが、各場面は相互に有機的な関連を有しており、五面全体として巨大な一連の景観を作り出している。全画面に共通する全体の画面構成は、上部から下部にかけておよそ遠景、中景、近景の三水準に分節されよう（図2-4参照）。

上方の遠景は山嶽をもって空を区切り、画面毎に山塊と山並が連なり、その間にある平原に事蹟場面が展開されている。山嶽上には樹木と樹叢がスカイラインを成しており、その上に白く霞がたなびいて空の遠さを表している。山嶽の間からは渓流が発し、山脈の連なりと共に流れ下って中景へと移ろうが、その間も霞が隔てて遠近感を作り出している。

中景には、宮殿等の屋舎群と寺院の伽藍が重なり連なって、画面全体の中心をなしており、それら建築のうちで、あるいは庭上で、事蹟場面の各情景が展開されている。その一部は吹抜屋台にして殿内で行われる情景を見せるが、大半は屋根の下で御簾を下ろした殿内や庇に立ちはたらく太子以下の人物群を描く。それらの間はゆるやかな丘陵と樹木で仕切られている。

中景から近景にかけては、より拡大して描かれるいくつかの殿舎と堂塔（第二面左の守屋破仏で破壊され炎上する堂塔）などと、その周囲や庭園、そこに至る道中に群像がやや大きく描かれている。近景では、川や苑池に架かる橋や道とその奥にある宮殿の門などがアクセントをなして、事蹟場面の舞台への入口を象っている。その路面や水面がゆるやかに起伏する土坡と交じり合って、画面の下端を構成している。

図 2-5　『聖徳太子障子絵伝』第一面 南無仏太子（東京国立博物館）

このように、全体は統一されて、自然な遠近《パースペクティヴ》感を生じさせるように配慮された尺度で描き分けられた近景（下方）から遠景（上方）にかけての自然景観と、その間に巧みに配置された建造物の生み出す空間、その中で立ちはたらく人物群像による事蹟場面が鏤められて、至るところで伝記の物語が生起しており、総体として太子の世界を現出している。それを分節し指示するのが、伝記のテクストにもとづいた銘文を墨書した色紙形の銘札である。その本文は、前述したようにおよそ『伝暦』に拠るものだが、一部にそれに還元できない部分もある。たとえば第一面右、二歳の太子が南無仏と唱えるところ（図2-5）で、「妳母抱」と『伝暦』にない文が加えられており、絵もまた乳母に抱かれて合掌する太子を描く[28]。また、「法隆寺」や「四天王寺」と寺名を示すのみの銘札も含まれており、必ずしも一元的なものではない。それらの銘文もまた、全体として『伝暦』とは異なる独自の〝障子絵伝絵銘〟というべきテクストを成していたものらしい。鎌倉前期の法隆寺僧顕真の『聖徳太子伝私記』の中に太子伝の目録[29]を記すうち、平氏伝（二巻伝すなわち『伝暦』）とは別に「障子伝絵ノ料」と挙げられており、これが絵銘に相当するもののようである。それは、古く四天王寺絵堂壁画絵伝の絵銘と思しい伝記が「四天王寺壁聖徳太子伝」等として流布していたのを想起させ、法隆寺絵殿の障子絵伝も、『伝暦』を踏まえながら、新たな伝記テクストを創り出していく運動の先端にあったことを示している。

五　法隆寺障子絵伝における世界像

法隆寺絵殿の障子絵伝は、平安時代における太子絵伝の現存唯一の作例である。それは、これに先んじて古代末期に成立した「四天王寺壁聖徳太子伝（絵堂壁画絵伝）」の影響下で成立した絵伝であったろう。両者の関係は、四天王寺側の記録である『提婆羅惹寺麻訶所生秘訣』に絵堂絵伝と法隆寺障子絵伝を比較し、その相違について述べる記事（第三章参照）から、天王寺側でも強く意識していたことが察せられる。また、障子絵伝の画家が天王寺に近い摂津の大波郷に居住していたことも何らかの関連を考えさせる。但し、障子絵伝が形成するその〝世界像〟は、難波の天王寺を中心とするものではない（難波と天王寺の光景は、西壁の第五面右に描かれる）。その中心は、障子絵伝がある斑鳩の法隆寺（第四面右）からその右の斑鳩宮（第三面左）にかけての辺りに置かれている。

太田昌子は、障子絵伝がその設置されるところである斑鳩上宮王院を視点として、そこから鳥瞰されるようなパースペクティヴをもって描かれ、各事蹟場面もそれに応じた方位に配置されていることを指摘した[30]。この画期的

図 2-6　『聖徳太子障子絵伝』第五面全図（東京国立博物館）

な〝発見〟は、障子絵伝が法隆寺において独自に創出された作品《テクスト》であることを裏打ちする証左ともなる。その考察に導かれつつ、障子絵伝の〝世界像〟について、『伝暦』のイメージによる解釈がいかなる世界を描き出しているか、その布置を見渡してみよう。

五画面から成る障子絵伝の中央寄り（第四面右）に法隆寺伽藍が位置し、第三面中央に中宮寺（『伝暦』では法興寺）が描かれ、それらの間に斑鳩宮が位置している。なお、当然ながら画中の太子伝の時空では、いまだ上宮王院（夢殿）は存在しておらず、描かれることはない（それは中世太子絵伝では多く「夢殿」として描かれている）。その左側、西方は、生駒山を隔て河内の平野では遠景に守屋合戦が繰り広げられ（第四面右）、更に難波の四天王寺と難波館（第五面中央、図2-6）、そして遣隋使船の渡る海を隔てて対岸に衡山が聳えており（第五面左）、全体の西端として太子前生の地であり太子伝の世界の果てを画している。それは、妹子を派遣して前生所持経取経の説話が展開される空間でもある。対して右側の東方は、太子が誕生・成長し、摂政として活動した歴代天皇の宮殿が所

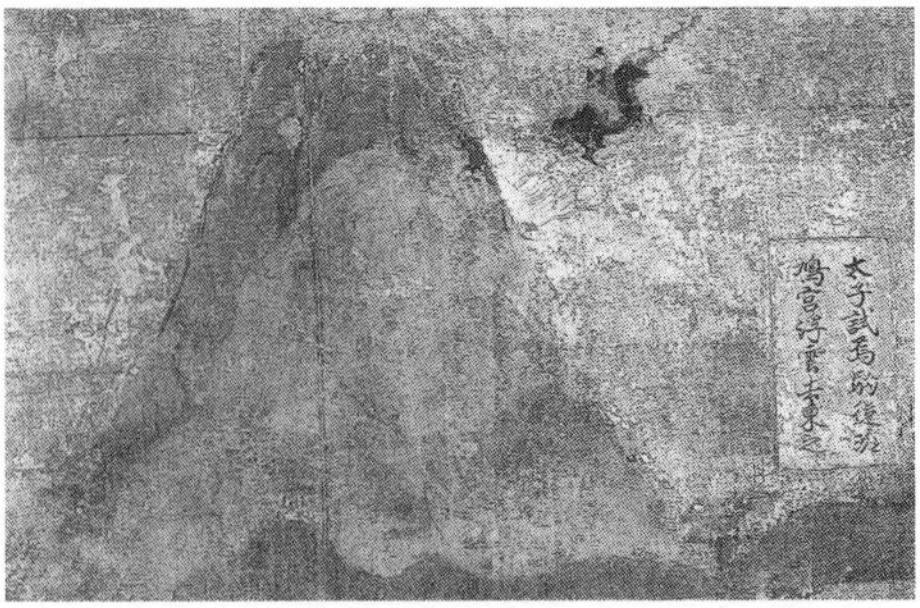

図 2-7　『聖徳太子障子絵伝』第二面　黒駒富士登山（東京国立博物館）

在する奈良盆地の東南、飛鳥から桜井にかけての地域である。その宮々での太子の事蹟は、ほぼその中近景に集中する。最初に建立され、守屋によって破壊された寺塔（第二面右）や、後に橘寺となる勝鬘経講讃を行った岡本宮（第二面左）もその範囲の内にある（図2-4参照）。その周縁では、幼少の太子のエピソードが宮殿後庭の園遊における桃花松葉の説話場面より諸童子との遊戯（第一面右）と次第に遠景に移り、また三諸山（三輪山）の麓、泊瀬川の辺での蝦夷鎮撫の場面（第一面左）もその一角にあり、あるいは宇陀野での帝の遊猟に臨んで殺生を諫める場面（第二面左）も遠景の一つである。その中で最もはるかに見えるのは、黒駒に乗った太子が富士山に登る場面（第二面右、図2-7）である。その富士山の位置は、絵殿の空間でいえば、北壁三面中で最も右上の隅にあたり、つまり東北の方位の果てに望まれることになる。黒駒の貢進場面（第一面左）は、中景、宮殿群の一角に描かれる。そこから飛び立って東国をめぐり富士山に至る動きが、絵伝の配置では画面をまたがって立体的に指示されるように工夫されているといえよう。

このように、障子絵伝の全容を見渡したとき、真に驚くべきなのは、統一された近代的パースペクティヴに近い視点が獲得されていることではなく、合理的な視線では到底見ることのできないものがそこに描かれていることである。障子絵伝の世界では、いかなる高みに昇っても見渡すことができない超越的な世界がその極を占めている。海に彼方の異国（衡山）と海道の先、東国の辺境（富士山）までもが、この絵伝では一望のもとにできるのである。それは極楽浄土や補陀落山と同じく、観想によってのみ此土に引き寄せて可視化することのできる宗教説話図像学の方法に拠っている。そして太子は、それぞれの世界へ、黒駒に騎乗して、また青龍車に魂を載せ、共に飛翔して往還する。その雲を捲き起こし空を翔る姿は、太子の最もめざましい神変であり、以降の中世太子絵伝でも欠かせない太子伝のイコンとなるだろう。青龍車とそれを囲繞する天人の群像は、唐宋絵画の神仙図像を想起させる神怪な趣きに満ちており（図2-8）、一方、黒駒太子は後世にそれ自体が独立し、「まいりの仏」として東国奥州の民衆仏教の世界で本尊図像として生き続けている。

障子絵伝に図像化された対極的な二つの異境は、そこへ飛翔する太子によって、此土（法隆寺とその周辺の宮廷世界）と繋ぎ渡され、来迎図の往生場面の如く、全く隔絶した他界が容易に至り得るところとなってあらわされることになる（中世太子絵伝では最後の場面のひとつに、法隆寺五重塔から太子の王子たちが昇天する光景をあらわすが、それは二十五菩薩の来迎ならぬ往生として置き換えられる）。なお、西壁の青龍車の飛翔（第五面左）にちょうど向かい合うようにして、東壁には諸童子と遊戯する太子が虚空上に高く跳躍する姿（第一面右）があり、この二つの太子飛翔の相も全体的な構図の許で意識して配されたものと見ることができよう。

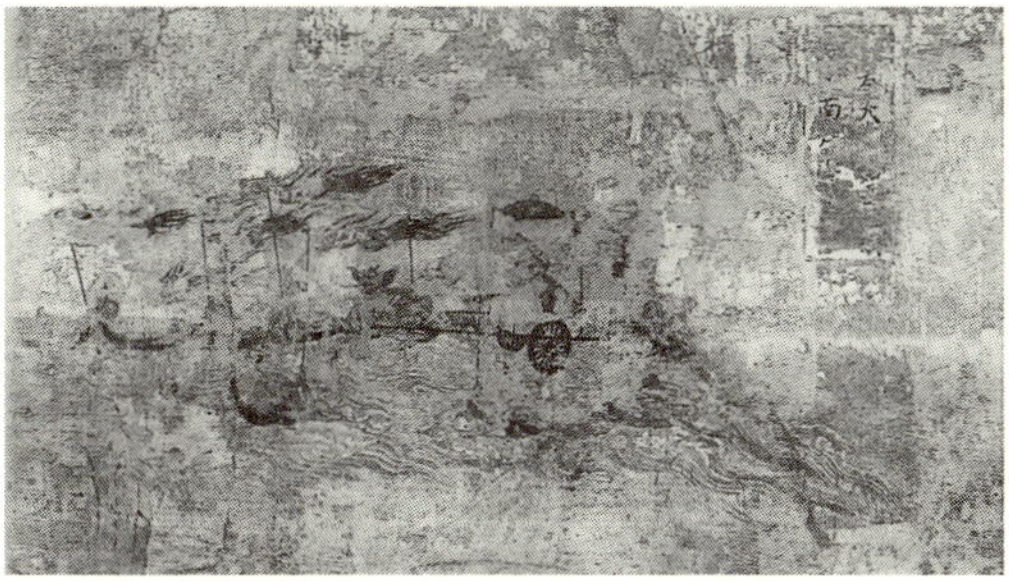
図 2-8　『聖徳太子障子絵伝』第五面　青龍車飛翔（東京国立博物館）

太子伝における太子の時空を超越する神異性は、絵伝にあっては異境への飛翔という神変と空間的越境によって図像化される。この主題と方法は、中世の他の絵伝にも影響を与えたであろう。ただちに想起されるのは、弘法大師の絵伝である『高野大師行状図画』に用いられた大師伝承「渡天見仏」の一段である。入唐求法中の大師が白馬、青羊、飛車等に乗って葱嶺を越え天竺に赴き、霊山において釈尊の説法を聴くという奇蹟譚で、その典拠は平安後期に遡る秘事口伝書『法道和尚日記』に求められるが[31]、これも飛翔による空間的越境とともに釈迦に対面するという時空超越を遂げている。中世の真言宗および南都寺院では、弘法大師を太子後身としてその信仰体系の一環に位置付けていたが[32]、唐のみならず天竺にまで渡り求法した三国伝法の祖師として神話化するための飛翔を巧みだしたその想像力は、太子伝の影響下で展開したものといえよう。

障子絵伝が図像化する太子事蹟場面の種々相は、すべてが本絵伝で初めて創出されたものではない。むしろその多くは世俗画と宗教画の双方の領域において、請来画をも含め、平安朝の絵画伝統の中で継承され流通していた画題図案（モティーフ）を転用ないし応用した場合が多いとみなされる。先に言及した諸童子遊戯図などはその好例であろう。「弓石之戯」（絵銘）として描かれる弓射の競技が、仏伝画中の悉達太子のそれを和様化したものであることはただちに認められるが、それは中世に北野天神縁起絵巻でも菅公の異能を示すために用いられるモティーフのひとつであった。ことは童子遊戯図に限らない。同じく遠景に描かれる守屋との合戦場面（第四面左）や推古天皇遊猟御覧場面（第二面左）は、合戦図や狩猟図という騎射する兵《つわもの》のモティーフを中心とする世俗画の重要な主題であり、物語とも結びつきやすい画題として流布していた。戦闘における甲冑装束の騎馬武者、狩猟における綾藺笠と行縢装束の武士が、この太子絵伝では、前者は仏敵守屋を降伏成敗するための方便[33]として、後者では禁断停止すべき殺生罪業の表象として用いられることになる。

これら遊戯図、合戦図、狩猟図は、掛幅の中世太子絵伝にも継承され、太子絵伝を構成するのに欠かせぬ事蹟場面として、多少の変容と省略を被りつつ定型化することになる。それは、同じく障子絵伝に見える楓野宮行幸（第三面左）と太子葬送（第四面左）などの行列図も同様である。行幸の盛儀を主題とする行列図は、近代まで王権の図像として重要な主題であったが、それは世俗画の体系において範型とされるものである。その系譜のひとつに太子絵伝が位置することも確認しておきたい。同様に障子絵伝において描かれたモティーフが、中世太子絵伝に受け継がれて事蹟場面に定型化した例として、世俗画的なものでは、舞楽図としての味摩之妓楽伝来の童舞（第三面右）と太子の催す惜別の宴の舞楽（第三面左）などがある。

一方、宗教画領域の主題として重要なのは、太子三五歳の時の勝鬘経講讃の場面であろう。但し、障子絵伝（第

図 2-9　『聖徳太子障子絵伝』第二面　守屋破仏（東京国立博物館）

二面右）においては画面が剥落して肝心の宮殿内で講説する太子の姿がほとんど判別できない。殿上には、女帝のみが聴聞しており、侍臣や僧侶などは昇殿していない。それは、中世に登場して流布する「勝鬘経講讃図」（法隆寺の伝尊智筆本や斑鳩寺本など）のような尊像図像のイコンとは大きく隔たっていることが認められる。[34]むしろ主題として障子絵伝に明瞭に認められるのは、〝破仏図〟ともいうべき、太子十四歳の時の、守屋や中臣勝海らが堂塔を破却し火をかける場面（第二面左、図2-9）である。その左右には馬上の人物が指図しており、下手人たちは屋根に登り瓦を剝ぎ、九輪を毀ち、あるいは仏像道具や経巻を投げ棄て、もしくは僧を打擲し追いやる無惨な有様が繰り広げられる。幡などが庭上に散乱する光景は、中世絵伝の定型化した場面にはない悽愴美を現出していたであろう。これらの破仏イメージは、おそらく何らかの典型としてあったものと思われる。平安期に遡る僅かな例では、鶴林堂太子堂来迎壁に見出された九品来迎図[35]の中に、下品下生の衆生の造悪の相として、より簡略ではあるが、堂に火をかけ塔を壊す姿が描かれている。天永三年（一一一二）建立と伝えるこの法華堂東壁には太子童形像が描かれており、これを秘仏として祀るところから太子堂とされているが、その宗教図像プログラムの一環に破仏モティーフが含まれることは、その中には存在しない太子絵伝との関係をも想起させる。

　他方、障子絵伝における、太子伝の説話画として興味深い問題は、むしろ描かれず、見えないところにある。たとえば、太子伝説話の中で古代から中世まで一貫して重要な説話であった、『伝暦』四二歳条に位置付けられる片岡山飢人説話は、その銘文にも、また画中にも（第四面の中央付近のそれが描かれるべき地理上の位置に）該当する場面を見出すことができない。法隆寺の障子絵伝においてこの著名な説話が省かれているのは、何故であろうか。後に『建久御巡礼記』の中で、法隆寺に詣でた女院が、この絵殿での（障子絵伝による）絵解きを説かしめず当麻曼荼羅を拝すために赴く途上に、飢人の墓を遥拝してその説話が記述されることを想い合わせると、その欠落は何か意味のある現象かもしれない。[36] さまざまな疑問を残しつつも、この障子絵伝こそは、中世に爆発的といえるほど大量に産み出された太子絵伝の一箇の出発点として、それ自体が紛れもなくモニュメンタルな作品であった。

以上の指摘は、なお豊饒な複合テクストとしての障子絵伝の世界全体の一部に過ぎない。それでも、世俗画と宗教画の双方にわたる多くの画題、モティーフを摂取複合して法隆寺障子絵伝が成り立っていることは明らかであろう。障子絵伝という希有な物語―説話図像テクストは、当時流通していた各種画題の担う文化―宗教的なコードを踏まえつつ、それを太子伝のコンテクストのもとに一括して置換し統合する、すぐれて芸術的な離れ業を示してみせているのである。

法隆寺における太子絵伝の成立は、絵伝の本所というべき四天王寺の側にも、何らかの刺激ないし影響を与えただろう。その消息を伝えるのが、前に言及した『提婆羅惹寺麻訶所生秘決』という、『伝暦』の注釈的性格を含む、太子に関する秘事伝承や記録の類聚（抄）である（「提婆羅惹《デーバ・ラージャ》」は天王の音訳であり、この題は〝天王寺太子秘決〟というべきものである）。嘉禄三年（一二二七）に天王寺東僧房にて書写されたという奥書識語を有し、それより遠く隔たらぬ時点で天王寺において成ったものだろう[37]（それは第三章で詳述する天王寺別当慈円の在世中と重なる）。この中に「絵堂（「殿」を見セ消チする）事」の一条があり、法隆寺絵（障子絵伝）の成立の事に加えて、天王寺絵（絵堂壁画絵伝）の成立時期についての記事があることで知られる史料である。同書の中には、他にも法隆寺障子絵伝についての記述が、やはり天王寺の絵伝に関する記事と併せて載せられている。特に詳しいのは、「法隆寺絵殿事」条であって、その障子絵伝の〝誤り〟を二点指摘している。その一は、第三面の太子二五歳の法興寺における無遮大会を描く場面を、中宮寺の処に描いているということ。第三面の左寄り中央の「法興寺」の位置は、確かに中宮寺が在った法隆寺の東にあたっている。この指摘は、障子絵伝がその地理的空間を実際の地理にもとづいて画面に正しく位相化しようとしているという認識[38]を前提とした批判といえよう。その二は、太子二七歳時の烏駒に乗って飛行するところで、その銘文に「従斑鳩宮、浮雲東去」とあること。『伝暦』によれば太子は三四歳で初めて斑鳩宮へ遷ったのであって、それ以前に斑鳩宮が存在するはずはない、と銘文の矛盾を突いている。現存の第二面の銘文には、確かに「太子、試烏駒、従斑鳩宮、浮雲去東之」とある。この事については、更に以下に、「私云」や「異説」などと考勘を重ねていることが注目される。そこに、法隆寺絵殿を昔の上宮王院であると認識していることも興味深い。また、絵伝の事を指すか否か明らかではないが、「法隆寺伝」と天王寺の所伝を比較する条もあり、更に、「広隆寺絵殿」の説を「伝」（三歳の松葉貞木の事についての）と対比して掲げる条もあって、諸寺の絵伝の所説について、単に絵相の次元でなく、その根拠となり、または絵伝を用いての太子伝唱導に関わる情報を、当時の天王寺が集め、かつ媒介する場であった状況が窺われる。

これに対して、法隆寺の絵伝および太子伝に関する記録として、嘉禎四年（一二三八）頃の成立とされる、顕真の『聖徳太子伝私記』[39]巻上がある。その中に、前述した『秘決』で中宮寺について法隆寺絵伝の錯誤を批判した記事を意識し、それに反論するものと思しいくだりがある。この中で、「二巻伝（『伝暦』）」には中宮寺の名は見えず、絵殿に無遮大会の儀式を（この寺にて）描くことは誤りか、としながら、但し、二巻伝が法隆寺に鵤尼寺と注しているので、それに依る絵か、または伝の誤りか、等々と考証している。更に、中宮寺と法隆寺を同じ寺として、その矛盾を解消しようとしている。つまり、顕真は『秘決』の指摘（障子絵伝の法隆寺の東に描かれたのは中宮寺である）と等しい認識を前提として、これを解釈しようとしているのである。そして、法隆寺でも天王寺の絵伝に関心を抱いていたことを示すのが、「天王寺絵殿説」として相伝されていたという三箇の太子伝の秘事（「太子御懐胎之間胎内語聞外・御魂行漢土之時御共人・土師八嶋哥」）に関する記事である。これは、天王寺絵殿（堂）において絵解きを勤める法師たちが相承していた独自の太子伝の秘事口伝説を、顕真がその名目について伝聞していたものである。[40]また、『秘決』には天王寺を巡る太子伝承のひとつとして「千首池」伝説が載せられているが、顕真の『私記』はこれについて「僻事」と難じて別の伝承を記していることなどを見ても、両寺の伝承が互いに交流しつつ意識し合っていた状況を知り得るであろう。

太子の従者であり寺の奴婢であったと伝える調使麿の末裔と自称する顕真が伝受・集成した『私記』は、次章に後述するように、平安末期から鎌倉中期にかけて（つまり院政期）の法隆寺とその周辺の太子遺蹟をめぐる諸伝承や勧進唱導活動の様相をつぶさに記し、秘事口伝説も多く録している。

顕真は、南都の戒律復興運動の中心を担った叡尊とも密接なつながりがあった。叡尊は、正嘉二年（一二五八）に調使麿の相伝と伝える如意輪観音像の修理を勧進し、供養を営んで法隆寺聖霊院に安置したが、[41]これは顕真の持仏というべき本尊であった。また、法隆寺蔵の「聖皇曼荼羅」も、顕真による〝太子信仰〟ヴィジョンの具現化かつ体系化というべき画像であり、後述する重懐作『法隆寺縁起白拍子』（一三五八）によれば叡尊と深く関わる南都絵師堯尊の筆になるもので、その制作に叡尊の関与したことが推測されるモニュメンタルな図像であるが、それが成立した建長六年（一二五四）に叡尊は『聖徳太子講式』を作っている。[42]顕真と叡尊の〝太子信仰〟興隆の活動は、太子像の図像を接点として広い領域に展開しているが、それは太子像を本尊として礼拝儀式を営むための講式から、秘事口伝説のテクストに及び、ひいては太子伝や絵伝の新たなテクスト化としての図像制作にも発展したことであろう。

法隆寺では、鎌倉時代後期に至り、新たに掛幅形式の聖徳太子絵伝が制作された。障子絵伝と同じく、献納宝物として東京国立博物館蔵となった四幅本絵伝は、嘉元三年（一三〇五）に多数の寺僧の発願により描かれたことが裏書銘から知られる。それは、障子絵伝の中世的展開として、また掛幅による中世太子絵伝在銘最古の遺例として、座標となりうる作品である。四季絵の枠組のもとで事蹟場面を年代順に配列せず各幅に分散配置したこの絵伝は、法隆寺の末寺であった播磨斑鳩寺に室町後期（天文二十四年〈一五五五〉）の模本が伝わり、法隆寺でも江戸時代の模本が遺されるように、影響の範囲は狭いながらも確実に後世へ継承されている。また、四季絵的な形式でより広いパースペクティヴのもとに、共通した事蹟場面の図様を展開させた室町前期の作と推定される叡福寺の八幅本のような優作もあり、同じく四季絵的な自由な配置を示す旧満性寺四幅本（静嘉堂文庫蔵）も関連深い作品である。特にこの旧満性寺本は、三河の浄土真宗高田派荒木門徒の古刹に善光寺如来絵伝と法然上人絵伝とともに伝来した絵伝であって、太子遺跡寺院のような特定の太子霊場から離れ、地方の真宗寺院の間でその図様が受け継がれた興味深い作例である。(43)

中世太子絵伝は、掛幅装という形態をとることによって、太子遺跡寺院やその絵伝という固定した場から解き放たれ、中世日本の各地へ広く持ち運ばれることになる。唱導の媒体としての掛幅絵伝の機能をできる限り活用して活発な布教を繰り広げ教線を拡大したのが、親鸞を宗祖とする真宗教団であった。聖徳太子は、親鸞とその門徒たちのもとで、新しい中世仏教の尊像《アイドル》となり、その絵伝も併せて念仏門の宗教テクストの核となって諸国に流布展開したのである。親鸞自身によって書かれた典拠としての太子伝テクストが、その孫である本願寺覚如の書写によって伝わる『上宮太子御記』だが、その中心となる太子伝は『三宝絵』に拠っている。親鸞は、この独創に満ちて境界的な位置に生成した太子伝テクストを自ら抄出し写すことにより、太子という存在を本朝の念仏祖師の要に据えた（その位相は、初期真宗門徒の間に流布した「光明本尊」の図像体系の上にも明らかである）。更に彼は、その伝記をもとに太子を讃嘆する和讃を何首も作っており、その自筆写本も今に伝わっている。それは太子伝のテクストを歌謡という音声の次元に変換し、衆庶の間に流通させるための方便のしわざであった。それはまた、太子像と太子絵伝という中世宗教図像テクストの核となる一具を生かしはたらかせるための儀礼テクストでもあった。中世に太子伝と絵伝が創り出した新たな世界像の基礎となる、これらの平安時代に遡る諸テクストの結びつきや系譜の意味は、更に次章以下において改めて問うことになる。

六　法隆寺上宮王院の宝物——舎利と宝物目録

聖徳太子を祀る聖所である法隆寺の東院（上宮王院）は、太子の斑鳩宮の旧趾に、行信によって天平十一年（七三九）から十九年（七四七）にかけて建立された。その経緯《いきさつ》を記す『法隆寺東院縁起㊹』には、行信の申請を受けた聖武天皇の宮廷と藤原氏の助成によって、この太子信仰の拠点が成立した消息が明かされる。更に『東院縁起并資財帳㊺』（天平宝字五年〈七六一〉）によれば、橘夫人（三千代）、光明皇后、阿倍内親王（孝謙女帝）の三代にわたる女系によって宝物が寄進されており、その形成の主体が何処にあったかが示されている。

上宮王院の宗教空間については第四節で述べたところだが、障子絵伝の成立にともなう改造後の上宮王院の様相は、大江親通の『七大寺巡礼私記㊻』に記録される。その本尊は帳を垂れて見えず、既に秘仏化しており、ただ「等身俗躰」と拝される「太子御影」であると伝えられていた。七間亭は東二間が「宝蔵」と呼ばれ、種々の「太子宝物」を収める。それらは太子俗形御影にはじまり、妹子将来の細字法花経・念珠・脇息・鉢・箸・匙・印仏、御自筆草本の法花経疏、御手皮を外題に押した金泥梵網経、衾、太子御足跡の壁代、衲袈裟・麈尾・琴・笛・笏・瓠・弓箭・水精珠などである。御影というイコンに始まる〝宝物目録〟は、本尊・持経・道具・衣という寺院経蔵の中核を成す祖師遺物の構成に沿い、これに楽器や武具・遊具という世俗貴人の宝物を加えるかたちである。そのうち特に太子が自らの迹を留め、その由緒が説かれる宝物は、経典や注疏という文字テクストに代表される。そして僧の威儀具にあたるものは、前生に衡山で僧であった時の持物だと言うのである。それらの最後に記されるのが「太子御誕生之時、奉（拳）件舎利給」仏舎利であった。

この舎利については、特に「東大寺西室延喜講師」（聖宝のことか）の説として、「太子御誕生之後二歳之春、向東方合掌、称南無仏之時、自掌中落給」ものとし、「此事不見伝記、雖難指南」すなわち『伝暦』本文に見えず拠のないことを指摘しながら、證果の聖人の説ゆえに信ずべし、と判じている。こうした解釈を加えながら、『私記』の宝物目録は、古代の皇族が施入した宝物を悉く太子の多生にわたる〝聖遺物〟に変貌させており、その中核にあたるのがこの南無仏の舎利であった。伝記を踏まえつつ、拳内舎利伝承においてその本文から一歩離陸することにより、太子は本朝の釈尊として神聖化され、その眼前の証として舎利は祀られたのである。やがて中世に至り、この舎利伝承は南無仏太子像（いわゆる太子二歳像）という、拳内舎利顕現の奇跡をイコン化して外在的に再現した、新たな本尊図像(47)を生み出すことになる。

上宮王院の布置構造は、単純化すれば、舎利を中心として宝物群が取り巻き、その一方の位相に御影などの本尊図像テクストが位置し、また他方の位相で持経や義疏などの聖典文字テクストが含まれている。宗教テクストの座標《マトリックス》の中心に、それ自体はモノとして零記号というべき舎利を据えれば、正堂本尊の救世観音や絵堂の障子絵伝は、それぞれ図像テクストの尊像《イコン》と説話画の両極に位置付けられ、周縁と化すのである。中世に形成された上宮王院のこうした宗教テクストの体系を、前章で示した座標の上に配置してみよう（図2-10）。

尊像図像／聖典と説話図像／伝記の四象限からなる宗教テクストの基本的な座標には、上段図のように、それぞれの象限の中に主要な遺品（宗教テクスト）が配置できるだろう。しかしそれは、更に複雑な様相を呈している。図像次元では、尊像と説話の境界上に独自のイコンである勝鬘経講讃図や南無仏太子像が位置し、一方、聖典と伝記を媒介してはたらく注釈や講式などの間テクストや、ひいてはその働きとしての儀礼や芸能が浮かび上がる。これをより具体的に座標上にあらわせば、下段図のようになるだろう。この豊かなテクスト世界の中心にあって、これら全てを生気づけているのが宝蔵の宝物であり、舎利なのである。

この舎利は、鎌倉初頭の『建久御巡礼記』(48)によれば、貴人の参詣において拝見された「護持堂ニ、太子先生ノ御宝《カラ》并此国ニテノ幼《オサナク》オハシマシヽヨリ以降《コノカタ》ノ御遊《アソビ》ノ具、万《ヨロヅ》ノ財物共《タカラモノドモ》、数《カズ》アマタ今ニ納置《ヲサメヲケリ》」ものの筆頭であるという。それら聖遺物としての宝物の縁起を記した後に、「彼ノ御手ニ拳《ニギリ》テ生給ヘル御舎利ヲ、眼《メ》ノ前《マヘ》ニ拝《ヲガ》ミ奉ツ

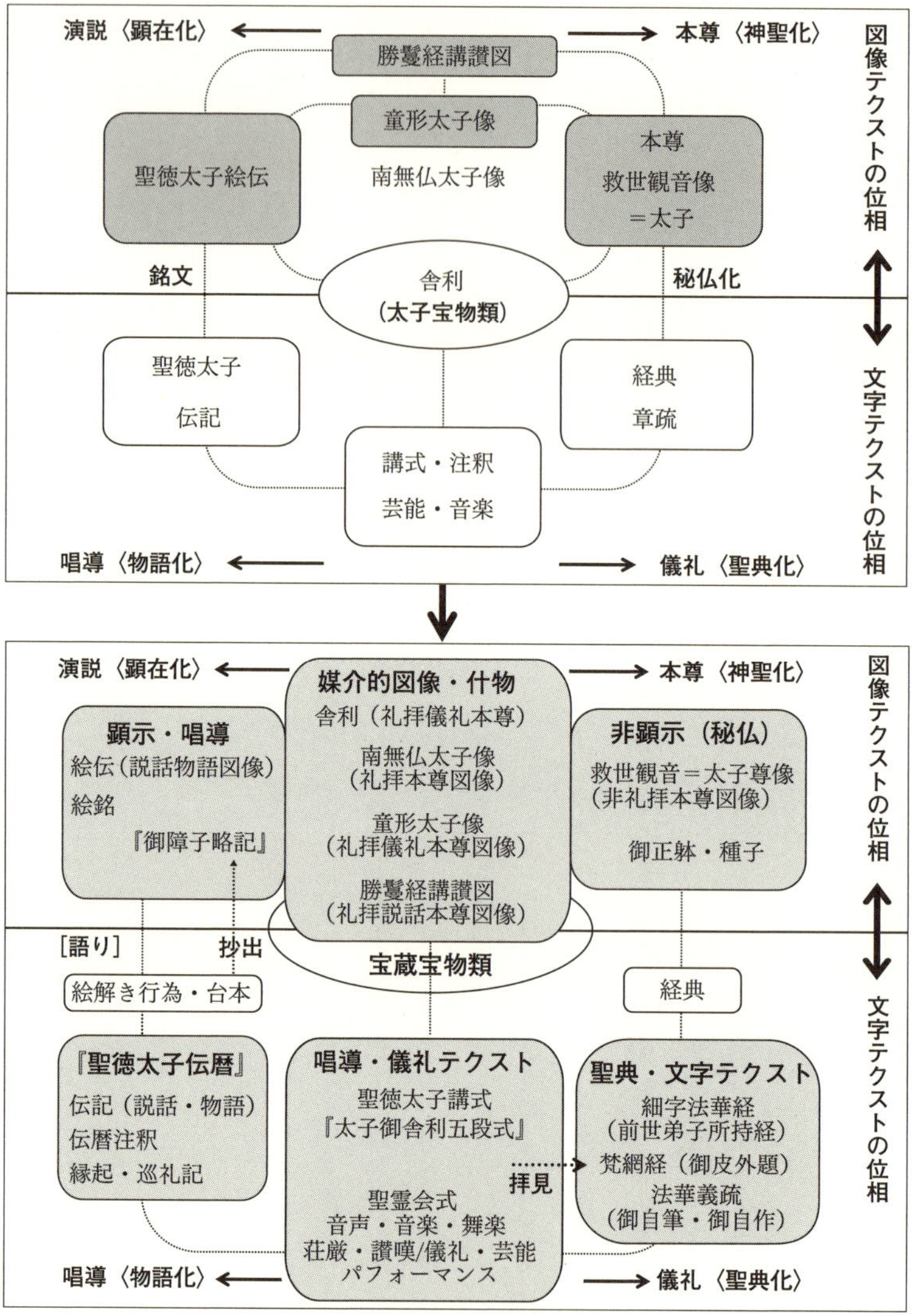
演説〈顕在化〉
本尊〈神聖化〉
勝鬘経講讃図
童形太子像
聖徳太子絵伝
南無仏太子像
本尊
救世観音像
＝太子
銘文
舎利
（太子宝物類）
秘仏化
図像テクストの位相
聖徳太子
伝記
経典
章疏
講式・注釈
芸能・音楽
文字テクストの位相
唱導〈物語化〉
儀礼〈聖典化〉
演説〈顕在化〉
媒介的図像・什物
本尊〈神聖化〉
顕示・唱導
絵伝（説話物語図像）
絵銘
『御障子略記』
舎利（礼拝儀礼本尊）
南無仏太子像
（礼拝本尊図像）
童形太子像
（礼拝儀礼本尊図像）
勝鬘経講讃図
（礼拝説話本尊図像）
非顕示（秘仏）
救世観音＝太子尊像
（非礼拝本尊図像）
御正躰・種子
図像テクストの位相
［語り］
抄出
宝蔵宝物類
絵解き行為・台本
経典
『聖徳太子伝暦』
伝記（説話・物語）
伝暦注釈
縁起・巡礼記
唱導・儀礼テクスト
聖徳太子講式
『太子御舎利五段式』
拝見
聖霊会式
音声・音楽・舞楽
荘厳・讃嘆/儀礼・芸能
パフォーマンス
聖典・文字テクスト
細字法華経
（前世弟子所持経）
梵網経（御皮外題）
法華義疏
（御自筆・御自作）
文字テクストの位相
唱導〈物語化〉
儀礼〈聖典化〉

図 2-10　上宮王院の宗教テクスト体系

リ」とあるように、それらの由来を説きつつ舎利を拝見させて縁を結ばせたのである。『御巡礼記』の記述からは、あたかも後世の〝御開帳〟のように宝物の縁起説が語りとともに開示される様子が窺われる。その一環として、絵殿の絵解きも当然なされたはずである。

中世の法隆寺において、自ら上宮王院の〈宗教テクスト〉世界の様相を、そこに付与された伝承テクストも含めて詳細に記述したのが、鎌倉初期に成った顕真の『聖徳太子伝私記（古今目録抄）』(49)である。太子に仕えた従者調子麿の末孫として寺主の一族であった顕真は、相伝された太子伝や太子遺跡寺院をめぐる秘事口伝を類聚・集成し、その自筆草稿が献納宝物中に伝来した。その上帖は上宮王院の寺誌として記されるが、そこに「御舎利殿之内ニ在二種々宝物一」として、最初に「御拳内ノ御舎利」を掲げる。その記述の特徴は、舎利や細字法花経など重要な宝物について、裏書注も含めおびただしい所伝の引用や記録を付すことであり、諸伝文も参照される。それは秘事口伝というより、むしろ注釈のための手控えや採訪者の野帳《フィールド・ノート》に近いテクストである。

顕真のテクストから浮かび上がるもうひとつの重要な側面は、この聖所が何より儀礼の場であったことであり、そこに布置されるテクストはいずれも何らかの儀礼において機能するということである。それは中心に祀られる舎利も同様である。『聖徳太子伝私記』には、この空間と尊像と宝物に関する次のような注目すべき記述がある。

舎利殿三間、絵殿三間、中間一間、惣七間也、南向也、絵殿ノ東面ニ有二御影一、童子形也、聖霊会之料也、於二シテ御輿一ニ、左方ハ舎利、右方ハ太子、其日、奉レ入二正堂一ニ、

法隆寺全体で最も重要な法会が、太子の忌日に営まれる聖霊会であったが、障子絵伝と同時に造られた童形太子像は、そこで舎利と並んで輿に乗せられ、共に正堂本尊の前に渡御して供養される。なお、舎利殿には「勝鬘経講讃之御影」があり、その御前に舎利を安ずるという。これは、現存する尊智筆と伝える勝鬘経講讃図を指すものだろう。その絵伝中の一場面を本尊図像とした境界的な尊像は、その画中に祀られる舎利を描きあらわしながら、鎌

倉期には舎利殿の宗教テクストの一環を成すようになっていたのである。

『聖徳太子伝私記』の下帖末には、上宮王院で営まれる儀礼についての記録が載せられ、毎日の所作と毎月仏事および年中行事について記される。[50]それによれば、舎利殿では毎日舎利講が行われ、式師によって舎利と太子を共に讃嘆する五段の講式が読まれるという。法華経等の経を講読し、如意輪の供養法を修す顕密の行法と、過去帳・現在帳が読み上げられて死者を含む人々に功徳が廻向され、その上で「御舎利奉レ出拝」されるのである。儀礼の場においても、舎利はやはりその中心にあって礼拝される〈聖なるもの〉であった。ここに至って、顕真のテクストは、儀礼テクストと複合した多元的な上宮王院の〝宝物目録〟の観を呈している。それは、摂関家や院による王権の宝蔵目録と相似した姿であり、舎利がその核心を成す点でも共通した普遍性を示している。

七　文芸テクストに表象された太子の霊地

最後に、上宮王院の〈聖なるもの〉の世界をめぐって、それをすぐれて象った中世の記念碑的な二つの宗教文芸テクストについて言及して本章を閉じたい。

ひとつは、南北朝時代の法隆寺学僧重懐が作った『法隆寺縁起白拍子』[51]（貞治三年〈一三六四〉）である。重懐は、太子伝の注釈研究（『太子伝見聞記』）も行い、絵殿の障子絵伝を自ら筆を執って彩色修理した多芸多才な人物である。[52]彼は、法隆寺の縁起を当時流行の歌謡芸能である白拍子《しらびょうし》（仏神の本縁などに節を付けて舞い謡う芸能。曲舞《くせまい》ともいう）に仕立て、寺中の法会の延年（余興の芸能大会）で自ら披露した（『嘉元記』）。その自筆本も法隆寺に伝わる。[53]全七箇条のうち、上宮王院の創建とその宝物については、「御舎利、梵網経并上宮王院ノ縁起事并御宝物」の段に、「掌中の御舎利」に始まる主な宝物の由来功徳から行信による創建縁起が叙べられ、末に宝物類が列挙され、最後に絵殿の絵伝に言及される。事物や名を連ねて数《かぞ》える白拍子芸能の特色が生かされるところである。最終段には「聖霊会縁起并ニ会場事」が位置し、太子の遺徳を「吾寺の霊跡」にあらわす法会の濫觴から、道詮による再興を叙べ、その法会の情景を修辞を凝らして表現する。その眼目は太子と舎利を乗せた二つの御輿が会場に渡御し、これを供養する舞楽を調えた大法会の有様であり、そのクライマックスとなる児《ちご》の入調の舞の姿である。「あはれ目出かりける聖霊大会かなやな、吾寺の勝地かなやな」と、霊地讃歎の句で一篇は結ばれる。

もうひとつは、鎌倉中期の三井寺学僧で著名な唱導者（説経師）であった定円法印の作った『法隆寺宝物和歌』[54]（弘安元年〈一二七八〉）である。序に制作の経緯《いきさつ》を述べ、拳内御舎利について「名《な》ぞ惜《をし》き手《て》に拳《にぎ》ります此国の人をうきせるうたへ舎利をば」以下、上宮王院の太子宝物について隠題《かくしだい》や折句《おりく》などの技法を駆使して三十首を詠じ連ね、最後に金堂の伏蔵を題とした「この寺《てら》の栄《さか》えてみれば埋《うづ》みをく蔵開《くらひら》くべき世は遥《はる》かなり」で結ばれる。文永年中に中宮寺の復興を担った信如尼[55]が法隆寺の綱封蔵から見出した天寿国繡帳（太子后橘郎女が追善のために繡《ぬいとり》した「天寿国」を象った帳《とばり》、その銘は『上宮法王帝説』に載る）を宮廷の助成を得て修復し、その供養導師を務め、『天寿国曼荼羅講式』[56]を草したのがこの定円であった。識語[57]によれば、彼がその供養のために法隆寺に参り、堂塔巡礼し、舎利拝見の後、寺僧の論議を聴聞して感にたえず作ったものであり、更に写本を舎利殿に奉納したという。宝物を讃歎した和歌もまた、テクストとして宝物の環の中に入ったのである。

和歌《やまとうた》という伝統的な文芸表現の様式回路を用いて、寺と太子を鑽仰するこのテクストは、〈外部〉から寺を訪れた他寺の名匠の手になるものだけに、格別の重みがある。それは、狂言綺語としての、歌われる言葉の遊び戯《たわぶ》れが讃仏乗の因となる、法楽の思想の実践であった。そこに宝物の功徳を詠み込むにあたっては、定円と読者が共有していたであろう太子伝の事蹟の知識が背景の文脈《コンテクスト》をなしている。そして八十余年後に、和歌よりも一層世俗芸能化した白拍子の語りに縁起を乗せた重懐の巧みは、それまでに法隆寺が自ら蓄えていた記録や伝記を、悉く縁起と儀礼の語りとして一元化したところにあろう。華やかに飾られた詞章のうえで、寺の歴史が回顧され、それは美しく再現されるのである。かくして平安期に法隆寺上宮王院で作り上げられた太子の宗教テクストの体系は、中世に至って、文芸テクストの次元で統合され、結晶した。それは往古の輝かしい遺産《レガシイ》の記憶として、ウタと声のテクストの中に生き続けるのであった。

第三章　霊地における太子像
――院政期の聖徳太子崇敬と四天王寺・太子廟

一　院政期太子像の宗教構想

　これまで論じてきたように、中世における〝太子信仰〟の具体的な表現は、まず太子尊像の図画・彫刻に象られ、また太子絵伝により伝記の物語が絵解きに媒ちされて唱導された。それは、〝宗教テクスト〟の日本中世における独自な展開と形成の前衛というべき栄《は》えある位置を占めた。前章では、複合宗教テクストとしての太子伝と絵伝の成立過程を跡づけたが、中世に広汎に流布展開した太子像および太子絵伝の成立については、なお、それを準備した院政期まで遡って考究する必要がある。太子像および太子絵伝には、この時期に属す初期の作例が今に遺され、礼拝空間と共に伝存する例もあり、それが中世の典型に繋がる出発点をなしているからだ。近年その一例として、彩りも鮮やかな太子像が見出された。その後の修理に伴う調査によって詳細が知られた、太秦広隆寺上宮王院の本尊たる聖徳太子像である。(1) 本章では、この太子像を起点として、中世の〝太子信仰〟像《ヴィジョン》の構想とそれを担った主体の思惟をめぐって、ひとつの試論を展開してみたい。

　広隆寺の聖徳太子像は、保安元年（一一二〇）に定海の発願によって造立された。この像は、衣を着せかけるこ

図 3-1　聖徳太子像と胎内納入品　心月輪図（左上），筥と納入品（左下）（広隆寺上宮王院）

とを予め期した着装像であり、一種の〝生身〟像ともいうべき、特異な礼拝上のリアリティを生起させる太子御影である（図3-1）。その〝生身〟の胎内は皆金色に荘厳され、不可視の内部空間こそが〈聖なる光輝〉に満ちた神秘の祭壇である。その胸の中心に心月輪が蓮台上に座して、その周囲に種々の納入物が収められる。御正躰というべき月輪の面《おもて》に象られるのは救世観音という太子の本地図像であり、それは顕われた太子像と一体不可分の本地と垂迹の関係を示現するものである。しかも月輪中の両脇侍として勝鬘夫人と恵思禅師、天竺と震旦それぞれの先生（前世）の像を配することにより、後述の如く四天王寺の『御手印縁起』にも顕わされる、三国にわたる太子の本地垂迹の相が内蔵されることになる。広隆寺像におけるこうした構想は、ほぼ同時期の保安二年（一一二一）に、法隆寺聖霊院の本尊として造立された聖徳太子像の胎内にも、蓬莱山が聳《そび》え、その頂きに救世観音像が据えられ、その下には意匠を凝らし荘厳を施した勝鬘・法華・維摩の三経が安ぜられているという仕掛けに照らしてみるに、明らかに相似した構想といえよう。広隆寺像はこれに加えて、やはり皆金色の筥に収められた納入品のうちに太子由縁《ゆかり》の諸寺の土砂をはじめ、仏像・仏具の破片など雑多な品々を含むが、それらは手当たり次第の収集の結果ではなく、願主定海がそれら遺跡寺院に参詣し、または他の聖人に依頼して求め、その太子に結縁した証としての聖遺物であり、分与されたそれらの霊威をこの一身に籠めて、その威を一層昂《たか》めようと企てたものである。この太子像を構成する、顕露と秘密ないし垂迹と本地という表裏一体となった諸要素の統合は、院政期における〝太子信仰〟の一箇の体系が、すぐれて立体的な像《ヴィジョン》として表現されたものといえよう(2)。

しかも興味深いことは、この太子像が、遅くとも中世後期から、代々の天皇の即位儀において、新帝がその身に纏った黄櫨染御袍と御冠を着用させられるという形で、王権継承の儀礼の一端を担うようになったことである(3)(図1-4)。そうした祭祀の形は、中世における、王法を体現する太子という存在を儀礼の上で象徴的に示すものであろう。しかもその太子とは、仏法を信仰し我国へ流布する主体でもある。この太子像はまさに、王法と仏法の相即一体を、祭儀の次元まで含み込んで実現しようとするものであった。その基本的な構想が造立の当初から企図されていたと仮定すれば、それは当時の王権の宗教的かつ祭儀的ヴィジョンを色濃く反映しているだろう。院政という王権の形態が、着衣のこの太子像の何処かに表象されているかもしれない。広隆寺像造立の前年(元永二年)には、鳥羽天皇の第一皇子、後に崇徳天皇となる皇太子が中宮璋子(待賢門院)を生母として誕生した。しかし、その実父が璋子を幼い頃より寵愛し孫の鳥羽天皇に嫁がせた白河法皇であったことは、宮廷内の公然の秘事であった。自らの王権への執着をその血統において徹底して貫こうと試みた白河院の意図は、この童形の太子像の上にも何かしら反映されてはいなかっただろうか。

一方、造立者である定海は、法隆寺上宮王院を代表する宝物である妹子請来の細字法華経――太子前生の同朋が所持していた経として、太子転生を証明する経――の落字についての勘文を著した人物でもある。顕真の『聖徳太子伝私記』巻下には、この法華経の落字について諸説が聚められている中に、永久四年(一一一六)の定海による勘文が含まれており、そこでは自らを「浪迹（難波）沙門」と称している。[4] この、太子の恵思禅師再誕を証す聖遺物たる法華経の落字こそは、太子がそれを指摘した上で自ら青龍車を駆って唐土衡山より本物の前生所持経を持ち来る因由として太子伝に説かれる、聖なるテクストの徴《しるし》である。しかるに、それがいずれの文句であるかは、定海所持識語を伝える『上宮聖徳太子伝補闕記』[5]にも、また『聖徳太子伝暦』にも具体的に示されておらず、これをめぐって諸説が成立する余地のある伝承であった。定海のこの勘文は、叡山の「静」某阿闍梨が筑紫から宋商人伝持法華経の異同についてもたらした情報にもとづき法隆寺の経を実見して確認し、落字の〝本文〟を詳らかにする。ひいては、恵思の法華一乗の教えが今に至る天台宗の正統に連なるものであることを開示しようとする意図に出たものといえよう。落字を追求する定海の営みは、天台の立場からの〝太子信仰〟の検証と認識を目指している。その延長線上に、広隆寺の太子像造立もあったのである。

なお、落字に関する定海の勘文は、その一部が、鎌倉初期に天王寺において成立した『伝暦』注釈書『提婆羅惹寺麻訶所生秘決』にも引かれており、太子ゆかりの寺院ではよく知られていた記録であったろう。天王寺では、建保二年（一二一四）に、太子前生所持経の勘合が行われた。[6] 後述する慈円の別当在任中のことである。そのような営みにおいて、定海の勘文は必ずや参照されたことであろう。

院政期に形成された聖徳太子の宗教空間は、上述の如き図像（尊像／絵伝）と儀礼（法儀／唱導／芸能）の両位相にわたる諸テクストによって構成され、その祭儀が展開するための建築空間に配置される。これらは聖典や注釈、伝記、法則、要文など文字テクストが意味を付与し読まれることで機能し、その上に象徴記号としての舎利をはじめとする道具・装束に至るまでの宝物が複合して働きあい、〈聖なる太子〉のパンテオンが成立するのである。では、それら諸位相の宗教テクストを統合するのは、いったい何であったのか。

二　慈円における太子像の構想

院政期における太子崇敬の中心は、やはり四天王寺であった。歴代の院について見ても、後三条院の住吉社および天王寺参詣にはじまり、白河院の度々の熊野御幸に伴う天王寺詣（これは以降の院の御熊野詣に継承される）、鳥羽院の西門念仏結縁参籠や、後白河院の天王寺五智光院における伝法灌頂受職[7]など、いずれも院の体現する仏法にとって重要な意義を担う信仰上の営為が、ここで果たされている。それを集約して唱導説法の言説に表現したのが、安元二年（一一七六）に後白河院の逆修仏事を天王寺で営んだ際、安居院の澄憲によって草された表白の詞（『転法輪鈔』所収）である。[8]後白河院崩御の後、その天王寺にあって、中世初頭の〝太子信仰〟のヴィジョンを構想し、創り上げたのが、天台座主慈円であった。[9]

慈円は、承元元年（一二〇七）に天王寺別当に初めて任じられ、一時僅かな離任期間はあったが、建暦三年（一二一三）に再任されてから、嘉録元年（一二二五）の入滅に至るまで、別当職に留まり続けた。その間、彼は寺の興隆のため、「金堂六斎舎利、講堂十二口西行懺悔、聖霊院懺法、絵堂講演仏事等」を興行し、かつ「舞人楽人等供田」を復したという。[10]その入滅の二年後に前述の『提婆羅惹寺麻訶所生秘決』が天王寺において書写されており、この書はつまり慈円管轄下の天王寺における知の所産といえよう。また、慈円の長期在任は、それ以前まで寺門派と山門派が交替で勤めていた別当職の山門独占という結果をもたらし、以降半世紀以上にわたる新たな争論の種となった。それに終止符を打ったのは、そのいずれにも属さぬ西大寺律僧叡尊の勅命による別当職就任であった。慈円は何故、それほどに天王寺に執し続けたのか。その理由はやはり太子の存在に求められよう。

慈円における太子への崇敬は、その生涯にわたるものであった。[11]その代表的な事績を挙げるならば、それは彼のもうひとつの側面である歌人としての営みとも深く関わっている。たとえば、建久三年（一一九二）成立の『住吉百首』の跋文を見ると、彼は如法経十種供養のため遥かに天王寺の「霊地」に詣で、ここで供養を遂げ念仏した翌日、「上宮太子之古墳」すなわち太子廟へ詣でて深く下化衆生の懇祈をこらしている。後年、建保七年（一二一九）には、『難波百首』が天王寺と太子に対して祈るという形で詠ぜられ、聖霊院の太子宝前に奉納された。この百首は、前年の九条家の慶事であった皇子誕生によって果たされた宿望の成就と深く結びついた所産であった。その序には、「孟春の候、暮齢の身として、難波の大寺《おおでら》（天王寺）へ参詣し、二諦《にたい》を百首に綴り、真俗を聖徳（太子）に啓《もう》す和歌（原漢文、以下同）」という。[12] 真俗二諦という太子においてその理想的な実践と成就をみる慈円の根本理念を、百首歌の構成原理として、天王寺と太子を讃歎したものである。巻頭の「南無帰命敬礼救世観世音　かかる契りはあらじとぞ思ふ」から百首目の「和歌の浦や言葉《ことのは》風に立つ浪を心に懸けて契るとを知れ」まで、首尾は太子との契りに貫かれる慈円の誠心からの啓白といえよう。跋によれば、この百首歌は聖霊院内殿に安置された。付記には、その供養としての聖霊院での仏事儀礼と、その間の詠歌も記録される。奉納した正月一日に発願《ほつがん》、初夜に懺法《せんぼう》と例時《れいじ》が了《おわ》り、「只今、王法仏法に就《つき》て各《おのおの》これを詠ずべし、若《も》し其の歌を得れば此の願を遂ぐべし」と、同行の僧と共に詠歌を太子の託宣として期したのである。ここに詠まれた二首のうち「春の色」の句を能筆の僧に清書させたところ、それは「春の宮」と書かれており、慈円はこれを九条家からの王子（春宮《とうぐう》）誕生を太子が示した吉瑞と喜んだ。更なる付記には、百首に先立って太子を詠んだ歌を寺僧空印《くういん》が聖霊院に捧げて詠唱した折の夢想が記される。それは内殿から太子妃と思しい女房が歌を召して御覧あり、これを常灯の火で焼いてその灰を太子の「御鉢」に懸けよと命じた、というものであった。慈円はこれを菅原為長に夢合《あわ》せさせると、それも皇子誕生の瑞相であると解かれた。かくして慈円は一連の出来事を全て太子の感応として、「太子これを加護し、吉瑞を現はしめ給ふなり、これ已《すで》に真俗二諦、和合《わごう》の然らしむる也、何ぞ況《いはん》や今度の参詣、行法、啓白、発願をば」と、法楽和歌奉納の営みと礼拝儀礼の営みとが全て重なり合い、複合して成就するものであることを示している。

慈円の他の法楽百首と同様、この百首歌も、仏神への祈りとして、仏法と王法の冥合、あるいは真諦と俗諦の調和という彼の思想の中心主題――いわば国家観の基本構想――が希求されている。それが太子に焦点を結び、難波の地、天王寺において歌を介して尋ねられ、太子より霊応が示されたのである。跋文の末尾に、「真を顕はし、実《まこと》に冥助を給はりて、予が仏法王法中興の善願を成就円満せしむべきなり、と告げしめ給ふ瑞相なり（原漢文）」とそれを意義付けている。このようなヴィジョンは、既に建保四年（一二一六）の頃に太子の夢告によって示されていたものらしく、その消息は後年の『山王啓白』[13]に、「吾が願と冥感（夢告）と符号の喜悦、真諦と俗諦と相応の哀楽、一《かつ》は信じ難く、一は仰ぎ信じ、罷《やめ》んと欲すれどもかなはず」と逡巡しながらもこれを頼みとした、と告白するところに窺われる。それは前述した皇子誕生と立太子、そして仲恭天皇の即位に至り実現したかに見えたのだが、承久乱で全ては崩壊し、彼は絶望のうちに霊告を疑うことになる。しかし、太子への信仰はなお失われず、最晩年の貞応三年（一二二四）に書かれた聖徳太子への自筆『告文』[14]では、再び太子の霊告を得て、なおも仏法と王法の新たな秩序を建て直そうという理想を改めて確認する。ここに示された「新宮」の夢想は、同時に太子による告知でもあった。この告文は、まず四天王寺聖霊院の太子の宝前に捧げられ、のちに山王七社のうち十禅師に改めて捧げられた。追記にその消息が記されるが、何より告げる相手として書かれた「聖徳太子」の傍らに「十禅師権現」と慈円自ら傍書することで、その重なりが鮮やかに記されている。この告文においてとりわけ興味深いのは、慈円がかつて太子に祈り、蒙った夢告の輪郭が具体的に開示されていることである。

> 爰に太子聖霊、夢中に新宮《しんぐう》の御躰《ごたい》を賜る。文字を札《ふだ》に書して、仏法王法を興隆すべきの象《かたち》なり。新宮の社《やしろ》は山王なり、御躰を賜うは太子なり。件《くだん》の文字、和歌の詞《ことば》を漢字に書けり。和歌は山王影向の告げ、漢字は吾神利生の誓い、事すでに奇異なり。（原漢文）

彼が太子から賜った霊告とは山王新宮（十禅師）の御躰（御正躰つまり神躰）であり、それは札に漢字（真名）で書かれた和歌の文字であったという。その歌の詞自体は明かされないが、太子のお告げとしての聖なる和歌が真名表記により札の上に黒々と書かれる、その生々しい文字テクストを、ちょうど名号本尊のように神躰として感得したことが理解される。

このように、もはや尊像としての図像テクストの次元を超え、文字テクストに複合し融合した〈聖なるもの〉としての御躰と和歌の合体という観念は、慈円の到達した独自の宗教テクストの境地と言ってよい。すなわち、慈円の追求した太子の宗教テクストは、尊像や絵伝という従来の図像テクストの上に往生人図および詩歌という文芸テクストを加え、また講式や願文、告文という儀礼テクストの上にやはり和歌の文芸テクストを創出して併せて法楽の祭儀を修したものであり、それらの祈りの過程で感応する太子の告示も、神の御躰と等しい真名《マナ》の和歌という〈聖なる文字〉の文芸テクストであった。こうして、慈円による宗教テクストの諸位相は、和歌の詞《ことば》としての文字テクストに統合されることになるのである。

告文の追記には、「此の間、絵堂の事、沙汰を致し、図の本躰は出来了《おわん》ぬ。図の裏の九品往生の間なり」とあり、この時は同時に天王寺絵堂の再興事業が進められていたのであるが、その最中に太子への祈りと霊告がなされたのであった。慈円は、絵堂の再建にあたり、正面の太子絵伝（「本躰」）の裏側、西面にあたるところに九品往生人の図を描かせ、それに漢文の讃と和歌を銘文として添えるという全く新しい企画を加えた。夢告があったのは、その事業を遂行する間のことである。菅原為長に讃を作らせ、定家をはじめ九条家ゆかりの歌人たちの歌により構成された九品往生人の銘は、『法然上人行状絵図（四十八巻伝）』巻第十五に収められているが[15]、その跋にあたる慈円の記に、その制作の「本意」が述べられている。「本様を守り、伝文に依り」図絵された太子伝絵は、九品往生人の図と共に、法眼尊智により全て一筆で描かれたものであった。その図様はおそらく絵伝の本所というべき天王寺に受け継がれた伝統的な図像であったと思われるが、後世の度重なる戦火によって喪われ、全く窺う術はない。しかし、絵師である尊智は、法隆寺において承久年間の上宮王院の修理にあたり、堂荘厳の画筆（今に伝わる蓮地図がその一部とされている）を揮い、また法隆寺蔵の「太子勝鬘経講讃図」（現存する最古の作例として勝鬘経講讃図の根本図様というべきもの）の作者でもある、当代一流の画僧である。もちろん法隆寺絵殿の障子太子絵伝についても知悉していたであろう。その手腕が揮われた太子絵伝は、正統的であると同時に一時代を代表する記念碑的な作品として、法隆寺障子絵伝に匹敵する重みをもった大作であったはずである。しかもそこには、裏面の九品往生人図に託される如く、願主であり制作者であった慈円自身の深い祈りと思惟が反映されていたのである。

今は伝存しないその太子絵伝の空白を補うものは、慈円その人による太子崇敬の表白として著された、『皇太子五段歎徳』と題された太子講式である。多賀宗隼により紹介された(16)このテクストは、天王寺聖霊院に伝えられたもので、寺では現在もこの式文が太子を礼拝するために読まれている。中世には、前述の叡尊による『聖徳太子講式』（三段式）をはじめとして、数多の聖徳太子講式が制作され、各地の種々の太子講会に用いられたのであるが、これがもし慈円の作とすれば、それらの先駆にあたる太子講式として、中世初頭における最も注目すべき〝太子信仰〟の集約された言説であろう。慈円による講式については、別に『慈恵大師講式(17)』があり、また、講式という表現回路を通して己が思惟と理念を表明する例として、『六道釈(18)』が挙げられる。これを念頭に置いて本篇を一読すると、その辞《ことば》はまさしく慈円以外の人物には書き得ない文章である。修辞の骨格の上に、明瞭な輪郭をもって慈円その人の思想が立ちあがる。

『皇太子五段歎徳』は、その序において、これが天王寺の聖霊院を道場とし、「太子聖霊」を敬礼する毎日の法莚（講肆）を「一結諸衆」と共に開くための式である、と規定する。その式は、六種の供養を意楽による真俗の供養として行い（俗を含むとあるからには音楽や和歌なども加えられたか）、五段の讃歎も梵唄伽陀の声明によってなされる。全体を五段に分かち、初めに表白を用いず、直截に発願旨趣を述べ、第二・三・四の各段にて太子の過去（先生）・現在（在世）・未来（滅後）の利益の相《すがた》を讃え、最後に、太子聖霊より上下貴賤万民に及ぶ廻向の功徳を明かす、という構成である。

第一段には、「仏子」すなわち慈円自らの述懐と祈願が端的に叙べられる。特に、「(真俗）二諦の道理に迷ひて、一生の行業を失ひ、三世の思慮に疲れて、六趣の旧里に休らう（原漢文、以下同）」と言う如く、世と人に絶望を深め、末代の濁世を嘆ずるところに、尋常ならざる深刻な苦悩が告白されている。その状況の下に、太子により創められた「当極楽土、転法輪所」たる天王寺の霊地に結集し、この講演と供養を修することにより、「妄想顛倒の執を破し、頂礼懺悔の善を萌さんが為」に念願する。この「当極楽土」の句は太子撰と信じられた『御手印縁起』に拠る西門鳥居額銘として天王寺を象徴する一文であり、最後の廻向段でも再び用いられて霊地の功能を称揚する。

一篇の中心をなす第二・三・四段、つまり太子の三世利益の諸相を讃歎する各段の叙述を要説してみよう。全体を織りなす太子の事蹟は、ほぼ『伝暦』に拠っている。

第二段は、太子の本地と前生について、日羅と阿佐太子の「敬礼文」、百済国威徳王の送文、南岳恵思と達磨との契約、七代にわたる転生、過去身を臣と妃に明かすことなどを『伝暦』にもとづいて縮約して示す。

第三段は、太子の在世の行業を、釈尊の出世・出家・成道に擬し、主な事蹟を要を取って列挙する。ここに撰択された太子伝中の事蹟は独特な傾向を帯びている。はじめに釈尊と対比して「従本垂迹の利生を顕す」者と太子をたたえ、摂政として政《まつりごと》を執ることを「王法を以て仏法を興さむが為なり」と意義付けるところにその認識は集約されよう。その延長線上に、父用明天皇の葬儀を逆臣守屋を誅し仏敵を却《しりぞ》けてから営んだことの「深意」を心ある人は悟れ、と提起する一節が加えられて、仏法興隆こそ王法護持の基《もとい》であると主張している。

第四段の、滅後当時の利生においては、はじめに現在における太子を礼拝する四種の相を挙げる。前の二種は、法会の本尊としての太子像である。一は斎会に侍す「童質」つまり童形で聖霊会の如き法会の本尊であり、二は院家に御します「俗躰」で聖霊院の本尊として祀られる摂政像の如き姿である。それは、前章で述べた法隆寺上宮王院の童形太子像と聖霊院本尊摂政像の位相と重なっている。後の二種は、磯長の太子廟と天王寺の伽藍において、それぞれ「棺槨」と救世観音像を拝すことである。すなわち霊地における太子の遺跡と本地仏の礼拝である。これら諸位相に加え、更に、金堂の舎利をはじめとする霊宝への結縁を、天王寺と法隆寺の宝物を拝すことにより近因を、法興寺と妙安寺の遺跡を礼すことにより遠縁を結ぶのだという。殊に、天王寺が格別殊勝な霊地なることを、「極楽東門」の念仏道場であることによって末世の衆生を済度する機縁の場であると示し、太子の善巧方便により示された「一称南無之念仏」すなわち太子二歳の時の南無仏の称名と、「四天西門之往詣」の二つの儀礼は、智行無くとも勤められる易行であるという。後者は、天王寺の西門を巡って伝承されており、慈円自身も『難破百首』のうちに詠んでいる、いわゆる〝浄土参りの遊び〟を指すものだろう。

吾寺の浄土参りの遊びこそ　浅き物からまことなりけれ

「浄土参り」と俗称されたこの儀礼――遊び――については、後述する太子絵伝の〝四天王寺図像〟において、不可欠の要素をなす天王寺の霊地性を表象する図像となっていく。それについての言及が、慈円の詠歌にあらわれていることは、彼が果たした中世天王寺における各位相の太子宗教テクスト体系の再生と整備の功業とあわせて、きわめて象徴的である。それは、おそらく以降の中世の太子絵伝および太子伝記の再創造（再テクスト化）にも、大きな影響を与えたことであろう。まして深く行う人であれば、「霊所の参詣、歩々の八葉。三字の観慧、念々の三諦。ただ仏法の利物を此の寺に残し、太子の方便を今の時に悟れり」と、天王寺があらゆる機根の者にすべて開かれた霊地であるゆえんを、太子の方便の賜物として唱導するのである。ここに慈円は、天王寺を太子の霊場として、自身を含む末代悪世の衆生が結縁し済度されるに最も適わしい場として位置付けた。

この『歎徳』の成立時期については、第五段の廻向に至って、太子の次に「一天を祈り、四海に及ぶ」とあるのに続けて、「上一人は遠く延暦・延喜の古風を扇ぎ、太上皇は近く寛治・天治の貴蹤に叶へり」と述べる一節がある。それが、天皇を桓武・醍醐の両帝に、院を白河・鳥羽の両院になぞらえて讃えることからすれば、順徳天皇と後鳥羽院の治世の現在を言祝《ことほ》ぐものと思われる。されば、承久乱（一二二一）以前、建暦元年（一二一一）以降の時期にあたるが、なお、慈円と後鳥羽院との疎隔が決定的となる承久元年（一二一九）以前、慈円が天王寺別当に還補された建保元年（一二一三）以降に限定されよう。あるいは前述した『難波百首』の成った時期と重なるものかもしれない。何故なら、『歎徳』の説く上記の如き〝太子信仰〟の主題は、『難波百首』中の太子と天王寺をめぐる数多の和歌とよく符合するからである。[19] その、東宮懐成親王の将来を期して太子に祈り、真俗二諦を交互に配して詠じ、王法仏法の冥合を具現化した百首において企てられた独自の構想は、一方でこの『歎徳』の儀礼テクストに分けもたれてはいないであろうか。そのとき、この講式が聖徳と言わず「皇太子」と題されているのも意味あることのように察せられる。

慈円が『皇太子五段歎徳』に表現した如き、太子の霊地としての天王寺は、やがて中世に、太子伝と不可分な図像媒体としての太子絵伝において、その構成要素の一部として描かれるようになる。この類型は真宗系寺院に伝来した太子絵伝について見出せるもので、「四天王寺系図様」が継承された可能性もあると指摘される。[20] その一端が前述した〝浄土参り〟の図像である。また、尊像図像についても、真宗では、太子像について独自の図様をもつ童形の孝養太子の彫像を「真俗二諦」像と称しているが、それが慈円の太子に託した理想と呼称を一にしていることは興味深い暗合である。それらは、遠く慈円の抱いたヴィジョンに源を発するものではなかろうか。

現存する多様な太子尊像のうちのひとつに、慈円とのつながりを考える手がかりが残されている。両者を結びつけるのは、『皇太子五段歎徳』冒頭の次のような四句偈頌である。

敬礼救世観世音／伝燈東方粟散王
従於西方来誕生／開演妙法度衆生

この四句文のうち、前の二句は『伝暦』に含まれる日羅および阿佐太子が太子を拝した際の〝敬礼文〟に拠るもので、『歎徳』では第二段にも「日羅は礼拝し、阿佐は讃歎す、敬礼救世の詞、伝燈東方の文」と言及されている。後の二句は典拠を定かにしないが、太子廟を巡って伝えられた「廟崛偈」二十句文の一節と類似した文である。顕真『聖徳太子伝私記』には、その「廟崛偈」に続いて、「敬礼太子要文」としてこの四句文が引かれており、これに注記が付され、前二句には「已上者、日羅之語」、後二句には「已上二句、不知作者云々」「或本云、已上四句、皆日羅作云々」とあり、当時流布していながら確かな拠《よりどころ》をもたない太子敬礼の文であった。この四句文が、太子像と結びついて実際の〝敬礼〟に用いられた例が、ただひとつ伝存する。いわゆる太子孝養像に属しながら、他に類を見ない特異な図像として注目され、[21] しかも鎌倉中期に遡る優品と評価されている、藤井有鄰館蔵の絹本着色聖徳太子童形画像（図3-2）がそれである。礼盤上に座している垂髪の太子で、右手に笏を執り、左手に柄香炉と念珠を持つ姿である。右上方に如意輪観音の種字（キリーク）を月輪中にあらわし、太子の本地を示して童形を垂迹形として象り、左上の色紙型に件の四句敬礼文を書くものである。これこそは彼の「童質」、すなわち慈円の『歎徳』が演《の》べられる太子講の本尊として礼拝されるのにふさわしい太子像であった。

図 3-2　聖徳太子童形画像（藤井有鄰館）

天王寺における太子尊像の図像上の系譜と特色について、藤岡穣は、古代以来伝承された勝鬘経講讃図中の太子像が独立した尊像として、平安中期に再興された天王寺五重塔壁画の太子画像が想定されること、また寛弘四年（一〇〇七）に発見された『四天王寺御手印縁起』を契機に聖霊院に造立されたと考えられる太子の「霊像」と「童像」（この呼称は頼長『台記』による）があり、前者は現在の「楊枝《ようじ》御影」に類する年齢を超越した摂政像、後者は行像として聖霊会等に六時堂に出御して祀られる生身像の性格を有した童形像であると推論している。[22] ここに言及される聖霊院に祀られた二様の太子像については、慈円『皇太子五段歎徳』の第四段「未来益物」に、末世衆生化度の本尊として「或いは齋会に侍し童質の証明を出すは、多宝仏全身舎利の如し、或いは恭敬して俗体の院家に御《おはしま》すは、優塡王赤栴檀の像に似たり」と、そのいずれも釈尊の肉身に等しき生身像であることを強調している点が参考となるだろう。

〝信仰〟が論理化された思想の言説として作文され、儀礼の場を生成しながら読まれ、導師の声を通して作者の懐《おも》いが表白される講式という儀礼テクストの形式を借りて、慈円は〝太子信仰〟を天王寺において具現してみせた。その所産として絵堂の太子絵伝は制作されたのである。おそらく直接の礼拝の対象として新たな〈聖なる〉太子図像も創り出されたはずであり、太子敬礼の儀式はやがて太子伝の唱導にも通底し展開するものであったことだろう。和歌に託された真俗二諦の祈りと共に慈円の想い描いた〝太子信仰〟のヴィジョンは、中世に飛躍的に展開する太子図像・絵伝を媒体とした太子伝唱導の始発として、改めて問い直されねばならない。

三　四天王寺の創建伝承と縁起説

聖徳太子によって建立されたと伝える「仏法最初の寺」である難波の四天王寺の創建について、最も古い伝承は、『日本書紀』崇峻天皇即位前紀[23]の蘇我氏と物部氏の戦いにおいて、これに参戦した「厩戸王子」（聖徳太子）の果たした役割と結びついている。稲城に立て籠もる大連の軍に三度退けられた王子たちの軍の中にあった厩戸王子は、「束髪於額《ひさごはな》して軍の後に随へり（原漢文、以下同）」という、童子の姿で登場する。そして、「将敗《はたやぶ》らるること無からむや。願い事にあらずば、成し難けむ」（これを敗るのには、仏天に願うのでなければ、成就し難かろう）と白膠木《しらぬるで》を切り取り、四天王の像《みかた》を造って頂髪に置き、誓いを発して「今、もし我をして、敵に勝たしめれば、必ず護世四王のために、寺塔を建てむ」と言う。誓い終わって兵《いくさ》を固め、進んで討伐し、ついに守屋大連を朴《えのき》の下に射落とし、その子らを誅《ころ》す。これにより、大連の軍勢は、自ずから敗れ去った。この乱を平定したのち、太子は摂津の国に四天王寺を造り、大連の奴《やっこ》の半ばと宅《いえ》を分けて、「大寺」の奴と田荘《たどころ》としたという。この間には、蘇我馬子による大神王への誓願も並行して立てられ、その結果として、飛鳥の法興寺（蘇我氏の氏寺）が建立されたとあり、四天王寺の創建はこの法興寺縁起とも並ぶかたちで記述されている。しかし、何よりもその記述の中心は、太子による四天王寺縁起というべきで、守屋討伐の軍《いくさ》物語に活躍し勝利をもたらす少年英雄として太子が劇的に登場する、その働きの帰結として四天王寺が建立されたということにある。

同じく『書紀』推古天皇元年是歳条に、「始めて四天王寺を難波の荒陵に造る」という一節があり、これが創建の正史に載る公式な記録ということになる。なお、『書紀』推古天皇三一年七月条、すでに太子が薨じて二年ののち、新羅より仏像等を貢じ、そのうち舎利・金塔・灌頂幡を四天王寺に納めたという記事があり、難波の天王寺は半島から仏法が将来される拠点として、そのシンボルが置かれる場所となったことが知られる。

最古の太子伝である『上宮聖徳法王帝説』[24]は、この天王寺創建伝承を『書紀』とは異なり、二箇所で簡潔に記している。一は、「少治田宮御宇天皇（推古）之世、上宮厩戸豊聡耳命、嶋大臣、共輔天下政、而興隆三宝、起元興、四天王等寺」で、これらをはじめとして、七寺を起こすその筆頭に四天王寺が挙げられている。二は、丁未年六七月、蘇我馬子が物部守屋を伐つ時、大臣の軍士は剋《か》てずして退き、そこに上宮王が四王像を挙げて軍士の前に立てて誓い、「若し大連を滅ぼすことを得ば、四王のために寺を造り、尊重し、供養せん」と言えば、すなわち軍士勝つことを得て、大連を敗る。すなわちこれにより、難波に四天王寺を造ったという。更に、平安初期に網羅的な太子伝記として成立した『聖徳太子伝補闕記』[25]は、同じく「丁未年」七月に守屋を討ち、太子はただちに「覆奏」して玉造の東岸に四天王寺を造営し、のちに荒墓村に遷したという。ここで再遷説を初めて提示していることが注目される。

これらを踏まえ、古代太子伝の集大成となる『聖徳太子伝暦』[26]──年代記の枠組みのもとに、すべての年に太子の事蹟を載せる伝記──は、その上巻の用明天皇二年丁未（太子十六歳）に守屋を討伐したこと、また玉造岸上に「始基四天王寺」とし、また『書紀』に拠って、推古天皇元年癸丑（太子二二歳）に「是歳四天王寺、始壊移建難波荒陵東下」という。ここで、天王寺の創建と再遷の縁起が、太子の年立と年代記の上に定位されたのである。その上で注目すべきは、この二つの部分の本文に大きく抄入された「本願縁起」の「縁起文」の存在である。『伝暦』の四天王寺縁起は、太子十六歳「守屋合戦」と二二歳「摂政皇太子就任」の二箇所に「本願縁起」として天王寺の「縁起文」を大量に抄入する。これは、現存の『伝暦』諸本に共通する大きな特徴であるが、その出典となるのが、通称「御手印縁起」と称される四天王寺の縁起である。この『御手印縁起』こそ、天王寺が自ら創り出し、国家と王権に向けて発信した起源のメッセージであり、それは「本願」の聖徳太子自らによる、文字通り手づから認《したた》めた太子という英雄のアウラをまとった神話的テクストである。

この『御手印縁起』については次節に後述するところだが、それはしばらく措いて、以降の説話世界の中の四天王寺縁起について探ってみよう。

こうした抄入をもたない、『伝暦』の原型となる平氏撰太子伝の面影を伝える太子伝が、『三宝絵』[27]法宝冒頭の上宮太子伝である。その末尾の出典注に「平氏撰聖徳太子伝、上宮記」などを示すが、その本文は年代をほとんど示さず、また太子の年立てをすべてにわたって網羅しない伝記叙述のうち、「此の時に太子御歳十六才なり」と始まる守屋合戦のくだりは、『伝暦』本文の骨格部分とほぼ等しい内容を有している。その縁起部分は、「……守屋が首を切りつ、鉾に差して、家の内の宝物荘園をば皆寺の物となしつ。玉造の岸の上に、はじめて四天王寺をたつ。これより仏法さかりとなりぬ」とあり、寺の創建のみを言い、推古天皇元年の荒陵への移建を記さない。また、（傍点を付した）末尾の一文は、『伝暦』になく、『三宝絵』独自の本朝仏法史としての編集句であろう。

『三宝絵』の太子伝は、十二世紀後半に成立した仏教説話集『今昔物語集』[28]巻十一第一話に受け継がれて、本朝仏法部の初めに位置付けられる。その中には、この四天王寺創建説も同じく含まれるのだが、注目すべきは別に同巻第二一話「聖徳太子天王寺ヲ建テタル語」で、ここに天王寺縁起を独立して説き、仏法を受け容れぬ守屋との合戦と誅伐を述べた後、「……ソノ後ニ、忽チニ玉造ノ岸ノ辺ニ寺ヲ建テ給ヒテ、四天王ノ像ヲ安置シ給ヘリ。今ノ天王寺コレナリ」とあって、やはり荒陵への移建に触れない。なお注目されるのは、更に「シカルニ、ソノ寺ノ西門ニ、太子自ラ「釈迦如来転法輪所、当極楽土東門中心」ト書キ給ヘリ。コレニヨリテ、諸人カノ西門ニシテ、弥陀ノ念仏ヲ唱フ。今ニ絶エズシテ参ラヌ人無シ」と付加して、なお「コノ天王寺ハ、必ズ人詣ルベキ寺ナリ」等の勧信句を付して参詣を勧め、太子の功を讃える文で結ばれていることである。ここに引用されたのは、『御手印縁起』の核となる一節であり、天王寺の霊地なることを象る重要な要文であって、『今昔』がこれを加えて西門念仏の信仰に言及し、天王寺参詣を勧める文言をもって一話を結ぶのは、明らかに平安末期すなわち中世の天王寺の霊地認識の上で、これを諸寺縁起の一環として位置付けようとする意図から出たものであろう。(29)

四　『御手印縁起』の成立と展開

『御手印縁起』のテクストには、以下の重要な諸本がある。

まず、四天王寺が所蔵する「根本本」と呼ばれる太子御自筆と伝えるもので、本紙の上に二六箇所の朱の御手印を捺した平安時代の巻子本がある。(30)その本文「肆箇院建立縁起、大概如斯」で結ばれる末尾の識語に「乙卯歳〈推古天皇三年〈五九五〉、太子二五歳〉正月八日」の日付と「是縁起、納置金堂内、濫不可披見、手跡狼也」とあり、金堂に納め置かれるべきものと規定され、濫りに他見を許さぬ秘蔵されるべきテクストであった。

天王寺には、この根本本を後醍醐天皇が自ら書写した宸翰本も伝来している。その初めの識語には、建武二年

（一三三五）五月八日に拝見し、これを「権者聖跡」なる故に、輙く披閲させず、これを「正文」に擬して堂内より持ち出すことを禁じており、次の識語ではこの「記文」に任せ、天王寺を興隆すべく寺地を施入すべしと言い、「当寺仏法最初霊地、王道擁護壇場」として、その再興が朝家の再興となることを期して写したものとして、それらの識語上に朱の手印を鮮やかに捺す。それは、『御手印縁起』の主張を受けて、後醍醐帝の建武政権における朝家再興への強烈な意思を太子に託し、その「冥応」への祈願を加えて王法と仏法の一体化を企てる、特異なテクストである。[31]

この二点の天王寺伝来本のほかに、従来知られている『御手印縁起』古写本には、次のようなものがある。三千院円融蔵、惟宗季重写「聖徳太子伝抄」（仮題）承安三年（一一七三）写一巻は、前欠ながら後半と、根本本と同じ太子識語（および『伝暦』所載の十七条憲法と四節意願文、更に太子御廟記文と裏書注など）を載せている。[32]書陵部蔵九条家旧蔵「阿仏」識語本『敬田院縁起』写本一巻は、嘉禄三年（一二二七）「四天王寺長吏御所御戸室」にて「律借住之本」をもって写したという本奥書があり、建長四年（一二五二）の書写識語に、「上宮太子御手印縁起」と題し、「予、愁拝見之所、随喜涙千行万行」と識して、「太子聖霊」に臨終正念と往生極楽を祈っている（本書と一具として、慶政による『天王寺事』と題す御手印縁起等の注文の草稿が伝来する）。[33]

また、陽明文庫蔵宗性書写本一冊は、文永七年（一二七〇）に東大寺知足院で、円助（三井寺円満院主）の本を写し、更に文永九年に補写したものである[34]（正安三年〈一三〇一〉の龍門文庫蔵定誉写本は、その系統の伝本）。この本において注目されるのは、これに付されている伝来識語である。

寛弘四年八月一日、此縁起文出現、卿都維那十禅師慈雲、金堂金六重塔中、求出之

この縁起文〝発見〟の記事は、この縁起自体が太子の識語にある「金堂内」に納置せよとの指示に対応するものであろう。この識語により、『御手印縁起』が天王寺において寺僧が自ら創出したことが示唆される。

より詳しい消息が知られるのは、真福寺本『御手印縁起』断簡である。[35] 末尾二紙分のみの残欠だが、これは久安元年（一一四五）十月、西八条にて書写したという識語を付す、現存最古の伝本である（図3-3）。そこに付された本奥書識語は、宗性写本よりも詳しいものである。その要旨を記せば、寛弘四年（一〇〇七）八月一日、長吏が下寺した日に、「件の縁起正文を四天王の霊蹤に祈請して、金堂内の金の御塔中より見出し、都維那十禅師慈雲が求め出した」とあり、それ以下の部分は独自の情報である。これにより、諸大衆は悉く流涕し、即ち二日に大衆参会し、音声と楽を整え、聖霊院にこの縁起を奉請し、その由縁を開白し、法華転読と六種廻向して供養した。その後、貞快十禅師が本金堂内でこの経緯を「日記」したという。すなわち、この縁起「正文」の〝発見〟は、寺をあげて、大規模な儀式により供養として催された営みなのである。

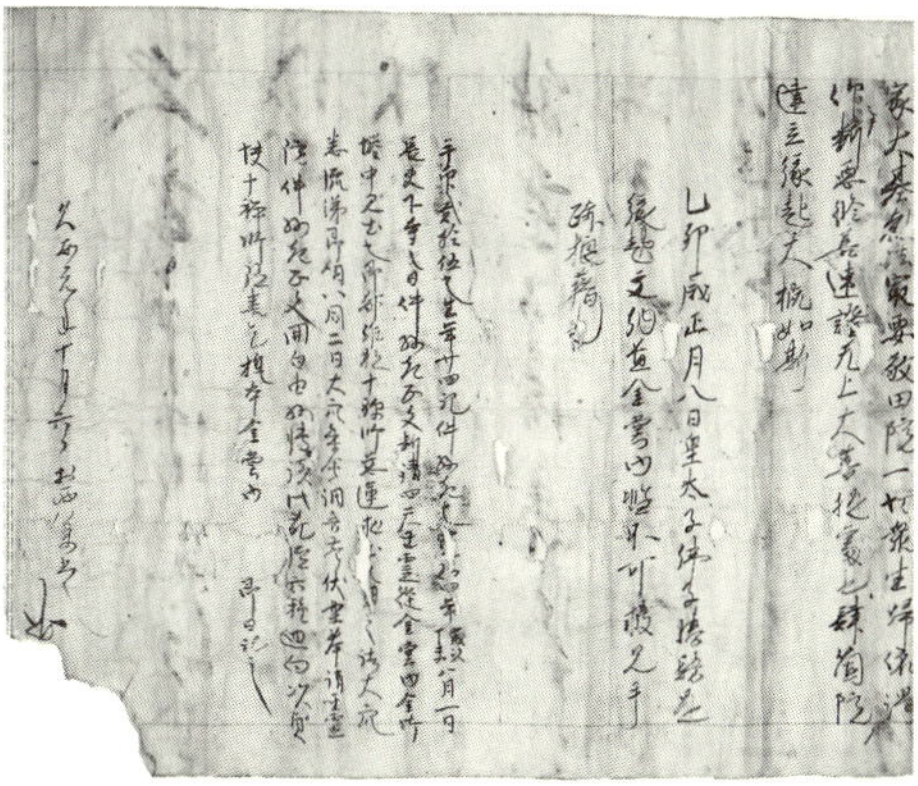

図 3-3　『四天王寺御手印縁起』断簡末尾（真福寺宝生院）

なお、『御手印縁起』のテクストは、単行で伝わるだけでなく、たとえば護国寺本『諸寺縁起集』康永四年（一三四五）写本にも、「四天王寺縁起」としてそのほぼ全文が抄録されているように、さまざまな媒体を介して流布していたことが知られる。

『御手印縁起』の構造は、大きく三部からなる。まず、冒頭に荒陵寺の法号とし、敬田院はじめ四箇院からなり、それらがそれぞれ釈尊以来の霊蹟であることをその堂塔について述べ、中間には伽藍仏像と寺領の目録を掲げて資財帳的な性格を示し、更に後半で太子の前生を明かし、自ら寺を守る誓願を立て、四箇院の本誓を示して終わる。末尾の太子識語における「皇太子仏子勝鬘」の称は、縁起中にも記される、太子の勝鬘経講説の事蹟に繋がる太子の勝鬘夫人再誕説によるところである。

本願聖徳太子の真撰に擬したこの縁起の特徴は、特に後半で強調されるところであるが、太子が天竺勝鬘夫人と唐土恵思禅師の転生であることを示した上で、守屋降伏を中心とする太子の主な事蹟を記す太子伝的要素を有し、また未来における寺物の犯用と寺領の侵犯を排し、違乱するものには治罰を与えんと誓い、護持するものには祝福を与える未来記として機能することである。更には、寺への施入と参詣の功徳、四箇院（敬田院、悲田院、施寮院、施薬院）それぞれの救済の本誓を述べ、それらの誓願の証として本文全面にわたり、太子の御手印を捺す。それは、公験以上の強烈な霊威を朱の手判に籠めて、文字テクストに付与したものである。その力を認識し、かつその再現と再生産をはかったのが前述の後醍醐天皇による書写と末尾の識語に捺した手判であろう。このような文書形式は、宗教テクストのひとつの究極の姿を示すものといえる。それはまた、空海の自撰自筆に擬された『高野山（金剛峯寺）御手印縁起』並びに『御遺告』とも共通するものであり、その寛弘年間という成立も重なる。[36] この空海の縁起もまた後醍醐天皇によって写されたのであった。その時代は、当時国王に匹敵する権威を築きあげた御堂関白道長の権勢の絶頂期であり、法隆寺を含む南都七大寺や金峯山、そして天王寺までも参詣を行った仏法護持者として君臨した彼の時代に投機する目的で造られ、国家に向けて発信されたメッセージとなったものであろう。

かくして成立した『御手印縁起』の目的、ひいてその結果は、四天王寺の〝霊地〟化という現象であった。それを端的に示すのが、縁起前半においてこの敬田院の寺地が、昔「釈迦如来転法輪所」であり、また伽藍中核の金堂と宝塔とが、「当極楽土東門中心」であるという主張である。つまり、過去世の釈尊ゆかりの聖地であり、かつ弥陀の極楽浄土への入口でもあるという、いわば遺迎二仏ふたつながらの聖地なのだ、というヴィジョンである。それは、この伽藍の西門が極楽の東門であり、念仏するものが往生浄土を叶える最も至近の地となり、この西門から望む難波の海に沈む夕日が日想観の便りとなり、その海に入水往生する人々までも生み出した、浄土信仰の聖地たる根拠となったのである。[37]

その消息は、院政期の各種往生伝に散見する。往生伝作者として著名な三善為康の『拾遺往生伝』序に、彼が天王寺に参詣して、金堂の舎利の霊験を拝見・感得したことが特記されているように、[38] 西門信仰と金堂舎利の信仰とが重なり合って、天王寺の霊地の始源を支えていたものと思われる。

中世の念仏聖の担った浄土信仰の焦点が、〝天王寺という霊地〟に結ばれている。その根拠となった聖典化したテクスト『御手印縁起』は、中世にいかに展開したのであろうか。その消息の一端もまた、為康の『拾遺往生伝』（一一一一年成立）上巻仙命伝（嘉保三年〈一〇九六〉に往生）に見える。彼が四天王寺に詣で、太子聖霊の前で手指をもって燃燈供養したとき、青龍が化現し、「太子手印云、荒陵池有龍、可守伽藍仏法記」とあるように、明らかに縁起が参照されているのである。

なにより、『御手印縁起』が最も大きな影響を及ぼしたのは、『聖徳太子伝暦』にその主要な本文が抄入されたことが示すように、太子伝と不可分一体に結びついたことである。その展開は、『伝暦』の後継者として享受・解釈されて発展した、中世の太子伝において更に顕著に見られるところであった。

こうした流れを受けて、十四世紀前期文保年間（一三一七〜一九）に天王寺絵所の周辺で制作されたと思しい中世太子伝が、前述の『正法輪蔵』である。[39] 一座の講式たるべく、「太子讃嘆表白」をはじめに置き、『伝暦』を元にした太子五一歳の生涯を、一歳一帖形式で完結するようにして、随所に絵指示の詞を交えて、絵解き台本の機能を備えた唱導テクストである。

中世太子伝の代表的伝記である『正法輪蔵』は、宗派を超えて広汎に流布し、太子伝記として冊子本の装丁でも写されるが、真宗高田派には早くも鎌倉末期に伝来し、その原型に近いテクストが伝わっている。その最も大部な伝本を、本尊の南無仏太子像および太子絵伝とともに伝えていたのが、岡崎の満性寺である（四幅の太子絵伝は、現在、静嘉堂美術館に所蔵される）。永禄二年（一五五九）に十五世の寂玄が元亨二年（一三二二）に写された高田専修寺本を書写した『聖《（ママ）》法輪蔵』[40] において、四天王寺縁起はどのように位置付けられているだろうか。その本伝は、『伝暦』に対応するように、太子が十六歳で玉造の岸に天王寺を建立したことと、太子二二歳帖において、荒陵における四天王寺建立のことに僅かに言及するが、むしろ付属する別伝においてそれは詳細に述べられる。

別伝は、「四天王寺建立事廿二」と「六角堂最初建立事」の二帖が伝わる。これらの一連の〝太子四天王寺建立をめぐる縁起説〟（その前提としての六角堂縁起説を含む）は、『正法輪蔵』の別伝のみを集成した慶應義塾大学蔵『太子伝正法輪』[41]および勧修寺大経蔵『正法輪蔵』[42]にまとめて聚められており、特に後者によってその全体像が明らかになる。

その構成は、守屋合戦ののち誓願に応えて天王寺建立のため、用材を伐り出す愛宕の杣に太子が赴き、霊木に念持仏の観音像を祀ったところから、六角堂創建に至る「六角堂最初建立事」（この末尾に文保元年の年紀が示される）、次に二二歳で玉造岸に伽藍を建立し、そこから荒陵の地に寺を移すことを述べる「四天王寺建立事」、およびその荒陵の地が応神天皇の霊地であると説く「荒陵地事口伝」、更に『御手印縁起』の抄出、再構成というべき一段が加えられる。その末尾には、

右建立縁起、大概如件、吉貴二年歳次乙卯八月十八日、本願主仏子勝鬘　敬白

と『御手印縁起』のそれに倣った太子自撰を示す識語が付されている。それは、『正法輪蔵』の伝記として絵伝を指示する複合テクスト体系の中で、独自の天王寺縁起として再創造されているのである。

この『正法輪蔵』の系譜上において、中世太子伝における『御手印縁起』は、もうひとつの姿を見せる。真福寺から原本というべき古写本一冊（太子十八歳から二六歳）が見出された『仏法最初弘仁伝』[43]である。その二二歳条には、『正法輪蔵』諸本と共通する本文の後に、四丁分の『御手印縁起』の抄出を付載する。その構成は、満性寺本や勧修寺本など、本来の『正法輪蔵』別伝の抄出とは異なっており、それに拠らない独自のものであることが明らかである。この太子伝は、『正法輪蔵』をもとに大量の秘事口伝や注釈を加えて増補したテクストであり、瀬戸万徳寺（寛正三年写）[44]本や西尾養壽寺（文明十五年写）本など同系の写本は、いずれも四天王寺の秘本として伝来

したという奥書識語を持つ[45]、南北朝から室町初期にかけて、四天王寺周辺で成立した太子伝である。真福寺本は、太子伝の内部に『御手印縁起』を組み込むべく挿入した痕跡を直接に留めており、しかもその初丁に「天王寺七不思議事」[46]という、中世に伝承されていたであろう霊地としての天王寺の秘伝を加えて、一冊の全体が、太子伝であるとともに、天王寺の霊地性を縁起とともに多面的に説くテクストであるといえよう。

こうした諸本の存在は、これら太子伝記の言説を介して絵解かれる中世太子絵伝の諸図像とも呼応するものだろう。

五　中世太子絵伝における四天王寺図像の世界

では、中世太子絵伝における四天王寺図像とはいかなるものか。それを検討する前提として、まず現存最古の太子絵伝である前述の法隆寺献納宝物障子絵伝（東京国立博物館現蔵）において、天王寺がいかに描かれているかを改めて確認しよう。西側の壁面となる第五面の右、難波の海に向かう位置で「四天王寺」の銘札を付した壮麗な伽藍が廻廊に囲まれて建っている（図2-6参照）。それは、第三面の左に位置する法隆寺にも匹敵する大伽藍であり、海を挟んで彼岸の唐土衡山の聖跡に呼応するように立つモニュメンタルな寺院である。但し、そこに「当極楽土東門中心」を示すような西門や鳥居などの独自の信仰を表象する指標は見えず、参詣者もおらず、静まりかえった伽藍は、いかなる霊地性を示すものかは定かではない。

中世の掛幅太子絵伝では、一変して天王寺の表象は豊かになり、そこにはさまざまな動きが見えるようになる。たとえば、南都系の太子絵伝として基準作となる法隆寺献納宝物の四幅本絵伝[47]（嘉元三年〈一三〇五〉）の場合、第二幅上部に廻廊に囲まれた金堂・五重塔を備えた伽藍を描くが、その中心は西門であり、ここに念仏する僧と、そ

図3-4　『聖徳太子絵伝』第三幅　部分（四天王寺）

の先に朱の鳥居を描いて、この間に〝浄土参り〟する僧俗が描かれている（念仏堂・引声堂の屋根も見える、図1-10）。これに対して、元亨三年（一三二三）作の四天王寺蔵六幅本絵伝[48]は、第三幅の上部左方に小さく「廿二歳四天王寺」の銘とともに、五重塔と念仏堂・引声堂らしき建物と、朱の鳥居のみを描いて、その前で〝浄土参り〟する俗人のみを描くシンプルな形である（そこでは西門すら省略されている、図3-4）。同じ南都系絵伝と考えられる満性寺旧蔵本（静嘉堂四幅本）の天王寺図像[49]は、基本的に法隆寺四幅本と共通している。また、同様な系列に属すと思しい叡福寺八幅本では、第四幅に唐土衡山と海を隔て向かい合う下方に天王寺を大きく描くが（後掲図3-7を参照）、伽藍は五重塔のみであらわし、中心は大きく描かれた西門となり、難波の海に望む朱の鳥居に向かって、〝浄土参り〟をする俗人を大きく描いている。これら南都系絵伝で最も集約された作例が、メトロポリタン美術館本[50]および大蔵寺の二幅本であるが、その第一幅中段に描かれたのは、四天王寺本と共通する西門と鳥居、およびその間の〝浄土参り〟のみで、つまりこれが中世太子伝における最も基本的な最小単位の天王寺図像と見なすことができる。なお、杭全神社本第三幅（口絵1参照）は、西門を中心に伽藍と石鳥井、浄土参りまで鮮やかに描くが、注目されるのは金堂の扉口から救世観音が拝されることである。天台系寺院に伝存する太子絵伝については、管見の限り天王寺図像を明確にもたない作例が見られる。たとえば、旧観音正寺本（奈良国立博物館現蔵）および談山神社蔵四幅本[51]は、豊かな太子伝説話を多く含むものだが、意外にも天王寺は描かれない（第三幅中段がその伽藍を描くかと推定されるが、但し西門と鳥居は明らかでなく、〝浄土参り〟も見えない）。中野太子堂

（旧太山寺四幅本）も天王寺図像を有さない。鶴林寺八幅本（善光寺絵伝を第一、二幅に含み、その伽藍を大きく描く複合絵伝）は、第六幅に西門と鳥居のみを描き、これに〝浄土参り〟ではなく、鳥居の額「釈迦如来転法輪所」の銘を拝する僧のみを描くところにその特徴がある。[52] これらの例は、天王寺とその霊地性を重視しない系列として、注意すべきものだろう。

天王寺図像を大きく位置付けて詳しく描くのが、一般に真宗系太子絵伝と分類される一群の太子絵伝である。その代表的な古い作例が岡崎妙源寺（奈良国立博物館現蔵）の三幅本[53]で、その中幅上段のすべてを占めて天王寺伽藍を描き、中央の伽藍から左（西方）に西門から鳥居と〝浄土参り〟、右（東方）に聖霊院を配している（図3-5）。この系列の最大規模の大作である本證寺十幅本では、第六幅の下段にやはり大きく描かれ、同じ構成を備えている（伽藍に加え、鐘楼、講堂、六時堂、そして亀井の水や守屋の祠までもが細かく描き込まれている）。このような構図で天王寺の全景を描く図様は、上宮寺六幅本の第三幅も同様であり、また勝鬘皇寺本四幅本の第四幅（後掲図4-3）も共通する（この第四幅は衡山を上方に配し、六角堂縁起を含み、下段に天王寺図像を配するという、独立性の高い、しかも天王寺の霊地性を縁起図像を含めて構成しようとする特徴的な作例である）。[54]

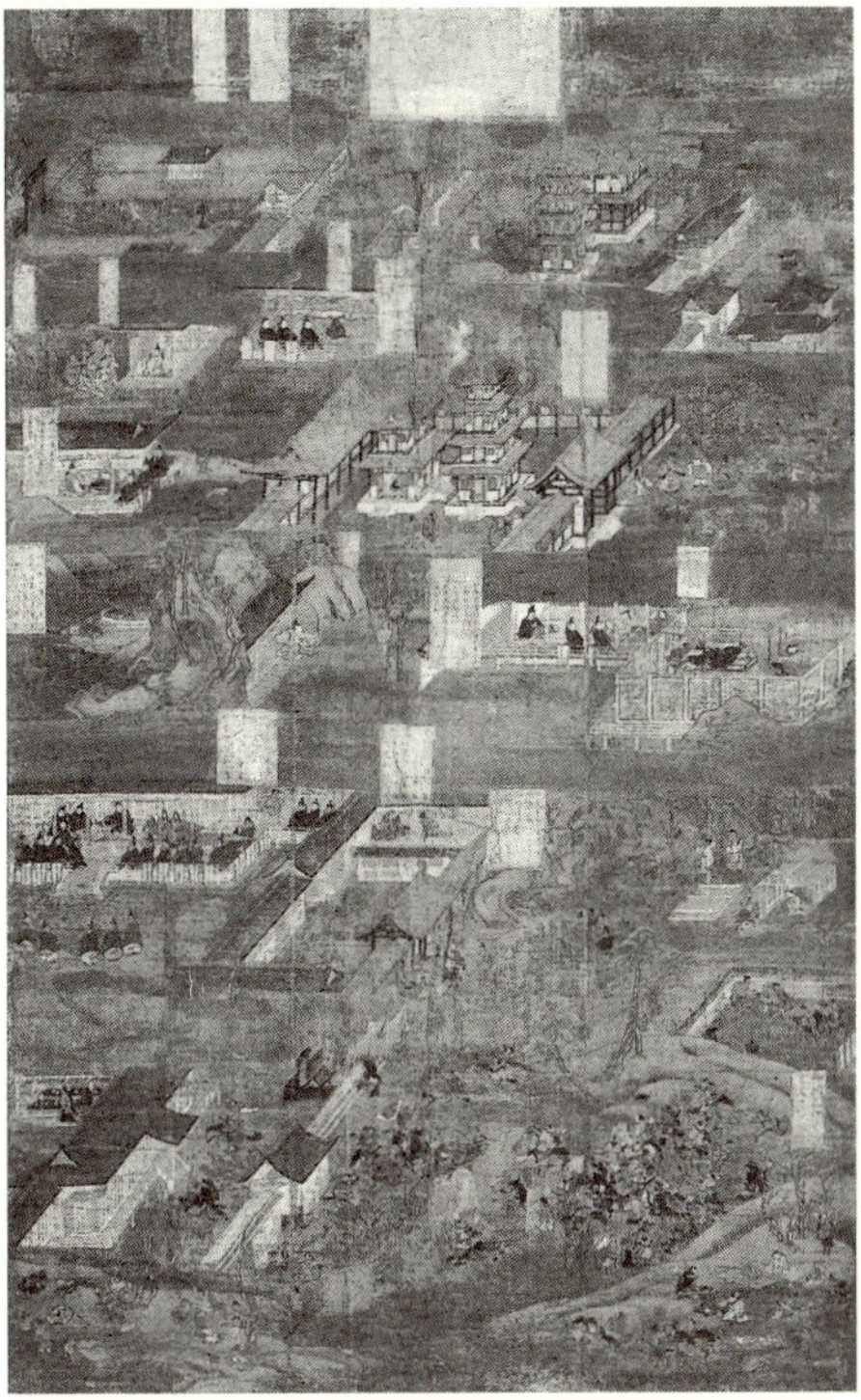

図3-5 『聖徳太子絵伝』第二幅（奈良国立博物館，妙源寺旧蔵）

これらの真宗系絵伝の天王寺図像に共通する特徴は、伽藍の右側の廻廊が細殿として廓を長くのばした建築で描かれていることであり、あるいはこれが（慈円再興の）絵堂を指すものかと思われる。そうであれば、この一連の天王寺図像を有する太子絵伝は、絵伝の拠となる自らの場所をその画中に指示しているということになり、聖霊院を特に対象化することも含めて、その図像は天王寺を太子信仰儀礼ひいては絵伝唱導の場として強調していることになる。つまり、その絵伝が霊地を讃えるばかりか、自らの帰属する〝本所〟を示す自己言及テクストであると指摘できよう。

中世太子絵伝における、いくつかの変奏と例外を含むこうした〝天王寺霊地図像〟の範型は、じつは、太子絵伝にのみ見出される固有なものではない。中世の天王寺をめぐっては、ほかにも同様な霊地参詣の作法である〝浄土参り〟を含む図像が存在する。その代表が『一遍聖絵』[55]である。時衆の祖としての一遍の伝記絵巻が遺弟聖戒によって成立したのは、正安元年（一二九九）のことである。全十二巻中に天王寺が登場するのは、一遍が最初に参詣した文永十一年（一二七四）の有様を描く巻二と、再度参詣し金堂の舎利を出現させるという弘安九年（一二八六）の奇蹟を描いた巻八の二箇所である。前者では、絵巻の形態を生かし、天王寺の伽藍のみでなく、西門から鳥居までの長い空間と、その間を歩む〝浄土参り〟の人々の姿を、更に鳥居の先の門前町から、はるか難波の海に至る入り日をも見はるかす空間を描き出して、東西の軸に沿って広いパースペクティヴを現出している。巻八（図3-6）は、角度を変えて南から南大門を入り、伽藍の塔や金堂を中心とした部分に集中し、そこで舎利を顕現させた一遍を中心とする群像を描いている。伽藍の北の六時堂とその前の石舞台（聖霊会の催される舞台となる）のある蓮池までが描かれ、鳥瞰的なパースペクティヴが特徴である。巻二では西門で賦算する一遍が中心に位置するのに対して、巻八では西門は霞で隠されている。伽藍の上方（東側）の絵堂らしき細殿が注目されるが、聖霊院は描かれない。巻二では、同じ絵堂らしき建物が、伽藍の右手に描かれ、更に僧坊などの坊舎や聖霊院の屋根が見えている。こうした二様の天王寺伽藍図は、およそ真宗系太子絵伝の最も詳細な天王寺図像と共通する。特に、巻二

図 3-6　『一遍聖絵』巻八（東京国立博物館）

の場合は、東―西軸の上に西門を中心とした念仏信仰に関わる〝浄土参り〟のモティーフをそなえており、絵堂や聖霊院を描く点も重なる。詞書を見ても、こちらには『御手印縁起』を引いて、例の「釈迦如来転法輪所、当極楽土東門中心」の要文が引用されており、絵に鳥居の額までも描くのは、それに呼応したものであろう。

『一遍聖絵』において一遍の参詣、巡礼した寺社霊場は、その詞書に縁起がさまざまなレヴェルで引用され[56]、画面にはその景観を描く。その幾つかが中世寺社の社頭図・宮曼荼羅・境内図等と共通した図様を有していることは、周知のところである。たとえば、熊野三山はクリーヴランド美術館蔵熊野宮曼荼羅、石清水八幡宮は大倉集古館蔵石清水宮曼荼羅、そして高野山は京都国立博物館蔵高野山山水屛風など、『聖絵』と同時代の鎌倉時代に遡る作例を存しており、それらが共通した霊地寺社図像の蓄積から利用した可能性を想定することができる。あるいは、天王寺の図像についても、『聖絵』と太子絵伝の双方が共有する〝天王寺霊地図像〟の存在した可能性を指摘することもできるだろう。そして、それは遥かに『御手印縁起』を典拠本文―源泉とする図像であったかもしれない。

『聖絵』においては、一遍が天王寺の西門念仏の場において賦算し、また金堂舎利に結縁するというこの霊地の文脈に重なり介入することで、その霊地図像が絵巻の上に導入されるのである。そこから立ち戻るならば、中世太子絵伝における天王寺の霊地図像も、太子伝という巨大な文脈のもとで導き出され、天王寺縁起の文脈と重なり、交わるものであったといえるだろう。そのとき、伝記と絵伝の物語では、太子による守屋合戦の物語的図像が、その前提として不可欠な文脈となろう。ちなみに、中世の善光寺縁起と善光寺絵伝も、この同じ守屋合戦を物語／図像として備えている。その文脈からやがて善光寺の霊地が成立し、善光寺伽藍の霊地図像があらわされるという[57]基本的な構造を、太子絵伝のそれと等しくしていることは、両者の関係について大きな示唆を与えるものであろう。

この文脈は、伝記テクスト上における『御手印縁起』の位相とその働きに収斂されていく。そして、その文脈の重なりと交わりの起点に位置するのが、『伝暦』における「御手印縁起」の抄入という現象なのである。それは、中世宗教テクストとして豊饒な発展の相を示す太子伝記と太子絵伝の、その要となるテクスト複合の起点として位置付けられるべきテクストであった。

六　廟崛太子——死せる太子の記文と生ける骸《かばね》

天王寺と並んで中世の太子霊場として重要な聖地が太子墓、すなわち磯長《しなが》の太子廟である。この磯長廟をめぐって中世に生成展開する太子宗教テクストは、他の太子遺蹟寺院と様相を異にし、注目すべき特色を示している。それは何より太子の遺したテクストとしての御記文を中心にあらわされ、それが伝承を介した太子のイメージへと展開していく。中世の太子信仰とその形象にとって、それは通奏底音のように響くものであった。

歴史上に太子墓から太子の御記文が登場するのは、摂関時代の末、十一世紀半ばのことであり、その記録は『古事談』[58]に収められる。治暦元年（一〇六五）九月、天王寺別当の恒舜が関白頼通の命を受けて検分し、その報告を注進して朝廷に提出した記録である。なお、併せて公家日記の一部が抄出されている。注進とともにそこに記されたのは、太子墓から掘り出された石筥の身（本躰）と蓋に彫り刻まれた銘文、つまり「起注文」の本文である。(59)「起注文」は、「吾」という太子の一人称で始まる太子自記の体裁をとって、前半に太子の事蹟を簡潔に要説する。「出彼衡山、入此日域」と恵思再誕説を前提に、「降伏守屋之邪見、終顕仏法威徳」から始まる仏法興隆の事業が「於処々造立四十六箇伽藍、化度一千三百余之僧尼、制作法華勝鬘維摩等大乗義疏、断悪修善之道、漸以満足矣」と三宝にわたり満たされたという。後半はいわゆる未来記にあたり、「今年歳次辛巳」は推古二九年（六二一）、太子入滅の年である。「河内国石川郡磯長里有一勝地、尤足称美、故点墓所」として国家による仏法興隆を求め、これが全体の眼目であることは明らかであろう。このメッセージが天王寺を通じて発信されたことに注目すれば、二二歳の太子が自撰自書した設定の『御手印縁起』の〝発見〟に続いて、更なる霊地の興行のための勧進が企てられたことが推測されるだろう。

この「起注文」を起点とする、太子墓をめぐる〈聖なる〉テクストが更に成立する。ひとつは太子の遺告というべき「廟崛偈《びょうくつげ》」二十句の御記文であり、もうひとつは空海による太子本地感見記というべき「弘法大師御記」である。これらは「起注文」と一具となって中世に流布していた。併せて〝太子廟御記文〟というべきこれら三種のテクストは、鎌倉時代に書写成立した幾つかの宗教テクスト（聖教・記録）に収められている。

それらのテクストのうち、最も早く成立して指標をなすのが、敬月房慶政（慈円の甥の良経の子で九条道家の兄）による写本『天王寺事』である。(60)慶政は、寺門派に属しながら遁世して仏法興隆を志し、太子信仰にも篤《あつ》く、法隆寺等の太子遺蹟寺院の復興修造も勧進した人物である。(61)とりわけ法隆寺の「唐本御影」を新たな太子尊像として認定した事蹟が注目され、(62)彼も慈円に連なる太子宗教テクストの創始者の一人であった。その慶政の自筆写本である『天王寺事』は天王寺『御手印縁起』の注釈覚書に太子遺蹟寺院等の記録が抄記され、そのうち「聖徳太子御墓」条に、三種の太子廟御記文が収録されている。(63)なお、この他に、真言宗寺院に伝来した密教聖教テクストの一環を成すものとして、真福寺大須文庫の鎌倉時代写本『松子伝』があり、(64)また浄土宗寺院に伝来した浄土教聖教として、誓願寺蔵『弥陀観音勢至等文』がある。[65] そして、太子遺蹟寺院自体でも、法隆寺の顕真（先述の慶政とも交流があった）により嘉禎四年（一二三八）から寛元三年（一二四五）にかけて記された『聖徳太子伝私記』に、これらの御記文と、それに関する伝承記事が散在して含まれている。これらの記事については、太子廟御記文の伝承の意義を考察するための重要な情報であるため、次節で改めて詳述したい。

「大鳥部《おおとりべ》文松子《あやのまつこ》伝」に云く、と引用される形で示される、いわゆる「松子伝」とは、太子の従者であったとされる松子なる人物が太子の事蹟や言説を伝えたもので、その中核となる太子が自ら廟崛の西壁に刻みつけたという七言二十句の偈頌である。[66] すなわち、太子自作の遺偈として一人称形式の記文である。その内容は、「我身」が本地救世観音であることを前提に、その「誓願」により「衆生」のため、この「片州」に「正法」を興すべく誕生したという。中心の所説は、観音たる太子に契る女（妃）は勢至（菩薩）であり、「生育悲母」は弥陀尊であって、三尊は一体として「同一身」であるという、太子と母后と妻妃が阿弥陀三尊であるとする本地垂迹説である。そして人界の縁が尽きて西方浄土に帰るも、なお末世の衆生を化度するため、「父母所生血肉身」を「過去七仏法輪所」「大乗相応功徳地」であるこの廟崛の勝地に「三骨一廟」として遺し留めたという。最後に、一度でも参詣すれば悪趣を離れ極楽に往生決定と、参詣功徳を讃え勧める定型の文句で締めくくる。

この「廟崛偈」は、太子ならびに母后（間人皇后）と妻妃（膳妃）が同一墓内に合葬されることを「三骨一廟」とし、太子自らがその本地を明かし、観音、弥陀、勢至の「三尊位」として顕われ滅後も衆生を済度することを示す証とする。その眼目は、この三位が同一身、いわば〝三位一体〟であり、しかも肉体を備えた人の子として垂迹し示現したことを廟内の遺「骨」をもって示すことであろう。慈円も、この太子廟についての認識を『皇太子五段歎徳』第四段「滅後当時利益」において、「或いは磯長の聖廟に詣で、棺槨を墳墓の岩戸に礼す」と示す。直接遺骨を拝するのではないが、前後の文脈で示される全身舎利とも生身釈迦とも類《たぐ》えられる太子像と並ぶ、末世に利益を施す霊地として挙げている。なお、太子が母と妻を具した、母子と夫妻という最も基本的な家族の関係を示すことは、神祇祭祀における母子神と男女配偶神の一体化と共通しており、三神として僧形八幡神を中心に比咩神と母神の二女神を配する、八幡宮とも等しい神仏習合の発現形態とも見なせよう。

　太子の遺告というべき「廟崛偈」を図像化したと思しい太子尊像が、中世太子図像中でも特異な三尊形式の童形太子画像として遺されている。[67] 三角冠をつけた垂髪の太子は袈裟と横被を纏い香炉を捧げて歩む姿、二童子は天蓋を捧げ、また経幢を捧持している。その一作例の色紙型には「大慈大悲本誓願~西方教主弥陀尊」と廟崛偈中の八句を銘している。津田徹英はこの太子像を、『聖徳太子伝暦』の太子四八歳条に自ら墓を造りこれを検分する太子の姿を、しかも時空を超越した童子形において表象した尊像であり、二童子は松子と調子麿ではないかと推論し、これを「廟崛太子」像と命名する。[68] 太子尊像における時空を超越した表現は、前述した光明本尊等の童形太子像を中心に侍臣や僧侶が囲繞する構成にも示されており、[69] それは中世太子像の本質的な性格に由来するといえよう。

　次に、「弘法大師御記」に云くとして引かれるのは、その末尾に「弘仁元年八月十五日、遍照金剛記注之」の識語を付す空海自記の体裁をとるテクストである。[70] 大師が嵯峨天皇の弘仁元年（八一〇）、河内国の霊地に道場建立のため「上宮聖霊御廟」に百日参詣し、九六日目の夜半に御廟崛内より微妙の小音で大般若理趣分（を誦す声）が聞こえ、音《こえ》に応じて光あり、空海が祈念すると廟崛前に光明輪が現れ、光中より微妙の音で聞こえたのが太子の言であったという。その太子の詞《ことば》は、救世観音の垂迹たる「我」と母后と妻妃が弥陀三尊の垂迹として契りを結び、和国に生を受けて化度を施し、遷化の後も「彼の三尊の徳に擬さんがため、三骨を一廟に並べり」と告げたという、明らかに廟崛偈の再言説化というべき本地垂迹説の提示である。次いで光明中に弥陀三尊が顕現し、この本地図像イメージの発現と併せて、妙音にて「法華勝鬘経等大乗要文」を誦し、起注文に拠る「見仏聞法」の力により、空海はここに第三地の菩薩であることを修証したという。結びに勧信文が唱えられ、この霊廟に詣ずる輩は九品往生を遂げようと、参詣の功徳を宣揚して畢る。

　大師が太子廟に参籠して三骨一廟の本地を感得したという霊告感見の霊験記は、それが空海自記であると装うことにより真正性を高め、鎌倉時代中期には、勧修寺道宝の撰になる『高野物語』の大師伝の一節に摂り入れられ、[71]更に、弘法大師伝の絵巻『高野大師行状図画』の一節にも位置付けられることになる。[72]その内容は、明らかに起注文と廟崛偈を前提としたもので、それらの後、鎌倉初期までに成立したものであろう。むしろこのテクストにおいて注目するべきことは、参籠する空海の修した祈念に応じて光と音とが重なり合ううちに太子が本地を示現したとする、秘儀的儀礼からその本地を感得したというプロセスであろう。なお、ここに言う百日参籠の九六日目に感得したという設定が、第一章で論じた親鸞伝における六角堂百日参籠と九五日目に蒙った夢告の伝承と相似することは、ただちに想起されることである。加えてその救世観音の霊告の内容が、観音（太子）自ら玉女と化し妻となって犯され、一生を荘厳しようという、所謂「行者宿報偈」（図序-1）であることも、太子が母后や妻妃と一体であることを顕すのと呼応する、その延長線上に示されたヴィジョンと言ってよい。

七　顕真における太子廟御記文伝承の文脈

以上に述べた太子廟御記文類は、相互の継起的な照応が示すように、それぞれが単独で存在した言説ではない。それどころか、それらの御記文は、その出現や流布をめぐって、これを媒介する人々の伝承を周辺に派生させ、その伝承においてこそこれら御記文の蔵する文脈《コンテクスト》を明らかにするのである。その消息をよく伝えるのが、太子遺蹟寺院のひとつである法隆寺において鎌倉時代に活動した顕真の記録『聖徳太子伝私記』である。[73]すでに言及したとおり、顕真は太子の従者調使麿（愛馬黒駒の馭者）の末裔である寺主の一族であり、その血筋を引く最後の一人であった。そうした自己認識《アイデンティティ》が、これらの御記文に関する伝承を引き寄せたものであろう。「古今目録抄」とも題されるこのテクストは、中世の法隆寺における堂塔、仏像、宝物に関する伝承と太子伝に関する秘事口伝説および年中行事記等の集成として複合的な性格をもつ「目録」である。先師伝来の切紙口伝など秘説を類聚し裏書などに関連する記事の注記を施した、一種の注釈テクストでもある。前述の如く、三種の太子廟御記文はその中に全て含まれており、加えて全篇が、それらのテクストに付随する興味深い伝承に満ちている。

上帖には、まず起注文の本文が引用されている。『古事談』とほぼ同文であるが、注文はやや詳しい（その末尾に「此箱珊渠蓋含也」とあるなど）。その裏書に「松子伝」として起注文の太子入滅年次の考証があり、末に「此康仁之《カ》入御廟《ミハカニ》時六十一ヶ年後也」と注す。続いて「起注文事」として『古事談』と異なる発見の経緯を、その石の姿を含めて記し、これを忠禅という僧による所為として（その同行僧行命による文字注進を記した後）、「忠禅法師枉法之由、以康平六年（一〇六三）秋比顕了、被禁獄処已了、甚怖以古本書写了」と結ぶ。つまりこの起注文は忠禅による作為であったことが露見し処罰されたというのである。なお、その裏書には、「御廟寺太子伝奥文云」として、「磯長起注文者」と、忠禅が掘り出した経緯について「御廟住僧説」のほぼ同文を載せる。また、浄戒と顕光の二僧が御廟に入った（この事件については後述する）後、京阿弥陀仏なる者が百日参籠し、御廟内の「廿句」（すなわち廟崛偈）を記し、御棺の様を拝見したことを「極隠密事也」と追記している。廟崛偈については、上帖末尾近くに太子関係の要文が列挙されるうち、裏書として前掲の如く引用され、続けて「敬礼太子要文」として例の慈円『皇太子五段歎徳』と同文の四句偈頌が引かれ、「已上二句作者不知」と注されるのも注意すべきであろう。

顕真の『私記』の弘法大師感得説話について見れば、その下帖に「弘法大師ノ証得第三定ヲ給事」として、その概略が裏書に記され、そこに大師の感得に至る所作がやや詳しく記される。その毎日の所作は廟崛偈と理趣経の転読であったという。また、他の太子遺蹟寺院を列挙するうち、「高貴山寺」条で再び「弘法大師ノ太子御廟ヘ参詣コト」を記し、弘仁元年三月十一日より高貴寺から毎日参詣し六月十六日に感見したと伝えている。その後に、これも前に述べたように、その全文を引用するのである。

『私記』下帖には、起注文関連記事と言ってよい、太子廟をめぐる忠禅の「誑惑」が再び記される。これは『私記』の中で最も注目される記事のひとつである。但し、その年代が不安定であるのは、この伝承の特殊な位置をものがたる。「後冷泉院御時、天喜二年（一〇五四）甲午九月ニ在リ誑惑聖、其ノ名ヲ云キ忠禅ト、入テ太子ノ御廟崛ニ、現ジテ不可思議ノ作法ヲ」（朝廷はこれにより）「太子ノ御舎利（「身也」と注記）破損」を疑い、勅宣により注進のため法隆寺三綱の康仁らが御廟内に参入し、御棺の様子を拝見したという。その報告《ドキュメント》によれば（これも二説並立しているが）、あるいは二つの御棺のうち一棺中に髑髏一つのみ、あるいは三つの御棺のうち東の御棺中に（太子の）「御身」が在《ましま》し、「只、御容儀如存日之時床ノ上ニ寝シ給カ、薫シテ異香廟中、如心中ノ尽キ晴《はるゝ》カ」であったという。顕真はこの二説のうち、後説を「正説」とし、更に康仁は「袖を目に覆ひて、気《いき》の下に詠じて云く」と次のような歌を詠じた。

アルヤキミ　ナキヤヒナラム　タマクシケ　ヲホツカナサニヌルヽソテカナ
（在るや君　無きや妃ならむ　玉櫛笥　覚束なさに濡るゝ袖かな）

帝に注進と共にこの歌を奏聞すると、御感あって「官符寺主」の称号《タイトル》と共に御詠が下された。

ヤツミヽノ　キミニトヒケムシツノヲノ　ユカリ人コソシラハシルラメ
（八耳の　君に問ひけむ賤男［調子麿］の　由縁人《びと》こそ知らば知るらめ）

それ以降、この康仁の子孫は法隆寺重代の寺主として特権を保証されたという。その最後の末孫である顕真にとって、この廟崛拝見は、一族の寺内での地位をもたらし、かつ支え続ける神話であった。その原風景として、廟崛内の御棺に在《いま》すが如く横たわる太子の〝生身〟の姿があったといえよう。その遠い根拠は、『伝暦』推古二九年条すなわち太子崩御にあたって、薨去された太子と妃を棺に斂《おさ》めるにあたり、「其容如生」と表現するのに遡るかもしれない。

この康仁廟崛拝見記事に続くのが、土佐院（土御門天皇）御宇の元久年中（一二〇四～〇六）、同じく太子廟に入った浄戒と顕光の二僧が「誑惑ヲ構ヘテ」廟内に入り、太子の「御牙歯」を盗み取って世界を「遊行」し、あるいは「売買」し、ついに俊乗房（重源）に奉り、あるいは人に物を勧めた、という記事である。この事件は、『百練鈔』建仁三年五月条[74]に見え、太子廟に侵入して太子の歯骨を盗み取ったこの二僧が捕われたが、その身柄は重源が申し受けて（東大寺造営のための領国であった）周防と播磨に流されたことなどが記録される。『私記』は更に記事を続け、この二人はもと当麻寺の住僧であったこと（当時、当麻曼荼羅による唱導、勧進活動が盛んであって、法然門下の証空など多くの念仏聖が集まっていた）、後に太子御廟寺に移住し（隙を伺って）この御歯を東大寺勧進聖人たる南無阿弥陀仏（重源）に奉ったことを記している。その後、重源はこの歯を得て十一面観音を造り、その身内に奉納し、それが伊賀別所新大仏寺であるという。この二人の聖《ひじり》による太子廟盗掘事件は、かくして、その黒幕と思しい重源による東大寺復興勧進の一環であった各地の別所建立の原資として、太子の聖遺物たる御歯骨を得んがための、いわば〈聖なる盗み《フルタ・サクラ》〉なのであった。同時にそれは、この記事に加えられている二人の聖の証言として、「太子は実《まこと》に容儀存日の如くして床《とこ》の上に眠れるが如し」（それは先の康仁実検の際と違うことのない言である）が示すように、太子廟の霊地化の根源である生けるが如き太子の肉体、すなわちその生身性を帯びた〈聖なる太子〉こと廟崛太子というべき新たな太子イメージを生み出す興行でもあった。

この浄戒と顕光の事件について、『私記』は更に興味深い記事を付け加えている。寛元三年（一二四五）二月十六日、法隆寺に参詣した月勝房なる聖が（顕真に）語るには、「我は是れ浄戒房の落胤なり、最も密事なり」と前置きして、「浄戒は所持した太子の「御牙」を宣旨によって責め返され、御廟に戻した、見（顕）光は一昨年九三歳にて死去した」とその後の消息を告げた上で、彼は毎日五本の卒都婆を造立供養し目出たく往生した、と作善する勧進聖人であったことを強調する。また浄戒は「我は太子結縁の者なり、我臨終し悪《あし》くば誰人を憑んで結縁せん」と平生語っており、ついに往生を遂げたという。二人の聖《ひじり》とも、太子との結縁によって往生人となったというのである。したがって、太子御躰への侵犯は太子聖霊への結縁行為と化し、むしろその聖性を顕現させた化儀であったことが理解される。それは、同時代に形成された弘法大師による廟崛感見の作法の伝承とも重なる行為であり、更にいえば、高野奥院に入定する大師を拝しその鬢髪を剃ったという観賢の伝承とも呼応する、廟所に推参しその遺骸に触れうる聖の〈聖なる役目〉でもあったのではなかろうか。

仏牙舎利にも匹敵する太子御歯の盗犯事件は、更に中世太子伝のひとつに摂り込まれて、その文脈を明らかにする。文保年間（一三一七〜一九）に成立した前述の『正法輪蔵』は、冒頭に「太子讃嘆表白」を付すように、太子伝の形をとる唱導書でもあった。その本篇とは別に、太子に関わる縁起や秘事口伝説が独立した別帖で伝わっているが、それらを集成した伝本のうち、慶應義塾大学図書館蔵『太子伝正法輪』[75]にのみ含まれる一節に、「太子滅後奇特事」というくだりがある。その内容は、太子廟をめぐり、『私記』の記す浄戒と顕光が廟崛に入り、太子御歯を盗み取って捕われた顛末と、そこから想起された、法隆寺の康仁による廟崛拝見と一条院との詠歌贈答の事で成り立っている。その所説は、二僧の得た御歯を以て重源が伊賀新大仏寺を建立したことも含め、ほぼ顕真の『私記』に還元されるのであるが、その物語としての語り口は、『正法輪蔵』において、まさしく〈聖なる盗み〉として、二人の聖が拝見した廟内棺中に横たわる生けるが如き太子の姿を描き、その歯牙を強引に抜き取れば、歯からは鮮血が流れ出し、袈裟に包んで隠し持ち歩いたものの、その血が染み出してしたたり、ついに盗犯が露見したという。それこそ一箇の太子〝生身〟の奇蹟として語られるのである。その歯から鮮血を流す太子という生々しいイメージは、まさしくこの時代に次々と造立された生身の太子像の基底を支える観念と重なるものであろう。

太子廟とその御記文をめぐって、かくも興味深い記述を遺した顕真による太子宗教テクストとして、その体系を自ら図像化した「聖皇曼荼羅」（図1-9）が再び想起される。重懐の『法隆寺縁起白拍子』によれば、それは建長六年（一二五四）に顕真の発願として南都絵師堯尊によって描かれた。聖霊院に奉懸された本図は、密教の別尊曼荼羅に倣って、太子一族とその眷属などを配置したものだが、その外院右隅には顕真の先祖調子麿が黒駒の手綱を執っており、「上宮一家」[76]に連なる自身の存在を示す一種の絵系図でもあった。その内院中台には、母妃間人《はしひと》皇后を中央に、右に太子、左に膳妃が座して、その上部中央には蓮台上に阿弥陀三尊が光を放って影向し、その左に太子廟の円墳が描かれ、更にその左に弘法大師が座す。これは明らかに廟崛の「三骨一廟」とその「三尊一体」なることを示したものであり、また、その深秘を感得開示した大師を布置するからには、「弘法大師御記」の説話を背後の文脈に負って創られたのであった。更にそれは顕真の先祖康仁の果たした役割とも響き合うものであり、『私記』に記録された太子廟をめぐる御記文や伝承は、このイコンに結晶しているのである。

八　太子廟の礼拝空間における尊像と絵伝

最後に、第六節で論じた磯長廟のその後について触れておこう。中世に、廟崛という特異な太子の礼拝空間を創り上げた磯長の太子廟は、江戸時代以降は叡福寺という真言寺院となる。[77]この寺院には、その礼拝空間の焦点となる太子尊像と、その背景《パースペクティヴ》となる太子絵伝が、今に伝えられている。[78]

太子廟の左手前に位置する聖霊殿は、豊臣秀頼によって再建された慶長年間の建築であるが、その内陣厨子に祀られる等身の童形太子像は、把笏、持香呂のいわゆる真俗二諦像である。その垂髪は毛髪を付けた植髪であり、また実際の束帯と袈裟を纏わせる着装像であって、その本躰は裸形かと推定される。未だ本格的な調査はなされていないものの、この像は同時代になお数体の類似作例を見るところの、広隆寺上宮王院童形着装像の系譜に連なる十三世紀前半の生身太子像であろう。

叡福寺境内絵図によれば廟の右手前に存在した絵堂に所在したであろう、八幅の掛幅太子絵伝は、そのうち一幅を失い近世末の復原的模本により補われているが、残る七幅は十四世紀に遡る、中世太子絵伝の中でも注目すべき優作である。その他に類を見ない特色は、何よりこの絵伝が通例と異なり、大画面の山水と四季の移ろう風景描写の中に太子伝の事蹟場面を自在に配置する、その独特なパースペクティヴにある（図3-7）。大半の太子絵伝が太子の事蹟を年代順に排列し、各幅もその順に構成されるところであり、あるいは配列が変化するにしても銘札を付して歳次や事蹟が指示されるのに対して、この叡福寺本はその銘札もなく（その痕跡もない）、ただ図像イメージのみを以て太子伝の物語を広大な〝自然空間〟のうちに布置する、独自の作例である。全体は四季絵の移ろいを意識して描き分けているが、各幅は互いに有機的な構図のつながりが認められない。したがって、その全体を統一させたパースペクティヴの許に描く法隆寺障子絵伝のような構想は、これについては見出されない。但し、その太子伝事蹟の各モティーフは、たとえば磯長葬送の場面について見ると、最古の紀年銘を有する嘉元三年（一三〇五）制

図3-7 『聖徳太子絵伝』第三幅（衡山，四天王寺，勝鬘経講説，黒駒）（叡福寺）

作の法隆寺旧蔵四幅本太子絵伝（献納宝物）のそれと非常に共通しており、南都系太子絵伝の系譜を明らかに受け継いでいるといえよう。(79)なお叡福寺には、本絵伝の事蹟場面を独立させて三巻の絵巻とした近世前期の華麗な絵伝も伝わり、その『伝暦』を仮名化した詞書は堂上貴族の寄合書であって、後水尾院当時の朝廷の太子廟への信仰の様相をものがたる遺品である。(80)その末尾には、太子廟をはじめ推古・欽明・用明等の天皇五陵が描かれて結ばれており、太子廟を注進とした〝王家の谷〟の宗教空間を象るものとして注目される。ただ、これら叡福寺独自の太子絵伝があの廟崛太子の特殊な性格および〝生身〟性とどのように交錯するのかは、なお定かではない。

中世に磯長太子廟をめぐって形成された太子の宗教空間を復原するためには、狭義の太子宗教テクストの範囲のみで捉えることはできない。更に中世宗教テクスト世界の全体に視野を広げて見渡す必要があろう。『一遍聖絵』巻八は、天王寺より太子廟に参籠した一遍が、御廟を拝し奇瑞を感得したという記事を載せる。先立って天王寺の金堂において彼は御舎利出現の奇特をあらわしており、太子廟での奇瑞は他阿のみに示して披露を制し、日中礼讃を勤めたという。絵は廟崛の前に時衆と供に礼拝する聖が何かを戴く姿を描いており、詞に「高野大師の御記」すなわち弘法大師御記を引用することからすれば、大師参籠感見に倣った、太子の遺骨に関わる本地霊迹の示現ではなかったか。無住『沙石集』巻二では、生蓮という聖(81)がやはり太子廟に参籠して歩き巫女から舎利を賜っている。深夜、堂の後戸で秘儀の如く伝授されたその舎利は、光を放って虫のように動めいて聖の許に這い寄ったという。その舎利示現の有様と、太子廟に祀られる太子の〝生身像《イメージ》〟とは、確かにつながりあう。一方、『とはずがたり』巻五では、著者後深草院二条が遁世修行の旅においてやはり天王寺より太子墓に参籠し、経典を奉納した。あるいは、遠江国橋本の遊女長者妙相もここに参籠し霊夢を蒙った（応賀寺蔵毘沙門天像胎内納入願文）(82)。聖人のみならず、女人の側からの働きかけや感得の証も、三骨一廟の太子墓において、太子と深い契りを結んだ母后と妻妃に結縁した名残りなのであろう。このように、聖俗男女にまたがって〈聖なるもの〉としての太子に結縁する場が太子廟であったのである。

第四章　中世聖徳太子絵伝におけるテクスト複合

一　中世太子絵伝の宗教図像テクスト複合

中世に数多く制作された聖徳太子絵伝は、各種の信仰が重なり合った仏教唱導の媒体として、そのものが既に複合した宗教図像テクストである。この太子絵伝の多彩な変奏と展開の諸位相を整理し、そこに貫かれるテクストの統辞法、すなわち生成的な構造の法則を見出すことが本章の課題である。

この議論の前提となる宗教テクストとしての太子絵伝は、既に第一章で述べた如く、太子のイコン（尊像）と対応する太子聖典テクストのうち、儀礼テクストとしての太子講式がその礼拝のための機能を果たすように、太子伝という説話—物語テクストと一具として生成し、その機能を発揮すると考えられる。しかも、この二つの座標の位相は、別個に存在するのではなく、互いに不可分な機能と役割を分担していると考えられる。[1]そうした中世太子図像と文字テクストの有機的な関係の中で、太子絵伝が示す興味深い現象、すなわち太子伝の図像化を核とする太子絵伝が、それ自体で完結せず、諸絵伝ないし縁起説話を含む多様なテクストを包含し、あるいは結びつけるテクスト複合の現象を見出すことができる。それは全体としていかなる宗教テクストの世界を構想し、ひいてはいかなる意味を発信したのであろうか。この問題を追及するために、いま試みに中世太子絵伝を〈内部〉と〈外部〉に分節して整理し、その様相を検討した上で考察してみたい。掛幅画としての絵伝は、一幅の画面を基本単位とするが、更にそれが複数幅を一具として構成される場合はその全体を合わせて〈内部〉とし、その画面の外部である別個の絵伝、絵画、尊像など、次元を異にするテクストをも含めて〈外部〉と称しておく。

中世の太子絵伝がそれ自体単独に存在するばかりでなく、縁起絵や高僧伝などの他の絵伝と組み合わせられ、一具としてそれら全体が大きな宗教図像テクスト群を形成している現象については、太子絵伝を核とした〈宗教図像テクスト複合〉として認識すべきであろう。[2] その絵伝複合は全体として、絵伝による日本仏法史の世界像を構想し、かつ念仏流布の真正性と正統性を主張する、高度に体系化されたテクスト群であったことが推測される。[3] たとえば東国を中心とした親鸞門下の初期真宗念仏教団によるこの構想は、満性寺本『聖徳太子内因曼陀羅』（正中二年〈一三二五〉）というテクストに結晶する。[4] これは、真仏並びに顕智の率いる高田派を中心とした教団の企てた壮大な唱導媒体《メディア》としての絵伝群を説明する、ほぼ唯一のシナリオである。[5]

一方で、この太子絵伝というジャンルについては、太子絵伝とその〝場〟の系譜、すなわち太子遺跡霊場寺院における太子礼拝空間とその儀礼—唱導教化の宗教テクストの展開する場を視野に入れる必要がある。法隆寺・四天王寺・橘寺・広隆寺・六角堂・叡福寺などがそれである。更には、太子を開基とする鶴林寺や斑鳩寺または観音正寺など各地の寺院群も含まれる。それらは、中心伽藍とは別に、太子「聖霊」を祀る聖堂（上宮王院や聖霊院など）を有し、そこに太子尊像を安置し、また太子の生涯を唱導するための絵堂や絵伝を備えた寺院もある。最古の太子絵伝の遺例である法隆寺旧蔵上宮王院障子絵伝、また古代太子絵伝の原点である四天王寺絵堂の後身壁画の一部として遺存する板絵残欠を除き、以降、中世の絵伝のほとんどは掛幅絵伝という形態で伝えられている。前章で述べたように、天王寺には「絵所」があり、[6] ここが中世聖徳太子伝の形成流布の〝本所〟でもあった。『正法輪蔵』のような中世の代表的絵解き台本としての太子伝の形成も、その周辺においてなされたことがほぼ確実である。[7]

こうした〝太子遺跡寺院〟系列に伝存する太子絵伝においては、それを中心とした〝場〟にいかなる宗教テクスト複合を実現しているのか、更にはどのようなテクストを生み出したのか、それらについて改めて確認してみたい。その上で、最後に本格的に検討しなくてはならないのが、前述した真宗において受容された太子絵伝が展開するところの独自で多元的な複合の様相である。

本章における検討の中心は、特に真宗を中心とした中世太子絵伝における〈外部〉と〈内部〉の複合の様相であるが、とりわけ、その境界領域にあたる注目すべき事例が焦点となる。その上で、それらが示す太子絵伝の担う独自な宗教構想と、その背後に存在するコンテクストがいかなるものであるかが問われるだろう。

二　中世太子絵伝と太子伝によるテクスト複合の様相

改めて中世太子絵伝の複合宗教テクストとしての性格を明らかにするため、古代太子絵伝（その唯一の現存例でもある）としての法隆寺障子絵伝との比較において導き出される、中世太子絵伝の特徴的な性質や機能について記述してみよう。

法隆寺障子絵伝は、絵殿という建築空間の装置として一定の場所に固定されている。これを観る者は、堂内に参入し、左右と奥の壁面に配された画面を拝見することになるが、その動きは限定される。絵は、大画面（五面の障子から成る）の全体がゆるやかに連続する構想の許で、各事蹟・説話場面は山水景観や建築の空間の中に配置されている。その各事蹟場面には銘札が付され、その内容に関する伝銘文が記される。伝銘文は、『伝暦』本文の抄出というべき文章レベルの情報量である。つまり、障子絵伝は、それ自体において図像（説話画）と文字（伝記）の両者の位相のテクストが、間テクストを介して大画面中に同一平面で並存しつつ、相互に響き合う〈内部〉の複合テクストとして成立している。
中世太子絵伝の場合は、掛幅であることにより移動が可能で、その掛けられた場所で展観や絵解きが自由にでき、何処でも道場になりうる。また、単に並列して掛け並べるだけでなく、各幅を交換して移動することもできる。[8]つまり随時に空間を設定し、観る者の求める視聴の形態に変換可能である。絵は、基本的に一幅の単位のうちに完結し、各場面はその構図の中に配置され、説話画としての図様は限られた類型に固定化され、そのパターンは記号的なものに接近する。銘札における文字テクストの比重は少なくなり、基本的に歳次および単語レベルに限定される。つまり、各説話場面を指示分節する機能のみを有するまでに極限される。[9]
この対比から浮かび上がるのは、中世太子絵伝というテクストの、それを観る―読む側に対して開かれた特徴的な性質である。障子絵伝は、限定された時空の制約の許でのみ特権的な階層だけが観覧することができる、閉ざされたテクストであった。そこでは、絵解きを行う側のみならず、観る側にも一定の水準以上の知識とリテラシーが必要となる。銘文の読解能力のみでなく、全体の構図と有機的に重なり融合した中に配置された説話・事蹟場面を弁別し認知するためには、高度な知的技術が必要である。図像自体に豊かな情報が蔵されているのを、観る者に読みとらせるには、懇切なナビゲーションが需《もと》められるだろう。
一方、中世太子絵伝の大方においては、前提となる知識が無くとも、単純で端的な指示の許で、直截に太子の事蹟をその場面から認知することが可能である。その反面、図像はかなり類型化され、ほとんど記号化しているため、絵自体の語りかける表現やニュアンスは大幅に省略されている。そこから太子の説話を認識させるには、『伝暦』本文のようなテクストだけではもはや不十分である。その漢文の文脈から太子の物語を図像を介して想起するような、高いリテラシーをもつ観者を、中世太子絵伝は基本的に想定していない。その説話図像は、絵解きのナレーションによって、つまり物語に全面的に依存して聴きながら観る、そうした観衆（聴衆）を誘導するためのガイド（案内指標）かつアイコンの役割を果たしていた。そして、そのような絵伝に対応するために創り出されたのが、中世太子伝のテクストであった。

太子絵伝の中世的変容と展開に即応した宗教テクストとしての中世太子伝のテクストも、決して一様なものではない。大別して二系統に分かれるその伝記は、前述した『正法輪蔵』という、唱導性のきわめて高い儀礼テクスト的な面をもつ一類と、物語的性格の強い、『伝暦』に比較的もとづいた『宝物集』など増補系太子伝の注釈テクスト的な側面をもつ一類とに区別できる。前者は、絵指示の詞を本文に組み込んだ、機能的な絵解き台本であり、後者は説話や縁起等の挿入や引用を加上させていく注釈書の相貌をもつ。両系統の間には両者を折衷した如き双方の性格をもつ伝本『仏法最初弘仁伝』[10]も存在する。両者に共通する、中世太子伝を生成する基本的なテクストの志向は、秘事口伝である。口承を介して秘説を開示し、宗教的権威を秘密の伝授によって顕そうとする仕組みは、中世宗教の場における普遍的な現象であり、勧進という価値交換の媒体であると共に、物語伝承の母体でもあった。[11]そうした性格をそれぞれに負った中世太子伝とは、中世掛幅太子絵伝の、決して一様でない多面的特性と深く結びついた伝記であったといえよう。

あらためて確認するなら、多様に分岐した中世太子伝諸本が、それぞれ現存のどの中世太子絵伝の作品ないし系統の類型に対応するか、あるいはシナリオであるか、ということは、現在の段階では特定できない。ただ、本来は四天王寺で制作されたと思しい『正法輪蔵』が真宗寺院に伝来しており、また真宗寺院には古く優れた大作を含む特徴的な（「真宗系」と称されることもある）様式を持つ太子絵伝が数多く伝来している（『真宗重宝聚英』「聖徳太子絵伝」所収）ことは、注意されよう。その一方、増補系太子伝の基幹となると思しい『宝物集』を省略した形の詞書を有するのが、前述の元亨四年（一三二四）制作の堂本家蔵『聖徳太子絵伝』絵巻（十巻本）である。この絵巻と共通した構図の絵相を掛幅画化した四幅本太子絵伝を伝えているのが、天台系の太子遺蹟寺院である観音正寺と多武峯談山神社である。後者には増補系太子伝を最大限に注釈書化した『聖徳太子伝記』（十八冊本、四天王寺現蔵）も伝来していた。更に、その系統で詞章を物語化し注釈的に増補したテクストである天理図書館本『太子伝』

（文明三年〈一四七一〉写本）[12]が書写され伝来していた天台宗の鶴林寺には、室町初期の秘事口伝に類する特殊な説話図像を多く含む太子絵伝[13]が伝来していることが注目され、それらは絵伝と伝記の流布と享受利用のあり方について示唆的である。

中世太子絵伝は、太子伝と併せて、汎宗派的な宗教メディアとして強力な布教の具《ツール》となって驚異的な威力を発揮した。それは、かつての太子遺跡寺院に独占され、固定して閉ざされた場から解き放たれて、全国の至るところに持ち運ばれ、太子講として講式が導師により読誦され、和讃と念仏など一同の声明仏事によって荘厳される、その一環としての芸能の具でもあった。絵伝という図像テクストが、〝太子信仰〟の場を構成する宗教テクストの最も外縁にあって、その唱導の機能を最大限に拡張する。その結果として、それらが一具となって連携するところ、いわば〝太子堂〟が何処にでも建立されることになる。そうした〝太子信仰〟を最も活用したのは、初期の専修念仏教団であった。それは、法然門流の念仏教団（浄土宗の西山派、後に鎮西派が担う）が同様な宗教メディアとして、当麻曼荼羅による絵解き（および観無量寿経の講説）の唱導を全国に展開したのと相似の現象でもある。当麻曼荼羅の場合は、その縁起が講説談義と結びついて物語として展開し、やがて中将姫の一代記という語り物へと芸能化していくことになる。[14]

親鸞門下の専修念仏教団において太子伝の唱導と強く結びついたのは、善光寺如来の縁起であった。仏法の伝来と共に渡ってきた三国伝来の生身弥陀如来を本尊とする善光寺は、本朝最初の阿弥陀を祀る寺─道場である。その一光三尊如来像が鎌倉期には念仏聖の本尊として諸方へ〝勧請〟され遷座して、関東を中心とした各地に〝新善光寺〟が誕生した。特に注目されるのは、親鸞高弟の真仏に始まる真宗高田派の受容である。下野専修寺の高田本山では、太子堂と如来堂が並び立ち、善光寺如来が本尊として仰がれ、念仏化導の祖として太子が祀られる。両者の結びつきの源は、中世太子伝生成の動機となった秘事口伝説にある。法隆寺ではすでに鎌倉初期の寺僧顕真の『聖徳太子伝私記』に見えるところだが、前述のとおり、そこでは太子が善光寺如来との間で従者調子麿を使者として御書（消息）を交わす。善光寺如来は、その縁起によれば自ら詞を発して意志を告げる、いわば〝託宣する仏〟であるが、この伝承では、消息という書かれたものにおいて互いの〈聖なるコトバ〉が交わされるのである。その内容は、念仏の功徳を称揚する偈文であり[15]、中世には太子御廟の「廟崛偈」と共に、太子信仰の聖句として流布した要文で、元来は天王寺西門念仏衆と善光寺聖との間で育まれた伝承と推定される[16]。

高田派においては、太子と善光寺如来が本尊として祀られるだけでなく、それぞれの絵伝が伝えられる寺院があった。特に三河地方では、高田派をはじめ初期真宗の遺風を伝える真宗寺院で太子絵伝と共に善光寺如来縁起絵の優作を伝えるところ（矢作の妙源寺（柳堂）、安城の本證寺、岡崎の満性寺など）があり、明らかに両絵伝が連なって重なり機能していた消息を示している[17]。そこでは複数の異なる絵伝を組み合わせて唱導する場が成立していたのであり、それは絵伝複合というべき様相を呈している（本證寺と満性寺の両寺には太子尊像も伝わり、妙源寺には中世の太子堂も現存している）。この太子と善光寺の絵伝複合に加えて、専修念仏の祖師法然と真宗の開祖親鸞の両祖師の掛幅絵伝もまた伝えられており（本證寺と満性寺は共に法然絵伝の優作を伝えるが、このように真宗寺院には法然絵伝が伝えられているところが多い[18]）、更に妙源寺の如く四絵伝による複合までも早い時期に構想されていたことが察せられる。

太子と善光寺の絵伝は、三国にわたる仏法の伝来を釈尊の分身である生身弥陀如来の本田善光による遷座縁起により説き、同じく三国に転生した太子が仏法を流布興隆せしめ、特に南無仏太子により本朝に初めて念仏を広めた事蹟を強調して、両者を重複させて日本における仏法と念仏の始源をものがたる。その最大の山場は、両者に共通する破仏の権化である物部守屋に対抗する太子との合戦であり、この重なり合いを接点に、絵伝と縁起は複合してよりスケールの大きな仏教神話として相乗効果を生むのである。一方、本朝における専修念仏の創唱と立宗を担った法然と、その教えを信受して流布した親鸞の両上人の伝記も、真宗では師弟として仏法の継承とその正統性を強調する連続した絵伝として制作され、特に両者が承元の法難により配流された受難の物語を、それぞれの教化と修行の旅と共に叙事的な聖者伝《レゲンデ》として描き出している。つまり、四絵伝は善光寺／太子と親鸞／法然とで、ゆるやかな対称性を示しつつ、全体として壮大な仏法史伝として立ちあらわれるように構想されているのである。

満性寺に伝わる正中二年（一三二五）写本『聖徳太子内因曼陀羅』は、その四絵伝による唱導のシナリオというべきテクストである。序に言及するところ、[19]三巻で構成された絵伝（絵巻）の「口伝略抄」として企てられた、善光寺縁起と太子伝および法然と親鸞の伝記の抜粋《ダイジェスト》によって、仏法と念仏の流伝の系譜を説くものである。太子伝に関しては、その生涯の本伝というべき著名な事蹟は省略され、むしろその外伝というべき前生譚の金剛醜女（勝鬘夫人本生）説話や道士勝負記（白馬寺縁起）など天竺・漢土の物語、また守屋合戦に加えて勢至の垂迹である膳后婚姻譚（芹摘姫伝承）など、太子をめぐる本地垂迹説の因果が、勢至の化身としての法然と観音の化身である親

図 4-1　『善光寺如来絵伝』第四幅　善光寺伽藍の上部に描かれる芹摘后物語（本證寺）

鸞に繋がるという脈絡を語る（図4‐1）。こうした「内因」を、絵伝という図像を媒体として説示する。それは、まさしく複合宗教テクストとしての広義の「曼荼羅」を創り出している。それは、中世太子絵伝が中核となって展開した、中世仏教の諸領域と各分野が複合した壮大な宗教テクストの世界を俯瞰する、あたかも見取り図の如きテクストであった。

三　中世掛幅太子絵伝の類型と展開

法隆寺献納宝物のひとつとして伝来する嘉元三年（一三〇五）銘を有する四幅本の太子絵伝は、それが中世の法隆寺において多数の寺僧らの発願結縁と合力のもとで制作された経緯を含めて、中世の太子絵伝の基準作のひとつである。また、その画題（伝記モティーフ）の分析において、太子による三経（維摩・勝鬘・法華）講讃と義疏の制作という、中世の法隆「学問寺」において格別に重要な太子の事蹟を網羅強調した絵伝であることが指摘される。[20]かくしてこの太子絵伝の作例が、単に絵伝の典型という次元で評価されるのみならず、法隆寺が独自に押し出す太子信仰の宣揚という機能を担っている消息が明らかとなり、またその模本が法隆寺および中世法隆寺荘園の中心であった斑鳩寺など、限られた範囲にのみ流布したことも、その主題と呼応した現象といえよう。

掛幅画という利便性の高い形態を用いた太子絵伝は、基本的に複数、それもほとんど偶数で構成されることが大きな特徴である。それはおそらく、中央に太子尊像を安置し、その両側に等分に太子絵伝を懸けるという、祭祀空間をディスプレイするための実用的な要請にもとづくものと考えられる。表4‐1に、現存する中世掛幅聖徳太子絵伝の作例を、その幅数による構成単位ごとに掲げて示してみよう。嘉元本献納宝物絵伝のごとく、同図様の転写本がある場合には、その行に並べて掲げてある。またその作例が何らかの複合を示す場合には、その絵伝の〈外部〉において複合する場合は△、絵伝の〈内部〉において複合を示す場合は▲を付して示した。なお、［］で相互の関係や特徴について注記を加えた（表に取り上げた作例は、原則として室町時代末までの制作に限定したが、その近世模本の例も一部に加えてある）。

表 4-1　中世聖徳太子絵伝現存遺例の構成

一幅本	正雲寺本 a［略絵伝］ ▲正雲寺本 b［略絵伝，中央に八字名号］
二幅本	メトロポリタン美術館本—大蔵寺本［各幅一段分を省略］ 四天王寺本［第一幅は略絵伝，第二幅は前生譚等で構成］
三幅本	△妙源寺本（奈良国立博物館現蔵）［善光寺・法然・親鸞絵伝と一具］ 鶴林寺本 b
四幅本	法隆寺本（法隆寺献納宝物額装）—斑鳩寺本—法隆寺近世模本 △満性寺本（静嘉堂文庫現蔵）—万徳寺本—善徳寺本—大将軍寺本—本覚寺本［二幅本］ 妙安寺本 観音正寺本—談山神社本 △中野太子堂本［善光寺絵伝］ △光照寺本［法然・親鸞絵伝］ 広隆寺本 a ▲勝鬘皇寺本［第四幅は別伝等で構成］
六幅本	四天王寺本 六角堂本 上宮寺本［三河上宮寺本，第一・第二・第三幅（焼失）］ △称名寺本［本伝部分二幅分］—平泉寺白山神社本［第一幅］—親田太子堂本［第一・第二幅］
八幅本	橘寺本 ▲鶴林寺本 a［第一・二幅は善光寺絵伝］ ▲瑞泉寺本 叡福寺本［第八幅は近代補写］
十幅本	△▲本證寺本［第五幅は善光寺絵伝か］—ボストン美術館本［第一・二・四・六・九幅］—乾坤院本［第一幅のみ］ 杭全神社本
不完本	飯田市美術博物館本［現状五幅（全八幅か）］ 東京国立博物館本［現存三幅（全八幅か）］ 根津美術館本［現存三幅（全六～八幅）］ 油日神社本［現存四幅（全六幅か）］ 広隆寺本 b［現存二幅］ ▲称名寺本［本伝二幅分存，別伝三幅（全十幅か）］

これらの多様な作例を見渡すと、まず太子伝のみを描く絵伝と、太子伝以外の縁起や僧伝を含む絵伝とに大別される。更に、太子伝のみの場合でも、入胎・誕生から薨去・葬送および王子昇天まで、出入りがあって厳密な区別は難しいが、太子の生涯の事跡のみを描く絵伝と、その外伝というべき種々の周縁的な説話を含む絵伝があり、これが意外にも多くの作例を存する。こうした太子絵伝における太子伝の事蹟、すなわち伝記説話のモティーフの布置を検討する場合に、参照すべき座標となるのが『聖徳太子伝暦』に依拠する太子伝テクストである。通常、中世太子絵伝は、障子絵伝以降、『伝暦』を典拠とするその図像化と一般に捉えられるが、一方で中世には『伝暦』を同じく聖典として拠りながら、更にその注釈と物語化という、二つの方向により再テクスト化した中世太子伝が数多く存在する。[21] 掛幅絵伝が多数制作された十四世紀を中心に成立したそれら中世太子伝のうちで、絵伝と特に密接に関連するテクストが、文保年間（一三一六〜一八）に成立した『正法輪蔵』である。[22] このテクストの最大の特徴は、本文中に絵解き指示と思しい定型句（「…処、即是也」の如き）が含まれ、そこに叙述される太子の伝記が絵解きの物語として機能するように創られていることである。その全体の構成は、冒頭に「太子讃嘆表白」の一段を配し、太子を本尊とする一座講演の旨趣を述べた後で、一歳から五一歳までの太子の生涯を、一歳あたり一帖の独立したテクストによって叙し、誕生から入滅までを扱っている。これを〝本伝〟とすれば、これに加えて、〝別伝〟というべき太子生涯周辺の各種説話がやはり一主題につき一帖単位でテクスト化されている。

なお、『正法輪蔵』の古写本を伝える三河満性寺には、本伝に加えて別伝の帖が伝来する。[23] こうした中世太子伝の別伝と先に指摘した太子絵伝の一部の作例ならびに図像とが対応する事例については、後述する本證寺本において指摘されている。[24] 中世太子伝における〝本伝〟と〝別伝〟の分化ないし複合化と、中世太子絵伝における各位相での複合化とは、必ずや連関する現象であろう。

四　中世太子絵伝の〈外部〉と〈内部〉の複合

前節の一覧で掲げた中世太子絵伝のうち、顕著な複合を示す事例について、各事例ごとに具体的に紹介し、分析していきたい。

(1)〈外部〉複合絵伝

はじめに、太子絵伝それ自体はあくまで太子伝のみを中心として描かれ、その外部に別の独立した異種の絵伝や縁起絵が伝存して、あわせて一具の掛幅絵伝群として構成されている場合を記述する。その代表的な事例は、初期真宗の一派である高田派の寺院において顕著に見いだされ、いわゆる「四絵伝」をもって絵伝複合を形成している。なお、現在はもとの所蔵を離れて異なる所蔵者にある場合も、本来の伝来に復原して記述する。

岡崎の「柳堂」妙源寺は、親鸞巡錫説法の遺跡と伝える、三河における真宗の草分けというべき道場である。その中心となる太子堂には、本尊として真俗二諦型の童形太子像を祀り、聖徳太子絵伝三幅（図4-2）が伝来した。これに加えて、善光寺縁起絵伝三幅と、法然上人絵伝三幅および親鸞聖人絵伝三幅が伝来する。この太子絵伝が三幅構成であるのは珍しく、特に第三幅は事蹟説話を極端に多く盛り込んで密度が高い。これは他の絵伝すべてが三幅構成であることと関連し、あるいはこの太子堂が三間堂であることによる可能性も指摘されよう。また、同寺に伝わる光明本尊も、真仏自筆と伝える九字名号と天竺唐土高僧連座像および和朝太子高僧連座像の、三幅一具をなす珍しい構成であり、すべてが三幅対をなす図像プログラムの一環として、この太子絵伝が制作されたと推測される。その太子絵伝は、その第二幅に四天王寺および法興寺伽藍図を有し、つまり中央幅にモニュメンタルな伽藍図が重ねて配置されるという構図を示す。これを含めて全体の構成や精緻な描写もすぐれており、制作は鎌倉末期に

図 4-2　『聖徳太子絵伝』右より第一・二・三幅（奈良国立博物館，妙源寺旧蔵）

遡る。この地域の真宗絵伝の初期的な作例として注目される[25]。

岡崎の満性寺は、源海の流れを汲む荒木門徒が創めた高田派寺院である。やはり太子堂に南無仏太子像を祀り、鎌倉末期の聖徳太子絵伝四幅（静嘉堂文庫現蔵）が伝来した。これに加えて南北朝期の善光寺縁起絵伝四幅と、法然上人絵伝六幅が伝来する。同寺には、永禄二年（一五五九）寂玄写『聖法輪蔵』と正中二年（一三二五）写『聖徳太子内因曼陀羅』および『善光寺如来本懐』など、太子絵伝や善光寺絵伝に関わる唱導テクスト類も伝来し、太子を中心とする宗教テクスト複合を考察する上で欠かせない資料群を有する。なお、満性寺本の太子絵伝は、瀬戸万徳寺の太子絵伝に模写されて伝えられるが、この寺も太子堂を有し、更に『正法輪蔵』の異本である『聖徳太子伝』（寛正三年〈一四六二〉写）を伝えている[26]。

安城の本證寺は、高田門徒の流れを汲む慶円の開基になり、かつて存在した太子堂には、太子真俗二諦童形像が祀られた。鎌倉後期の聖徳太子絵伝は十幅という最大規模の構成で、これに加え善光寺如来絵伝五幅および法然上人絵伝六幅（もと七幅）が伝来する。なお太子絵伝の第五幅は、第四幅と守屋合戦の場面が重複し、善光寺絵伝との関連が指摘されるほか、善光寺絵伝第四幅（図4-1）は、上段に太子伝の外伝にあたる芹摘后物語が描かれるなど、相互に連関する絵伝であることが注目される。その点で、本絵伝群は単純な

〈外部〉複合ではなく、むしろ〈内部〉複合との境界的な事例であり、これについては後述する。また、これらの寺院と関連の深い三河真宗寺院の中核であった岡崎の上宮寺にも、孝養太子像とともに太子絵伝三幅（もと六幅構成）と法然上人絵伝四幅（もと七幅構成）および親鸞聖人絵伝を伝えていた[27]。

広島・沼隈の光照寺は、初期真宗の系譜を引く仏光寺派の祖了源の師であった阿佐布門流の明光を開基とする[28]。笏のみを持つ童形太子像と共に、室町中期の聖徳太子絵伝四幅を伝える。同寺には、建武五年（一三三八）に明尊を願主とし隆円により描かれた法然上人絵伝三幅と親鸞聖人絵伝の一幅本を伝え、これらと一具たるべく、追って制作された絵伝と推測される。

こうした初期真宗寺院を中心に形成・伝来した絵伝複合を捉えるのに参照されるべき事例は、甲斐等々力の万福寺である。元亨元年（一三二一）荒木門徒の源誓上人によって創建され、黒駒伝承を伝える。同寺には、鎌倉末期の法然上人絵伝二福本（山梨県立博物館現蔵[29]）と、特異な親鸞聖人絵伝六幅本（西本願寺現蔵[30]）、また源誓上人絵伝二幅（東京芸術大学・シアトル美術館現蔵[31]）を伝えていた。更に太子絵伝二幅および太子像と黒駒・調子磨の像を伝えていたことが同寺の『遺徳法輪集』に見えており、この二幅本太子絵伝については、四天王寺現蔵二幅本に比定されるという推論が提出されているが[32]、確証はない。しかし、聖徳太子信仰と結合した、初期真宗の絵伝複合の形成とその系譜を考える上で、逸することのできない貴重な事例である。

滋賀・安曇川の中野太子堂は、もと天台寺院太山寺の後身であるが、ここに本尊の聖徳太子孝養画像一幅とともに、室町初期の聖徳太子絵伝四幅[33]および善光寺如来絵伝四幅[34]が、一具として伝来する。真宗寺院の絵伝複合と相似の形態を示すが、この場合は太子と善光寺のみで完結したものであろう。なお、太子絵伝第四幅最下段には、太山寺縁起の一節と思しい一段が加えられ、自らの縁起との〈内部〉複合を示す点は、中世縁起絵における松崎天神縁起絵巻や由原八幡宮縁起絵巻の例が想起されよう。

(2)〈内部〉複合絵伝

真宗寺院に伝存する中世聖徳太子絵伝の中には、その〈内部〉に太子伝の別伝や異伝、更には他の絵伝を含み込む作例が散見される。次にそれらの事例を挙げて、その複合の様相を示すことにしたい。

岡崎の勝鬘皇寺は、もと高田派で勝鬘寺の後身と推定される寺院である。所蔵する室町初期の聖徳太子絵伝四幅本(一時、満性寺に伝来していた)は、第一幅から第三幅までが太子の生涯の事跡を順に配列する本伝にあたり、これに対して第四幅はわずかに六角堂本尊感得と建立の縁起/四天王寺建立/夢殿と衡山取経譚の五場面のみをもって構成される(図4-3)。前章に言及した如く、四天王寺伽藍図は真宗太子絵伝の通例に則し、また六角堂図は親鸞伝絵中の六角堂と近似する。夢殿を含め、いずれも太子ゆかりの霊場寺院とその縁起図像であり、加えて本朝と唐土の境界を往還する説話主題を有している。この第四幅のみが後世の補作とされていたが[35]、画風は異なるも本来の一具として認定できること、その内容が『正法輪蔵』等の中世太子伝の別伝類に対応するものであることなどが明らかにされた[36]。

石川、小松の称名寺(高田派)に伝わる室町初期の聖徳太子絵伝六幅本[37]は、三重上宮寺本と共通する典型的な真宗系太子絵伝のひとつであるが、その第四幅の上部に、太子伝の別伝にあたる太子前生譚(金剛醜女譚札銘には「馬頭夫人事」とある)/山神出現(蘇莫者説話)/伊勢・熊野参詣/芹摘后物語(三輪山参詣)を挿入している。別伝中でも、物語性の高い説話を中心とし、かつ太子による霊地参詣の図像として構成されている。

富山、井波の瑞泉寺(大谷派別院)は、本願寺五世綽如の開基になる越中の拠点寺院であるが、第一章に取り上げたように、後小松天皇より賜ったと伝えられる南無仏太子像と八幅本の聖徳太子絵伝を伝来し、今もその絵解きは太子伝会として恒例の行事である。その鎌倉末期の太子絵伝[38]は、各幅の上部色紙形に廟崛偈と太子善光寺如来御書等の多くの銘文が書かれており、今も絵解き説法では、この文が讃題として用いられるのであって、絵伝中に複合する文字テクストによる重要な機能を示唆している。そのうち第一幅には天竺(勝鬘夫人)/唐土(衡山七代記・恵思達磨契約）の前生譚、第三幅と第四幅にまたがる守屋合戦譚では、客軍説話（五台山文殊と信貴山毘沙門が老翁と山人に化して太子の軍を助ける）等を詳しく描き、更に第六幅に芹摘后物語が三輪山参詣を中心に描かれる。また諸国巡見、蘇莫者説話も含む。全体にきわめて多くの太子伝の事蹟と説話を描く絵伝であり、その一環としてこれらの別伝も包含するに至ったと思われる。

特に注目すべき事例は、石川・松任の本誓寺本聖徳太子絵伝[39]である。現存五幅だが、本来は十幅構成と推定される。その第一、第二幅は上宮寺本等の六幅構成の太子絵伝では第一、第三幅に相当し、第二・四・五・六幅の四幅を欠くものと思しい。その第三、第四、第五幅は、すべて別伝および他絵伝によって構成される。このうち第三幅のすべてと第四幅（図4-4）の上部では、芹摘后物語が展開される[40]。特に第三幅は三輪山参詣が往還とも描かれるように非常に詳細である。第四幅下部は、上段が黒駒に乗る太子による熊野大峯参詣において山中で逢った女人の鬼子を捨てる説話と伊勢内外両宮の参詣を大きく図像化し、両宮の社頭図を描く点が他に類を見ない（本図を参照すると、称名寺本がそれらの縮約であることが明らかになる）。下段中央に夢殿を配しており、あるいはこれに対応する衡山取経譚を描いた別幅が存在したかもしれない。第五幅は、上半分が太子と善光寺如来の「御書」消息の往反を描くもので、その上端左に四天王寺西門を、右に太子御所を描いている。

図 4-3　『聖徳太子絵伝』第四幅（勝鬘皇寺）

図 4-4　『聖徳太子絵伝』第四幅（本誓寺）

用明天皇追善の念仏を催した際に太子が善光寺如来に宛てて御書を草した姿であり、更に妹子を使として遣わし、下に信濃国の本田善光の私宅に御書がもたらされ、如来の御返事があった情景を描く。

その下半部は、いわば親鸞伝絵の一部である。右には上に六角堂夢告、下に大谷廟堂を配し、左には上に法然より親鸞への撰択集の付嘱、下に親鸞の太子像供養の図をそれぞれ屋内に描いており、全体として、上半が太子と如来の御書が念仏の功徳を称揚する要文としてその縁起を示し、更にその念仏聖の役割が太子より親鸞に対して告げられ、また法然から親鸞への専修念仏の正統が授与され、最後に太子を讃歎して了るところに、一貫した法流継承の系譜を提示しようとする意図を見出すことができる。[41] これらは、単なる別伝の並列でなく、太子伝の異伝中でも、太子を媒《なかだ》ちとする善光寺縁起と、親鸞伝を複合させた念仏相承の流れを視覚化したテクストとして読むことが可能であり、それを前述した『聖徳太子内因曼陀羅』と呼応するものと見なすこともできよう。なお、第三幅の三輪山や第四幅の大峯・熊野・伊勢、および夢殿、第五幅の六角堂・天王寺西門・大谷廟など霊地図像を強調して描く点も特徴的である。

真宗系絵伝以外では、兵庫県加古川の鶴林寺に伝来する室町前期の八幅本聖徳太子絵伝[42]が代表的な複合絵伝である。その第一、第二幅は、善光寺絵伝であり、第三幅が太子前生譚と別伝の道士勝負記（漢明帝白馬寺縁起）を含む。第一幅で霊山衆会図を上に配して、一光三尊如来を中心に天竺と百済の縁起を配し、第二幅は善光寺伽藍を上に配して本朝の縁起を配している。第三幅は上に衡山の前生譚、中に道士勝負記、下に太子託胎と誕生を描いて太子伝へと移行する。これらは全体として、三国にわたる仏法伝来の縁起説として展開するように構成されている。太子を祀る「聖霊院」である太子堂を有する鶴林寺には、太子童形像をはじめ多数の太子テクストを伝えるが、この絵伝と最も関係するのは、今は天理図書館所蔵となった『太子伝』（明応三年〈一四九四〉写）[43]である。『正法輪蔵』とは別系統の増補系太子伝の一異本であるが、その特色は本伝中に善光寺縁起説を摂り込んで説くことであり、おそらくそうした太子伝テクストの構想が、この絵伝にも反映されているであろう。

（3）〈境界〉複合絵伝

太子絵伝の〈内部〉と〈外部〉の中間的な境界に位置する複合を示すのが本證寺本[44]である。これについて再説しよう。その聖徳太子絵伝十幅のうち、第五幅は下半に第四幅と同じ守屋合戦譚が重出する（但しこちらには、いわゆる増補本系太子伝に特徴的な、信貴山毘沙門天と清凉山文殊が化現して太子に加勢するという客軍説話が描かれている）。また、上半には右の上段に厳島縁起の事、下段に熊野参詣の事を配し、左には道士勝負記を描く。このうち厳島については、『正法輪蔵』太子三一歳帖が厳島縁起を中心に叙されており、これは本伝の一部である。しかし、その特徴はむしろ厳島社頭図を大きく描くところにあろう。熊野本宮の社頭図と併せて、特徴ある社殿の構造を強調して描くのは、霊地図像を押し出す点で、本誓寺本以上に神道曼荼羅的である。これと関連して注目すべきは、善光寺縁起絵伝の第四幅であろう（図4-1）。その下半には大きく善光寺伽藍図が描かれて、前三幅までの縁起の末に造営された伽藍を示して締め括る霊地図像として位置付けられる。但し、その伽藍の随所に童形の太子と思しき姿が立ち働いているのが見え、善光寺の聖地に太子が何らか関わる説話の存在（典拠未詳）を想わせる。更に上半には芹摘后物語が展開され、この点で第四幅は太子絵伝の別伝でもある。太子絵伝第五幅は、以前より善光寺絵伝と

図 4-5　『聖徳太子絵』右：a 本，左：b 本（正雲寺）

の関係を指摘されていたが[45]、善光寺絵伝第四幅も含め、中世太子伝の別伝のコンテクストから改めてどちらにも帰属する絵伝として読み直すことができる[46]。この両絵伝は、こうしてみると、それぞれの第五幅と第四幅を媒ちとして、相互に有機的に複合しているといえよう。それらの点で、本證寺本がその〈内部〉に包摂する複合と〈外部〉へ展開する複合を融合させた、重層的複合を実現した宗教図像テクスト群であることが、改めて確かめられる。

本證寺本や本誓寺本の如く、別伝や他絵伝を摂り込み、関連し合って拡大・増殖していくのとは反対に、太子絵伝がその〈内部〉に収斂し、集約されていく運動もその事例を見出すことができる。

四天王寺二幅本[47]は、もと真宗寺院に伝来したと思しいが、その第一幅は太子の略絵伝である。主要な太子の事蹟として十一の伝記説話を以て構成するが、こうした略絵伝として茨城上宮寺の絵巻（元亨元年〈一三二一〉）[48]のモティーフと共通するものが多いことは注意される。更に第二幅の、全て前生譚を以て構成する一幅の存在が興味深い。天竺・唐土にわたる太子の前生譚と本朝の太子伝のダイジェストという構成は、ただちに満性寺本『聖徳太子内因曼荼羅』を想起させるのであるが、それが芹摘后物語を介して法然・親鸞伝へと展開し、念仏聖の系譜を語ろうとするのに比して、この二幅本はあくまで太子伝の枠内に留まって図像化している。

最後に取り上げる興味深い事例が、正雲寺の一幅本聖徳太子絵伝である。その二種a・b[49]は、共に一幅で完結する略絵伝という珍しい作例である（図4-5）。いずれも上部色紙型に太子御廟の「起注文」を讃銘として掲げている。aは黒駒による富士登山を頂点として左右に孝養太子像と勝鬘経講讃太子像を配し、その周囲に伝記中の入胎・誕生、南無仏、挑花青松、日羅、阿佐礼拝、片岡山飢人、そして中央に薨去を配する構成である。一方、bは八字名号「南无不可思議光佛」を中心に、左右にまたがって上から勝鬘経講讃、犬鹿因縁、片岡山飢人を配する構成である。いわば太子伝曼荼羅というべき図様であるが、特に後者が光明本尊の名号を軸として礼拝的尊像のみならず、説話的絵伝の情景をその背景とする点が注目される。それは、あたかも太子絵伝の抜粋が名号に統合されるかの如き様相を呈している。そこには、銘文と併せて文字テクストの意義を絵伝と照応させる特別な唱導教化のプログラムが想定される。こうした多元的かつ集約的な複合が、やはり真宗の絵伝において企てられていることは、太子絵伝をめぐる宗教図像テクスト複合の中心的な推進主体がどこにあったかをよく示すものといえよう。

五　聖徳太子絵伝テクスト複合の統辞法

以上の事例において、その多面的な複合の様相を詳らかにした中世掛幅聖徳太子絵伝の諸相を見渡すと、それらが生成する世界像の驚くべき豊かさを改めて認識させる。それは、いかなる性質の豊かさなのであろうか。以下にそれを体系的に捉えるための試論を提起したい。

中世太子絵伝において殊に顕著な現象としてのテクスト複合は、太子絵伝をめぐって対照的な二つの志向を示している。ひとつは、その〈外部〉としての太子尊像や、他の掛幅絵伝など、異なる座標の位相、あるいは同じ座標ながら独立した諸テクストと緊密に連関し、相互に照応―補完することで複合を示す志向である。それによって成り立つ、太子絵伝をめぐるより大きな宗教テクストの〝場〟の存在が想定される。もう一方は、太子絵伝〈内部〉で複合が完結する志向である。それは一具の掛幅絵伝の平面上で現象する、主に図像上の諸テクストの布置によって生成する複合であり、基本的に絵伝単独で成り立ち、構図上に明瞭に認知できるものとなる。二つの志向は、端的に太子絵伝という一種の枠組みをその境界とするものであり、その枠自体が絵伝のプログラムに応じて可変的に伸縮する性質をもつ。また、絵伝がその〝場〟を喪い、切り離されて単独で残された場合は、その〈外部〉は復原的に考証するほかに窺う術はないであろう。

絵伝複合のように、〈外部〉化した複合は、妙源寺の絵伝群の如く、その〝場〟を構成する諸位相のテクストごとに、一定の規矩を要請し、それぞれは完結したテクストである。しかもなお、それらが儀礼の時空で多元的、立体的に組み合わせられて（おそらくそれぞれの配置もプログラムされたはずである）初めて完成する、より高い次元で構想されたテクストなのであり、原理的には限りなく拡張・展開しうる運動であろう。これに対して〈内部〉化する複合は、一箇のテクスト単位の次元に限定して、その範囲の内で完結し完成するように構成されたものである。ひとつの絵伝の平面を座標とすれば、同じ座標平面上の中でテクスト化された異質な諸要素が包摂される状態である。このような〈内部〉は、たとえばそのテクストとしての座標平面を異にする厨子中の尊像や扉絵および銘文等[50]において、また尊像とその胎内納入品においても、同様に認識され得るであろう。

中世太子絵伝における複合の運動は、その〈外部〉化がもっとも拡張・展開した所産である本證寺本に至って、同時にそれぞれの〈内部〉における複合が、絵伝の種別を越境して現象することになった。この〈外部〉と〈内部〉の双方にまたがる複合は、そのコンテクストが失われている場合が多く、なお未解読の部分を残しながらも、多元化と重層化、および拡張と収斂のダイナミックなテクストの運動としてまことに豊饒な世界像を創り出している。本證寺本の存在は、同時に〈内部〉においてのみ複合が完結するように見える太子絵伝の遺例が、実はより大きく〈外部〉に開かれて連なるテクスト複合の構想の一環であった可能性を示唆するものである。それは、太子絵伝がその本質として有する構造の優れた発現であると共に、太子絵伝という媒体を介した中世仏教の最もプロダクティヴな文化創造がもたらした達成にほかならない。

中世太子絵伝という領域が示す、太子宗教テクストの複合という現象は、本書が提起する中世宗教テクストという概念にとって、ひとつの突出した典型として多くの示唆を与えるものである。それはさながら中世の世界像を包摂して変奏を繰り広げ、宗教説話図像の文法の基調を造り出している。同時に、聖徳太子という信仰上の尊格の範囲を遥かに超えた、中世宗教テクストの世界像の縮図を示してもいる。更には、宗教テクストの基幹をなす尊像、聖典、儀礼および芸能のテクスト諸位相として分節される座標《マトリックス》の視座も、絵伝は説話─物語図像の位相から創り出したのである。それらのテクストを布置する宗教空間の座標も、絵伝が可視化したといえよう。加うるに、それら宗教テクスト生成の運動の要となり核となる〈聖なるモノ〉が立ちあらわれる。それが南無仏太子像に象られ、絵伝に縁起が絵解かれ太子講で礼拝される南無仏舎利である。それが果たす宗教テクストを生み出すシンボルとしてのはたらきは、一方で〈聖なるコトバ〉としての偈頌や讃銘、御記文そして和歌の文字として書かれ、声として響く。それはまるで舎利の感得と同様にもたらされ、その分布と相似するかのように中世の世界に流布していくのである。

第Ⅱ部　寺院経蔵宗教テクストの世界

第五章　寺院における宗教テクストの諸位相

一　日本における仏法のテクスト

仏教という宗教テクストの運動を、中世日本の世界の中で、寺院の宗教空間に焦点をあてて見渡そうとする試みにあたっては、聖典としてあらわれる文字テクストの位相から考察を始めるべきであろう。仏説を結集して書記化し、口承から書承へ、また翻訳による異言語体系への移し換えなどを経て形成された経典という聖典《カノン》は、その集合としての衆経すなわち一切経となり、経蔵という仏法の場を造立するに至る。同時に、それは国家王権の威徳を表象する大蔵経という媒体となって、国境を越えて流通することにもなる。また経典は、三蔵という主体が携えて将来し、訳し、自ら講じて宣説流布し、王臣の帰依の許に仏国土を創り上げていく文字通りの典拠となる。その過程で講経の営みの所産として著された厖大な経論の注釈テクストである章疏および聖教は、一切経の外縁を構成する経蔵の一部を成す。(1)経典を供養し、章疏が生み出される講経論義に直接用いられる各種の儀礼テクストも存在した。あるいは講経法会の本尊として祀られ掲げられる尊像や曼荼羅などの図像もまた、儀礼を構成するテクストの一環である。経典そのものにおいても、見返に経意絵や説法衆会図を描いて図像と複合させ、逆に経典の文字を以て塔婆形を描き、さながら経絵に仕立ててしまう経曼荼羅の如く、図像としての経典までも成立する。ひいては、経典の題号のみを以て大書し、如来の名号と同じくこれを本尊として仰ぐ題目本尊を生み出すまでに至るのである。

これら諸位相の多様な変奏を展開する諸テクストを、全て有機的に結びつけ、機能を発揮させるべく生成するシステムとして、仏教は認識される必要がある。では、その運動は日本中世において仏教のテクストの上でどのように現象するのだろうか。言い換えれば、日本の仏教とはいかなるテクストにおいて書きあらわされ、表象されるのか、という端的な問いかけとなる。

ただちに想起されるのは、「日本」を書名に冠した景戒の『日本国現報善悪霊異記』や慶滋保胤の『日本往生極楽記』、鎮源の『大日本国法華経験記』、あるいはその異称を用いた『扶桑略記』など、伝記の類である。それらは年代記や史伝的性格をもち、仏教史の側面を担うとしても、漢籍の四部でいえば史、つまり紀伝の範疇に属し、なお仏法の全体に及ばない。

むしろ直截に仏法の根本概念である「三宝」を冠した源為憲『三宝絵』こそ、最もそのような統合的テクストとして創り出されているといえよう。既に第I部で述べたように、永観二年（九八四）に成立したそのテクストは、出家した内親王のためとはいえ、女手の仮名で書かれ、しかも女子供の心を遣《や》る世俗の物語に倣って、絵に伴って読まれるための詞《ことば》に過ぎない。真名に対する仮名、晴《ハレ》に対する褻《ケ》、聖に対して俗の次元に降り立って作られた書物こそが日本の仏法をよく象るテクストであるとは、考えてみれば驚くべき逆説的な創造の試みではなかろうか。その仏宝（上巻）では、経に拠って仏の前生にあたる菩薩の六度の行（六波羅蜜）をはじめとする因縁物語を叙《しる》し、法宝（中巻）は日本の菩薩である聖徳太子や行基、役行者以下の伝を太子伝や『霊異記』に拠って仏法興隆の営為を記し、僧宝（下巻）は諸寺の縁起と仏典に拠って仏教年中行事を誌《しる》すことで、僧行および法会の諸相を示している。総じて、経論、伝記、縁起という古代日本の主要な仏法テクストを用いて、当時の仏教世界を説話（物語）と儀礼（芸能）という二つの位相から捉えようとする、多元的な方法による。なお画期的なのは、その全てを絵（説話画／物語絵と縁起絵／年中行事絵の各性格を含む）として図像化し、そのイメージと共に享受されるようにした仕組みである。この方法は、経典では仏伝の「過去現在因果経」、伝記では聖徳太子絵伝の壁画などで用いられ、敦煌遺文における変と変文のように、古い仏法のメディアとしての伝統を背景に負うが、何より特筆すべきは、その全体が物語の文法によって統一的に成り立つ、文芸テクストにほかならないという点であろう。

やがて中世には、作者を、配流された鬼界嶋から帰還したばかりの平康頼に仮託した『宝物集』が、仏法を十二門の階梯に分かち入門の導きとする文芸テクストとしてあらわれる。その趣向は、生身の釈迦を祀る清凉寺への参詣に始まり、縁起語りから参詣者の通夜物語に移り、何が「宝」かを同座の人々と論義し、ついに仏法こそ宝と主張する語り手が、例話を挙げて釈しつつその要諦を説いて仮構の説法の座を構築する、『大鏡』に倣った〝対話様式〟[2]による仏法解説書である。『大鏡』の発明も、その範は仏典や空海『三教指帰』に拠っているのであり、雲林院の菩提講という法華講経法会の講師登壇の前座において聴衆のうちに交わった翁が「日本紀」の如く語る、という聖なる儀礼の場を幾重にももどく巧みなのであった。その仮想された弁舌を、紀伝のそれでなく仏法を説くものとした『宝物集』がすぐれて文芸テクストであるのは、その説のいちいちに証歌として和歌を大量に引くことで示される。仏法唱導のテクストとして諸宗の中世寺院に流布享受された『宝物集』は、同時に上覚『和歌色葉』において歌書としても位置付けられるように多面性をもつ複合宗教テクストであった。

このように日本の仏法を象った書物は、それでは寺院においてどのようなテクストとして伝来したのか。それは享受利用の側面を尋ねることであり、後人にいかに解釈されたかという問いも含んでいるが、その点でも『三宝絵』は興味深い位相を示している。為憲によって書かれた絵詞としての本来の姿を伝えると思しいのは、装飾料紙に平仮名で書かれ、俊頼筆と伝える保安元年（一一二〇）書写の粘葉古写本（名古屋市博物館蔵）である。それが、鎌倉時代の真言寺院で写された本では、『妙達和尚ノ入定シテヨミガヘリタル記』（僧妙達蘇生注記）のような宗教テクストを合写する片仮名交りの東寺観智院旧蔵文永十年（一二七三）写本（文化庁蔵）や、全文を漢字で表記する真名本であった醍醐寺蔵寛喜二年（一二三〇）写本を転写した尊経閣文庫本という、全く文体や様相を異にしたテクストとして存在したのである。[3] 片仮名は僧侶の字体として主に寺院で用いられるもので、それは仮名法語や談義書なども同様であり、序章に言及した『方丈記』大福光寺本や冷泉家の寺院伝来の歌書にも共通する特徴であった。一方、正格の漢文とは別に和文を全て漢字表記する真名本（『方丈記』の真名本、ひいては真名本『曾我物語』や四部合戦状本『平家物語』および『神道集』がそれである）[4] もまた、寺院文化圏の所産と考えられ、尊経閣本はその古い例と見られる。寺院や法流に伝承された経疏本文を訓読してその意を解す方法を応用して、特殊な訓読法の許で真名表記を解読したのであろう。それはテクスト解釈の方法論的応用の一位相といえるが、その対象となったものの多くが物語など文学テクストであり、『三宝絵』がその最も早い試みの対象であることは示唆的である。

二　一切経と聖教の場としての経蔵

日本における仏教の歴史を体現する宗教テクストの典型が、一切経である。それは、中国を中心として形成された仏教が、朝鮮半島の三国と日本へ至る伝来に際しての焦点であり、古代日本国家が一貫して求め続け、構築を試みた宗教テクストの頂点であった。[5] その将来は、遣唐使および留学生の重要な使命だったのである。

中国仏教にあって、一切経という法宝のテクストは、単なる経典の集合ではない。その重要な特質は、それが古代中国で成立した目録学の最大の達成であるという点にあろう。大小乗の経律論から成る基本的体系は、彦琮の『衆経目録』（六〇二）をはじめとする経録において継承される中で成立した。その上に、玄奘三蔵の大般若経翻訳の偉業を受けてこれを冒頭に位置付けた智昇の『開元釈経録』（七三〇）が成立、唐代仏教の隆盛を反映した。その入蔵録は、以降の一切経書写の規準となり、更に、その増補改訂版である『貞元新定録』が、より最新の準拠となって機能した。これらに共通する大きな特色は、入蔵するのが経律論の三部のみでなく、『高僧伝』などの伝記や事類を含む賢聖集も加えられることで、かつその中に以前の経録も収められることである。つまり、一切経自身がそのうちに自らを形成する規範となるメタテクストを内蔵しており、あるいは自らを造り上げる過程を含み込むという現象である。

古代日本に本格的な一切経がもたらされたのは、天平六年（七三四）に玄昉が経論五千余巻を請来した時点に認められる。共に帰朝した吉備真備が伝えた厖大な典籍と並んで、宗教テクストの歴史の上でそれは画期をなすものであった。同年には聖武天皇発願の一切経が書写されており、続いて、玄昉の請来経典を底本として、天平八年（七四〇）には光明皇后による発願一切経（五月一日経）の書写が開始され、同十二年には完成した三千五百余巻に願文が付され、以降も継続されて『開元録』収載以外の経論まで求められ補完されるべきものとされる。[6] 玄昉請来経が『開元録』による一切経そのものとは言えないとしても、これを規範として意識していたことは確かである。天平感宝元年（七四九）に聖武天皇は、十二大寺において華厳経已下の一切経が転読、講説されるべきことを発願した。天平勝宝四年（七五二）の東大寺大仏開眼に際して、これら勅願一切経はおそらく大仏に奉納されたのであり、また、これら一切経が一切経会として儀礼上でも機能することが期されたのであろう。大仏殿内には六宗厨子が備えられており、その扉絵は諸賢聖高僧の図像が描かれて荘厳され、諸宗の章疏はここに収納され完備されることになる。聖武天皇崩御の後、光明皇后はその遺愛の品々を献物帳に目録化して大仏に奉納し、それらは正倉院宝物となって伝えられたが、その一切経は聖語蔵に収められ、併せて東大寺の宗教世界を構成することになったのである。

聖武天皇と光明皇后の勅願一切経を古代の一切経の代表とするならば、中世における一切経の典型は、白河院に始まる院政王権による、法勝寺已下の御願寺に収められた紺紙金泥一切経であろう。しかるに、その宗教テクストとして生成し発現するありようは、経典を納める施設としての経蔵の造立という次元に止まらない、より多元的に複合する独自な位相において展開することになる。その様相は第六章に詳論するところであるが、そこにも、法宝としての一切経を中心としながら、仏宝の舎利や仏像と僧宝の供養が組み合わされて一体となる宗教テクストの運動が現出していた。

　日本に伝来する仏法は、一切経という纏まった形でのみもたらされるのではない。渡海入唐して求法を遂げ、やがて帰朝して一寺一宗を樹《た》てることになる祖師たちが携え来った経典儀軌等のテクストは、請来目録として公にも報告され、また、それを伝え持《たも》つことによってその宗や寺院の仏法の正統性および真正性が保証される根拠となるのである。最澄や空海をはじめとする入唐八家の請来目録は、後にその全てを統合し再構築した『真言所学密教惣目録』（『八家秘録』をその下位水準に含む）として綜合目録化され、中世顕密仏教の基盤を築く具《ツール》としてのテクストとなる。一切経目録および諸宗の章疏目録と共に、日本仏教の基幹を成すのが、仏法テクストのメタテクストと言うべきこれら目録である。仏教世界の宗教テクストの座標は、各種の目録を通して鮮明に浮かび上がる。(7)

　古代から中世に至る日本仏教の展開は、「論」を中心とした南都六宗の体系に、新たに唐よりもたらされた「経」を所依とする天台と真言の二宗を加えた八宗体制による顕密仏教の形成が軸となり、とりわけ院政期には王権と深く結びついた密教の発展が焦点となる。天台宗の台密と真言宗の東密は、それぞれ前者は円仁門徒の山門派と円珍門徒の寺門派、後者は仁和寺を中心とする広沢流と醍醐寺を中心とする小野流に分かれ、十二世紀には更に多くの法流に分岐していく。その活発な展開は、当時の国家における密教の影響力《プレゼンス》の大きさをものがたる。その拠となった密教寺院において成立し伝来した各種の目録は、密教の宗教体系の典拠となる経軌や、その活動の所産としての聖教等の宗教テクストを可視化して範疇化《カテゴライズ》するものであり、また、各宗、各寺院、各法流等諸水準の密教の動態をすぐれて写しだすものである。(8)その典型というべきいくつかの事例については、第七章において論ずるところだが、以下に要説しておこう。

天台宗の寺門派では、祖師円珍像を祀る三井寺の唐院御経蔵に、円珍自筆の請来目録を伝えている。それらは入唐中の求法目録から帰朝時の惣目録まで、宗宝として公験と共に遺し伝えられる。これに『山王院経蔵目録』（青蓮院蔵）を加えれば、顕密を具有した経蔵の綜合目録として完成するまでの全過程が見渡せる希有な例である。更に興味深いのは、そのうち請来目録として最終段階というべき摂政良房に献じた旨の円珍識語をもつ『入唐求法請来惣目録』が、藤原摂関家の子弟で三井寺長吏、天台座主となった覚忠（忠通息）が造立した円珍「真像」（聖護院蔵）の胎内に、仏舎利をその巻軸に籠めて、覚忠の願文と円珍自筆『如意輪心中心真言』一紙と共に奉納されていること[9]（康治二年〈一一四三〉）である。それは本寺の唐院御経蔵を一体化して集約する如き布置であって、院政期に寺門派興隆のため、旧像（園城寺蔵御骨大師像）を摸して象られた祖師像に宗教テクスト諸位相の眼目というべきテクストを統合した再構築の営みであったろう。

真言宗では、空海により国家寺院となった東寺において、古代から中世にかけて、特徴ある宗教テクスト体系が構築されている様相が、杲宝編『東宝記』によって知られる。[10]その根本は一切経であり、寛信が禅林寺本を写した『東寺一切経目録』によりその構成と配置が伝えられる。しかし、この一切経を収めた大経蔵は既にその時点で焼失しており、東寺の宗教テクストの中心は「宝蔵」と呼ばれる残された大経蔵の南倉に納められる宝物類に集約される。その中心となるのが大師将来と伝える甲乙の二瓶に納められた仏舎利であり、これを本尊として営まれる宮中真言院の後七日御修法に用いる道具類を納めた唐櫃および曼荼羅等の仏画、そして舎利輿や仮面、装束類が付属する。更に聖典として大師御筆と伝える大般若経と大師自筆の『三十帖策子』が、宝蔵宝物の一環を成していた。つまり、儀礼テクストを主体として、文字テクストと図像テクストが配置されており、その核にあたるのが、東寺と真言宗の縁起である大師仮託『御遺告』にその象徴的意義を説かれる宀一《べんいち》（室生）山舎利、すなわち如意宝珠と観念される宗宝としての仏舎利であった。

この東寺宝蔵宝物は、度重なる盗難や『三十帖策子』の移転などで、その中核を損なわれることになるが、その一方で、中世に新たな東寺独自の大師信仰の拠点として成立したのが、大師の住房と伝え、御作の秘仏不動明王を祀る西院に創設された御影堂であった(11)。ここには、後白河院皇女宣陽門院の寄進になる仏舎利と大師像が祀られたが、宋版大般若経と律三大部がその経蔵に施入され、更に中世を通じて大師御筆とされる経論と請来目録および大師消息などが加えられ、また、目録にもとづく「御請来聖教」の復原的書写が歴代の学侶により営まれる。それは、東寺の学僧たちの創り上げた密教の教相と事相の学問の所産として聖教典籍が聚められた、観智院金剛蔵と宝菩提院三密蔵の形成と併行した営為なのであった。

中世において、真言宗東密諸法流の中で最も大きな発展を遂げたのが醍醐寺に拠る小野三宝院流である。その三宝院において院政期に形成された宗教テクストの全貌を示す目録が慶長九年（一六〇四）義演写の『三宝院御経蔵目録』である(12)。治承三年（一一七九）に、座主勝賢と蔵司《くらつかさ》乗遍により、密教の経典儀軌から仏像道具に至る十二巻の「醍醐寺三宝院御経蔵目録」が編まれ、更に元暦元年（一一八四）に乗遍により、天台・三論・法相等の諸宗と伝記・抄物等の「三宝院御経蔵顕聖教目録」が加えられた。そのうち密教の御経蔵目録の主体を成すのが「真言本書」目録二巻である。その勝賢識語には、後白河院が御願寺蓮華王院の宝蔵に収めるべく「御書」を探るうち、東密の「五家録」（請来目録）により証本を諸寺の経蔵から探り求めたことが記される。そうした院による宝蔵の納物としての真言経軌の請来目録による収集事業と、後白河院に仕えた勝賢の「真言本書」の整備に始まる三宝院経蔵の目録化とは、王権と寺家とが連携した体系化を目指す活動であろう。

この目録中には、その原型《プレテクスト》にあたる「御厨子一脚目録」も含まれ、更にその中核たる「起請筥一合」には元海の三宝院経蔵宝物の相伝文書が引かれている(13)。そこに書き上げられた経蔵宝物は、仏舎利・宝珠に始まる仏像、一切経、章疏、伝記等であり、続いて秘仏、秘曼荼羅、八家請来経、秘記抄物、そして大師御筆以下の諸祖師の御自筆聖教として、それら宗教テクストの諸分野を示している。醍醐寺でもやはりその中枢には舎利が位置を占めていたのである。

三井寺の円珍、東寺の杲宝、そして醍醐寺の勝賢の各目録を通して、密教の形成展開を体現する宗教テクストの様相に共通するのは、既に平安時代前期に一旦成立したテクスト体系が、いずれも院政期を画期としてその体系が類聚・集成されると同時に、集約的に再構築される創造的な展開を示していることである。その上で、目録がそのテクスト体系を認知する座標となることについて、勝賢の後継者となった成賢の『真言土代』[14]は、密教の修学を教訓するうち、「目録」の項で明快にその要諦を示す。真言の「本書」の真偽を決するための規範として、経録や請来録、所学録等の目録に拠るべきことを説き、その上で奝然や成尋らによって新たにもたらされた「新渡之書籍」についても検証すべしと示すように、宋代の新しい仏教の潮流も受けとめられていた。それは、中世密教が到達した宗教テクストに対する認識を要領よく示すと共に、勝賢の目録作成の営みを解説するものである。

　これらの経蔵目録から知られるのは、「法門（法文）」という文字テクストと並んで、修法を実践し祈願を実現するための「道具」と「仏像」が必須のカテゴリーとして備わることである。それは、儀礼と図像の両テクストの位相が全体の中で不可欠なものであることを端的に示すものであろう。そのような経蔵目録の頂点に位置するのが、仏舎利および宝珠である。これは『平等院経蔵目録』（龍門文庫蔵）[15]、すなわち、それら寺家経蔵および院の「宝蔵」の原型《プロトタイプ》にあたる、摂関家の「宇治の宝蔵」である平等院一切経蔵とも共通する布置であった。つまり、密教の宗教テクスト体系の構造は、経典儀軌以下の文字テクストと儀礼と図像テクストの上に、より超越的な象徴的威信財が君臨し、その価値を賦活する仕組みをもっている。東寺の舎利においては、それは後七日御修法の本尊および舎利勘計と奉請の儀礼を介して、院政期の王権を支える聖遺物にまで尊貴化することになったのである[16]。

　仏の「生身」たる仏舎利（あるいは舎利を核として種々の貴重物を錬成した如意宝珠）が、寺院の経蔵を構成する宗教テクスト体系の中核に位置することは、それが各位相のテクストを結び付け、何らかの機能を発揮させるような意味を担う媒体であるがゆえの現象であろう。そのことは、既に第Ⅰ部で論じた聖徳太子をめぐる寺院の宗教テクストにおいても指摘できることであった。奈良時代に創建された法隆寺上宮王院は、その正堂（夢殿）に本尊の救世観音像を安置するが、それは院政期に等身の太子像として秘仏化された。また、北側の大経蔵が改造されて、馬道を隔てた西の絵殿に聖徳太子絵伝障子画が描かれ（延久元年〈一〇六九〉）、東は宝蔵として太子の掌中より出現した「南無仏舎利」を祀った。それは、太子自筆と銘記される『法華義疏』や前生弟子所持の『細字法華経』など聖典をはじめとする太子宝物の中核となっている。[17] 本尊や絵伝および勝鬘経講讃図という図像テクストに比しても、舎利はより強い聖性を帯びていた。そのはたらきを端的に示すのが、ここに営まれる聖霊会という法会である。そこで舎利は、絵堂に置かれ（絵伝と同時に造られ）た童形太子像と共に輿に乗せられ、八部衆に担がれて供奉衆と共に正堂に渡御して供養される。それは舎利会の方式をそのまま転用した太子聖霊祭祀の本尊となる。法隆寺においても、その古代以来のテクスト体系は院政期に全面的に再構築され、それは舎利に集約されることになる。この舎利は、儀礼テクストの体系においても、また尊像から説話画までの太子諸図像テクストに対しても、頂点に位置する宗教テクストの要であり焦点となるのである。[18]

三　中世宗教テクストの縮図としての唱導

仏教における宗教テクストは、寺院の経蔵の中にだけ納まるものではなく、より広い世界に、儀礼や図像など、多様な位相と形態をあらわして展開している。その端的な側面を「唱導」という範疇《カテゴリー》において捉えることができる。仏法の実践は、戒律を守ると共にその伝法、つまり仏説の広宣流布を柱とするが、その目的を実現するのが唱導であると規定されよう。それは、中国仏教史において、梁の慧皎『高僧伝』「唱導篇」によって立てられた範疇であるが、遥かに日本へもたらされ、虎関師練『元亨釈書』音芸志の「唱導」へと継承された伝統となっている。唱導は仏教の儀礼を担う僧の代名詞ともなるが、国家仏教の僧綱制の許で公の法会を運営する威儀師らのことを指すのではない。公私に請用された僧のうち、それが講経法会であれば講師、供養法会ならば導師と呼ばれ、〝仏に申し上げる〟役割を負い、翻って高座から聴衆に説法する役目を務める僧のことを言うのである。元来、講経を中心に仏法を興し衆生に利益を及ぼす作善を檀那施主の意願に沿って旨趣を明らかに示し、仏と経、ひいて堂塔を供養し、自らも布施を受けるのは僧の勤めであり、三宝を成就させる大切な行《おこな》いである。しかし、釈尊の十大弟子中でも、その弁舌を以て人を教化し仏の説くところを宣べるのは、ひとり富楼那の能くするところであったように、釈迦八相のうち「転法輪」を仏滅後に担うのは、能説の才学ある僧の役割なのであった。

唱導の全盛期であった平安時代のその実態について、彼ら能説の活躍ぶりやその弁舌の一端は中古の文学作品や日記等に書きとどめられるが、しかし、彼ら説経師が創出した言説(説法詞)そのもののテクストやその体系がいかなるものであったかを示す史料はほとんど残されていない。僅かに、平安初期の『東大寺諷誦文稿(仮題)』や院政期の『法華百座法談聞書抄(仮題)』(法隆寺伝来)、金沢文庫本『仏教説話集(仮題)』など、表題も定かでない文献が主に国語資料として寺院資料の中から探り出された程度である。その中で重要なテクストは、叡山天台に属す説経師が伝承し蓄えた説法の秘伝を纏めた故実口伝書『転法輪秘伝』(醍醐寺蔵)[19]である。先達の説経師が初心の入門者に教訓するという想定で、古い南都の講経法会の「伝戒」「乞戒」という役割から願主や聴衆に向き合う説経に展開したとする史的認識を示し、その仕組みを「形木《カタギ》」という詞を用いて仮名で平易に解説して、その要諦を示している。ここに、従来に見ない唱導の歴史と作法が、これに従事する僧自身により規範としてテクスト化された。こうした口伝書が生み出される背景には、院政期の社会において公家寺家にまたがって諸道の「芸能の家」が成立した動向が想起される。その芸能を相伝継承する必要から要請されたテクストが、師資相承の口伝を書記化したこのような〝伝書〟である。こうした秘伝書もまた、宗教テクストの欠くべからざる位相の一環であろう。

唱導―説経の故実規範についての秘伝テクストが形成された時代は、同時にその唱導の「家」が成立した頃であった。その才学により一代の権勢を振い、非業の死を遂げた藤原通憲（信西）の子息の一人、天台僧澄憲による安居院流の唱導がそれである。その活躍は、承安四年（一一七四）の宮中最勝講を勤めた際に降雨の効験をもたらしたことで後白河院の賞するところとなり、唱導の名誉として『古事談』や『源平盛衰記』に記される逸話ともなった。澄憲の国家仏事法会に勤仕した唱導文を集めた『公請表白』（東寺宝菩提院旧蔵、大正大学蔵）に収められるその表白の末には、その経緯を記して院より特に「説法詞」を草して進上するよう命ぜられた旨の澄憲自身による識語が付されており、そこに収まる表白等は、そうした栄誉を記念するために記録された作文であった消息が知られる。[20]このことが象徴するように、澄憲に至って、その表白ばかりでなく「説法詞」等の仏事法会の場に臨んで当座に口頭で演説されるものだった説経がテクスト化されるようになったところに、大きな画期があったのだろう。既に表白文については、院政期の顕密の名匠たちの記録集成が広く行われており、特に真言では勧修寺の寛信や仁和寺の覚任、醍醐寺の勝賢など個人の表白集から、守覚による『表白御草』にはじまり、御室を中心とした二二巻本『表白集』、天台の安居院澄憲や世俗の博士作も含む十二巻本『表白集』など大規模な類聚も営まれ、[21]同じく守覚による法親王の関与する仏事法会次第類聚『紺表紙小双紙』[22]と併せて、顕密仏教の儀礼テクスト形成の一大画期を迎えていた。澄憲についても、その表白ばかりを集めた写本が幾つか知られている（醍醐寺本、高野山釈迦文院本『表白集』、称名寺本『上素帖』など）が、表白のみでなく「説法詞」として仏経釈や施主段まで記録した本も伝わり（宝菩提院旧蔵、国文学研究資料館蔵『澄印草等』、真福寺蔵『安極玉泉集』など）、あるいは法花経釈を独立させた一書として編んだ『花文集』（真福寺）なども伝わる。[23]その上で、仏経釈や諸仏事について、およそ仏法僧の三宝全体にわたる「釈」（説法）を網羅した、自らの編になる『釈門秘鑰』（仁和寺本・称名寺本）という類聚が成立するに至る。[24]更に晩年には、己の浄土信仰を表白し述懐詞を連ねる『雑念集』（龍門文庫本）までが遺されている。[25]このように、澄憲は自身の説経説法の詞を悉く記録し、編纂し、著述を試みた。それは〝唱導テクストの家〟の祖と呼んでよい、従来にない新しい宗教テクストの主体であった。

「説法道」として立てられた澄憲の唱導は、〝家の芸能〟として真弟の聖覚に受け継がれる。法然門下として浄土教の著述でも知られる聖覚は、後鳥羽院の許で時代を代表する唱導者であった[26]。彼はまた、澄憲の遺した厖大な唱導の諸テクストについて、大規模な類聚・集成を営んだ。それが『転法輪鈔』である。その全貌は、称名寺二世釼阿の書写になる『転法輪鈔目録』（建長二年、仁和寺にて記された識語を有す）[27]に記され、伝本は釼阿写本（金沢文庫寄託）をはじめ、国立歴史民俗博物館所蔵の田中穣旧蔵本（建保二年写本）、高山寺本、東大寺宗性写本などに散在するが[28]、『目録』に照らせばその僅かな一部分が残存するに過ぎない[29]。しかしその断片を介して『目録』を見通すなら、これこそ安居院唱導が澄憲から聖覚を経ていかなる宗教テクストの体系を築き上げたのかをつぶさに知ることのできる、唱導という範疇をテクスト上に可視化した目録であることが明らかである。

『転法輪鈔』は、目録によれば、一帖を単位とする各主題の複数のテクストが中主題の一帙に纏められ、それが集合して八箱の大分類に収められる仕組みである。各箱は、仏（上・下）、法、僧、六道、外、表白、自草と銘される。前半は三宝による分類で、「仏三身」以下の諸仏と諸経論の要文抄を配列し、釈尊から仏弟子、大師、祖師、菩薩、比丘僧に及ぶ。なお「仏（下）」には「秘教」として密教の部を立てている。加えて「六道」世界を一箱に立てていることは注目される。天、人界、四趣に加え、そこに流転する業因縁の諸相を示す帙を含む。その最後に「神明」が位置し、大神宮や八幡の縁起を含む。後半は、「外（典）」として帝王以下の作善を分類した「文藻集」と諸「次第（歴名）」および漢の経史の抄を収めて、紀伝の博士家に対応する作文資料を整え、「表白」箱に公家、院中より神社仏寺等の諸仏事法会の表白を聚め、特に最勝講の分のみを特立させ、これに諸講式を加える。最後の「自草」は、『釈門秘鑰』と共通する構成をもつ、仏経釈以下、菩薩、大師、秘教、堂塔、逆修、雑修善にわたる澄憲自草の釈および説法詞を聚めたものであろう。その結びに『雑念集』が位置するのも示唆的である。なお、『目録』の番外書目には「言泉」の一結も見え、澄憲の表白や先人の願文など、諸書の要文名句を抄出して唱導の部類の許に編んだ聖覚の『言泉集』[30]が、いわば『転法輪鈔』の精撰要抄《エッセンス》である関係も窺われる。

それ自体が縮約された経蔵というべき『転法輪鈔目録』を読みとることは、安居院唱導がいかなるテクストによって組織され、成り立っていたかを知ることであり、ひいてはそれらのテクストを通じて、唱導がいかなる世界を創り上げていたかを探ることでもある。[31]そして、その世界は、三宝で完結する仏法の世界観だけに限らず、六道を介して神明を含む人間世界、とりわけ王法の国家秩序や諸階層に及ぶ外典漢籍の知識を基盤とした世俗の世界観を兼ね備える〝知の体系〟から成り立っていたことが明らかになる。すなわち、仏法の世界観と王法の秩序体制を結合させた中世的世界像がそこに創出されているといえよう。こうした唱導テクストの集合に顕在化する世界像のテクスト化というべき特色は、安居院唱導文献に限られたことではない。十三世紀末に良季により編まれた『普通唱導集』(東大寺蔵)[32]十冊も、より規模は小さいが同様な性格を示しており、その中心というべき施主句において、帝王以下中世国家を構成する諸身分の役割を順次に隔句対の修辞によって象るが、それは諸職諸道の芸能者に及び、遊女、白拍子、田楽、猿楽、琵琶法師等にまでも至るのである。唱導は、仏神の〈聖なるもの〉の世界から世俗の卑近な職能民の生業《なりわい》までにわたる全てを媒介し、結びつける権能を有していたのではないか。それは遡って、藤原明衡の作になる『新猿楽記』が描いた、諸職の芸能者群像による祝祭的世界に連なるであろう。[33]その中でも、天台学生として説経師が登場し、その唱導のはたらきが典型化されていたのであった。

四　宗教テクストの主体としての慈円

ここに至って改めて、宗教テクストを生み出す主体としての僧侶の存在とはたらきを注視すべきだろう。中世の寺院において、僧侶は文字通り〝書く人〟であった。尾張の長母寺に住し、『沙石集』を著した無住の最晩年の著作『雑談集』には、執念というべく、〝書くこと〟への強烈な情熱と〝書かれたもの〟に或るメッセージを託し、そこに籠められた意味を読み解く人の出現を待ち望む心意があふれている。[34] そのようなテクスト主体としての一人の僧が生い立っていく過程こそは、宗教テクスト生成の現場《フィールド》である。僧侶は、何よりもテクストの伝承者である。仏法の修学は、テクストを受け伝え、書写しつつ訓《よ》み、更にそれを説き談じつつ自ら書きあらわして後人に託していく、テクストの作法の学びであった。その学びは基本的に僧侶全てが共有する普遍性をもつが、経蔵に蓄えられた厖大な知の遺産を継承しつつ、その上で新たな創造を営み、一箇の〝知の体系〟を作り上げるのは、その中でも特に選ばれた者のみが能くするしわざであろう。中世には、寺院社会に築かれた〝知の体系〟とその系譜を担いつつ偉大な達成を遂げた僧たちが数多く存在した。

そうした知の巨人の一人が慈円である。摂籙の家、藤原忠通の末子として生まれ、関白となった九条兼実の弟として無動寺検校、平等院執行法印、そして天台座主となり大僧正位に上って、仏教界の頂点に立った僧である。九条家が政変で没落した際は彼も職位を辞して西山に隠遁するが、後鳥羽院に召され『新古今集』の編纂に参与し、祈禱に奉仕活躍する。しかし、やがて院の許を離れ、承久乱を迎えた後の世の行方も見届けて世を去る。[35] この、ただ〝祈る人〟ではなく〝書く人〟でもあった慈円が遺した重要な二つのテクストがある。ひとつは、乱に至る後鳥羽院の倒幕の企てを諫止するために著したものとされ、歴史思想書とも評される『愚管抄』[36]であり、もうひとつは、後鳥羽院勅撰『新古今和歌集』に西行に次いで多くの入集を果たしてその歌才を賞でられた彼の和歌を集めた『拾玉集』[37]である。但し、前者において慈円は作者としての名を匿し、近代の考証に至って漸く慈円の作と認められるまで、この「道理之書」は無名氏の特異な仮名の俗語による史論であり、慈円自身もその中に言及される書物であった。また、後者は南北朝時代の青蓮院尊円法親王が遺された歌稿等から編纂したものであり、慈円自身が関与した歌集ではない（西行が『山家集』はじめ生涯に幾度も自撰の集を編んだのとは対照的である）。尊円はまた、青蓮院の記録を『門葉記』（『大正新修大蔵経』図像部所収）という厖大な類聚に編み、そこに慈円の手になる記録や文書等が収められる。そのことが示すように、貴種の子弟が入寺する叡山の院家として、座主を輩出する天台宗の有力院家寺院である青蓮院の門主としての慈円は、そこに相承される仏法の系譜の末に連なる僧であった。換言すれば、そこはまさしく有数の宗教テクストの場であり、慈円はそれを主宰する座の主であったのである。

慈覚大師円仁門徒による山門派台密の法流は、平安中期の谷阿闍梨皇慶を祖とする谷流を主流とし、大原の長宴を経て、院政期には良祐の三昧流はじめ諸流に分岐するが、青蓮院初代の行玄はそれら諸流を受法し、谷流の正嫡としてその統合をはかった。鳥羽院に深く信任され多くの修法を勤仕して天台座主となった行玄の許には、七宮覚快が入寺し、青蓮院門跡としてその権威を高めた。法嗣の全玄をへて、慈円はその後継者として青蓮院に入り、無動寺で修行に励んだのである。

慈円が継承した青蓮院経蔵の聖教は、今もその吉水蔵に伝来している。それは、平安時代の天台密教の基幹を成す、真言三部秘経以下の経典、儀軌、真言等を中心とする聖教群である。その根本は門跡正嫡相承の経軌聖教を収めた「桂林蔵」と「青蓮蔵」であり、更に歴代門主以下の高僧が書写し著した自筆の聖教は各「随身皮子」に納められて伝来し、両者を併せたのが現存の吉水蔵聖教である。[38] そうした基本構造は、前述した醍醐三宝院御経蔵のそれとも共通する。

吉水蔵の宗教テクスト体系の中核に位置するのが、法流の祖師皇慶より相承される一六八点の聖教を高麗製漆塗筥等の二合に納めた唐櫃「二九一箱《ニクイチ》」である。[39] その中に最澄の付法状写と円仁自筆の消息一通を含む聖教群は、同箱に収められる『十九箱勅封記』によれば、正和二年（一三一三）に伏見上皇が御覧し結縁の後に勅封と定め、のちこれを開き結縁した尊円により建武二年（一三三五）に『一九箱目録』が作成されている。吉水蔵の宗教テクストの全体は、それらの記録と目録が示す王権による保証を得て、門外不出の秘蔵の筥に封印されることによりアウラを帯び、真正性と正統性を獲得するのである。更に、歴代の法流の名匠や門主たちの識語が各聖教の奥書に記され、それらの伝来の経緯やテクストの由緒ある素性が明らかにされる。慈円もその系譜（血脈）に連なる一人である。彼の著した聖教のほとんどは、この吉水蔵に伝来したもので、一部自筆を含む『𑖤𑖰𑖬𑖸（毘逝《ビゼイ》）』、『𑖤𑖰𑖬𑖸別』、

『秘経抄』、『法花法（私記・新私記）』、『自行次第』、『薬師私記』、『蘇悉地経問答』などが目録から確認される。加えて、主にその修学時代に慈源らにより「真」および「実」の「御皮子」に収められた「慈鎮御自筆本」を写した旨の識語をもつ写本が吉水蔵中に散見する。総計二六点を数えるうちの何点かは慈円の識語を存しており、彼の著作と判断される。その多くは諸尊法を中心とする次第作法等の事相書であって、そこからも彼があくまでも密教僧であったことが明らかになる。その御自筆本の中に『阿闍梨御伝受目録』があり、また別に慈円の教示により弟子慈賢の記した『慈鎮和尚御相承目録』も伝わり、その書写と著述の目的は何より法流の伝受と相承にあることが知られる。

聖教作者としての慈円は、自らの著作に、時としてその著述の消息を明かすきわめて興味深い識語を書きつける。『秘経抄（毘盧遮那別行経法私抄記）』自筆本一帖の奥書識語に記されたのは、次のような驚くべき夢である。(40)

承元四年二月二十七日夜、於燈火書今之愚案了、属寝訖、此夜夢云、上皇与仏子、互成夫妻之儀、其寵頗過分之趣也、夢之中今経ノ抄記、若叶正意歟、夢之間巨細不能委記、併皆成就之相也、一々事云、心地呪云、三種悉地真言、普符合由、覚悟而驚了、欣感銘肝歟、仍聊以記之、

「別行経」（慈円は三昧流の正本を文治四年に伝受され、承元二年に慈賢ら弟子に授けている）という密教経典より抄出しつつ思惟を重ねる営みのうちに、慈円は夢中で後鳥羽院と交わる夢を見る。「その寵、すこぶる過分の趣きなり」とあるからには、彼が妻后の躰となる性夢であったか。彼にはこの経の抄出が聖意に叶う吉兆と解かれ、法成就の相と喜悦し、その一々が「三種悉地真言」(41)と符合することに驚くのである。この後、彼は十月に『三種悉地記至極』を「恐れを懐き乍ら記し訖ぬ」と識語を付して著し、更に十二月には上皇御所の賀陽院にて『三種悉地』を記す。自身の伝受と抄出の営みに、夢想が契機となって次々と継起して聖教が成立する過程が浮かび上がってくる。

このように、慈円の宗教テクスト生成の営みの最も極まったところに、「夢想記」というテクストがある。建仁

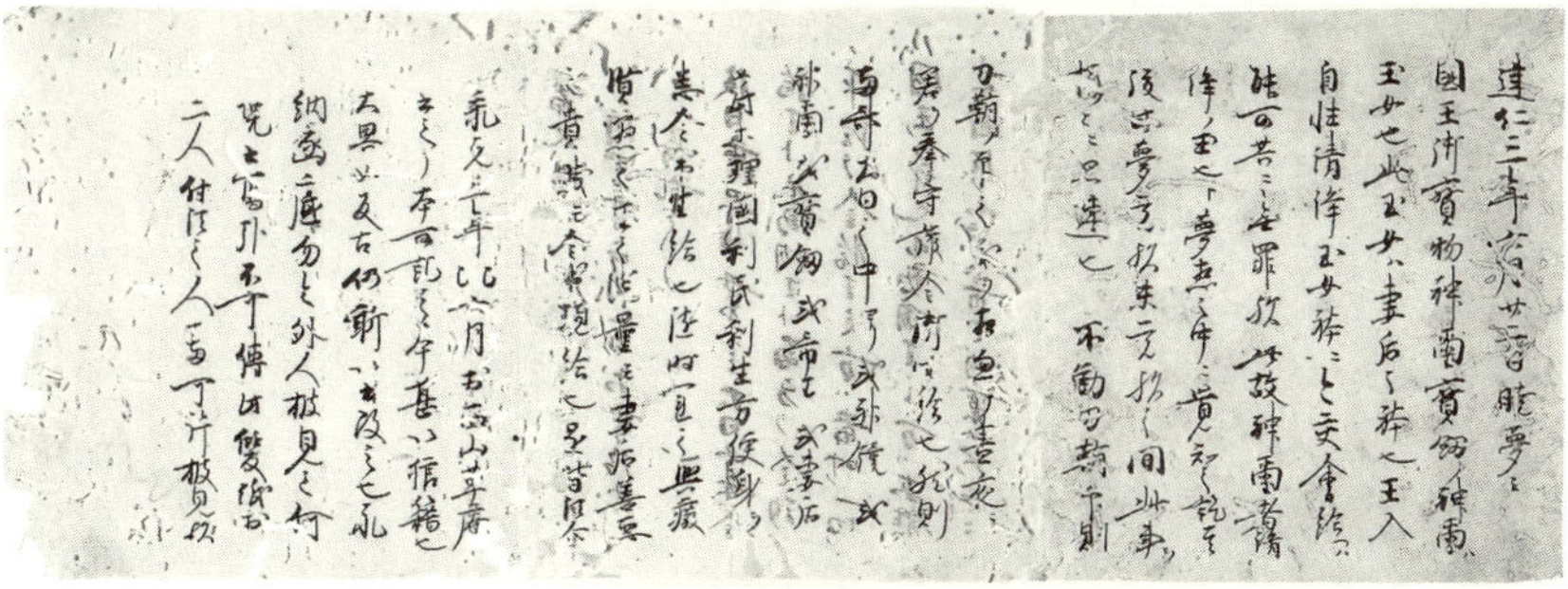

図5-1　「夢想記」　一部（東京大学史料編纂所）

三年（一二〇三）二月、彼は内裏清涼殿の天皇と共にある神璽と宝剱が王と后になって合体する夢を見て、その神秘のイメージを密教の仏眼と金輪一体の法に重なる成就の想と観念した。この夢想は翌年の正月に記録されて上皇に報告され、勘文が彼の許に下される。やがて承元三年（一二〇九）に至り、その観念の上で帝王の即位灌頂の秘儀の故実を想起した慈円は、三種神器のうち宝剱の喪失という源平争乱の中でもたらされた事態を歴史の必然として解釈し、あるべき密教による王権護持の構想を具象化するに至る。それは、後年の『愚管抄』の歴史認識（喪われた宝剱の代わりに武士が朝廷を守護する、幕府成立の必然を肯定する論理）にも展開する、ひとつの種子となるのである。(42)

この「夢想記」は、かつて慈円が正治元年から二年にかけて、灌頂の次第作法を記して弟子良尋に与え写させた、灌頂の深秘を記した聖教である『[梵字]別上』の末尾に書き継がれるようにして写され、(43)また独立した一帖として写されてもいる（図5-1）。(44)密教の法成就において、また受戒の成就に必須の好相を得るためにも夢想は重んじられるのだが、慈円はそれを己の宗教テクスト生成の運動の核心に位置付け、それは一種の未来記としても機能して、彼の聖教の一部となって布置されたのである。

密教による慈円のテクスト形成の作法――イメージと書くことの往還運動というべきそれ――は、彼の歌人としての和歌の営みとも分かちがたく重なり合うものであった。いまだ若年の修業時代より隠遁を希求しつつ詠歌を続け、たびたび速詠を試みていた慈円は、百首歌という形式を得て、多様な主題の許に己の思いを和歌に託す。その中には、山寺の児の作に擬して述懐を披露することもあり、諸社の神祇に法楽和歌を奉納する儀礼としての形式に託し、そこに政教一致の道を索《もと》める志を表白することもあった。(45) その百首歌の中でも、慈円が最も深く崇敬した対象として、自ら別当を務め、生涯その職を離れることのなかった難波四天王寺の本願聖徳太子への祈りを主題とする『難波百首』は、第三章で述べたように和歌さながら宗教テクストと言ってよい作品であろう。(46)

また、『慈鎮和尚自歌合』として伝えられる、日吉山王七社について自らの詠歌を各十五番ずつ番《つが》わせ、そこに良経も歌を以て結縁し、更に九十賀を迎えた俊成の判詞を求めて成った自歌合は、明らかに西行晩年の畢生の作品《テクスト》である伊勢神宮に奉納した『両宮歌合』に倣い、その刺激を蒙って作られたものとして、これも注目すべき宗教テクストといえるだろう。(47) 承久三年（一二二一）五月、乱の最中にあって慈円は自作の『自歌合』に長文の願文とも言うべき跋を付した。そこには成立の経緯が記されると共に、彼の信仰を詠歌に託して「法楽」として結構し、能筆に清書せしめて七社の宝殿に納めたことが明かされ、自身の発意による宗教テクストとしての布置がその全ての過程において象られている消息が示されている。

和歌のみならず、仏神や権者に祈る慈円は、その祈念を願文、表白、告文など儀礼の核となるテクストの形式をもって折に臨み盛んに表明した。それらは慈円の生涯の節目毎に、歴史の動きと相俟ってその認識の遍歴を捉えることのできるドキュメントとしても貴重なテクスト群である。その最晩年の著作のひとつとして、貞応三年（一二二四）に天王寺聖霊院へ奉納した自筆告文が吉水蔵に伝えられる。(48) その生々しくも痛切な太子への祈りの詞章のうち、本尊「聖徳太子」の名の傍らには、これも全て自筆で「十禅師権現」と一々に併記され、己の総てを以て捧げた祈りは、太子と重ねて叡山鎮守の地主権現の若宮である童子神にも捧げられたのである。それは、ひとつの宗教テクストが、それを著した作者によって複数の神格にまたがって運用され、越境的に用いられる動態を生々しく示す点で興味深い現象といえよう。

慈円は、自身の祈りの儀式（次第・法則）をさながら思想化するテクストとしての講式の作者でもあった。彼の著した講式は、『慈恵大師講式』（史料編纂所蔵、成源筆、慈円自筆識語）や『十禅師講式』（青蓮院蔵、建暦元年作）など、いずれも自らの祖師や「我憑《たの》む」神に祈るための式文である。それは彼が叡山で創始した「勧学講」の式や「新礼拝講」の縁起などを自ら草することとも繋がっている。第三章に述べた、天王寺に伝えられ今も聖霊院で現用されている『皇太子五段歎徳』という太子講式も慈円作と推定されており[49]、先の『難波百首』との関連が注意されるところである。

明恵や貞慶など、他にも数多い中世の講式作者と比して、慈円のそれが個性的で破格とも言えるのは、彼の講式が、その作られた時代状況に応じて己の祈りと心意をとりわけ強く表出するところであろう。それは先の願文類とも共通する特徴である。それらの中で殊に注目されるのが、承久乱の翌年春に催された二十五三昧会のために草された『六道釈』（三千院円融蔵）[50]である。この六道講式において慈円は、六道の諸相とその苦患の種々を全て現世の人界の有様とその苦悩に宛てて表現しており、それは承久乱によって彼の追求してきた理想の体制が一挙に崩壊し、衆人が戦に苦しむ姿を歴史認識と併せて映し出すものであった。とりわけ慈円が最も親昵し奉仕した帝王でありながら、ついに背馳した果てにこの戦乱を引き起こし、没落するに至った後鳥羽院のために祈るテクストである。その、戦乱に際会した人間の運命の転変を六道輪廻に類《たく》える文芸の方法については、『平家物語』灌頂巻の大原御幸における建礼門院の〝六道語り〟がよく知られるところだが、その発想の土台に、慈円の『六道釈』からの影響を想定することが可能だろう。

慈円による、これら多くの位相の宗教テクストの創出は、悉く、挙げて天台座主職を担う寺院の門主としての責務に帰着する営みであった。加えて、一宗の中枢となる密教法流の相承者として、彼の負う務めは後継者の育成であり法の相承である。既に建仁二年（一二〇二）には門跡後継を期待した兼実息の良尋との不和と出奔という事態が生じ、その困難は一層深かったはずである。師としての慈円が著した修学のための入門の要諦としては、日常の修学の日課（時間割）としての『毎日可守時刻次第』や、正治元年（一一九九）の『自行次第』（青蓮院）、また阿闍梨、護持僧として公家御修法に勤仕する用意として後鳥羽院に注進した『大法秘法事』（伏見宮本、真福寺本）などがあり、[51]先に挙げた慈円「御自筆本」の中にも、修学における読経の読み様や名目について具体的で実践に則した指南が含まれている。これら懇切に配慮された故実のマニュアルは、やがて往来物にも通ずる、子弟教育による〝知の体系〟の継承を円滑化するテクストであり、のち南北朝期に『山密往来』が作られるに至る先駆を成すものといえよう。

最後の階梯として、伝法灌頂を遂げた嗣法の資を門跡後継者として定める「譲状」が作成される。それは遺誡を兼ねる場合もある。慈円の許には、やがて後鳥羽院皇子朝仁が入室し、親王宣下を受けて道覚法親王となったこの貴種に対し、承元四年（一二一〇）に門跡を譲る文書が書かれ、更に建暦三年（一二一三）にはそれに追加の細目が添えられ、前述の『目録』が編まれてその内実が示された。その譲状（『華頂要略』[52]所載）には、寺院所領やその人的組織と共に、門跡として受け継ぐべき経蔵の構成と聖教の名目が列挙されている。ここに目録化された門跡を構成する諸項目は、そのまま一箇の中世宗教テクストの見取り図であろう。

寺院という宗教空間の見取り図的な文書さえも、慈円にあっては宗教テクストとしての目ざましい特色を示すだろう。慈円が建永元年（一二〇六）に発願した大懺法院は、保元乱に敗れた崇徳院はじめ治承寿永の内乱に滅んだ無数の亡魂怨霊の慰撫得脱を祈り、理想とする顕密の勤行修法を営むべき場として、頼朝の荘園寄進を得て建立された宗教空間である。『門葉記』に収められた『大懺法院条々起請事』は、そこで行われるべき勤行事（長日／毎月／毎年）と、これを勤める供僧の器量用意、僧房供米などの資財、阿闍梨や寺官の組織、そして諸荘園の由緒と用途の宛所を記して十二箇条となし、以て「一院起請」として門徒一同に守るべき事項を誓約させる置文である。[53]

この『起請』の全体が慈円の構想し実践すべき宗教テクストのカテゴリーであり空間であるが、今はその一例を示すに留めよう。供僧として用いられるべき僧徒は「近古」に四種ありとし、「一者顕宗、二者密宗、三者験者、四者説経師也」と言う。そして、験者は密に、「説法」は顕に属すとして、そこに唱導の位置を明らかに示していることが確かめられる。更に「声明法則、受師伝音曲譜、衆聴為其器輩」や遁世者も含め、五明に通じた職能を持つ者を適宜に補任すべしと定めている。これは、既に周知のところに属するが、『徒然草』に記される平家物語伝承で「五徳冠者」、すなわち行長を扶持して平家を作らせたという慈円の姿とも通ずるものであった。これも中世寺院世界を構成する宗教テクストと文芸の深いつながりを証言するひとつの回路であろう。

『起請』の何より注目すべき特徴は、その一条毎に慈円が各項の主旨を詠じた和歌一首を添え（本文末に「已上和歌皆為裏書」と注する）、その意図を象ることである。つまりそれは和歌による起請でもあるのだ。その最末の歌は、「君が為《ため》祈る心を照さなん誠《まこと》は入らぬ山の端の月」とある。それは歌人としての慈円の真面目を示す趣向であると同時に、何よりも彼にとっての使命である祈願を展開しうる場を創成する確かな意志を表明する行為であり、その方便は、慈円の司る宗教テクスト諸位相の複合によって〈聖なるもの〉の世界が生み出される秘密を開示する巧みであった。

その末期に臨んで、慈円は、自らの生涯を回顧し、己の行業を総括した一篇の記を書き遺した。『一期思惟』と仮に名付けられた自筆の無題自伝断簡一巻が、吉水蔵聖教に交って伝えられている[54]。それは、彼の没後に一門の遺弟によって編まれた公的な伝記である『慈鎮和尚伝』の、文飾を凝らした漢文のそれとは様を異にし、願文表白にも通ずる率直な詞をもって己の一生の意義を問い直し、これに応えようとする未完の草案のままで残されてあった。それは、ついに完成することのなかった理想を、その生を賭けて追求することを止めなかった知の巨人としての一宗教者による、最後の宗教テクストであったのかもしれない。

第六章　宗教テクストによる国土の〈経蔵〉化
――一切経と埋経の融合

一　一切経という宗教テクスト

人間の存在にとって最も根源的で普遍的な価値を問い続ける宗教は、同時にテクストの次元において諸水準で位相を異にしたテクストを豊かに生成し、またテクストによって統合される文化体系である。その運動を最も豊饒かつ多彩に展開する宗教のひとつが仏教であるが、本章で試みるのは、仏教が空前の繁栄を誇った中世日本において、〝宗教テクスト〟の頂点に位置した一切経をめぐるテクスト生成とその意義を、新たな角度から照らし出してみることである。

本論の前提となる〝宗教テクスト〟概念は、仏法の根本原理である「三宝」に則している。三宝（仏・法・僧）のうち法宝のテクストは言うまでもなく経典であるが、その全てを集めた最上なるものが一切経（もしくは大蔵経）と、それを収め祀り、機能する場としての経蔵である。つまり一切経は、書写されるのみでなく経蔵建立と一体であり、それは併せて造立と言うべき活動といえよう。そして宗教テクストとしての一切経は、帙、筥、唐櫃など容器から経蔵およびその本尊、更にそれらをめぐる僧俗による諸儀礼（開扉・閲読・転読等）を含めて統合されたテクスト複合である。ひいて、それは固定され静止した財としてあるのでなく、歴史的時間の中で常に創出され、移動し、その役割を更新する運動体として存在する。中世日本の経典とりわけ一切経については、歴史の過程で目覚ましくも顕著なテクストとしての諸位相が形成されるに至った。その諸位相は、図6-1に仮に示すような座標化(マトリックス)が試みに提案されよう。それは経典一般にも通ずるものとしてモデル化されるが、書物としての経典の、文字と図像の位相を上に、供養される経典の機能として儀礼と音声の位相を下に座標化し、これら諸位相への発現をうながす志向のヴェクトルを示して、その先にあらわれる目ざましい一切経をめぐる各種営為を布置したものである。逆に、それらの営みは全て経蔵という宗教空間に収斂すると捉えることもできよう。[1]

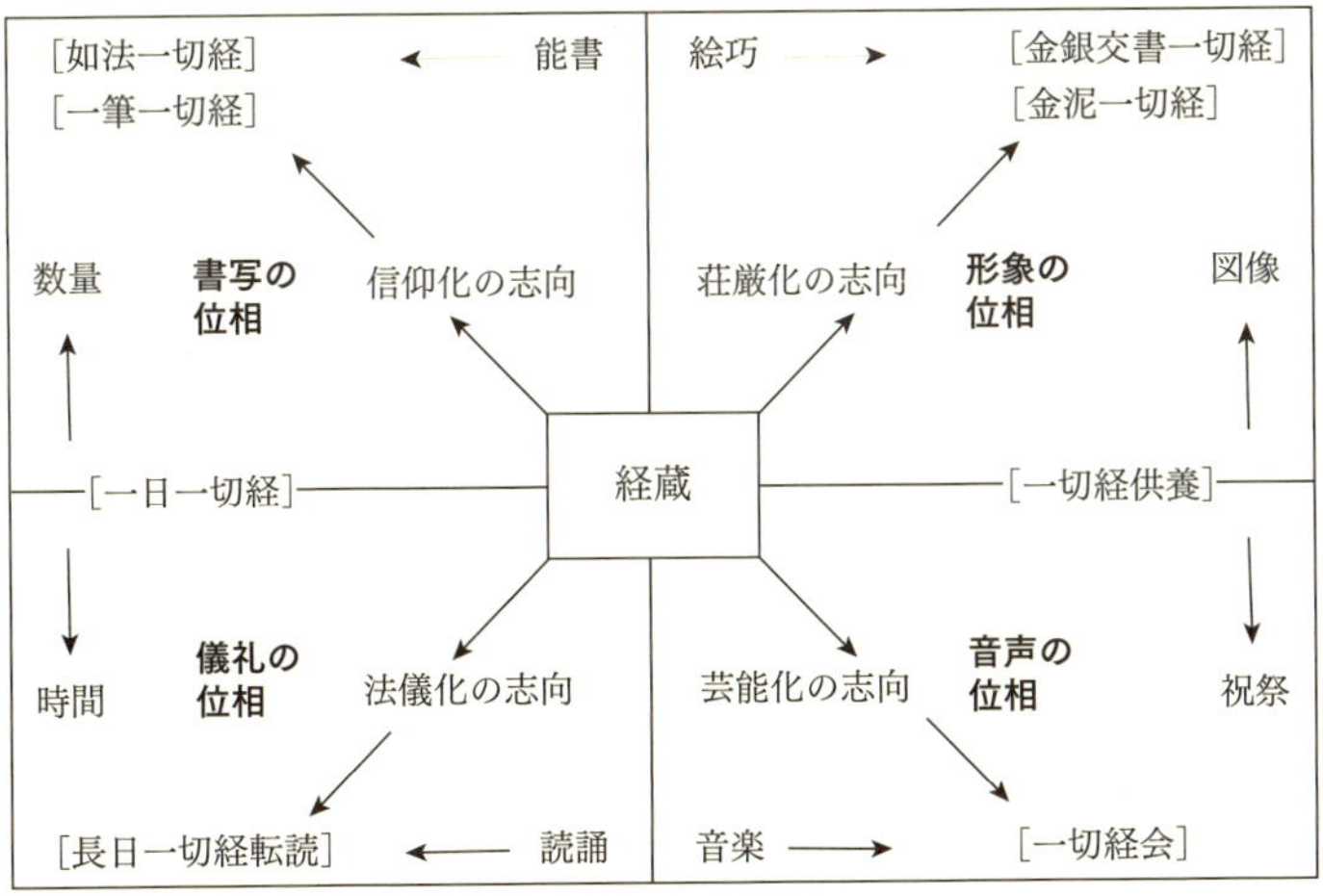

図 6-1　宗教テクストとしての一切経の位相と布置

また、その通時的な動態を年表化して展望することにより、これまでは相互に関連付けて捉えられることのなかった経典書写(経蔵造立)というテクスト形成の位相と、経典、経蔵に関わる諸儀礼(テクストの機能とその布置)の位相との有機的連関を正面から論ずることができるだろう。

一切経の頂点かつ精粋というべき大般若経六百巻が、目録に応じてそのはじめに置かれ、それは一切経に代わるものでもある。縮約された一切経としての五部大乗経二百余巻も、またこれに準ずるものとして書写供養された。[2]「経王」としての法華経の場合には、この座標に代入される法華経の諸位相のテクストの種類と儀礼がより多彩で独自の特色を示すことになる。荘厳化の形象の領域としての装飾経についてみれば、平家納経に代表される如く開結を具教とする一品経という豪華な結構によって作善が企てられ、見返絵も経意絵など説話図像を喚起し、葦手など意匠を凝らした〈宝物としてのテクスト〉が調えられる。信仰上の書写の営為としても、如法経書写や血書経、細字経など多様化し、儀礼においても千日講や千部経ないし万部経など大規模かつ大量の作善を以てする如くである。

二　宗教テクストの位相からみる一切経造立の意義

日本における一切経の意義に注目し、これに焦点化した成果として、上川通夫による「一切経」論が、日本史の分野において現在の研究の達成を示すものである。[3]「一切経と古代の仏教」と「一切経と中世の仏教」の二篇から成り、加えて両者を通じて作成された「一切経年表」が、従来の一切経関係史料と研究の成果を統合し、古代から中世（七〜十二世紀）まで通時的に展望できるのも有用である。いま、上川論文に拠りつつ古代の一切経の動向を要約すれば、以下の如く素描されるだろう。

古代を通じて、仏教国家としての日本が欲したのは、勅願としての天皇主体の一切経書写と寺院への奉納である。たとえば聖武天皇と光明皇后による発願一切経は、その経典自体に記された奥書願文によって著名である（第十一章参照）。経蔵自体は遺されていないが、その一端は聖語蔵により窺われる。七大寺等の多くには、一蔵のみならず複数の一切経が備えられ、西大寺には四蔵も存在した。平安初期には東国諸国に一切経が書写され備えられる動きがあり、その一例が下野浄院寺一切経であるが、これを担った恵運がその功により太宰府観世音寺に赴任する如く、律令体制下の政策として東西の拠点寺院に一切経蔵を設置することが企てられたのであろう。平安中期までの歴代天皇においては、御願もしくは追善のために一切経が書写・供養されていた。その一方で、天台・真言両宗による顕密体制確立の過程においても、一切経は重要な役割を果たした。最澄は弟子たちと共同して一切経を書写し叡山に備えようとし、それが根本中堂の一角を成す一切経蔵であった。更に以降の国家的事業としての諸国における一切経書写も、多くは天台僧が担ったのである。

寛和三年（九八七）の東大寺僧奝然による、北宗皇帝の勅版として完成したばかりの刊本一切経の請来は、優塡王釈迦栴檀瑞像と仏舎利と共に熱烈に朝野に迎えられ、古代の宗教テクストの様相を一変させる画期となった[4]。この宋版一切経は道長の創建した法成寺に安置された。兼家から道長、そして頼通に至る摂関家権威の確立の過程は、一切経においても天皇家から摂関家にそのヘゲモニーが移転するのであり、その象徴というべきものが、おそらくその宋版一切経を底本とした道長発願の銀字一切経であって、それは完成後に、頼通の創建した平等院の一切経蔵に安置され、この一切経と経蔵は「宇治宝蔵」として摂関家氏長者の権威の拠となったのである。奝然の弟子嘉因の請来した五台山文殊像もこの経蔵に迎えられることになった（『平等院経蔵目録』）。その一切経造立の主体がやがて白河院政の確立と共に院に奪回され、御願寺の法勝寺に金泥一切経が供養されるに至り、宗教テクストの次元では、全く院の王権の許にその造立主体が取り戻されたと言ってよい。

以下に改めて検討することになる古代から中世にかけての一切経造立の動向は、常に国家と仏教の関係の最先端の課題としてあり、しかも悉く当代の王権（摂関家権力も含めた）の主体的関与によって形成された。その関係性を克明に追跡した上川論文の功績は、高く評価されてよい。但し、上川論においては、中世の一切経造立の意義について、日本の一切経は「汎東アジア仏教の擬似的正統性」の拠として顕密仏教が構築した所産である、とのほとんど画一的な評価が繰り返されており、それは教条的なドグマとなって解釈を固定化し、中世の一切経が示す多面性は見失われてしまうであろう。

中世における一切経造立の特色については、院政期の法隆寺一切経（法隆寺は、南都七大寺のうち例外的に古代に

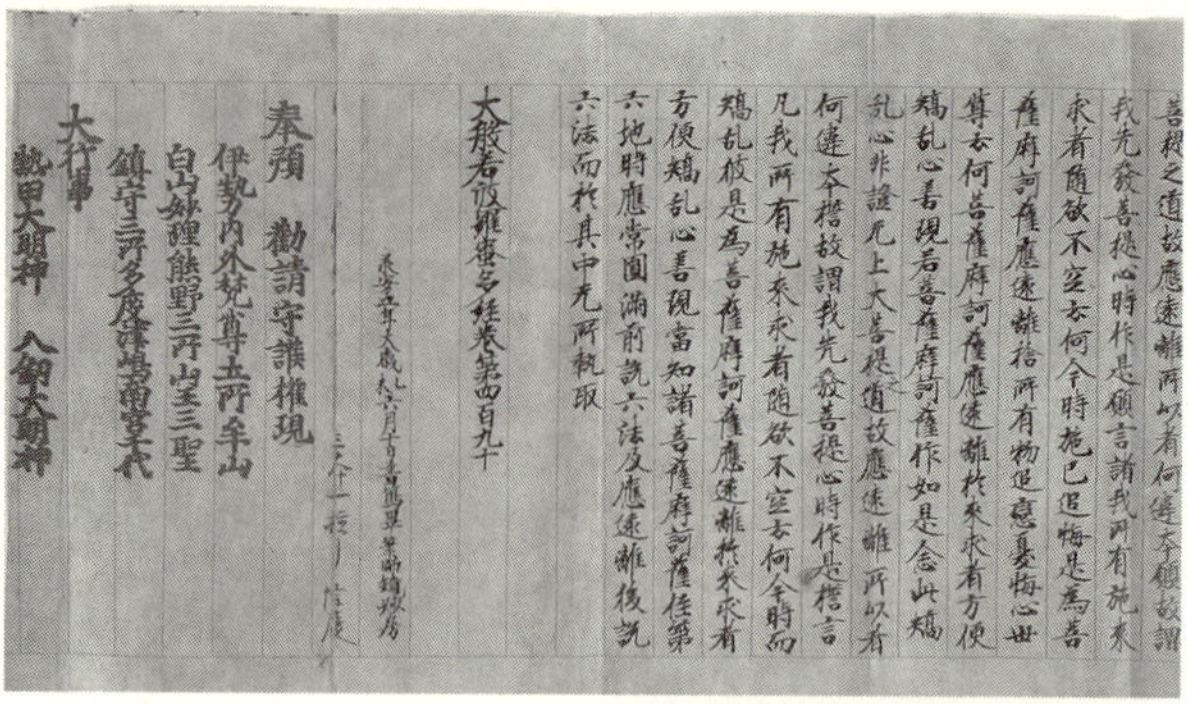

図 6-2　七寺一切経大般若経（上），唐櫃絵（釈迦十六善神像，右下），唐櫃（左下）（七寺）

おいて一切経を備えなかった寺である）成立に関する事例研究であり、その序説として古代・中世の一切経を論じた堀池春峰の論文「平安時代の一切経書写と法隆寺一切経」が今日もなお多大な示唆を与えてくれる。(5) いま、中世に限って言及するなら、堀池論文は院政期十一〜十二世紀にかけての一切経造立の特質を分析し、そこに院による仏法独占の政教的意図からの一切経造立と、併せて勧進聖人による広汎な衆庶への勧進と結縁による一切経造立との相互関係に注目する。また、金峯山や熊野山など修験の霊地での書写や奉納に注目し、神仏習合の舞台としての霊場での参詣修行と一切経造立との密接な結びつきが指摘されている。

加えて、一切経については遺存する各個の事例についての調査報告が複数蓄積されており、(6) 特に落合俊典らによる七寺一切経（図6-2）および金剛寺一切経に関する綜合的な文献学的研究が充実した成果を挙げている。(7) そこでは、一切経の依拠底本の考証を基盤として、これら書写された一切経に含まれる、宋および高麗大蔵経刊本のテクストには還元できない、東アジアで形成された多様な仏典の世界が展望されている。そこからの発見は、今後、人文学の諸分野に無視できない重要な認識の刷新をもたらすと思われるが、それは本書の範囲を越えた課題となる。以下に、上川論文の達成を踏まえ、その一切経年表を元に、重要な一切経の事例に堀池論文の示唆を活かして埋経に関わる出土史料による主要な埋経事例を加えた略年表を作成した。

表6-1　院政期一切経・埋経関連年表（＊は埋経を行った事例）

九七七（北宋太平興国二）	宋にて勅版一切経（蜀版）完成、同九年に印行する
九八五（北宋雍熙二）	東大寺僧奝然、宋太宗より印本大蔵経を賜る（奝然入宋求法巡礼並瑞像造立記）
九八七（寛和三）	**奝然、摺本一切経等を携え入京**（小右記、扶桑略記、日本紀略）
九八七（永延元）	奝然、宇佐宮一切経転読を申請（小右記目録）
九九〇（正暦元）	北野天神託宣に一切経論書写を願う（同四年託宣）（北野天神御託宣記）
九九一（正暦二）	朝廷、故兼家の周忌に一切経を供養する（小右記目録、日本紀略）
九九四（正暦五）	道隆、父兼家の法興院に積善寺を建立し一切経を供養する（日本紀略、本朝世紀、扶桑略記他）
一〇〇七（寛弘四）	＊**道長、金峯山に登山し経典を埋納する**（長徳四年以来書写、法華開結、弥勒上生経等）（御堂関白記、金峯山埋納金銅経筒銘願文）
一〇一一（寛弘八）	一条天皇、内裏にて御願一切経供養、外題は行成書、叡山千光院に納める（日本紀略、本朝世紀、扶桑略記他）
一〇一五（長和四）	道長、入宋中の寂照に一切経論諸宗疏等を求む（御堂関白記）
一〇一八（寛仁二）	道長、奝然請来一切経を迎え、治安元年（一〇二一）法成寺無量寿院経蔵に移し供養する（御堂関白記）
一〇二〇（寛仁四）	**石清水権別当元命、一切経を供養し経蔵に納める**（宮寺縁事抄）
一〇二八（長元元）	道長の発願した銀泥一切経を追善仏事に法成寺にて供養する（小右記、左経記、日本紀略、扶桑略記）
一〇三一（長元四）	＊**上東門院彰子、叡山横川如法経堂に願文と共に法華経、経筒を奉納**（覚超による）（門葉記、横川如法堂出土遺物）
一〇三四（長元七）	関白頼通、高陽院にて一切経供養（左経記）

一〇六九（延久元）	**頼通、宇治平等院にて一切経会始行、恒例とする**（扶桑略記、百練抄、初例抄）
一〇七一（延久三）	＊願主成縁、大毘盧遮那経を納める（鳥取大日寺経塚）
一〇七三（延久五）	成尋、奝然以降の追加経典等を日本へ送る（参天台五台山記、百練抄）
一〇七七（承暦元）	安楽寺別当基円、一切経蔵を建立、供養する（康和三、安楽寺一切経会の記事あり）（安楽寺草創日記）
	白河天皇、法勝寺供養、講堂にて一切経転読（扶桑略記、法勝寺供養記）
一〇七八（承暦二）	白河天皇、法勝寺に大乗会始行、金字五部大乗経供養（扶桑略記、百練抄、この五部大乗経は一切経の一部となる）
一〇八三（永保三）	＊願主永尊、豊後津波戸山にて法華経結縁集を埋経する（津波戸山経塚出土経筒銘）
一〇九〇（寛治四）	勧進聖人行心、花林寺一切経書写（大般若経奥書）
	＊**師通、金峯山参詣、法華経等を埋経する**（後二条関白記、師通願文）
一〇九二（寛治六）	白河院、金峯山参詣
一〇九四（寛治八）	**関白師通、多武峰浄土院経蔵に一切経論台典章疏を置く**（多武峰略記）
一〇九六（嘉保三）	**慈応上人、万人に勧進し、一日一切経書写、師通これを助成し、承徳二年に金峯山に送る**（後二条関白記、中右記、百練抄、寛治八年（一〇九四）、金峯山で一切経供養と伝う『金峯山草創記』）
	＊勧進僧安増、助成、結縁僧らにより如法経書写供養（肥前仏法堤経塚出土経筒銘）
	白河院、匡房を使として師通に平等院経蔵の鑰と一切経目録を献上せしむ（後二条関白記）
一〇九八（承徳二）	＊某、結縁により成仏、現世安穏を祈り如法経塔を造立（備前大井田正八幡社経塚出土瓦製筒銘）
一〇九九（承徳三）	＊勧進本願経得、結縁諸人と法華経二部を埋経（筑前西海山経塚出土経筒銘）
一一〇〇（康和二）	**白河院、春日社にて一切経読経始行**（経蔵安居屋にて）、**毎日不退一切経会始行**（殿暦、中右記目録）
	出羽上人平源、高野山慈尊院にて諸人勧進し一切経書写、供養し山上本経蔵に納める（高野春秋編年輯）
一一〇一（康和三）	白河院、忠実より一旦借りた「本一切経」を改めて進上せしむ（殿暦）
一一〇二（康和四）	堀河天皇御願尊勝寺供養に講堂にて一切経転読を始める（諸寺供養記）
	白河院、蔵人永雅を介し忠実に宇治「一切経御本」を尋ね進めしむ（殿暦）

一一〇三（康和五）	天台座主慶朝、日吉社にて一切経会始行
	＊**勧進僧寂円、万人結縁如法経書写、柏尾山寺白山峯に埋経する**（柏尾山経塚出土経筒銘）。同年、京尊、伯耆一宮にて如法経供養埋経する（伯耆一宮経塚出土経筒銘）
	白河院、在位中発願の金泥一切経を法勝寺にて供養（殿暦、中右記目録、本朝世紀、百練抄）
一一〇四（長治元）	**白河院、在位中発願の金泥一切経を尊勝寺にて供養**（殿暦、中右記）
一一〇六（嘉承元）	東名寺聖人、白河小堂にて知識勧進の一切経を供養（中右記、永昌記）
一一〇八（天仁元）	**奥州藤原清衡、陸奥中尊寺の経蔵に金銀交書一切経等を置くという**（中尊寺衆徒言上状）
一一〇九（天仁二）	摂政忠実、法勝寺にて金字一切経を供養する（興福寺略年代記）
	藤原宗忠、聖人浄明の勧進に応じて万人書写一切経の一部を担う（中右記）
一一一〇（天仁三）	**白河院、法勝寺金泥一切経供養を遂げる**（うち二千巻は既に供養）（殿暦、永昌記、百練抄、江都督納言願文集、古事談）
一一一二（天永三）	清水寺勝快上人、小堂に一切経安置念仏する（中右記）
一一一三（天永四）	藤原基隆、法勝寺にて白河院のために書写させ、一切経を供養する（殿暦、長秋記）
	＊比丘尼法薬、高野山奥院に金泥法華経等を書写埋経する（高野山奥院経塚出土自筆願文）
一一一三（永久元）	白河院、祇園女御、平正盛の六波羅堂にて一切経を供養する（殿暦、長秋記）
一一一五（永久三）	聖人、北野社にて一切経を供養、貴賤結縁（百練抄）
	松尾社神主秦親任、一切経書写発願（妙蓮寺一切経）、保延四年（一一三八）完成
一一一六（永久四）	＊藤原氏女、良梨等、母の為埋経（伝福岡県出土経塚経筒銘）
一一一七（永久五）	関白忠実、覚信に毎日一切経書写せしめ、春日御塔にて供養安置する（殿暦）
一一一八（元永元）	白河法皇、熊野本宮にて藤原家保の書写進上した一切経を供養する（中右記）
	法隆寺僧勝賢、小田原聖人経源を請じ一切経書写供養（法隆寺一切経）
一一一九（元永二）	＊勧進僧良実、四王寺山にて埋経（筑前四王寺山経塚出土経筒銘）
	勧進僧十方、血書法華経を埋経（播磨石峯寺経塚出土血書経奥書）
	平正盛、六波羅蜜堂にて一切経を供養する（中右記）
一一二〇（保安元）	＊清原信俊、粉河寺に如法経埋経する（粉河寺経塚出土経筒銘文、本朝新修往生伝「清原信俊」）

一一二一（保安二）　＊願主良勝、檀越秦親任、熊野本宮に大般若経一部を埋経する（紀州熊野本宮出土経筒銘）

一一二二（保安三）　勧進僧林幸、勝賢書写一切経の残部を完成すべく勧進を始める（法隆寺勧進僧林幸勧進状）

一一二五（天治二）　＊清原信俊、粉河寺に如法経埋経する（粉河寺経塚出土経筒銘文、「良忍」助修す）

一一二六（大治元）　**藤原清衡、中尊寺供養の内、二階経蔵に金銀交書一切経を納める**（清衡願文）奉行自在房蓮光を経蔵別当とする。
＊勧進僧某、筑前武蔵寺堂山に埋経（武蔵寺経塚出土経筒銘）
沙門西法、一切経勧進書写し往生（後拾遺往生伝）

一一二八（大治三）　**白河院、石清水八幡宮寺にて一切経を供養、生涯の作善を述べ長寿を願う**（本朝続文粋所収願文、百練抄）
奥州名取新宮寺一切経書写（名取新宮一切経）

一一三〇（大治五）　藤原為隆、生前一切経書写を発願、自筆で外題を書き春日社の経蔵建立供養（後拾遺往生伝）
＊**行誉、那智山瀧下金経門に経典、曼荼羅、法具等を勧進し奉納する**（那智山滝本金経門縁起）

一一三一（天承元）　**鳥羽院、故院のため、法勝寺にて一日金泥一切経を転読させる。邦忠夢想による**（百練抄他）

一一三二（天承二）　覚鑁、高野山に大伝法院建立、経蔵には鳥羽院の寄進した唐本一切経を納める（大伝法院本願聖人御伝）

一一三四（長承三）　鳥羽院、法勝寺にて金泥一切経を供養する（中右記、百練抄）
勧修寺寛信、母菩提のために一切経を発願、書写を始める（勧修寺経蔵識語）
寛信、東寺一切経目録と神護寺五大堂一切経目録を書写する（高野山光明院勧修寺大経蔵本、久安元年（一一四五）まで）
藤原行盛、生前に一切経書写、千日講経を修す（後拾遺往生伝）

一一三六（保延二）　**待賢門院璋子、法金剛院にて一切経を供養する**（中右記、台記）

一一四〇（保延六）　勧進聖人静厳、金峯山寺一切経の書写を勧進する（金剛峯寺一切経）
＊勧進僧正寅ら埋経（出羽、米沢宮内別所山経塚出土経筒銘）

一一四一（保延七）　法金剛院にて一切経会始行（平範記・三僧記類聚）
＊勧進尊智、頼厳、永明、石清水惣別当暹意ら、大中臣氏と共に銅板法華経を銅箱に納め、国東長安寺に埋経（豊後長安寺出土銅板経銘）

一一四二（康治元）　仁和寺覚法法親王、尼御前のために一切経を供養（台記）
＊大勧進頼源、如法法華経を銅板に刻し銅筥に納め供養、求菩提山普賢窟に納める（求菩提山銅板経銘）

一一四三（康治二）	運覚（醍醐寺）、少年より一切経を自書する（本朝新修往生伝）
一一四四（天養元）	覚阿、清水寺にて貴賤に勧進・書写した一切経を供養する（本朝世紀） 仁和寺最勝金剛院にて一切経会あり 藤原敦光、生前一切経書写発願し五部大乗経の功を終える（本朝新修往生伝） **＊別当禅恵、極楽寺にて康治二年（一一四三）より曼荼羅、仏像、顕密経典、諸真言を瓦経として埋経**（極楽寺埋経瓦経銘願文）
一一四七（久安三）	**美福門院得子、法勝寺にて金泥一切経を供養**（本朝世紀） ＊某、父母供養のため如法経を埋納（筑前太宰府安楽寺境内出土彩絵経筒銘）
一一四八（久安四）	鳥羽院、祇園感神院にて一切経会を行う（本朝世紀） 念西、石山寺一切経の書写勧進を発願、その後、朗澄により文治年中に完成（石山寺一切経） 経尊、摂津大門寺一切経を書写勧進する（西方寺一切経）
一一四九（久安五）	鳥羽院、紺紙金泥一切経発願書写する（久安五年銘帙）、のち、後白河院により神護寺に安置（神護寺一切経） **鳥羽院、末代上人勧進の一切経に結縁し結願大般若経を宮中に書写せしめ。名帳に自筆心経、尊勝陀羅尼を添え、清隆堂にて供養。のち、末代上人が賜って富士山に埋納する**（本朝世紀、鳥羽上皇写大般若経発願文）
一一五〇（久安六）	美福門院得子、法勝寺にて金泥一切経を供養（本朝世紀、台記） ＊藤原氏女、二親の為、如法経を埋経（伊予堂ヶ谷埋経塚出土経筒銘）
一一五一（仁平元）	藤原定信、二三年間に一筆一切経書写を終え、春日社にて供養、興福寺に経蔵を建立し安置（宇槐記抄、本朝世紀等）
一一五三（仁平三）	**鳥羽院、熊野本宮にて金泥一切経を供養、書写は康治二年（一一四三）に熊野で発願**（本朝世紀、鳥羽上皇金泥一切経供養願文） 右衛門督某、雲居寺に一切経蔵建立、金泥一切経を供養（寛信高山寺本表白集） ＊佐伯正親、洛北花背に埋経（花背経塚出土経筒銘）
一一五四（仁平四）	＊綾清宗夫妻、現世安穏後生菩提のため、法華経一部を埋経する（筑前稲元出土経筒銘）
一一五六（久寿三）	＊普門寺勝意、母息災延命を祈り埋経（三河普門寺経塚出土経筒銘）
一一五八（保元三）	＊禅定比丘尼某、願主信阿、王子社に如法経を埋経（紀州王子神社経塚出土法華経奥書）

一一五九（平治元）	**美福門院、高野山に経蔵を建立、金泥一切経を安置し、一切経会を始行**（荒川経、宝簡集所収美福門院令旨）
	＊勧進比丘尼真砂、伊勢朝熊山に如法経埋経（朝熊山経塚出土経筒銘）
一一六〇（永暦元）	＊朱書交書経を柴原山に埋経（伊賀柴山経塚出土朱書交書経巻七奥書）
	＊勧進尭尊、檀主藤原氏ら、百草松蓮寺を勧進所として納経する（武蔵百草出土経筒銘）
一一六三（長寛元）	＊大勧進聖人弁豪、結縁者と法華経を奉納する（武蔵百草出土経筒銘）
一一六五（永万元）	願主某（相尊）、応保三年（一一六三）以来書写の一切経を供養（備後御調八幡宮一切経）
	西楽寺（丹波）の一切経が嘉応元年（一一六九）にかけて勧進書写される（興聖寺一切経）
	永万年中に、源宗職により清涼寺一切経会始行（仁和寺御日次記）
一一六七（仁安二）	＊願主定祐ら埋経（越後天神山経塚出土経筒銘）
	＊願主相存、埋経（越中日石寺裏山経塚出土経筒銘）
一一六八（仁安三）	後白河上皇、平清盛が書写した一切経七千巻を施入、円実奉行し一切経会を行う（峰相記）
一一六九（嘉応元）	覚法、高野山金字一切経を供養する（安極玉泉集、文言雑々集、「一切経供養表白」）
一一七〇（嘉応二）	＊藤原正宗、如法経供養に埋経（越後菖蒲塚古墳経出土経筒銘）
	＊願主大江忠氏ら、如法経一部を書写し円頓寺に納める（丹後山の神経塚出土経筒銘）
一一七一（承安元）	基実母信子、西林寺にて一切経を供養する（玉葉）
	＊大勧進職聖人定心ら慈尊三会に極楽往生を祈り天王寺如法堂に施入（奥州須賀川西袋山経塚出土経筒銘）
	＊大勧進聖人行祐、大檀主円珍らと浄土往生のため、如法経筒を米山寺に施入（奥州飯塚天王寺山経塚出土経筒銘）
一一七三（承安三）	＊内宮祢宜荒木田時盛、度会宗常、現世安穏のため如法経一口を造立（伊勢朝熊山経塚出土経筒銘）
一一七四（承安四）	融信、浄瑠璃寺一切経のうち二巻を写す
	巌島一切経会、以下恒例となる（伊都岐島千僧供養日記）
	＊大願主西観、大勧進某僧ら、檀越度会常章、常行らと法華経瓦経、瓦仏像等を外宮且過山に埋める（伊勢小町経塚出土瓦経後背等銘）
一一七五（承安五）	栄芸ら勧進して檀越大中臣安長の建立した長福寺（七寺）に一切経を安置するため、治承四年（一一八〇）までに国内で書写、校勘に清水寺の法勝寺本を用いる（七寺一切経識語）

一一七八（治承二）	藤原基実夫人平盛子、忠実により始められた金泥一切経を完成、春日社経蔵に納める（百練抄） ＊願主寛善、教豪尊霊の為如法経筒を施入する（伊勢前山世義寺出土経筒銘）
一一七九（治承三）	関白基通、興福寺にて唐本一切経を供養する（玉葉）
一一八〇（治承四）	平家の南都焼打により興福寺の一切経論倉や一切経十三部が焼失（玉葉）
一一八一（養和元）	＊聖人澄珍、願主米多氏、埋経（摂津能勢若宮八幡宮経塚出土鍍銀経筒銘）
一一八二（養和二）	仁和寺房官成俊、唐本一切経を供養する（紺表紙小双紙）
一一八四（寿永三）	＊大勧進僧某、大檀主尼、結縁衆ら埋経（羽後湯沢松岡経塚出土経筒銘）
一一八六（文治二）	有尋、頼朝に武蔵真慈悲寺修造・一切経安置を申請し院主職安堵される（吾妻鏡）
一一八七（文治三）	筑前宗像社僧色定（良祐）、一筆一切経を発願、安貞二年（一二二八）に成就、神社に納める（色定法師一筆一切経）
一一八八（文治四）	勝賢、高良社一切経会に備えるため、大般若経一部を新造し施入（勝賢表白集） ＊条秋重、二親後生菩提往生のため法華経各一部を奉納（丹後籠神社経塚出土経筒銘）
一一八九（文治五）	頼朝、中尊寺別当より寺領寺物注進を受け安堵する。中に金銀交書一切経蔵、宋本一切経蔵、恒例の一切経会等が見える（吾妻鏡）
一一九〇（建久元）	中原行盛を願主とする一切経書写（京五条堀川一切経）
一一九一（建久二）	淡路賀集荘八幡宮にて勧進により一切経会始行（鎌倉遺文）
一一九三（建久四）	後白河法皇忌日仏事、蓮華王院供養に金泥法華経と素紙一切経を設ける（後白河院御法事并御堂供養雑事）
一一九四（建久五）	東大寺大勧進重源、博多の李宇の助けで一切経を得ようとし（日吉山王利生記）、同六年買得する 足利義兼、一切経書写を完成、鶴岡八幡宮で頼朝を祈るため曼荼羅供を催し、奉納を許される（吾妻鏡他）。同六年、鑁阿寺建立、寛典が宋よりもたらした一切経を経蔵に置く
一一九五（建久六）	重源、東大寺仏殿供養のため宋本一切経を書写（東大寺続要録）、唐本一切経を遷宮に際し託宣により渡す（東大寺造立供養記） 重源、宋版一切経を上醍醐に経蔵を建立し施入（醍醐寺座主次第）、建久九年（一一九八）供養する（作善集）
一一九七（建久八）	定範の譲状に東大寺浄土堂に一切経二部（唐本・日本）ありと（重源譲状）

一二〇一（建仁元）　頼家、鶴岡八幡宮の一切経会に参列、この時までに鶴岡宮寺に一切経蔵成立（吾妻鏡）
一二一一（建暦元）　**後鳥羽院、最勝四天王院にて一日一切経を書写、供養させる**（願文集）

年表によって展望される、古代から中世にかけての通時的な〝一切経史〟と、図6-1に示した共時的な座標を重ねてみるならば、一切経の宗教テクストとしての諸位相は、それぞれ最も究極の達成として発現するところに端的にあらわされる。第一に、書写される聖典としての位相においては、王権のみが実現可能というべき、経典書写の頂点に位置する紺紙金泥一切経が挙げられよう。それは、紙に文字で書かれたテクストという次元を超えて、紺碧の料紙と黄金の文字に加え見返絵から装潢に至るまで悉く荘厳に満たされた貴重物として、法宝そのものが形象されたテクストである。たとえばこれと対比されるのは、同じ書写という位相においてみれば、信仰上の作善の究極というべく一人の筆者により悉く五千余巻の書写を遂げた、一筆一切経といえよう[8]。他方で、一切経をめぐる儀礼の位相もまた、一切経ならではの特色を示すといえよう。やはり書写の次元においてみれば、一切経という大量の経典は長期間にわたって制作されるのが通途であるが、これを同時に行う、一日一切経書写という、大量動員と資材と道場が必要な大規模作善も催された。

経典は書写されるのみではその宗教テクストとしての生命を有さない。必ず開題供養されなければならないが、一切経についてはそれも容易ではない。一切経供養は、仏経供養の儀礼として最も重い大法会として四箇法要や曼荼羅供等の盛儀によってなされるべきものであった。更に、供養された一切経を絶えず不断に読経ないし転読する常住供僧や施設を調えるには、荘園規模の寄進が必要である。また更に、一切経会という大法会を恒例で催すならば、その功徳は計り知れないものになろう。それは、庭儀として行道・讃歎するとともに、舞台を設けて舞人・楽人による舞楽の奏演によって荘厳されるものであった。ここに、儀礼と音声の位相における一切経の機能が発現するのである。

この一切経会の画期は、宇治平等院一切経会である。藤原頼通により平等院一切経蔵の供養法会として営まれたのが恒例化され、摂関家の家長（氏長者）による経蔵すなわち宇治宝蔵開検の儀と併せ、毎春三月三日に催され、王権儀礼に匹敵する盛儀となった。こうして、一切経は儀礼の位相において、法会の本尊であると同時に法儀に実際に機能する宗教テクストとしてあり、かつ祝祭ひいては芸能の場を喚び起こす祭儀上のテクストとしても位置付けられよう。中世寺社で繰り広げられた最大の祝祭のひとつである一切経会の原点が、ここに見出される。(9)

三　埋経儀礼と一切経造立の接点

本章の問題提起は、以上に述べた宗教テクストの運動とそれが生成する位相の普遍性からして、一切経造立の動向と、所謂「経塚」造営として知られるところの埋経の営為とを重ねてみられるのではないか、という試案である。ひいて両者は相互に分かちがたい宗教運動の展開の、根を同じくした現象であることを立証することが可能ではないか、と想定される。

経塚と通称される埋経儀礼の遺構とその遺物が構成する宗教テクストの構造は、それ自体がきわめて興味深く、なお探究されるべき重要な中世宗教テクスト形成の一端を体現している。それは慈覚大師円仁がもたらした五台山文殊信仰と、彼が創めた比叡山横川如法経堂の造立に端を発する如法書写供養の法儀が、ひとつの土台となっている。その如法経書写供養が、中世には院政王権の催す芸能をも含んだ豊かな仏教儀礼の場となっていることを図像化したのが『法然上人絵伝（四十八巻伝）』巻九に描かれた、後白河院の発願による源空「聖人」を先達とした文治四年（一一八八）宮中での如法経十種供養の事例である。(10)その本所というべき横川如法経堂に経典（法華経）を奉納した最古の明確な事例は、長元四年（一〇三一）に上東門院彰子が発願し、覚超の造営になる如法経供養であり、『門葉記』にその願文や記録が収録され、また当時の華麗な金銀鍍宝相華文経筥が現存している。[11]

埋経の歴史において画期を成し、最も重要な宗教テクストを遺すのが、その彰子の父、藤原道長による寛弘四年（一〇〇七）の金峯山埋経である。道長の権勢の絶頂期に行われた金峯山参詣は、道長自筆の紺紙金泥経（法華経・弥勒上生経等）を収めた金銅経筒とそれに刻まれた道長願文によって、まさしく御堂関白の造立した宗教テクスト上の記念碑的遺品として今に伝えられる。併せて埋納された莫大な奉納物や供養具など、その全貌はなお窺い知れないが（第十八章参照）、その歴史的な意義はきわめて大きなものであった。[12] この営為が道長自筆の日記『御堂関白記』（陽明文庫本）によって詳らかに記録され今に伝えられることも、その歴史的意義を裏付ける。同時に出土した法華経の長徳二年（九九八）の自筆奥書識語（願文）が語るように、それは道長にとって長期間の用意を重ねた上の盛儀であった。供奉の臣下や従者、供養に勤仕する多くの僧侶なども詳らかに記録されたこの金峯山参詣行の意義は、何より経筒願文（この流麗な銘文の草案・下書は名筆で知られる藤原行成による可能性が指摘されている。第十一章参照）に銘された、蔵王権現に自身の「宿命通」を得た功徳を以て兜率に生じ極楽往生を祈る願念に集約されている。

この道長による金峯山埋経を継承するのが、その曾孫である藤原師通である。同じく出土した経筥と紺紙金泥法華経等に加え、自筆の紙本墨書願文一巻が遺存し、それによって彼の作善の全貌とこれによる摂関家興隆の意願が詳らかに述べられている。[13] また、この儀についても彼の日記『後二条関白記』寛治四年（一〇九〇）にその記録が遺され、そこには道長の日記も参照されており、あたかも白河院政が確立しようとする時期にあたり、摂関家当主としての危機感にうながされ、父祖の偉業を再現しようとする企図が察せられる。師通は他にも、一切経と経蔵の造立を先祖の墓廟である多武峯において営んでいる。これもまた金峯山埋経と無縁の事業ではない。嘉保三年（一〇九六）、慈応上人（その師経暹は多武峯住侶にして往生人であった）[14]により、天下万民に勧進して一日一切経が書写され、金峯山に奉納された（『後二条関白記』、『中右記』、『百練抄』）。この前代未聞の一日一切経は、一切経史上で画期的な事業であったが、この作善は師通が全面的に助成し、完成した一切経の金峯山への移送も手配している。一日での一切経書写は、その底本や書手の用意、書写の道場や資糧の提供、動員まで、いずれも権門の支援なくしては実現不可能な事業であろう。裏返せば、勧進聖人によるこの作善には師通の強い意志が背後に存在し、更に金峯山埋経との一体的連関を推測させるのである。

埋経という、中世独自というべき宗教テクストの位相の特色は、法宝としての経典を永遠化すべく荘厳を兼ねた保存の容器に収め、厳重に地中に埋納するところにあるが、加えて注目すべき大きな特色は、その場として叡山や高野山など顕密仏教の聖地や金峯山、熊野那智山など修験の霊山、あるいは鞍馬山や粉河寺などの霊験所等の霊場が選ばれることである。また神社の境内など、神仏習合の祭祀の一環として認められる埋経遺跡も多い。いずれも当時盛んな信仰を集め修験者や参詣者で賑わった浄域の結界内の特別な場所に奉納されている。その様相は、堀池論文が指摘する如く、一切経造立の場とも重なっているのであり、師通と慈応上人による金峯山一切経は、その流れの上でも重要な接点として位置付けられるといえよう。

埋経と一切経の作善は、より微視的な史料のうえでも繋がっている。京都妙蓮寺に伝来する一切経は、もと洛西の松尾大社に備えられた一切経であった。識語によればその発願の中心となったのが神主秦親任であるが、彼は後年、熊野本宮に大般若経一部を埋経奉納した檀越として出土経筒銘にその名を残している。親任において、一切経造立と霊地への埋経は一連の作善であった。

埋経の地域的展開の動向から見たとき、その初期から一貫して最も盛んに営まれた九州北部（筑前・肥前・豊前・豊後）における宗教センターであった宇佐八幡宮および弥勒寺が注目される。宇佐八幡は最澄以来、天台宗の国家仏教構想の拠点であり、弥勒信仰と法華経信仰が結合した祭祀儀礼の中心でもある。また、周辺の修験霊山である彦山、求菩提山、そして六郷満山などの霊場とも密接につながり、宇佐御許山を含め、それら霊山にはいずれも院政初期に盛んに埋経が営まれた。特に、十二世紀半ばに頼厳らにより先の三山に銅板法華経が納められたが、その製作に宇佐宮検校紀重永が関与するところに、その関係が端的に示されている。[15] そうした活動の淵源は、関白道長と八幡弥勒寺講師であった元命との連繫に端を発する可能性が指摘されている。[16] 道長の推挙により石清水八幡宮寺の別当に就任した元命以降、数代にわたりその子弟門流が別当を承継し、八幡護国思想と天台法華信仰を融合させた仏事興隆の中心となって活動した。それが院政期のこの地域における埋経造営を喚起し、また全国に波及する要因のひとつであったと推察される。それは、上島享が多角的かつ大きな射程で論ずるところの、中世王権としての国家体制を創出したとされる道長による宗教政策の一環としても位置付けられるのではないだろうか。[17] 元命は、寛仁四年（一〇二〇）に宇佐宮に一切経蔵を奉納している。一切経造立と埋経は、ここにおいても接点を持つのである。

四　院王権による一切経造立と勧進聖による埋経運動

白河院による作善すなわち仏法興隆を代表するのが、御願寺法勝寺の造営であり、ここに安置される金泥一切経の書写・供養であったことは言うまでもなかろう。法勝寺一切経の造立が白河院の強い意欲の許に遂行された消息は、嘉保三年（一〇六〇）に院が師通より平等院経蔵の鑰と一切経の目録を大江匡房を介して献上せしめたり、また忠実より一切経を借用した上で進上させたり（おそらくそれらの実態は召し上げであり、自らの一切経の書写の底本に用いたものと推定される）したことに示唆されるように、[18] 摂関家の権力の象徴による宇治経蔵の内実としての一切経の移転ないし再構築を図ったものであり、しかもより尊貴な金泥一切経によってそれを実現し、王権のヘゲモニーの奪還を企てたことを物語る。そして康和五年（一一〇三）、在位中に発願していたこの金泥一切経二千巻を法勝寺にて供養し、翌年は尊勝寺においても営み（忠実も法勝寺で金字一切経を供養したとの所伝が『興福寺略年代

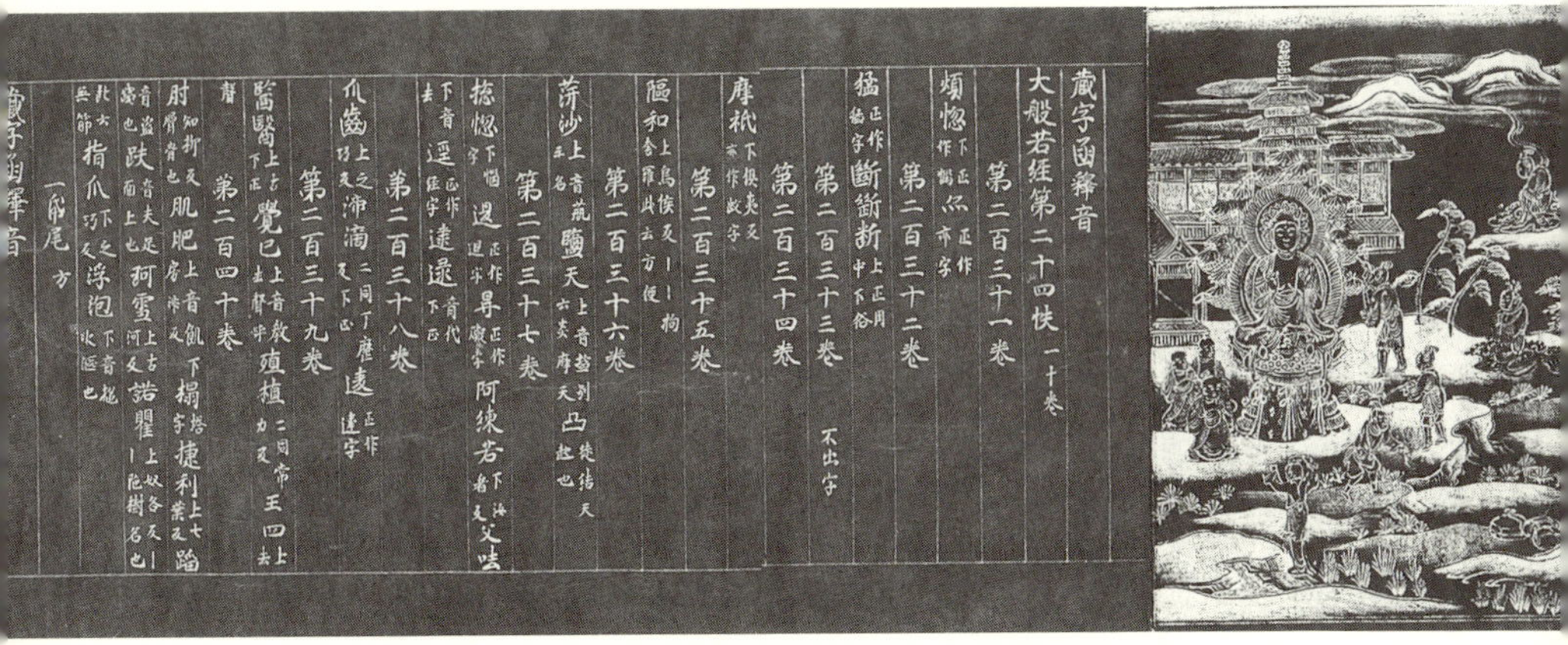

図6-3　中尊寺一切経清衡願経（紺紙金銀交書経）（高野山霊宝館）

記』天仁二年〈一一〇九〉条に見えるが、これは院の作善に助成したことを言うのであろう）、天仁三年（一一一〇）に至って全ての供養を遂げる。これについては匡房の願文「法勝寺金泥一切経供養願文」（『江都督納言願文集』巻二）が遺され、その「希代大善根」（『百練鈔』）の記念碑的意義を伝えている。その供養については、再三の延引をもたらした雨を禁獄に処したという名高いエピソード（『古事談』）によって、白河院の作善遂行への強烈な意志が後世に伝承され記憶されることになった。

　尾張の在庁官人らの一族や僧侶が承安から治承年間にかけて書写形成した七寺一切経は、その最終段階で、京の清水寺において法勝寺一切経（「法勝寺金字経」）に拠って校合された旨の識語を付している。[19]それは、法勝寺一切経が後代に規範となるような一定の影響を有していたことを示している。

　これに続き、奥州平泉においては藤原清衡による中尊寺建立と共に、その経蔵に金銀交書一切経という、院の王権のそれを凌ぐ空前の作善が営まれた。天仁元年（一一〇八）の発願と伝え、自在房蓮光を奉行として識語に見える永久五年（一一一七）前後より書写され、大治元年（一一二六）、二階経蔵・本尊（五台山文殊）と共に供養されたこの一切経（現在、その大半は高野山金剛峯寺に移されている）は、藤原敦光により草されたその供養願文によれば、明らかに院の王権を文える作善の一環として位置付けられているのであって、白河院の宝祚延長を祈り、その支配の下で東国を仏国土たらしめんがための荘厳として善美を尽くすものであった[20]（図6-3）。

この平泉における一切経造立は、古代の東国でなされた一切経書写事業の系譜上に立ちながら、それとは全く面目を一新する、中世における日本国全土の経蔵化とも言うべき運動に棹さすものであろう。一方で、同じく奥州名取熊野新宮における一切経の如く、出羽慈恩寺一切経や平安初期写経等、各地に形成・伝来した一切経を長期にわたり集成・再編した一切経も形成された[21]。その上で突出する平泉の清衡願経は、『吾妻鏡』文治五年（一一八九）の平泉寺塔注文にその偉容が窺われる、奥大道が貫く中尊寺伽藍の地政学的立地を形成する宗教空間の核となる宗教テクストであった。

白河院の生涯にわたる作善の最後もまた、一切経によって荘厳された。大治三年（一一二八）、白河法皇は石清水八幡宮に一切経を供養した。その一切経会に臨み、これも藤原敦光が草した願文が『本朝続文粋』に収められる[22]。そこには、院による厖大な作善の全貌が、法勝寺造営・一切経造立をはじめとして列挙されている。院はその莫大な功徳を以て、なお十年の余算を祈るのであったが、皮肉なことに彼には一年足らずの寿命しか残されていなかった。しかし、院の仏法興隆の営為が八幡という宗廟への一切経奉納によって締め括られることは注目すべき現象であろう。一切経は、宇佐から石清水、そして鶴岡に至る八幡宮寺の宗教機能を代表する宗教テクストとなっているのであり、一切経会開催をうながす儀礼の核でもあるが、その造立と継承を当代の権門が担うことで示される祭政上の権威をこそ注視しなくてはならない。

院政を継承した鳥羽院もまた、白河院以上に積極的に一切経造立を推進した。天承元年（一一三一）には故院のために法勝寺で一日金泥一切経転読を行わしめ、のちに同じく法勝寺で自身の発願になる金泥一切経を供養するのをはじめとして、その生涯に少なくとも三度の一切経造立を営んだ。うち二蔵は金泥一切経であり、そのひとつが後白河院により移された神護寺経として現存するものである[23]。鳥羽院政期の特色は、院のみならず、女院による一切経造立と供養法会が盛んに営まれることであろう。既に白河院時代に、祇園女御による一切経が平正盛の六波羅堂で供養されることがあったが、女院のそれは全く王権の作善儀礼の一環である。保延二年（一一三六）、中宮待賢門院により御願寺法金剛院にて一切経が供養され、その一切経会は恒例の盛儀となった。久安三年（一一四七）と同六年には、美福門院が法勝寺で金泥一切経を二度にわたり供養し、更に信仰篤い高野山に平治元年（一一五九）、壇上に経蔵を建立、金泥一切経と荘園を施入し、一切経会を始行した。いわゆる荒川経である。これら女院の発願になる一切経と一切経会も、院のそれと不可分な作善事業として捉えられよう。そして、鳥羽院による一切経造立の頂点は、やはり神祇の霊地に志向されるものであった。早く康治二年（一一四三）に熊野参詣の間に発願したと伝え、仁平三年（一一五三）に熊野本宮に奉納・供養された金泥一切経については、藤原永範による「鳥羽上皇於熊野本宮金泥一切経供養願文」（『本朝文集』）にその意願が知られ、生涯に二度の金字一切経を営むのは空前絶後のことであり、漢皇の泰山封禅に匹敵する大善根として往生疑いなしと讃えられる。鳥羽院の許で、日本はまさに一切経造立の最盛期を迎えていたのである。

同時代に、埋経もまたその爆発的なまでの作善活動の絶頂を迎えていた。十一世紀後半に北九州に集中して叢起したその活動は、十二世紀に至り畿内の周辺から全国各地に汎く展開し[24]、また紙本の経巻のみならず、銅板経や瓦経など、より堅固な材料に経文を刻みつけて永遠に遺そうと試み、大規模な荘厳を凝らしている。長大な願文を伴う場合には、その成立の経緯や担い手たちの消息が詳らかである。特に注目すべき事例を挙げれば、前述した白河院法勝寺一切経供養と同じ康和五年に、甲斐国柏尾山（勝沼大善寺）白山妙理峯に埋納された経筒銘には、勧進僧寂円による仮名交りの長文の願文が刻まれる。そこには、山城国出身の寂円が諸国を修行経歴した果てに、この地で在地領主らを檀那とし多くの結縁者を得て写経を成就し、盛大な供養法会が催され、奉納のための行道の有様までが克明に記されている[25]。このように、自らも修行者である勧進聖人に担われ、万人の結縁により書写供養される埋経の事例が、院政期に入るや激増する。十二世紀にはその傾向が顕著となり、埋経容器銘文や出土経典識語の多くに「勧進僧」「大勧進」等の肩書を持つ僧名が見え、また彼らが願主となり檀那や結縁者と協同して作善を営む消息が知られる。霊地に埋経する事例の大半はそのようなかたちである。そのうち最も注目すべき大規模な埋経遺構のひとつに、那智山の瀧本に所在する「金経門」がある。金銅製金剛界三十七尊立体曼荼羅や小金銅仏群の出土で著名な遺跡であるが、その造立主体である天台僧行誉は、大治五年（一一三〇）の本奥書を有する『那智山瀧本金経門縁起』[26]を遺しており、やはり諸方の霊地を経歴した修行者であった彼が、洛中において同法と共に夢告を得て衆庶に勧進し複合的かつ大規模な埋納宗教空間を造営するに至る文脈が明らかになる。こうした勧進聖人の自伝的「縁起」が埋経という宗教テクスト成立の経緯を伝える一方で、その埋経願文自体が一箇の宗教テクストであるような例もある。天養元年（一一四四）識語を有する、真言僧頼慧による播磨極楽寺瓦経銘願文は、長大な発願の経緯と作善の過程を記録しつつ「曼荼羅仏菩薩像顕密経典諸真言」から成る経蔵さながらの複合宗教テクストを埋納する、その前行としての諸仏事儀礼も悉く記し、瑞相霊験の記述まで含み込んで、一門や結縁僧俗の作善の全貌が詳らかに再現されている。[27]

勧進聖人が発願者として造立の主体となる傾向は、同時代における一切経造立の場合も同様であった。年表を参照すれば、白河院政期に九例、鳥羽院政期には五例が認められ、後白河院政期にも四例を数える（なお、これに東大寺大勧進重源による複数の宋本一切経寄進などの例を加えることもできよう）。そして、それは前述した院の王権の許での一切経造立と、必ずしも別次元の営為ではなかったのである。

以上、経典という宗教テクストの集合かつ「法宝」として至上の価値を有する一切経の創出に関わる運動と、埋経という、この「法宝」を生成し霊地に蔵め仏神に献じつつ未来に遺す営み（いわば宗教テクストの遺産化）とを対比しつつ、相互の密接な連環を注視してきた。その上に、この両者の運動が明確に交わり結合する事例が、ひとつ存在する。それがすなわち、久安五年（一一四九）になされた、鳥羽院と末代上人の勧進による一切経書写とその富士山への埋経という出来事である。

五　鳥羽院の末代上人一切経勧進結縁と富士山埋経

この一件の経緯は、『本朝世紀』によって追跡することができる。四月十六日条に、近日、院御所において「如法大般若経一部」の、上卿や諸大夫以下宮廷人を動員した書写が行われていたことが見える。その発端は次のような事情である。駿河国の「富士上人」、その名を「末代」と称す聖が、富士山に登ること数百度に及び、頂に大日寺という仏閣を構え、また白山に詣で龍池の水を酌み、その修行は非凡なものと世に聞こえた。年来、関東の庶民に一切経論書写を勧進し、その行儀の如法清浄なることは、叡山における慈覚大師の如法経書写の如く、その残るところは、ついに大般若経一部のみとなった。上人は清浄な料紙を携えて入洛し、鳥羽法皇に献上した。法皇は結縁のため宮廷の諸人に課して大般若を写さしめた。『世紀』は、これを「莫太之善根、諸天定歓喜歟」と讃えている。また、末代上人について言及し、天喜年中（一〇五三〜五八）に日泰上人が白山に登り龍池の水を汲むことがあったがゆえに、末代は日泰の後身かと世間は評判したという。

四月廿六日条には、白河の泉殿に仮屋を構え、「如法大般若書写」の料として懺法が始められたとある。鳥羽院と皇后美福門院の分もここで書写されるためである。同日、法皇は二条の仏頂堂に入御、夕刻に懺法が始められた。これは宸筆により「如法」の般若心経と尊勝陀羅尼を書写するためである。この前業を経て、五月二日に、法皇はここで「如法経」を富士上人の調進した料紙により殊に清浄の儀を用いて写した。翌三日、懺法が結願し、これを勤めた得長寿院の供僧三口に布施を賜った。この御懺法は、法皇の如法経書写の前方便として行われ、法皇自身も先月来ここに滞在していたという。五月十三日に至って、院は先日来仏頂堂で写した心経と尊勝陀羅尼ならびに「如法（大）般若経」を書写した人々の「人名帳」等をもって、仲胤に導師として啓白せしめた。他の請僧はなく、ただ「発願」の躰であったという。この「人名帳」は院宣により宮内大輔藤原定信が筆を染めた。天台僧仲胤は当代随一の説経師であり、説話でも名高い唱導であった。(28) 定信は能筆の令名高く、何より一筆一切経を春日社に奉納したことで一切経史に名を残す人物である。(29) 同日未刻に、東山七条の大弐清隆堂において、完成した「如法大般若経」は「十種之供具」と「八音之妙曲」をもって供養され、これに結縁する道俗が雲集した。別当以下、院庁の職員をあげてこの儀に臨んだが、同時に衆庶に開かれた法会でもあった。供養の後、末代はこの「如法経」を賜って退出した。これを駿河国富士山に埋めるべき料とするのである。

この、鳥羽院と末代上人の協働による如法大般若経の書写供養を結願とする一切経造立と埋経については、その「発願文」（それは『世紀』に「ただ発願の躰(ママ)」とすることに符合する）が、『本朝文集』所収「願文集」に収められている。藤原茂明の草になる「鳥羽天皇写大般若経発願文」である。発願文は、通例では仏事を営む主体がそのまま導師を勤める場合の願文で、たとえば源信の二十五三昧会の式や貞慶が作った幾つかの例が知られる。ここでは導師仲胤の啓白（表白）と併せた発願の躰を借りて、法皇の発願を代弁させたのであろう。

発願文は、冒頭に峻峯富士山の神秀を讃え、次いで修行者末代上人がこれに登攀し、「悉地之願」として「如法一切経」を書写しこの霊嶽に埋めようと発願、衆生がこれに結縁し善根を殖えしめんがため、「東海東山道之州民」を勧進して、大小乗経律論と賢聖集四六九六巻を写しおえ、残る大般若経六百巻の料紙を携えて遙か王城に来り、信仰篤き者に書き添えられることを希《ねが》う、と作善の前提を述べる。この懇念を憐れんだ「弟子」すなわち法皇は、随喜し精勤を抽《ぬき》んで、かつは「二世之願求」かつは「一天之静謐」を致さんがため、浄室を建て陪臣らに巻毎に宛て、僧らに誂えて書写せしめ、自らは心経と尊勝陀羅尼を「如説之儀」を守って手ずから書写した、と経緯を述べる。そして法皇の位に上って、外に院政を司り、内に仏法興隆の思いを抱きつつも、これまで「如法一切経」の作善は和漢に未だ聞かず、古今にも修すること尠《すくな》かったが、そこに末代のこの功徳を渇仰し、その恵業を増さんがため、すなわち「往劫機縁の然らしめんを知り、豈当生菩提の許すべきを疑はん」。されば百年の後に弥陀来迎に預かり、三会に慈尊出世に値遇せんがため、この願力に乗じ、「宿命通」を得て、これらの経の名題を揚げ、すなわち開題供養を導師に託そう、というのである。「宿命通」の語は、道長の金峯山埋経願文にも見えるもので、この作善を営むべき先世からの因縁により生じた願主の使命を自覚する辞である。最後に、この作善を助成する輩も、また見聞の衆も、皆な悪趣を離れ浄刹に到らん、と廻向して一篇を結ぶ。

この作善、すなわち一切経という宗教テクスト生成の注目すべき特色は、修行者である上人の勧進に法皇という王者が結縁し、更に院の宮廷を挙げ自らも発願者となって、主体的に一切経造立を推進し、供養を遂げることである。聖と王の共同による善根であり、宮中から万民までを募り力を合わせ、東国諸国と洛中にまたがって、国家を挙げた一切経の造立が企てられ実現に至るというのである。この連携の目指すところは、院政王権による理想的な「仏国土建立」といえるだろう。そこに同時代の高野聖人覚鑁への法皇および美福門院の帰依による高野山興隆、大伝法院や覚皇院の建立と共通する性格が認められる。更にいえば、女院の荒川経寄進の如く、そこでも一切経造立が作善の焦点であった。

この末代による一切経造立の特色は、何よりこれが天台の如法経作法による「如法」の一切経書写によって全体を貫徹することである。これは前述の如く埋経儀礼の根幹をなす作法であり、悉く清浄な紙墨を用い、持戒精進した書手により、正しい作法で書写し、篤い供養によって讃歎された経を然るべき作法をもって埋納することで成就する第一等の作善業である。おそらく末代が白山参詣で得た龍池の水は、如法書写に欠かせぬ浄水であった。一方、法皇は、一切経および大般若経のエッセンスというべき心経[30]に加え、尊勝陀羅尼の功能を以て信仰された真言を自ら写し、これを本尊とすると覚しい仏頂堂において祀っている。すなわちこの一切経は、王によって顕密仏教の最上なる価値を付与された作善なのであった。

その上で、最も肝要なのは、この完成した一切経を末代が賜って、それを富士山へ埋納した、まさしく霊地への埋経儀礼によってその功徳が全く成就したことである。すなわちその功徳は国土全体に及び、万民に遍く廻向されるだろう。それが勧進によって、法皇―聖人―国民の三位一体として完遂される、最終目標としての富士山は、まことにその宗教空間、つまり日本国の経蔵としてふさわしい霊場であるといえよう。
末代上人は、中世の富士山をめぐる縁起伝承中にも登場し、富士修験の開創者として活躍した聖である。称名寺聖教中より発見された『浅間大菩薩縁起』[31]が、西岡芳文により紹介検討されている。[32]それによれば末代は有鑑という走湯山の住侶で、発心し難行苦行の末、天承二年（一一三二）に富士に登山し、その頂で既に登拝し仏経等を奉納した先達の聖人たちの交名や宝物を見出した。翌長承元年（一一三三）およびその翌年にも再三登山し、日代上人が竹筒に籠めた金泥小字法華経を収めた巌窟に自らも仏具や如法経一部十巻を埋め、また「地主」として不動三尊を窟に奉安したと伝える。そこに言う「日代」は『本朝世紀』に末代の前身とする「日泰上人」に重ねられよう。なお、久安年間の埋経と覚しい「末代聖人」の名を記した経典残片を含む遺物が富士山頂外輪三島岳コノシロ池畔から昭和初期に発見されていることも記憶に留められてよい。[33]
やがて中世後期に富士山は「三国一」の霊山とされるようになっていく。[34]その絶頂への如法一切経の埋経は、まさしく象徴的な〝国土の経蔵化〟を実体化しようとする、仏国土建立の営みであった。それを、聖と王とが、勧進という中世社会を成り立たせる基盤となる宗教運動を介し、共同して創り上げたことの意義はきわめて大きなものがある。それは同時に、一切経という仏法のテクストの頂点において、中世の宗教テクスト形成の運動が達成した究極の姿を鮮やかに示すものであった。

第七章　宗教テクストとしての経蔵と目録

一　「聖教目録」という座標

中世宗教の豊かな所産は、全てテクストという座標において統合的に位置付けることが可能であろう。それらの諸位相は、とりわけ仏教の展開において高度な範疇化を遂げている。序章において言及した如く、古代から中世にかけて、日本仏教が中央の顕密大寺院に拠って形成した仏法の世界領域すなわち範疇《カテゴリー》は、各種の目録を媒体として座標化され可視化されるといえよう。本章は、顕密寺院の創り出した目録を対象として、それが創り上げ、かつ表象する宗教空間としての経蔵の様相を探ろうとする。目録の意義と位置については、中世に至り、真言密教の基本的な体系を入門修学のための要諦として規範化した典型として、十三世紀醍醐寺の真言僧成賢の著になる『真言土代』[1]の「目録」条が参照される。

正（聖）教之目録ト者、教綱之大綱、求道之指南也。貞元ノ録、八家ノ秘録、各別録、所学ノ録等、分テ二部類ヲ一弁ニセヨ時代ノ事ヲ一。稽古ノ本学、道ノ要也。就レ中、道具・法門・仏像・舎利等、第々家々有無、彼此多少、分明ニ可三覚悟ス之一。又、訳者・請来不二分明一ナラ本書多レシ之。真偽未決、魚魯混合ス。必ス遇二ヒ先達一ニ、可シ開二ク不審一ヲ。
又、成尋・奝然等、新渡之書籍ノ目録在レ之。委ク検知シテ之一、可弁二真偽一ヲ也。

『真言土代』は、東密真言宗の側で中世に成立した密教の範疇を網羅し、その意義と役割を説示する。ここに挙げられた項目それぞれが密教の体系を構成する宗教テクストの諸位相である。その冒頭に事相と教相という、密教の基本となる修法実践と教学論義の両側面の意義を示し、以下も対偶的に顕密一具となるような組み合わせでその機能を示している。すなわち、目録と血脈は法流伝授の根本となる両面のテクストであり、支度巻数と日記先例は修法実務文書として蓄えられる記録類聚である。図像と香薬は備えられる本尊曼荼羅と修法において消費される財であり、梵字悉曇と声明法則は文字音声学であり、法儀で実践される声と身体所作である。つまり、全てが本書で言う宗教テクストのカテゴリーに属しているのである。

『真言土代』が示す密教テクストのカテゴリーにおいて、具体的な位相で筆頭に挙げられる目録について成賢の説くところは、きわめて示唆に豊む。まず基盤となる経典は、貞元録に準拠する点で中世一切経の造立の在り方と共通する。これは前章に述べたような院政期に成立した一切経の動向と同調するもので、法隆寺一切経や七寺一切経などはいずれも貞元録を一切経中に包摂する。しかも前者は点検目録としても用いられているのである。密教の基幹となる真言経軌については、安然の『八家秘録』すなわち入唐八家の請来目録を綜合した目録に拠るとするが、これらを諸師の各別録・所学録等によって部類し真偽を分別すべきものとし、正しい相承の本に拠ること、つまり一種の目録学を提唱しているのである。こうした目録の対象は、道具や法門（文）つまり聖教に加え、仏像（画像、曼荼羅を含む本尊図像）という図像学もその一環となり、更には舎利までが、法流を相承する代々の「家」に備わるべき目録の対象として範疇化されるに至る。すなわち、平安時代に顕密仏教とりわけ密教が形成した宗教テクストの具体相を、これら目録を介して可視化することが可能であろう。

本章では、その輪郭を、密教を中心として多面的すなわち通時的かつ共時的に捉えるため、第五章に略述した、天台宗の園城寺と真言宗の東寺および醍醐寺という三つの寺院の場とその目録を、改めて具体的な検討の対象とする。そこで扱われる目録は、成賢が示した経録や請来目録から始まり、その法流で相承すべき本経・聖教（法門）道具までを包摂する寺家の経蔵目録である。

二　円珍と寺門派における中世宗教テクストの形成

最初に、入唐八家による請来目録の形成過程を伝え、門流の成立を担う自筆文書聖教を今に伝える園城寺について、その円珍（智証大師）による目録をめぐる事例を検討する。

円珍（八一四〜八九一）の住房の後身である唐院には、円珍の肖像（御影）を祀ると共に、その自筆文書記録や聖教類が秘蔵されているが、その中核を成すのが、平安前期（九世紀）に円珍が入唐中に授法し書写した経典・儀軌等のテクストの目録群である[2]。それは彼が入唐の間に学んだ各地の寺院において伝受した毎に作成されており、移動する毎に点数が増加し、次第にその仏法体系が形成されていく過程を克明に辿ることができる（表7-1参照）。しかも、その目録毎に円珍の加筆や注記が付され、もしくは全てが自筆になるもの、あるいは師の法全の奥記が付されたものなど、関与の度合いがさまざまである点が注目される。

帰朝する際に公験と共に提出した求法目録は、いわば公文書として円珍の伝えた仏法の全貌を示すと同時に、それが国家的に証明され一寺ないし一宗派の正統性を保証するテクストとなる。更に興味深いのは、その請来目録の最終段階である良房献上本目録が、院政期の康治二年（一一四三）に至り、寺門派の頂点に立つ高僧により造立された円珍像の胎内に納入された事例である[3]（図7-1）。関白忠通の息である覚忠が納入したこの円珍入唐求法請来

表7-1　円珍および寺門派における目録の生成

・「開元寺求法目録」一巻（唐大中七年〈八五三〉写）
　＊入唐し福州開元寺に滞在した円珍が、一カ月後に著した求得一五六巻の経典。円珍加筆（末尾三巻分）。
・「福州温州台州求法目録」一巻（唐大中八年〈八五四〉写）
　＊円珍が歴任した三州で求得した四五八巻の経律論疏記外書等。
　＊円珍自筆（うち四三〇巻と日本より持参した五二巻を天台山国清寺に預け、長安に随身する分を朱で注す）。
・「青龍寺求法目録」一巻（唐大中九年〈八五五〉写）
　＊長安青龍寺で求得した密教経典一一五巻、儀軌、曼荼羅、法具等が記される。
　＊末尾に師法全が自筆の証明を加える。
・「国清寺求法目録」一巻（唐大中十一年〈八五七〉写）
　＊長安より国清寺へ戻り、それまでに求得した経典章疏類をまとめた目録。
　＊七七二巻と梵夾・法具十七事の名称が記載され、巻末の署名のみが円珍自筆。
・「国清寺求法目録」一巻（唐大中十二年〈八五八〉写）
　＊帰国にあたり、台州刺吏に公験を請求するために提出した入唐中の求法の惣目録。
　＊四四一本一〇〇〇巻、道具法物類一六事が記載される。
　＊軸に円珍自筆で「勘了」、小口上下に「台山」と記す。

聖護院蔵「智証大師坐像」康治二年（一一四三）願主覚忠、良成作（もと岩倉長谷の解脱寺より伝来）胎内納入品
・「円珍入唐求法目録」一巻
　＊天安三年（八五九）太政大臣良房に本目録献上の旨を記す円珍奥書（内容は「国清寺求法（惣）目録」と同一）。
　＊軸木の中央に銀製舎利容器を納める。摂関家の寺門僧覚忠（忠通息）が伝来の「真像」に模して造立した旨の願文を納める。
　＊同じく納入品として円珍自筆「如意輪心中心真言観」一紙を納める。七種の真言を身体（頂・額・両目・口・心・二髀・臍輪）に配当。

・「山王院蔵書目録」二帖、延長三年（九二五）写、青蓮院吉水蔵伝来
　＊円珍が叡山東塔西谷山王院に収蔵した入唐求法請来経典等の目録。上帖は密教五八六点、下帖は顕教五〇四点を書き上げる。
　＊書目に付された「余」「己」「私」の細注は円珍の付したものとされ、円珍自撰と考えられる。

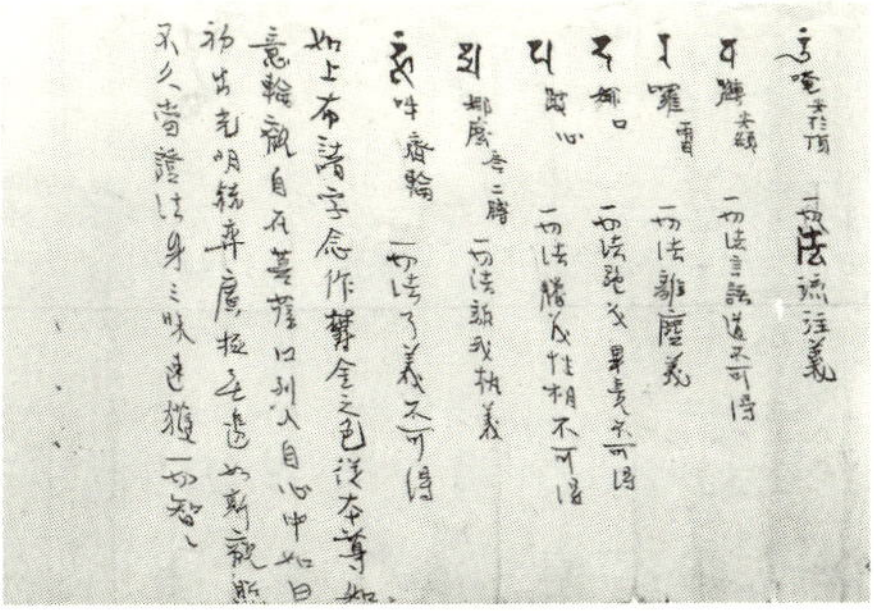

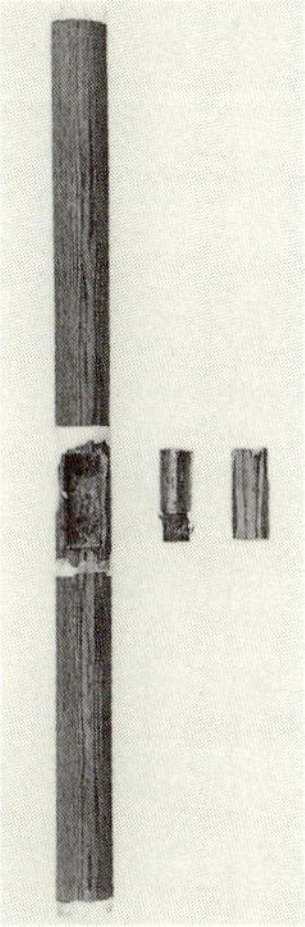

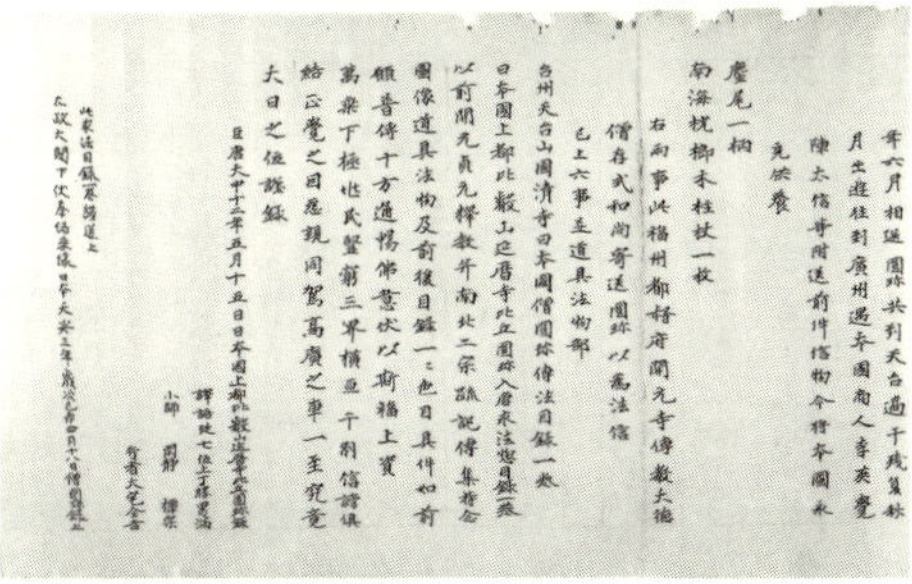

図 7-1　円珍像（右上），胎内納入求法目録（右下），心中心真言（左上），巻軸舎利容器（左下），（聖護院）

惣目録の巻軸には、銀製の舎利容器が装着され、仏舎利が籠められていた。すなわち、円珍像（祖師影）―求法目録（仏法テクスト）―仏舎利（釈尊）、つまり三宝がここに一体化し統合されているのである。同じく胎内には円珍自筆聖教『如意輪心中心真言』一紙が納められていたが、その観音の真言（陀羅尼）が人間の身体を形造る秘伝は、おそらくこの目録を中軸とした宗教構想を支える観念の核心を成すものであろう。それが祖師の自筆であることが、その体系に格別の価値を付与するのである。それは、園城寺の唐院経蔵に祀られた祖師像と御自筆テクストを中心とする寺門派の根本体系を、中世に象徴的なかたちで集約し再構築する意図に出たものであったといえよう。

更に円珍が伝え、形成した仏法のテ

クスト体系は、その拠点であった比叡山東塔西谷の山王院経蔵に集積され、その書物（聖教）の場の目録として結実する。青蓮院吉水蔵に伝わる延長三年（九二五）写本『山王院経蔵目録』は、上帖に密教、下帖に顕教と体系化され、その注記に円珍が自ら点検した痕を残す。(4)それは、おそらく彼自身が最終的に構築した仏法テクストの全体像を記録する目録であった。それが「経蔵」という場《トポス》なのである。

加えて、園城寺においてその根本的な本尊図像として秘蔵されるのが金色不動尊という特異な像容の不動尊画像である。それは、円珍が修行中に化現し感得した「金人」を描かせた霊像として尊重される、いわゆる黄不動尊であって、寺門派の祖師に由来する宗教テクストの図像の位相に属するものとして、目録などの御自筆本等の宝物に加えるべきであろう。最古の円珍伝である三善清行『智證大師伝』に早くもその感得伝承が見え、更に伝記の展開と共に霊験を伴う伝承も加上されて内容を豊かなものにしていく。黄不動尊の重要な性格は、この像が現在までも寺門派僧の伝承灌頂を遂げた上で披見を許されるという習いに知られる如く、門流の相承儀礼の本尊であることで、伝承も全てその点に関連する。祖師感見縁起と連動して生成した、師資相承の証となる「仏像」として、儀礼のうえで機能する尊像図像なのである。中世には、この黄不動伝承を担うテクストは寺門の秘事口伝聖教として唐院御経蔵に収められ、上記の祖師宗教テクストの一端に位置付けられることになる。(5)

三　東寺における空海請来・御筆宗教テクストの布置と展開

次に、同じく入唐八家の筆頭である空海の創始した、真言宗（東密）の国家的拠点寺院である東寺における、古代の一切経に発し宝蔵の宝物（空海請来仏舎利および「御道具唐櫃」）へと展開する聖教の生成を検討する。更に中世に至り、西院御影堂における宋版一切経および大師像等の奉納と「御請来聖教」書写を中心とする聖教の再構築の過程を、杲宝によって編まれた『東宝記』[6]等の目録により一瞥してみよう。

真言密教を日本に本格的に伝え、独自の宇宙論的世界観を構築した空海（七七四～八三五）は、入定処である高野山と並んで、国家寺院としての東寺にその世界を実現しようとした。そこに備えられたのは、曼荼羅だけでなく、仏法テクストの基幹である一切経であった。院政期の久安元年（一一四五）に勧修寺寛信によって禅林寺本から書写された『東寺一切経目録』[7]二巻（図7-2）は、唐の貞元録に拠って構成され、十三基の厨子に納められた

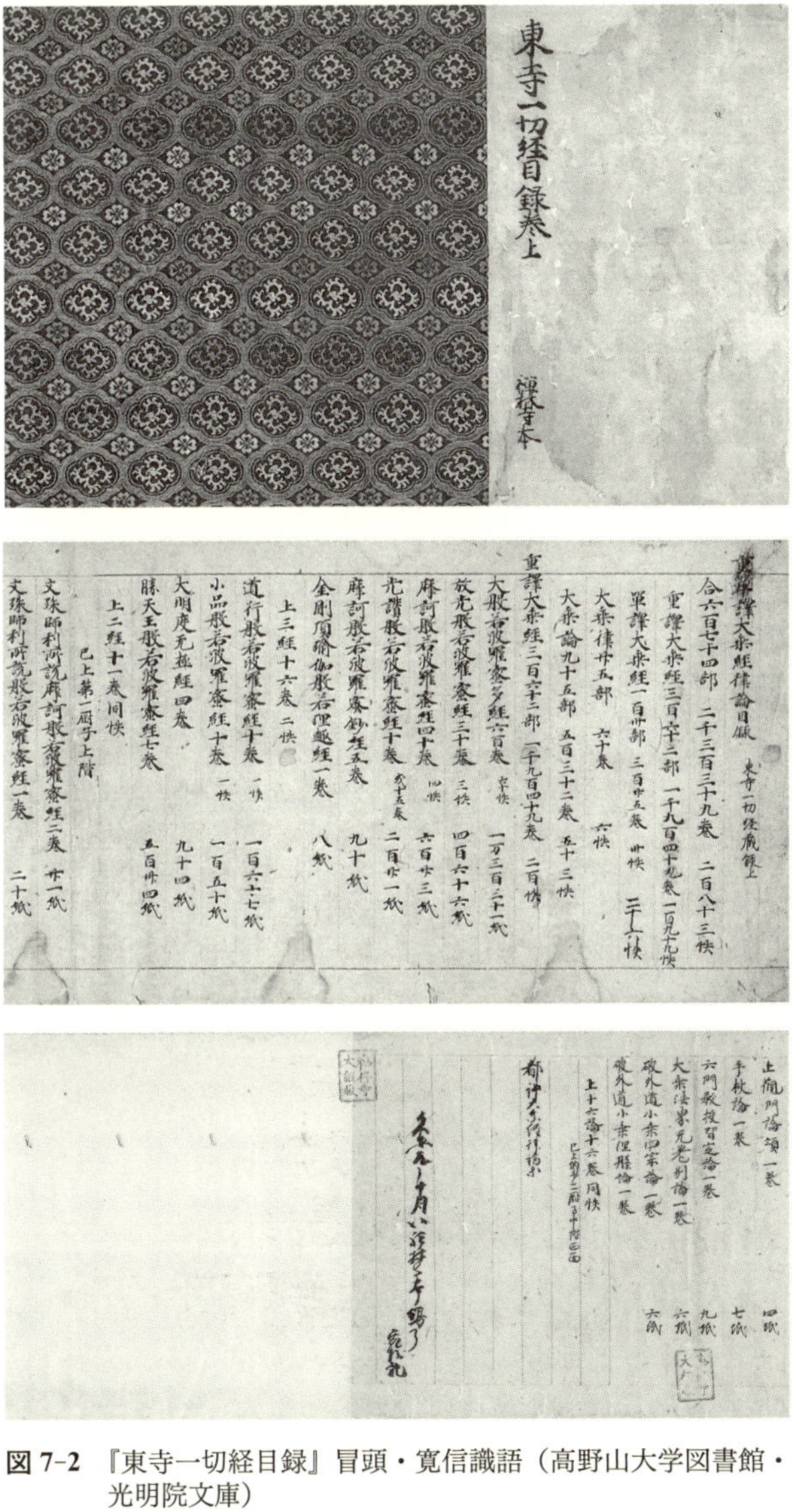

図7-2　『東寺一切経目録』冒頭・寛信識語（高野山大学図書館・光明院文庫）

一切経の全容を伝えるものであった。だが、その目録書写の時点で既にそれを納める経蔵は焼失していたのであり、新たな一切経が備わるのは鎌倉初期に宋版一切経が宣陽門院により施入されるのを待たねばならなかった。しかもこれを安置する経蔵は建てられず、久しく食堂の回廊に文車に載せて置かれたままであった。

東寺の宗教テクストの中枢は宝蔵にあった。ここに蔵されるのは、空海が創始した宮中真言院における御七日御修法という国家祈禱の秘法を修するための本尊と道具類である。大師請来の仏舎利を中核とする密教法具已下の諸道具を納めた「御道具唐櫃」を容れる、いわば真言宗全体の秘法の宝蔵であった。厳重に封ぜられ、修法の際のみ内裏に運ばれ、その度ごとに点検目録が作成され、天皇の御前で東寺長者が舎利の数を勘計する（その増減が国家の安危を示す）という秘儀が中世まで続けられ、その記録も同じく唐櫃に入れられた。[8] この宝蔵に納められたテクストが、大師御筆と伝える『大般若経』六百巻と、大師入唐時の書写になる「法文」集成『三十帖冊子』一合、および大師の遺言記（かつ真言宗の縁起という神話テクスト）である『二十五箇条御遺告』の三点である。それは経典と聖教と遺誡の三つを具足することで、真言宗の正統性と真正性を保証するテクスト体系が生成するという仕組みだが、更にそれが舎利という聖遺物かつ秘密儀礼の本尊と、その機能を発動させる儀礼のための道具と一具に備えられることによって、超越的な力が付与されることになるのである。但し、その多元複合的な宗教テクストの体系は、中世初頭の文治二年（一一八六）に仁和寺の守覚法親王が『三十帖策子』を接収することや（この時の守覚の「諷誦文」が東寺に伝えられており、[9] そこに守覚の意図つまり東寺復興の意志を見ることができる）、度重なる盗難などにより不完全なものとなってしまった。それらの経緯を含めて、杲宝の編になる『東宝記』第二「大経蔵」は、その構造と来歴を復原的に記録した目録ということができる。[10]

その一方で、中世に新たに形成された東寺における弘法大師信仰にもとづく独自の宗教空間の中心となったのが、西院御影堂である。[11] この仏堂は、秘仏の不動明王像を祀る不動堂の北にあった大師住房に、鎌倉初期に宣陽門院の帰依を得た仁和寺僧行遍が大師像を寄進し安置したのに始まる。この礼拝空間に、大師像（大師講本尊）に加

表7-2　東寺西院御影堂における宗教テクストの形成と構成

○西院御影堂経蔵（内陣文庫）

大師御住房（寝殿）・不動堂 → 延応二年（一二四〇）改築 → 康暦元年（一三七九）焼失・翌年再建 → 明徳元年（一三九〇）増築（現存）

a

秘仏不動明王像

弘法大師像（天福元年〈一二三三〉造立、延応二年安置）―大師講・御影供本尊・長日生身供

五重小塔（宣陽門院寄進）―舎利講本尊

阿弥陀仏像・弥勒仏像（宣陽門院念持仏）・両界種子・尊形曼荼羅

大師御影（後宇多院寄進）―談義本尊

文殊菩薩画像（文観寄進）―文殊講本尊

b

「宋版大般若経」一部六百巻（宣陽門院寄進）櫃筥三十合

「宋版律宗三大部」四合七三帖（宣陽門院寄進）

杲宝写「御請来聖教」五合一九五本四二七帖

（暦応四年〈一三四一〉〜貞治五年〈一三六六〉）

伝大師御筆「大師進官目録（御請来目録）」一巻二一五本四六〇巻所蔵　＊最澄自筆本

伝大師御筆「真言付法伝」一巻

伝大師御筆「（大師御筆経）」三巻　＊華厳経・灌頂経・郁迦長者経

伝大師御筆「大師御消息状」（風信帖他）四通　＊叡山僧より買得

伝大師御筆「御遺告」一巻　他

c

青龍和尚香染袈裟一帖・大師御袈裟一帖（文観寄進）

唐帝賜大師菩提子念珠　他

○賢宝「東寺西院重宝目録」（貞治三年〈一三六四〉）、「東宝記」第三、追加目録（応永三〜五年〈一三六九〜九八〉）

え舎利塔（舎利講本尊）が女院により寄進され、後宇多法皇が自ら『後遺告』の一節を染筆して賛銘とした大師画像（談義本尊）を供僧の料などと共に奉納する。こうして尊像・舎利すなわち本尊が次々と加えられ、それを祀る儀礼が創始される。また堂内の内陣文庫（経蔵）には、宋版大般若経、および律宗三大部など請来された最新の経律論が寄進されて納められた（表7-2参照）。前述の宋版一切経の寄進と一連の作善である。加えて、南北朝期（十四世紀）には東寺長者となった文観により大師ゆかりの袈裟などの法宝物や、自筆になる本尊図像の施入があり、その宗教活動の焦点のひとつとなった（第九章参照）。寺家の側でも、東寺に成立した院家による学僧集団、杲宝や賢宝らが合力して営んだ「御請来聖教」の書写によって、空海の請来目録にもとづいて復原された大師の聖教体系が備えられ、他にも大師の自筆とされる経典、御自筆消息（この「風信帖」は、叡山僧からの買得である）、目録（空海御自筆とされる。実はその請来目録は、最澄筆であった奥書を抹消し、自筆に仮託している）[12]、御自筆を装う遺告などが集積されている。鎌倉後期に後宇多院による密教興隆政策の一環として東寺の復興と新補の供僧による独立した教学振興が営まれ、その結果として、新たな真言宗の宗教テクスト体系の拠点が成立したのである。敢えてこうした作為まで行って備えるところに、その体系における「御自筆」の意味が浮かび上がる。むしろ「御自筆」たることにより、全体に卓越した価値を付与しようとする仕組みが透けて見えるのである。

四　醍醐寺三宝院における宗教テクスト体系の形成

最後に注目するのは、東密真言宗の中核寺院として、広沢流の御室仁和寺と並ぶ小野流の拠点醍醐寺で成立した経蔵目録である。その前身には、仁海による小野曼荼羅寺の真言経蔵目録として『小野経蔵目録』[13]がある。これが範俊より鳥羽院に献上された勝光明院宝蔵（鳥羽宝蔵）の宝物となったことは、中世小野流の真言僧たちの間では周知の事実であった。[14] 小原仁により紹介された、慶長九年（一六〇四）義演写『醍醐寺三宝院御経蔵目録』四帖[15]は、中世に形成された醍醐寺三宝院経蔵聖教の目録、すなわち東密小野流の中心となった三宝院法流の聖教（宗教テクスト）体系の全貌を示す、唯一の伝本である。[16] 四帖の構成は表7-3に示してある。その枢要部分は、他の重要史料と共に、義演編『醍醐寺新要録』[17]の三宝院篇「聖教等類」に抄出されている。

表7-3　『醍醐寺三宝院御経蔵目録』（慶長九年〈一六〇四〉義演写）の構成

103函81-3

A「真言本書目録」上　真言本書／此録有十八部類／「檀」箱～「空」箱（二十合）
　檀等二十合真言本書目録二巻
　　上巻　第一金剛界部～第九諸観音部
　　下巻　第十諸菩薩部～第十八諸真言部
　＊「治承三年（一一七九）六月十日、座主法印権大僧都勝賢記之」識語（本書二一二頁参照）・光宝加点識（空箱入目録）

B「三宝院真言経蔵目録請来等五合」
　此録在五合箱／御請来箱一合　新渡経二合上下　唐本経二合上下
　御請来等五合目録一巻

G「三宝院経蔵目録新」　真言本書余経／「余経第一箱」～「第二十一箱」
　「三宝院真言経蔵目録余経二十一合」　真言本書等余経／「余経第一櫃」～「第二十一櫃」

C「三宝院真言経蔵目録甲乙等十合」　此録有十合筥／「甲箱」～「癸箱」（十合）

E「三宝院経蔵目録（一二等十合）」
　此録有十合箱／「第一箱」～「第十箱」（「諸目録」後半部「当院真言経蔵目録十三巻」→後掲参照（東宮切韻一合・玉篇等一合）
　＊「永仁六年（一二九八）仲春之日（中略）写本者報恩院（憲深）僧正御自筆也、書様聊違御而已、法印権大僧都隆勝」

130箱81-1

D「三宝院真言経蔵目録五部五合」　此録有五合箱／仏箱～羯箱（五合）
　＊「安貞二年（一二二八）仲夏下旬校合之合点畢（中略）座主法印権大僧都　光宝了、憲深以御本書之、一校了、隆勝」

103函81-4

L「三宝院真言経蔵目録　目録并櫃等記」

三宝院真言経蔵法門仏画道具等箱目録

＊治承三年六月十日、蔵司乗遍、座主法印権大僧正勝賢識語

I 厨子南雨言一合~起請箱一合　南厨子「御経蔵目録」一巻「右件物等累代相承之物也、代々主次第（後略）」

＊「保元々年（一一五三）六月十三日　座主権大僧都（元海）→（実運）」「相伝不可散失（後略）」

F「三宝院経蔵目録」此録在六合筥／御筆箱　祖師手跡箱~海浦経箱

H「三宝院真言経蔵目録吽迦等八合」此録在八合箱／吽迦陀野箱~雑目録箱

J「三宝院真言蔵仏像目録」薩王等十六合　各別櫃十合　銀銅等仏像録／薩櫃~一合

K「三宝院真言蔵道具目録」大法大壇仏具唐櫃~各別箱等目録

＊曼荼羅供道具・三摩耶戒（道具）・注進状・灌頂道具修復新調注文

＊嘉禎二年（一二三六）道教施入識語

＊「楽器舞装束等目録」一巻（名目ノミ）／経箱三合

「大宋国新訳経論等目録」（成尋、「新渡之書籍目録」に相当する）

＊承暦二年（一〇七五）識語

103函81-2

「三宝院御経蔵顕教見在書目録」

三宝院御経蔵顕教聖教目録

・百四櫃（録外経）・百五櫃（法苑珠林）・百六櫃（大宋高僧伝等高僧伝等）

・百七櫃（注法花）・百八櫃（注涅槃）＊正治二年炎上焼失了・百九櫃（注諸経）

・百十櫃（大論僧侃疏）・百十一櫃（注十地論・成唯識論注）・百十二櫃（注法花経）・塗厨子二脚之内　・一脚―大論百巻朱軸

・一脚―諸経要集等

・同厨子三脚之内　・一脚―華厳章疏（天台章疏）　・一脚―三論章疏（無量光院三講日記目録在別）＊建仁元年納之　・小厨子二脚之内

・一脚―「倶舎厨子」　・一脚―因明・律宗（録外章疏等）

・「日本高僧伝櫃」「銘云諸大師伝」日本高僧伝

「抄出等目録」「自是已下七合ハ渡東南院了」／第一櫃宇~第七々

＊「元暦元年（一一八四）孟夏上旬之天、令目六了、蔵司阿闍梨大法師乗遍」

「安養法文目録」
・上櫃　極楽上云々　・中櫃　・下櫃　・文櫃　安養集一部十巻
＊「永仁六年（一二九八）二月　日、以報恩院僧正御自筆本誂隆誉而終写功畢、寺末資隆勝」

E「三宝院経蔵目録一二等十合」目録末尾「諸目録」の全文

第一冊（103函81-3）

第十箱
御請来目録一巻　延暦寺録一巻
慈覚録一巻　霊巌録一巻
安祥寺録一巻　法琳寺録一巻
智証録一巻　禅林録一巻
真言所覚《学》録一巻　東寺三十帖目録一巻
八家秘録二帖　御作目録一帖
大興善寺和尚所翻経論目録一巻
当院真言経蔵目録十三巻
真言本書目録二巻（A）
御請来等五合録一巻（B）
甲乙等十合録二巻（C）　五部五合録一巻（D）
一二等十合録一巻（E）　御筆等六合録一巻（F）
余経櫃二十一合録一巻（G）
吽迦陀耶十八合録一巻（H）
御厨子一脚目録一巻（I）　仏像目録一巻（J）
道具等目録一巻（K）　目録并箱録一巻（L）
已上十合見合了

全体の基幹となるのは、治承三年（一一七九）に覚洞院勝賢と蔵司の乗遍によって編まれた「醍醐寺三宝院御経蔵目録」十二巻（81-3・81-1・81-4）であり、これに元暦元年（一一八四）に乗遍の編んだ「三宝院御経蔵顕聖教目録」一巻（81-2）が加えられている。十二巻の御経蔵目録の全貌は、そのうちの「三宝院真言経蔵目録　目録并櫃等記」一巻（81-4L）に示される。この「目録并櫃等記」には、御経蔵聖教を構成する十二の大分類の聖教群《グループ》を示す十二巻の目録とそれぞれに属す聖教箱（櫃）の名目が記され、末尾に乗遍と勝賢の識語[18]が付されている。その識語には、「真言蔵聖教・仏像・道具等目録」都合十二巻を「現在」に任せて「実録」したこと、その聖教については「本書」や「抄記」を委《くわ》しく披覧し「重本」を取り去り「部類」を分けたこと、そして今後はこの目録に任せて「合点」を加え遺失すべからずと定めている。この目録を含む十三巻の目録は、目録本文を見ると、そのうち「一二

付載)、その経蔵内での帰属と配置が確認される。

ここに全体が目録化された三宝院「真言蔵」の中心は、冒頭に位置する「壇等廿合真言本書目録」(81-3A)に記されるところの「真言本書」である。上巻の巻頭に「此録有十八部類」として「第一金剛部」より「第十八諸真言讃」までの名目が挙げられ、下巻末尾に治承三年の勝賢識語を付す。これも「醍醐新要録」に全文が引かれている。このきわめて長文の識語には、先の「目録并櫃等記」識語と共通し、しかもより詳細に本経蔵目録編纂の基本方針が述べられる(原漢文を訓み下しとした)。

右の目録は、八家の請来に於ては、現録に任せて之を載す。同録の外の経等は、或いは相承の師伝に任せ、或いは先徳の記録に拠りて出す所なり。今、合点《がってん》する所は、現に納むの経なり。其の外、貞元録の内、密の経并びに新渡の経等は、部類に随い、又た之を交え載す。此の外、未だ請来を知らず、真偽を未だ決さざる経軌等、其の数已《すで》に多し。今、現在の書に任せて編み載せ了ぬ。而して、題の下に、新入未決の由、之を注す。

抑も、当寺の経蔵は、本自《もとよ》り納むる所の本書、数十合有りと雖も、重本巨《こ》多《た》にして、八家請来(の本)、未だ半分に過ぎず。仍《すなは》ち今、重本を取り去り、聊か部類を相い分《わか》ちて之を納む。合点の外の書等は、其の本を相い尋ね、早く之を書写すべし。但し、近代は、所々の経蔵に其の本已に希れなるものか。其の故は、蓮華王院の経蔵の御書等、之を写すの時、東寺の分、五家の録の経等、諸寺の経蔵に仰《おほ》さるに依り、広く其の本を相い尋ぬると雖も、未だ出来らざるの書、百余巻に及べり。或いは又た、適《たま》ま出来ると雖も、実否、尤も決し難し。嗟呼《ああ》、暗《くらから》ん哉。但し、此の条に於ては、先達すら猶ほ以て未だ決さず。況《いはん》や季堯《(世の末)》においてを哉。凡《おほよ》そ、写本は最も得難し、之《これ》を如何にせん。今、適《たま》ま尋ね《(得)》る所の書等を、併《しかしなが》ら経蔵に施入し了《おはん》ぬ。祖師《(畏るらくは)》の知見のみ。

治承三年六月十日、座主法印権大僧都勝賢、記之。

ここに収めるところの「真言本書」については、八家請来の分は「現録」に任せて載せ、録外の分は「相承師伝、先徳記録」により出して、現納の分を合点するものとし、他に、貞元録のうちの密教の経軌や新渡の経は部類に従って載せ、真偽未決の経軌は現在の書についてのみ収録した、と詳述する。その具体的な要領が、本章のはじめに例として掲げた成賢（勝賢の正嫡）の『真言土代』と共通するのは、当然とはいえ興味深いところである。

この勝賢識語で最も注目されるのは、次に「近代、所々経蔵」に「其本」（請来録等に合致する証本）が希有となっている状況を指摘し、その理由として、「蓮華王院御経蔵之御書書写」の際に、東寺分の五家録による経軌を諸寺の経蔵に広く尋ねられたが、未だ見出されぬ「其本」は百余巻に及び、適《たまた》ま出現した本も実否を決し難かったと述べるところである。すなわち後白河院による蓮華王院御経蔵（宝蔵）に収められる「御書」のうち、真言聖教形成の一端が伝えられ、それが八家秘録による証本の完備を目的とする、諸大寺の経蔵に伝わる善本の探索とその書写であったことが知られる。おそらくは勝賢も（信西一門の一人として）その事業に従事したであろう消息が推察されるところである。そうした〝院の宝蔵〟の納物としての聖教書写収集[19]と密接に連関するのが、勝賢の本所たる醍醐三宝院真言蔵の整備と目録化であったと考えられる。

この三宝院御経蔵の原型を伝えるのが、「御厨子一脚目録」一巻（81-4Ⅰ）冒頭の「起請箱一合」に相当する「御経蔵目録」一巻の外題已下、「注置」として写されている「醍醐寺経蔵宝物等事」である。これは、末尾の識語によれば醍醐座主で三宝院流を定海より継承した松橋元海の注進と知られ、また別にこれに付属する保元元年（一一五六）六月十三日付の「起請文」[20]が伝来する。

それによれば、「目録」に「累代相承之物」として「代々座主次第相伝」すべき宝物を収めた三宝院経蔵は、五間一宇の北三間に一切経と宗の章疏伝記等を、南二間に真言儀軌・本経次第・先徳抄記および秘仏・曼荼羅・道具等を安置するとして、基本的配置を示し、これら「真言蔵書籍・秘曼荼羅」は当寺累代の霊物として嫡々相承の眼目であり、散佚すべからざる旨を起請する。「宝物等事」には、冒頭より、仏舎利・宝珠に始まり（これらに各々「日記」ありと注す）、仏像・一切経・章疏・伝記等（各別に「目録」ありと注す）、また秘仏・秘曼荼羅（それぞれ別に「目録」ありと注す）、更に八家請来経等・秘記抄物等・大師御筆（各別に「目録」ありと注す）を挙げ、次いで檜尾僧都（実恵）已下聖宝・観賢・淳祐・元杲・仁海等の御手跡書籍等（其数ありと注す）を列挙し、以下に道具・法衣の各々を掲げ、「手本手箱、絵本手箱」や屏風・曼荼羅、羅睺羅形でおわる。ここには、三宝院経蔵の宝物を構成する基本的なテクストの部類と主要宝物類が挙げられ、そのうち経典書籍および仏像・仏画に関しては全て別に目録が備わっており、いわば二層構造をなしていることが知られる。それらを一元的な目録として再び体系的に整理したのが、次代の勝賢による「真言蔵目録」であった。

なお元海から実運に継承された三宝院経蔵の聖教宝物について注目すべき一紙の目録が、義演写本目録の第四帖（81-4）表紙見返に写されている。平治元年（一一五九）六月十四日在判の識語のみを付し、「仏舎利五粒／東寺舎利六粒、龍王玉一裹」をはじめ「法華経一部」まで僅か十七点に過ぎないが、付注によれば「御筆」「御手跡」「唐本」などいずれも経蔵中の重宝と思しい分の出納に関するものと推測される。

以上の十二世紀後半期の三宝院経蔵についての目録化は、すべて醍醐寺座主に任ぜられた三宝院主によるものであり、保元元年（一一五六）六月十三日の「醍醐寺経蔵宝物等事」および「起請」は、元海から実運へ灌頂を授け付法正嫡として座主に補した当日の日付であって、これらはそのまま三宝院法流の付嘱状として機能するものである。その実運は勝賢に付法を期したが、平治乱に連座して勝賢が配流されたために座主は乗海に譲られた。後白河院の意向で座主に補された勝賢は間もなく醍醐寺を追却されており、本格的に帰寺を果たして三宝院を座主房とするのは乗海の死後、治承二年（一一七八）に至ってのことで[21]、「真言蔵目録」の成立はその翌年、やがて清盛のクーデターにより院政が停止される直前のことであった。勝賢はその後、契約により実海に座主を譲り、更に三度目の座主還任を遂げたのは実海の死後の寿永元年（一一八二）であり、蔵司の乗遍による「顕聖教目録」が編まれたのはその二年後のことである。この目録の成立直後、元暦元年（一一八四）九月に乗遍は寺内で殺害された。「座主法印（勝賢）御房専一無二者」として「寺務一事以上被委付之」によって寺中に多くの敵を作り、「謗難満耳、其咎歟」（『醍醐寺雑事記』）という風聞が伝えられる。勝賢はその年の十二月に彼の追善を営み、自ら諷誦文を草して、非業の死を遂げたこの「顕密重功興隆刻心、仍随喜之思過人」であった「年来常随之門弟」の出離を祈っている（『表白集』「乗遍阿闍梨追善諷誦文」）[22]。一連の三宝院経蔵をめぐる勝賢とその管理実務担当者である乗遍による目録作成が、いかに危うい寺院社会と時代状況の渦中での営為であったかが浮彫りになる。

円珍の入唐請来目録から発した台密寺門派の聖教形成も、山王院経蔵の成立に至って顕密の二蔵を立てたように、東寺も中世に西院経蔵を再構築するにあたり「大師御聖教」を備え、醍醐寺三宝院御経蔵も「顕聖教目録」を立てることになった。このように、密教聖教および道具仏像等と並んで、顕教（経典にもとづく教義的解釈研究の領域）の聖教が各密教寺院の宗教テクスト全体を構成する際に欠かせない要素であることが認識される。三者は、いずれも密教が王権国家と深く結びつく過程で形成された宗教テクスト体系を目録に形象化し、それにもとづく範疇《カテゴリー》の典型を創出している。しかもそのテクスト体系形成の運動は、祖師による請来目録から経蔵目録という古代の一宗の創成の営みで完結するのではなく、更にその再生産や〝生身〟に象徴的に集約されるようにして宗教テクストがより高い次元で再構築される新たな運動を呼び起こす。また、その焦点として、顕密聖教テクストの上位に、舎利および宝珠など仏宝の象徴宝物を安置することにより、経蔵という法宝の宗教テクスト体系の空間が完成し、ひいては寺院や宗派が成立するという神話的祭儀の時空も、共通して現象することが注目される。それは、序章に述べた宇治平等院一切経蔵（宇治宝蔵）や鳥羽勝光明院経蔵（鳥羽宝蔵）の如き、摂関家や王家の宝蔵と通底する構造を示す、中世王権をその基底から支え生成する、テクストによる表象空間なのである[23]。

第八章　灌頂儀礼と宗教テクスト

――儀礼テクストとしての中世密教聖教

一　宗教テクストの場としての灌頂

日本中世の宗教は、それを教理や思想として概念において捉えるのみならず 儀礼という現象を視野に入れてこそ、その特質をすぐれて把握できると思われる。社会的かつ文化的現象としての宗教は、儀礼とそれを営む人間集団の行為、そこに創り出される言説や表象、それらが機能することにおいて発揮される場の力学など、それぞれの相を探りつつ、総じて儀礼の権能という視点から認識することが可能である。同時に、それらの諸位相の各水準を統一的に、テクストという次元で捉える方法的観点を導入するならば、すなわちそれらの儀礼過程全体がテクスト学の対象として包摂されよう。こうした問題意識のもとに中世宗教の世界へ分け入って切断面を開示してみる――いわば〝輪切り〟にしてみるならば、そこからは既成の学問分野のもとで領域毎に範疇化された研究では容易に対象化できなかった事象が立ちあがってくるであろう。また、個別の研究においては分断されていて意識化されなかった課題が相互の連関の中に浮かび上がる、その契機ともなろう。

その課題が最も端的に示される儀礼が、真言密教における入門儀礼としての灌頂である。灌頂に関わる各種の儀礼テクストを対象として検討することで、その課題を鮮明にできるのではないか。たとえば、寺院の経蔵聖教を構成する重要な一角を、灌頂に関わる各種のテクストが占めている。それは何より仏法を継承し再生産するためのテクストなのであり、その宗教空間を成就するための仏像や道具も欠かせず、その儀礼は記録として遺され、先例となる。そして印明の授受に集約されるような象徴交換を介して、舎利の如き〈聖なるもの〉が秘かにもたらされるのである。

二　守覚法親王の宗教テクストにおける灌頂儀礼

密教を日本に伝えた空海が実践した灌頂に関して知られるところは意外に少ない。その『御請来目録』に拠となる経典儀軌を載せる他は、空海が高雄山寺にて行った受明灌頂の受者交名『灌頂歴名』（神護寺蔵）がほぼ唯一の記録であり、その儀礼の内実や体系については明らかでない。降って十世紀に仁海の撰になる『真言宗灌頂御願記』[1]に収める承和年間の大政官符等によって、空海の創始した灌頂が国家儀礼化し、それが真言宗の成立となる消息が明らかにされている。

中世に国家体制と深く結びついていた寺社権門とりわけ顕密仏教は、「聖教」と呼ばれる大量の宗教テクストを形成し伝承した。その中核を成すのが、灌頂をはじめとする仏事法会や修法等の儀礼のために作られ用いられた、〝儀礼テクスト〟である。これは、真言密教の伝統的な分類呼称では、経典の注釈や論議問答を中心とした「教相」書に対するカテゴリーとしての「事相」書に重なるものだが、中世寺院社会の実態としては前者の講経論義法会等の用途やその所産としての教相書をも包摂した儀礼テクストとして一括できよう。その典型とはいかなるものか。それを、中世密教界の中心で活動した事相家でありかつ著作者であった人物の創り出したテクストについて見てみよう。

院政期に活動した後白河院皇子「北院御室」守覚法親王の制作した厖大な聖教および著作は、以上の観点からみれば最も歴史的に確実な素材を大量に提供している。平安前期（九～十世紀）の宇多法皇以来、皇室と深く結びついた真言密教は、仁和寺を拠に法流を相承し、院政期に至り、大御室性信を経て、白河院の皇子中御室覚行に与えられた法親王という新たな身分のもとに、院権力と連携して顕密仏教界の統率を企てた。それは更に、同じく白河院の皇子である高野御室覚法、鳥羽院の五宮紫金台寺御室覚性へと継承され、その間に国家により僧位僧官を統率する僧綱所と真言密教による国家仏事の執行と修法を司る権威を獲得するに至り、一方で小野・広沢の両法流の統合を目指したのである。それは、他の諸流に超越した仁和寺御室独自の密教法流である「御流」の創出に結実し、すなわち御流聖教という宗教テクスト体系の形成が目指された。守覚法親王の生涯は、これらの課題を実現すべく費やされたと言ってよい。

守覚の宗教テクスト形成の焦点となったのが、密教の中核儀礼である伝法灌頂および結縁灌頂であり、また当座の灌頂記を含むその儀礼テクストである。加えて、今に仁和寺に伝わる守覚自筆の日記（北院御室御日次記）[2]は、いずれも自身の司る結縁灌頂の準備と執行に関する部分であることも注目される。

彼の編著になる御流聖教の全体像は、自らの編んだ『密要鈔目録』（図序-5）に体系的に示されている。[3]この目録には、「愚作」として己の著作を甲乙丙丁の四部（元は六部）に分類して網羅し、初入門の四度加行から灌頂、諸尊法と別尊法および作法、そして御修法に至る秘密事相の習修・伝授や修法実践のためのテクストが系統立てて配列されているが、仁和寺御経蔵にはその目録の構成に従って保存された守覚自筆を含む聖教群が伝来している。このうち甲部の中核に伝法灌頂が位置付けられ、灌頂式と灌頂印明がその中心にあって、灌頂の典拠となる本書をはじめとして、密教伝授の初入門から両部、護摩を経て灌頂に至る階梯が目録上でも可視化される。[4]この、目録によって体系化され秩序化されると共に位相化された『密要鈔』聖教が、御室法親王の御流にとって最も上位かつ中枢として尊貴な宗教テクストだとすれば、その周縁に位置し、中心を支えるべき諸法流の聖教テクストもまた必要であった。そうした守覚が伝受ないし召し集めた諸流の名匠たちの事相聖教の、これも守覚自らが編んだ目録が『文車第二目録』として真福寺大須文庫に伝えられる。[5] 広沢と小野の両流に大別され、更に十四部に分かたれた諸法流の、諸師に伝えられ、あるいは彼ら自ら著した聖教が、この目録に網羅されている。その中心は諸尊法の集成であり、広沢流では覚成、小野流では勝賢の尊法集がその中核をなすが、それらは守覚自身が編纂したものであるという注記も目録には記されている。また、その一部は、やはり仁和寺御経蔵に守覚自筆本として伝存している。この目録の中では、守覚の師であった小野三宝院勝賢の伝えた聖教「野月甲」の筆頭に「灌頂書」三巻が位置付けられており、これは三宝院流の祖勝覚による灌頂式であった。

守覚が法親王かつ惣法務として国家仏教儀礼を統率する権能を行使した、その役割をテクスト生成の上で実現したのが、そのテクストの書誌的特徴から『紺表紙小双紙』と通称される仏事法会次第書の一大類聚である。[6] 仁和寺御経蔵に伝来する、平安末期から鎌倉初期にかけて法親王に仕える房官として威儀師・従儀師を勤めた長尊と任尊が作成を担った三百余帖の次第書群は、守覚の日次記に照らせば、実際に営まれた仏事法会の記録を土台として、あるべき行事を想定して用意された規範的な擬作も含めた、法親王の司るべき院政期宮廷の仏教儀礼体系の全体像が悉くテクスト化されたものである。それは、秘密事相儀礼のテクストとしての『密要鈔』中において修法の頂点として『御修法次第』の一結が[7]（守覚自筆本として）備わるのにちょうど対をなすようにして制作された、顕教仏事儀礼のテクストであり、両者は併せて院政期（十二世紀）当時の真言密教儀礼の全貌を映し出すものであった。寛永年間に仁和寺復興に尽力した顕證によって編まれた『紺表紙小双紙目録』[8]は、その体系を復原的に知り得る指南である。その冒頭に置かれ、また最も大規模で網羅的な儀礼テクスト群を構成しているのが、結縁灌頂——それも御室法親王の主宰する国家法会であり、その権能の象徴かつ舞台であった観音院結縁灌頂の次第書である。[9]

更に守覚は、それらの修法と仏事法会の諸儀礼について、その実修に際して読唱されるべき作文としての表白の著作および類聚編纂を営んでいる。『密要鈔』の中核たる諸尊法集成「尊法抄」(秘鈔)については、紺表紙小双紙中の『諸尊功能』(秘鈔表白)がそれに相当し、表白作文のためには『密要鈔』中の修法マニュアルとしての『修法要抄』中の第六巻「啓白諸句」[10]が備わる。表白の集成としては、自作を聚めた『表白御草』[11]をはじめ、同時代の作を広く聚めた十二巻本『表白集』[12]と、前代の御室および仁和寺僧の作を聚めた二十二巻本『表白集』[13]が伝わる。それは院政期文化の視野のもとで世俗の側と対比するなら、大江匡房による『江家次第』と『江都督納言願文集』[14]に匹敵するテクストといえるであろう。これら守覚とその周辺の関与した最も晴の儀礼的言説であり唱導テクストと言ってよい表白の類聚も、やはりその構成において結縁と伝法の両灌頂の表白を、観音院結縁灌頂を筆頭として首巻より配列するのである。

これらの守覚が創り上げた宗教テクストを範疇化し、それ以外の世俗との交渉の許で成立した書物も含めて全体像を模式図化すれば、図8-1の如き輪郭を描いてみることができよう。その中核に守覚自身が著し染筆した密教事相聖教が位置し、これを頂点とすれば、守覚の関与(著述/編纂から仮託に及ぶ)の度合いや性質に応じ、法儀・唱導の儀礼テクストや文芸・諸道の周縁領域の地平に至る、立体的な構造モデルである。更に、その典拠や背景をなすところの、真言宗と諸法流の密教テクスト群も『文車第二目録』に体系化されるように、これに連なるかたちで布置される。すなわち、守覚法親王のテクスト世界の景観であり、それは経典・道具・絵画・歌書などを加えて、かつて存在したであろう仁和寺御経蔵の構成を仮想的に復原する試みでもある。

宗教テクストの領域における守覚の創造的な活動は、それに止まらない。真福寺大須文庫から更に守覚の関与した宗教テクストの一群が確認される。それは、諸尊法や灌頂の修法儀礼の秘事口伝を記録集成した御流聖教の一体系である。この体系の認知には、目録というメタテクストが用いられている。すなわち「御流三宝院」聖教の秘伝領域を網羅した『野決目録』一巻を指標《インデックス》として、それが記載するところの百八十余巻一具が大須文庫に伝来しており(第四一合・儀海伝授観応三年宥恵写本)、それらはいわば『野決』具書と称すべき聖教である。『野決目録』

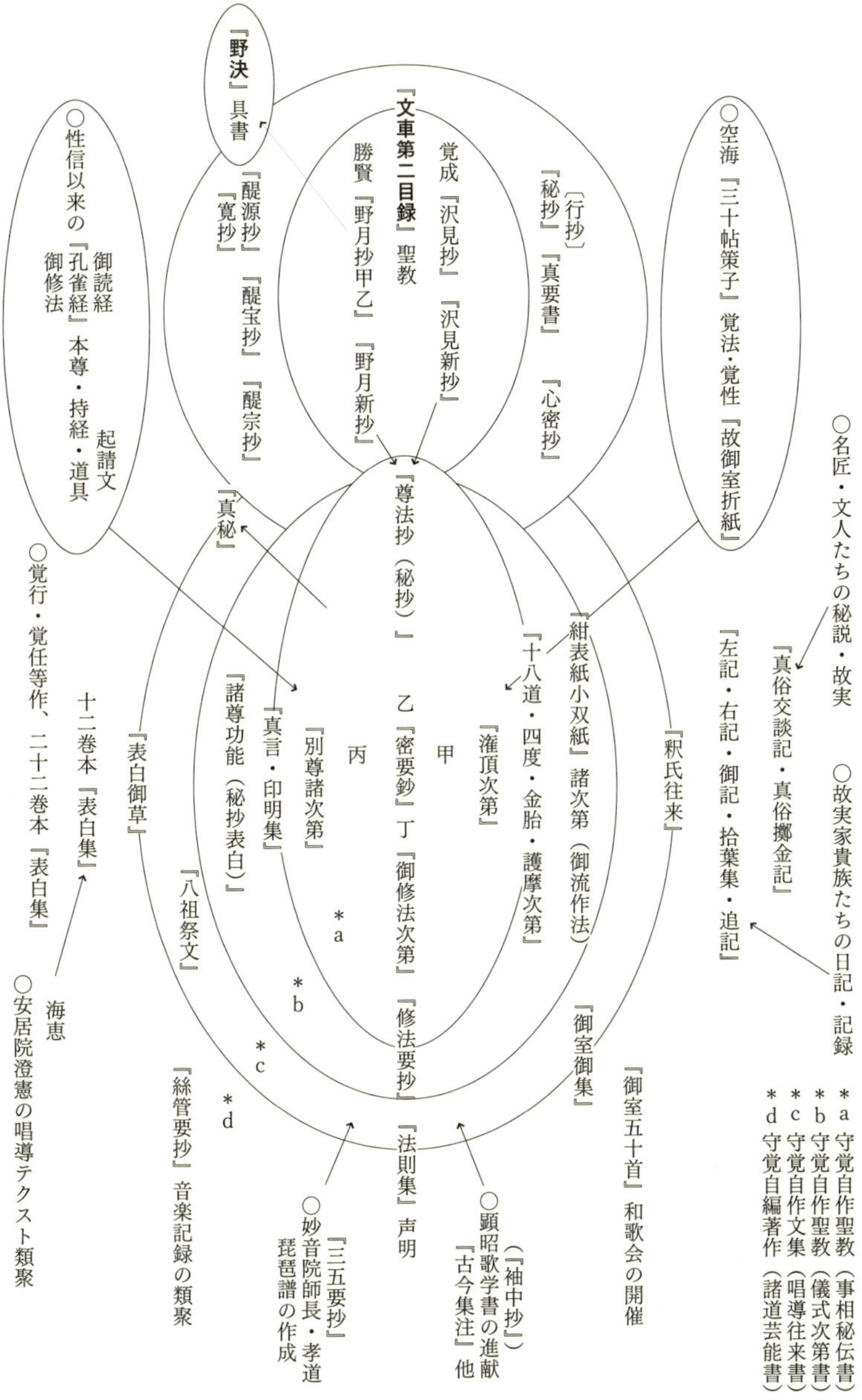

図 8-1 守覚法親王のテクスト世界

は、守覚の『文車第二目録』中の小野方に属す「野月抄」乙部のうちに含まれる「野決十二巻」の目録を首に配す。これは醍醐寺三宝院の勝賢が守覚の問いに答え小野流諸尊法の秘伝の口決を守覚が記録した集成であるが、『野決目録』はその下に更に六部から成る秘伝テクスト群の目録が配列されており、『野決』具書もそれに対応する、①挿秘、②行抄、③親抄、④切紙深秘、⑤本抄、⑥又、から成る六群の巻子本で構成されている（その詳細は第十七章に論ずる）。

守覚は、勝賢から注進された小野流諸尊法の次第を『野決』と『野月抄』として類聚し、それを広沢流の覚成から提供され自ら編んだ『沢抄』と『沢見抄』の類聚と併せ、綜合して『秘抄』（御流の目録である『密要鈔目録』上は「尊法抄」と名付けられる）を制作した。これは中世の三宝院流でも諸尊法集成の正典《スタンダード》として重んじられるが、それらを補完する秘伝口決集として『野決』もまた重書であった。『野決目録』末尾に付された識語「御流三宝院目録私記之、此抄者、在梵本、或三蔵御伝、或青龍和尚御伝、或大師、又醍醐僧正与北院御室御問答抄也」によれば後人の編になる目録であるが、その示すところ、『野決』以下の六部の具書も悉く守覚の関与する聖教であり、不空や空海の御作をも含め、勝賢が守覚の求めに応じて提供した、その秘密開示のプロセス（多く問答形式から成る）を含めてテクスト化（それを「抄」と称する）されたものであった。事実、具書の各巻を検ずれば、全体の構成の要となる①挿秘と⑤本抄の中の数巻に守覚の識語が付され、また幾つかの巻には守覚と勝賢の往復消息ないし問答が首尾に配されている。

その数例を挙げれば、『野決目録』では、①挿秘中の冒頭に位置する『真言出現本地偈』は「仏法求学沙門守覚」と記し、同じ挿秘中の『金剛胎蔵秘密式』には「我大師自勝賢伝之」と記す仁安三年（一一六八）の守覚伝受識語があり、全体の中で唯一の年代を示す。また同じく『六月抄』には「依仁和寺宮仰、集深重口決文証、奉之醍醐寺三宝院中大事、角洞院勝賢」の勝賢伝授識語が付される。⑤本抄の冒頭に配される『大伝法灌頂注式』にも「沙門守覚」と始まる識語があり、自ら尋ね探って得た式を「僧正」に示して伝授を得た旨を記す。『大結界常住大伽藍法』にはこの「三国相重《マヽ》之大法、両部秘密之大事」について守覚により他見を禁ずる制誡識語が、また本抄末に位置する『第一命法』（吒枳尼天法の古態を示すものとして後述する即位灌頂に連なる頓成悉地法に関連する）については、その前に位置する具書全体を指すと思しく「惣注置二《マヽ》百八十余巻中、雑抄四巻者、宗旨奥頤、仏法枢機也、於親疎、聊不及視聴、是則、或受師々口伝、或拾経々本説、拾詮要者也」という、署名こそないが守覚と推定される識語を付してある。加えて、①と⑤の灌頂に関わる複数の巻の首尾に加えられ、その本文の一部とも化している守覚と勝賢の消息ないし問答の記述からは、「委細注給候者、弥我大師とこそ奉仰崇候はめ」（⑤『行抄灌頂』）と、守覚が煩を厭わず参向して衷心から勝賢に秘密の伝授を乞い、勝賢もまた「委細御尋候之間、儀軌本経、論蔵伝記、私口伝等、毎御定被見して注進仕候」（同）とその熱意に応えて本書や秘伝を注進する関係が窺える。これらの記事を本文に副えることにより、そのテクストの真正性が保証されると同時に、「重書」としてのステイタスが規定される。それは、この具書全体が「御流三宝院」という野沢両流の統合を象徴する格別な超越的聖教としてのアウラを帯びるための必須の装置である。しかも、その多くは灌頂の秘伝に関わる聖教なのであった。

　この『野決』具書という秘伝テクスト群が殊に注目されるのは、単に守覚の新たな著作が確認されたゆえのみではない。その中に、複数の神祇書が含まれており、それが『野決目録』によれば各部（①②⑤⑥）の要というべき位置に配されているからである。つまり、法親王による真言密教の秘伝テクスト体系の中核の位置を、灌頂と並んで神祇を主題とする宗教テクストが占めている。それは、『野決』具書という聖教の有する思想上の多元的な重層性を端的に示すものであった。これらの神祇書[15]については、本書第十七章に詳論するところだが、中世真言神道説の最初期の編纂・体系化されたテクストとして、しかも密教のテクスト生成の方法に拠って創り出されたものであろう。その全体からは、その秘伝テクスト体系の全体の不可欠な一部として有機的に配置された〝神祇〟カテゴリーの布置が浮かび上がる。それはまた、勝賢と守覚による、著作主体と成立年代をほぼ特定できる、中世の宗教思想上のテクストにあって座標として位置付けることの可能な、希有な事例といえよう。[16]

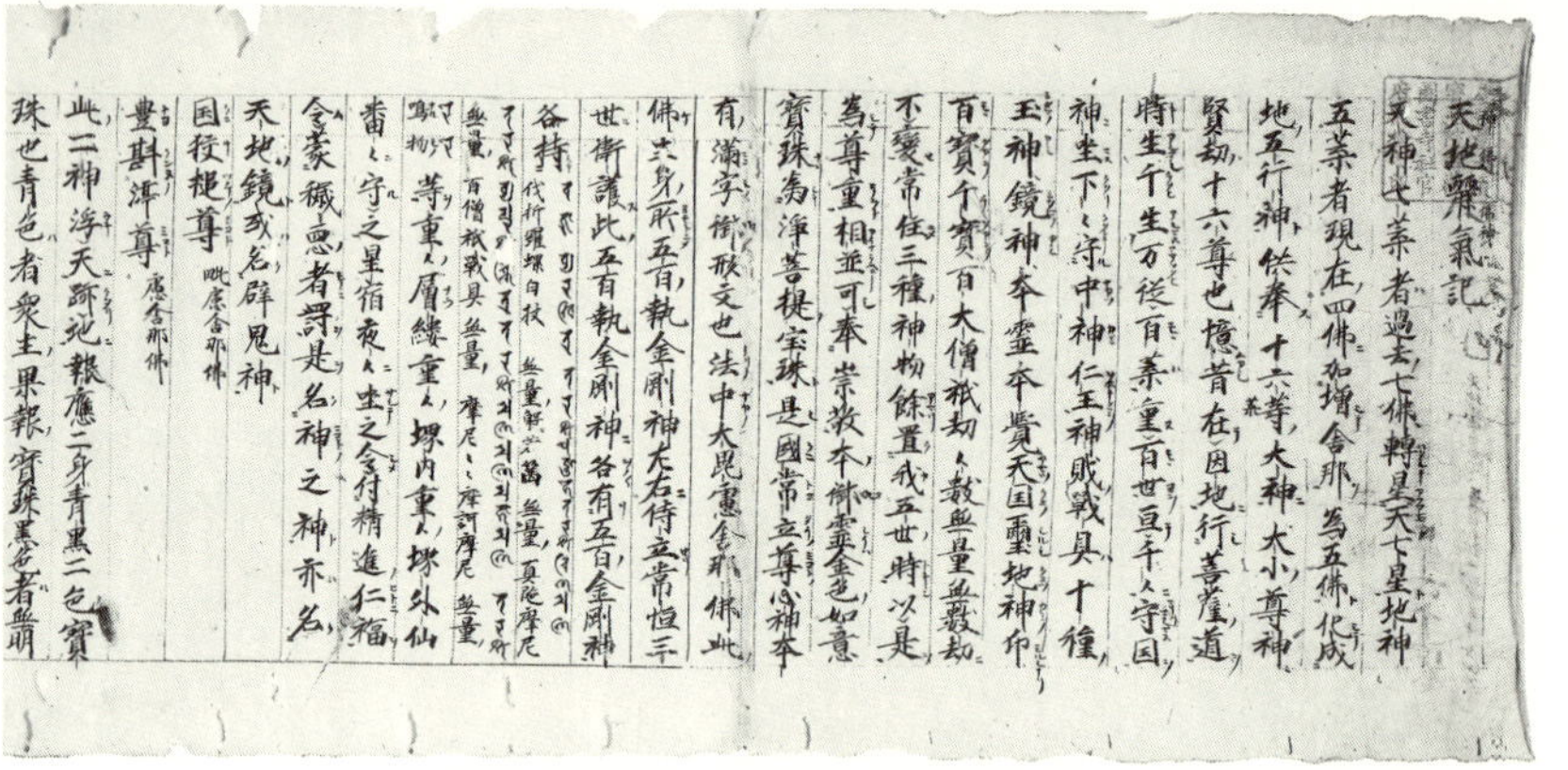

図 8-2　『麗気記』（真福寺）

この、灌頂の秘伝や神祇書を含む『野決』具書の一部は、早くに関東に流伝していたものらしく、金沢文庫寄託聖教中にも金沢称名寺二世釼阿の写本として、その一部は尊経閣文庫等に散逸しながら、その幾許かを見出すことができる。『野決目録』のもとにほぼ完全な形で伝来する真福寺本もまた、十四世紀初頭に（おそらく鎌倉に下向していた）宏瑜から関東下野国の鑁海に伝わり、それが武蔵高幡の儀海を介して宥恵によって伝写され、やはり関東を経由しての伝来であることが注意される。これに併せて注目されるのは、称名寺と真福寺が共に真言神道の聖典というべき延喜帝の「御作」とも伝える『麗気記』十八巻の古写本を伝えていることである[17]（図8-2）。『麗気記』は、中世真言密教における〝神道〟の展開のもとで、鎌倉中期以降に創出された神祇書の一体系である。伊勢両宮を両部曼荼羅としてその縁起説から社殿の形文の秘事、ひいては神体図の尊像図像に至るまでを経典儀軌に準ずる形式でテクスト化した神典である。真福寺本『麗気記』についてみれば、その写本の体裁は宥恵による『野決』具書と共通しており、また儀海から宥恵へ伝授された印信も付属している[18]。ゆえに、それらは一具として伝来したと見なしてよい。『野決』具書と『麗気記』の両者は、「御流」としての三宝院法流の真言密教聖教の伝流において、おそらく同一カテゴリーで相互に連携したテクストであったと思われる。

『麗気記』の重要な特質は、その伝授が「麗気灌頂」と称する儀礼を介して相承されることであり、その意味でこれは紛れもなく灌頂の儀礼テクストなのである。麗気灌頂は、真言密教における「神道」伝授の儀礼、いわゆる神祇灌頂[19]の中心を成すものである。それは中世密教法流体系の一角として、その伝法相承を担う重要なカテゴリーでもあった。この麗気灌頂による「神道」伝授の具体相は、神祇書テクストの次元では、口決を集成した『神祇秘鈔[20]』が代表し、また自らその相承阿闍梨として各種の著作を遺した天台僧良遍の『神代巻私見聞』（応永三一年〈一四二四〉）が、詳細に記述するところである。[21]『日本書紀』神代巻と『麗気記』を神典として談義講説し灌頂による相承を行う「神道《シントウ》」の一流伝授は、室町初期の良遍や道祥・春瑜などの顕密僧から了誉の如き浄土僧にも広がり、室町後期には一層広汎な展開を示して「御流神道」と呼ばれ、切紙による印信を用いた伝授儀礼の体系として近世まで真言寺院の内部で命脈を保った。[22]次第に加上され増加する印信の中には、「麗気灌頂」以外にも「何某灌頂」と称される各別な印明を中心とした伝授次第が複数含まれる。それら「大日本紀灌頂」や「伊勢灌頂」等に混ざって、「即位灌頂」ないし「輪王灌頂」という、天皇の即位に際し授与されるべきものとされた印信や作法次第の一群が見出される。中世密教が生み出した神道は、灌頂という儀礼において世俗の王が誕生することを仮想した権能を有するテクストを創出したのである。すなわち、ここに即位灌頂もしくは即位法という秘密儀礼とそのテクストの領域が改めて注視されよう。

三　即位灌頂という儀礼テクスト

中世の王権国家体制と深く結び付いた顕密仏教の体系にあって、その連関ないし結合の究極の位置にある秘法とその儀礼が即位法であり即位灌頂であろう。この即位法の「因縁」つまり神話として創り出された物語や説話は、中世芸能や文学の領域にもあらわれ、聖徳太子伝の絵解きや『太平記』の物語中の説話、能や舞曲などを媒体として中世社会に汎く流布し、民衆に共有される〝知の体系〟の一部となった。[23] この即位法が密教の修法儀礼として創出され実修されるのは、院政期の初頭、後三条天皇の即位式においてのことと伝えられ、鎌倉初期の慈円『夢想記』[24]には、それを大江匡房の記録に拠るものとする言及があるが、実態は明らかでなく、確実な史料上の実修は正応元年（一二八八）伏見天皇の即位式まで降ることになる。[25] 更に、摂政関白による天皇即位儀礼の一環としての灌頂印明の授与は、南北朝期に二条良基に継承され、以降、二条家がほぼ独占的に相伝する家職の如き秘伝として近世に至る。[26] この段階は、既にしてその秘儀が定着し、現実の王権を成立させるために欠かせない故実という装置として機能を発揮したと言ってよい。それは天皇が〝王〟になることを身・口・意の三業において実践する所作《パフォーマンス》であり、〝王の身体〟を自ら仏としてテクスト化する行為に他ならない。これを支える法と儀礼のテクストは、いつ形成されたのか。たとえばそれを聖教の上で確認しようとするなら、前節に述べた守覚の御流においては未だ管見に入らない。その周辺に位置する仁和寺僧禅覚の記録抄出集成『三僧記類聚』[27]に断片的に言及されるにとどまるのである。

この即位法を中心主題として、中世の真言密教が主体となって王権を構想（仮想）するために形成した、いわば〝記号の森〟に分け入り、その言説が表象する王権の象徴的国家像と、その体系が意味するものを読みとろうとする試みが松本郁代によって提示されている。[28] 松本はその素材かつ検討の対象として、東寺観智院聖教など京都周辺の真言寺院経蔵に伝来する、南北朝から室町期にかけての即位法関係聖教を紹介し分類・整理する。この分析が示す基本的な認識は、即位法のテクストが印明を中核とした「即位灌頂」という儀礼のためのテクストであるということだ。そこに提示される資料と考察は貴重な成果であるが、中世顕密仏教全体からすれば、限定された法流の一部が抽出されて扱われるにとどまっており、その聖教体系中の位置付けは未だ明らかになってはいない。なお遡って鎌倉期とそれ以前の即位法聖教は、先行研究において未だ知られるに至らなかった。しかし、それは、中央の顕密大寺院ではなく、むしろ東国の地方拠点寺院の経蔵に伝来していた。図らずも前節に扱った守覚による御流聖教や神典『麗気記』と同じく、金沢称名寺と大須真福寺の聖教中に、それらは見出されるのである。

金沢称名寺に伝来した即位法関係聖教は、早く櫛田良洪がその一部について言及していたが[29]、その全貌が西岡芳文によって一括して紹介・公刊された[30]。その展観においては、陰陽道の式占祭祀に用いられる、式盤を以てする「盤法」を採り入れた密教修法としての聖天法と吒枳尼《ダキニ》天法の関連聖教が一括して扱われており、即位法のみが対象とされるのではない。だがそれゆえに、かえって中世密教儀礼体系の中での即位法の位置が窺えるものである。特に聖天や吒枳尼天という「天尊」を即位法がその本尊とし、その尊法において修されるものであることは、更に聖天、吒枳尼天、弁才天の三天を一体として「三天合行法」という秘法[31]をはじめとする、他の天部や文殊・如意輪等の別尊法との関連においても注目される現象である。称名寺聖教中に伝来した即位法関係聖教は、鎌倉中後期に流布していた複数の聖教の組み合わせから成る一群の伝本で、私見によればおよそ四群に分かたれる。甲群は釼阿による手沢本の四帖の一結、加えて全文が釼阿自筆になる一帖がある。乙群は秀範手沢本だが釼阿による外題を付す一結、丙群も同じく秀範手沢釼阿外題の一結、丁群は熈允の手沢本の一結である。それらの装丁は全て枡型折本で共通する。表紙外題は打付け書で、本文は表裏を通して書写されるものもあり、中世事相聖教の中では最もコンパクトで簡便な体裁といえよう。これらは全て、吒枳尼天すなわち胎蔵界外部の天衆として最下等の鬼女神で人の精魂を喰う奪精鬼(ダーキニー)を本尊とする、「頓成悉地法」とも称される修法であることが、第一に注目される。

全体を代表するのが、称名寺二世釼阿(一二六一〜一三三七)の書写(本文は別筆)になる甲群の四帖一具(図8-3)で、その包紙には「輪王汀(灌頂)別名高御座作法」と題されている。各帖の概容は次のようなものである(以下、各帖は全て外題により示す)。①『吒枳尼』は、吒枳尼法の印明を中心に師説と口決問答を含み、末尾に伝授識語を付す。②『即位』は、吒枳尼法による即位法としての印明について注す。④『頓成悉地大事等』(内題「輪王灌頂大事」）は、印を示し、後に問答記において本尊秘観について問答する（このうち②は、真福寺聖教中にも鎌倉末期写本を伝え、この法が当時の東国真言寺院間で一定の享受がなされていたことを示している）。

甲群の③『頓成悉地法事』によれば、この法には、一、通常の吒枳尼祭祀法（浅略）、二、普通行法（常途）、三、盤法（最極秘密）、四、輪王灌頂（「御即位《ノ》時令レ伝《タマフ》大事《ナリ》」）の四重の別があるとしており、これは甲群の一結のみならず、他の群についても適用されよう。甲—②『即位最極秘々（内題）』はその第四重に相当し、また甲—④も「輪王灌頂大事」という内題を付し、内容に「盤惣印（最極《ノ》大事也）」も含まれることからすれば、三重と四重を兼ねるものであろう。①『吒枳尼法』の奥書は、これを観宿から神護寺の鑒教という平安中期の真言僧が伝えたとされる。次いで伝受識語には、久安二年（一一四六）宗観、仁安元年（一一六六）晴兼、嘉応二年（一一七〇）観西、正治二年（一二〇〇）禅遍の伝受書写識語が示される。十世紀の観宿はともあれ、その伝受記を信ずるなら、既に十二世紀にはこの吒枳尼法が「輪王灌頂」として形成相伝されていたことになる。禅遍は後に宏教と名を改め、広沢の法流のうち西院流を関東に広め、多数の事相書を著した僧である。更に、②『即位』末尾の相承記には、この法を「法性寺殿下」（藤原忠通）が白河院と「知足院殿」（忠実）より伝受し、その仔細を存知するために覚忠（天

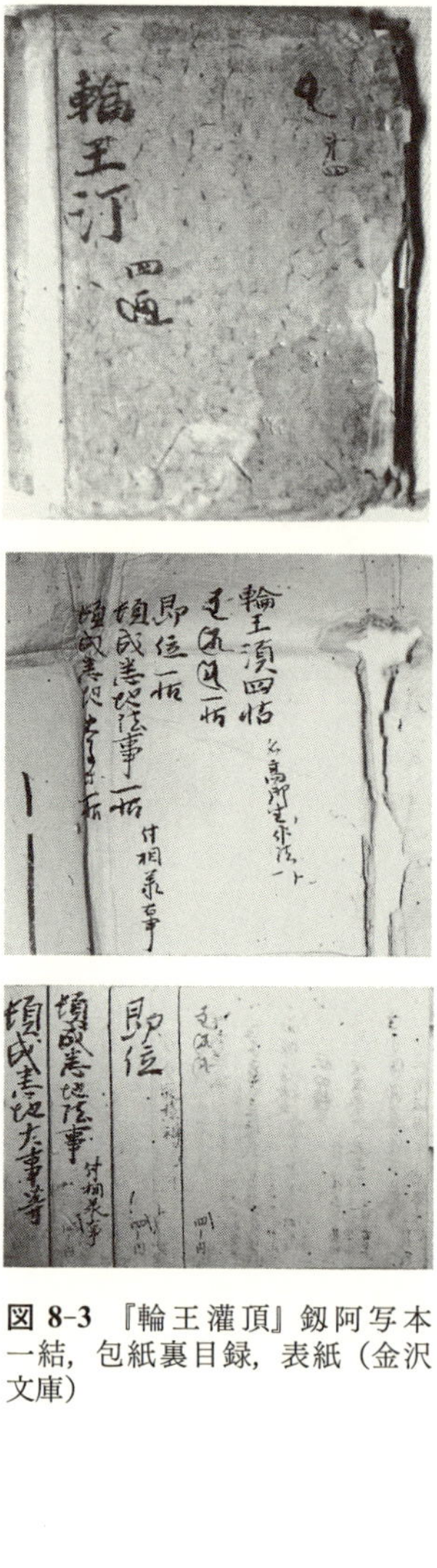

図 8-3『輪王灌頂』釼阿写本一結，包紙裏目録，表紙（金沢文庫）

台寺門派）に問うたところ、東寺の門人に伝えるものであると答えたという旨が記され（真福寺本も同文）、その真偽は措くとしても、院政期に院と摂関および顕密僧によって即位法が伝授ないし取り沙汰されていたとする伝承がその聖教に付属するのである。

この即位法（輪王灌頂）一結の甲群に連なるものとして、外題のみならず本文も全て釼阿筆になる『輪王灌頂口決私』一帖がある。これは真言方を含む天台方の即位法で、これをやはり輪王灌頂として説く口決である。はじめに即位灌頂について「帝王即位儀」の作法から説き、次いで印明作法について十種にわたり順次説いていく。なかんずく「盤惣印」の説を含み、これも盤法と関連するものであり、末に法花四要品の説を挙げて、甲群『即位』と同じく真言と天台を摂した顕密仏教の法としての特質を備えている。また、末尾には智證大師として稲荷（吒枳尼）と熊野権現を同体として「（熊野）三山悉吒《ク》天也」と明かす。これはその末に「隆弁伝」と注され、鎌倉中期に鶴岡別当として幕府に仕えて威勢を振るい三井寺長吏となった隆弁僧正の所説と見られ、つまり寺門派の伝えた即位法の口決と思しい。このうち、四要品の注には観音品に付けて「鄭玄菊水」の故事に言及する一節が見え、これはいわゆる「菊慈童」説話、鎌倉期に天台恵心流で形成された即位法の因縁の存在を示唆するものだろう。[32]

乙群の三帖は、釼阿と同時代に活動した称名寺僧秀範による、甲群と同じ鑒教伝とする真言方の盤法を含む吒枳尼法で、即位法とは称さない。本奥書に建長五年（一二五三）書写識語を掲げる正和三年（一三一四）写本である。その①『頓成悉地祭祀法緇素通用』は略次第で祭文を載せる。②『頓成悉地法鑒教』（外題『吒枳尼天供養次第』）はその広次第であり、本奥書に保延二年（一一三六）「或師本」による書写識語と建長五年書写識語を載せる。③『頓成悉地盤法次第鑒教』は、その「盤法」としての次第であり、中心に「封盤」から「解盤」に至る盤法作法を配し、壇図や口伝、問答記を加える。この本奥書には建仁三年（一二〇三）「善―」の伝受識語が掲げられる。これらと一具と思しい秀範写と推定される『別行儀軌』（内題「吒枳尼王邏閼那別行儀軌」）一帖は、盤法を含む吒枳尼法の典拠となる儀軌形式で「南城青馬寺不空奉　詔訳」に仮託する、おそらくは本朝撰述儀軌である。吒枳尼の根本呪以下、印・呪、曼荼羅法そして盤の印明を掲げ、これにより極楽往生すると説く。後半に供養法・相応法・安置本尊法・修行法を説く（本書は、真福寺聖教中にも先述の『即位』と同筆一具の一帖として伝えられる）。なお、この『別行儀軌』は乙―②にも引用参照されている。

丙群は、乙群と同じく秀範手沢本ながら鍐阿の外題を付す天台方の辰狐王（吒枳尼）法としての二帖一具、その②に正和三年に「厳師雑記」を以て「口筆」すという識語があり、その点で乙群と一連の写本と見なせる。①『辰菩薩口伝』（内題「如意宝珠王菩薩口決」）一帖は、安然と智證（円珍）に託した口決として、吒枳尼法と吒枳尼天が法花経二十八品に配当されて解釈される。②『辰菩薩口伝上口決』（内題「辰王口決」）も、「当尊《ハ》真言法花《ノ》惣躰也」と、吒枳尼天を顕密の至極を体現する天尊としてその秘伝を説く。なお、これらと一具と思しいのが同じく鍐阿外題・秀範筆になる『乙足神供祭文』で、辰狐王本縁というべき祭文本文のみで構成されるが、吒枳尼女天の八大童子が遊行中に大鯰に呑まれ、秦乙足なる翁（すなわち稲荷）に助けられた報恩にその名を称えれば必ず福徳に預かると説く。以上の三帖は天台法花の立場から吒枳尼（辰狐王）法を説くもので、祭文形式の縁起が含まれ、稲荷社の伝承とも通ずることが注意される。

丁群は、鍐阿の弟子熙允の手沢本で十一帖から成る吒枳尼法の一結である。その中核は①『頓成悉地盤法次第私』で、これは乙―③秀範本『頓成悉地盤法次第鑒教』と共通し、より詳細な広次第である。その本文末尾に「伝聞《ク》、彼栄西僧正行《ノ》儀、又以如別行軌……」とあって、台密葉上流祖師である栄西がこの法を修したと伝えるのは興味深い。また、①に対応する詳細な口伝の集成が、②『頓成悉地口伝集』である。その中心は「番（盤）法」を主とした諸作法の口伝であり、また、その一々に対応する口伝の本文や図が、以下独立した一帖となって全体を構成する（③盤法本尊図、④天巾〈盤〉地巾図、⑤盤封口伝、⑥盤惣呪、⑦盤建立最極秘々中書別伝、⑧頓成悉地法敬重施深義、⑨頓成悉地法口決問答私相承血脈灌頂大事等。更に、この乙群と共通する次第の略本二帖分が確認される。このうち一帖は真福寺聖教中に先述の分と一具同筆で見出される）。この一結も即位法ないし輪王灌頂を表示しないが、ただ②の口伝集中に如意宝珠印について「最極大事印、輪王灌頂印也」と言及があり、その関連を示している。また、法の因縁として「太宰大弐末成」の福徳成就と、丙群の『秦乙足祭文』に共通した本縁を断片的ながら説く（加えて天王寺の鎮守に吒枳尼天を祀ったという所伝も）ことが含まれており注目される。より興味深いのは、その因縁の一部に、この法を「隠形法」として修して帝の后を犯したと説く伝承であり、それは『今昔物語集』の説話[33]に共通する話柄である。即位法に関して丁群一結は情報に乏しいが、重要なのは⑨末尾「相承血脈」が示すこの法の相承次第であろう。これは、称名寺聖教中で別に紙背文書として伝存する『吒枳尼血脈』（仁平四年〈一一五四〉、澄心本奥書、元亨二年〈一三二二〉書写）と共通する次第であり、大日如来から不空、珍賀、空海、円賀、更に観宿から鑒教、乗運と併行して「高大夫」すなわち高向公輔つまり湛慶阿闍梨に伝わり、更に日蔵などへ伝わったとする。この湛慶もまた『今昔物語集』に、女犯による破戒が露見して還俗した僧として登場し[34]、その因縁が物語として収められている（その物語は、宋代の『太平広記』に見える、某家の少女と結婚する定めを占いに告げられた学生が、その少女を害そうとするが危うく女は命を助かり、結局後にその女と結ばれることになった、といういわゆる〝定婚店〟譚を用いている）。高僧であっても免れぬ人の定め、いわゆる〝逃れぬ契り〟の物語は、やがて中世には女犯破戒の伝承を持つ浄蔵についても語られ（『三国伝記』『とはずがたり』）、あるいは賢学という名で道成寺伝承と融合した物語草子（『日高川草紙』）として絵巻化されて室町期には流布していた伝承である[35]。このような伝承を纏う人物の名を吒枳尼法の血脈中に見出すことはきわめて示唆的である。それは、即位法の縁起が摂録の祖としての鎌足をめぐって、吒枳尼の変化身である狐から授かった鎌により入鹿を誅したという物語を説きいだし、それが中世神道の深奥に生み出された神話であったことと根を同じくする、中世世界を深く貫流する仏教神話の文脈[36]を秘めているであろう。

　これらの即位法ないし輪王灌頂を含む吒枳尼天法の一連の聖教は、それ自体が別尊法として、次第―口決―作法―図像および祭文等の詞章から成る複雑な儀礼テクストとして構成されているが、それらが成り立つための儀礼を支える根拠となる「儀軌」が備わることが注意される。この『別行儀軌』を含みつつ、右の称名寺聖教における吒枳尼天法の全体のうちから、既に逐次指摘した如く、即位法および輪王灌頂の聖教を抽出した同筆一具四帖の粘葉装聖教を、大須真福寺聖教中に見出すことができる。元亨四年（一三二四）伊賀国井田寺で写された旨を識語に載せる写本[37]の存在は、その秘法が鎌倉幕府権力の中枢に近侍した釼阿周辺に限らず、広汎な流布を示していた消息を窺わせるものである。

『別行儀軌』が示す吒枳尼天法の、盤法を含む修法の典拠テクストの存在は、更に遡った院政期の写本として、仁和寺心蓮院聖教中に『多聞吒枳尼経』（内題「吒枳尼変現自在経」）と題する保延五年（一一三九）書写奥書をもつ枡型粘葉装一帖を指摘することができる。それは「健陀羅国」の狐の本縁として、貧しい土器作りに釈尊が前世の因縁を説くという設定で、福徳を得る功徳を示す本朝撰述経典である。それは修法に沿った作法を中心とする『別行儀軌』より、縁起説を中心とした本地譚に近いテクストである[38]。

院政期から鎌倉時代にかけて成立し形成されてきた吒枳尼法（および盤法）による即位法の、輪王灌頂という儀礼としての真言秘法の体系について、右の称名寺聖教以上に最も詳細な解説を施した聖教テクストが、架蔵の『輪王灌頂口伝』（枡型綴葉装、鎌倉時代末期写本）一帖である[39]。本書は、国王が金輪聖王として即位する時に受ける「代々ノ摂政家ニ習ヒ伝ヘテ行」われる儀式作法としての輪王灌頂について、法を構成する「印真言」を明かしその意義を説くテクストであり、全体に句切り点と仮名訓を施して読みを示す仮名交り文体で書かれるのは、擬似的な口語の水準で秘伝が開示される口決だからである。印真言は、一、智法身印―智拳印　二、理法身印―五行惣印／内外五古印　三、統化自在印―如意宝珠印／盤法惣印　四、金剛縛印―月輪印／浄菩提心印／如意珠印　五、非内非外印―阿弥陀最極秘印として示される。冒頭には、輪王灌頂が、大日如来の等流身であり、その所変が文殊であるところの「天尊」（吒枳尼天）について、如来が人間の執着を断つ方便として仮に大貪の形を顕し、世間の栄花の第一たる帝王の位について灌頂の方法を以て説いたものと説く。次いで各印について、それぞれの意義と功徳が明かされる。特に第三の印については、その深義を浅略から深秘、三重から四重を示しつつ、これが天尊の秘呪であることの因縁として、衆生の精魂を食す吒枳尼に対し、人の愁をとどめるため仏が業報の尽きた人の死する時に食えと勅し、そのために仏が天尊の威徳を増す秘呪を授けたのに由来するという。『大日経疏』にもとづくこの縁起説は称名寺聖教の『輪王灌頂』一結中には見えず、本書においてのみ知られるところである。また、第三と第四の印については、問答形式でこの法についての習いや伝授の意義を明かし、そこで根拠となる経軌や論疏とその本文を掲出して解説している。その一部については「折紙」で別途示すとする分もあり、この法の伝受において本書の口伝に加えて各種の位相のテクストが多元的に用いられていたらしい。なお、その典拠となる経軌等の一部は、『別行儀軌』を含めて称名寺聖教『輪王灌頂』一結中の『頓成悉地法事』の問答記に引かれる書目と一致している。特に本書で注目すべきは最後の第五、非内非外印についての所説である。これが理智不二の義を表す密教の源底として阿弥陀の最極秘印であり、それは衆生成仏の心蓮である蓮花三昧の境地として殊に秘蔵すべきものと説く。そして、この法の奥旨が業障深く罪悪深重の衆生を哀れんだ阿弥陀仏の往生へ導く救済であることを明かすに至る。ここに頓成悉地すべく現世の福徳を吒枳尼天に祈るという、煩悩の全面的肯定と表面には見える即位法が、その実は悪業の凡夫を極楽へ引摂する浄土教の思想と通底するものであることが示唆されるのである。

中世には、即位法や守覚の『野決』具書のような密教の秘法に限らず、中世の社会を構成する諸流・諸道が悉く秘伝を形成し、その言説において己の家を成り立たせるようになる。創出される秘伝のテクストはその知の体系を表象すべく可視化されたシステムである。そこに「口伝」ないし「口決」として、表記や問答体を含め口頭的言説を借りて奥義を記述するテクスト生成の運動が要請されてくる。前述の如く、三宝院御流の形成において勝賢から守覚への口決伝受（「野決」という書名も「小野口決」の略称である）のテクスト化に臨んで神祇書が形成され、また同じく顕密仏教が王権と結合し、その接点としての即位法—輪王灌頂が思想として成立するのに際して口伝というテクストが生成されているのである。こうした営みは、守覚の如き密教界の頂点に立つ貴種ならずとも、名を匿した顕密学僧たちが為すところであったが、彼らは修法や本尊図像なども新たに創り出し、それらと聖教も併せて一具のテクストとして制作されるものであった。口伝はそのテクスト体系形成の過程で生産され、またその要となってそれらを位置付け、かつ機能させる役割を果たしたといえよう。

吒枳尼天法としての即位法をめぐって注目されるのは、称名寺聖教の血脈や相承次第の院政期の系譜中に覚鑁の名が見えることである。鳥羽院と美福門院の篤い帰依と寄進を受けて高野山上に大伝法院を開き、真言教学の刷新と興隆を企てた仁和寺出身の学侶であったが、その活動と存在については、同時代から「天狗」の影が噂されていた人物でもある。(40) 門地によらぬ立身と王からの速疾というべき信仰を得たその強烈なカリスマが、そのような認識を喚び起こしたものであろうか。一方で覚鑁自身においても、空海の『十住心論』や『即身成仏義』など御書を講ずる真言談義の聞書である『打聞集』の中で、即位法の縁起説の萌芽というべき説話の断片を語っていること(41)は興味深い事実である。その著『五輪九字明秘密釈』に真言と浄土教の融合を試みた覚鑁の周辺に、遥かに即位法――輪王灌頂という儀礼の思想の種子が胚胎する可能性も検討されてよい。

四　密教儀礼テクストの諸位相と口決

中世の日本に展開した密教儀礼は、厖大な各種位相のテクストによって営まれ、それは同時に豊かなテクストを生み出す母胎《マトリックス》となった。中世寺院の聖教文献の半ばは、そうした儀礼で用いるための、またはその所産としてのテクストによって占められていると言ってよい。加えて、儀礼に用いるべく製作される尊像／道具／荘厳／道場、ひいては消費される用途物や導師已下の役者の働きと所作に至るまで、全てがテクストであり、そこで実修される儀礼のパフォーマンスとそれを見物聴聞する場の全体がテクストを現出することになる。それらの、儀礼のためのテクストから、儀礼というテクストまでを俯瞰することが、中世の密教の領域においては可能なのである。

この複雑にして精緻な儀礼テクストの体系は、中世に密教が王権と深く結びついて発展する過程で創り上げられていった。その点で、事相聖教と呼ばれるそれらのテクスト体系は権力構築とその維持システムの体系でもある。その体系とはいかなるものか。将来検討されるべき普遍的な宗教儀礼テクスト研究[42]のための試案として、現在までの寺院資料文献の調査と研究から得られた知見を加えて、仮説を提示するならば、それは以下のように分類されよう。

それは、まず根拠としての経典（とその注釈）や（その修法バージョンとしての）儀軌という水準で基盤が備えられる。すなわち典拠テクストの位相が成立する。それらは一切経や祖師の請来目録の中に位置付けられる。次いで、実践のためには、次第（プログラム）として通時的に分節された実修に必要な手順が修法別ないし本尊ごとに示され、運用にあたっては各種の詞章と作法が用意される。これらは、「法則」とも呼ばれ、その音声や所作までが精細に分節化され、あるいは訓点や節博士（楽譜）が施されてテクスト化され、これらは狭義の儀式テクストの位相として把握される。各種の尊法の次第が部類されて集成されれば、それは尊法集として密教事相書の中核をなすものとなる。そこには、堂荘厳を指示する差図や修法の壇図、道具図、本尊図像、曼荼羅等の各種の図像が（道場観や本尊観の如く）含まれ、更に実修のために観想され実際に描かれ、修法のバリエーションに応じて創られた各種バージョンが収集・編集されれば、それは図像集となる。これらは図像テクストの位相も兼ね備えているのである。

儀礼の実修を経ては、実際に催されたドキュメントが「日記」として担当者によって記録され、または主催者自らが「記」として遺し、先例として保管され、抄出部類されて再利用に供される。これは記録テクストの位相といえよう。更には、その効験と感応の逸話や伝承について験記[43]が添えられることがあり、これは本尊の因縁や縁起とも呼応して、いわば神話テクストの位相を占めるものである。あるいは、表白・願文などの作文や陀羅尼・呪願・讃ないし教化に至る各種詞章は、それ自体が言語表現において儀礼の意味を表象し、それが集成されれば、詩文集や和歌集と等価なステイタスを与えられて、文芸テクストの位相を作り出している。一箇の儀礼が行われる際には、これら各種の位相のテクストにおいて、厖大なストックの中からふさわしいテクストが選び出され、組み合わせられて、条件に叶う形に改変して当座に臨むのである。特に文芸テクストの位相については、要求に応じて新たに創作され、その文辞、ひいては作品化された一箇のテクストが儀式を象る記念碑として後世に遺される。それは、和歌そのものとして結晶することさえある。一方、法会のような公開儀礼の当座では、導師や説経師による自由な説法の詞が演べられ、声明や音楽ないし舞などの芸能も感興を喚び起こし、その交響の許に一座が成就することになる。それは密教修法では阿闍梨の「意楽」として隠密に成就するものであるが、同様な生成的側面は必ず存在して、その儀礼に生命の息吹を与え、またその所産が尊形としてあらわされ、新たな修法が成立するのである。

儀礼の過程としてのテクストという視点から更に提起されるのが、密教において殊に重要な儀礼の過程であり、テクストの位相であるところの口決ないし口伝という、法の秘密を明かす言説の水準である。たとえば、「灌頂印明」という灌頂儀礼の頂点で授受されるその肝心のテクストである聖教では、ただ印契と真言のみが記されるが、そこに籠められた宗教的深義は、儀礼の場では阿闍梨の口を介して受者に面受口決で直接に説かれる。この「密語」を再現前させるように記述したテクストが口決であった。それは本来文字化されない機制の許で存在し、はたらいた言説なのだが、中世宗教テクストの運動は、それを文字テクストとして創り出し、聖教の中核に位置付けるのである。(44)

守覚の宗教テクスト体系がその典型を示すように、密教儀礼の中核としてそのテクスト生成の焦点となった灌頂は、豊饒で多様な位相のテクストを創出した。伝受の証明にあたる印明から、その作法次第や雑事注文から差状請状の如き文書に至る儀式の諸段階のテクストに始まり、その結果として遺された記録や規範としての故実や式(私記)、更にはその注釈まで、あるいは差図や道具図から道場荘厳の祖師影や本尊としての曼荼羅などの図像、および建築を活用しての儀礼空間の形成は、その場に臨む大阿闍梨已下色衆の所作とその発する音声—声明において生命を吹き込まれるものであった。つまり、これら灌頂を作り上げる諸位相の宗教テクストは、その法儀の実践において統合され、機能すべく制作され布置されたのである。そうしたテクスト体系の機構を端的に示すのが、顕わには表白や嘆徳のように儀礼の場で披露され一同に聴かれる文章であり、密かには印明など秘匿され、ただ一人にのみ授けられる密語を記述し開示した口決の類《たぐ》いであろう。それらは共に、本来の儀礼の場を成就するために発せられた声であり、そのはたらきを再現前させるべく、儀礼テクストの要の役割を果たしていたといえよう。そこには、宗教テクストという領野の生命の秘密が蔵されていると思われる。

〝儀礼の力〟は、このような多元的な位相を示す宗教テクスト—儀礼テクストが創出される、その運動の交響のうちに見出されることだろう。

第九章　中世密教聖教の極北

――文観弘真の三尊合行法テクスト

一　「文観」像と文観研究

後世の文観についての一般的な認識は、『太平記』によって作り上げられたといえよう。巻十二には、後醍醐天皇の許で建武政権を担い、そのはかない栄華に酔いしれた人々の姿を描く中で、特に文観上人の威勢とその一党の放埒惰慢の様を叙《しる》し、やがて吉野に逐われて没落した後は、従う門弟もなく漂泊流浪の果てに窮死した末路を語る。そこに与えられたイメージは、同じく後醍醐のために働き元弘の変で同様に配流された、天台側の円頓戒律僧である恵鎮円観とは対照的である。(1)

真言宗の内部でも、従来、文観弘真（一二七八～一三五七）についての記述は、南朝の没落と衰退が決定的となった後になってからの言説しか顧みられなかった。そこでは、文観は宗門内で指弾の標的であった。その代表が、高野山において当時流布していたとされる「邪義」を批判し、宗風の刷新を主張した宥快（一三四五～一四一六）の『宝鏡鈔』（一三七五年成立）(2)である。彼にとって否定されるべき「邪法」の流れの一端に、文観が結びつけられている。その文脈上では、宥快の立場からすれば正しい相承によらないで著された文観の「書籍」が世間に流布しており、その「有名無実」の聖教を無智の者が「密宗最極」として重んじていることを難じている。宥快の邪流批判においては、その異端教義の代表として所謂「立川流」が槍玉に挙げられ、これに文観が結びつけられることになった。それは、文観すなわち立川流という認識の起点でもある。しかし、むしろ本章においては、宥快が、文観について「書籍千余巻」「重々大事三十余」という厖大な聖教を著したと伝え、それが当時広く流布して無視できない影響力をもっていたことを示唆する点に注意を払いたい。

宥快はまた、文観が権勢の絶頂にあった建武二年（一三三五）五月に、高野山衆徒が彼の座主任命を拒否する「条々」を決議したことを記している。そこでは、律僧の身分で勧進聖の職にあった「聖人」を座主に戴くことを拒む主張が繰り広げられていた。更に、祐宝の編になる『続伝燈広録』[3]には、当時の高野山衆徒が文観を弾劾する「上奏状」なるものが引かれている。そこに文観は吒枳尼を祭り、算道卜筮を能く使い、呪術修験の振舞をする、陰陽師や山臥と同類で、しかも「外法」を駆使する者と批難されている。宥快のテクストも祐宝のそれも共に典拠となった史料そのものは確認できず、いわば根拠を欠いた批難文書の引用によって文観のネガティヴなイメージを裏付け、「邪義」の異端と同一視させることを企てているのである。

文観に関する研究は、戦前の国史学において、後醍醐天皇をめぐる南朝遺臣の事蹟を究明しようとする動向の許で、南朝史料の探索と共に進展した、と位置付けられよう。その中で醍醐寺における文観の歴史的役割を中心として、黒板勝美[4]、中村直勝[5]、辻善之助[6]の基礎的な研究がなされ、一方、関係史料の集成として『大日本史料』第六篇之二十一（正平二一年十月九日条）が編まれ[7]、基盤となる史料が提供された。真言宗史および高野山史研究の一環としては、長谷宝秀『文観上人の事跡』[8]をはじめ、水原堯栄の『邪教立川流の研究』[9]において、歴史の彼方に葬り去られた異端の邪流に関する資料を掘り起こす営みのうちに言及され、それを受けて、守山聖真の『立川流秘密史　文観上人之研究』[10]において、その伝記の輪郭が示された。その基礎となったのは、『大日本史料』に集成された文観関係史料であり、文観の著作も、その識語を中心に紹介されている。守山の研究は、更に『立川邪教とその社会的背景の研究』[11]へと展開し、関連文献を紹介しつつ、文観の再評価と復権を主張している。しかし同時に、彼に付与された「立川流」の痕跡を、その知られる僅かな言説中から見出そうとする点では、なお宥快の造り出した呪縛から免れていない。その著作についての知見でも『大日本史料』の範囲を出でず、なおその大半が閲覧不能の状況ゆえの考察の限界を、著者自身が告白している。但し、それは当時、未だ文観の著作に関する認識が定まらなかったことによるだろう。水原堯栄も、その『弘法大師影像図考』[12]において、文観の重要な著作である『御遺告大事』を紹介しながら、これを文観の著とは認めず、師道順の著として扱っているのである。

文観に関する史料や造像銘などの発見と紹介は次々となされたが、文観自身の著作や思想に関する研究が停滞した状態は長く続いた。真言密教の歴史や思想の上で「立川流」を再認識しようとする試みは、たとえば真鍋俊照の『邪教・立川流』[13]によってなされ、そこでは文観と立川流の結びつきを否定している。だが、最も大きな影響を与えたのは網野善彦の『異形の王権』[14]であろう。そこでは、文観とその周辺の後醍醐天皇による倒幕運動に関わる史料を取り上げて、従来の文観を巡る言説と重ね、文観を介して「立川流」の如き密教の〝性の力〟を王権に導き入れようとした帝王の姿を描き出し、網野氏の歴史観の許で中世後期の日本社会の根底的な変化を象る存在となった。その議論においては、文観と「立川流」とは安易に結びつけられていないのであるが、結果的に両者を重ね合わせる認識はその読者において再生産されることになり、文観自身の思想と、基本的な前提となるべき著作そのものの研究は置き去りにされた。

こうした状況が大きく変化したのは、一九六〇年代から進展した、叡尊と忍性を中心とする西大寺流律僧とその活動への注目と史料研究であり、その達成としての『西大寺叡尊伝記史料集成』[15]の公刊からであろう。一九九〇年代以降に更に大きく展開された中世寺院史料の調査研究において律衆と真言密教関係の文献の発掘と紹介がなされ、一方で美術史学、特に密教図像研究の側から、図像作者としての文観の事蹟と作例の紹介・研究が積み重ねられたことによる。それらの成果は、戒律文化研究会による『戒律文化』[16]誌に結集されているが、特に美術史における達成が、内田啓一の『文観房弘真と美術』[17]である。内田氏の研究は、文観の遺した仏画とその活動を、叡尊に始まる西大寺流律僧の関与した中世密教美術の系譜と展開の中に位置付け、その上で文観の生涯の総合的な年譜を関係史料の集成を含めて提示した。その基礎となったのが、文観の弟子宝蓮の編になる『瑜伽伝燈鈔』（一三六五年成立）[18]である。その真言法流の系譜に含まれた文観伝が、断片的に残された文観関係の史料と符号することから信憑性は高く、更にその付法交名に挙げられた二百余名の僧のうち、醍醐寺僧や西大寺流律僧が多数確認された。これも内田氏の考証によるものである。[19]また、叡尊の周辺に形成され、特に醍醐寺と深く結びついた密教美術の流れの中に、文観の活動とその所産も定位できるものであったことが明らかにされた。

美術史の研究と前後して、文学研究の側では、称名寺（金沢文庫）や真福寺を中心として中世顕密寺院に伝来する聖教文献を、寺院を核として形成された中世の〝知の体系〟の所産として、調査を通して復原的に解読分析し、その文化的ネットワークの解明から、テクストが構築する意味体系や世界像を解釈しようとする研究が進められてきた。[20]その一環として、文観の著作も研究の対象となったのである。

中世密教において最もめざましい展開を遂げた局面のひとつは、前章に取り上げたところの即位法および即位灌頂の儀礼とテクストである。その本尊（尊像図像）としての舎利と宝珠を祀る密教儀礼を考察する過程で、文観の著作である『秘密源底口決』に注目し、その位置付けを試みたことがある。[21]だが、なお断片的な知見にとどまり、その全体像は容易に窺えない状態であった。しかるに真福寺聖教の調査が進展する過程で、文観の著作と確認されるテクストが文庫を構成する密教聖教の中でも重要な位置を占めていることが明らかになり、更に関連する文観著作と自筆の聖教（文観手沢『重鈔』一巻、〈定海撰『第三重口決』〉成助伝受本）の存在も明らかになった。それらを収録したのが、『中世先徳著作集』[22]である。これを機に、文観の著作になる聖教が、各地の寺院の経蔵文庫から次々と見出され、その全体像の輪郭が窺えるようになってきた（本章末の年譜を参照）。本章は、なお探求の続く調査の現況の経過報告であると共に、それら新発見の文観著作の宗教テクストの世界を読み解く試みでもある。

二　文観の三尊合行法テクスト

真福寺に伝来する文観のテクストとして筆頭に挙げられるべきは、彼の著作の中で最も流布したと思しい『秘密源底口決』一帖である。その古写本がきわめて乏しい中で、この真福寺本は、真福寺二世として南都に学び、東大寺東南院門跡聖珍法親王の許で数多の聖教を書写し、また顕密聖教のみならず貴重な典籍の古写本を大須にもたらした信瑜（一三三三〜一三八二）の書写になる古写の善本である。[23] そうした消息が判明するのは、本書と一具の聖教として、その装丁も枡型粘葉本として全く等しい『一二寸（三尊）合行秘次第』一帖が存在し、その表紙に「信瑜」の識語と正平十五年（一三六〇）の聖尊奥書識語が付されていたからである。その底本は文観の付法の一人である醍醐寺の聖尊親王が写した文観「御自筆本」であった。[24] この一具の聖教は、（後者の略号化された題号が示す）三尊合行法という密教修法の次第とその秘決（口決）である。それぞれの成立は、延元三年（一三三八）と同四年（一三三九）の同じ三月二一日（大師御忌日）に文観が「再写」した旨の識語があり、「今度天下動乱」に失われたこの「自宗大事」「当流源底」を重ねて書写したものであるという。すなわち、この一具の聖教は、その成立過程において明らかに建武の動乱と後醍醐帝の動向に深く関わったテクストであることが察せられる。

三尊合行法とは、中世密教の展開の中で形成された秘法のひとつである。本尊の分身として脇侍の二尊を設定し、三尊を併せて修法することにより、二元的な次元を超越し、不二を止揚した〝三位一体〟の究極的な秘伝の儀礼化といえよう。[25] 東密では、その本尊を「一仏二明王」すなわち舎利＝宝珠（ないし各種の尊に変換可能）と不動・愛染の二明王とするのが一般的であった。この法は醍醐寺を中心とする小野三宝院流で特に重んじられた。[26]

この法が文観により伝えられたことについては、文観を批難する立場から書かれた石山寺蔵『謀書目録』奥書に[27]も、文観が醍醐三宝院の法流を道順の写瓶として伝受を受けるに際し、「三尊合行次第」を「三宝院骨目」として伝えたこと、また、この聖教を文観が所持して「禁裏」に授け奉り、「御信仰異他、款感尤深」であったことを伝えている。その次第書を含む聖教が、真福寺に伝えられていたのである。それは「秘決」(口決)と次第(法則)とが一組となり、修法の実行のための儀礼テクストとその秘密を明らかに説く秘伝テクストとが相互補完的に役割を果たす基本単位である。その基本的性格は、典型的な聖教の様式の許で、純粋な文字テクストであるということだ。もうひとつ重要なテクストの位相に関わる性格は、その撰述主体を文観その人に置くのでなく、師より相承された秘伝を伝受書写した立場として、テクストにより高いステイタスを与えていることである。このうちの儀礼テクストに相当する『三尊合行秘次第』については、その略本としてより簡潔な内容だが同じ構成の『自行次第』一帖[28]が西大寺に伝来する。本書には年次未詳ながら末尾に文観識語が付されており、自撰としての水準に位置することが示される。

三尊合行法に関して、『秘決』や『次第』と同じ位置に立つ文観の著作として重要な聖教が、『御遺告大事』一巻[29]である。巻子本で彩色図像を多く交え、むしろ本尊図像集と言ってよい。応安七年(一三七二)写の慈眼寺本の識語[30]には、先師道順の「口授」を記したとする年代不詳の識語と、嘉暦二年(一三二七)禁裏御修法の間に記したという「殊音」識語が並記され、後に般若寺長老如空に授けたとする年代未詳の弘真識語が付され、その複雑な成立伝来の経緯が示されるが、これも師伝に託して後醍醐帝のための修法を勤める間に著したものであろう。この『大事』は、三尊合行法の典拠としての大師仮託書『御遺告』(二十五箇条)の末尾第二十三・二十四・二十五条の[31]「縁起」を本文として、その注釈の形をとって秘伝を開示する。その釈義の各段階に併せて、三尊合行法の本尊図像が九種類《ヴァージョン》描かれている(そのうちの一例が図9-1)。また、その本尊図像の多くは、『秘決』の所説と対応している。つまり、『大事』は注釈テクストであると同時に図像テクストでもある複合テクストなのである。以上、三[32]点の聖教が、文観による三尊合行法のテクストとして、師伝の相承を記したという同じ上位の水準に位置付けられる。それは、テクストとしての性格と機能および体裁を互いに異にしながら相互補完的な関係を成す一群である。

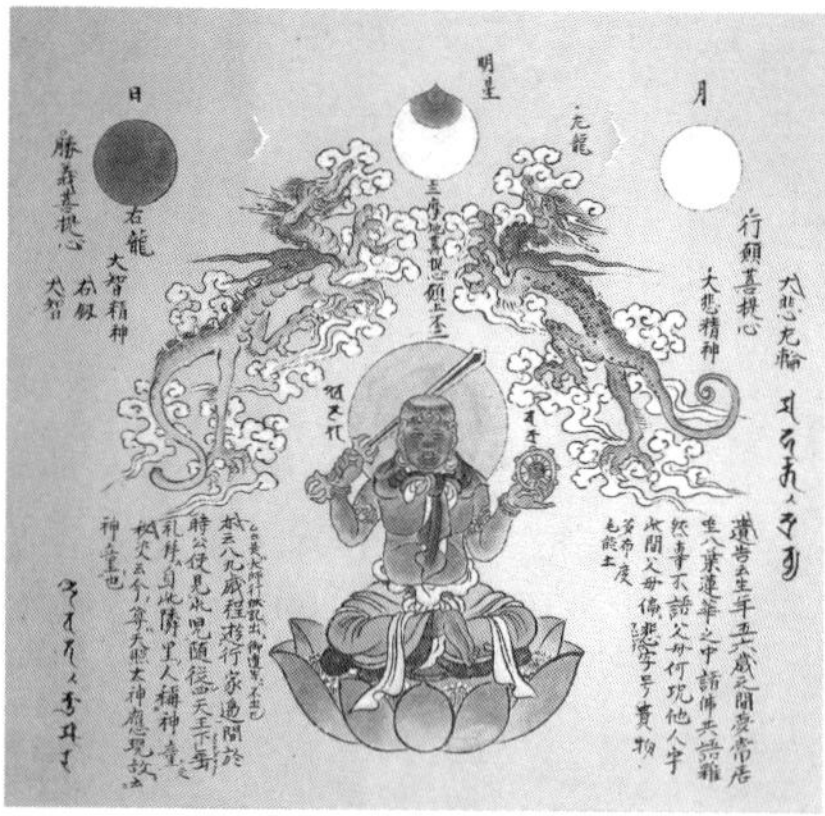

図 9–1　『御遺告大事』三尊合行法本尊（仁和寺）

真福寺聖教中には、その所説の内容や筆法からすれば文観著作と判断され、しかし、より上位の水準に位置すべき三尊合行法聖教として『御遺告秘決』一巻（小巻子）がある（『続真言宗全書』に収録[33]）。三宝院流の正嫡に連なる要としての実運・成賢・憲深の各祖師の書写識語を付し、相承の大事に仮託した聖教である。よりステイタスの高い祖師の『御遺告』に関する「秘決」として、この法の奥義を説くものであろう。それは、典拠としての空海の『御遺告』と、『大事』等の三尊合行法テクストの水準の中間にあって媒介する水準と成す。これは図像を含まぬ文字のみのテクストである点で、『秘密源底口決』と同じ位相にある。

また、文観の自撰を明示する識語をもつ三尊合行法に関する二種の「秘決」が、真福寺に伝来している。共に小型の巻子本という装丁の、『[illegible]（三尊）合行秘決』一巻（図9–2）と、『当流最極秘決』（仮題）一巻である。前者は白描の本尊図像を交え、三尊合行法の本尊に関する諸位相での習を、箇条毎にその典拠本文を引きつつ秘説を開示する、いわば『御遺告大事』と『秘密源底口決』を折衷して簡略化した、しかし扱う位相は異なるテクストである。文観の著作を示す識語を付すが、年代は示されない[34]。後者は前欠だが、問答体により、三尊合行本尊たる宝珠の体性（本質）を典拠本文を引照しつつ釈義する、図像を伴わない「秘決」である。延元四年（一三三九）六月の文観著作識語を有し、宝蓮および宣恵による同五年の相伝識語が付される（また明徳三年〈一三九二〉七月の深円識語を付し、後述の『最極秘密鈔』の伝来と密接に関連する[35]）。

同じく、文観自撰の聖教として同水準にあり三尊合行法とも関わる重要な著作が、『最極秘密鈔』五帖五巻である。その第三帖『秘密極最鈔』の後半部分が、真福寺に近い稲沢万徳寺聖教中に存している[36]。後節に詳述するように高野山大学図書館光明院文庫に全五帖の完本が見出され、また金剛三昧院に巻一のみの明徳三年（一三九二）写本を伝える。その第一巻の末に長文の文観識語が付され、延元二年（一三三七）九月の成立を記す。そこに「合五帖」とあるように、本来は粘葉装の聖教であった[37]。基本的に文字中心のテクストだが、一部に簡略な朱を交えた図像と印契図等を含む。その第三巻一帖が三尊合行法に関するもので、これのみは末尾に『御遺告大事』と共通する彩色本尊図像を描く（万徳寺本のみ現存、光明院本は欠失）。全体は、灌頂印信、血脈をはじめとして、伝授の印明に関する口伝を集成した、つまり伝授儀礼に関わるテクストであり、秘伝と図像の位相を含む。更に、典拠テクストである『御遺告』にもとづく三尊合行法儀礼テクストとして文観自撰の識語を有するのが、高野山金剛三昧院蔵（高野山大学図書館寄託）『遺告法』三帖[38]である。「三寸（尊）」「合行」「肉童子」の三帖から成り、全体として『御遺告』を本文とする「遺告法」としての三尊合行法を構成する。年次未詳の文観識語にこの「遺告大事」は東寺長者一人のみに授くべき「秘法」とし、「三重灌頂」とするのに応じ、各帖で位相を異にする本尊の道場観と本尊加持を説いて、文字のみで多元的な法儀を構築する。その特色は、『最極秘密鈔』で「大聖如意金剛童子」、『御遺告大事』で「因位童子尊像」と呼ぶ、文観独自の三尊合行法尊像である童形大師像（肉童子）を本尊として位置付けることである。更に、「合行」帖において道場観中の曼荼羅集会諸尊中に「天照大神、八幡、春日」の三神を加え、護摩口伝にもこの三神と「日本国中諸神冥衆」を供養すると説いて、その儀礼空間に三神をはじめとする神祇を勧請する点が注目される。

図 9-2　『三尊合行秘決』本尊図（真福寺）

図 9-3　文観「三尊合行法」聖教の位相

＊自選聖教中の諸位相に『金峯山秘密伝』（縁起秘伝），『瑜伽瑜祇秘肝抄』（経典注釈），『小野弘秘抄』（尊法秘法），『秘密舎利式』（講式儀礼）が含まれる。

これまでに提示した文観による三尊合行法聖教の諸テクストは、相互に有機的な関連を示しながら、それらが文観自身による著作であることをその識語に明示するもの以外に、祖師、先師による著作に仮構する聖教や儀礼修法に用いる事相書、あるいは灌頂口決など秘伝に属すものなど、複雑な位相を示している。それらを仮に整理すれば、図9-3のような相関図が示せるだろう。以上に示した如く、多元的な位相を有するこれら文観自撰の水準に位置する一群の聖教が、三尊合行法のもうひとつのテクストの領域を構成している。

三　三尊合行法テクストと文観著作

文観による三尊合行法関係聖教の著作は、その成立年代が知られる分に限ってみれば、嘉暦二年（一三二七）の

『御遺告大事』を例外として、延元元年から四年（一三三六〜三九）の間に集中する。このうち、『秘密源底口決』は初撰本が建武以前「殊音」時代の成立として『大事』と対応する関係にあることから、この二書が三尊合行法の基幹聖教としてまず成立し、元弘の変に連座した硫黄島配流を経て、建武三年（一三三六）正月に建武政権が崩壊し吉野へ遷った後、改めて『口決』の再治と『次第』の復原をはじめとした、一連の聖教の再構築がなされたものであろう。その一方で、全く同じ時期に、秘法を中心とする諸尊法の次第と口決の集成である『小野弘秘抄』の撰述が継続して行われており（東寺宝菩提院蔵の宝蓮写本によれば、延元元年五月の「後七日法」に始まり、後醍醐天皇が崩御する延元四年八月の直前にあたる七月に「普賢延命法」を撰んでおわる）、延元元年九月には、後醍醐天皇の「御願」として「凶徒」を払わんがために『秘密舎利式』一巻（金剛寺蔵）が撰述され、講式という儀礼テクストの位相において密教の最極の本尊である舎利すなわち如意宝珠が「大師将来舎利縁起」を加えて讃嘆される(39)。この式と併せて禅恵に伝授された『道場観大師法最秘』は三尊合行法の道場観と共通するものであった。また、延元二年には『金峯山秘密伝』三巻が撰述されている(40)。その生涯で最も活発な著作活動が行われた時期に重なって、三尊合行法の聖教が体系的に形成されたのである。

これらのうち『金峯山秘密伝』については、第十八章に詳述するが、いま本論の主題とするところに沿って、その概容を検討してみよう。この著作は、金峯山の蔵王権現を中心に、天河弁財天と熊野権現を加えた吉野—熊野の霊地の仏神について、前半にその本地垂迹説と名号や尊像等の秘伝を明かして「習事」とし、後半に蔵王権現以下諸神の行法次第ないし本地供の修法を集成し、以て「主上御修行」のためと識語に記して、吉野に在った後醍醐帝の王権護持の宗教体系を具象化したテクストとなっている。要は本地垂迹の秘伝開示テクストと本地修法の儀礼テクストの両面を構成し類聚・統合したものであり、両者の中間に金峯山諸尊の種子曼荼羅が位置付けられる。前半に尊像の「習」つまり解釈が含まれ、後半に道場観が含まれるので、図像そのものは欠くが、図像テクストの位相も内蔵していよう。すなわち、『秘密伝』は、一書のうちに金峯山（および吉野—天河—熊野）の宗教体系の諸位相が多元的にテクスト化され包摂されているのである。しかも、その「習」の所説（それら秘伝の開示にあたり「甚秘思之」等と結ぶ筆法は他の文観聖教と等しい）には、垂迹の蔵王の一身に三仏ないし三尊等の三種の功徳が摂されるという、不二の秘尊としての天河弁才天と胎蔵大日たる熊野権現の二尊を併せて、金峯蔵王を三尊一体の宝珠と口伝に説く点で、それは三尊合行法の論理と象徴体系に重なるものなのである。

文観による一連の三尊合行法聖教の再発見は、このように既知の文観聖教の再認識をうながすものであった。それらはいずれも、その成立した時代状況との密接な関係を示しており、また、それらの言説は悉く後醍醐天皇に向けられており、その王権を象り、護持するためのテクストとして構成されていると思われる。

加えて、同時期に成立した文観著作である『最極秘密鈔』について、その全体像を要説しつつ、その一部を成す三尊合行法の記述について触れておこう。本書は、高野山大学図書館蔵光明院文庫本[41]によって全五帖の全貌が明らかになった。その第一巻「秘密最極鈔第一」（内題）末尾の延元二年九月文観識語には、末に「合五帖」とあり、全体の成立と本来のテクストの形態を示すものである。その識語中、「今度天下動乱、顕密正法、多紛失之間、法滅期在此時、若不挑法燈、密宗忽磨滅」と危機感を露わにして、「日々老耄」ながら「勅定」により本書を記したと、その著作の動機を記す。その「綸旨」も別にあり、また、文観自身の年齢を明記するのも他に余り例がなく、その格別な位置付けと思い入れを示すものであろう。

巻一は、文観が伝受した小野三宝院法流の灌頂印信の集成である。血脈を含む各種印信は、文観の連なる法流の相承の内容を知ることのできる点で貴重であろう。とりわけ、師の道順から後宇多法皇へ授けた灌頂印信が含まれることの意義は大きい。後半には、宝珠に関する口決を聚めている。

巻二は、灌頂印明の各種毎について秘事口伝を十二箇条にわたり列記する。それぞれに経軌の典拠本文を掲げ、その口伝を示す。なお、本巻には文観識語が付されない。

巻三は、「灌頂印明観行儀」と題して、伝法灌頂における印明伝受の、初重二印二明（而二重）、第二重一印二明

（不二重）、第三重一印一明（大不二重）について、順次、その印と明を示し、観念や口伝等を経の偈文を掲げつつ秘決を説く。それぞれの境位に宝塔図と印契図を添える。これに付して、「灌頂印明号摩尼印事」を宝珠幢図を添えて説き、最後に「大聖如意金剛童子事」で『秘密源底口決』と共通する三尊合行本尊としての童形大師像の秘伝が説かれ、『御遺告大事』の因位童形尊像と同様の二尊（図9-4がその一例。万徳寺本にのみ存し、光明院本は欠失）が添えられる。つまり、伝法灌頂の印明伝受作法に則した口伝の文脈の上に、三尊合行法の本尊観が展開するもので、冒頭の灌頂についての釈義の段りに灌頂を宝珠と説くことも、両者が結びつけられる全体の主題を示すものであろう。この「観行儀」については文観識語が付されており、この大師を「東寺一家本尊」ないし「大事」として国家を守り持《たも》てと結ぶ。次いで「為門人上首付法一人記之」と始まる文観識語で結ばれる。この識語は、以下の巻四、巻五にもほぼ同文で付されており、本書全体の編纂に文観自身が携わったことを示している。

図 9-4　『最極秘密鈔』巻三（万徳寺）

巻四は、明確な構成を有さないが、伝法灌頂の初重、二重の印明に関する各種の口伝を記し、真言に関する大師御筆図等を添える。

巻五は、灌頂印信のうち、格別な秘伝に属するもの（合掌令掌の文、未聞今聞の文、毘盧遮那法印など）について、その習を記す。最後に、座主相承大事と、巻一の印信にも納められていた蘇悉地灌頂の大事を説いて、「両部三部都法大阿闍梨位　法務大僧正法印大和尚位弘真　記之」と、伝法大阿闍梨として署名して全体を締め括る。末に善如龍王のことを加え、これに内侍所の神鏡と熱田の神劔の秘伝が添えられている点が注意される。

以上、『最極秘密鈔』の全体は、伝法灌頂印明の口伝の類聚で

図 9-5　三尊合行曼荼羅（御遺告本尊）（親王院）

あり、一見雑纂と思える多様なテクストが集合した如くであるが、目録化しつつ整理すると、灌頂に際し、その階梯に沿って伝授される印明に伴う口伝として伝承された切紙、またそのために造られた注釈などを主題別に整理して構成された、体系化を目指す集成であることが知られる。特に巻一前半の印信集は、文観の伝える法流の真正性と正統性を証明する根拠となるものであり、その上に巻三の如く三尊合行法と融合して、儀礼と注釈と図像が一体化した新たな聖教を創出していることが注目される。本書が『金峯山秘密伝』撰述の直後、延元二年九月に纏められていることは、その編纂自体が三尊合行法の構築と深く関連した営みであったことを示すだろう。

本節では、文観による三尊合行法の聖教テクストについて概観したが、その本尊図像というべき「三尊合行曼荼羅」（図9－5）が高野山親王院に伝存する。十四世紀南北朝時代に遡る制作の一幅には、弘法大師と真然、実恵の三尊を中心に、上方に宝珠とそれを左右二龍が頂戴し白蛇尊と避蛇尊が左右に侍す三尊、下方に不動と愛染の二明王を配しており、三尊合行の諸位相の諸尊集会の体を成す曼荼羅である。同様な図様の室町時代の作例が高野山龍光院にも伝来しており、なお多くの遺例を捜り出すことが可能であろう。

四　『瑜伽瑜祇秘肝鈔』と後醍醐天皇御影

文観の著作として認知されるテクストは更に出現する可能性がある。その一例が、仁和寺塔中蔵に伝来する『𑖧𑖺𑖐𑖧𑖺𑖐𑖰（瑜伽瑜祇）秘肝鈔』四巻（第三巻欠）である。[42] 第四巻本文に文観識語を有するが、年代を示さず成立を明らかにしない。その奥書に興国五年（一三四四）吉野現光寺（比蘇寺）において、宝蓮による文観自筆本を直接面授して写したとする伝受書写識語があり、これ以前に著されたものである。[43] なお、宝蓮は興国元年～四年までの間に『小野弘秘抄』を同じく吉野現光寺等において文観から伝受書写しており、それに引き続いての伝授である。したがって、このテクストは『小野弘秘抄』撰述をおえた延元四年の後醍醐天皇崩御後の成立と推定され、その時期は絞られよう。

『瑜伽瑜祇秘肝鈔』は、真言密教で秘経として殊に重んじられた瑜祇経の注釈である。経題の釈義より始まり、各品毎に、その大意を示し、本文ないし要文を掲げ諸経論疏の文を引いて、その上で口伝の所説を加え、時に「馬隠蔵三昧事」（巻一）、「如宝愛染事」（巻二）等の解説を加えている。全十二品のうち、第八・九の二品を欠き、これが失われた第三巻に相当すると思われる。その大きな特徴は、随所に彩色図像を挿入することで、現存三巻では二七図を数える。図像は、瑜祇経を所拠とする愛染明王像をはじめとする各種尊像、曼荼羅、三十七尊三昧耶形図など多様であり、全体はいわば瑜祇経図像集の如き趣を見せている。それらの特色は、他に類を見ない異形というべき尊像や独自な曼荼羅を多く含むことであり、冒頭の「当流三宝院御経蔵」に在る「大師御筆図」と称す瑜祇塔（法界塔婆）曼荼羅や両頭愛染像などは中世の東密諸法流における瑜祇経法の印信類にも含まれるところだが、なお瑜伽成就の悉地を祈り煩悩即菩提の境地を表す頂行垂髪童子（聖天）像、および「愛染王文殊観音金薩頂行五尊曼荼羅」など特異な図像を有する。その基本的な性格は、『御遺告大事』とも共通する、注釈テクストと図像テクストを複合させた、文観独自の宗教テクストの位相である。その所説の分析や、図像学上の位置付けは今後の研究に委ねたいが、いわば愛染明王諸図像集という側面をもつ本書を、文観とその属す真言法流の密教図像の系譜の許で検討する必要があろう。

西大寺流においては、叡尊を願主とした愛染明王像の造立（宝治元年、一二四七）が西大寺復興の象徴として教団内で重要な意義を担っており、その系譜の末に連なる、文観および後醍醐天皇に関わる愛染明王画像の遺品も、内田啓一によって論じられている。(44) また、三尊合行法の本尊としての一仏二明王の一方が、奥砂子平法にあたる愛染明王であることも無視できない。『秘密源底口決』の追記中には、瑜祇経灌頂品を引いて、三尊合行の本尊観を摩尼宝珠と不動、愛染とする根拠としていることも注意される。つまり、三尊合行法は瑜祇経をも包摂するものといえよう。

特に、瑜祇経を拠として中世真言密教法流伝授の世界で重んじられたのは、瑜祇灌頂の儀礼である。この瑜祇灌頂との関連でとりわけ注目したいのは、著名な遊行寺蔵の後醍醐天皇画像（口絵2）である。(45) 八葉座に座し帝冠と束帯の上に法服を着した俗躰の天皇が、左手に金剛鈴、右手に五古杵を持して金剛薩埵と同じ姿となる特異な肖像は、王法と仏法（密教）を一身に兼ね、上部に「天照皇大神」および「八幡大菩薩」と「春日大明神」の三社神号を掲げて、神祇を頂戴して礼拝する尊像として神格化された帝王像が顕されている。前述の如く、『遺告法』がこの三神を勧請することと重なり、あるいはこの御影も位相を異にした三尊合行法の図像化ではなかったか。付属する文書には、本御影は文観より醍醐寺法親王深勝から法親王杲尊、そして遊行十二代上人尊観へと伝えられたとあり、同じく「瑜祇灌頂之事」には、本図が元徳二年（一三三〇）に（文観が）帝に灌頂を授けた際の姿を表したものと伝え、それは宝蓮の『瑜伽伝燈鈔』の文観伝と一致した事蹟である。(46) 尊観もその付法交名中に見える。また同文書の「後醍醐天皇御影事」には、天皇崩御の五七日仏事に曼荼羅供の導師として文観が勤めた際に「霊応」として天皇が影向する奇瑞があったと伝え、本御影はその感得像そのものであった可能性もある。その点で『秘肝鈔』

の成立が後醍醐崩御の後の数年間と想定されることは示唆的である。いずれにせよ、文観の瑜祇経と瑜祇灌頂の実修が、後醍醐帝の玉躰とその王権護持へと志向し、同時に独創的な愛染明王の諸尊図像体系を生み出した。その結晶としての本尊画像がその御影であり、その文脈と体系を示すテクストが『秘肝鈔』であるといえよう。

かくして、文観弘真の著作の輪郭のおおよそが漸く明らかになってきた。叡山文庫天海蔵の宝蓮著・文観識語本『秘密最要抄』の如く、弟子に撰述させて「御判」を加えた著作に准ずるものや、その存在こそ知られているが、未だ内容が明らかにされない著作もあり、なお全貌を見渡すことはできない。だが知られるところは、理趣経、瑜祇経そして大師の御遺告の注釈、灌頂印明の口伝集成、舎利—宝珠法の講式、後七日法はじめ秘密修法の次第と口決の集成、本地垂迹説と本地供の集成など、多様な位相を示す聖教である。それらの中核に位置するのが、三尊合行法に関する一連の聖教だといえよう。その本尊としての一仏二明王は、宀一山舎利であり摩尼宝珠であり、如意輪であり大日金輪であり、また天照大神であり大師でもある。それは常に二元的な所現としての不動と愛染の尊格において対照／対立的側面を示すが、同時にその二元を絶えず止揚し撥撫する運動を生起させている象徴である。つまりそれは、東密真言宗ひいては顕密仏教にとって「最極秘密」の本尊として、全てを統合し包摂する究竟の〈聖なるもの〉であった。その聖教はまた、文観の密教テクストの諸位相を悉く具備し、しかも相互に補完して機能すべく制作し布置されて精妙に体系化されると同時に、ほとんど限りなく再生産や変奏が可能な増殖するテクストであり、それらのテクスト諸位相の上でのみ、彼の〈聖なるもの〉が創出されることになったのである。

一三〇〇（正安二）閏七・二

＊吉野現光寺で〔叡尊画像〕を描く。「西大寺二聖院殊音」

一三〇二（正安四）

＊叡尊十三回忌のため〔木造文殊菩薩騎獅像〕造立、願文・毎日図絵文殊等を納める。「西大寺小苾蒭文殊持者文観并通受者二歳別受一歳生年廿五歳」

一三一四（正和三）九・二

『**西玉抄**』を撰述し、信空に証明を得る。（東大寺図書館）

正和三年甲寅九月廿一日、於西大寺長老御坊記之。凡当流者、稽古五夏之戒学、可趣三密之修行之由、興正菩薩令定置給。雖須守規式之有、入当流之門、且宿縁之所萌歟、且冥応之所催歟。難待五夏之年歳、偏尋竭諸之明師、受両部之秘奥、置三点之心、伝諸尊之瑜伽、納四重之懐。雖然、大鵬之翔、片鷃難趣、金流之影、泥器難写者哉。仍、重酌菩薩之遺流、受現師之印可之処、宗之精奥、重之玄底、殊催信心、偏置安心。肆、愚存趣稟承之旨、欲記之者、冥慮尤難測、欲黙之者、廃忘将失度。是以、云義理、云題名、於菩薩宝前、窃投卜之処、蒙聴許之間、管見之所覃、粗以所記之也。即、為証明知見、経現師之高覧者也。

菩薩戒苾蒭金剛資　殊音在判

一三一六（正和五）四・二

＊殊音上人（西大寺僧、竹林寺長老）、道順より伝法灌頂を授かる。（醍醐寺本伝法灌頂師資相承血脈）

一三二一（元亨元）一一・一八

『**御遺告七箇大事**』を道順の師伝により撰述。（智積院）

師授云。此秘法等ハ宗ノ重事、流ノ至極也。付法一両之外、不可口外一。今恐二廃忘一、紙面ニ記之。置二座右一ニ、為レ養二心腑一也。其恐多之、付法一両之外、努努不可他散。若不師伝一者、輙披見之。宗三宝八大高祖知見、冥罰無疑者也。勿違勿違。

于時、元亨元年辛酉十一月十八日。　　　三宝院末資　殊音

一三二四（元亨四）三・七	*〔木造八字文殊菩薩騎獅像〕を「金輪聖王御願成就」のため造立。「菩薩戒苾蒭殊音」「金剛仏子殊音」
一三二五（正中二）一〇	*後醍醐天皇に印可と仁王経秘法を授け、内供奉に任ぜられる。（瑜伽伝燈鈔）
一三二七（嘉暦二）一〇	*後醍醐天皇に仁寿殿にて両部伝法灌頂を授け、権僧正に任ぜられる。（瑜伽伝燈鈔）
一二・二一	**『御遺告大事（東長大事）』**を道順より口授される。（慈眼寺・（c・d）正智院） 已上、先師東寺一長者醍醐寺座主前大僧正道―（順）御口授如此。古来未載紙面、今為付法恐々記之。両部諸尊八大高祖、垂哀愍而已。（a） 嘉暦二年十二月廿一日、密々御修法間、於禁裏仁寿殿第三対、御為当流、最極大事嫡々相承秘奥、為付法一人記之。写瓶外不可開見。々々々若違此言、両部諸尊大高祖知見證罰給。重々秘決別記之。（b）　内供奉十禅師菩薩苾蒭殊― （c）東長大事、当流最極也。如眼肝可有秘蔵、付法一人外、不可有他散。般若寺衆首如空上人伝授畢　（d）法務前大僧正法印大和尚位弘真在判
一三二九（嘉暦四）三・二六	*後醍醐天皇より信空に宣下された慈真和尚号を携え下向。（勅諡慈真和尚宣下記）
一三三〇（元徳二）五・七	*東寺宝蔵の十二天屏風を借用。（東寺執行日記）
八・二五	*〔五字文殊菩薩画像〕を描く。「菩薩戒苾蒭内供奉十禅師殊音」
一〇・二六	*後醍醐天皇に瑜祇灌頂を授く。（瑜伽伝燈鈔）
一三三一（元徳三）五	*幕府により捕われ硫黄島に配流される（元弘三年〈一三三三〉五月まで）。「観音文殊積功経歳月、法験無双之仁也。依之、関東調伏御祈、自最初被綸言、多年修之条、依令露脱、被処流刑畢油黄嶋。」

一三三三（元弘三）（正慶二）一〇・二五	*後醍醐天皇、観心寺の不動明王像を禁中に移させる。（観心寺文書）
一三三四（建武元）六〜七	*悲母追善供養のため〔五字文殊菩薩画像〕「[illegible]」（文観署名）・〔八字文殊菩薩画像〕「醍醐寺座主僧正弘真」（建武二年一〇月七日に東寺西院御影堂へ寄進）および〔如意輪観音画像〕（浄土寺）を描く。
	*この年、東寺大勧進および東寺四長者に任ぜられる。（東寺長者補任）
一三三五（建武二）五・一八	*後醍醐天皇、『四天王寺御手印縁起』を書写、御手印を捺し奥書を記す。
閏一〇・二三	*清涼殿二間に東寺舎利を勘計する。『東寺長者弘真仏舎利奉請状』「法務僧正弘真（花押）」（東寺百合文書）
一一・二	*高野山検校に官符縁起の提出を命ず。（宝簡集）
一二・二	*後醍醐天皇、『高野山根本縁起』に御手印を捺し奥書を記す。
一二・一三	*禁裏相伝・大師相承の三衣一鉢を東寺西院御影堂に施入。『弘真三衣并鉢施入状』「僧正法務弘真（花押）」（東寺百合文書）
一二・二三	『如意輪陀羅尼経』を書写。（松尾寺） 建武二年十二月廿三日令相伝之。此当流最上神尊也。仍此経、可為甚密勝本者也。付法人、可伝受之。 法務僧正弘真（花押）生歳五十八
一二・二五	*金剛寺に東寺仏舎利を施入。『東寺法務僧正弘真仏舎利施入状』（金剛寺文書） 右五粒仏舎利、是五部成就宝珠、三部相応意宝也。為当寺仏法久住本尊、且為祈天下泰平国家長久御願、東寺仏舎利所申下也。仍綸旨副之、早如守眼精、可祈興法利生大願者也。仍状如件。 建武二年十二月十五日 法務僧正法印大和尚位弘真（花押）
一三三六（建武三）（延元元）正・一六	*吉野如意輪寺〔蔵王権現像吉野曼荼羅綵絵厨子〕製作。

三・二一　*宮中にて東寺舎利を勘計する。『東寺長者弘真仏舎利勘計記』「法務長者弘真」（東寺百合文書）

五・四　『小野弘秘抄第六』（内題）「後七日法甲歳」を撰述。（東寺三密蔵）

延元々年五月四日記之。巳尅。重同四年七月九日令清書。此偏奉為天長地久御願成就也。

東寺座主兼醍醐寺座主大僧正御判

九・二一　『秘密舎利式』を撰述。（金剛寺）

延元々年九月廿一日子尅草之。此偏奉為国家御願成就、亦凶徒払国外、四海施梵福、一天和潤、上下行孝、仏法再興、僧侶持三学、秘教伝持師資付、令為祈如是大願、秘宗奥義記之。付法外不可散書。若已灌頂輩有勤求志、捧誓文、授之而已。

東寺沙門僧正在御判

一三三七（建武四）（延元二）三・一五　『金峯山秘密伝』巻中を撰述。（金峯山寺他）

延元二年三月十五日、奉為国家護持、且為増蔵王権現威光記之。同八月廿四日、重金精牛頭行者供養次第書入畢。

法務僧正在判

七　『金峯山秘密伝』巻下を撰述。

奉為主上御修行、蔵王次第進上、彼中記之了。延元二年七月　日、為令法久住記之了。

法務僧正謹書之

七・三〇　『護摩次第』を撰述。（吉野如意輪寺）

奉為今上聖主御願成就、早為逆徒退治天下静謐、為勤行、任相承秘伝所記之。甚深秘法也。輙不可授教、付法一両人外不可授之。仏法之磨滅、王法衰微、只此時也。此尊本誓、尤亦此時也。

法務大僧正弘―

九・二一　『小野弘秘抄』仏眼金輪合行法を撰述。（東寺三密蔵）

口伝云、此法甚密之道、我流之肝心也。菩提心論云、於内心中観日月、月輪□□此観照見本□云々。宝珠内心・日金・月仏甚秘思之。延元二年九月廿一日、蒙勅命、奉注進之。

法務大僧正弘―上

勅使亮意法眼

自今日御発願由、被仰下。

九・二五 **『最極秘密鈔』**を撰述。（高野山大学図書館・光明院文庫）

右相承大事、法流之源底、随思出令注之。自宗之肝心、我道極秘、悉有此中。雖其恐不少、今度天下動乱、顕密之正法、多紛失之間、法滅期在此時。若不挑法燈、密宗忽磨滅。随事亦日々老耄、諸事忘却、仍為思門葉故、至極々々大事等、悉載之、深納宝蔵、无令他散。附法之外、雖為名字、不可令知之。可為座主相承之重宝、致座主位授此等鈔。此亦、依勅定記之（綸旨在別）。合五帖。延元二年九月廿五日記之畢。

東寺沙門法務大僧正醍醐寺検校弘真生歳六十法夏三十七（在判）

一二・七 **『小野弘秘抄』地蔵菩薩法最秘**を撰述。（東寺三密蔵）

此法、金剛智三蔵秘密伝来也。云本誓、云功能、経広説之。殊滅破戒罪業、施悪趣不生□。仍為弘法利生記之。延元二年十二月七日記之。

法務大僧正弘―

＊この年、〔叡尊画像〕に銘を付す。「前東寺一長者醍醐寺座主法務」

一三三八（建武五）（延元三） 二・一四 **『小野弘秘抄』般若心経法**を撰述。（東寺三密蔵）

延元三年二月十四日、蒙勅命、奉注進之。勅書在之。

大僧正弘―上

三・二 **『秘密源底口決』**を重ねて写す。（真福寺・琴堂文庫）

此法者、自宗之源底、当流之極秘也。先年、雖写持之、今度天下動乱、同紛失、大略焼失歟。可悲々々。仍、重書写之。

延元三年三月廿一日。

東寺座主（兼醍醐寺）法務大僧正弘真（在判）

四・一四 ＊相伝の『弘法大師二十五箇条御遺告』を後醍醐天皇へ御覧に入れ奥書を得る。（醍醐寺三宝院）

延元三年四月十四日、所経　高覧、以震筆所被下相伝本也。秘蔵々々。

法務大僧正弘真奉持本也。（花押）

四・二五 『小野弘秘抄』**千鉢文殊法**甚秘等を撰述。（東寺三密蔵）

延元三　四月廿五日記之。（千鉢文殊法）延三　四　廿八日記之。（放鉢文殊法）延三　四月廿九日記之。（文殊知識法）

五・一 延元三年五月一日記之而已。（善財童子法）

醍醐寺座主僧正弘―御判

一三三九（暦応二）（延元四）正・五 ＊定海『重鈔（第三重口決）』を書写し成助に授与。（真福寺）

右此重鈔者、嫡々相承、付法伝持之秘宝也。然金剛輪院僧正成(助)―、依為一方付法、奉授与畢。付法一人之外、不可有□□者也。

延元四年己卯正月五日　法務大僧正弘―（花押）

正・二五 ＊醍醐寺座主に再任。（瑜伽伝燈鈔）

二・一三 『小野弘秘抄』**釈迦法**を撰述。（東寺三密蔵）

延元四年二月十三日、為伝法記之。

弘―

三・二 『一二寸合行秘次第』を重ねて写す。（真福寺）

右此法者、自宗大事、当流源底也。代々座主外、不可示授由、祖師祈請在之。然今度天下動乱、紛失畢。定有散失歟。可悲可歎。

延元四季三月廿一日、重以正本書写之畢。

東寺座主兼醍醐寺座主　法務大僧正弘真判

四・二五 『小野弘秘抄』**五字文殊法**を撰述。（東寺三密蔵）

延四　四月廿五日記之。

六・六 『小野弘秘抄』**瑜祇経法**を撰述。（東寺三密蔵）

六・七

今此法、両部蘇悉地一心曼陀羅也。此以心伝心法第五三昧耶人授之。故経云。大阿闍梨応作此法、若諸阿闍梨、曾入金剛界大灌頂、及受金剛界阿闍梨位、応作此法文。法甚秘在之。然今、為伝法一人、且為継法命、相承大事記之。此経惣行次第、法三御子記並源運僧都伝在之。然以大師御記、為甚秘伝也。自宗極理在之。不付法、不座主、不可授之。勿違々々。

于時、延元四年六月六日記之。

醍醐寺座主大僧正弘―御判

『小野弘秘抄』[梵字]《ユギソタラダラマ》（瑜祇経法）を書写。（東寺三密蔵）

延元四年六月七日、以祖師相承本、自手書写畢。此法、一法界[梵字]企法、貞観寺僧正直受大師授与記之給。嫡々相承唯受一人次第也。常一法界[梵字]企法三御子大略記之。秘密印言等全伝之。小野正嫡独伝之。自大師以来付法廿二代至予、付法但一人也。

座主大僧正御判

延元四年六月十九日、奉注進言上畢。弘―上／数月触玉躰御勤仕之。

六・一六

＊後醍醐天皇筆『天長印信』を賜り奥書を付す。（醍醐寺三宝院）

此印信文者、大師御筆、代々座主相承之重宝也。然、祖師三宝院権僧正時、一本写之、座右置之、常為拝見也。正写共三宝院嫡々相承大事。不伝此印信、輙号嫡弟者、冥慮可恐々々。然、今上聖主、誠大師再誕、秘蔵帝王。仍為末代法流重宝。延元四年六月十五日。

今上皇帝震筆、所申下也。代々座主之外、不可開見。若違此旨、宗三宝八大高祖、知見証罰給。勿異々々。

于時、延元四年六月十六日、記之。（但一行余二十字御脱落了。無念々々。）

醍醐寺座主大僧正法印大和尚位弘真（花押）

同六月廿五日、後宇多院御国忌曼陀羅供導師勤仕之。職衆十六口。同廿六日、東寺座主拝任畢。

六・一八　『**当流最極秘決**』を撰述。（真福寺）

延元四年六月十八日、当流最極之秘決、為付法門人上首、記之。

東寺座主大僧正御判

六・二八　『**小野弘秘抄**』**如宝八字文殊法**を撰述。（東寺三密蔵）

右此尊法、当御代始、以如宝儀可勤仕由、所申入、可被下綸旨被仰下間、且為用意、相承秘趣記之。門葉上首、守惜如己眼精。穴賢々々、可秘々々。

于時、延元四年六月廿八日。

東寺座主大阿闍梨耶大僧正弘―

同四年十二月廿三日、当御代始、任先皇勅約、可令勤仕旨、綸旨被下、同十二月卅日、為年始御祈禱奉始行。

同五年正月七日、々中奉結願了。

六・二九　『**小野弘秘抄**』**理趣経法**を撰述。（東寺三密蔵）

延元四年六月廿九日、記之畢。

東寺座主兼醍醐寺座主大僧正弘―御判

七・一　『**小野弘秘抄**』**普賢延命法**を撰述。（東寺三密蔵）

延元四年七月一日、記之。

東寺座主大僧正弘―御判

延元四年七月十二日、為令法久住、乍臥小病床、記之。

東寺座主大僧正弘―御判

*八月十六日、後醍醐天皇が吉野にて崩御。

*延元五・一二～興国三・二にかけて、『小野弘秘抄』等を宝蓮が吉野現光寺および岩坪弁才天で伝受・書写する。

一三四二（暦応五）（興国三）三・二　*高野山御影堂に〔忍葛蒔絵螺鈿三衣筥〕を寄進。『奉寄進蓮糸香三衣事』（金剛峯寺）

右件三衣者、三代　御門御相承之御袈裟也。並而自　後醍醐天皇所下給也。護惜如己身、所随身奉持也。爰奉為報高祖大師之恩徳、且依有霊応之告、即所奉納高野山御影堂也。永為大師御寺衣、堅不可被出寺門者也。仍寄進状如件。

興国三年壬午三月廿一日。

東寺座主前大僧正法印大和尚位弘真（花押）

一三四三（康永二）（興国四）二・一六

『注理趣経』を撰述。（東寺三密蔵）

今受相承之秘趣、輙記大巻之大都、願燃実相般若之慧燈、普照法界衆生之長夜。

興国四年十二月十六日未尅絶筆。

東寺座主法務大僧正弘真七十有三歳 判

此、且蒙先皇勅命、所鈔記之。仍献醍醐之法味、奉祈後醍醐之妙果、以同門行者思之。

一三四四（康永三）（興国五）二・二五

『（瑜伽瑜祇）秘肝鈔』自筆本を宝蓮が書写。（仁和寺塔中蔵）

東寺沙門大僧正　弘（真）一本也

付法一人外、不可授散由、深蒙遺誡所堅守也。代々座主相承也。興国五年歳次甲申二月廿五日、於大和州吉野郡現光寺西僧坊、賜御自筆正本、書写之了。倩以、投鬼乞半偈、砕髄求一句、難入大道、敢非識量之処。然今、親不二真教、直至一心本居。思宿因、歓喜之涙不覚落。仰師徳、渇仰之掌不討合。守之如眼精、貴之同大覚。

菩薩戒苾蒭宝蓮法臈八歳俗年卅四

一三四八（貞和四）（正平三）七・二五

＊高野山金剛峯寺に宝珠を、御影堂に宝物十二種を奉納。（続宝簡集第十三）

右件重宝者、相承霊宝、法流源底、雖為代々相伝、且為鎮護国家秘宝。故申請勅書並綸旨、所奉納也。伏乞高祖大師、依帰依功、故国主皇帝御願成就、四海静謐、万民与楽、殊為当山本末、密法繁昌、住侶安穏、発心堅固、顕密二宗、恒転法輪。重乞護持仏子、生々奉仕大師、世々弘秘蔵護国家、永利群生、仍寄進如件

正平三年戊子七月廿五日宿水曜。

東寺座主法務前大僧正弘真（花押）

一三四九（貞和五）（正平四）閏六・一〇

『（三尊）合行秘決』自筆本を覚秀が書写。（真福寺）

自宗大事、法流極秘、為付法記之。当寺座主并東寺長者一人可授之。不其機者、頂戴不見之。

貞和五年己丑後六月十日、賜自筆書写畢。同十三日交点畢。求法資覚秀。

東寺座主兼醍醐寺大僧正弘真在御判

一三五〇（観応元）（正平五） 四・二七／五・九

＊浄瑠璃寺五智輪院に隠居し霊宝を寄進。『浄瑠璃寺流記事』（浄瑠璃寺）
右仏舎利霊珠、是自宗之重宝、秘密之源底也。帰敬者衆願忽満、信修者悉地頓成、誠万徳帰趣、万生所帰、其徳在于宝玉者也。爰当寺、是薬師如来施霊験之地、秘密真言積行学之寺也。仍随喜間、法流相承龍宝神珠并亠一山仏舎利等、為令法久住本尊。別為満寺僧衆所願之成就。惣為一天泰平万民与楽、所安置也。早一寺僧衆、如守自眼肝、可有秘蔵之状如件。

正平五年庚寅五月九日。

東寺座主兼醍醐寺法務前大僧正弘真判

一三五二（観応三）（正平七） 正

＊後七日御修法の大阿闍梨を勤仕する。（東寺長者補任第四）

一三五三（文和二）（正平八） 九・四

『**十一面観音秘法**』を撰述。（大覚寺）
正平八年九月四日、依洞院左大将（実世）殿御誂、所定記之。此相承秘決、長谷寺二臂本尊六種持物、是且依天照大神本地載之。大日輪中示現甚深秘法也。

一三五四（文和三）（正平九） 九・二二〜一〇・一

宝蓮撰『**秘密最要抄**』六巻に御判を付す。（叡山天海蔵）

于時、正平九年九月二十二日、加一見了。誠此抄者、秘宗之極理、当流之眼目也。云事相大事、云観心用意、方々深妙々々。付法外不可有他散者也。

東寺座主法務前大僧正在御判。一交了。

正平九年九月二十五日、一見了。真言秘趣、秘密源底、多在此中者也。随喜々々。

法務前大僧正、在御判。

正平九年九月二十八日、一見了。此抄義趣、誠契高祖之冥助歟。近代真言師、闇戒行故、難成三密万行、不及悉地成就。今此義理、尤甚深々々。経疏本旨、但此義也。法務前大僧正、在御判。

正平九年九月三十日、一見了。右此抄、当流眼目、秘宗大極也。就中、躰性能生本輪、此相承秘趣也。当流独伝之、諸流未知此旨。諸流各汲雖青龍之智水、当流独高其机（ママ）、所謂此秘趣也。
東寺座主法務前大僧正、在御判。

右此抄、殊銘心府、無言語秘趣也。六大能生本輪、当流独證之。未及余流相承者也。就中、円鏡事、古来未載紙面、外不令知由来重也。代々祖師、定可有恐事也。仍、切離出可密納者也。珍重々々、可有秘蔵々々々。

正平九年十月一日、一見了。
東寺座主兼醍醐寺座主法務前大僧正、在御判。

一三五五（文和四）（正平一〇）正・一七　＊〔大威徳転法輪曼荼羅〕を開眼供養。「法務前大僧正□□」

六・二三　『**道場観**大師法最秘』を禅恵に伝授。

正平十乙未六月廿二日、天野寺学頭　禅恵七十二授之。
法務前大僧正判小野僧正七十八

八・一　＊『秘密舎利式』を伝授書写させる。（金剛寺聖教）

正平十年八月十一日時正初日　於河州天野寺無量寺院（当帝御住持之間、僧正同宿当院）、賜小野僧正弘真御房御本書写了。当寺学頭禅恵七十二才

一三五六（文和五）（正平一一）四・二三　＊禅恵に頼瑜伝受題未詳聖教を伝授書写させる。（金剛寺）

一三五七（延文二）（正平一二）八・二六　『**理趣経大綱秘釈**』を撰述。（真福寺）

正平十二年丁酉八月廿六日。

老躰上、乍臥重病、思法流、依思門葉、且蒙勅命間、任筆鈔記之。伏乞、両部諸尊、別願八大高祖、垂知見証明、令成求願、当往詣兜率仏閣、成聞法大願而已。
東寺座主法務前大僧正弘真

『秘密源底口決』東泉院本の底本を慶盛が書写。（六所家）

一〇・九　＊金剛寺大門往生院にて入滅。（金剛寺聖教）「同（正平）十二年十月九日帰円寂八十歳酉尅終」（道場観大師法最秘）

一三六〇（延文五）一一・三　『**遺告法**』御本を道杲が書写。（金剛三昧院）

右秘法、此遺告大事、自宗最極秘法也。嫡々相承、付法一人授之。非宗長者、不可授之。長者以後法也。代々祖師最秘ス。授之以三重之灌頂、密印言並調三毒法者、是也。三部合行法、源出瑜伽経主、極甚秘在此。大師、貞観寺一人授之。其次第在之。当流之外不知之。今為自行、記之而已。

東寺沙門法務大僧正弘（真）—授之。

延文五年十一月三日、賜御本書写了　道杲

第Ⅲ部　儀礼空間宗教テクストの世界

第十章　仏教儀礼における宗教テクストの諸位相

一　儀礼空間のテクスト

中世において、仏事法会と呼ばれる仏教儀礼のイメージは、縁起絵や絵伝などに鮮やかに図像化され、その宗教世界を構成する一部として表象される。たとえば、鎌倉時代末期の制作になる東大寺縁起絵の一幅（図10－1）は、[1]大仏殿を中心とした東大寺伽藍の全貌を描いているが、その大仏殿前の回廊には、中央の舞台で衆僧が供養を営み、幡が翻り、参詣の貴賤僧俗が集って、さながら供養の大法会の有様である。外には武士も警護に参じており、それはあたかも鎌倉に再建された時の大仏供養を再現したものの如くである。

寺院世界を対象とした縁起絵などの図像テクストにおいて、儀礼の時空間はどのようにイメージ化されているのだろうか。それが庭儀の大法会であれば行道や舞台などの荘厳を背景に、装束に身を固めた僧侶や舞人楽人たちの立ちはたらく姿も描かれるが、その所作や楽屋楽器などを通して、その場に響く音声までもが可視化される。更には、法会の見物人や聴衆たちの姿もその図像化にとって重要な要素である。仏事法会のこうした図像化が示唆するのは、仏教儀礼を構成し、かつそれに生命を与える所作や音声もまた、全てがテクスト化されうるものであり、事実、悉くテクストとして成り立っているということであろう。儀礼は、口伝のように文字化されない水準の言説も含めて、全てテクストにより構築されるのであり、またテクストに還元されるものなのである。

仏教の儀礼は基本的に、次第というプログラムをその座標として、[2] その上に法則という台本を用いて演唱される各種の詞章、所作の作法などが文字化され、またその音声や演奏される音楽は節博士や譜によって記号化され、それらが綜合してテクストとして機能することによって執り行われる、普遍的なテクスト体系を備えている。これは、本書において主題とする「宗教テクスト」――つまり宗教という文化システムの運動とその所産は、悉くテクストの諸位相として発現し、またテクストの諸水準において捉えることができるという認識を導き出す現象のひとつであり、儀礼はその大きな一領野である。更にこの認識を拡張するなら、儀礼とは、それ自体がテクストとして包括的に捉えることのできる、宗教テクストの最も突出した次元と言うことができるだろう。

図 10-1　『東大寺縁起絵』大仏殿・東大寺供養幅（東大寺）

文字テクスト（文章）の一領域は、仏教儀礼の一部であり、また儀礼を象るテクストである。「表白」は次第のひとつであり、かつそのテクスト（草案・写本）そのものを指す言葉であった。[3] 興福寺維摩会では、その「維摩会表白」が、それぞれの年の維摩会講師の所役として作成され、独立した写本として伝わることにもなる。これは、その中に縁起と願文をはじめ経釈から廻向までを含み込んだ複合テクストとなっているが、その核心を成す願文は、維摩会という古代から中世を貫いて持続した講経法会の意趣を説く要《かなめ》のテクストである。この願文が儀礼ひいては宗教テクストの、ひとつの中心を成すことについては、次章に論ずるところである。あるいは、実修された儀礼もまた再びテクスト化される。行われた儀礼の記録が、当事者や参会者の日記ないし別記として記録され、更にはそれが後に儀礼ごとに部類記として抄出、類聚されて遺されることもある。または、それら行事記の蓄積が規範化され、故実書として後代のために伝えられる場合もある。維摩会の場合ならば、それらに関わる厖大な日記・記録として積み上げられているが、その集約が『維摩会講師研学竪義次第』という、いわば維摩会を軸とした興福寺の年代記となるに至った(4)。

中世の仏教儀礼をめぐる宗教テクストの諸位相を尋ねることは、同時に、中世に形成された儀礼テクストの多彩な展開を支える体系を探ることでもあり、またその中枢や周縁にそれぞれ成立した諸道芸能の豊かな所産を位置付けることでもある。宗教テクストの視点からすれば、儀礼にはまことに豊饒な世界が含みこまれ、広がっているといえよう。

二　二月堂修二会の儀礼テクスト空間

大仏開眼の天平勝宝四年（七五六）という記念碑的な年に始められたと伝えられ、日本で最も永い生命をもった仏教儀礼と言うことができるのが、東大寺二月堂で行われる修二会（お水取り）である。これこそ、日本仏教の儀礼の諸位相を包摂しながら、その豊かな所産を今に伝承する儀礼空間である。同時に、それは生きた儀礼テクストの宝庫でもある。

古代仏教を代表する儀礼であり、現在も各地の寺院に伝承されるばかりか、民俗社会で村落共同体の神祇祭祀

「行《おこな》い」となり、芸能とも結びついて展開する修正会・修二会は、「悔過作法」を中心とする法会である。(5)仏菩薩、諸天を本尊として、罪障懺悔のために僧が苦修練行を行うのが悔過であるが、それは五躰投地や宝号の声明を中心とする六時の行法として各種の作法を組み合わせた複雑な法儀である。練行衆の全員で勤めるこの悔過作法に加えて、衆の上首である四職のうち、和上の司る受戒作法や食堂作法、大導師の司る大導師作法、呪師《しゅし》の担う呪師作法など、諸《もろもろ》の重要な作法が全体の行事の中に配置されている。それらはいずれも、仏法の基本を成す僧伽の成立と運営に不可欠な授戒儀(戒律護持)や食事から、仏神に対する祈願と呪禁結界という顕密仏教の原型ともいえる法儀を加えることで、古代中世仏教の基幹的要素をよく伝えるものであるといえよう。(6)

二月堂は、修二会という法会の道場として、小規模ながら東大寺という大寺院組織の縮図であり、かつ半ば独立した領域である。この場は、かつて寺院社会を構成する学侶と堂衆という両階層から寺僧が練行衆として参加したのであり、今も自発的に観音に奉仕する〝聖別〟された苦行を果たす。新入の「処世界」に始まり、参籠の﨟次によってのみ「平衆」から四職へと次第に昇進する独立した組織であり、その交名や勤務は四職の一人堂司によって『二月堂修中日記』に記録される。(7)練行衆は新入の段階から声明や所作を「古練」(古参の練行衆)により習うが、それは主に口伝により伝承され、テクストは補助的に用いられるに過ぎない。年﨟を重ねるにつれて次第に重い習いを体得し、所役を務めるようになる。たとえばその節目を飾るのが、三年目に勤める「神名帳」や五年以上でなければ勤まらぬ「過去帳」という〝読み〟の作法である。

神名帳と過去帳は、修二会の行法の中でも、悔過作法や他の諸作法と異なり、テクストを読むという儀礼のはたらきが全面に押し出され、それが〝読む声〟として聴聞される、二月堂の宗教テクストを象徴し代表する作法である。神名帳は毎日初夜ごとに大導師作法に先立ち国中の諸神祇を勧請するための神名リストであり、過去帳は五日の実忠忌と十二日のお水取り(香水作法)の初夜後に、本願聖武皇帝以下、東大寺と二月堂有縁の僧俗の名とその施入物等を記した人名リストである。いずれも、広義の大導師作法の一部に属す。それらの荘重にして曲節に富み、次第に高低の独自な調子と呼吸を示す〝読み物〟は、二月堂声明を代表する白眉であり、ソロ・パートとして読み手が独演し主役となる稀な機会でもある。現在は冊子が用いられるが、古くは巻子本であり、それは儀礼テクストの典型的な形態といえよう。神名帳と過去帳の作法は、悔過という古代仏教儀礼の基幹に、神祇と過去聖霊というスピリチュアルな存在を呼び込む回路であり、共に〝冥の世界〟との交流や働きかけを招く儀礼であった(8)。

この二月堂修二会についても、絵巻がその儀礼と伝承を図像化する。室町時代に成立した『二月堂縁起絵巻』(9)は、法会の縁起を中心にその作法の故実を伝承を加えて構成されるが、そこに神名帳作法は遠敷明神の遅参による若狭井の涌出というお水取り起源譚として法会縁起の一環になり、過去帳作法は青衣女人の推参伝承として法会の歴史上に定位されるかたちで語られている。それぞれの儀礼テクストとその機能が、神祇勧請による加護と利益、聖霊の招喚とその救済という、二月堂の法儀がもたらす宗教的な役割を負うことを、縁起絵は端的にものがたる。

これらの二月堂修二会儀礼を構成する諸位相の宗教テクストの布置と体系については、第十二章に試案を提示しよう。やがてその中でも、神名帳と過去帳の二種の儀礼テクストは、中世に至り新たな宗教の運動とその宗教テクストを生み出す母体となるだろう。

三　唱導の儀礼テクスト——大導師作法の系譜

法儀は仏法の実践であり、僧による三宝成就の行いとして意味付けることができる。この認識を支えるように、仏・法・僧の三宝という仏法の基本概念から日本における仏教儀礼を位置付けたのが、既に再三述べたように、永観二年（九八四）に成った源為憲による『三宝絵』である。その下巻にあたる「僧宝」では、修正会・修二会に始まり仏名会に及ぶ仏教儀礼年中行事として、その仏事法会と結びついた寺院縁起が叙べられる。これも、元来は縁起絵や行事絵の如き図像と一体となって複合した宗教テクストであったのである。

『三宝絵』が創出した仏事法会年中行事という発想と形式は、その後、中世に十二月往来という往来物ジャンルに継承展開される。その先駆をなすのが守覚法親王による、御室法親王の許で営まれる年中仏事法会を網羅した『釈氏往来』である。[10] これをはじめとして、山門における『山密往来』や寺門派の聖護院における『十二月消息』[11] など、顕密各宗寺院の儀礼が暦と共に運用され、それに携わる僧俗の勤めが如実に象られるテクストを通して、現在の我々も当時の儀礼世界を知ることができる。その意味で、中世の寺院文芸とは、いわば宗教儀礼テクストについてのメタテクストという側面があろう。

仏教儀礼の黄金期というべき平安朝には、そこで繰り広げられた儀礼世界を対象化しつつ作品世界を構築した二つの傑作が生まれた。王朝の権力の頂点に立ち、その権勢を仏法興隆と作善によって体現した「御堂関白」藤原道長の栄光を壮麗優美に叙したのが『栄花物語』である。特に「うたがひ」「をむがく」の巻々は、道長の「御堂」法成寺の伽藍とそこに営まれる仏事を尼たちが巡見するという巡礼記に仮構され、彼女たちにその盛儀と荘厳が見聞されるかたちで、一層弥増しにこの世界の豪奢と美麗が喚び起こされるのである。第十一章において、その様相を願文という位相から照射してみよう。

それから少し遅れて院政期に、この道長の果報めでたき様を豊かなエピソードを交えて物語ったのが『大鏡』である。『史記』列伝など紀伝体と『日本紀』を規範としながら、作者が物語を構築するために撰びとったのは、まことに斬新な枠組みであった。物語の聴き手（書き手ではない）は、ある日、雲林院の菩提講（都の貴賤上下老若男女が隔てなく参りあう〝無縁〟の法華経講会）[12] の座に臨み、そこで講師の登高座を待つ間に、一堂に集った聴衆の間で交わされた〝世間〟の雑談において、世次の翁による驚くべき昔語りに耳を傾けるのである。この卓抜な仮構の設定において前提となったのが、菩提講の講師を務めた法華経講説等で弁舌を振るう説経師たちの唱導の技とその言説であったろう。一言でいえば、『大鏡』は、まさしく唱導をめぐる儀礼世界を背景に、それをさながら文芸化したのである。

『大鏡』の中でも言及される平安朝の名高い説経師たち（その中には『大鏡』が語る犬の仏事を勤めた清範などもいる）の説法は、あの二月堂修二会の大導師作法の、いわば延長線上に生い育った豊かな樹叢あるいは果実と言ってよい。大導師作法を構成する表白や諷誦などの祈願文（練行衆が多くの施主の祈願を負って、寺院から国家に至る社会の祈りを本尊に届ける詞）は、中世仏教儀礼の体系とそのカテゴリー化をもたらす機構というべき唱導を成り立たせる基本的な詞章である。『栄花物語』には道長たちを感激させた天台座主院源ら説経師の活躍が描かれるが、この時代は、仏事法会の実践の中で、講経（説経）が豊かな弁説を伴って展開し、祈願の詞章は定型化した決まり文句ではなく、それらが自在な説法として開花した唱導の黄金時代なのであった[13]。

院政期は、歴史上で仏教儀礼が最も華麗な結実を見せた時代である。第五章で述べた如く、その時にあたり、梁、慧皎撰『高僧伝』「唱導篇」に発する唱導の伝統の自覚的なテクスト化の系譜の上に立ち、しかもその体系的な記録という点で画期を成し遂げたのが、天台宗の安居院澄憲である。藤原通憲（信西）の息として、紀伝道と明法道の学問を基盤とし、顕密仏教教学と経典章疏の知識を駆使した才学は、真言宗側で活躍した兄弟の勝賢と共に、後白河院の許で平安朝に蓄積された公家の文庫と寺家の経蔵をふたつながら己がものとして活用し、その〝知〟を継承したことを示している。

この澄憲こそ「説法道」つまり唱導を、公に公認された範疇のひとつ、諸道の学問に等しい一流の領域として確立するに至った人物である。それは、承安四年（一一七四）の最勝講説法での降雨の験により昇進するのみか、後白河院の命によりその説法詞を「注進」するという名誉を獲たことに発するが[14]、それを言い換えれば、それまで完全にテクスト化されることのなかった説経の言説を、澄憲が院の権威の許に記録し、後代に遺した功績と表裏一体を成すものといえよう。更に注目すべきは、『釈門秘鑰』の如く澄憲が自らの説経を網羅的に類聚・集成する営みをも遺していることである。それは同時に、彼をはじめとする諸宗の学生たちの、請に応じて出仕する公私の仏事法会の儀礼体系を映し出すテクストでもあった。

澄憲のうちたてた「説道」を継承した真弟（実子）である聖覚は、父の遺した厖大な唱導テクストの全てを網羅したと思しい一大類聚『転法輪鈔』を編み、更に唱導要文の名目による便覧といえる『言泉集』を撰んでいる。その輪郭と、『転法輪鈔目録』から窺われるその体系については、前に第五章で述べたところであるが、それは既に三宝を原理とする仏法の範囲に限らない、外典や神祇を包摂した複合的な世界観の広がりを示し、また「表白」のみを聚めた集と「自草」という著作家としての自意識に支えられる類聚を立てる点が注目される。『転法輪鈔目録』は、唱導という範疇を儀礼テクストの編纂行為によって形成し実体化する営みを可視化したものだが、その類聚・編纂が示す座標はもはや一元的なものでなく、幾つもの座標軸が交差して輻輳した世界像を創り上げている[15]。

とりわけ『転法輪鈔』の第七箱が表白を中心として編まれていることが注目される。現存する『転法輪鈔』の諸伝本は表白の部分が多い。そこに想起されるのは、これ以外にも澄憲作の表白を集成したテクストが多く伝存することである。いわゆる〝表白集〟という唱導テクストは、安居院流のみの所産ではなかった。同時代、澄憲の兄弟であり、同じく後白河院に仕えた醍醐寺覚洞院勝賢にも、自らの勤仕した修法等の表白を聚めた『表白集』がある[16]。院政期には、むしろ真言宗側において表白集が多く編まれていた。院政期真言宗において最大規模の表白の類聚・集成が仁和寺御室守覚法親王の許でなされた。この二十二巻本『表白集』[17]は、中御室覚行以降、歴代御室の御作を中心に、仁和寺僧たちの表白が数百篇も収録される、まさしく記念碑的な表白集成である。

守覚法親王こそは、院政期仏教儀礼の真言宗における要となる人物であった。後白河院の皇子として第五代御室となった守覚は、院政王権の宗教的分身としての権威を自身の継承した密教法流において創出すべく、仁和御流の事相聖教体系である『密要鈔』を自ら製作し、同時に、法親王が関与する顕密仏事法会の次第集成である『紺表紙小双紙』を編纂した。第八章に述べた如く、守覚においては、こうした営為の総体が、彼の伝授蒐集した諸法流の密教聖教と共に目録化され、守覚による〝テクストの宇宙〟というべき世界体系を形成する[18]。そのとき、その世界を発動させる儀礼の全てを意義付け生命を付与するのが表白という詞であった。それは儀礼テクストの一部であると共に、唱導テクストの核をなすものであり、同時に思想を表明するテクストであり、儀礼に招喚される仏神など〈聖なるもの〉と交信する回路を開くコトバであった。それは類聚・編纂された〝集〟として、更により高次の水準で文化史的文脈を担うことになるのである。

なお、聖覚の『言泉集』に限らず、表白等の作文に際しての便覧文例集が、それぞれの集成に付随して多く成立している。守覚の場合にも、『密要鈔』の一部として、『修法要鈔』という御修法便覧の一部をなす「啓白諸句」の一巻[19]があり、天皇上皇女院已下の願主の身分と職能に応じて例文を提示している。説経でいえば、「施主段」にあたる表白の一節に集約されるところである。こうした施主分の句としての〝職人尽し〟は、やがて鎌倉時代に良季撰『普通唱導集』（永仁五年〈一二九七〉、東大寺図書館本）[20]に、より拡大展開して示されることになる、それらの例文に象られる身分階層と職能─芸能の諸相は、そのまま中世社会の縮図であり、仏教儀礼を通じて中世日本の世界が編成されることを端的に示すものでもある。

四　常行堂の法儀と堂僧の念仏──呪師作法と声明の系譜

二月堂修二会の呪師作法の系譜もまた、中世仏教儀礼の領域の重要な一面を成すであろう。その見通しを証明する儀礼テクストが、真福寺から見出された『中堂呪師作法』（天仁元年〈一一〇九〉写）一帖[21]である（図10-2）。永承二年（一〇四七）に大原において安賢より長宴が伝受した口伝を記した、比叡山根本中堂の修正会における法呪師の作法記録と位置付けられる。これは修正会の呪師作法に関する最古の記録というばかりでなく、顕密仏教の本所というべき延暦寺根本中堂において修される修正会という、年中仏事法会の基幹を成す作法次第とその詞章所作までが口伝として伝承されてきた、その記録として希有なテクストであった。しかもその内容は、四人の法呪師が中堂の四方で連携して所作するという大規模なものである。なお、同内容のテクストが青蓮院吉水蔵に道覚法親王写『南教令』延応二年（一二四〇）写本一帖として伝わり、裏書には更にその作法の口決や唱文までが記されている。その作法の中には、走りや跳躍などの所作も含まれ、最後に「追毘那野迦法」つまり追儺（鬼追い）の作法が加えられて完結する。

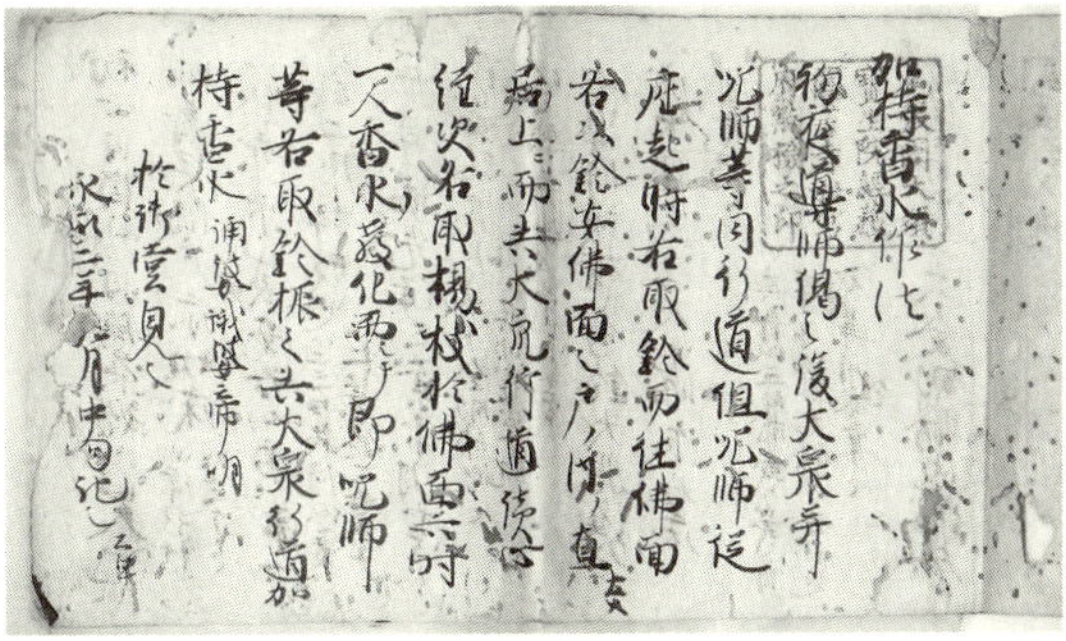

図 10-2　『中堂呪師作法』冒頭（真福寺）

『中堂呪師作法』は、二月堂修二会や法隆寺金堂修正会および薬師寺金堂修二会（花会式）などに伝承される、南都寺院の修正会・修二会の呪師作法と基本的に共通する構成を有しており、その唱える詞章も重なり合う。[22] それが平安中期には遙かに複雑で大規模な法儀として天台寺院の中枢において展開していたことが知られたのであるが、青蓮院本にみるように、その口伝記録も重層的なテクストを生成していたのである。天台宗において発展したこの呪師作法は、更に京洛の法成寺や法勝寺など、摂関家や院の御願寺における修正会（おこなひ）の呪師作法にも継承されたはずであり、それらの修正会の法呪師の作法では、「走り」と呼ばれる芸能的所作や種々の曲芸的な「手」を演じて参会者の耳目を驚かせたのである。守覚による『紺表紙小双紙』の中には、御室法親王が検校を務めた法勝寺の金堂修正会次第が含まれており、そこには法呪師による追儺の所作も記されていた。[23] また、同じく守覚の関与するところであった前述の『釈氏往来』正月条で、法勝寺修正の見物を報ずるくだりでも、呪師のダイナミックな所作が芸能として感興を喚び起こしている様が表現されている。鎌倉時代には、法勝寺等の修正に法呪師に続いて後戸猿楽という専業芸能者が猿楽芸を演ずるようになる。[24]中世芸能の母胎のひとつを、呪師作法は担うのであった。

一方、比叡山において修行の根幹となるのは、『摩訶止観』にもとづく四種三昧の行法であるが、そのひとつである常行三昧の道場となる常行堂は、慈覚大師円仁が唐の五台山より伝えた法照の五会念仏の系譜を引く「山の念仏」の本所であり、天台浄土教の揺籃でもあった。常行堂は、天台宗が日本各地に展開し地方寺院が成立するにあたって、それぞれの寺院に設けられ、そこで修正会の道場となり、その法儀に伴う諸芸能の舞台ともなった。[25]

叡山を本所とする常行堂の法儀とその故実は、京洛諸大寺の常行堂はもとより、更に広く地方の拠点となる天台宗寺院へと波及した。今にその遺構を伝えるのは、西国では播磨書写山円教寺、太山寺、鶴林寺、伯耆大山寺、出雲鰐淵寺などがあるが、それらに既に法儀は伝わらない（太山寺や大山寺などは迎講に変遷している）。しかし、第十二章に論ずる大和多武峯妙楽寺（現談山神社）および下野日光山輪王寺には、それぞれ中世に遡る常行堂の修正会をはじめとする法儀とその故実ひいては芸能を記した各種のテクストを伝えている。[26]そして平泉毛越寺の常行堂には、修正会とそれに伴う延年の芸能が今なお伝承されている。[27]

輪王寺や多武峯の記録によれば、常行堂の修正会においては、常行堂と念仏の守護神である摩多羅神の祭祀が最も神聖な意義を担い、その祭儀として道場に摩多羅神の御輿を迎え、その前で種々の芸能を演じてみせる「顕夜」の儀が重んじられている。それは一和尚已下の上臈から下臈までの寺僧集団により厳密に所役が定められ、それぞれが読経の如き仏事そのものから今様、白拍子などの歌舞、そして田楽や面を用いた猿楽など本格的な能芸までを演ずる。それは中世芸能の諸相をこぞって陳列してみせるような秘儀であるが、重要なのは、それらが全て最上の勤め（仏事）である修正の行法に魔縁の妨げの起きないよう（仏でもあり魔でもある守護神の摩多羅神に楽しんで満足して貰うために）「狂ウ」ことなのだ、と説明することである。敢えて一種の擬態として狂ってみせることこそが、神聖な修行の行法を成就するための必須の方便なのであり、これも儀礼の不可欠な一面である。[28]第十二章で多武峯常行堂修正会の法儀を論ずるところを先取りするなら、それら故実の儀礼を注意深く検討してみれば、その基本は全て仏事法会の正式な次第作法の〝もどき〟すなわち意図的な転倒であること、あるいは世俗の儀式を敢えて聖なる場に持ち込んで聖／俗の逆転を企てたものであることが理解される。中世に至って、寺院社会の中で仏教儀礼がこうした逆説的な構造を鮮やかに示すことは、儀礼と芸能との根源的な関係とそれをめぐる思惟を自ずとものがたる。そうして、その原型として、遠く二月堂の、最も〈聖なるもの〉を迎え祀る儀式である小観音の御輿迎え（礼堂出御から後入）や、行法中で最も霊威を発動させる呪師作法の頂点としての達陀の行法が浮かび上がってくる。

常行堂のもうひとつの重要な法儀が、法華堂での懺法と並ぶ例時作法であり、その年中での盛儀としての八月の大念仏であろう（『渓嵐拾葉集』によれば、叡山の常行堂では、八月の大念仏においても摩多羅神を祀る作法があり、念仏行道において後戸で跳ね踊り狂う習いを伝え、これを外相は仮に魔に従うため殊更「戯論」のことを振舞ったとして「天狗怖シ《ヲドシ》」と呼んだという）(29)。多武峯常行堂ではこの八月大念仏を庭立と大念仏（引声不断念仏）の二期に分けて行う作法が叡山より伝えられており、それぞれの儀礼テクストが遺されて日光山輪王寺と共通する。また両常行堂には共に『常行堂大過去帳』が伝えられ、その大念仏において追善供養された寺僧および結縁の道俗の法名が記されている。常行堂の基盤となるのが引声念仏という声明であり、その声の法儀によって弔われる過去聖霊の祭祀であることを、それぞれの過去帳は端的に示している。そして、その声の儀礼を担うのが、常行堂の〝練行衆〟というべき堂僧であった。

平安時代後期、鳥羽院政期に叡山から下り、麓の大原別所に活動した堂僧であった良忍は、この「山の念仏」を、常行三昧の結衆だけの閉ざされたものにせず、「一人一切人、一切人一人、一行一切行、一切行一行」の理《ことわり》により一人の念仏が万人の念仏となってその功徳を融通し合い、往生へ導くという「融通念仏」を創唱した。その際、衆人に念仏結縁を勧めるための具として用いたのが名帳である。それは、あるいは常行堂の過去帳に想を得たものかもしれない。良忍の伝記は、早く『後拾遺往生伝』および『三外往生伝』の良忍伝に見えるが、そこにはこの融通念仏の事績はさだかでない。鎌倉中期の『古今著聞集』に至り、ようやく名帳による融通念仏の勧進のこと

図 10-3　『融通念仏縁起絵巻』巻上　神名帳・諸神結縁段（シカゴ美術館）

が説かれる。更にこれを基として、良忍の伝記であり融通念仏の験記でもある『融通念仏縁起絵巻』が鎌倉末期の正和三年（一三一四）に成立し、それは南北朝から室町初期にかけて良鎮らの勧進によって写本として量産され、次いで明徳二年（一三八九）には版本として印行され、広く諸国に流布された。[30] この絵巻では、良忍の始めた融通念仏には鞍馬寺の毘沙門天がまず結縁し、次いで諸天冥衆、更には諸国の大社、大明神など神祇が名帳に加入するという霊験が図像化される（図10-3）。そして人界では鳥羽院から庶民に至るまで結縁を果たす。これは勧進状を元として、既に過去帳ならぬ現在帳であると同時に、神名帳でもある。縁起絵巻の中に詞と絵で可視化された融通念仏の名帳は、まさに融通する複合的な儀礼テクストであり、宗教テクストとしての交名帳の機能（功能）を最大限に拡張したものと言ってよかろう。

　真宗の祖師親鸞の妻、恵信尼の遺した書状（恵心尼消息）[31]には、親鸞が元は叡山の堂僧であったことが証言されている。常行堂の法儀と念仏声明の伝統を背後に負って、親鸞は山を下り、六角堂参籠と救世観音の夢告により、法然の門下に入り専修念仏の教えを受け、非僧非俗の聖の道を踏み出した。その親鸞は、自らの信を明かすため仏典を博捜し、「文類」という抄出類聚により、弥陀の本願による念仏往生の真正なることを証する聖教『教行信証』という注釈テクストを著した。その一方、晩年の親鸞は大量の和讃を作っている。のちに『三帖和讃』として編まれた連作は、念仏を三国相承の系譜の許にその正統を明らかにし、衆庶に流布し「帰命」せしめる、その教化の具としての和讃が法儀のテクストとして機能するものであることを体系的に示す。[32]そしてこれを自らも詠じ、また同行と唱和するために作ったことは、自筆の『皇太子聖徳奉讃』に付された朱の声点圏発によって明らかである。されば親鸞も、その念仏聖としての道は、かつての良忍と同じく堂僧としての系譜に連なる、声明念仏の法儀を踏まえて歩むものであったと思われる。室町時代に真宗を興し本願寺教団を発展させた蓮如は、『教行信証』の一部をなす偈文を「正信偈」として真宗法要に採用した。これ以降現在に至るまで、真宗の法儀は宗祖の主著となる注釈テクスト中の信仰表明である長行の偈をもって、その儀礼テクストの中核とするのである。第十四章において具体的に越中砺波の真宗別院の儀礼について見るところの、念仏、和讃、正信偈、そして蓮如の書簡による教化のテクスト「御文」の拝読と、真宗の法儀における儀礼テクストは、その複合の上に重層した歴史を今日も生きているといえよう。

「捨聖」となって諸国を遊行した一遍も、また同様に和讃を法儀の中心とする念仏聖の行儀（行動形態）を示していた。遺弟聖戒の編んだ『一遍聖絵』によってその生涯の事跡と彼の巡った中世日本の世界像が鮮やかに描き出されるが、そこに収録されたテクストを除けば、一遍の言行録『播州法語集』の他にほとんど著述は残されていない。その死に臨んで所持する聖教を全て焼き捨ててしまった一遍の詞は、『聖絵』の中の法語とりわけ和讃に留められているのである。一遍の滅後に他阿真教が組織化した時衆教団では、法儀として六時和讃を中心とする不断念仏を営み、また歳末の別時念仏として「一つ火」など民俗的な神祇との結縁を含む祭儀が伝承された。その、古代から聖が担ったと思われる〝過越しの祭り〟としての火の更新と継承は、二月堂修二会開白にあたって堂童子の司る「一徳火」や善光寺修正会で堂童子が行う秘儀とも通ずるものであった。[33]あるいは、一遍から始まり時衆の僧尼の法名がその加入と共に書き加えられる「時衆過去帳」も、同じく古い伝統を受け継ぐものであろう。

一遍の法儀を代表するのは、何よりも信濃の佐久で始められたという「踊り念仏」であろう。その姿は、はじまりの光景をイメージした信濃の武士の屋形の庭で突如として催された群舞として、あるいは洛中で仮設の舞台の上で興行し群集する聴衆と共に熱狂する有様として描かれる。『聖絵』の詞がこの踊り念仏を「歓喜踊躍」の経典本文にもとづく法儀としてその真正性を強調する（その背景の文脈として、おそらく『七天狗絵』や『野守鏡』の批難が意識されている）[34]のに対して、金剛寺聖教中から発見された「踊念仏和讃」は、まことに直截な一遍の肉声が響き、法儀の庭が立ちあらわれてくるような儀礼テクストとして、画期的なものである。[35]この和讃では、聖が「小児《こども》」共に呼びかけ、音頭を取って唱和しつつ踊るようなかたちをとるのが大きな特色である。それが示唆するように、踊り念仏は、民俗社会の中で共同体の念仏踊りとして定着し、それぞれは「風流」化（趣向を凝らして飾り、仮装して練る芸術様式）して多彩に展開することになる。[36]それは民俗芸能の最も豊饒な分野となるのである。

こうして、遠く源を常行堂の法儀と念仏声明に発する念仏聖の行儀とその芸能は、中世宗教テクストの世界の中で、日本の民俗宗教の最も基底となる聖《ひじり》の司る祭儀と結びついた声の芸能として展開する。仏教歌謡の一領域として分類される和讃を、法儀と祭儀および芸能の接点としての儀礼テクストの位相として捉えるなら、それらの間を結ぶ脈絡が見えてくるのではなかろうか。[37]それは、ひいては迎講（来迎会）のような行道と音楽を伴う仮装のページェント[38]や、節談説経のような念仏と音曲を伴う語り芸[39]とも通底するものであったと思われる。

五　講式を読む——儀礼テクストによる諸位相の統合

その一端を以上において垣間見た中世仏教儀礼の世界は、無数に枝分かれして生い繁った巨樹のように、多彩な変容生成を繰り広げ、豊饒な法儀と芸能を生み出して現在まで伝承されている。それはまた、儀礼芸能に用いられるため、あるいはその所産として成立した儀礼テクストにおいて、確かな座標を書かれたものの上に留め、そこから更に生きたテクストとして生成し、儀礼を甦らせることになる。二月堂修二会をめぐる人と空間の伝承は、まさに生きた儀礼テクストそのものであり、この法儀をめぐるテクスト体系は、そのままでさながら中世儀礼テクストの座標と言うことができよう。そのような儀礼における宗教テクストの生態は、中世に成立した仏教教団、たとえば第十四章にみるような真宗別院の法儀においても、更なる展開と変容を重ねつつ今に伝承されている。

これら多彩な中世仏教儀礼テクストの織り成す景観の要となる、生きたテクストの存在がある。既に願文や表白をその中核として指摘したところであるが、それらに加えて、中世の人々が社会において仏神という〈聖なるもの〉との関係を取り結ぼうとする。そのための儀礼として、宗派や寺院の差異を超えて普遍的に共有されるテクスト形式が生み出された。それが〝講式〟である。

講式の代表としてただちに想起されるのが、明恵上人の『四座講式』[40]である。涅槃、羅漢、遺跡、舎利の四講式を一具とし、釈尊を思慕し、その遺身の舎利を本尊として、道場に涅槃図を奉懸し、仏涅槃の日を迎える一夜をかけて勤修するための儀礼テクストである。今も高野山では常楽会として夜もすがら厳寒の中にこの講式が読まれ、色衆により伽陀が詠唱される。そのように、講式とは、道場に勧請した本尊の宝前において、一座に結集した講衆を代表して導師が祈願の詞を述べるための、次第法則を含む台本である。その本体たる式文は、まずこの仏事の旨趣を述べて表白とし、次いで本尊を讃嘆し、これに段を分かって祈願を捧げ、各段の最後に二句ないし四句の偈頌が伽陀として音読で詠唱される。修辞を凝らした漢文の式文は、訓読されて聴衆の耳に届きやすい詞となる。この式文は、読まれることにより、作者―導師の思想を声を介して表明し、一座に共有される。それはすぐれて思想テクストであり、その修辞は時として故事を踏まえ歴史を象り未来を期す、メモリアルな文章となる。第五章に言及したところの、慈円が承久四年（一二二二）に作った二十五三昧会の式である『六道釈』（三千院円融蔵本[41]）は、その最も尖鋭な例といえよう。対して、承久乱に敗れ隠岐に配流された後鳥羽院が配所で作った『無常講式』（仁和寺本[42]）のように、次第も無く儀礼を省いてひたすら仏に祈りを捧げる異色の講式までも生み出されるのである。

講式はまた、式文において本尊の像容を讃嘆し描写する。それが神祇であれば本地を明かし、眷属末社を含む仏神霊地のパンテオンの荘厳を讃仰する。それは本尊とその曼荼羅、あるいは宮曼荼羅や本迹曼荼羅などの図像の言説化であり、その点でこれは図像テクストでもあるのである。文永年中、信如尼が法隆寺から見出した天寿国繡帳を修復供養した際、三井寺の説経師定円が作り、自ら導師を勤めた『天寿国曼陀羅講式』(43)(文永十年〈一二七三〉)は、その好例といえよう。講式とは、中世宗教テクストの諸位相を儀礼において統合するための儀礼テクストとして、中世仏教を代表するテクストであった。

中世社会の中で、講式がいかに重要な統合的な役割を果たすテクストであったか、そのことをよく示す儀礼テクストが伝わる。それは文化史的にもまことに興味深いテクストである。称名寺聖教の中に『式法則用意条々』一帖(44)がある。これを伝えた仁和寺の正修上人忍宗という声明家の識語によれば、これは琵琶西流の地下楽人藤原孝道による「式読」の作法、つまり講式を読むべく仏事の場に臨む式師(導師)の心得を説いた仮名交りの伝書である。序文で孝道は、近年の式を読む作法が乱れていることを歎き、安居院の「説道家」の許に伝えられた講式の演唱法を参照し、自ら案じてあるべき作法を世に示そうと企てたという。そこに例として示されるのは、講式中の古典というべき永観作『往生講式』であり、また自ら発案し作文させた『音楽講式』(45)を用いて、式読の正しい作法と読み方を提示する。その際に意識されるのは、院の御所や貴人の聴聞に臨む際の式師の進退や振舞であり、それは式の巻き方(講式は全て巻子本形式である)の指南にまで及んでいる。このような周到な配慮の許に、何より正しい音声と訓読によって緩急調和した演誦により、講式に籠められた宗教的意義は初めて発現し、その功徳が成就するのである。(46)

今はもはや、こうした講式を読む声を仏事の場で聴聞することは困難である。むしろ「声明講士」の習練を今なお絶やさない真宗の本山において、そのような儀礼の声は保たれている。その頂点となる本山の報恩講、宗祖上人の御忌にあたり、覚如作の『御伝鈔』を読む作法に、式読の面影を偲ぶことができよう。覚如は親鸞崇敬のために

『報恩講式』を作り、それは『御伝鈔』の元となった祖師絵伝『善信上人親鸞伝絵』絵巻と連なる儀礼テクストであった。中世の祖師崇敬儀礼におけるテクストのはたらきが、現在に生き続けているのである。但し、それを本山が伝承するのは当然のことでもあろう。しかし真宗では、別院から末寺に至るまで、この儀礼を等しく営むのである。そのとき一斉に道場に響き交わされる儀礼の声こそ、中世の仏教儀礼が期したメディアとしての儀礼テクストのはたらきを彷彿とさせるものではなかったか。

第十一章　宗教テクストの核としての願文

一　願文という宗教テクスト

仏教国家というべき相貌を示していた古代・中世の日本において、仏教が主導して構築した宗教体系は、神祇をそのうちに摂り込み、更には八幡神や天神など新たな神格を創出しつつ、東アジアの中でも突出した宗教世界の景観を生み出していた。その宗教世界の全体像は、いかなる座標の許に捉えることができるだろうか。

ひとつの有効な方法として、普遍概念としてのテクストの水準で、日本仏教の諸事象を分節することが試みられてよい。ここに言うテクストとは、煩を厭わず重ねて述べるならば、文字言語の領域に限らず、イメージ（図像）や身体所作（儀礼）を含む記号体系の総体を、言語理論の方法を応用して認識するための概念である。それを、仏法の根本原理である三宝（仏・法・僧）に則してみれば、法宝としての経律論疏などの聖典にとどまらず、仏法としての仏像（および曼荼羅ひいては舎利など）の図像造形や、僧宝としての僧伽（寺院）での持戒・修行・仏事などの儀礼に及ぶ多元的な位相を有し、それらが全てテクストにおいて統合される有機的な構造を示している。それらはまた、儀礼の全体が儀軌や年中行事の如く文字テクストの次元へ還元されるように、全てがテクストとして規定、再現され、変奏されていく運動でもある。そのような運動の焦点となり、その統辞法を読みとるべき宗教テクストとして最も重要な位置に立ち、統合的な役割を果たすのが願文であろう。

本章は古代から中世にかけての日本の願文について、その宗教テクストとしての多様な位相を尋ね、また、それが宗教世界を表象し、その諸活動を生み出す機能を追及しようとする。そのとき、何より注視されるのは、当時の仏教の宗教世界を生成し現象させる過程そのものである儀礼において、その意義を表明するだけでなく、所期の目的を成就させる核心的な役割を、まさに願文が果たしているという点である。その点で、願文は、宗教テクストの諸位相において、本書第III部の主題であり、第II部第八章にも論じたところの儀礼テクストの要に位置付けられる。そのことは、仏教王国と称してよいかつての日本王権が主催する諸儀礼の中で、願文が体現する現象を復原的に再構成してみせることで確かめられるだろう。

二　古代仏教における願文の諸位相

聖武天皇と光明皇后の許で、国分寺・国分尼寺の創建、東大寺盧舎那大仏の造立など、仏教国家としての体制を築いた天平時代において、最も端的にその志向が映し出されたテクストのひとつが、勅願一切経であろう。写経司が設置され官の事業として営まれた、天平六年（七三四）聖武天皇勅願経の巻末には、次のような願文が記される[1]。

朕、以万機暇、披覧典籍、全身延命、安民存業者、経史之中、釈経最上。
由是、仰憑三宝、帰依一乗、敬写一切経、巻軸已訖。

読之者、以至誠心、上為国家、下民生類、乞索百年、祈禱万福。

聞之者、無量劫間、不堕悪趣、遠離此網、倶登彼岸。


それは奥書として置かれることで、その経典本文の効能を、これを読む者に、またその読経の声を聞く者にも及ぼして、自ら治める国家の衆生を済おうという、まさしく王者の誓願である。この後、勅願一切経は、天平十二年（七四〇）の聖武夫人発願経と光明皇后御願経（五月一日経）、同十五年（七四三）の藤三女（光明皇后）御願経、同十八年（七四六）の天皇勅願大官一切経など、続々と書写事業が進められる。そのうち五月一日経の光明皇后の御願文（図11-1）には、次に示すように、父不比等と母橘三千代への追福の祈りと、仏法の仏法流布による衆生済度の志向が明らかに記しづけられている。[2]

皇后藤原氏光明子、奉為
尊考贈正一位太政太（ママ）臣府君、尊妣贈従一位橘氏太（ママ）夫人、敬写一切経論及律、荘厳既了。

伏願、憑斯勝因、奉資冥助、永庇菩提之樹、長遊般若之律。

又願、上奉　聖朝、恒延福寿、下及寮采、共尽忠節。

又、光明子、自発誓言、弘済沈倫、勤除煩障、妙窮諸法、早契菩提。

乃至、伝燈無窮、流布天下、聞名持巻、獲福消災、一切迷方、会帰覚路。


天皇と皇后の二つの願文を並べ併せることによって、天平の宗教テクストのうち法宝の頂に立つ勅願一切経の志向するところが、これらの願文に結晶することが諒解されよう。

天平の盛時にあって、聖武天皇と光明皇后の作善の頂点に位置するのが、盧舎那大仏の造立と東大寺伽藍の造営であるが、その前身となる「山房」、後の上院の羂索堂や二月堂など、その周囲には多数の堂舎仏像とそこでの法

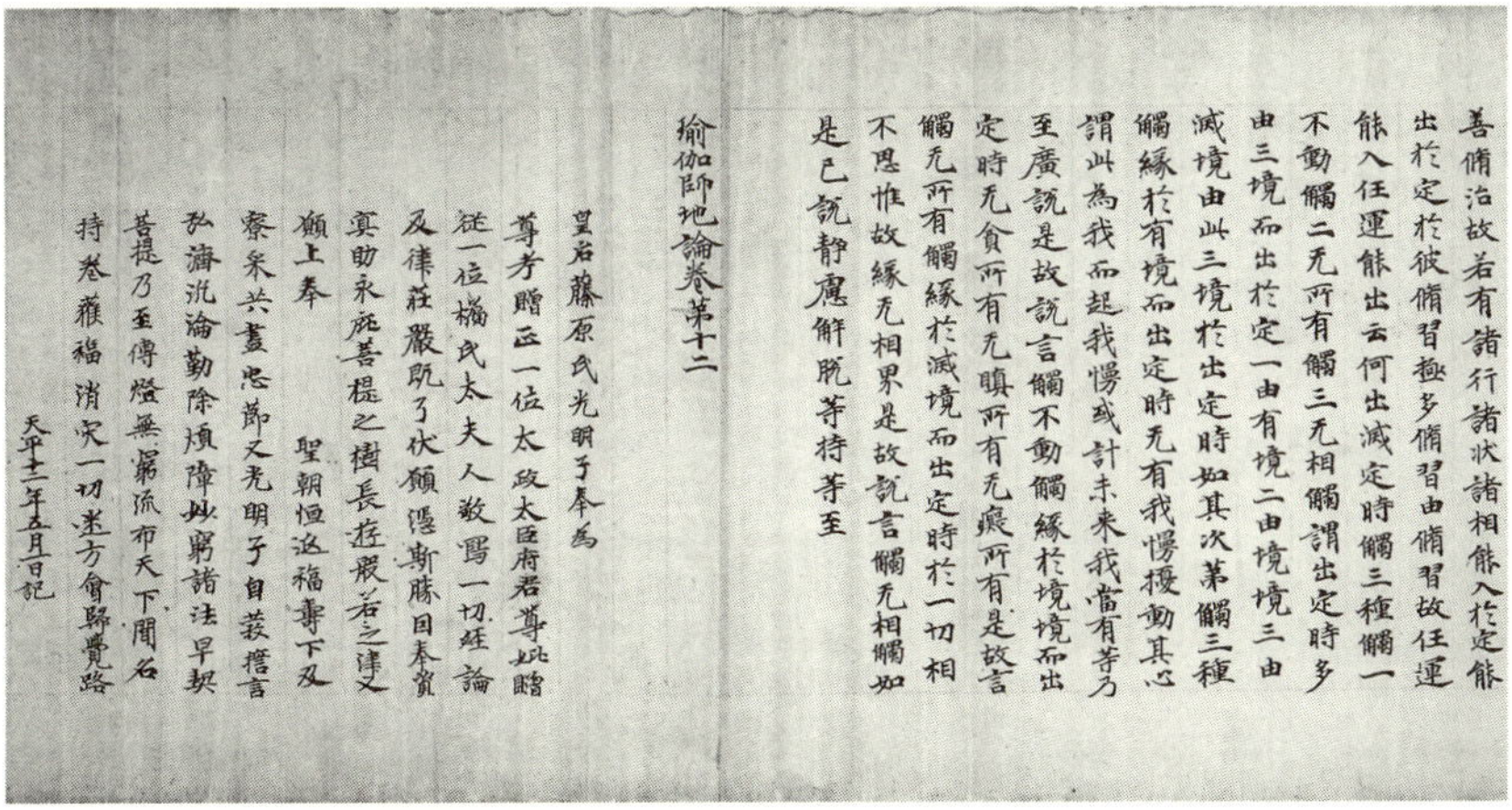
善脩治故若有諸行諸状諸相能入於定能
出於定於彼脩習極多脩習由脩習故任運
能入任運能出云何出滅定時觸三種觸一
不動觸二无所有觸三无相觸謂出定時多
由三境而出於定一由有境二由境境三由
滅境由此三境於出定時如其次第觸三種
觸縁於有境而出定時无有我慢擾動其心
謂此為我而起我慢或計未来我當有等乃
至廣説是故説言觸不動觸縁於境境而出
定時无貪所有无瞋所有无癡所有是故言
觸无所有觸縁於滅境而出定時於一切相
不思惟故縁无相界是故説言觸无相觸如
是已説靜慮解脱等持等至

瑜伽師地論巻第十二

皇后藤原氏光明子奉為
尊考贈正一位太政太臣府君尊妣贈
従一位橘氏太夫人敬冩一切経論
及律荘嚴既了伏願憑斯勝因奉資
冥助永庇菩提之樹長遊般若之津又
願上奉　聖朝恒延福壽下及
寮采共盡忠節又光明子自發誓言
弘濟沈淪勤除煩障妙窮諸法早契
菩提乃至傳燈無窮流布天下聞名
持巻獲福消災一切迷方會歸覺路
天平十二年五月一日記

図 11-1　五月一日経（末尾願文部分，東大寺）

会仏事が営まれて、豊かな宗教空間が形成されていた。そのひとつに、今は退転して喪われた阿弥陀浄土院がある。この仏堂は、阿弥陀仏を本尊とし、立体的な浄土変をも備えた、悔過法を以て修する一箇の独立した寺院であった。この宗教空間を構成する全ての位相の要素を目録化したテクストが『阿弥陀院悔過料資財帳』(3)一巻である。それによれば、本尊阿弥陀三尊は丈六二階宝殿の中に安置され、これを音声菩薩と羅漢の群像が取り巻いていた。更に阿弥陀経四八巻と観無量寿経一巻、双観経二巻および華厳経や疏等が備えられ、また各種荘厳具、仏具や楽器、装束など法会仏事を修すために必要な資材を併せ、その全体は一箇の宗教テクストの体系を文字通り目録化している。前半に目録が掲げられ、その目録の末尾に、院の経済を支える荘園の「券文一巻」と共に「願文一巻」が備わる。すなわちこの阿弥陀院の本願光明皇后の願文であったろう。更に本文中には、仏前の案（机）上に安置される筥中に収められた願文が仏の荘厳でもあったことを示す。その目録上の願文テクストの位置は、古代寺院の宗教空間における願文の布置を端的に示している。

一方、古代寺院において僧侶による儀礼の位相から願文というテクストのありようやはたらきを示すのが、儀礼テクストの代表ともいうべき「維摩会表白」であろう。興福寺の創建とも重なる維摩会の沿革は、藤原家始祖鎌足の病平癒を祈る仏事に発し、平安時代には南京三会の随一として僧綱制の一画を担った国家行事としての講経法会である。「維摩会表白」は、その講師に撰ばれた僧のみが披見を許され、自ら書写して高座に臨み、読み上げるという習いの伝統の許で、およそ十世紀初頭にその本文が成立して以来、古代から中世を通じて継承され続けてきた儀礼テクストである。その構成は三部からなり、前半は冒頭に維摩会の縁起に続いて講師の願文が述べられ、勧請句が並ぶ。中間には維摩詰経ないし無垢称経の品釈、後半は後料簡と廻向にあたる結願文で結ばれる。[4]

その願文の段は諸本において全く定型化しており、はじめに斉明天皇戊午歳より今上天皇の当年に至るまで何歳を経たかを記し、文章中に講師の名宜りと自謙句を含む形式で、最後に大施主の御願を成就円満せしめんと結ぶ。以下に、真福寺大須文庫本[5]によってその最後の部分の例を示そう。

伏願ハ、宝祚無レシテ窮、与二払石《フッセキ》一ト而伝ヘレ長コトヲ、鴻基《コウキ》常ニ固《カタク》シテ、与《トモ》二芥《ケ》城一ト而争ハムレ久コトヲ。
護シ二持三宝一ヲ、修シテ二行十善一ヲ、天下和平《クワヘイ》ニシテ、兆庶《テウショ》寧謐《ヒツ》ナラム。
仰テ望マクハ、菴薗教主牟尼尊、十方三世諸善逝、浄名妙徳諸菩薩、龍神八部非人等、還念シテ本願一ヲ故ニ影向シテ
令《シメタ》マヘ三円二満大施主御願一。

「維摩会表白」の現存最古の伝本は、興福寺に伝わる長暦三年（一〇三九）写本で、これは永承二年（一〇四七）に再び用いられた旨の識語がある。右に引用したところの大須文庫本は、建保六年（一二一八）に東大寺三論宗光恵が講師を勤めた際に写し用いた表白の一本である。その本文には、仮名訓と声点が稠密に付され、これによって法会の当座で講師が全文を訓読した消息が窺われる。おそらくその訓読から読みの作法まで厳重な故実が定められていたことだろう。その中の〝願文〟は、独立した一巻として存在するのでなく、講師が高座で儀礼的に読むための表白という儀礼テクストの全体に包摂され、維摩会の法儀の中心を成す複合的な作法の一環として組み込まれていたのである。

なお、願文の冒頭に位置する縁起の中で、不比等が文武天皇三年に改めて法会を開くにあたって、智宝法師を屈請し、無垢称経を講ぜしめるのに「自作願文、具述法旨」とある。これは『政事要略』巻二五に、慶雲三年（七〇六）十月に不比等が宮城東第にて維摩会を再興し、無垢称経を講ぜしめ、自ら願文を作って、毎年十月十日より十六日に至り結願と定めたとして、その願文の一節が左に示す如く引かれているのに対応する。これこそ最も古い願文の片鱗を示すものであろう。

凡、維摩会者、内大臣之所始也。大臣、観善根之遠植、慮慈蔭之弘覆、遂尋遺跡、莫廃此会。

以上、古代における願文の位相を、経典と寺院および法会という仏・法・僧の三宝にわたる側面から概観した。もはや一巻の独立したテクストとして遺されてはいないが、同時に願文がそれぞれの作善の本体に記しづけられ、配置され、複合して重なり合い、儀礼の過程の一部に分かちがたく組み込まれていたことが明らかである。願文こそが宗教テクストの核となって作善を生み出し、その営みに生命を与えるテクストであることが、そこから浮かび上がる。

三　御堂関白の作善と願文

藤原摂関家の栄華を極め、王者の如き生涯を体現した「御堂関白」道長は、同時に篤い仏法信仰に生きた入道出家者でもあった。その権勢の頂点に在った寛弘四年（一〇〇七）の八月、道長は金峯山に参詣し、山上に自ら書写した紺紙金泥の法華経と具経、同じく紺紙金泥弥勒上生経など併せて十五巻を埋納し、その上に金銅燈楼を建て常燈を捧げている。その、多数の近従僧侶を随えての盛大な参詣修行は、遺された自筆日記『御堂関白記』（陽明文

図11-2　藤原道長金峯山埋経金銅筒（京都国立博物館）

庫蔵）に日を逐ってつぶさに記録され、とりわけその裏書には当日の儀礼の過程が克明に記されている。既に第六章の一切経と埋経の事跡において取り上げたところである。

この時の埋経の遺物は後に出土して、経典を中心とする主要なテクストの輪郭が窺われるのであるが、その中心を成すのが経典を包み込むように配されるところの願文であった。経典を納める金銅製経筒の表面には、二四行五二一字に及ぶ長大な願文が蹴彫で刻まれており、道長がこの作善業に託した意図を直截に読みとることができる（図11-2）。その優美な文字の書体は、あるいは藤原行成の下書に成るかとの臆測も生むほどである。(6)

蔵王権現に言《もう》し上げるところの願文は、「南贍部洲大日本国」の左大臣としての道長が、手ずから法華経以下の経巻を金峯山に埋めて龍華の晨を期す願いが、経典ごとに述べられる。先年の法華（出土した経奥書には長徳四年〈九九七〉の識語が見える）書写の際に参ろうとして病のため果たさず、今ここに初心の際の志願を遂げようとする。その願いは、臨終に弥陀を念じて極楽に往生することであり、更に慈尊出世の時に極楽より仏所に往詣して法華を聴聞し共に成仏することにある。その庭にこの埋めるところの経巻が自然に湧出し随喜せん、と言い、弟子すなわち道長が「宿命通」を得て今日このことを知るのは、智者（天台大師）が前世で霊山にて釈尊聴衆として受記し、（五台山の）文殊が住劫をたちまち識ることに等しいと自讃する。発願に至り、ここに菩提心を発し、罪を懺悔して山頂に「法身之舎利」すなわち経巻を埋めることで釈尊の哀れみを蒙り、龍神の守りを憑《たの》んで願いの土台が固まり、望みも叶うことだろう、と言う。更に「憩一樹之蔭、飲一水之流」こともなお「小縁《おぼろげ》」ならず、況《いわん》やここに共に集い作善に携わった全ての人々が釈尊と蔵王の知見証明を得られ、円満成就すること、また法界衆生がこの作善を「津梁」すなわち支えとして皆が「見仏聞法之縁」を結ばんことを、と廻向の句をもって結ぶ。僅かに残存する各金泥経巻の奥書も、「願以此功徳」「願以手自書此経」等と始まる願文の態であり、それらが最終的にこの経筒願文に収斂し、金峯山金剛蔵王権現という本朝の独自な神として顕われるところの仏に捧げるメッセージにふさわしい願文として象られている。

この金峯山埋経に先立つ寛弘二年（一〇〇五）、道長は父祖の墳墓の地である木幡に浄妙寺法華三昧堂を建立、ここに手ずから常燈の火を鑽り出して願文「為左大臣供養浄妙寺願文」を奉り、また埋経の年の歳末には多宝塔を建立して祖霊の成等正覚と自身の滅罪を祈る「供養同寺塔願文」を捧げた。いずれも大江匡衡の作になるもので、『本朝文粋』に収める平安朝願文の代表作である。道長にとっての作善事業の文脈として明らかに呼応し、連なるものであろうが、金峯山経筒願文の文体は、匡衡の草になるこれらの願文とは修辞法も含めて異質であり、道長自草の可能性が高いことが指摘されている(7)。その点でも、希有にして貴重なテクストといえよう。

この金峯山埋経と自身による願文作文の営みを継承したのが、道長の曾孫にあたる後二条関白師通である。同じく金峯山上から出土した金銅経筥中に紺紙金泥経典と共に紙本一巻の願文が納められていた。前半に作善目録を掲げ、後半に願文を記す寛治四年（一〇九〇）の自筆願文（図11-3）には、白河院政の確立を迎えて摂関家の前途を憂慮しつつ、仏神の冥助を得て藤家の繁栄を祈る、やはり自草でなければ書き得ないであろう率直な念いが吐露されている。白河院自身も金峯山参詣を遂げており、やがて度重なる熊野詣に至る、金峯・大峯・熊野の宗教世界を王の許に一望し支配しようという企図を明らかにする時点であった(8)。この作善の営為も自身の日記『後二条関白記』の当該条に詳述されており、そこには『御堂関白記』が先例として参照され、確かに道長の事跡を尋ねて再現しようとしたものであることが知られる。遡って、長元四年（一〇三一）には、道長の娘である上東門院彰子が、叡山横川の根本如法経堂に覚超の造立・供養した如法経塔中に、自筆の法華経一部を願文と共に納めている。後に取り出された金銀鍍宝相華文経筥のみがその優美な作善の荘厳を伝えるが、彰子の仮名願文の詞は、覚超の如法経

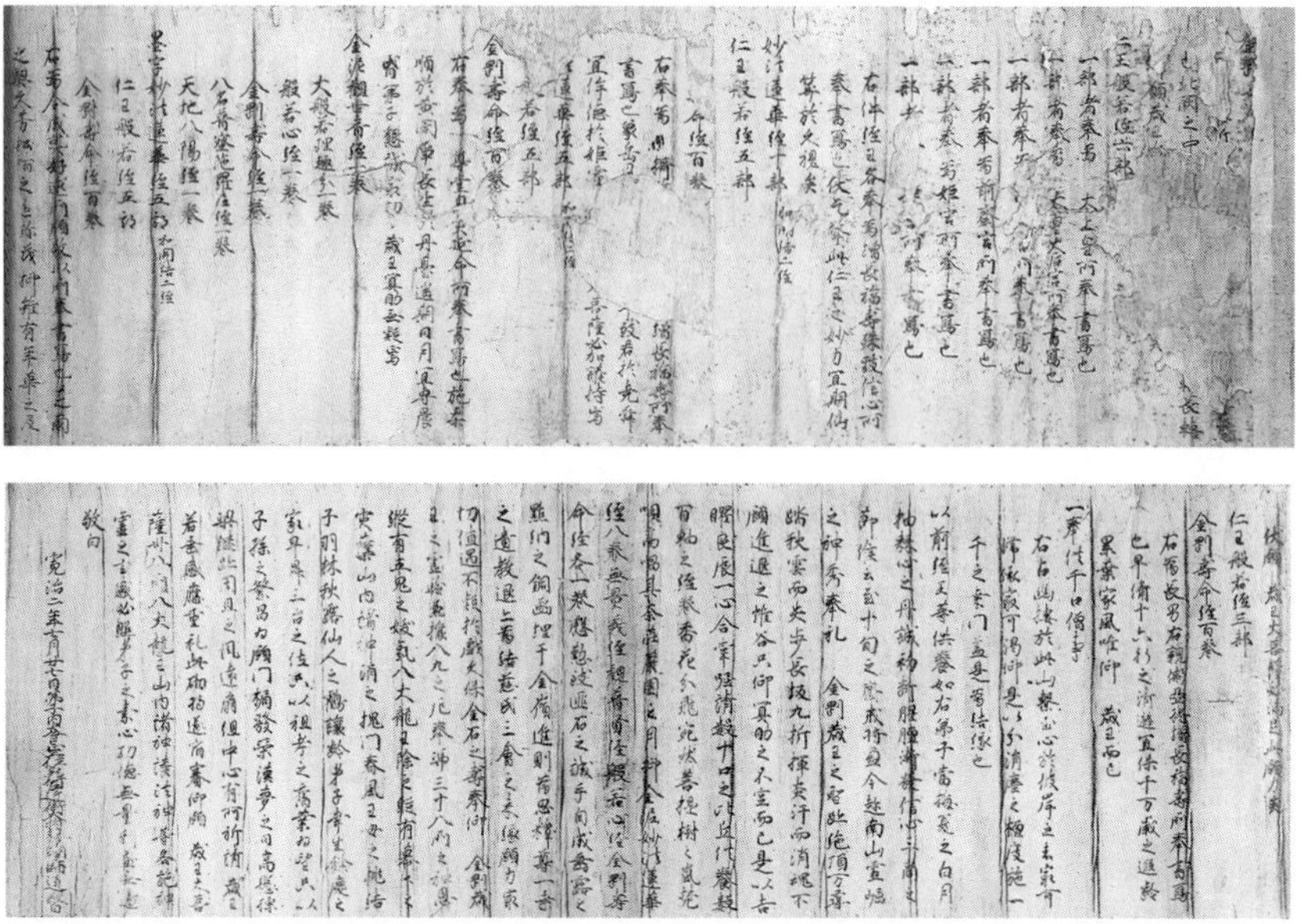

図 11-3　藤原師通金峯山埋経願文（冒頭，末尾，個人蔵）

筒記と共に『門葉記』[9]に収録されて今に遺されている。彼らの埋経による作善の願文が、その形態や文体こそ異なれ、いずれも自身の言葉として書かれ、刻みつけられて後世に遺されたことが興味深い。

やがて病により出家入道した道長は、自らの道場であった無量寿院阿弥陀堂をより大規模な寺院として造営し、法華・常行の両堂に加え、毘盧遮那を本尊とする金堂と五大堂とを建立、治安二年（一〇二二）七月に盛大な供養を挙行して、法成寺と号した。天皇の臨幸を仰ぎ、御斎会に準じた公家の催しとして民衆の参観も許した、その華麗な大法会の有様は、『栄花物語』「をむがく」巻に、尼の見聞記という体裁で描き出されており、文学史の上でも記念碑的な盛儀であった。この法成寺供養については、彰考館本『諸寺供養類記』[10]（「油小路殿家蔵本写」）に諸記録が類聚され、とりわけ「不知記」（群書類従には「法成寺金堂供養記」として収める）が最も詳細にその全貌を記す。それは公卿日記ではなく、行事記として作成されたもので、参加する道俗の交名が全て注され、式の次第に沿った整然たる記録である。その目的のひとつは、法成寺供養のために参議式部大輔藤原広業が草し、行成が清書した願文の全文、および善滋為政の作る呪願文の全文を収録するところにあったろう。(11)

「法成寺供養記」と称すべきこの記録から、道長の願文がいかに読まれたか、その局面に焦点を絞ってみよう。この仏事は、威儀師の統率の許で大法会（舞楽付四箇法要）の形式で行われた。導師は天台座主院源、呪願は興福寺別当林懐、それぞれ当代の南都北嶺の第一人者が勤める。乱声《らんじょう》と師子の舞に続いて、百五十人の衆僧が行列し参入、金鼓が打たれ音声を発し、楽と共に伝供が備えられた後、大赦の詔が発せられる。大行道しつつ讃嘆を唄、散花、梵音、錫杖の四衆が順に勤め、再び金鼓が打たれ導師と呪願師が高座に登って「導師表白、其願文云」として願文全文が引用される。すなわち、願文は導師の表白に包摂され、その一環として儀式記録上に記される。その後、「読願文了、揚経題名、次有御誦経」と次第し、公家より布施の後、「次呪願、其文云」として同じく呪願文の全文が引用される。その後、僧禄が給され、導師と呪願師は高座を降り、礼仏して退出、饗膳が供される間に音楽が奏され、種々の舞が演ぜられた。日は既に暮れ、昇った月は池の面を輝かせること瑠璃の地の如く、舞台には炬火《かがりび》が掲げられ、天上界の如き荘厳が現出した。

供養記はここに注して、「前大相国（道長）、栄楽無比、徳化被世、久受三代摂籙之重寄、忝為千年聖日之外祖。爰、寛仁年中出家帰真、被居（「士」脱ヵ）相之間、四海誰不浴恩澤、此修仏事之時、位万方誰不結良縁、唐家本朝雖多、未有如我朝相府、現当相兼矣。」と讃辞を加えている。しかるに、何よりこの盛儀は、引用された願文こそが、その作善としての意義を公に表明する辞であった。「入道道長法成寺供養願文」というべきこの願文では、まず金堂に阿闍梨六口を置き「御願」を修すことで法成寺が御願寺に準ずる格式を持つことを示し、次に金堂と五大堂の仏像と新写経典を挙げて、仏経供養の内容を記し、その拠として「釈迦如来説曰、若有人、彩画仏像、書写経典、建立伽藍、供養衆僧、当知是人、永離生死、成無上道」を（道長が）聞き、服膺するによる、と述べる。そして自らの信仰の実践を、陳文帝の天台宗への信仰や唐の懿宗の釈尊（すなわち長安の法門寺舎利への）帰依に類える。こうした中国の皇帝の仏教信仰と本朝の自らの信仰実践を重ね譬えるのは、一切経供養等の願文と共通する修辞であることが注意される。それは修辞上の範型に倣うという以上に、日本国の王権による仏事が中国皇帝の作善と等しいものであることを示している。その上で、この莫大な前根の上分を「霊儀」に奉り、摂籙の家の子孫繁昌を祈り、続いて結縁の尊卑への廻向を以て結ぶ。

このように、供養記が願文全文の引用を焦点として法会の全体を記録するのに対して、『栄花物語』の法成寺供養記「をむがく」巻は願文についてはほとんど言及せず、ひたすら法会のめでたき有様をものがたる。それは冒頭に池を掘る翁と老法師の歌問答に始まり、試楽や女房装束、そして天皇の臨幸など、見物の動静も含め、多彩な視点から叙述されている。あるいは、金堂の荘厳をまず扉絵の釈迦八相の絵解きから始め、定朝の作になる本尊大日如来の相好円満の様、そして鐘の声の功徳まで、およそ漢文記録では到底再現することのできない豊かな感覚に満ちた描写を実現している。但しその反面、願文のくだりは次のように簡略である。

その次々は、例の作法の事ども、おしはかるべし。講師山の座主、御願文うち読み、宮たちの御誦経など、一々に誓ひ申したまふ、随喜の説法を聞くままに、歓喜の涙いやまさりなり。よろづにいみじくめでたくかなし。(12)

「次々」の「例の作法」つまり法会の仏事次第は記録に譲り、その「講師」による説法の目出たさに感激し興ずるところに焦点が絞られる。願文と誦経に続き説法が演《の》べられたことは記録に見えず、その一方で呪願などは無視されている。なお、後文の草子地に「すべてあさましく目も心もおよばれず、めづらかにいみじくおぼえて書くらん。(以下略)」と、この法会についての記録を意識し、それを自らの物語記述と対置する弁明を加えていることが注目される。(13) それは一見卑下の詞のようでありながら、むしろ翻って〝仮名の供養記〟として、それら記録では書き得なかった独自の記念碑を創り上げた誇らしい言挙げであり、その対極に公《おおやけ》における晴の真名の文章としての願文が位置するのである。

四　院政期の次第法則における願文の位置

王朝宮廷の時代を象る仏事法会の儀礼過程において、願文はいかなる故実の許に運用されていたのか。これも本章に与えられた課題のひとつである。その消息が、院政期に絶頂を迎えた院御願による仏事の記録、そして院の仏事儀礼を執行する新たな権門として成立した御室法親王の司る法儀書——儀礼テクスト——の中に明らかにされている。

摂関家から王権を奪還した白河院の仏教信仰と権威の発現が、御願寺たる法勝寺の造営であり、また承暦元年（一〇七七）に営まれたその供養法会であった。この記録も、彰考館本『諸寺供養類記』の中に、やはり願文を核として収められる（但し落丁により願文冒頭を欠く）[14]。そこでも大御室性信入道親王が證誠を勤めていたが、白河院は皇子を性信の許に入室させ、これが中御室覚行として初代の法親王となり、真言密教による院の仏教政策を遂行するための仏法興隆の担い手となったのである。その役割は、本書第八章に論じた密教修法および灌頂を含む、院の仏事儀礼の執行とその表白の作文をはじめとして、法儀の主役を勤め、併せてその故実すなわち次第法則を創り上げることにあった。早逝した覚行から、同じく白河院皇子の高野御室覚法、次に鳥羽院皇子の紫金台寺御室覚性、そして後白河院皇子の守覚へと継承される歴代の仁和寺御室法親王は、六勝寺以下の院および女院が主催する御願寺供養をはじめとする盛大で豪奢な仏事儀礼の記録に携わり、その規範化も担う故実家でもあった。

御室法親王による、院政王権の許での儀礼テクストの集大成が、守覚法親王による『紺表紙小双紙』と呼ばれる顕密各種仏事法会次第の類聚であり[15]、その頂点のひとつに、「院御願寺供養次第」が位置付けられている。更に、その原型（プレテクスト）というべき法儀次第の集大成として、真福寺大須文庫蔵『法則集』がある。[16] そこには、院政期の法儀の担い手となった御室法親王の許で形成された各種仏事法会次第が収められる。そのうち、密教による最も大規模な法会である庭儀曼荼羅供の導師方次第として「曼荼羅供大阿闍梨次第」がある。この中に、行列、大阿闍梨、入道、行道、唄、散花、対揚、開眼と次第し、この間に御誦経使の参入があり、その退出後に、「次、読御願文、次、揚経題」と位置付けられ、更に読経、説法へと展開するのだが、そこに「或、表白演仏経功徳、不用説法」と注して、説法を用いる顕教法会とは異なる密教法会の特質を示している。次の「読願書次第」は、後の『紺表紙小双紙』では独立した一帖として存在する、その原型にあたるものであるが、これは法会の導師が高座に登って願文を読み上げる作法のみを記している。以下、その全文を示してみると、前節に取り上げた法成寺供養記の次第とほぼ同様であることが判る。

先、執香呂小礼、次着座、次打磬、次三礼如来唄、次打磬、次表白、次読願書、次演願功徳并所立旨趣、次供養浄真言、次六種、次打磬、次廻向、次打磬、次礼拝降座。

記録に照らしても同様な次第であるが、願文を読む前に表白がなされる。更に、その願文に籠められた作善の功徳や特に強調すべきところの旨趣を演べるが、これが説法に相当し、読み上げた願文を説きほどくのが導師の役目であったことが知られる。この導師すなわち講師が高座に登って御願の仏経供養を営む、御願寺や御堂供養より規模は小さくとも高い格式の法儀全体を次第化するのが「高座仏経供養次第」である。[17] これにはより詳しく、威儀師により御願文が烏口《からすぐち》に挿まれて講師に授けられる作法が仮名交りで記され、その上で、「講師、置香呂、読御願文」と次第し、その作法注として、「表白ノ後ニ、委旨、御願文ニ見タリト云テ、読之、読了テ前机ニ返置ク」とある。更に揚経題の作法、読経、御誦経文と続き、諷誦の後に呪願、神分、勧請、補闕分、浄真言、六種、廻向そして降高座に至る。

『法則集』下巻は主に仁和寺僧兼賢の記録の抄出から成るが、中心を成すのは、院と女院の御願になる堂塔供養を曼荼羅供により御室法親王の勤仕する法会としての曼荼羅供次第である。その範例となったのが、大治二年（一一二七）に待賢門院と白河院の御願として催された法勝寺五重塔供養である。御室（覚法）を大阿闍梨として、女院、白河院、鳥羽院三院の御幸による庭儀曼荼羅供であった。法会の中心において、唄、散花、行道の後、大阿闍梨により御仏開眼が行われ、その後で「堂達、取烏口之御願文、置腋机、表白了、置香呂、令読願文表白同調子也。」とあり、ほぼ上巻に見るのと同様の次第に沿って行われ、やはり表白の次に続いて願文が読まれ、それは表白と同じ読み方によるものであったことが判る。

以上の如く、院政期に歴代法親王によって創り上げられた法儀の体系とその儀礼テクスト運用の蓄積を集約するのが、南北朝時代の御室、後伏見院皇子の法守法親王の編になる『法則勘例』[18]である。本書は、「北院御室御記」すなわち守覚の各種供養記を中心に抄出、准后法助の口伝なども引勘し、全体として院御幸儀による御願寺ないし仏経供養の故実を集成すべく作成された類聚である。その中に「御願文」（および諷誦文）をめぐる種々の儀とその注釈にあたる口伝が含まれている。堂荘厳より前に、「御願文、諷誦文、清書奏覧」条があり、「兼日、院司奉仰、仰御願趣儒者、前一両日持参草、院司奏覧之、返給之後、召料紙於庁、遣清書人之許、書了返上、即奏覧之」とあり、主宰者である院が願文を草案から点検する過程が法会のしつらいの一環としてあることが知られる。法会の半ばに、大阿闍梨の入堂、前方便、唄、散花、対揚の後、「堂達取御願文、置右脇机（注は省略）」とあり、大阿闍梨の開眼に続き、「次、表白。私云、神下句、雖載之、略之」。この作法の間に堂達は願文を烏口に挿んで取り持ち、大阿闍梨の右脇机に置く。そして「大阿闍梨表白訖、読御願文」段となり、本書では、これについての「口伝」が、真言宗の御室ならではの願文の位置付けとして注目される。

口伝曰、願文ハ、顕宗ニハ高ク読之、密宗ニハイタク不聞程ニ可読之、時々文言モ可聞也、顕ノ表白ナドノ様ニ、聊甲乙々ニヒキヽヽ可読也。

顕密における願文の読み方の差異が、「甲乙」すなわち声の高低で端的に示される。(19) また、加えて守覚の記録が参照される。

高野丈六堂供養大阿闍梨次第云、(20)「次置香呂五鈷、取願文読 表白了之後、委趣見于御願文云々、如此称後、可読御願文。」

この後の次第のうち、「説法」段があり、それは如意を執って仏経を釈する、顕密共通の作法であるが、これにも注釈があり、「真言宗習、必不用来、表白次述功用、又為常法式、就中、有舞楽之時、尤可略之歟」とする。また「准后（法助）御口伝云」として、「仏経釈事、真言師不用之、表白中述仏経功能、常習也、堪能人吐妙弁ハ非其限」と、説法とりわけ仏経釈という、顕教の重んずる説経の講師（説経師）の得意とする側面は、真言僧として特に必要を認めていなかった消息も知られる。しかし〝御願文〟の作法が法儀全体の要として重んじられていたことは一貫しており、それは顕宗つまり天台宗の側でも同様であったはずである。

五　東大寺大仏をめぐる願文の諸相

中世宗教世界の中での願文が〝生きてはたらくテクスト〟として果たした役割は、大法会の高座で読み上げられる晴の文書としてばかりではない。それは、仏像をはじめとする諸尊の彫像の胎内に墨書銘として短く書き付けられた一文の場合もあれば、(21) また仏像等の胎内納入品のうちに結縁交名や経典などと共に籠められた一通として存在することもあるだろう。(22) そうした多様な在り方を示すところから見直すならば、より多元的な位相を示し繋ぎ渡す媒体として願文は認識される。あるいは、種々の次元の集合体であり構築物である宗教テクストの核心をなす要として、願文はそれらのテクストに文脈を与え設定された仕掛け（プログラム）を発動させる命令としてあらわれるのであり、総じて、中世宗教テクストの場を束ねて生成するテクストとして願文は布置されたのである。

そうした、儀礼がテクストの諸位相を統合するはたらきを具現する宗教テクストとしての願文とは、何より仏教史を象り創成するテクストとさえ言えるのではなかろうか。古代から中世を経て近世に至るまで、日本に伝来流布した仏法の象徴であり続けた東大寺盧舎那大仏は、時代ごとの変革と動乱に際会して災禍を蒙り損壊しながら、再三復興されて甦った。その最終過程は〝大仏供養〟と通称される儀礼により取り運ばれ、それは再生する大仏が担う新たな世界の誕生を告げる儀式でもあった。その仏事法会毎に願文は作られ、その願主毎の祈りが表明された。その幾許かは今に遺され、これを通覧するだけでも一箇の日本仏教史が見渡されるだろう。

創建時の天平勝宝四年（七五四）に催された大仏開眼法会の願文は伝わっていない。斉衡二年（八五五）に仏頭が顚落し、その修理を了《お》えて貞観三年（八六一）に開眼供養した際の願文および呪願文（菅原是善作）が、その式と共に『東大寺要録』[23]に収められる。これは仏教法会の式と願文が一具として伝えられる最古のテクストのひとつであって、その点でも画期的な史料であろう。治承四年（一一八〇）の平家による南都攻撃で焼失した東大寺と大仏は、翌年に後白河院「東大寺焼亡勘文」[24]（中原師尚）が奏聞され、安徳天皇の名の許に「造東大寺詔」（藤原兼実草）が下され、ただちに再建が開始された。その過程では、寿永二年（一一八三）右大臣藤原兼実の自草自筆になる『仏舎利奉納願文』[25]が示すように、造営中の大仏にその「生身」性を付与しつつ祈念を籠めるさまざまな仏事が営まれた。やがて平家滅亡後の元暦二年（一一八五）七月には、後鳥羽天皇による「東大寺盧舎那仏開眼宣旨」（藤原親経作）が下され、文治に改元された八月二六日、その本願である後白河法皇の「東大寺大仏開眼供養願文」（藤原兼光作）および呪願文（藤原業実作）による大仏開眼法会が催され、法皇自身が筆を執って開眼した。これらもその式を含めて、『東大寺続要録』[26]に収められている。なお同記によれば、この法会に先立つ三日前には、大仏

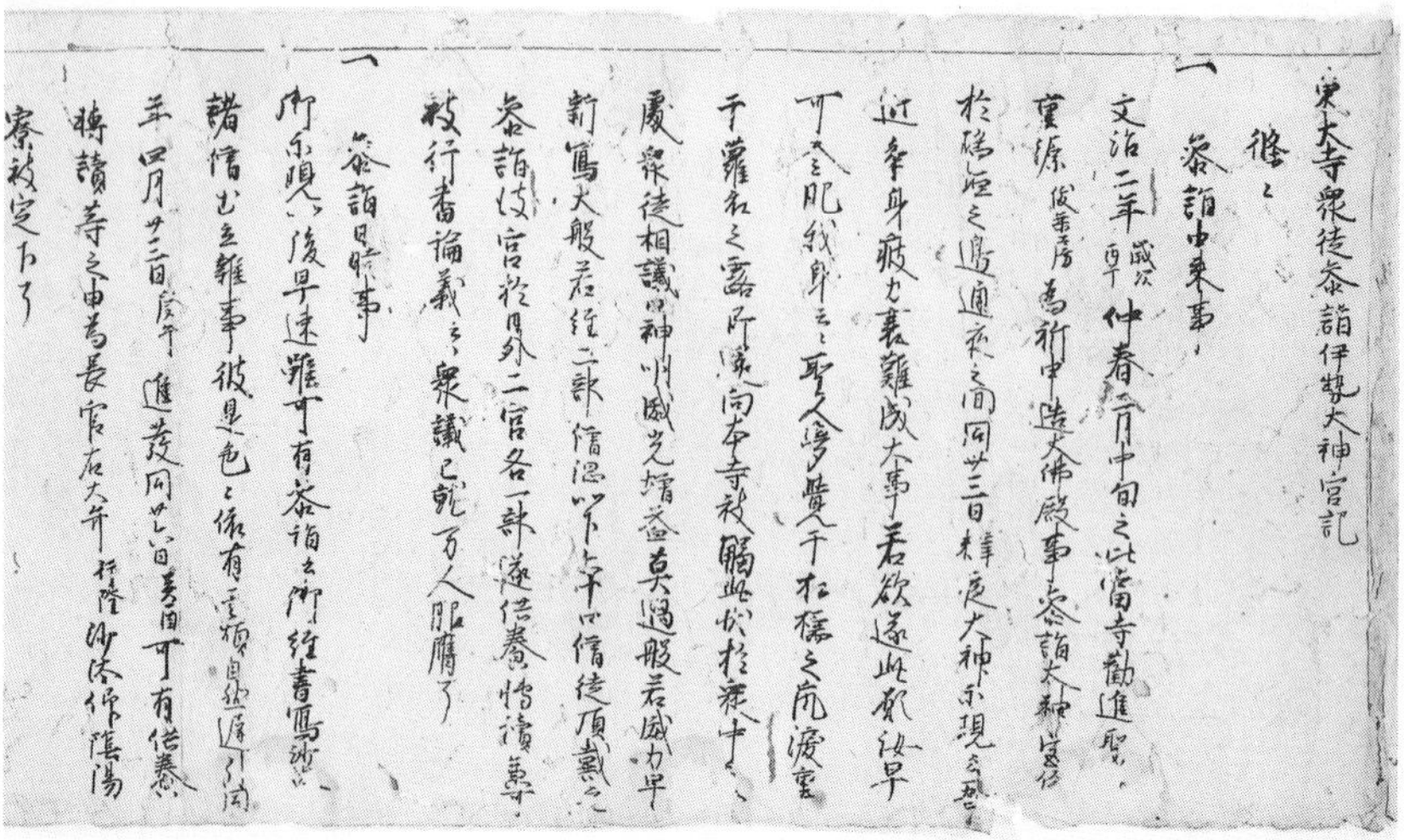

図11-4　『東大寺衆徒参詣伊勢大神宮記』（真福寺）

造立の大勧進を担った重源による「東大寺供養願文代僧重源」が藤原親経により草されている。王の御願文による作善に先んじて、聖による願文が読まれ供養されるという事態は何を物語るものであろうか。

大仏開眼の翌文治二年（一一八六）五月、春に参宮し夢告を蒙った重源の勧めにより、東大寺衆徒六十名が更なる東大寺の再興を伊勢神宮に祈り大般若経を内外両宮に奉納し法楽を捧げるため参宮する、前代未聞の儀が挙行された。その記録が、慶俊による『東大寺衆徒参詣伊勢大神宮記』（図11-4）である。[27] それによれば、参宮に先立って、寺家より朝廷に御願文を賜るべく申請されたが、先例なき儀として結局寺家が私に儒者に誂える「寺家願文」となり、加えて法皇より東大寺に院宣が下され導師を請じて法楽仏事を遂行するという異例の形をとることになった。その作者はいずれも藤原親経であった。『記』にはそれらの全文が稠密な訓点を施されて引用されている。更に『記』は参宮の経過を記録するうちに導師を勤めた弁暁による両宮での大般若供養の表白（「啓白詞」）のやはり全文が収録され、その説法に聴衆が感涙したことを伝えている。興味深いのは、そのうち内宮表白の結句として弁暁が加えた次の一節である。

然則、依此法験不空、答此神恩無止、先天下安穏泰平、民伽藍之栄作添勇、法皇御寿命長遠、国造畢之御願有忠、作善之趣不過之、具在御願文。

その如くであるならば、この後に「御願文」が読み上げられ、披露されなくてはならない。しかし、ここに「御願文」とされるのは、上述した『記』の引く「寺家願文」のことである。そこに注目されるのは、この弁暁の内宮表白が金沢文庫寄託称名寺聖教の『弁暁草』に収められて「大神宮大般若供養」[28]としても伝わり、その末尾は、「具又、在院宣状并寺家願文」と結ばれており、むしろ、こちらの方が実際と正しく呼応した本文なのである。『記』の弁暁表白が示す明白な齟齬は、おそらく『記』の編者が弁暁の当初に用意した表白草をそのまま用いてしまったことに由来するのだろう。そこから推察されるのは、すなわち、この参宮が本来は法皇の御願となる法楽仏事として企てられた儀であったという消息であろう。幻のごとき「御願文」は、却ってこの参宮の背後にはたらく後白河院の大仏再興と東大寺造営に傾けた強い意志を浮かび上がらせている。

法皇崩御ののち建久六年(一一九五)に大仏殿落慶供養の大法会が盛大に催された。しかしその記録『東大寺造立供養記』には願文が載せられず、やがて建仁二年(一二〇三)に至り、ついに東大寺総供養が行われ、ここにおいてやはり親経の草になる後鳥羽上皇の「東大寺大仏供養御願文」が披露されている。

中世の宗教テクストの、いわば頂点に位置するであろう再生した東大寺大仏をめぐって繰り広げられた運動は、その局面それぞれにおいて「願文」というテクストによってすぐれて表象され、また生命を与えられている。その結節点のひとつは、直接大仏に対して捧げられたものではなく、神に奉る願文であったが、それもこの運動の不可欠な一部を成すものであった。しかもそれは、実現こそしなかったが、王の御願として営まれるべき法楽仏事の「御願文」として聖人によって構想されたのである。このような驚くべき企図は、端的に聖武御願寺としての東大寺大仏が皇祖神を祀る伊勢大神宮の本地であるという認識を前提として成立するものだろう。その背景を成す文脈は、東大寺大仏建立の御願を聖武天皇が発し、橘諸兄を勅使として神宮に遣したことに端を発する、史実と神話の境界に説かれる秘伝である。その夜、本願の帝の夢に玉女が示現し、我国は神国として神明を欽仰すべし、日輪は大日如来、本地は盧舎那仏であり、この理を悟って仏法に帰依せよ、と告げたという。[29] それは院政期の当時、東大寺と伊勢神宮の双方が共有していた縁起説であり本地説であった。[30]

願文が背負い、かつ内包する日本仏教の動態は、かくも深く、多義的な相を示している。それは、作文を担う儒者文人にとっては、ただ己の知識を披歴し修辞の技巧を凝らす舞台というだけでなく、その文(テクスト)によってこそ実現される宗教運動の姿を指し示す知の結晶であり、また、作善や勧進の営みを当時の主体として担った王や聖人たちの希求を鮮やかに映し出す〝聖なるコトバ〟、すなわち宗教テクストそのものなのであった。

第十二章　修正会・修二会と儀礼テクスト

一　二月堂修二会の儀礼空間と音声

「お水取り」になれば春が来る、と言われるような歳時記的言説は、関西地方に住んだ経験のある人にとっては馴染みある物言いだろう。芭蕉の発句に「水取《みずとり》や氷《こほり》の僧の沓《くつ》の音《おと》」（『野ざらし紀行』）があるけれども、俳諧の世界では江戸中期から登録された季語のひとつである。(1)「お水取り」は年中行事として現在では全国にメディアによって報道されており、既に春到来の記号として社会に共有されたコードと化している如くである。そのもうひとつの呼称である「お松明《たいまつ》」、地元の奈良ではこちらが一般的であるが、練行衆の初夜上堂の際に伴う大松明にちなむ称で、特に十二日お水取りの日に用いられる「籠《かご》松明」を見物するために多くの人々が二月堂に参る。その火が現ずるスペクタクルが、今ではテレビ映像を介して国民共通の歳時イメージと化しているのである。松明を見物したほとんどの人々は一瞬の興奮の余韻に浸って帰途につき、更に二月堂に上がり、堂内で営まれる僧たちの行法を観ようとする人は僅かである。その後、深夜から暁方にかけてやはり大松明が堂内で走り巡る「ダッタン」の行法や、堂外の閼伽井屋（若狭井）から香水《こうずい》を汲み上げる「お水取り」の作法など、二月堂の内外を会場《えじょう》として繰り広げられる各種の儀礼の総体が「修二会《しゅにえ》」である。

東大寺二月堂を儀礼の場として行われる「修二会」（東大寺大仏殿では修正会が行われた）は、奈良時代の天平勝宝四年（七五二）に実忠《じっちゅう》和尚によって創始されたと伝えられる法会である。それは「不退の行法」と称されるように現在まで一二六〇余年の間、一度の中絶もなく継承されてきた。

修二会は、「小観音《こがんのん》」と呼ばれる厨子に祀られた秘仏の十一面観音を本尊として一七日（七日間）、その前の一七日、二月堂内内陣に祀られる聖観音を本尊とする行法が加わった二七日《にしちにち》の間、東大寺一山の僧侶から撰ばれた練行衆《れんぎょうしゅう》が六時（日中《にっちゅう》、日没《にちもつ》、初夜《しょや》、半夜《はんや》、後夜《ごや》、晨朝《じんじょう》）の行法を行う法会である。「おこない」とは、畿内を中心に村落単位の寺社で営まれる正月ないし二月の法会「修正会」「修二会」の民俗祭祀習俗としての呼称であるが、その源は遠く平安時代（十世紀）以前に遡り、『三宝絵』(2)にも見える仏教年中行事であった。練行衆（現在は十一名を定員とする）は、堂下の宿所に参籠しながら、二月堂に上り六時の行法を行う。彼らは、前行となる別火坊での精進も含めて、各自の住坊から出て清浄な火で調理した食事をとり、俗界から隔離された「斎《いみ》」（物忌）の時空に入り、更に二月堂の結界された〈聖なる場〉へと移行する。

この「お水取り」修二会の〈聖なる時空〉は、とりわけそこに発する音声《おんじょう》のうえにすぐれて感じとられる。〝聴聞〟によって生成する二月堂のサンクチュアリについては、かつて旧稿でいささか散文詩的に表現したことがあった。その一節を再び掲げておく。

東大寺二月堂礼堂《らいどう》の薄明のなかに佇んで息をひそめていると、正面の内陣戸口に掛けられた帳《とばり》に、常燈の焰にゆらめく影法師が所作のすがたを誇張して、大きく怪しく映しだされる。その紗幕にさえぎられ、格子により隔てられることによって、その裡に行われる修法はかえって参籠する者にとって鮮烈に心象に焼き付けられる。光と影の交錯は、この東大寺修二会という儀礼をダイナミックな祭りとして照らし出す。大松明の火炎は猛々しく人を昂奮させ、燈明のほのかなきらめきは内陣を飾る荘厳をあでやかに浮かびあがらせる。精緻に組みあげられた行法の次第が、練行衆をはじめとしてそれを支える堂童子・承仕らに至る一人ひとりに定められた勤めによって継起して立ちあらわれ、そこに軌則を逸脱したかとみえるわずかな戯れに至るまでが響きあう。ここはまさしく一箇の劇場であり、ひとつの世界が象られる、人々によって生命を吹き込まれる〈聖なるもの〉の曼荼羅であった。

礼堂や局《つぼね》に集う参籠の人々は、しかし演劇を見物するようにこれを〝観る〟のではない。それはあくまでも〝聴聞〟であった。暗がりの中に耳を傾けていると、実にさまざまな音声《おんじょう》が聴こえてくる。彼方の練行衆の所作は入堂以来、沓の音によってそれと知られ、それがつくりだす緩急の拍節に乗って行《おこな》いが動いていく。礼堂の床を震わせ舞台の下はるかに響く五躰投地の音は、ほとんど聴く者の痛みとなってこれが罪障懺悔の行いであることを思い知らせる。衆僧が互いに呼び交す声すら定まった曲節を与えられて進退を規定する。この内部では日常の言語（雑談《ザウタン》）は夾雑物以外の何物でもない。(3)

声明こそ、この〈聖なるもの〉の時空を創り出す真の主役である。練行衆によって絶えず誦唱される陀羅尼や経文から、散華の偈頌や呪願文の音読、表白や諷誦文の訓読、そして教化などの和語に至るまでの多彩な文体が、宝号と呼ばれる仏名称呼の懺悔作法の声を中心として交互に聴こえてくる。それらの声々は、あるときは和声をかもし出し、あるときは追いかけ合い、重層的な音の塊りとして聴く者を圧倒する。その声は、鈴・錫杖・法螺などの法具の響きによって分節され彩られる。ここに用いられる多様なテクストに応じて、これを唱える僧の役目も、また声の質も変えられる。毘盧舎那から さまざまに変化する仏菩薩の名（宝号）と、大菩薩から国中の悉くの神の名（神名帳）と、本願聖武皇帝から以降歴代の人の名（過去帳）が、それぞれ独特な音律と拍子によって唱え読まれて、高声な「南無観世音菩薩《ナアムゥカアンゼオンボサ》」から御霊や青衣女人のごとく不気味に低くけうとい異界の声までのヴァリエーションにおいて、聖俗の位階が象られている。それら声の響きの全てが、梵漢和の多声的な言語表現の体系が織りなす意味を発動させる。その唱和の力においてこそ、内陣の御帳の蔭に隠され、また小厨子に納められて動座する秘仏の観音という〈聖なるもの〉の本誓は実現されるのではあるまいか。そのとき聴聞者もまた、その構造の欠くべからざる一部であるはずである。

仏に対して礼拝し祈禱し、向かい合って申し上げる言葉の、豊饒にして多様な水準が、二月堂修二会の場に聴聞者の一人として連なっていると、つぶさに聴きとられる。しかるに、それらはいかに多彩ではあっても、すべてが人から仏への一方に向かって繰り出される、単一な位相の次元の上に配列されている言葉である。そのとき練行衆は、国家や王から我等一介の聴衆に至る全ての人の心願を代弁して仏に伝えるという、一元的な閉ざされた回路を独占的に支配する専門集団といえよう。彼らは、この法会の行法の中で我々に向かっては一言も言葉をかけることはない。それは、きわめて古層の〈聖なるコトバ〉を扱う技術者――苦行という代受苦を背負うことで得るダイナミックな声わざの権能を揮う結衆――としての僧侶の存在を今に変わらず伝承しているのである。[4]

そこでは、実に多様な音《おん》――声《じょう》が聴かれるが、その水準もさまざまである。たとえば初夜上堂の際に履いている差懸《さしかけ》を音高く踏み鳴らし小走りに入堂する「籠りの僧の沓の音」までが、練行衆の所作の一環として意図的に表示される行法の一部である。それらは、眼で見るよりむしろ多くの情報を含み、音声の一部をなす響きとして受け取られることになる。参籠所となる堂内の局に入った人々は、既にして見物人として観る存在ではなく、ひたすら耳を傾ける「聴聞衆」なのである。

参籠者が聴聞する練行衆の行いは、二月堂の独特な空間構造と密接に関わって成り立っている。現在の二月堂は、寛文七年（一六六七）に創建以来の堂が炎上した後の再建であるが、それまでに形成された旧堂の規模や構造を良く伝えているとされる。[5] 現在の堂は、内陣と呼ばれて周囲に石畳を巡らせた三間四方の根本堂の正面に、礼堂が付き、更に四周に局が取り巻き、全体を大屋根で覆うかたちである。特に西の礼堂側の正面局からは、礼堂の空間を隔てて練行衆の行いの場である内陣の正面扉口《とぐち》に向き合い、内陣の中央壇上の秘仏を覆う御帳や荘厳が望まれる（図12-1）。しかし扉口は常に白布の紗幕「戸帳《とちょう》」が下げられており、直接に内陣内部を窺うことはできない。但し、後述する走りやダッタンなどの際には戸帳が一時巻き上げられて、僅かに垣間見ることができる。その戸帳という幕や、内陣と礼堂のはざまを繋ぐ通路である橋が象徴するように、堂内は、比喩として言う以上に、まさしく一箇の見事な〝劇場空間〟を現出している。

図 12-1　二月堂礼堂の空間（撮影：植田英介）

練行衆の六時行法も内陣の中だけに限らず、五躰投地や走り、懺法やダッタンなど、礼堂へ出て行う所作があり、それらは明らかに観られることを意識した演出であって、礼堂の空間が舞台として利用されているといえよう。二月堂修二会についての最古の記述は、十二世紀半ば、保延四年（一一四〇）成立の大江親通による『七大寺巡礼私記』[6]東大寺条の一節で、これを外部から観た伝聞者の記事である。そこには、やはり演ぜられ、観られたところの「堂衆」、つまり練行衆の難行苦行の凄絶な様相が映し出されている（原漢文を私に訓読）。

世俗、これを呼びて南無観寺と号す。此の堂の修二会の行法の事。口伝に云く。毎年二月朔日《ついたち》、当院の宝蔵を開き、小厨子を舁き出し、本仏の前の壇上に置く。其の厨子の内は十一面観音像と云々。堂衆十五六人、二月朔日より堂中に籠り、二七箇日の間、白地《あからさま》にも住房を出でず勤行するなり。十四日の夜に至りて、堂衆ら皆な金剛鈴を執り、また炬火《たいまつ》を以て逆さまに脇挟み、火炎を出すの後、相い烈りて南無観の宝号を唱へ、疾速《はやあし》にて仏壇を廻り奔走するなり。その衆のうち、尫《おう》弱《じゃく》微力の人は気竭《なへ》て斃《たを》れ伏し、勁捷《けいしょう》勇健の輩は尚ほ走る。遺《のこ》る所一人に及び、これを以て殊に異行とす。導師および耆老の大徳一両《ふたり》ばかりは走らざる者なり。その導師、金剛鈴を持つ。

二　修二会の行法と所作の構造

千二百年以上も伝承され、度重ねられてきた修二会の儀礼とその所作は、簡単には記述しつくせない複雑で多様な姿を呈しているが、(7)それらはおしなべて、基本的な核となる作法を繰り返しつつ変奏することによって展開していく構造をもっている。行法の中心は六時の行法である。毎時作法は、時導師のリードによる礼拝の作法が核となっており、それは「宝号」（修懺）と「行道」（讃歎）に分けられ、時作法を構成する単位となる。練行衆の所作の側からみると、宝号（「南無観《ナムカン》」と唱えて頂礼ないし黙誦して五躰投地する）は垂直方向への昇降運動であり、行道（心経や讃歌を詠唱散花しつつ内陣を巡る）は水平方向への旋回運動が、それぞれの行う身体において表現されている。その各所作は、いずれも基本となる本式の複雑なもの（初夜に用いられる）から毎時次第に省略され単純化する（最も略して急速に行うのが晨朝）という方法で一貫している。毎時の所作の核というべき「悔過法要」は、〈称名悔過・宝号・五躰投地・五仏名・大懺悔・小懺悔〉の組み合せから成るが、それらは唱礼《しょうらい》という、節《フシ》の付いた声明によって演唱され、所作の全体はその曲節豊かな声により運ばれていく。容易には外から覗えない内陣中の所作は、全て声明によってつぶさに聞き取られ、加えてその意味までもが伝達される。その声明の詞章も多様であるが、最も長く豊かな節博士《ハカセ》によって唱えられる音楽的な漢讃の「称名」から、最も散文的で現代人にも意味を聴き分けられる「大導師作法」まで、練行衆は、それらの声明を別火参籠の間に上臈から新入へと口誦によって伝え、また相伝された声明の譜によって習礼して本行に備えるのである。新入の処世界《しょせかい》は、単純な作法を勤めることから始めて、年臈を重ね、次第に時導師や諸役をこなしていく過程で、その複雑な声明と所作を体得していくことになる。

修二会を構成する厖大な所作のうち、初夜と後夜に行われる「大導師作法」は、修二会の趣旨および祈念の意願を表白や諷誦文のテクストを（漢文訓読体）和文によって読み上げる。それは、聴聞者に聴きとり易いように、平易な水準の言説を以てするものである。これと対照的なのが、やはり初・後夜になされる「呪師作法」である。その中心は、道場の守護神（四天王とその眷属の鬼神）を勧請し悪魔の障碍から護るために結界する秘密の作法（印と呪文）を、陀羅尼（梵語）で黙誦したり、呪的な所作（沓音高く踏み巡るステップと掛け声）としての振鈴（驚覚）と清め（灑水）、そして走り廻るダイナミックなパフォーマンスを以て現して観せる。両者は、いわば顕と密もしくは静と動の好対照を成す作法で、共に六時の行法中で最も充実した初夜およびそれに次ぐ後夜を代表する所作でもある。そして、前者がひたすら文字テクストを読み聴衆に伝達することが中心なのに対して、後者が象徴性の豊かな身体動作と音声によるパフォーマンスによって示威し観せるものであるという、大導師と呪師の役割を端的に示すところの対照的な位相を指摘することができる。

そうした、修二会における所作のダイナミックスは、「走り《ハシ》」の行法において最も鮮やかに認められる。それは「ダッタン」と並んで、聴聞衆をさながら見物衆に変え、観る者を娯しませるショーである。創始者の実忠が兜率天宮の常念観音院で行われた聖衆の行法を写したものと伝える、この特殊な作法は、上七日と下七日のそれぞれ後半三日間の初夜と後夜の間に行われる。この時は、前述の如く戸帳が上げられ、燈明にかがやく内陣のうちでの所作が観られる。練行衆全員が宝号を唱えつつ行道し、和上が正面で三礼するのを機に〝走り〟に至り、宝号も短く「南無観」からただ「観《カン》」と呼号されるばかりに単純化される。臈次に順い巡次に礼堂に走り出て五躰を略式に打ち座になおるが、処世界など浅臈は最後まで音も立てず〝走り〟続け、漸く和上の「悉地《シッチ》」の声で止む。その一連の所作は全体が漸急（増）―漸遅（減）のグラデーションによって構成されており、こうした多元的な水準で複合されたグラデーションは、毎時の所作やその声明においても共通して認識される仕組みであり、それは修二会儀礼の身体―音声の運動の全てを貫いている構造といえよう。二七日の行法全体においては、前半の一七日の行法は声明でいえば「本節《ほんぶし》」で正式に全ての曲節や詞章を唱えるのであるが、後の一七日では「引上《ヒキア》ゲ」と称して省略され簡潔に早く唱えられるようになっていく。更に開白の初日の行法から、日を遂うごとに次第に声明と所作のテンポが速くなっていくという。そうした修二会の所作の一々や変奏を含めたあらゆる細部まで、徹底した観察によって記述化しようとした試みに、佐藤道子による『東大寺修二会の構成と所作』[8]がある。永年にわたる参籠聴聞と取材にもとづいた労作で、その多彩な行法の経過を全て記述しようとした一種のスコアは、厖大なうえに活字化することが困難なほどに複雑化し、手書きによってしか刊行することができなかった。このことが示すように、修二会の儀礼の全貌を分節し限りなく微分して再びテクスト化するという企ては、ほとんど永遠に成就することのない営みといえよう。しかし、前述の如く、儀礼の全体を貫く顕著な構造とそれにより生成する運動の位相を座標に落とし込めれば、幾つかの基本となる所作（音声）の単位が変奏―展開されたものと捉えることができる。もしそうした見方が肯定されるならば、その無限にみえる多様な儀礼の事象は、一定の法則性をもった体系的なシステムの許で、その規則を身体化し習熟した専門家のパフォーマンスにおいて生成される、一箇の時空に集約―統合された宇宙論的なテクストと言うことができるのではなかろうか[9]。

これまでの修二会儀礼に関する記述と、筆者自身が度重ねた聴聞による観察を通して経験化したところを重ね合わせて、修二会を構成する主な所作と作法をみると、それらはおよそ二通りの、位相と水準を異にした象限の上に位置付けられ、それぞれはまた対照的なカテゴリーによる座標軸が設定される中に位置付けられる。ひとつは身体運動を中心にした所作の体系で、二月堂の空間の内―外を基本とした同心円的な象限の上に、聖―俗の領域をそれぞれに媒介する作法が配されるものである（図12-2）。もうひとつは、音声を中心にした儀礼体系で、声明および

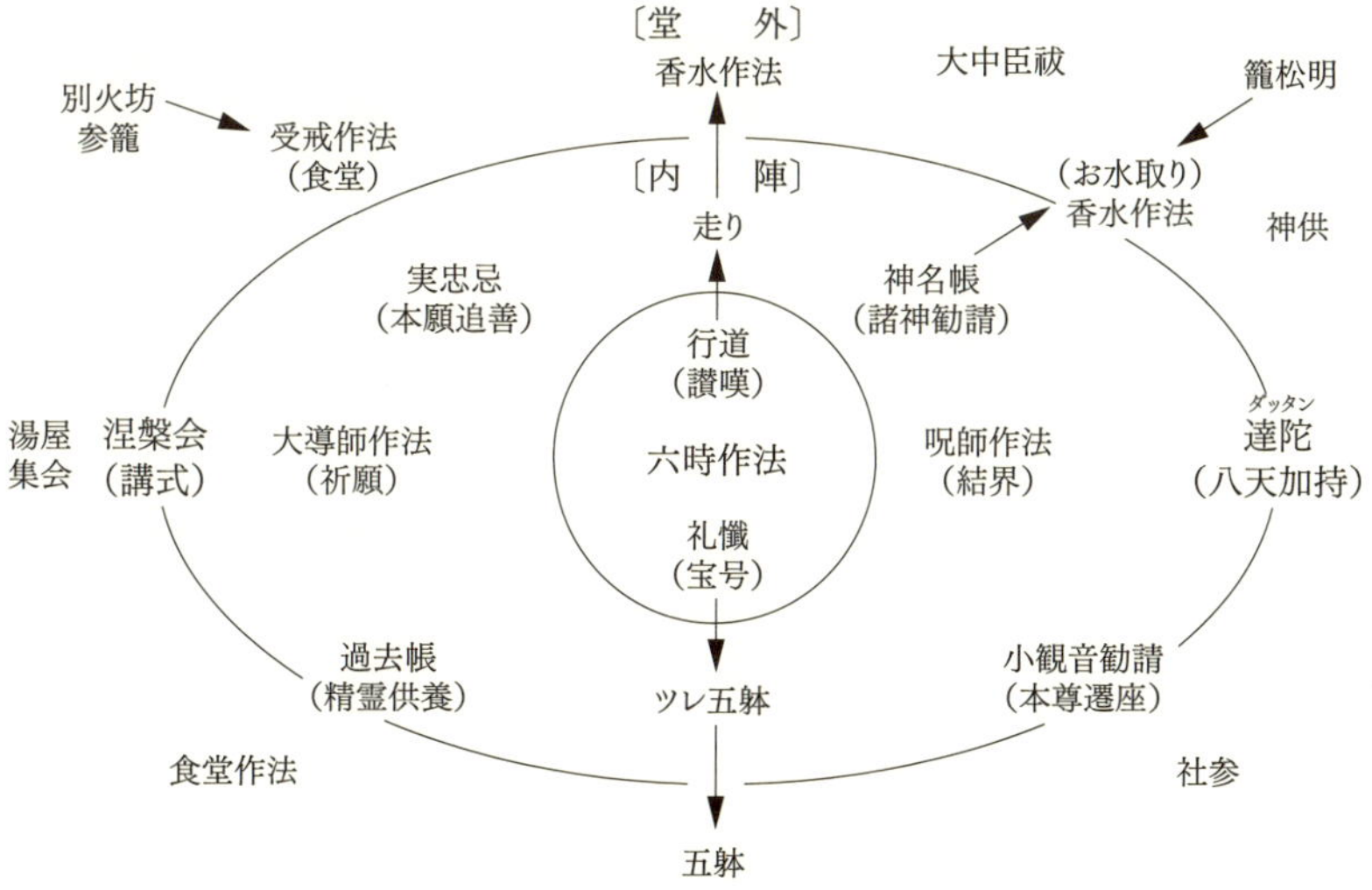

図 12-2　修二会所作の儀礼体系

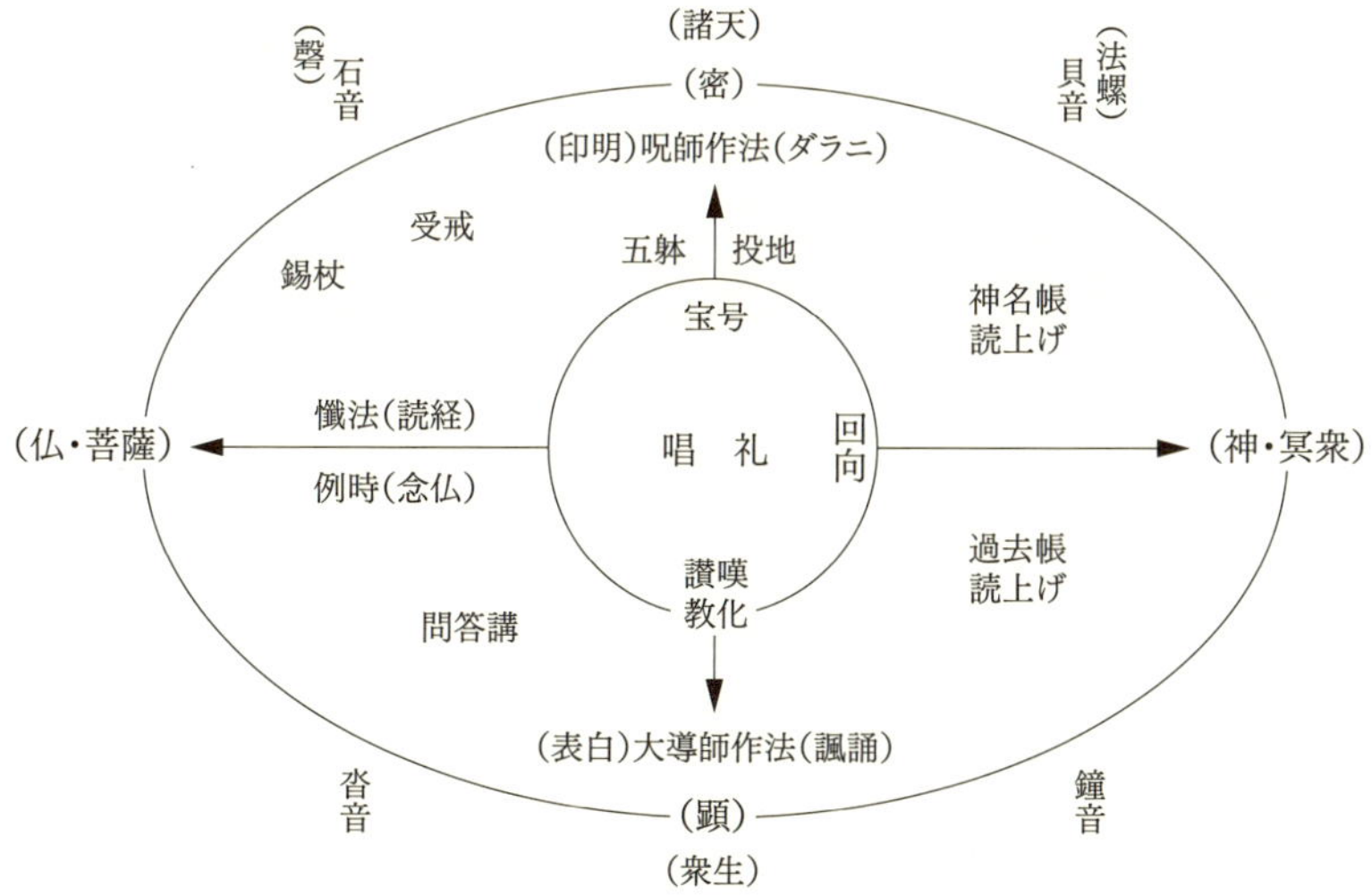

図 12-3　修二会儀礼の音声体系

読経その他の読み物の声や鳴り物の音を全て含め、顕—密という聴衆の認知位相を指標とした軸と、仏—神という祭祀対象のカテゴリーの位相による軸を交わらせて座標としたものである（図12-3）。

右の、身体所作次元と音声次元の二つを座標化して図示した位相は、全く重なるものではないが、ゆるやかに相似した位置関係を示している。それは、二月堂修二会の儀礼を構成する行法の体系に沿った対称的な関係に拠るものである。各位相に配置した諸項目は、これも修二会儀礼が現象する所作と音声の担う意味を、行法の明示的に名付けられた体系に沿って布置を試みたものである。それらは練行衆によって説明されるものではなく、あくまで聴聞する筆者の側からする解釈であるが、単なる二元論的対立項の羅列に止まらない、多元的な位相展開が示されている。

三　朱唐櫃——二月堂の〈聖なるテクスト〉

現在も修二会においては、その儀礼の過程で実に多種多様な文字テクストが用いられ、書かれ、作成されている。その概容は表12-1に一覧しておいたが、それらはいずれも中世寺院における仏事法会の執行に伴って使用頒布されたであろう文書や護符など、寺院組織の理解のみならず僧院の世界での文字テクストの様態や機能を推察するための貴重な資料となるものである。現在に伝承されているテクストに限らず、歴史的に二月堂と修二会に関する史料の研究から知られるところでは、この二月堂で最も重要かつ神聖なテクストは、「朱唐櫃」と呼ばれた容器に収められて堂内の内陣に安置されていた。この唐櫃には、経典や記録類および文書など各種のテクストが納められていたが、寛文七年の二月堂炎上の際に焼失し、現存していない。しかしその一部が焼け残り、灰燼の中から見出されている。[10] そのひとつが「二月堂焼経」と呼ばれる紺紙銀泥華厳経である（図12-4）。奈良時代の写経としても格別に豪華なこの経典は、修二会の期間中の堂内での講経問答（その名残が現在の五日目に行われる実忠忌に伝承される）に使用されたものらしい。この経典を二月堂の宗教テクストの一方の極の頂きとすれば、もう一方の極に位置するべき同じく朱唐櫃納入テクストが、「式帖」と呼ばれる、修二会の行法作法の次第を実忠自ら定めて記し置いたとされる儀式書（次第書）であったと思われる。この式帖は現存していないが、それにもとづいた毎年の行法の記録が伝えられる。毎年の修二会勤修に、参籠する練行衆の交名をはじめ、修中に起こった出来事などについて記した「日記」が書き継がれて現在に至っているのがそれである。

この「二月堂修中練行衆日記」（「練行衆修中日記」とも称される）は、「大双紙」と呼ばれる、平安末期の保延五年（一一二四）から鎌倉中期にかけて記された第一冊をはじめとして七冊が伝わるが[11]、これも同じく朱唐櫃に納められていたものらしく一部に焼損を蒙っている（図12-5）。これは、二月堂修二会という儀礼実践の現場において練行衆たち自身によって記録された自ずからなる年代記というべき歴史テクストであるが、その中には、修二会の行法中に作法について何らかの問題が生じた際、長老により、前述した「式帖」にもとづいて講じ「談義」して定め決するという記事も見えており[12]、「式帖」が実際に法会実修中において典拠テクスト（本説）として機能した消息も知られるのである。また、更に興味深いことには、練行衆が行儀の規定に違反した逸脱があった時は、これらを納めた朱唐櫃に向かって懺悔のための礼拝を五千反も行わせるという記事[13]も散見する。二月堂における枢要なテクスト群と、それ

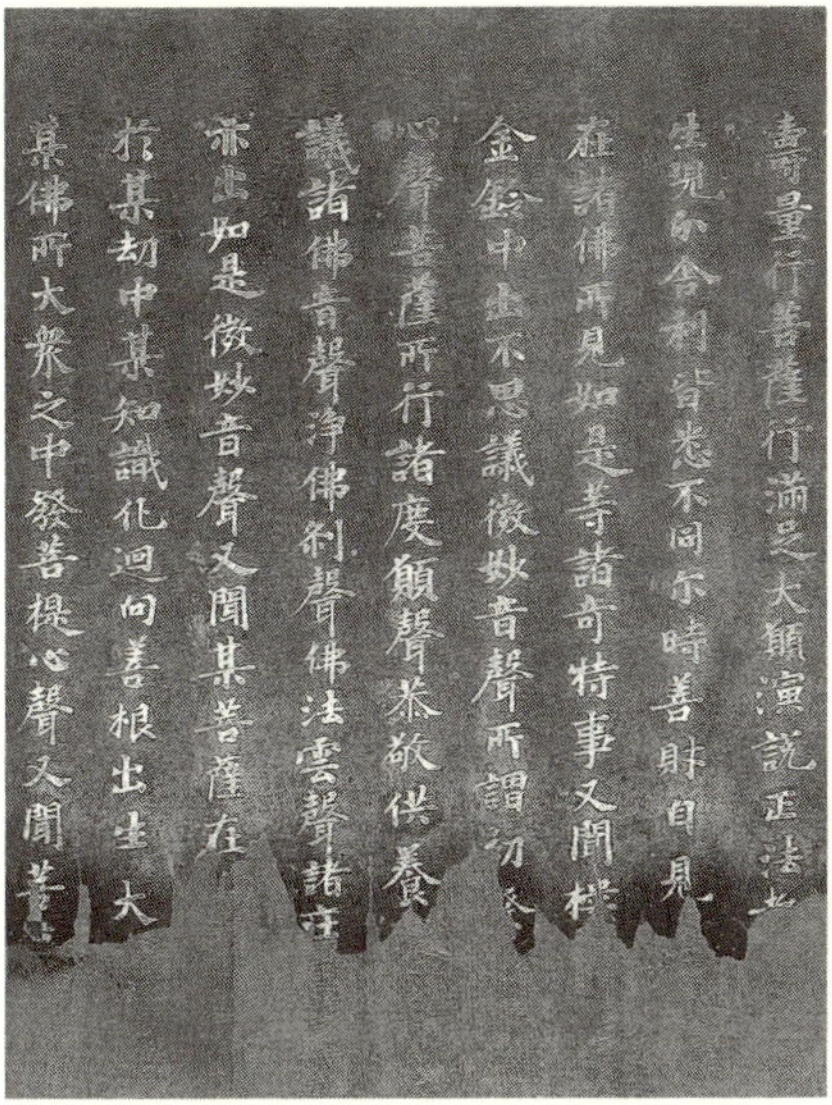
壽量行菩薩行滿足大願演説正法
生現分舍利皆悉不同爾時善財自見
在諸佛所見如是等諸奇特事又聞
金鈴中出不思議微妙音聲所謂
心聲菩薩所行諸度願聲恭敬供養
議諸佛音聲淨佛刹聲佛法雲聲諸
所出如是微妙音聲又聞某菩薩在
於某劫中某知識化迴向善根出生大
某佛所大衆之中發菩提心聲又聞

図 12-4　二月堂紺紙銀泥華厳経（二月堂焼経，東大寺）

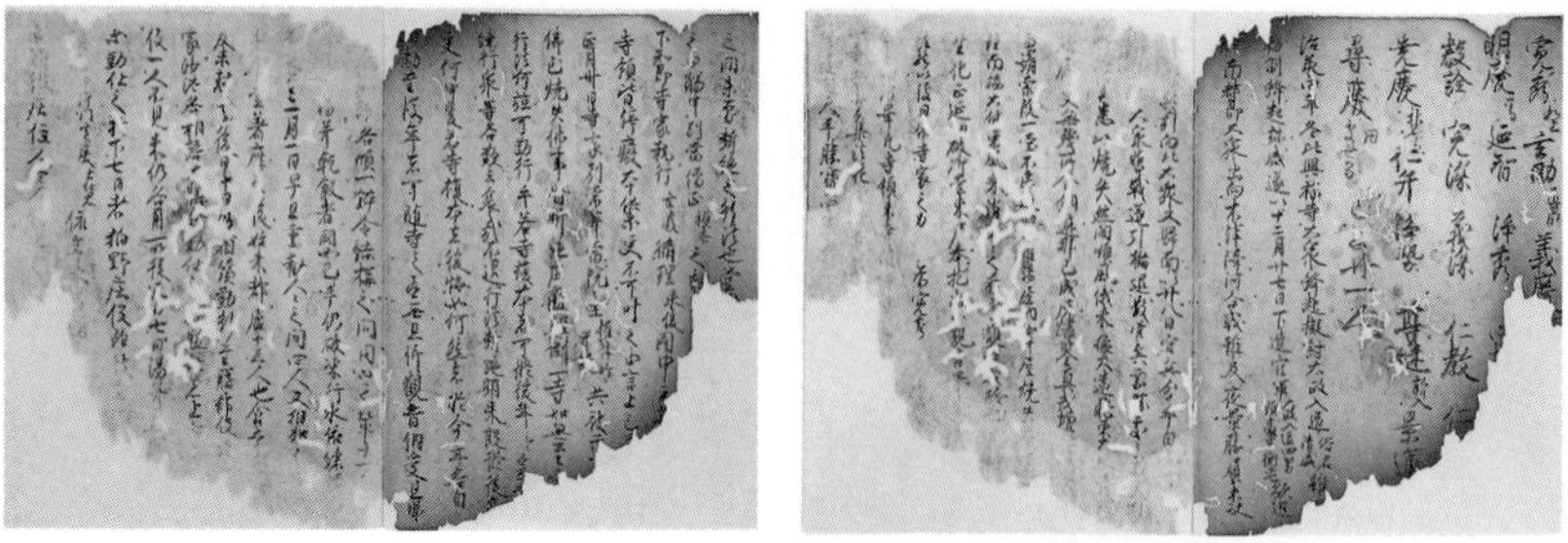

図 12-5　『二月堂練行衆修中日記』（大双紙，東大寺）

表 12-1　修二会に用いられる文字テクスト一覧（＊は修二会次第作法の名目）

練行衆「交名帳」	十二月二六日の開山忌に練行衆指名のため回覧する。初日の食堂作法に披露される。五日初夜に参籠衆の署名を行う。
「二月堂物忌令」	練行衆に関する服忌の規定書。
＊「加供帳」	二月堂・修二会の寄進者交名を記し，大導師作法の際に一々読み上げる。
＊試の湯「交名」	別火前に湯屋に入り中灯（書記役）が当年練行衆の交名を行う。参籠者確認の儀。
＊試別火中に「神名帳」・「過去帳」伝授	牛玉等の上包・公物（支給される法具・装束・食器・作法書）の付札・**音物帳**（見舞物の記録帳）を用意する。「**慈仙**」（別火坊の音物帳）とも。
「時数帳」	平衆の配役（時導師等）表。
「懸板」	大宿所の堂司の前に懸ける「**板日記**」とも呼ばれ，修二会聴聞者の席次を記す。
「悔過板」	悔過法要の声明唱句を記した板，時導師席の前に立てかける。
「諷誦箱」	**諷誦文**（施主の祈願の旨趣を大導師が読み上げる）を唱える導師への布施物を象ったもの。
「大中臣祓詞」	二八日，晦日，練行衆全員の清修祓・呪師の会場加持・本尊勧請の後に幣を取り黙誦する。
＊和上受戒	（下七日の初にも行う）「**八斎戒**」を読み上げ，練行衆に戒体を保たせる。
＊例時作法	毎日の日没の後に「**阿弥陀経**」を読誦（簡略），呪師が導師。
＊法華懺法	毎日半夜の後に「**法華経**」を読誦（鈴・錫杖を伴う），当役三人が勤める。
＊「神名帳」読み上げ	毎日の初夜作法の一環として法螺を吹き神燈を点して読み上げる。神名帳役は平衆が担い，参籠三年目で資格を得る。
＊実忠忌	「**法華経**」「**華厳経**」を呪師が読師・大導師が講師・中灯が問者となってする講経論義の作法。
＊「過去帳」読み上げ	実忠忌の日および十二日お水取りの初夜に**神名帳**奉読の後で行う。参籠五年目に「新過去」の資格を得る。このために初夜作法と**神名帳**は略式の「引上ゲ」作法で縮めて勤める。
＊「牛玉札」刷り	八日・九日の初夜・後夜に**二月堂牛玉札**を練行衆が刷る（「**尊勝陀羅尼札**」も同時に刷る）。結願に頒布する護符。
＊涅槃講	結願・破壇の後，練行衆全員が内陣に出仕し実忠忌と同様の講経論義法要。次いで二月堂礼堂にて「涅槃講」が営まれる。明恵作「**四座講式**」が伝わる。四職により一巻毎に黙読する。平衆は伽陀を黙誦。

『東大寺お水取り――二月堂修二会の記録と研究』（小学館，1996 年）より作成。

を納めた容器までが、儀礼の過程に生じた違犯の罪過を解消する礼拝の具と化して、本尊に準じて神聖視されるという現象をここに見出すことができる。

四 〝読む〟テクスト――神名帳と過去帳

修二会の行法の中で、特に文字テクストを〝読むこと〟が儀礼の重要な意味を担う作法として注目されるのが「神名帳《じんみょうちょう》」と「過去帳《かこちょう》」である。前者は毎日の初夜に必ず読まれるものであり、後者は上七日は五日の初夜の実忌に、下七日には十二日お水取りの初夜に読まれる。その点で神名帳が毎日の作法としての水準にあるのに対し、過去帳は特殊作法として格別な位置付けの〝読み物〟である。

神名帳を読むにあたっては、貝が吹き合わされ、燈明が点されて、その時空が聖別される。それは、修二会に勧請され、勤修の仏事を法楽として功徳を蒙り、随喜して仏法と伽藍を護持すべき日本国中の神祇の名を列挙した名帳である。こうした神祇名リストとしては、古代においては『延喜式』に収められる所謂式内の名神大社を連ねた神名帳が代表的なテクストであるが、中世に至り、一国単位の国内神名帳と寺社において各自に用いられる勧請神名帳に分化する。(14) 二月堂の神名帳は後者の一例であり、基本的には東大寺所用『戒壇院公用勧請神名帳』と大略同内容であって、全国の神祇を〈大菩薩・大明神・明神・天神・御霊〉等の区別を以て記し九段に分かって五百余社を連ねる。神名帳を読むのは、練行衆として三年以上の功を積み、口伝を受けた僧でなければならない。その読み方は、はじめはゆるやかで声を張り長く引いて荘重に、やがて、段ごとに間を置いて緩急を交えつつ、次第に早くなり、一息で幾つもの神名を読み上げる疾風の如き早口となり、最後の天神・御霊の段に至ってまた今度は静かに、低音で読んで終わる。それは、前述した行法全体を貫く典型的なグラデーションの実践であって、それが一巻のテクストの読み方のうちに集約して示されるのである。

一方、過去帳は、修二会ひいては東大寺に功績のあった僧俗の人々、本願の聖武天皇から二月堂に仏具宝物等を寄進したり法会の用途を施入した無名の女人（氏で示される）に至るまでの過去聖霊の名と功を記した名帳である（図12-6）。これも読まれる際にはやはり燈明が内陣に点される（図12-7）。冒頭「大伽藍本願聖武皇帝」に始まり、現代まで書き継がれるが、実際に読まれるのは鎌倉時代までのところから中抜きして近代に至って終わる。そ

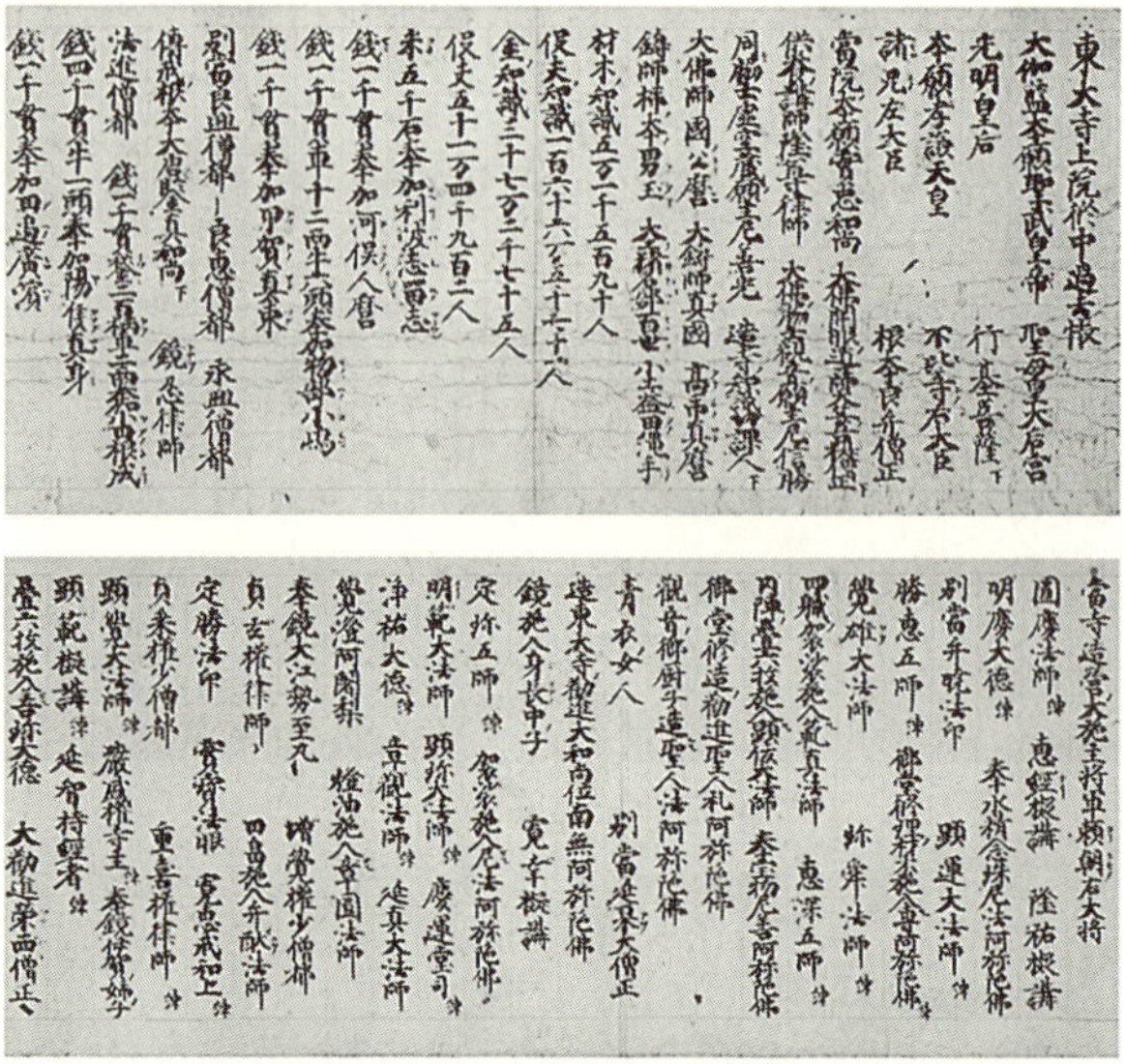

図 12-6　二月堂過去帳（東大寺）

図 12-7　過去帳を読む練行衆（撮影：植田英介）

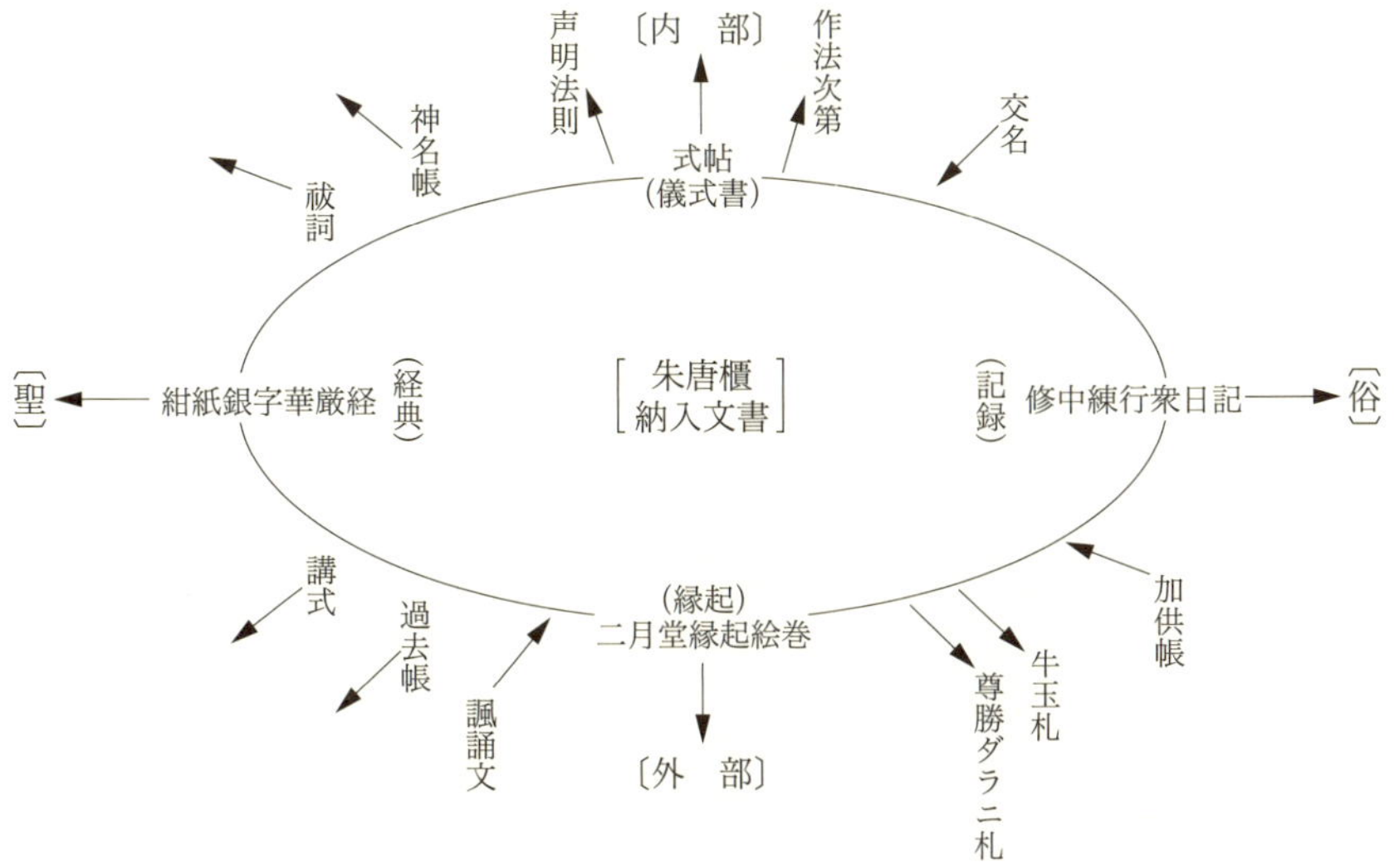

図 12-8　二月堂修二会文字テクストの体系

の書式は、一般に寺院に備わる月命日形式で忌日の欄に戒名と没年等を記入する過去帳とは異なり、逝去の順に書き連ねる形式で、全体は、ゆかりある死者の名前によって記された一種の東大寺年代記というべきテクストになっているが、その意味と機能は、修中の行法の一環として〝読む〟ことにおいて生ずるのである。その〝読み方〟は、神名帳よりも重い伝授事で五年以上の功を必要とするが、神名帳と基本的に同様、ゆっくりと始まり次第に早くなり、時に緩急をつけて読むのだが、全体により複雑な曲節を有している。その中で、たとえば後述する「青衣女人《ショウエノニョニン》」の箇所などは、神名帳の「御霊《ゴリョウ》」の段と同じく低音で静かに読む習いである。そのように、神名帳と過去帳は、位相を異にしながら、二月堂修二会の〈聖なる時空〉ともいうべき場において、冥の世界の住人（神祇冥道・過去聖霊）を勧請しまたは追善するために、その名を招喚するのである。その〝読み〟には、呼び出す（招き寄せる）だけでなく、祀り弔うはたらきも含まれている。

　これら神名帳や過去帳のはたらきを念頭に置くならば、二月堂において機能する宗教テクストは、前述した「朱唐櫃」に納められていた経典・式帖・日記・縁起などの〈聖なるテクスト〉を核としつつ、二月堂練行衆と仏神の〈内部〉へ向かうテクストと、聴聞者や冥衆など堂の〈外部〉に向けられたテクストとしても分節できるだろう。それは、図12-8のような位相図として試みに可視化される。

五　二月堂の神話テクストと神名帳・過去帳

神名帳と過去帳という二つのテクストとそれを読む作法が修二会という儀礼を象徴する媒体（メディア）であることは、修二会をめぐる〈神話的言説〉というべき縁起など伝承テクストにおいて物語―説話のかたちで説明されるところである。

二月堂と修二会に関する縁起説は、院政期（嘉承元年〈一一〇六〉）に成立した『東大寺要録[15]』堂院章二月堂条にまず記録化され、次いで鎌倉末期（十四世紀）に成立した『東大寺記録（東大寺縁起草稿）[16]』の羂索院の項に含まれる。この縁起草稿に基礎づけられた〝東大寺縁起〟は、やがて建武年間に成立した『東大寺縁起絵詞[17]』二十巻に展開結実する。この中で二月堂の縁起は修二会の行法や本尊の霊験譚を加えたかたちで独立した一巻分を占めて構成されている。この絵詞は成立当時に絵巻化されることはなかったが、やがて室町後期（十六世紀）天文年間に『二月堂縁起絵巻[18]』として独立したテクストが成立する（図12-9）。中世を通して形成された二月堂の縁起は、最後に絵巻という、いかにも中世的な図像媒体となってあらわされるのであるが、それは同内容の絵巻写本が存在するように複数制作されて、この観音霊場の効験を宣布する唱導の媒体でもあった。ちなみに、東大寺の縁起が中世に図像化された例としては、第十章に前述した鎌倉後期作の「東大寺縁起絵」二幅[19]があり、一幅は大仏殿を中心とし左上に山上の二月堂を含む伽藍図だが、もう一幅に東大寺縁起に関わる良弁・行基・光明皇后らの説話伝承が描か

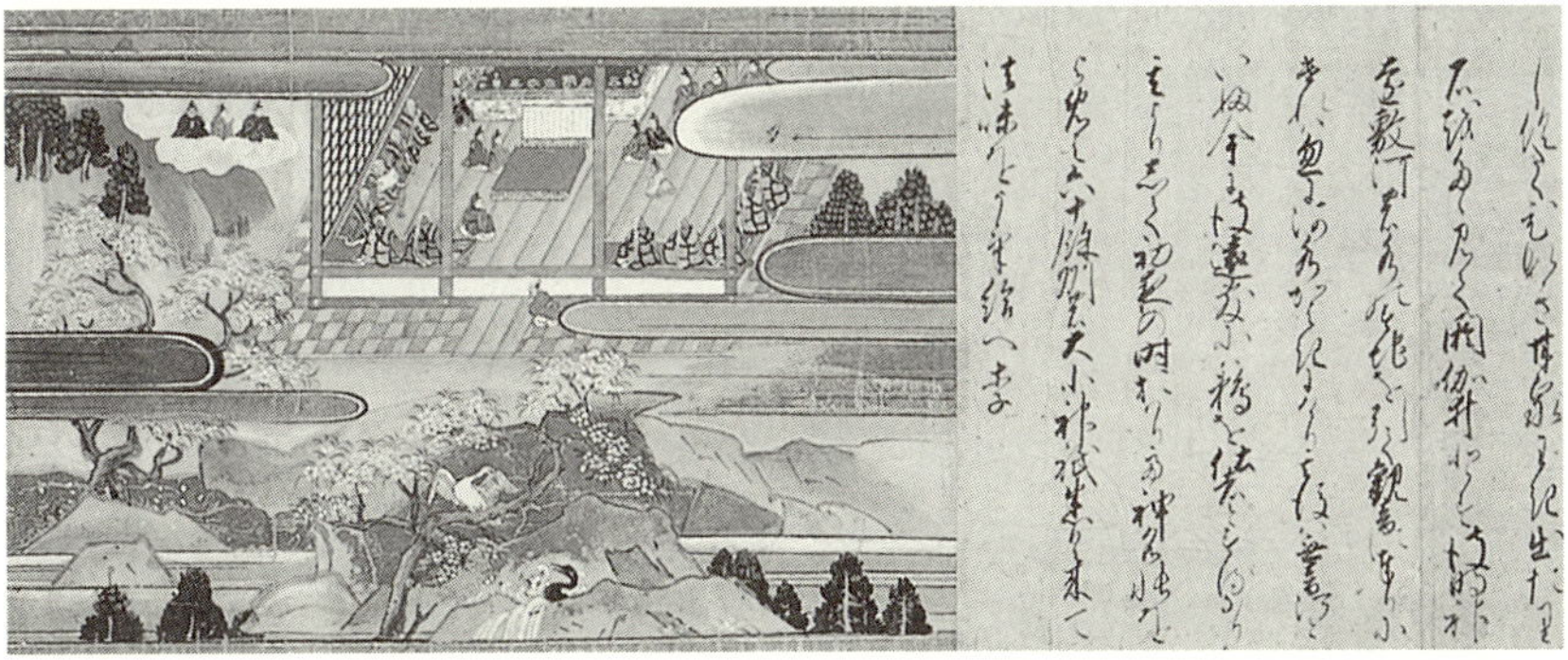

図 12-9　『二月堂縁起絵巻』（神名帳奉読段，東大寺）

れ、その一部に実忠による二月堂本尊小観音勧請説話が含まれている。但し、この縁起絵は本来東大寺のものではなく聖武天皇陵の傍に在った眉間寺という律宗寺院の什物であり、東大寺の〝外部〟で行われた唱導の所産[20]であったことは注意されなくてはならない。

『東大寺要録』の二月堂条は、「今聞古人云」という伝承説話の枠組みの許に、神名帳の儀礼ひいては香水涌出（お水取り）の由来を説く一節が中心をなしている。実忠が行法を創めた時、神名帳を読み、諸神を勧請すると悉く影向し守護をなした。ただ若狭国の遠敷明神だけは「猟漁」の最中で精進なく、漸く行法の末になって参会した。行法に随喜した明神は堂辺に閼伽水を献ずべき告げを示し、黒白の鵜が盤石を穿って飛び出すとその跡から甘泉が涌出し香水が満ちた。これを閼伽井として今も涸れず、という。後半に、若狭国の遠敷明神の川では当日に水がなくなり「無音河《ヲトナシ》」と号す、とあり、また練行衆の井水加持によって香水を汲むというお水取りの行法が今に絶えず（四百歳）続いていると、縁起の結構を以て結んでいる。『東大寺要録』では、これが修二会とその行法の縁起の核として伝承されていることが明らかであるが、その発端が、練行衆による神名帳奉読の儀礼であった。この神名帳―お水取り縁起伝承は、以降、『東大寺記録』および『東大寺縁起絵詞』にも継承されて、二月堂縁起として不可欠な要素になっている。また『元亨釈書』実忠伝（一三二二）の中にも説かれており、広く知られた伝承でもあった。

二月堂に限らず、修正会・修二会等の行いには、多く神名帳奉読が伴っており、その儀を介して神祇の勧請と祭祀が欠かせない要素として仏法の悔過懺法と結びついていて、それは同時に神仏習合の場であった。[21]二月堂には、この遠敷明神をはじめ、飯道社（近江）や興成菩薩など、勧請された三社が堂の周囲に祀られており、練行衆は「惣神所《そうじんじょ》」と称して行法中に順次社参して法施を捧げる。

修二会に臨む練行衆は、各自が別火の前行から絶えず祓《ハラ》えを修して清浄を保つのであり、開白に先立っては、呪師により「大中臣祓」が唱えられ、これは黙誦される。祓のこのような隠密性は、声高く速読奉唱するアクロバティックな神名帳とは対照的である。[22]

もうひとつの〝読まれるテクスト〟である過去帳についても、縁起の一環となる伝承次元の言説において説明されている。但しその伝承の出現は、初期の縁起説からみえる神名帳に較べれば遙かに後のことである。建武年間の『東大寺縁起絵詞』中にあらわれ、『二月堂縁起絵巻』に描かれるのは、所謂「青衣の女人」伝承である。詞書によれば、行法の「式」として、過去帳の読み上げにより本願皇帝から結縁の道俗までの成等正覚を祈る、その伝統の許で、承元年間（一二〇七～一二一一）にこれを読む僧集慶の前に青き衣を着た女人が現れ、なぜ我を読み落としたのかと問いかけ忽ち失せたという。それより「青衣の女人」と名付けられて今に読み伝える、と結ばれる短いエピソードである。この伝承には類型があり、〝過去帳説話〟というべき、仏法（寺・聖人・法会）に結縁と救済を求める人間の亡魂が追善の名帳に己が名を記入される（過去帳に入る）ことを求めて現れるというものである。[23]この世のものでない霊魂のしるしである青衣を纏う、しかもその名を告げぬ無名（凡下卑賤）の存在である女人が、二月堂の過去帳に入り、法会の毎度に読み上げられ弔われること、寺や法会に功あり、限られた者にのみ許された特権である過去帳に、そうした〝無縁〟の存在があながちに割り込み、テクストに記載されるということは、何を意味するのか。

この二月堂は、現在に至るまで〝女人禁制〟の習いが固く受け継がれている聖域《サンクチュアリ》である。とりわけ、修中の練行衆の行いの場である内陣（礼堂も含まれる）は、結界として女人の立ち入りを厳しく規制する。この性による禁止─禁忌は、二月堂という仏神の空間、修二会という人（僧）と仏神の交流の時空の聖域を表徴する、重要な仕組みであろう。それを前提としたこの伝承は、その結界に疎外された女人一般の表徴である「青衣の女人」が、現身《うつしみ》でなく霊魂であるからこそ越境して聖域のうちに押して参り、敢えて侵犯することによって却ってその聖性や霊威を発動させる、(24)そうした二月堂および修二会における〈聖なるもの〉の在り方やはたらきを端的に語る伝承といえよう。

それらの縁起テクストにあらわれた伝承説話を介してみたとき、位相の違いこそあれ、神名帳と過去帳という儀礼所用のテクストは、すぐれて修二会の宗教的機能を発動させ表象する能動的な宗教テクストである。それらは、現世の人間界の外部（異界）の神々や亡魂などの〝冥〟の世界、霊の領域に〝読むこと〟すなわち声を介してはたらきかけ、それに応えて出現した神霊の側が何等かの功能やメッセージをもたらす。それらはこの二月堂という聖所の〈聖なるもの〉生成のはたらきを担う、人と冥の存在との相互交通のメディアといえよう。

神名帳や過去帳をひとつの典型として、日本の宗教儀礼ひいては芸能および文学の領域では、〝読み物〟と総称される文字テクストの読誦による音読が、重要な位置を占め、大きな役割を果たしている。そもそも仏教における経典の〝読み〟自体が宗教テクストの性格と機能を豊かに示す母胎と言ってよかろう。読経は漢音による音読に限らず、訓読による和語としても唱えられ、またそれ自体が豊かな節回しを伴う音曲として中世には「読経道」という芸能にまで展開したのである。(25)神道の祭祀における祝詞や祭文・告文なども読み方の作法・故実が儀礼と不可分に定められていた。仏教の仏事法会における願文や表白も同様であった。修二会の大導師作法にも含まれる諷誦文などは、まさに「諷誦」という〝読み上げる〟文として施主から仏へ奉られる文《フミ》であり、それを導師が読むことを介してその音声を以て本尊に伝達するのである。ひいては勧進帳など勧進聖が仏の代弁者として読むことにより世間の結縁を果たし助成を乞うというテクストも、こうした聖俗を媒介するテクストのひとつであり、『平家物語』

の文覚上人や能『安宅』の弁慶など芸能の世界では最も活躍する雄弁なテクストである。それら伝統芸能の各領域でも重い習事のひとつとして伝承される〝読み物〟の作法が示すように、それらの宗教テクストは必ず人の音声を介して仏神の感応を得て一座の成就が果たされる。むしろ儀礼の成就は、そのテクストを読み遂げることで確認されるまでに至る。(26) 修二会の行法を象徴し、その宗教的機能を発動させる神名帳と過去帳の二つの〝読み物〟は、そのような儀礼に代表される日本の宗教文化の構造を貫くテクストの、メディアとしてのありようを表象する、すぐれて〈聖なるもの〉の諸次元を統合するテクストといえるのではなかろうか。

六　常行堂修正会と大念仏の儀礼テクスト

前節において南都における修二会を、東大寺二月堂に代表させてその宗教空間の分析を試みた。南都には、更に薬師寺の修二会（花会式）、法隆寺西円堂の修二会、長谷寺の修二会（だだおし）等が伝承され、その特徴はいずれも結願に鬼が登場して追いやられる、いわゆる追儺（鬼追い）儀礼が加わることである。また、現在は存在しない興福寺西金堂の修二会は、二月堂に次ぐ古い伝統を有した悔過法会であったが、その結願の薪迎えの儀が中世には呪師走りの翁、ひいて薪猿楽へと発展し、中世芸能の藍觴のひとつとなったことも重要である。これらに加え、南都諸大寺には修正会もまたそれぞれの中枢伽藍で行われたのであり、現在もなお六時の悔過作法として実修されている寺院が法隆寺をはじめとして存在する。この修正会について、本節では、同じ南都の寺院ながら、天台寺院における儀礼空間を検討することにしよう。

多武峯は、興福寺と共に、中世大和国における芸能の中心であった。叡山末の天台宗一山寺院としての妙楽寺が年中行事として仏神事を執行し、なかでも八講会と蓮華会が主に芸能の舞台として知られる。現在も旧講堂で営ま

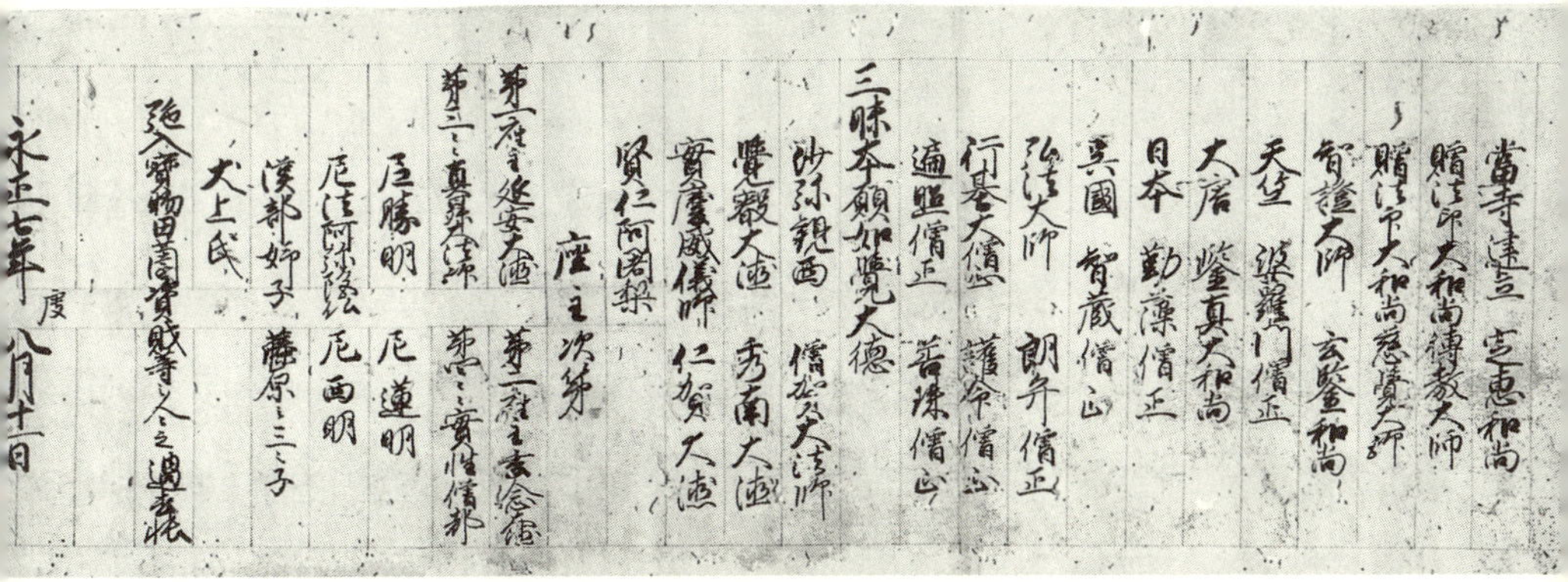

図 12-10　『常行三昧堂大過去帳』（談山神社）

れる八講会は、本尊として巨大な太織冠鎌足画像（大織冠曼荼羅）を懸けて尊号を誦唱し講式を読む祭儀の片鱗を伝えるが、中世には衆徒によって講経法会として行われ、後宴に八講猿楽が催されて大和猿楽座の参勤するところであった。また蓮華会には、論義の後に衆徒による延年が催され、大風流・小風流・連事を中心とする種々の演目が上演され、その室町末期の式目や台本群が伝えられている。[27] これらに加え、もうひとつの重要な芸能の場が常行堂であった。

多武峯にも、実性により天台寺院化した十世紀半ばに天台の主要法儀である常行三昧が伝えられ、安和二年（九六九）に常行堂が創建された。中世には八月の庭立大念仏と正月の修正会が一山を挙げての仏事であった。その修正会にも延年が行われ、蓮華会とは別の機会に演ぜられた連事などの台本が残されている。[28] 常行堂の本所は叡山であり、その法儀やこれと一体となった芸能は多武峯の他にも日光山輪王寺など各地の天台寺院に伝えられ、現在も平泉毛越寺に伝承されているのは周知のところである。多武峯常行堂の祭儀は近世に入って廃絶したが、その文書は一括して伝えられており、その中に修正会および芸能関係の文献が含まれている。[29] 常行堂の法儀は一和尚から十二和尚までの堂僧によって担われ、本尊を礼拝する儀式は声明を中心に「仏前」としていわば表の儀式にあたり、一方で「仏後」と呼ばれる後戸の摩多羅神を祀る芸能を中心とした祭儀が裏の祝祭といえる。主たる仏事のうち、大念仏について

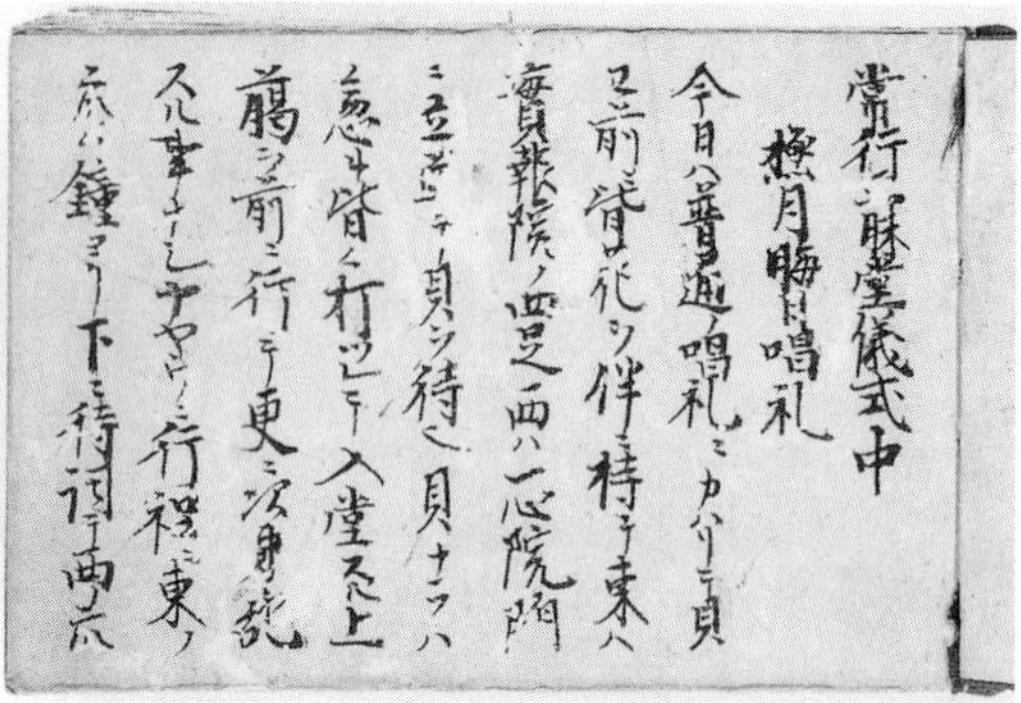

図12-11　『常行三昧堂儀式』初丁冒頭（談山神社）

は『常行三昧堂庭立作法』[30]によれば、阿弥陀経の読経と甲乙音の念仏により行われる法儀の一環に「過去帳」を読む作法があり、そこに死者の往生得脱を祈る機・能の側面が示される。その過去帳は、『常行三昧堂大過去帳』一巻（図12-10）として永正復興当時の分が伝わるが、「当寺建立　定恵和尚」に始まり三国の高僧、「三昧堂本願如覚大徳」以下の先徳、「座主次第」という冒頭部分からただちに末尾の「施入宝物田薗資財等人々之過去帳」で結ばれており、当座読み上げのための便宜になるものであろう。一方の修正会においては、「神名帳」が読み上げられるが、これに対応し、本尊阿弥陀仏に加え、神の祭祀を行う神仏習合の場であることが示されている。この修正会の祭儀については、天文末年頃成立の良英写本『常行三昧堂儀式』三巻三冊[31]（図12-11）があり、これは、永正三年に一山が戦火により焼失した後、永胤上人の勧進により伽藍を復興した過程で、講堂の法儀の再興もはかられ、そのために作られたものと推測される。全体の枠組みに当たる上巻前半と下巻末尾には、本書著作の動機が次のように記されている。

是ハ古ヘ余ニ秘シテ人々不知トスル間、当代ノ先達モ堂僧モ不レ知二案内一ヲ故ニ、如此記シ伝侍ル也。（上巻）

此ハ向後ノ事、相構々々テ心得ヨト云、大先達ノ御口伝ヲ承リシ間、カ様ニシルシ申計也。（下巻）

常行堂の祭儀は秘事であった。それは大先達すなわち堂僧の臈次を経た宿老の口伝として後継の堂僧に厳重に口伝されるべきものであったが、それも敢えて書記化して後世に残し伝えなくてはならない危機的状況が、著作の背後に存在していた。中世末期に、伝統断絶の危機感にうながされて記述された修正会の作法書は、その準備段階にあたる前行から正月一日より七日までの本行、更に十五日の講で覚えるまでの故実を、先達の「口伝」により詳細に記し、その中に、声明等の法儀と表裏一体となって演ぜられる「仏後」の祝祭芸能の豊かな諸相が書きとどめられている。

この貴重な芸能記録を含む多武峯常行堂文書群と共通する性格をもち、併せて参照すべきテクストが、日光山輪王寺常行堂文書群である。これは山路興造により紹介され[32]、考察がなされた[33]。更にその全貌は『鹿沼市史資料篇』に翻刻紹介されている[34]。その中でも多武峯の『常行三昧堂儀式』と等しい位相の作法書が『常行堂修正故実双紙』である。鎌倉時代に遡る内容を含み、より古い成立を示唆するが、同じく堂僧の口伝を書記化した性格を有し、やはり修正会の一環として和尚たちにより演ぜられる諸芸能について詳細な記述を含む芸能資料である。特に、古猿楽の様相を窺わせる北斗七星を象った仮面を用いての猿楽を演じ、また行法の随所に「以外《モッテノホカ》ノ狂言」を発し、読経の音曲も「不可思議ノ振舞」をなし、「ヲカシキサマニスル」のであり、「クルウベキ作法ヲ心ウベキ」ものであった。そして、この修正の祭儀が、常行堂の丑寅隅に祀られた摩多羅神を焦点とすることが、やはり多武峯常行堂のそれと共通しており、祭儀の構造も一致しているのである。

多武峯の『常行三昧堂儀式』には、日光の『故実双紙』より詳しく、修正会の儀礼を堂僧の所作から詞章まで全ての次元で記述しようと企て、それと不可分に芸能の記述を含み込むうちに、猿楽と思しい、もしくは密接に関連する要素が多く記されている。その儀礼の過程を特色付けるのは、堂僧たちが絶えず酒宴を催すことであり、その中で上臈から下臈に対し始終「勘発《カンパツ》」つまり儀礼的叱責がなされ、その詞《セリフ》まで克明に記され、それによって動機づけられて歌舞などの芸能が演ぜられていることである。以下に、芸能に視点を定めてその要点を摘記してみる。

十一月中、堂内の時《トキ》部屋（堂僧と承仕の控室であり、楽屋にあたる）の天井裏に摩多羅神を勧請する。多武峯常行堂の摩多羅神の神躰は翁面であり、大型の白式尉面として現存する。表章が紹介した[35]観世新九郎家享禄二年伝書に記される「神変奇特面」に相当するものである。

十二月中、堂僧たちは声明等の習礼を行うが、なかでも三日を中心とする延年の「式目」を書くことが重視される。その上で、当日に演ずるべき「例物」と「新物」および「狂物」を書く。つまり台本であり、これを配役を定めて読み稽古をする。それらの演目の基本は、「袈裟脱」「居曲」「足上」という所作を交えた謡い物であるが、更に「狂物」という狂言の如き猿楽も含まれていた。これについて「一、例物并新物付《ツクル》時……」として配役を定める際に辞退すまじき心得を、「ヲカシキ物語」のためしを挙げて説いている。

一心院ノ前政所、眼誉法印若年ノ時、堂僧ノ末ニテ狂物ニ被レ指アルヲ、入木ヲハヂテ不二出候一故ニ、失ニ付竟云々。ヲカシキ物語在之。是ハ高信法印還入ノ時、目ク□《ラ》ノ狂物ヲスルニ、笠間ノ浄宗（眼誉の本名か）ヤアル、トク出ヨ、ト被仰ケリト云々。此名ヲ呼立給シニ被恥タリ。ゲニヲカシキ事ナルベシ。

このような延年の出し物の「本」を書き、それを当座に披露するについて、堂僧に期待されていたのがいかなるものであったのか、右の挿話は、そのあたりの消息をよく示している。「必、吉《ヨキ》猿楽ト狂物トハ別帋ニ可書事也」という口伝は、そうした「別紙」台本の存在と、それを書くことが儀礼を生成するのに欠くべからざる過程であったことを伝えるものであろう。

十二月の晦、「摩多羅神ノ御年越」の「延年一ハヤシ」を行い、これを本番前のリハーサルとして開白が始まる。元日、修正会第一日、常行三昧の中心的法儀である念仏行道において、踊りながら「ヂダンダト踊リ出ル」また「共ニア、ト高ク咲フ躰」で行う。その、「地団駄」とは、遠く二月堂修二会の「ダッタン」や「ダダ」に通ずる修正作法の所作の呼称にもとづいていよう。続けて「袈裟脱」等の三曲が舞い謡われる。以下に白拍子をはじめ、今様・朗詠等の歌謡が歌われていた（曲目の列挙のみで詞章は記されない）。

二日の作法では、堂僧たちが「連事」や「翁面」などの本を覚え、「新物」（新作）をよく「シ付《ツケ》」る、すなわち練習するのだが、それは翌日の「顕夜」の為である。

三日は、後夜に「摩多羅神の御輿迎」が行われる。これは「摩多羅神ノハヤシ《囃》」に始まり、「祝ノ宣旨」により、一同が「ア、猿楽セヨ」の勘発の詞によって順に舞う。その一趣向に「殊ニ(御輿の)動座ナド面白ク取成(ス)事也」と、厳粛なるべき神輿渡御も再び戯れに演ぜられる。御輿の出御にあたり、「狂童」が出て「翁面ハヤシ」があり、その詞章が記される。能の翁の詞章と共通するが、冒頭に「尺迦ノ因位ヲ尋レバ」と、いわば〝翁の本地〟を語るような一説が注目されよう。次に「新物」一番が披露され、使者が当座に「狂物」を出す趣旨を、「今夜ノ御狂言、先代々(ニ)超過シテ……」と口上を述べる。この時は一山の衆徒が群参し、常行堂の格子を上げて花を折って参らせる華やかな場となる。

四日は延年の稽古がある。これは五日「御会」の試楽として、「御子舞」があり、またこの時に「式目」および「祭文」が書かれる。

五日は「摩多羅神ノ御会」が催される。「今夜ハ三五ノ夜ナレバ、打咲テ「アナ面白ヤ」ト云躰也」と、ことさら興ずる態で演じ、果ては「狂ジテ咲(フ)事有」という狂騒の場が出来する。田楽にはじまり、翁面、三番猿楽、新物、狂物、相撲と続き、そして「神申(シ)」が行われる。これは「翁面」つまり摩多羅神の神体である翁面(図12-12)を付けた役が出て祭文を読み上げるもので、日光山の「法人《ノリト》」や平泉毛越寺延年の「祝詞」に相当する。秘文を微音で誦す、神祀りとしての中心となる儀であろう。

六日は、常行堂修正法則による声明の代表である三十二相の後、「延年一ハヤシ」があり、下堂の延年が催され、「面

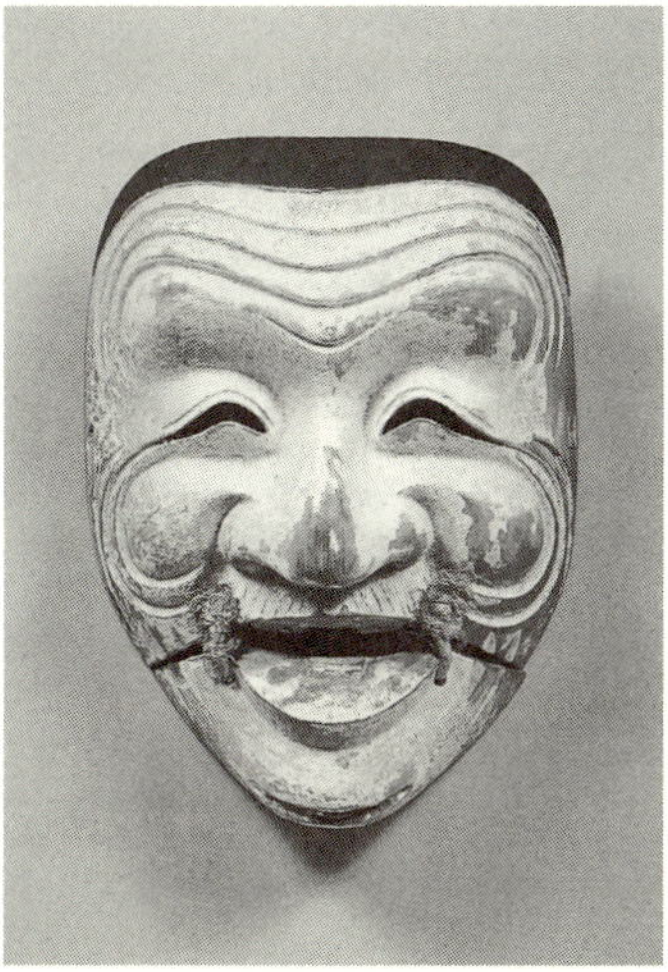

図 12-12 常行堂摩多羅神面(翁面,談山神社)

箱」を召して謡い舞わせるなど、器量ある者に「凡（ソ）何（イヅレ）ヲモ能ヲ尽ス事」が求められる。その一環として、「師子間（ノ）一大事」として、壇上にある面を付けて咲う作法などがなされる。

七日の竟日は、「土鏟（塵）ノ式」を参らす。これは、田打に続き田楽を演じながら摩多羅神の前に踊り出て行く練り込みの作法である。また修正会の中心的な儀礼である牛玉導師作法には「乱声」があり、高声の叫喚や杖などで打ち鳴らす喧噪が堂内を満たす。

修正を竟《お》え、その後宴というべき十五日は、唱礼（法則による声明）のあと、堂から牛玉杖を出す。また飾られた花を下し、十六講の延年を沙汰する。ここでも「新物」と「例物」が披露される。

以上に略述した修正会の作法とその故実の記述からは、全体として、儀礼が悉く書記化のプロセスを介すことに注目される。たとえば式の次第であり演目の書き上げである「式目」を書くことからはじめ、聖なる詞章である「祭文」から延年の「新物」「狂物」など狂言風流の台本に至るまで、一々の法儀芸能に対応する多様なテクストが年毎に書かれるのである。それを基に習い稽古して本番に至る過程が儀式の進行の中に全て含まれていることにも注意しなくてはならない。儀式の当座では、これらが全て謡われ、読誦され、演ぜられる。それは、あたかも近代の演劇の上演形式にも似た高度なシステム（全てをシナリオ化して配役し振り付け演出する）による祭儀空間である。

しかもなお、その上で全体を貫くのは、厳重な〝仏前〟の声明が本分として重んじられる一方で、至るところに満ちあふれる狂いや咲いによる〝仏後〟のしわざと声である。再び『儀式』をみれば、それは堂僧たちによって特に心を用いて催され、なされるべき儀礼の一部であったことが知れる。三日、顕夜の翁面囃しの後の口上には、

今夜ノ御狂言、先、代々超過シテ御勤仕候間、衆徒扈従アマタ、ヱツボニ入セ給ヒ候テ、更ニ御クツロギモ候ハズ、堂僧御出候テ、御クツロゲ候ヘ、其後ハ先達モ扈従ヲコシラヘ退散仕候ハン、ト申上候、是ヤ聞召（セ）。

などと重ねて要請されて演ぜられ、衆徒の「ヱツボニ入」るべき感興の焦点に、それら延年の芸能があり、そこに

狂いと咲いの声が捲きおこったことが窺われる。但し、『儀式』は仔細に故実を詳述するが、その意義を説くことは少ない。その点、多武峯の修正会と同じ構造の儀礼を記す日光山輪王寺常行堂の『故実双紙』では、次のようにその〝狂い〟について説くところが注目される。三日顕夜、摩多羅神の御輿迎の儀について述べるところである。

修正ノ行法ハ、最上ノツトメナルガ故ニ、魔縁ノサマタゲヲノガレムトテ、カヤウニクルウ事ニテアル也。

それは『儀式』に記される、地団駄《ヂダンダ》と高声に踊り狂い、またさまざまに滑稽でヲコな所作や即興の乱舞と謡い物に至る全てのパフォーマンスに及ぶ認識といえよう。『故実』はまた、「大方ノ狂フベキ作法ヲ心得ベキ也」として、一同が順次各《おの〳〵》に「狂」う所作について、「其間《アヒダ》ノ心地ハ、如何ニモ人ノ心ニテアルベキ也」と注す。つまりそれら狂いの作法は決して忘我や憑依ではない、あくまでも意識的に制御された逸脱なのである。そして、彼らがその演技の背後に強く意識していたのは〝魔〟の存在であった。常行堂が仏と魔の交錯しせめぎ合う祭儀空間であった消息は、それらの本山である比叡山の常行堂の故実について記した鎌倉末期の学僧光宗の『渓嵐拾葉集』[36]「怖魔事」帖の一節「常行堂天狗ヲドシ事」に、鮮やかに示される。

山門常行堂衆、夏末ニ、於二常行堂一ニ大念仏申事アリ。仏前ニシテハ如法ニ引声ス。後門ニシテハネヲドリ、無レ前無レ後経ヲ読也。是、山門古老伝ニ天狗怖ト申也。又、住侶等、如此戯論ノ事ヲ識ラズ、天狗怖ト申習シタリ。

ここには、常行堂の祭儀における「仏前／後門（後戸＝仏後）」の対照が、魔（天狗）の障碍への畏怖として、堂僧の行儀に無秩序な狂騒となって発現する古い伝統のあったことが証言されている。その背後にはやはり摩多羅神の存在が観念されていたはずである。[37]その上で、何より興味深いのは、この後戸の神の許での狂乱を「戯論」とする認識であろう。それは『故実』と共通する認識であると共に、『儀式』の詳細な記述にも通底する、全てが意識して人工的に巧み出された儀礼的転倒であり、それによって、〈聖なるもの〉を祝祭のうちに生成させる両義的な思惟が、端的に表明されたものといえよう。こうした思惟と儀礼に支えられた常行堂の後戸の神の祀りと芸能は、堂僧たちの秘儀として受け継がれる閉ざされた伝承に過ぎなかったであろうか。否、それは世阿弥が『風姿花伝』第四神儀に記した大和猿楽の縁起と遙かに響き合っているように思われる。すなわち、興福寺講堂を法会の場とした維摩会の後宴の延年について、後戸にあたる食堂前で演ぜられた六六番の猿楽を釈尊説法の際の外道の障碍つまり喧噪を鎮めるための方便として巧み出されたと語る、その意義付けを支える思惟と祭儀の構造を、それは明らかに共有しているのである。

七　僧賀聖人の伝承とそのテクスト

多武峯の宗教世界を、祭儀とは異なる、説話伝承の次元で代表する存在が僧賀聖人である。一見唐突に僧賀のことを提起したのは、興味深いことに、伝承上の彼の姿ふるまいが、芸能ときわめて密接に結びついている故である。説話・聖人伝としての僧賀伝承(38)は、法華持経者としての『法華験記』僧賀伝に始まり、『続本朝往生伝』により往生人に列なり、更に長明の『発心集』巻一「多武峰僧賀上人遁世往生の事」に至って中世の遁世者の典型へと象られていく。一方では僧賀は『今昔物語集』や『宇治拾遺物語』の逸話に知られるように、物狂放埓のふるまいを敢えて貴人の面前で行う〝奇行〟の聖《ひじり》として描かれる。そうした僧賀像は早い段階で伝承されていた(『験記』も既に「縮徳露疵、揚狂隠実」と記す)が、それは説話世界の展開と共にイメージが肥大していき、やがて『発心集』において師良源の任僧正の拝賀の行列に牛に乗って前駆する奇行を現ずることになり、更に西行作と仮託された『撰集抄』では、その遁世発心は伊勢参宮の中で神明の告げによって遂げられ、乞食に衣を施し素裸となって走り去る姿で語られる。また、『三国伝記』はそれらの上に天台高僧伝の類型としての母子孝養譚も加えられる。一方、多武峯自体も古くから権化の聖者としての僧賀像を形成し、『僧賀上人夢記』という独自の伝承が伝えられており、[39]その成立は平安後期に遡る。やがて時を隔て、室町後期に至り、再び多武峯において僧賀伝が改めて編まれる。それが『僧賀聖人行業記』[40]である。これは先行の僧賀伝ないし僧賀説話の組み合わせ（切り貼り）により構成されており（前半は『法華験記』『三国伝記』『撰集抄』『発心集』、後半は『夢記』等と『験記』による）、末尾に、文治二年（一一八六）、僧賀廟に紫蓋寺を建立したこと、更に永正年間に隆恵が僧賀の本地を祈り多聞天を感得したことで結んでおり、自ずとその成立が察せられる。その漢文テクストを元に、江戸初期に絵巻化したものが談山神社蔵の狩野永納が描くところの絵巻二巻[41]である。

多武峯における僧賀伝承の集大成というべき『僧賀聖人行業記』に、その僧賀像の典型として『発心集』から引くところの代表的僧賀説話が、前述した慈恵大師の拝賀参内の行装に牛に乗って前駆する奇行譚である。改めてその原拠である『発心集』を注目すると、そこに、この遁世聖の特徴ある姿が浮かび上がる。

乾鮭《からざけ》といふものを太刀《たち》にはきて、骨の限りなる女牛のあさましげなるに乗りて、屋形口を打つ（中略）おもしろく練り廻《まは》りければ、見物《けんぶつ》のあやしみ驚かぬはなかりけり。かくて、「名聞《みやうもん》こそ苦しかりけれ、乞匄《かたゐ》の身ぞ楽しかりける」とうたひて、うち離れにけり。

僧賀はかくして離脱し逸出して世俗を去り、その進退そのものにおいて聖となる姿が鮮やかに語られる。その表現からは、彼を単なる奇態な異装に扮した道化でなく、ことさらに示された聖俗の転倒から却《かえ》って〈聖なるもの〉を体現する存在として象る。貴かるべき聖人が痩せこけた雌牛にまたがり、乾鮭を太刀に佩くのは、それだけでも騎馬の美麗な武官の行装を徹底してもどいた猿楽《サルゴウ》である。彼は、その上に「屋形口」を打ってみせる。つまり門付け芸人の祝言芸を演じ、その歌謡の詞に自らを「乞匄《カタヰ》」として卑賤な芸能者（それは中世において同時に〈聖なる〉存在でもあった）の側に置き、そこから師の「名聞」利養にふける生き方を撃つ（しかもこの批判を受けた良源に「こ

図 12-13　『僧賀上人行業記絵巻』牛に乗って前駆する僧賀上人（談山神社）

れも利生の為なり」と独語させるのを忘れない）。僧賀のしわざは、それを観るもの、つまり直接には行列を見物する人々に示されるものだが、その視線を介して僧正に向けられる諷刺であり、その葛藤を読む者にも問いとして突きつける。ひいては観られることを意識して演じたふるまいであることに注意しなくてはならない。

いささか注釈を加えれば、牛に乗って渡る聖人という趣向は、既に説話世界に先蹤があった。[42] すなわち『宇治拾遺物語』に載る、聖宝が東大寺の上座と争い、賀茂祭に牛に乗って渡ることで、自ら要求する僧供を大衆に支給させた、という逸話である。その聖宝の姿ふるまいにも注目したい。裸の異装で牛に乗って渡る彼の後ろには、百千の童が群がり従い、口々に「東大寺の聖宝こそ、上座と抗《あらが》ひして渡りけれ」と囃し立てたという。これも只の仮粧ではない、己の身をかくやつすことが（また敢えて囃し立てられることが）、逆に慳貪な上座を諷し公に恥じしめる捨て身の抗議《プロテスト》となる、その点で『発心集』の僧賀のふるまいと同じ趣向を巧んでいるのである。なお、賀茂祭の還《かえ》さの渡し（すなわち還幸の渡御行列）に聖が出る伝統のあったことは『栄花物語』に見え、[43] それを『古事談』は、古くは聖宝が、次いで僧賀が渡ったと短く注釈することで、[44] その逸話が汎く伝承されていたことを示している。それらの伝承の基盤には、京洛の祝祭に欠かせない風流の猿楽の伝統があった（これを民俗としてみれば、神事の露払いとして魔を退けるヲコな〝笑い〟による僻邪の風流であったかもしれず、そうであれば堂僧の天狗怖の狂いとも通底する心性を窺うことも可能である)。つまり、説話における僧賀のふるまいは、敢えて借用した風流により演ぜられた〝狂い〟のしわざなのである。

牛に乗って渡るものの姿は、また摩多羅神の祭にも見出すことができる。太秦の広隆寺は、秦河勝の創建になる聖徳太子ゆかりの霊験所として、禅竹の『明宿集』(45)によって知られるごとく、猿楽の縁起伝承とも関わり深い寺である。また、天台寺院として常行堂を有し、恵心僧都以来の常行三昧に加え、そこを舞台とする「牛祭」の奇祭で名高い寺でもある。秋十月に行われるその祭には、摩多羅神に扮した異装の仮面と奇抜な冠を付けた法師が牛に乗り、堂内から練り出る。彼が乗りながら読み上げる祭文(『都名所図絵』にその詞章が載せられる)は、はじめはおもだたしく、次第に滑稽な猥雑さに満ちて、それらを悉く他界へ攘《はら》い却《や》るという仕掛けである。読み終えた直後に忽ち馳せ去って、行列は河勝を祀る大避神社に至るという。その行方が、猿楽の縁起では「宿神《シュクシン》」として祟りながら流しやらわれて漂着して顕れた神であることには、深い暗示がある。

そうした牛祭の中世に遡る様子を描いた、応永の古絵巻の写しという、寺蔵『太秦牛祭図巻』(46)にあらわされた牛に乗る摩多羅神の姿は、はからずも狩野永納が描くところの『僧賀聖人行業記絵巻』下巻冒頭の瘦牛に乗る僧賀の姿(図12-13)とよく似るのである。それは単なる偶然であろうか。

いずれにせよ、僧賀をめぐって説話が語る〝狂い〟は、すぐれて芸能的な営みであった。それは無論、摩多羅神祭祀の特異な形態を反映したものではなく、まして多武峯常行堂の儀礼とは何の関係もなかろう。しかし、その祭儀が摩多羅神の祝祭として〝狂い〟とともに展開する豊かな芸能の営みを支える思惟と、僧賀伝承の表現を培う心性との連なる地平こそ、真に興味深い。僧賀聖の〝狂い〟のイメージが照らし出すのは、中世の宗教と芸能のわかちがたいあわいに生み出されるところの「戯論」の姿ではなかったか。

第十三章　儀礼の声

一　悔過の声——修正会・修二会の行いから念仏へ

宗教としての仏教の重要な側面は、仏に祈るにあたり、法に則り作法を営み人々を結縁させ、そこで成就された功徳を広く廻向する、法儀の領域である。その、儀礼の生成の過程を担う中心的な要素が、仏の御名を称え、経典を読誦する声であろう。仏教では古来、この領域を司るカテゴリーが声明として立てられ、僧の修し学ぶべき必須の課業であった。その思想は、真言密教では空海が『声字実相義』に説き、顕教では『維摩経』にもとづく「声成仏事」の理念として表明される。[1]それは、抽象的な観念や思惟の体系ではなく、常に人の身体を介して実践され、肉声として響きわたり、聖なる時空を創り出す。官能の器官であり感覚に直接はたらきかける声のインパクトは、仏教において、何より実際に営まれる仏事・法会に現前するものである。

日本仏教の歴史を貫くように、法儀における声のはたらきを最もよく示すのは、前章に詳述した「不退の行法」として伝承される東大寺二月堂の修二会（お水取り）であろう。その主役は他ならぬ声明である。六時（日中・日没・初夜・半夜・後夜・晨朝）の悔過行法を担うのは練行衆であり、今に至るまで口伝により習練した声明が時作法毎に唱えられ、そこから所作が生み出されていく。時作法の核は、本尊十一面観音の名号をさまざまに繰り返し唱える「宝号」で、それは「南無観自在菩薩」、縮めては「南無観《ナムカン》」という名号を声高く称呼しつつ礼拝する、自他の罪障を懺悔する苦修練行の本躰というべき作法であり、その苦行として唱えるうちに「五躰投地」が打たれる。これに詠唱としての散花行道や心経行道、誦文としての呪願などが加えられ、最後に回向で了る。複雑かつ多岐にわたる修二会の声明は、時導師が率いる時作法の詠唱の声ばかりでなく、大導師作法では諷誦や表白など耳近い和語を交えた平易な唱導の声、呪師作法では陀羅尼の誦唱の声が、鳴り高い振鈴と結界の歩行の沓の音と絡まり合い、これらに鐘の音などが響き合って、豊饒な音声の曼荼羅が現出する。本尊の秘仏である観音をひたすら称名祈願する練行衆の声明に加え、初夜毎に「神名帳」が読み上げられて国中の神々が勧請され、また五日の実忠忌と十二日のお水取りには、「過去帳」が読まれて本願の聖武天皇や法会を始めた実忠以下の僧俗の名が読誦され、その霊が弔われる。更には法華経の読経や華厳経の講問なども織り込まれ、全体は唱える声（詠唱）と読む声（読誦）との二つの側面を示す。それは中世の儀礼の声を貫く構造を示唆するものでもある。(2)

悔過の行法をめぐっては、呪師作法の如く密教的な要素が濃厚な側面、錫杖や例時作法のように天台と重なる要素など、さまざまな次元で影響を受けつつ変化が生起し伝承されてきたのであり、決して古代に行われたそのままに化石化した儀礼ではない。(3)何より練行衆は絶えず交替し、寺の組織も時代に則して新たに生まれ変わっていくのであり、その変容を含めて、二月堂修二会は、古代仏教が創り上げ、中世・近世を経て受け継がれた国家仏教寺院の法儀の生態を目のあたりにする、希有な場なのである。

一方、このような祭儀行法の場は民間にも広く行き渡っていた。今も正月には畿内の村々の寺社では「おこない」と呼ばれる祭祀が営まれている。寺では修正会・修二会として鬼が出て所作するかたちが多いが、神社においては神事として餅などを供えて行われる地域もあり、元は両者が交ざりあった年中の罪障を払い新たな神霊を迎えて祝福を受ける祭儀であった。そうした祀りの場には、今も「乱声《ランジョウ》」などの神霊を喚び出す音声が響いている。

古代仏教儀礼の典型である修正会や修二会は、平安時代に至り、不断に行われる六時行法から初夜・後夜のみの二時行法が主流となり、夜間を中心とする法会に変化する。その場は天皇や院の御願寺となり、白河院の創建した法勝寺をはじめとして、都では修正会は院の御幸して法親王が統率する法儀を御覧じ、牛玉杖を授かり玉体加持を祈る祝祭空間となっていく。(4)それは古代の苦行性の強い悔過作法から、仏の三十二相を讃える声明や功徳を和文で唱える教化など音楽的で優美な歌謡の声の場となっていった。(5)また他方では法呪師《ほずし》による呪師作法が芸能化して、曲芸的な走りや龍天・毘沙門・鬼などが登場するようになり、院政期には専業芸能者としての呪師猿楽が後戸に参勤して種々の芸能を奉仕するに至る。これは検非違使の管轄の許で、院が叡覧する、中世芸能の揺籃の場でもあったのである。(6)

平安仏教の主流となった天台宗とりわけ比叡山では、修正会・修二会は根本中堂をはじめ諸堂で行われた。それら諸堂の中で法儀と声明の面で大きな役割を果たし重要な儀礼の場となったのが常行堂である。慈覚大師円仁が入唐し密教と共に新たな法儀を携え来って始められたのが、天台の根幹をなす修行としての四種三昧のうち常行三昧の行法であり、これを修す道場として営まれたのが常行堂であるが、それは中世の声を生み出す拠点となった。

今も平泉の毛越寺常行堂の修正会では、阿弥陀懺法が行われ、その一環として延年が催される。寺僧は、本尊宝冠阿弥陀に対する常行三昧の法要を修した後、深更に至り、後戸の摩多羅神への法楽として、神面を付け祝詞を秘文として口中で唱え、老女や若女などの面を用いた舞や能・田楽などが演ぜられる。それは、かつて叡山の常行堂をはじめ多武峯妙楽寺や日光山輪王寺など各地の天台大寺院の常行堂で盛んに行われていた修正会の、唯一の名残りである。それら諸山の常行堂は、建築と仏像そして延年に用いられた仮面などを遺して法儀は亡び去ったが、ただ、前章に述べた如く、日光山に伝えられた『常行堂修正故実双紙』や多武峯（談山神社）の『常行三昧堂修正儀式』など、中世末期の常行堂関係文書の内に、その詳細が記し留められている。(7)

そこには、一山の衆徒中、一和尚から十二和尚まで勤仕する堂僧の組織が法儀を運営し、修正会の次第を滞りなく進行するように、一々の進退所作からその詞章――上臈から下臈への「堪発《カンパツ》」つまり叱責のセリフまで含む――まで、口伝と先例に従い厳重に執り行われるべきことが規定されている。その中心はあくまでも声明であり、阿弥陀経の読経から三十二相、合殺《ガッサツ》の念仏など、それぞれの詠唱の作法や声の質まで詳しく指示される。同時に、修正会の一部として、摩多羅神を祀る「御輿迎え」や「顕夜」などが酒宴と共に催され、そこで朗詠・今様・白拍子・乱舞など種々の歌謡や雑芸が披露され、果ては滑稽な狂いやヲカシが演ぜられ、和尚たちがそれに咲《わら》い興ずる有様までが記されている。それは遥か院政期の宮廷の宴遊で行われていた芸能を彷彿させ、仮面を使い台本を用意して臨む「猿楽」と「狂物」は当時の猿楽《サルゴウ》ごとを想起させる。厳粛な法会の声明の道場は、そこで一転して歌と狂言と咲いの声の響く興宴の座へと変貌する。

常行堂では、修正会に加え、八月は大念仏も行われた。修正会で神名帳が読まれるなら、大念仏では過去帳が読み上げられた。日光と多武峯には共に中世に書き継がれた『常行堂大過去帳』（図12-10）が伝わっている。その過去帳読誦の作法をも含み込んでいたであろう、念仏の本所であった叡山常行堂の念仏は、「山の念仏」と呼ばれ、慈覚大師が唐の五台山から伝えた引声念仏を行っていた。これは、法照の『五会法事讃』にもとづく五会念仏であって、『大無量寿経』の「(極楽界の)宝樹の五音声は即ち斯れ五会念仏の声なり。(中略)彼の仏国界の仏菩薩衆・水鳥樹林、皆悉く五会念仏を誦経せり（原漢文）」とあるによる。その伝来は神話化されて、『天台座主記』に「此法（念仏）、昔、法道（照）和尚、現身に極楽国に往き、親《まのあた》り水鳥樹林念仏の声を聞き、以て五台山に流布す。(慈覚)大師在唐の日、一夏の間、その音曲を学び、象牙の笛を以て音律を伝う（原漢文）」という。その山の念仏は、叡山から降りて黒谷真如堂（金戒光明寺）に伝えられ、今も「お十夜」すなわち十夜念仏の法会に聞くことができる。この引声《いんぜい》念仏は鉦鼓を鳴らして高声に唱える双盤念仏の庶民的な様式で、もはや叡山の古き引声念仏の響きとは遠いものとなった。しかし、その慈覚大師による伝来の縁起は室町時代の『真如堂縁起』(8)に絵巻化されて、今にその古い由緒を伝えている。

念仏の音曲と所作を担う叡山常行堂の声明と法儀を伝える専門集団が堂僧である。その一人として、山麓の大原に下《お》りて中世に至る念仏と声明の展開を拓《ひら》いたのが良忍であった。凝然の『声明源流記』は、良忍の声明について、「宝号（念仏）を歌声に作り、讃嘆を吟詠に致す。甲音乙音宜しきに随って歌讃し、引声短声時に任せて誦詠す（原漢文）」と評している。その伝は早く『古今著聞集』に見え、やがて鎌倉末期の正和三年（一三一四）に絵巻化されて『融通念仏縁起絵巻』として成立し、南北朝から室町期にかけて再三写本が制作され、ついに明徳二年（一三九一）には開版されて広く流布する。それを用いて念仏を勧進興行する聖《ひじり》たちの運動が、中世を通じて、それを支える結衆と共に存在し続けたのである。

縁起の核心は、良忍の夢中に阿弥陀仏が「一人一切人、一切人一人、一行一切行、一切行一行」の偈を教勅し、これにより一人の念仏を万人に、衆人の念仏を一人に融通することで功徳莫大となり、順次往生が叶う、とする融《ゆ》通《づう》念仏行が始められた。その念仏の方法は同音で合唱することにより、それを音曲性豊かな声明をもって行ったのであろう。これに結縁のため、鞍馬の毘沙門天が出現して名帳《みょうちょう》に入り、次いで諸天善神と本朝の諸神祇までも影向結縁する。この、名帳というテクストによる念仏衆の結縁と功徳の融通という方法は、神名帳や過去帳を基盤としてより発展させた、中世的な勧進による宗教運動のはじまりであった。

念仏の系譜は、二つの流れとして互いに交わりながら繋がれている。ひとつは聖による民間の念仏、もうひとつは声明を法流として伝授相承する僧侶の、音楽の世界における念仏である。前者の念仏の声の起源は、良忍より遥かに遡り、十世紀に活動した空也《こうや》に託される。その行業は、文人源為憲の作になる『空也誄』という墓碑銘的追悼テクストに著される。(9)『誄』が哀悼する空也の生涯は、諸国の霊地での苦修と亡魂済度のための写経等の勧進作善に彩られ、その結実が応和三年（九六三）の賀茂河原での紺紙金泥大般若経供養と十一面観音の造立であり、その遺跡が現在の六波羅蜜寺である。往生伝作者でもある文人三善為康は、『誄』を元とした空也伝を含んだ『六波羅蜜寺縁起』を保安三年（一一二二）に作っている。その空也は、慶滋保胤の『日本往生極楽記』によれば、それまで世間で口にすることのなかった念仏を人々の間に広く唱えられるようにしたという。おそらくは死穢と凶霊の観念と深く結びついていたがゆえに忌まれていた、そのタブーから念仏を解き放ったのが空也であった。

空也の念仏を中世に形象化したのが、著名な六波羅蜜寺の空也像である。立って歩む聖は、鹿杖《かせづえ》を持ち、首から懸けた鉦鼓を叩いている。しかし何より印象深いのは、その半ば開かれた口から飛び出すように連なる六体の化仏であろう。それは聖が始めたとされる口称念仏を象った姿であろう。口から金色の仏が称名念仏の奇瑞として涌現する――その声が化仏を繋ぐ金色の糸となって描かれる――のは、善導や少康など中国の浄土教祖師の伝記とその図像化において見えるところだが、それは本朝において、他ならぬ空也という念仏聖の祖師による〝聖なる声〟の表象として再生したのである。聖の末裔は、今も空也僧《くうやそう》として京都の空也堂に集い、踊り念仏を奉納する。洛外の村落で伝承された六斎念仏も、そこから免許を受けて曲芸的な念仏踊りを興行した。また諸国に散在する鉢叩《はちたたき》も空也を祖と仰ぎ、念仏勧進と葬送の業を営んでいた。彼らの芸能化した念仏の声もまた、そうした聖の流れを汲むものだったのである。(10)

後者の僧侶による声明も、天台寺院において継承された良忍の大原声明の流れにおいては、鎌倉初頭に蓮入房湛智と蓮界房浄心の二流に分岐し、互いにその正統を争ったことが、湛智の側に立ってその批判に反論した宰円による『弾偽褒真抄』(11)によって知られる。

二　講式の声――浄土往生の講式と声明の式読

念仏の声の流れのひとつを担う良忍は、叡山の別所である大原を拠に発展した天台声明の中興の祖でもある。良忍が往生伝中の人であるように、大原は浄土教と深く結びついた場所でもあった。その天台浄土教の源流である叡山の横川では、源信を中心に念仏往生のための結社である二十五三昧会が始められた。その過去帳[12]には、結衆として往生を遂げた僧たちの行業と臨終行儀が記され、往生伝の原型といえるが、一方で、その会の儀式を軌範としてテクスト化したのが『二十五三昧式』[13]である。欣求浄土のために厭離穢土の旨趣を説くその式は、後世に『六道講式』として流布したが、これを画期として、講式という、信仰の表白を法儀の詞章として著す宗教テクストの典型的な形式が生み出された。それは、表白と廻向を首尾の枠組みとし、祈願の旨趣を数段に分節して述べ、各段の末にその祈念を伽陀（偈頌）の詩に託し、漢文の式文は導師が訓読して読み上げ、伽陀は結衆一同が詠唱する、総じて一座講演の台本である。

平安時代、浄土教と共に成立した講式という宗教文芸の範となり、後に大きな影響を与えたのは、禅林寺の永観《ようかん》による『往生講式』であった。永観は三論宗の学僧であり、東大寺別当となったが、浄土門に帰して『往生拾因』のごとく平易な浄土勧化の書を著し、その実践の媒体として最も流布したのがこの講式であった。以降、中世を通じて諸宗派において指導的立場にあって文筆の才学に長けた僧たちは、こぞってこれに倣って講式を草し、自ら導師となって己の思想を表白したのである。

講式の中で、音声の面から殊に注目されるのが、天台僧真源による『順次往生講式』であろう。これは『往生講式』を踏まえつつより規模を大きくし、式文の首尾と九つの段毎に伽陀の伴奏として、それぞれ異なった十一の雅楽曲が奏され、各段後には更に和語の「極楽声歌」が、やはり異なった催馬楽の曲調によって詠ぜられ、全体は壮大な〝浄土カンタータ〟を構成する。[14]それは、天台浄土教の法会が宮廷の音楽と結びついて生み出された精華であった。

既に古代の法儀において、声明は二箇ないし四箇法要として唄・散花・梵音・錫杖を以て法会を構成し、これに舞楽を加えて会場《えじょう》を荘厳する大法会の形式が成立している。講式は、いわばそれを縮約しながら、更に進んで声明と音楽の複合を企てた。「管絃講」と呼ばれるのがそれである。史料に見えるその一例は、久安三年（一一四七)、仙洞御所にて鳥羽上皇が主催した舎利講である。院の命で信西が奉行し廷臣たちが楽器を奏す御遊に準じた儀で、導師は天台の説経師忠春であったことが、頼長の日記『台記』に詳しく見えている(また信西編『本朝世紀』および『古今著聞集』にも)。院の王権を象り生成する聖遺物である舎利を祀るために、宮廷を挙げて行われた法会である。その音楽は、院自ら音律を定めたという。[15]

講式というテクスト形式の許で、仏法の唱導と音楽の理念との融合を最大規模で企てたのが、声明を含めた平安末期の音楽の大成者であった妙音院藤原師長の作と思しい『妙音天講式』である。妙音弁才天を本尊とし、各段毎に伽陀に音楽を伴奏するが、それは平調・黄鐘・盤渉の三音を四季毎に変え、それぞれに異なった曲を奏す定めであり、終盤には催馬楽・琵琶・箏・風俗・朗詠など「歌詠楽曲」がこぞって演唱される。声わざの芸能も動員されるその発想は、四季の運行に叶う音律を以て仏神を讃嘆するのであり、いわば音楽と声曲による宇宙の調和(ハルモニア・ムンディ)を一座建立しようと試みるものであった。[16]

同様の発想の許に、姉妹のごとく創られたのが、師長の許で琵琶の一流を担った地下《ぢげ》の楽人藤原孝道が発案し、藤原孝範に作文させた『音楽講式』である。本尊を釈迦・弥陀の遣迎二仏と音声大士・馬鳴菩薩、別して妙音天、加うるに三国伝受管絃先霊など楽人の祖霊も勧請した上で、音楽の功能を内外典に則して宣説する、いわば自受法楽的な五段の式で、その法用(要)には郢曲(今様などの歌謡)、伽陀には朗詠を用いて、聖俗の音声を和合させる試みがなされた。[17]

『音楽講式』が殊に注目されるのは、その成立の経緯と企画の意図である。同じく孝道の著になる講式の作法故実書である金沢文庫本『式法則次第条々』[18]には、その序に、近来《ちかごろ》講式を読む躰が乱れ、法則・音曲に狼籍多く、聴聞に益少しと批判し、その「大姿」(基本形式)を定めるため、法則を「説道」(唱導)の宗匠に、音曲を声明の好士(声明家)に尋ねて、永観の『往生講式』と自作の『音楽講式』の両巻を以て軌範として一座の始終を定めよう、との主旨である。そこで記されるのは、おそらく後白河院の宮廷を意識した仙洞での講式実修の作法で、具体的で実践に則した「式読」の指南である。御前での当座の場を強く意識したその心得には、出音（発声）は調子に随い甲乙・高下の分済をよく計らって慮《おもんぱか》って出せ、ということから始め、「究声《きわまりごえ》」で読むのは無骨とか、「反音」（途中での転調）は明句の時は面白いが乱用すべきでない、など、いかにも楽人らしい細心な配慮に満ちている。同様な式読の故実として醍醐寺蔵『禅林式聞書』があり[19]、これも管絃講を前提とした『往生講式』の口伝書である。そこに、「式音」とは、表白とも文釈（講経）とも異なり、「哀歓悲嘆」の二種があり、時に随い区別すべしと説くのが注目される。式読故実で興味深いのは、『往生講式』について、仙洞で院を前に読むに際しての禁忌の句として、堕地獄の苦患など除くべき文句が示されていることである。これは大原流声明の玄雲が正和二年（一三一三）に著した『声塵要抄』[20]にも継承されているが、そこではテクストの文字の意味の水準で嫌われる文句も、読み上げられる音声の次元においては聞き悪しい不吉な詞として避けられるのである。

管絃講の次第や作法に関しては、同じ『声塵要抄』が詳しく、それによれば、講式を音楽と共に実演するに際しては、五音十二律の調子を統一し全体を整えることが求められ、そのために初重・二重・三重と甲乙を組み合わせた、五音に対する声の位相構成による「重」で分節された構造を設定して一座を組み立てる。これは、同時代の早歌（宴曲）の郢律講や琵琶法師の平曲などの演奏における音構造とも共通することが指摘されており[21]、中世初頭に王の許で音楽／声明／唱導の名人たちによって確立された講式読み——ひいて管絃奏楽の作法故実システム——は、中世社会に汎く行き渡り、道々の者たちの唱歌や語り物芸能に通ずるものとなったのである。

後世まで、平曲や地神経を担う盲僧や瞽女たちの集団では己の守護神（宿神）を祀る「妙音講」が営まれていたが、その伝承[22]はいかにも示唆に満ちている。本尊のための法要と法楽の奏楽詠歌によって、彼ら芸能者の音声は身分や階層を超えて不断に調えられ、受け継がれていったのではなかろうか。

三　高声と一声——法然伝と『一遍聖絵』における念仏の声

中世に生まれた声としての念仏は、その声を介していかなる中世世界を見聞させてくれるだろうか。叡山の学侶であり、また円頓戒の相承者であった法然の創唱した専修念仏は、かつての空也や良忍の流れをも汲む念仏聖たちに思想的根拠を与え、また法然は、彼ら念仏聖の理想を体現する象徴的存在であった。更にその思想を代弁するのに安居院流唱導を担った聖覚が活躍したことも、彼の念仏教団の大きな特質であろう。しかし何より、法然を中心に惹起した念仏の運動は、声の領域において端的にあらわれる。

『徒然草』には、聖徳太子以来の音楽の本所たる四天王寺の金鼓の声が黄鐘調であることに始まる、中世の音楽芸能の起源説が、平曲や白拍子の起こりを含めて集中的に記されるくだりがあり、その中に念仏の音曲について次のように説く。

> 六時礼讃は、法然上人の弟子安楽と云ける僧、経文を集めて造て勤にしけり。其後、太秦の善観房といふ僧、節博士を定めて声明になせり。一念の念仏の最初也。後嵯峨の院の御代より始まれり。法事讃も同じく善観房始めたるなり。（第二二七段）

この安楽は、法然の浄土立宗宣言というべき『撰択本願念仏集』の執筆を務めたと伝えられ、しかも法然配流の原因となった事件——不断念仏を興行し、そこに後鳥羽院の御所の女房たちが同宿し出家したこと——が、上皇の激怒を買い、住蓮と共に捕われ、処刑された事件の張本であった。彼について、法然伝の集大成である『法然上人行状絵図（四十八巻伝）』[23]巻三十三は、その最後を殉教者風に描きつつ、住蓮と別時念仏を始めて、「六時礼讃」を勤める様について、「定まれる節拍子なく、をの〳〵哀歎悲喜の音曲をなすさま、めづらしく尊かりければ」多くの聴衆信者を集めたという。この、法然の受難の契機をなした「能声」たる安楽の念仏が六時礼讃による音曲性豊かなもので、それゆえ衆人の信仰を集めたものであった消息は、早く慈円の『愚管抄』にも見えている。

安楽房トテ、泰経入道ガ許ニアリケル侍ノ入道シテ、専修ノ行人トテ、住蓮ト番ヒテ、六時礼讃ハ、善導和上ノ行ナリトテ、コレヲタテテ、尼ドモニ帰依渇仰セラルル者出デキタリ。

このような慈円の念仏に対するまなざしは、決して好意的ではない皮肉なものがある。危ういまでに魅力的で秩序から逸脱する音声として念仏を捉える認識は、後に、慈円が扶持した声明家蓮界房浄心の流れを汲む『野守鏡』が、念仏を「亡国の声」として排する立場と通ずるものがある。またそれは、妙音院師長が白拍子の歌舞の声を「亡国の音」と評したという『続古事談』の逸話とも重なる認識であったろう。[24]

法然門下の念仏において、その音曲性が批判の的ともなった六時礼讃（往生礼讃偈）は、法事讃（転経行道願往生浄土法事讃）と共に、善導の編になる法要次第というべき諸経疏からの偈の集成である。これによる礼拝念仏を法然門流が始めたことは、『本朝祖師伝記絵詞』に、建久三年（一一九二）後白河院追善法要として八坂の引導寺にて見仏（大和入道親盛）が法然を請じて行ったと見え、導師は心阿弥陀仏、助音に見仏と住蓮・安楽が加わったという。また、その法則次第は二条院が所蔵していたものを能信が授かったと伝える。これに『知恩伝』は奇瑞譚が加わり、法要に際し一同評定するところ、能信が夢想を感じ、西方より六羽の霊鳥が飛来し、その昔「微妙哀婉雅亮」にして、囀りは六時礼讃であり、「起居拝行道旋繞」するとみた。皆はこの夢に随喜し、鳥は弥陀仏の変化にして、仏がその音曲を調えさせたと領解し、能信に法則を授け、住蓮に声明を作らせて聴聞を始めたという。[25]これが天台常行堂の引声念仏縁起の伝承を踏襲していることは、容易に見てとれる。

また『法然上人行状絵図』には、元久元年（一二〇四）蓮花王院で後白河院の十三回忌が行われた際に礼讃が唱えられた記事が見え、やはり声わざの帝王というべき後白河院に六時礼讃念仏が関わることが注意される。なお、初期の法然伝絵巻である『伝法絵流通』には、建永元年(一二〇六)東山鹿ヶ谷で催された六時礼讃を行う住蓮・安楽の許に御所の女房が参ったことが記され、これが後の承元の法難の伏線となるのだが、その契機を六時礼讃の念仏に帰す構図が早くも窺われる。

法然没後も程なく京洛で六時礼讃が行われていた消息は、定家の『明月記』寛喜二年(一二三〇)の記事に門下の教達が礼讃を唱えていたことで知られるが、覚如の伝記『最須敬重絵詞』[26]には、この教達が一念義の音曲に節拍子を付け、弟子楽心もその道に秀でていたという。また同書は、後宇多院の頃に一念義の浄恵がそれにより名声を博して鎌倉末期に京で盛んに行われていたとも伝えている。

事実、そのテクストである『往生礼讃偈』の建長三年(一二五一)刊本が伝存し、同じ頃の大谷大学蔵本などは実際の演唱台本として「重」による音声の構造を示す指示が付されている。[27]以降、公家社会において六時礼讃念仏が行われていた具体的な様相は、室町時代に至り、三条西実隆の日記『実隆公記』文明十六年(一四八四)十月条に詳しい。七日間の六時礼讃法要は、後夜から初夜に至る六時の念仏に法花懺法・錫杖・例時作法・光明真言・八句念仏・観経・梵網経・十重禁戒・法花八講など、講経や真言という顕密の法儀と戒律をも融合させた総合的な法会と化している。[28]

法然門下の専修念仏の徒は一念義と多念義の論争を含め、やがて多くの流派に分立していくが、その中で別時念仏を音曲性豊かな芸能的念仏として行う門流が出現する。これを「如法念仏」と称す場合があり、それは法然の高弟で慈円の門下でもあった善恵房証空を祖とする西山派浄土宗が担うところで、十四世紀には京洛を中心に流行したという。その実態は、やはり実隆による、文明八年(一四七六)後花園天皇七回忌に二尊院善空により聖寿寺で行われた如法念仏会の記録『如法念仏仮名日記』に詳しい。それは三時(日中・初・後夜)に分け、僧に公家も加わった「供行衆」による調声により唱え始め、一同が同音で散花行道し、その詞章は法事讃により、大原声明から導入された八句念仏が中心となる。次いで「高声念仏」が唱えられて最高潮に達する。これも宮廷と寺家とが一体となって営まれた、きわめて整えられた念仏法会の有様である。[29]

それ自体が芸能というべき高度な念仏の法儀を創り上げた浄土宗は、その源を法然に求める。数多作られた法然伝においては、法然とその弟子たちの間で念仏がどのように唱えられ、営まれていたか。その叙述において念仏の位相が描き出される。そこに描き出された法然一門の念仏の声は、「高声の念仏」に集約される。高声に念仏を唱え、その声の響くうちに往生を遂げる——それこそが法然門下の聖たちの欣求するところであった。

「高声念仏」について記された早い例のひとつは、信端の記した『明義進行集』巻二の高野の明遍すなわち空阿弥陀仏の伝の中に見出される。[30] 但し同書は法然伝の部分を欠いているので、法然について確かめることはできない。いま、それを含め、先行の法然諸伝を集大成して鎮西派の立場から編まれた舜昌の『法然上人行状絵図』[31]を取り上げてみることにしよう。その全体には、空阿のみならず、法然の門弟たちの多くが「高声念仏」を唱えて往生を遂げる有様が頻出し、その例は枚挙にいとまない。何より、巻三十七に描かれる法然自身の往生についても、不退に高声念仏を絶えず唱えて往生を遂げたことを記し、加えて弟子にも「高声に念仏すべし、弥陀仏のきたり給へるなり」と勧説したという。このような「高声念仏」による往生は、法然門の専修念仏者の往生伝の集成というべき側面をもつ『行状絵図』のうちでも、その焦点として最も重んじたであろう鎮西流祖師聖光房弁長の伝において典型的にあらわれる。

このひじり、浄土門に入しより後は、毎日に六巻の阿弥陀経、六時の礼讃をたがへず、又六万遍の称名をこたることなし。初夜のつとめをはりて、一時ばかりぞまどろまれける。そののちはおきゐつゝ、あくるまで高声念仏にたゆむことなかりけり。（中略）門弟をあつめて、来迎の讃を誦し念仏せしむ。（中略）最後はことに高声にとなへて、光明遍照とて、いまだつぎの句にいたらざるに、ねぶるがごとくして寂に帰す。

それは却って法然の高声念仏による往生像を描く素地となったのではなかろうか。それに限らず、四十八巻伝には法然門流の聖たちの多彩な念仏の方法と声とがさまざまに記されている。いま、その一々を掲げる余裕はないが、興味深いのは、その中で一念義と多念義の論争をめぐって、「十声一声」の念仏ということが法然の法語を引用する中にしばしば言及されることである。一例として、巻二十三の「或人」への御返事の中には、「仏の本願の称名なるがゆへに、声を本体とは思食べきにて候。さて我耳に聞ゆる程申候ば、高声の念仏のうちにて候也」とあり、更に次のように言う。

所作多くあてがひて（念仏を）欠かむよりは、少く申さむ。一念も生まるなればと仰候事、実にさも候なむ。ただし（往生）礼讃の中には「十声一声定得往生、乃至一念無有疑心」と釈せられて候へども、疏（観経四帖疏）の文には、「念々不捨者、是名正定之業」と候へば、十声一声に生ると信じて、念々に忘るゝ事なく唱ふべきにて候。

一々の真偽を問うことはできないが、法然法語の中では、善導の釈に依りながら、本願力により念仏の功徳は、十声ばかりかただ一声を唱えるばかりでも往生すると説くのである。

この「一声」の念仏を極限までおしすすめたのが、鎮西門の流れを汲む一遍であった。「捨聖《すてひじり》」と呼ばれた一遍の生涯は、滅後十年目にして、その甥でもある弟子聖戒の編んだ『一遍聖絵』(32)に描かれている。そこには、当然のことながら一遍の念仏についての認識と実践があらわされる。空也を己の先達と仰ぎ、のちに都では空也の遺跡市屋道場で踊り念仏を興行し、常にその遺文を身に携えていた一遍は、また「融通念仏すすむる聖」（巻三）として、熊野権現に呼びかけられる勧進聖でもある。権現は夢中に、彼の迷いの因ともなった念仏勧進の札について、「御房の勧めによりて初めて往生するに非ず、阿弥陀仏の十劫正覚に、一切衆生の往生は南无阿弥陀仏と必定するところ也。信不信をえらばず、浄不浄をきらはず、その札を配るべし」と告げ、その示現に開悟した一遍は、日本国中へ賦算の遊行に赴く。

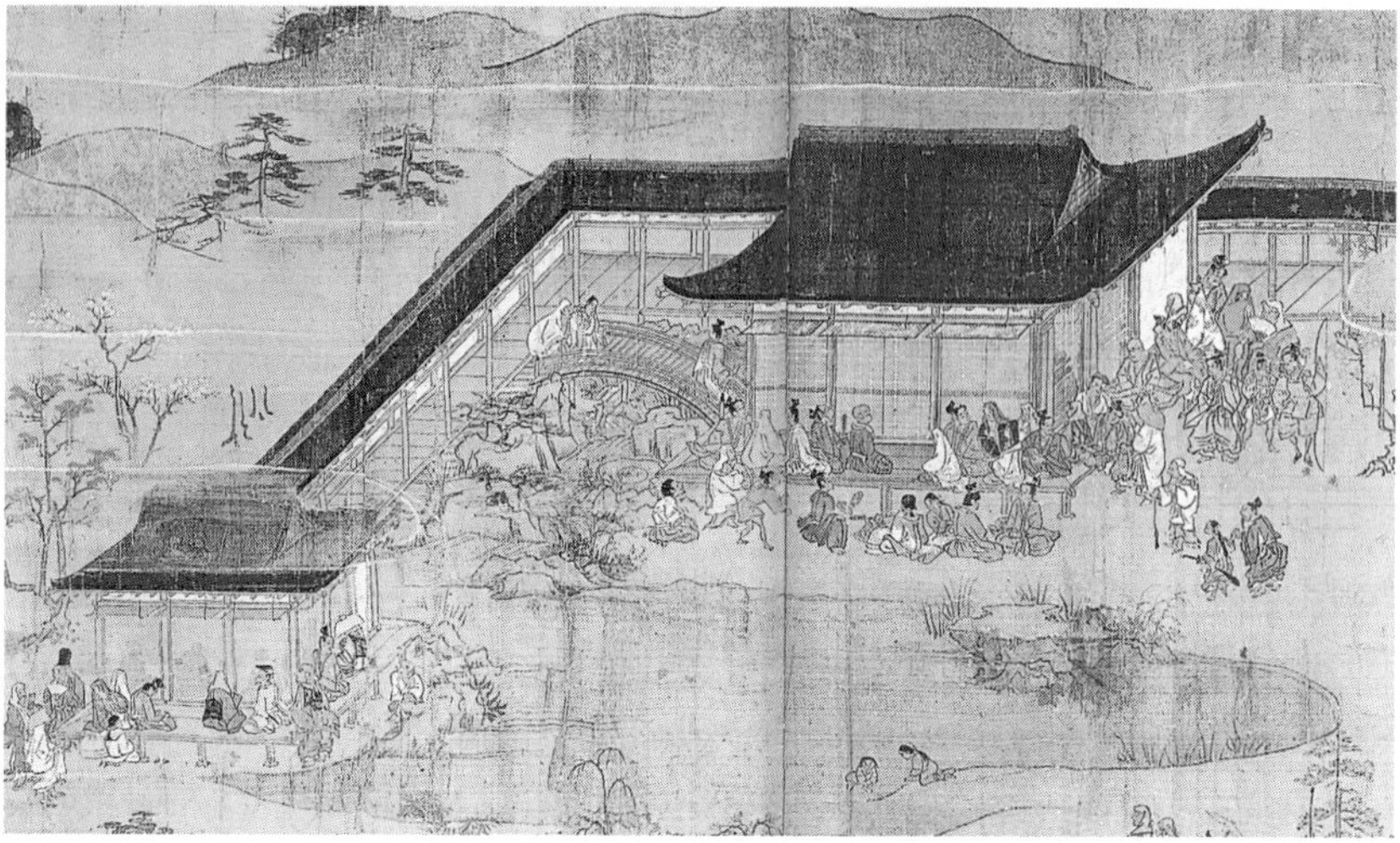

図 13-1 『一遍聖絵』巻三　三輩九品念仏道場の図（歓喜光寺）

『聖絵』は、その先蹤として融通念仏縁起を想起し、良忍が「夢定の中に阿弥陀仏の教勅を受け給て」念仏を始行した時、鞍馬の毘沙門已下の神々が名帳に入ったことを、一遍の熊野権現霊告による賦算に類えるのである。ここに「他力本願の深意を領解」して念仏聖としての行き方を確信した一遍は、「六十万人決定往生」と刷った札を配るにあたり、その志を偈頌に託して次のように唱えた。

六字之中　本無生死　一声之間　即証無生

ここで一遍と念仏の音曲に関わる『聖絵』のエピソードを紹介しよう。熊野から諸国を巡って生国伊与へ戻った一遍が出会ったのは、「三輩九品の念仏の道場に、管絃などして人々のあそびたはぶれ侍」という有様であった。『聖絵』巻三（図13-1）にはその道場の有様が描かれ、園池中の道場のうちに念仏衆が御簾を隔てて管絃講を営み、これを聴聞する道俗が道場の外に群っている光景である。御簾の内で念仏する僧衆が影となって描かれる珍しい工夫は、その声の響きを視覚化する巧みだろうか。これに対して聖は一首の歌を詠む。「津の国や難波も後の言の葉は、あしかりけりと思ひ知るべし」。それは、三輩九品の差別を排すのみならず、音楽を奏して「遊び戯れ」つつする念仏を否定し、音曲に流れる念仏を拒む姿勢の表明でもあろう（なお、その歌は『行状』巻三十の法然歌のうちに見える「あみだ仏といふよりほかは津の国の難波のこともあしかりぬべし」を踏まえ、更には『後拾遺集』の、性空聖に結縁せんと遊女宮木の詠んだ「津の国の難波のことか法ならぬ遊び戯れまでとこそ聞け」に遡ろう）。

一遍の念仏は「一声」に究まる。そのことは、『聖絵』において、編者聖戒の詞でなく、一遍自身の残した言葉において確かめられるところであった。巻七、いよいよ都へ入り念仏化導を行うのを前に、因幡堂にて久我通成より送られた「一声をほのかにきけどほとゝぎす　なを醒めやらぬうたゝねの夢」の歌に応えて、聖は次のように詠む。

郭公なのるもきくもうたゝねの　夢うつゝよりほかの一声

念仏の一声こそ詮なれ、との教誡がそこに示される。また同時に文章博士藤原基長が聖に贈った夢想記には、夢中に示された詩として「覚前万事唯心土　夢裏一声安養隣（覚りの前には万事唯心の土、夢の裏の一声、安養に隣る）」の一句が見える。次に巻九、天王寺を立ち播磨へ赴く途次において土御門定実より送られた歌、

長き夜の眠りもすでに醒めぬなり　六字の御名の今の一声

これに返して、聖は次のように詠む。

長き夜も夢もあとなし六の字の　名のるばかりぞ今の一声

先の場合と同様、詠みかけられた歌に応えてのもので、その「一声」はいわば貴人からする一遍の念仏への認識であり、聖もそれを受けて用いているに過ぎないともいえよう。しかし、次の巻十一、最後の遊行となった淡路の

図 13-2　『一遍聖絵』巻四　信濃小田切の里　踊り念仏の図（歓喜光寺）

福良の泊にての詠歌は、聖の独詠である。

主なき弥陀の御名にぞ生れける　唱へてすてたるあとの一声

この詠には、続けて示されるもう一首「名に叶ふ心は西に空蟬の　もぬけはてたる声ぞすゞしき」（これも『行状』の法然歌の中の「あみた仏と心は西に空蟬の　もぬけはてたる声ぞすゞしき」を元にするか）と併せて、一期の化導も尽き果てて、ただ南無阿弥陀仏の声ばかりが響くという境地が示されている。それは聖の和讃（巻九）に、「別願超世の名号は　他力不思議の力にて　口にまかせて唱れば　声に生死の罪きえぬ（中略）仏も衆生も一つにて　南无阿弥陀仏とぞ申べき　早く万事を投げすてて　一心に弥陀をたのみつつ　南无阿弥陀仏といきたゆる　これぞ思のかぎりなる」と歌うような、出入る息もさながら仏である、それを観念としてでなく、行動のうちに突き抜けて生きた声に宿る、仏と人が一如となる境に到達したといえよう。

一遍の念仏は、一方で、空也を先蹤とする踊り念仏としてもあらわれた。当時の社会において、踊り念仏こそ一遍とその率いる時衆を代表する行儀と認識されていた。『一遍聖絵』は、巻四（図13-2）にその踊り念仏の始まりを巡る経緯とその起源、そして踊り念仏を焦点とする論争をまとめて記す。二つの絵によって構成されるその一段は、弘安二年（一二七九）秋、善光寺へ赴き、その年の歳末別時に信濃国佐久・伴野の市庭の在家で紫雲が初めて立った、という記事に続けて、「仰をどり念仏は、空也上人、或は市屋、或は四条の辻にて始行し給へり」と書き出されて、ここに空也の詞を引きつつ、「小田切の里の或武士（伴野太郎時信）の屋形にて、聖をどり始め給けるに、道俗おほく集りて結縁普かりければ、次第に相続して一期の行儀となれり」と述べ、次いでその拠として『無量寿経』の文「踊躍大歓喜」や善導の釈（往生礼讃偈）「踊躍入西方」を引いて釈しつつ、「行者の信心を踊躍の皃《かたち》に示し、報仏の聴許を金磬の響にあらはして（中略）童子の竹馬をばする、是を学びて処々に踊り、寡婦の蕉衣をうつ、是に準へて声々に唱う」と修辞を駆使してその正しかるべき意義付けをはかる。

かく力説するのは、続けてこの踊り念仏への批判者を登場させ、一遍と論争することを意識してのことであろう。江州守山の琰魔堂に一遍が居た時（これは弘安七年の春の頃である）、叡山東塔桜本の兵部竪者重豪なる僧が「聖の躰見むとて参たりけるが、『踊りて念仏申さるゝ事けしからず』」と批難する。これに聖は、次のように歌を以て応えるのみ。

はねばはねよ踊らば踊れ春駒の　法（乗）の道をば知る人ぞ知る

重豪はこれに対し、「心駒のりしづめたるものならば　さのみはかくや踊り跳ぬべき」と詠みかければ、聖はまた返して詠ずる。

とも跳ねよかくても踊れ心駒　弥陀の御法を聴くぞうれしき

とてもかくても、つまり理非の分別を超越して歓喜に踊るばかりの念仏の境地が、対論者を介して歌によって吐露される。もっともこの一段では、そのやりとりを記した後、「此人（重豪）は発心して念仏の行者となり、摂津国小野（昆陽）寺といふ所に住しけるとぞきこへ侍し」と結び、批判者が念仏門に入ったと記して一遍に帰伏した如くに取りなしている。

図 13-3　『魔仏一如絵詞（七天狗絵）』　一遍の踊り念仏（日本大学情報センター）

この一遍の踊り念仏に対する直接の批判と対論は、実は『聖絵』の成立より以前、永仁三年（一二九五）に成ったとされる『野守鏡』にも記されている。しかもそれは、著者の写し絵と思しい作中の語り手である天台僧の遁世者が自らの経験として語るところであった（但し彼は「三の難を申侍りて、つゐにその砌へは臨まざりき」と言う）。和歌のやりとりは両書とも共通するが、一遍の歌に応えて『野守鏡』は天台僧の二首（『聖絵』とは重ならない）を載せるのみである。この踊り念仏批判を絵巻の上で表現したのが、続く永仁四年に成立した『七天狗絵（天狗草紙）』の最終巻である。

寂仙上人遍融の作とされるこの特異な説話絵巻[33]は、当時の仏教界が悉く惰慢と遍執ゆえに魔界に堕し天狗と化していると批判して、叡山・園城・興福・東大・東寺および山伏・遁世の主張を列挙して諷すが、更に禅と念仏について、仏法を破滅させる走狗として自然居士と一遍を天狗の所変として登場させ、その行儀すなわち放下の芸能と踊り念仏などをつぶさに描くことで、彼らの天魔の振舞を指弾するのである。

『七天狗絵』と連動してなされたかと見える一遍とその踊り念仏への批難は、『野守鏡』においては、その主題であり目的である京極為兼の新儀の歌風を批判する一環として、ことさらに持ち出されたものであった。為兼は持明院統の伏見天皇の信任を得て、歌壇を席捲するばかりか政界にも大きな権威をふるった。その彼を標的として非を鳴らすのは明らかに政治的かつ文化的な闘争を仕掛ける意図に出るものであろう。しかも『野守鏡』の作中の代弁者は、自ら天台大原声明の中でも（主流となった蓮入房堪智と対立し流を二分した）蓮界房浄心の流を汲むものであることを表明しており、その、いわば保守的で伝統を重んずる価値観の立場からでも、一遍の踊り念仏とは、為兼の新奇で奔放な和歌と同じ平面で、非儀として逸脱するものなのである。

これに呼応するかのように、『七天狗絵』の一遍像は、放下芸を演じてササラをすりながら恋の小歌をうたう自然居士と共に、魔の勝利と法滅の光景として描かれる。その中でも踊り念仏は、一遍の徒の乱りがわしく放逸無慚な行儀――その衣に裳を着けず見苦しき処も隠さず、斎食を争い不作法に喰い、尼同志が肩を組み、人々が聖の尿を薬として所望するなど――の中心に位置付けられ、踊躍の輪の上空には天狗が描かれて偽の紫雲を涌かし花を降らせている（図13-3）。絵はまた画中詞を多く施して、その行為に伴う衆人の声や詞が豊かに記される。そこには踊り念仏の声も書き入れられており、それは、「ろはいや〳〵」と聴かれたという。

図 13-4　『一遍聖絵』巻四　佐久伴野の市庭にて重豪と対論の図（歓喜光寺）

こうしてみると、『聖絵』の踊り念仏の段は、一遍の滅後程なくしてなされた反一遍、すなわち踊り念仏否定の主張宣伝に対抗して著されたものと考えてよい。その批難を強く意識するがゆえに、敢えて踊躍の典拠を掲げ、空也の故実を先例として根拠付けたのであろう。絵において、踊り念仏が始められた武士の館の庭での歓喜踊躍の有様だけでなく、続いて伴野の市庭での奇蹟――踊り念仏がいわば仏に証誠されて紫雲が立ったという構図――の神話的な場面を創り出し、そこにわざと批判者の重豪を江州から時空を隔てて引っ張り出し、一遍と対座させるという虚構すら巧んでいるのである[34]（図13-4）。

踊り念仏を生み出し、その輪の中で響く念仏の声は、かように中世人の世界観を深く貫き、その価値観を揺り動かしてぶつかりあい、葛藤する、その大きな焦点となったといえよう。

四　一味同心の声——真宗における念仏と法儀の形成

法然門下からは無数の専修念仏の徒が生まれた。彼らの営んだ念仏とはどのような声であったのか。それを、良忍と同じく叡山の堂僧出身であった親鸞を祖とする浄土真宗——古くは一向宗と呼ばれた——の法儀の変遷の中に窺ってみたい。

親鸞自身による念仏や法儀に関する具体的な発言や指示は、実は意外なほど見当たらない。しかし、彼が遺した厖大な和讃は当然、自ら門徒と共に詠唱するべく作られたはずである。初期の親鸞教団の姿を伝える『愚暗記』（正和三年〈一三一三〉）によれば、門徒たちは同音に念仏を唱え、男女が行道しつつ名号ばかりを唱え、彼の和讃をうたい詠じたという[35]。そこでは、他の浄土諸宗で行われていた阿弥陀経の読誦も六時礼讃の詠唱も用いられなかった。親鸞門弟の真仏が開いた高田派などは、第一章で述べたように善光寺如来や聖徳太子を讃仰し、その絵伝を用いて盛んに唱導した。その道場では、太子和讃をはじめ廟崛偈（太子が自ら墓に刻銘したと伝える遺言の偈）や御書（太子と善光寺如来の消息）などの偈頌が唱えられたであろう。

親鸞の曾孫にあたる本願寺三世覚如は、『改邪鈔』（建武二年〈一三三五〉）の「なまらざる音声をもて、わざと片国のなまれるこゑをまなんで念仏する、いはれなき事」の条で、親鸞の当時の念仏の声について、重要な証言を残している。

曾祖聖人（親鸞）の我朝に応を垂れましまして、真宗を弘興の始め、声仏事を成すいはれあればこそとて、かの浄土の依報の調べを学んで、伽陵頻伽のごとくなる能声をえらんで、念仏を修せしめて、万人の聴を喜ばしめ随喜せしめたまひけり。（中略）祖師の御意巧としては、全く念仏の声引、いかやうに節博士を定むべしと云ふ仰せなし、たゞ弥陀願力の不思議、凡夫往生の他力一念ばかりを、自行化他の御勤めましましき。音声の御沙汰更にこれなし。（中略）全く聖人の仰せとして、音曲を定めて称名せよといふ御沙汰なし。[36]

親鸞による、念仏や和讃の「音曲」についての「節博士」など声明のそれのような「沙汰」、つまり指示や規定などはなかったという。これを改め、現代にも通ずる法儀を導入したのが覚如その人であった。それは同時に、祖師崇拝の儀礼と結びついている。覚如は自ら宗祖を讃仰する『報恩講式』を制作し、これに天台宗の法儀に倣って伽陀と和讃に節を付け、法用を定めた。そのために弟子を大原に遣わして節・章句を付けて唱えしめたという。これは浄土真宗の最も重要な法会である報恩講の起こりというべきものだが、それは覚如にとっては、祖師絵伝絵巻『善信聖人伝絵』の制作と連動するものであり、それは今も報恩講での『御伝鈔』拝読という形で儀礼の中で受け継がれているのである。

その後、本願寺は五世綽如の時代には、顕密仏教の影響を大きく受け、他の浄土諸宗とも共通する法儀を多く採り入れたらしく、綽如自身がその法衣も含めて天台僧と等しい行儀と学問を実践していたことが知られる。それは法儀にも及び、たとえば彼の開基になる越中井波の瑞泉寺では、蓮如により文明六年（一四七四）に改められるまで往生礼讃偈（六時礼讃）を平生諷誦していたという。また綽如当時の『声明集』が西本願寺に伝えられるが、それはほとんど浄土宗所用のものと等しいと指摘されている。[37]こうした本願寺の法儀が大きく改まったのは、七世存如とその子八世蓮如の時代であった。存如は「和讃を念仏に加へ申。事の次第は口伝あり、九重にこれを定むと也。当時はやりし品は三重ばかりにて候」（『実悟記』）という改革を行ったが、それは親鸞の和讃を勤行に復活させたばかりでなく、北野の千本釈迦堂の釈迦念仏声明の九重による旋律法を採用したものであるという。[38]

蓮如は更に、親鸞和讃の定本として『三帖和讃』を開版（文明五年〈一四七三〉）し、また弟子を大原へ送り天台声明を修練させて、それにより「偈讃」も節譜を付け音律を正した、と伝える。つまり覚如の事蹟を再現するが如く、改めて天台声明に範をとり、法儀の中核として「正信偈」を正式に採用して、これと和讃に旋律を付けて詠唱させたのである。言うまでもなく正信偈は親鸞の代表的著作である『教行信証』の「行巻」末尾にある七言百二十句から成る、そのエッセンスというべき長行偈である。その唱え方は、最も古儀を存す大谷派では、「草四句目下」を代表とする、真・行・草に大別される「句淘《クユリ》」から「舌々《ゼゼ》」までの九種に区別された故実が伝承されるが、その基幹は蓮如の時代に遡る。

より広く、現在に至る真宗の勤行と法儀の基本も、蓮如によって確立された。江戸時代に至り、本願寺が東西に分立した後も、東（大谷派）では今日まで坂東節が伝承され報恩講で勤められるように、蓮如以来の勤行式と声明の伝統が守られて古儀が保たれているのである。この坂東節（曲）は、宗祖上人の関東布教と東国門徒の帰仰に結び付けてその由緒が伝えられているが、力強く声を高く張りあげた念仏で、唱えながら上体を大きく振って歓喜の心をあらわす、一見して踊り念仏の真宗版というべき〝高声念仏〟である。

蓮如の記憶、そして念仏の声は、今も彼が布教の旅に赴いた北陸の地に、真宗寺院や在所に根付いた蓮如伝承と共に受け継がれている。夏七月下旬、越中（富山県）砺波平野を山沿いに辿れば、井波御坊瑞泉寺では太子伝会が行われ、太子堂では開山綽如上人が後小松天皇から賜ったとされる南無仏太子像の開帳と太子の絵伝の絵解き説法が演べられ、並ぶ巨大な本堂での勤行は、今は本山と同様な法儀が行われている。その西、五箇山の入口にあたる城端には蓮如を中興開山とする善徳寺がある。この城端別院でも同じ時期に虫干法会が催される。[39]次章において詳述するところであるが、その中心は、本堂で行われる勤行と、それに続く蓮如絵伝の絵解きならびに蓮如像已下の法宝物の開帳である。それは近世の開帳法会の形態をよく伝えるもので、善徳寺の歴史を象る遺宝について、僧たちにより縁起が読み上げられて開帳が行われる。

虫干法会に限らず、城端別院は、蓮如ゆかりの寺として独特の法儀と故実を豊かに伝える、誇り高い寺である。年中毎日布教使による法話を行う、言うならば念仏教化の唱導の寺でもある。たとえば虫干法会には、「夏《ゲ》の御文」拝読がある。すなわち蓮如の御文のうち夏安居の時節に書かれたものを特に撰んで、一句毎に詞を切り独特な抑揚を付けた読誦法による、その拝読とそれについて釈しつつ説法する故実があり、これはもはや本山において廃絶し、善徳寺のみで伝えられている。報恩講における『御伝鈔』拝読のみならず、蓮如忌での『蓮如上人御伝記』の拝読と蓮如絵伝の絵解きも、この寺ならではのゆかしい儀式である。勤行の声明も、阿弥陀経、正信偈、和讃そして念仏のそれぞれに別院独自の特色を保ち続けている。ここでは念仏の声が、勤行法要の範囲でのみ聞こえるのではない。経と偈と和讃、また文と伝というさまざまな位相のテクストが読誦され詠唱される、法会全体の交響のうちで、その基調音として響くのであり、更には法話、絵解き、開帳という語りの布教唱導に駆使される言葉の技と音声をも貫くものである。それらが複合重層した、多彩で多元的な方便を以て展開される儀礼の過程において、今も参詣者を誘い導く声の豊かなはたらきに満ちている。(40)

門徒たちは、しかしそれをただ享受するのみではない。法話や絵解きの一座がおわる毎に、聴衆の口から自ずと発せられる「受け念仏」の声にこそ耳を傾けねばなるまい。それは余りにも自然で寄せては返す波の引き潮のようであるが、その交響が同行という念仏共同体をあらしむる。ひいては、法話を受けて門徒同志が己の安心を語らい合う座も、かつてはそこかしこに生じたという。

開帳法会の一座の最後は、聖徳太子絵伝を背後に掛け並べた南無仏太子像の前での、「恩徳讃」の合唱で締めくくられる。

如来大悲の恩徳は　身を粉にしても報ずべし　師主知識の恩徳は　骨を砕ても謝すべし

それは、かつて中世の道場で同行たちが唱和した念仏と和讃の響きを彷彿とさせる。[41] 太子と祖師への讃仰を介して、それは弥陀への報恩謝徳を一揆して確かめる場ともなったであろう。一味同心を生み出す声の身体を現前させる響きが、そこには揺曳している。

第十四章　真宗寺院の宗教空間と儀礼テクスト

一　城端別院虫干法会の儀礼空間

富山県の西部に広がる砺波平野の南縁に位置する城端《じょうはな》は、散居村の景観を一望する最奥部にあり、南に連なる山並を隔てて五箇山郷への入口でもある。西は医王山《いおうぜん》が金沢と隔てるが、江戸時代には加賀藩領であったため、現在も経済的・文化的に金沢とつながりの深い地域である。宗教的には浄土真宗が根強い基盤を保っている「真宗王国」でもある。東の庄川流域に近い井波の瑞泉寺が本願寺五世綽如の北陸巡錫を開基とし、後小松天皇勅願の由緒を称し、下賜された聖徳太子像を祀り太子絵伝を伝えるように、ここは早くから本願寺が勢力を扶植した地であった。

城端別院善徳寺は、八世蓮如が北陸化導の際、加賀・越中の境にある砂子坂《すなござか》に道場を開き、綽如の末孫周覚《しゅうかく》法印の一族が住持して福光《ふくみつ》に移し、更に戦国時代に至り在地領主荒木氏の拠った旧城に転じたのが現在地であると伝える(1)。小矢部川の支流山田川の河岸段丘の突端に位置し、砺波平野の要衝であった。後背地である五箇山には蓮如の門弟としてその御文の集成を行った赤尾道宗の遺跡である行徳寺があり、ここは現在も別院を支える重要な地域《ヒンターラント》である。かつてこの地は、南の白山修験勢力圏の北端であり、北には海上交通を支配した能登の石動《いするぎ》修験が位置し、背後の医王山にも山岳霊場として天台寺院が在った。善徳寺にはその本尊と称する古仏像を伝えており、虫干《むしぼし》法会で開帳される法宝物のひとつである。その意味で別院は、この山岳寺院の後身としても記憶されている。

城端は、そうした歴史を負った善徳寺の寺内町として、市場から次第に発展した小都市である。近世から現代まで絹織物業で繁栄したこの街の象徴は、その経済力を背景に神明社の祭礼として五月に行われる曳山《ひきやま》祭であり、若衆連が端唄《はうた》を披露する庵《いおり》屋台を伴って曳《ひ》かれる豪奢な六基の山車と山宿《やまやど》の飾りがこの祭りを象る。(2) 山車が曳き廻される街の中心に立地し、二層の山門をランドマークとするのが善徳寺である。この寺は、第六世住職の空勝が石山合戦において教如の許で本願寺を援け勇戦したことでその地位を確立し、江戸時代を通じて加賀藩前田家から重んじられる御坊となった。幕末には十三代藩主斉泰の十男亮麿《すけまろ》が入寺し住職となってより寺格を高め、明治初期に別院に昇格、十八世勝道の息女で久我家出身の母をもつ貞子が大谷家から迎えた成満院瑩琇《じょうまんいんけいしゅう》と婚姻したが子孫なく早世したため、直系の住職は断絶し、以降は大谷派の連枝を住職にいただき輪番制となって現在に至っている。(3) 別院の運営は、輪番の管理統率の許に五箇寺と列座の諸寺住職が出仕して参勤し、門徒の側では伝統的な講および各種の会組織が財政と行事を支えている。僧侶と門徒との協同により別院が維持される構造は、時代により遷《うつ》ろいながらも基本的に変わることのない仕組みであった。

別院の年中行事は、年頭の修正会にはじまり、涅槃会、灌仏会、春秋の彼岸会、夏の盂蘭盆会、歳末の御正当が営まれ、特に重んじられるのは五月の蓮如上人御忌法要と十一月の報恩講である。これらは真宗寺院通例の法会であるが、加えて別院独自の行事として七月下旬に虫干法会が営まれる。(4) 善徳寺を代表する行事である虫干法会は、七月二二日から二八日までの七日間催される。その期間は、井波の太子伝会すなわち江戸時代から行われている聖徳太子絵伝の絵解き説法の法会と重なる。虫干法会の創始は明治二九年（一八九六）と伝え、井波の太子伝会を聴聞する厖大な参詣者が城端別院にも多く宿泊していたのに対応するためであったという[5]。この法会が隣りあう寺の法会に競合するようなかたちで、近代に新たに創められた行事であることは留意されてよい。戦後も両寺の法会は七〇年代まで砺波地方全域から多数の参詣者を集め、城端だけでも期間中の宿泊者は延べ一万人を超えたという[6]。その意味で両法会は一対の行事として捉えるべき性格をもっていることも注意したい。善徳寺の側に視点を絞れば、蓮如忌や報恩講に参るなら、法儀の厳重な執行において別院の格式がよく窺われる。その進退と声明は城端固有の故実を伝えるものとされ、「香部屋《こうべや》」と呼ばれる法務課の役僧たちの司る勤行は、日毎に次第、所用経典、声明および装束を替えて行われ、比類ない精勤は寺の誇りである。また、別院では常の日でも朝の晨朝勤行から布教師による法話が必ず行われ、一年を通じて説教を欠かすことのない唱導教化の寺である[7]。法儀と説教との両面で、城端別院は伝統を守り充実させるところに自らの独自意識《アイデンティティ》を見出しているといえよう。

法会のほとんどは本堂のみで行われるのに対して、虫干法会は寺を挙げて、境内全体が丸ごと行事の場となる。その性格を一言でいえば、開帳法会と称されよう。それはふたつの側面および動線から成っている。すなわち、本堂を中心として展開する、役僧による一連の法会―開帳の流れと、広大な別院の建築空間を利用して催される宝物展観の巡路である。前者は早朝の晨朝勤行に始まり、午前(九時始)の日中と午後(一時始)の逮夜の二回が中心となる、勤行―夏《げ》の御文拝読(逮夜のみ)―法話―蓮如上人絵伝絵解―蓮如上人御木像開帳(晨朝はここまで)―法宝物御開帳の順で行われる。参詣者はこれに沿って各行事の行われる場(座)を巡ることになる。その法会としての特色は、報恩講が御伝鈔拝読、蓮如忌が御伝記拝読という儀礼を伴うのと較べれば、虫干法会は夏の御文という蓮如の御文のうち夏中に書かれた四通分を特に読み上げるに臨んで講ずるという、夏安居《げあんご》中の法会にふさわしい故実を中心に据えることにある。勤行、法話の後に蓮如御自作御木像の開帳の前座として蓮如絵伝の絵解きが行われる。これは蓮如忌の際も行われるものであるが、虫干では一七日《いちしちにち》の全日程の各座毎に行われ、開帳の基本をなしている。そこから展開されるのが虫干独自の儀として、その後、座を移して三箇所で行われる法宝物御開帳である。「親鸞聖人六角堂（百日お通いの）参籠御尊像」「親鸞聖人都お別れの御尊像」（以上新講堂）、「親鸞聖人御自筆十字名号」「栴檀香木阿弥陀如来像」「空勝僧都御木像」（以上対面所）、「法然上人御袖籠り六字名号」「聖徳太子二歳御尊像」（以上北之間）のそれぞれについて、御厨子の前で役僧が交替で縁起を拝読し、拝礼に続いて開扉し帳《とばり》を上げてその旨趣が説かれる。その間、座毎に万人講（参詣者が縁者の祥月命日を申告し記帳して代金を納めることで別院において供養が営まれる）が募られ、また賽銭の奉加も募られる。本堂での勤行に引き続き蓮如上人像御開帳においても万人講は催されるので、たとえば午後の法会一回で全ての座の勧進に応じれば相当な喜捨を用意することになる。これに対して、後者の宝物展観は、参詣者が最初に法宝物開帳の場から更に奥へ進んだ入口で拝観料を支払い、一枚刷の展観目録を渡されて、後は番号順に各間を巡って展示されている宝物を拝見し、そこで当番している係の門徒から説明を聴くのみである。参詣者は新御殿から御広敷、御殿とお内仏の間、更に大納言の間など計十箇所を番号で示された巡路に沿って展観すると、別院の廊下で繋がれた各間が全て回廊《ギャラリー》化することになって自ずと本堂へ戻ることになる。

　こうした虫干法会の開帳法会としての仕組みは、その基本というべき蓮如像開帳とそれに伴う蓮如絵伝絵解についてみれば、井波瑞泉寺太子伝会の聖徳太子絵伝の絵解き説法(8)とその間に行われる太子二歳像の御開帳の形態と共通する。これもやはり一座の次第の中心は、絵解が二段了《おわ》った後、太子堂の本尊である太子御自作の尊像の由来と明治天皇天覧の由緒を説く縁起の拝読があり、燈明が上げられ開扉されて、読経の中で厨子の帳が上げられて南無仏太子像が参詣者の前に姿を顕わす。むろん、その前に万人講の勧進が満座をめぐる。その方法や仕立ての細部は異なるが、同様の構造をもつのである。但し、太子伝会は五間の巨大な太子堂で絵伝の絵解きと御開帳が終始行われて、いわば専用の開帳空間を備えており、勤行仏事は隣の更に巨大な本堂で別途に行われて、虫干法会のような有機的な連携をもたない。宝物展観も太子堂と廊下でつながる宝物館が会期中に開かれて収蔵品を展覧する固定的なかたちである。かつて昭和五十年頃までは本堂の脇間や虎の間で寺宝展が催されており、各宝物の前には略縁起が置かれていたのが、その機能の一端を僅かに記憶に留めていた。

虫干法会の会期中、別院では、本堂前の広場を中心に幾つもの催しが行われる。盤持《ばんぶち》講による盤持大会(これは独自の催しとしてポスターも出される)や一心講によるチョンガレ踊り、また本堂等でのミニ・コンサートや中庭茶室での大谷婦人会によるお茶席など、新たな趣向や文化的行事を催す会場ともなるのである。それらの催しとそれを担う集団が示す、虫干法会を構成する諸要素は、それぞれが別院の基幹を成す組織の表象でもあり、この法会の運営のために一定の役割を果たすべく準備を営み、参集する。(9) その中には、花講のごとく、虫干のみでなく別院の全ての年中行事から平常の仏事勤行の水準でも欠かすことのできない供花の立花を専門に調進する門徒の組織もあり、彼らが奉仕することで法会の基盤が確保される。かくして虫干法会という儀礼の空間は、それら多様な有志集団の運動の集合からなる総合体として成立するのである。

異なる角度からみれば、この儀礼空間は、それを構成する各種のテクスト生成の運動を統合して形成されるという、テクスト水準での分節も可能であろう。

二　虫干法会における宗教テクストの諸位相と機能

虫干法会は、各種の位相を異にしたテクストによって組織され、それらが複合して働きあう集合体として捉えられる。こうした視点から、この法会を構成する宗教テクストの基調としての勤行儀礼と、そこに供されて用いられる各種の具《アイテム》とその機能についての記述を試みよう。(10)

山門前には、「平成〇〇年/虫干法会　執行」と書かれた高札が立てられて街の往来に法会の催行が公示される。法会の場としての本堂の内陣已下の諸間に、尊像や法宝物が安置奉懸されると、前机に打敷が掛けられ、花講による立花がそれぞれに応じたかたちで夜を徹して調進され、仏供飯が用意される。これら堂荘厳《どうしょうごん》にあたる法会空間全体のしつらえが当日朝に完了するや、喚鐘が打たれ、輪番已下役僧一同が入堂して内陣に列席し、勤行が開白される。その次第は日毎、座毎に異なり、それに応じて僧の装束も替えられる。大谷派の制度に則した勤行は基本的に念仏、読経、正信偈、和讃等の声明から成るが、それぞれの唱え方、拍子木による読誦の遅速、発音などは別院独自の故実を伝承して細部まで分節され、法会毎、日毎、座毎に対応して変化させている。たとえば正信偈は、大谷派においては「草四句目下《ソウシクメサゲ》」の標準的読誦を中心に最もゆるやかな「句淘《クユリ》」から最速の「舌々《ゼゼ》」の節まで九通りの誦法があり、それが使い分けられる。その声明の精妙な運用は本山に劣らず厳重な実践を役僧一同が意識して行っている。

勤行に続いて御文《おふみ》の拝読、すなわち開基の蓮如上人による門徒勧化のための消息体の法語が読み上げられる。仮名法語の一種である御文は、その仮名交り文の冊子《テクスト》自体が書体《カリグラフ》を分かち書きされ太い明瞭な字体で総ルビが付いて読みやすい表記であるが、それが真宗独特の甲高い明瞭な発音で句毎に音を下げて句切を明らかに示す読み方に対応している。虫干法会では、この御文拝読を「夏《ゲ》の御文」という、夏の法会に限って用いられる作法による。これは、蓮如が最晩年に遺した特別な御文を読み上げ、その前にその旨趣を平易に釈しながら「七五調」で独特な抑揚と節《フシ》を付けて説教する行儀が故実である。かつて、この読師は能登の西山和順師が永年一人で勤めており、その能登弁による古風な読みぶりと飄逸な講釈は、虫干法会の顔というべき味わいであった。今は役僧が交替で勤めるが、一同が各自で稿を作りこれを講じて互いに批評し合って勤めに臨むように、その故実の伝承に腐心している。読師は、御文の納められた箱を捧げて入堂し、内外陣の境で横向に座して講釈をはじめ、そのままの姿勢で拝読する。元来、門徒に対し夏安居中に聖教を読み講じた修学の風儀の故実を伝えるという夏の御文は、真宗における唱導の古風、つまり聖教の本文を訓読し、それをただちに釈し説く、説経の経釈と談義の方法を真宗で継承展開した一形態ではなかったか。御文という書簡形式の法語―教化唱導のテクストは、蓮如の期すところ、各道場において

図 14-1　蓮如上人絵伝の絵解き

彼の代わりに坊主に繰り返し読まれ、門徒が聴聞受持することにより教説を流布させ思想統制を容易にする画期的な媒体であった。[11]その読み聞かせは一種の注釈行為でもあり、それ自体が消息という対人的で語りかける高い媒介機能を蔵した「御文」の、読み―解く（釈す）という言語行為を介して単純化した教義を広布するのにきわめて効果的な手段であったといえよう。

更に、虫干法会においてより特徴ある宗教テクストのはたらきは、蓮如絵伝の絵解き（図14-1）である。これもかつては西尾常信師が一人で説かれ、その名調子が評判であった。師の引退により十数年前より馬川透流師が担い、先師の絵解を継承して、西尾師が自ら文字化されたテクストおよび録音により忠実に再現することを旨として演じている。十余年の経験は、いつしか自ら語りながら絵伝の内容に感情移入するほどになり、聴衆の感動を喚び起こす。それは、いわば一子相伝の芸能といえよう。真宗（本願寺）において、宗祖親鸞絵伝はいま絵解かれず、報恩講における『御伝鈔』拝読というテクストの儀礼的読みに終始する。既に蓮如の時代から親鸞絵伝は本願寺の絵所が制作し本山より末寺へ下賜される画一的な様式に統一されており、これに対応して覚如の作った伝記が聖典に準じて読み上げられる。これは同じく覚如の作になる『報恩講式』の如き、典型的な儀礼テクストとその儀礼をより平易なかたちで教団の統合の方法として普遍化したものといえよう。同様に蓮如についても蓮如忌において『御伝記』拝読が行われるが、加えて絵伝の制作と絵解が本山の統制によらない自由な形態で、近世から近代にかけて盛んに行われた。[12] 虫干法会に用いられる別院の二幅本蓮如絵伝は、大正初年に制作された絵伝の昭和初頭の写しであり、法会の創始より後の新しいものである。馬川師がその絵相を楚《ズハエ》で示しながら語るのは、単なる年代記ではなく、次々とその身にふりかかる迫害や苦難を乗り越えて念仏化導のために流離しながら布教に邁進する蓮如の英雄的な生涯と、これを援《たす》け、時には身命をなげうって蓮如を助ける弟子や門徒、そして女たちの献身と犠牲の姿である。それが主に蓮如と彼らの交わす台詞によって展開するのであるが、またそれは涙なしでは語れない、聴く者の感情に強く訴えかけ、情動を喚び起こす物語、つまり典型的な(サスペンスとメロドラマによる)ナラティヴ・ストーリィなのである。[13] そうした絵解きの語りを経て絵伝の掛けられた脇の間の奥に安置された蓮如像が開帳されることは、その尊像に対して特別なアウラが付与されることにもなるであろう。

蓮如上人御自作御尊像の開帳は、まず役僧が絵伝の傍に立って巻子本の御縁起を展《ひろ》げながら読み上げる。これは御文とは異なり、強い抑揚をつけてメリハリのあるリズミカルな詠誦調で読む。了《おわ》って巻き戻した後、その縁起の内容を今度は平易な語りかける口調で解説し、参詣者に拝見を勧める。この縁起文の文語体のテクスト読み上げとその同じ情報の口語による語りなおしによる解説という形で二重に提示する方法は、以下の法宝物御開帳の全てにおいても同様に繰り返される。それぞれの御開帳に際しては、まず縁起文の固定した宗教テクストが様式性の高い形式的な読みの音声(メリハリの効いた抑揚を付けて高声に読唱される)により提示されて参詣者の頭上を漂う。次いでそのテクストの意味は(これも実はほとんど固定化した決まり文句に満ちているが)、日常的な言説の水準で語りほどかれて参詣者に届けられ、理解される。そこに、この蓮如「御直作」という分身的象徴性を纏った尊像について、石山合戦の際に本願寺のために活躍した当山六世空勝の功績に対して下賜された栄光ある由緒が説き示される。その説明の後で、役僧は参詣者に内陣に上って御厨子のうちの尊像を拝すよう勧め、同時に引き続いて行われる法宝物御開帳の御座の始まりを告げて移動をうながす。

蓮如から始められる法宝物御開帳の次第と構成は、いくつもの水準での意味を表わす配列からなっており、その意味の文脈《コンテクスト》は主に、読み上げられ、説かれる縁起のテクストが明瞭に指示している。蓮如の時代を溯り、宗祖親鸞聖人の二様の御木像は、回心の契機となる六角堂参籠のための「百日お通《かよ》い」の苦行の姿と、信仰ゆえの受難および遍歴布教に旅立つ「都お別れ」の流罪に赴く姿が並べられ、後者は聖人の配偶者としての玉日姫伝承を中心に語っているところに特色がある。次に、当山開基仏五尊の尊像を並べて開帳するうち、祖師聖人御自筆「金（紺）紙金泥十字名号」の縁起が読まれ、蓮如による善徳寺の開創の縁起に加えて、「栴檀香木阿弥陀如来御木像」の縁起によって、その前身寺院である医王山の旧仏（聖徳太子より智証大師に伝来した）が相伝され仏法相続の霊地である由縁が説かれる。更に別院随一の英雄である当山六世「空勝僧都御木像」の縁起では、この偉丈夫の武勇が石山合戦において発揮され、教如上人を援けて仏法護持のために奮戦する合戦《いくさ》語りとして読み語られる。その念持仏として聖徳太子像が示され、護法の勇士は仏敵守屋を退治した太子にも重ねられ、始めに開帳される彼の拝領したところの蓮如像の由来とも結ばれている。最後に、法然上人が流罪となるに際し玉日前に賜わった「御袖籠《そでごもり》六字御名号」（ここでも玉日伝承が再説される）と、親鸞が帰依し念仏弘通を象徴する「聖徳太子二歳御姿御木像」すなわち南無仏太子像の縁起が説かれることで、本朝仏法の起りと念仏流布の筋道が示される。以上は、祖師―名号―如来―護法僧―名号―太子という構成の許で、一貫して念仏を伝え利益を広める聖者たちのはたらきを示す構想が浮かび上がる。また、蓮如―親鸞―円珍―空勝―法然―太子と時代不同の配列には窺われないが、縁起の全体からは一種の歴史叙述というべき流れが相互に重なりながら連なっている。

法宝物御開帳の〝歴史語り〟、つまり縁起テクストの読みと語りから描き出される歴史像とは、善徳寺に結ばれて流れ込むところの本朝における念仏の系譜であった。それは、真宗の正統性を、親鸞の妻として（史実としての恵信尼でなく）玉日姫という、もはや本山では公認されていない伝承上の貴種（九条兼実の娘で六角堂夢告により法然の媒ちで結ばれた）の女人のはたらきを絡めて、宗祖の苦行や受難、開基への夢告、仏敵との戦いという奇蹟や武勲をとり交ぜて、すべて〝物語〟として表出される。[14] 縁起中に明治天皇による尊像「天覧」の事蹟を説いて、その真正性を保証する一節が含まれることから、これら縁起テクストの成立は明治中期以降、おそらく虫干法会として創められた時点でのことと察せられるが、そこには宗門をも激しく揺り動かしたはずの近代の影響はほとんど認められない。但し、縁起文中に「王法以本」の語が繰り返し登場するところからすれば、真宗が明治政府の国家イデオロギーの一部に組み込まれたことを明らかに反映している。

開帳される「法宝物」のイコンは、それらのみで存在するのでなく、その周囲に複数の画像群や付随する宝物（聖遺物）を伴っている。新講堂のふたつの「御自作」の親鸞像は、その左に二幅本の室町後期に遡る古様な親鸞絵伝を掛け、更に左壁全面には九世から二三世まで歴代本願寺門主の御影《ゴエイ》が一列に十数幅懸け並べられ、宗祖から続く真宗の系譜が可視化されている。対面所の北側には「善徳寺開基仏五尊」の尊像、名号、画像が一列に並べられ、これに向かい合う式台に置かれた空勝僧都像には、念持仏の太子像と教如上人より下賜された軍配、そして手前に巨大な鉄砲が置かれて、勇士の武勲をディスプレイしている。北書院（平成十八年は西書院、平成十九年には太子絵伝の絵解きを復活させるために新講堂へ移された）に置かれた南無仏太子の厨子の背後には、四幅本の聖徳太子絵伝が懸け並べられた。以上、いずれも祖師等の像においてはその絵伝を配し、蓮如像とその絵伝の如くに絵解きをせずとも、潜在的に絵伝によってその存在が象られ、語り示される、図像的コンテクストが備えられているのである。更にいえば、そこで読まれる縁起のテクストが、絵伝のコンテクストを代弁しているといえよう。

一方、門徒の役員により営まれる宝物展観は、法宝物御開帳が了ったところから更に進んで、別院の奥座敷を一巡することになる。最初に赴くのは、事実上別院最後の住職の裏方であった大谷貞子――大谷婦人会の会員たちからは貞子様もしくは貞子姫と呼ばれる――の遺物を展示した新御殿である。彼女は十八代住職勝道と久我侯爵家息女儀子との間に生まれ、幼少から別院の期待を一身に担う存在として養育され、当時創設された大谷婦人会初代会長として自ら法話を行うなど衆人の信望を集めた。二三歳で大谷家連枝成満院瑩琇を夫に迎えたが二年後に病死し、成満院は寺を退出した。彼女の十三回忌にあたり住職に復帰しようとするが、大谷婦人会を中心に激しい排斥運動が起き、町を挙げての騒動となり遂に帰寺できなかった。その夭折した貞子の記念《メモリアル》として、貞子夫妻の新居のために建てられた御殿に彼女の遺品（手習の書画、楽器など遺愛の道具、打掛などの衣裳そして夜具など）が、その遺影と共に展示される。貞子が身に付けた衣や手跡など、その存在を身近に感ずるべく、遺徳を偲ぶための品々が、今も彼女をカリスマとして讃仰する婦人会の女性たちによって参詣者に示され、語られる。それは文字通りモノ・ガタリの場なのである。貞子の死が大正三年（一九一四）、その十三回忌が大正十五年（一九二六）であるから、(15)この遺品語りは虫干法会創始後に加わった新しい要素でもあった。更に宝物展観の中には、貞子姫遺品語りと共通した性格をもつ一画が巡路の後半に位置する。大納言の間における十六世達亮すなわち亮磨御遺物の展示である。その画像を中心に、遊具や具足、人形や衣裳などが別院中で最も古い建築である書院にディスプレイされるが、但しこの夭折した貴種については、貞子の生涯のような悲劇的なアウラは伴わず、むしろその幼童が背負った前田家の栄華が豪奢な飾り付けに表象されることになる。

説話の伝承の場として最も興味深いのは、巡路の中間でひとつの空間をなしている南竹の間と御内仏の間に懸けられる二つの蓮如御直筆六字名号を巡る縁起とその語りである。前者の「屏風隠れ御名号」は、善徳寺草創以来の名号として砂子坂に居住する豊四郎なる「悪人」が蓮如の教化を蒙って念仏に帰した因縁を説くもので、蓮如筆の名号を屏風裏に貼り夫に隠れて念仏する妻女と子には名号が拝まれ、豊四郎には見えなかったことから発心に至るという奇蹟を趣向とする「屏風陰《がくれ》御名号」縁起一巻を説く。後者は小矢部川上流の中河内の道場にあった「大蛇済度の御名号」で、昭和四十年の廃村に伴い蓮如の腰掛石と共に善徳寺に預けられたものである。その縁起には、綱掛《ツナカケ》の在所に居た吉倉長兵衛の妻ゆきが蛇道に沈み、吉見谷の竜王滝に住して障りをなすのを、北国下向中の蓮如を請じて十念を授け名号を滝に投ずれば得脱成仏したと記す。かつてこの間に詰めていた門徒は、この御名号の縁起を語りながら己の念仏の安心のありかを説いて別院の僧侶にも感歎されるほどの熱心な同朋であった。但しその因縁語りは、「ゆき」女の蛇道に堕した由縁《ゆえん》の如何なるかを説くことこそなかったが、蓮如により済度されたはずの大蛇の住処《すみか》であった蛇淵《じゃぶち》には今もその妄執が留まり、その地を通る者は必ず喚びかけるような怪しい異界からの声を耳にするというような語りを以て話を締めくくったものである。そうした彼の〝怪談語り〟からすれば、皮肉にも「ゆき」は決して蓮如の教化によって成仏してはいなかったといえよう。語り手の念仏諒解とその語りとの落差は、それを矛盾と難ずるより、むしろそのものが興味深い伝承の生態だと思われる。[16]

虫干法会において、縁起とその語りを介した伝承は、役僧による法宝物開帳のように、縁起テクストを読む作法を介し、役割分担と形式を定めて固定化したパッケージとして継承されるものと、宝物展観の一隅で、あくまでも門徒有志の語り手に依存した、いわば個人芸として存在し、彼が去れば消滅して一巻の縁起のみが残されるものと、対照的な様態を示していた。それは一方で、法儀における宗教テクストの独特な形態としての夏の御文の拝読と蓮如絵伝の絵解のように、法座の伝統的故実として、また勧化の唱導芸能として伝承される芸能的パフォーマンスの様態とも好個の対比を見せている。それらは共に、担い手の個人芸として師資相承もしくは一子相伝的な伝統芸能であった。それは能登に今も僅かに命脈を保つ節談《フシダン》説教の在り方と重なり合っている。[16]その変化を含めて、虫干法会という儀礼の場が宗教伝承の多様な形態とその動態について示唆するものはきわめて豊かなのである。

三　伝承される宗教テクストの再創造

城端別院善徳寺の虫干法会にみる儀礼の諸相は、説話とその伝承の機制を探る上で、豊かな示唆に満ちている。勤行を核として周縁を取り巻く幾つもの水準での宗教儀礼は、その焦点となり〈聖なるもの〉を象るイコンと、そこに用いられる各種テクストの多元的な位相を明瞭に分節しつつ示している。開帳という、演出された〈聖なるもの〉顕現の儀式には、そこで読み説かれる縁起という唱導テクストをめぐる言語行為が、今も息づいている。そこでは、文字に書かれ固定されたテクストから口頭で自由な言説まで往来する説話の運動が、そこかしこで生じている。その営みは、別院という、地域社会の核であり、歴史的な紐帯でもある一箇の社会の縮図である。法会をあらしめる、寺僧たちの、法儀を司り声明故実を伝承する、すなわち各種のテクストを操って運用する役割と、門徒たちの、講などの組織を通して多様な社会の力を結集し奉納寄進によって注ぎ込む役割とが、一味和合して結びついたのが真宗寺院の年中行事であり、この城端別院の虫干法会であった。そこに顕われる、万人講などを介した勧進と募財の仕組みは、こうして設けられた場に有縁無縁の参詣者が集まり、両者の結合により創り出されたテクストのはたらきを媒介として結縁を遂げる、需《もと》められそれに応える交換の回路であろう。そこには、蓮如絵伝の絵解きや祖師たちの念仏化導に関わる縁起など、多様な説話が生きて伝承されており、それが変化しつつ継承展開するありようも、こうした仕組みと分かちがたく結びついている。伝承を担う人々も、彼らの存在そのものが体現する芸能として遷《うつ》り替り、姿を変えて再生していく。あるいは、その役割を受け継ぎながら、そこに新たな意味を見出していく、自己認識を更新する営みともいえよう。虫干法会をめぐって営まれる別院の活動の諸相には、時と共に移ろい、社会的な諸関係の急激な変化の中で、担い手の人と共に喪われ、ただ記憶のうちにのみ残る伝承も少なくない。しかし同時に、それら過去の記憶を含めて未来に向けて新たな伝承を創り出そうとする動きも、確かに存在するのである。

本章で叙述した虫干法会の儀礼は、筆者が調査を開始した平成十七年（二〇〇五）時点での状況であった。それを元に一般向け刊行物として『城端別院善徳寺の虫干法会』(17)を公刊した平成二十年（二〇〇八）までの間に、大きな変化が起きた。この間、別院では、恒例の蓮如絵伝絵解きのほかに、それまでは法宝物の南無仏太子像の荘厳として背後に掛けられているばかりであった聖徳太子絵伝四幅（県指定文化財）を用いた太子伝絵解きを行うことを決定し、筆者にその試行を提案された。承諾した筆者は、美術史専攻の大学院生と共に太子絵伝絵解きの台本作成から上演作法創作まで実験的なテクスト化に取り組み、平成十九年（二〇〇七）の虫干法会に臨んだ。当座において別院は、法宝物開帳の順序と配置を変更し、新講堂中央に太子像厨子を安置、南側に絵伝が配置され、開帳法会の一環として絵解きを組み込み、縁起拝読と開帳の前座としたのである。翌年からは七日間の法会期間全て日中・逮夜の二座に名古屋大学の学生、院生、留学生が絵解きを勤め、平成二四年現在まで継続している。[18]それは、一面では伝統行事として伝承されてきた儀礼に〝新儀〟として挿入付加された要素である。しかも寺僧ではなく地域ともゆかりのない部外者の客演である。しかし一方でそれは、別院に伝来した掛幅絵伝という太子宗教テクスト（第Ⅰ部参照）としての新たな価値ないしは秘められていた意義の発見という、すぐれて能動的なテクストの解釈活動でもある。中世の遺品である絵伝を、中世太子伝のテクストを解読して再テクスト化し、更に声として儀礼の場を創り出す主体となる希有な経験をすることでもあった。ここに調査者は、観察するだけの第三者ではなく、当事者として積極的に参与することになった。それによりテクスト研究はいわば社会化した営為となったのである。それによって、宗教の許に歴史と社会が融けあった小宇宙である別院の世界を凝縮した虫干法会が、今も伝承の生命を宿す時空であることが、一層明らかになったといえよう。

第Ⅳ部　神祇祭祀宗教テクストの世界

第十五章　中世熱田宮の宗教テクスト空間

一　神祇をめぐるテクストの諸位相

宗教テクストとして織り成され構築される文化記号の体系が立ちあがる領域は、ひとり仏教に限らない。およそあらゆる宗教の営みは、テクストを創出し、運用することを通して〈聖なるもの〉に限りなく近づこうとする志向に貫かれている。人が〈神〉に働きかけ、その意志を受けとめ、理解し、解釈しようとすることも、悉くテクストの上において果たされる営為である。その志向は、神祇の上において、明らかに認められるところであろう。

中世において〈神〉を祀る営みは、仏教との深い関わりの許で、きわめて豊かな位相を示している。それは〈神の姿〉、〈神の祀《まつり》〉、〈神の詞《ことば》〉の位相として展開する。神の形代としての御神体は、人の姿を象った神像として造られるだけでなく、「御正躰」として本地の仏菩薩の図像を鏡面に顕わして懸けられ、また本地仏として仏像そのものとして造立・安置された。神の祀りとしての祭礼は、奉幣にとどまらず神幸の行列として移動する風流の意匠を凝らし、あるいは法楽仏事として神前読経から大法会の舞楽に至る種々の芸能が奉納され、更に和歌や連歌までも披露興行される。それらもまた神の詞の一環となるが、祝詞や祭文、告文など神に捧げる詞ばかりでなく、託宣や神歌、夢想歌など、神からもたらされる交通の詞は、やがて編み直されて縁起や霊験記となって流通し、それが図像化されるならば祭礼図等を伴って、絵巻が創り上げられる。こうした図像、儀礼、そして文字言語の各水準が複合して立ち現われる中世の〈神〉は、すなわちテクストの上に生成し現象するものである。そして神々の誕生と系譜を神話として叙述した神典が、それらの諸位相のテクストを統べるように戴かれ蔵《おさ》められることになる。しかもなお、それらは全て神の鎮座する〈社《やしろ》〉という宗教空間に統合され、いずれもがその世界を構成する装置として立ちはたらく。たとえば建築の次元についてみれば、言うまでもなく神殿こそ、その形態様式が神と社の特質を示すものであるが、その神域の参道に立つ鳥居もまた端的にそれを象る。あるいは橋であっても、祭儀の際にのみ渡られる神橋や、また儀礼の場である橋殿のような格別の意義と機能を有す。中世には、それをもテクストとして表象し捉えたのである。[1] 宗教テクストとしての神祇を把握することは、その綜合としての社の森、それをめぐる人々の営為と所産の全体像を見あらわそうとする試みに他ならない。[2] それを本章では、尾張国を代表する神社であり全国的にも格別な社格を誇る熱田神宮において見渡すことにしたい。

　熱田の神のはたらきに満ちた神宮においても、今も厳かに営まれる祭祀行事にはじまり、ここに集い、伝承されている全ての事象は、悉く熱田の神をめぐる宗教テクストとして捉えることができる。ひいては、神宮の森という神域も、ここに参り詣でる人々の生きる営みと結びついて息づいている宗教空間となるべく、信仰のテクストとして生い育まれた場なのである。しかし、際限なくテクスト概念を拡張することは混乱を招くことになるだろう。探求する主体としての著者のフィールドからして、自ずとテクストのうち文字で書かれた、それも中世の文献が当面の検討の対象となり、そこから座標が設定される。本章では、具体的に熱田宮――以下、中世の呼称である「熱田宮《あつたのみや》」を使用する――の宗教世界を構成する諸位相のテクストを眺めわたしてみることにしよう。

二　熱田宮の神典と経典——神宝としての聖典奉納

まず、熱田宮の宗教テクストを代表する二つの聖典について記述することにしよう。寄進、奉納されたこれらの聖典は、神に捧げられた神宝と同じ価値を与えられるべきものである。

第一に挙げられるのは、神典としての『日本書紀』である。国史であり、神道の典拠であるテクストとしての熱田本『日本書紀』は、付属する寄進状によれば、永和三年（一三七七）までに「熱田太神宮内院」に神代上下巻をはじめとする十五巻が、権宮司祭主尾張仲宗の所望により、四条道場金蓮寺四代浄阿によって奉納されたものである。その『書紀』本文は、応安五年（一三七二）に書写され、これを翌年に卜部兼熈が校合した旨の識語から、「日本紀の家」たる卜部家の正本であることが知られる由緒あるテクストである。しかも、その上で、この熱田本を特徴づけているのは、その紙背に和歌懐紙が用いられていることであろう。それらは皆、書写と同じ永和年間に四条道場の浄阿上人の許で営まれた月並和歌会に参加した僧俗の詠草であり、それを殊更に料紙に用いて『書紀』が写され、時を措かず奉納されたのである。その中には、同じくこれを所望し仲介した熱田円福寺三代厳阿の懐紙や、当代の歌壇の中心にいた二条為重の名も見える。これらの和歌懐紙は、既によく知られるように、時衆による和歌活動を代表する文学資料として貴重なものである。だが、それのみを切り離して扱うことは、その宗教テクストとしての意味を見失ってしまうことになろう。むしろ、この懐紙を翻して神典たる『日本書紀』を写し、両者を一体として熱田宮の神殿に奉納することに大切な意義が籠められていたのである。三首の題詠形式によるうちに神祇にちなむ和歌題が認められるが、それらの和歌全体がさながら法楽として神に捧げられるものとなったのであり、紙背の懐紙は決して反古なのではない。表裏は一連一体の営みであったと考えられる。これらの和歌と神典の両者を統合するのが、各巻のうち十巻分の末尾に付された金蓮寺浄阿の寄進識語であり、更には、そのうち七巻分に加えられた「南無阿弥陀佛」の六字名号ということができるだろう（図15－1）。

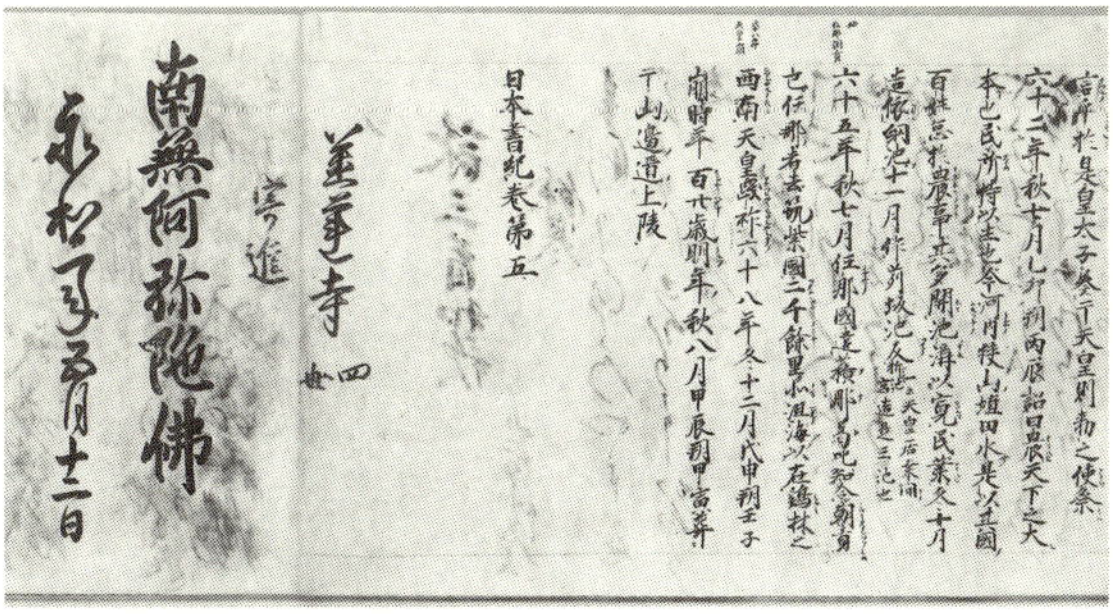

図 15-1　熱田本『日本書紀』奥書識語（熱田神宮）

　この熱田本『日本書紀』を和歌（および念仏の名号）と共に奉納した金蓮寺四代浄阿とは、隠岐出身の大光明寺の重阿である。更にこれを「申沙汰」した熱田円福寺三代の厳阿が、第五代浄阿上人として四代の入滅後（永和五年）に金蓮寺へ入った。こうした彼ら四条道場の時衆による神祇と和歌との結びつきは、これだけで終わらない。やがて至徳三年（一三八六）、隠岐の都万《つま》郷に高田大明神という新たな神が巫女の託宣によって示現し、その神詠であるところの発句を種子《タネ》に、金蓮寺五代浄阿（厳阿）が媒《なかだ》ちして、翌四年に都において、その法楽としての『高田大明神百首和歌』および千句連歌の興行が公武僧俗により営まれた。この『百首和歌』には二条良基が序を添えて、隠岐に出現した新たな神に奉納されたのである。その経緯は、至徳年間に成立した『高田大明神縁起』に記され、この縁起と共に『百首和歌』の写本も高田神社の神宝として神殿に納められて今に伝えられた[5]。この『縁起』については、近年の調査によってその奥書識語が見出された[6]。こうして、都の四条道場を軸として、東は熱田、西は隠岐という、時衆の聖《ひじり》によって媒介されるネットワークの許で、神代以来の由緒ある和歌の詠出と神典書写あるいは縁起制作という、宗教テクストの複合的な生成が継起してなされたのである。それは、「神仏習合」という表層的な術語では捉えきれない、神と仏とが分かちがたく結びついて成り立っていた中世の宗教世界の実相を鮮やかに見せてくれる。この現象は、中世において熱田宮こそその重要な焦点であり、運動の起点であることを、よく示すものといえるだろう。

　もうひとつの聖典、すなわち仏教の経典も熱田宮に数多奉納され、伝えられていた。清盛の寄進になる一切経も、境内に経蔵として存在し、一切経会が恒例の法会であったと伝えられる。[7]今、一切経は遺されていないが、現存する経典の代表は、善美を尽くした装飾経である。その中でも熱田宮の宝物として第一に挙げられるのは、『法華経』従地涌出品一巻であろう。鎌倉初期の製作と思しく、本紙の料紙も紙背を含め金銀箔と紫の霞で華麗に飾られ、殊に見返絵には、通例の仏の説法図などではなく、松樹の生い茂る春の山野に二人の俗躰人物が向かい合う大和絵のような画面が描かれている。これは涌出品の「父少子老」の経意を象ったものと解されるが、一方で束帯姿の神の影向を腰を折って拝する祢宜のようにも見え、涌出ならぬ神の顕現をも象ったかと想像される。また、『法華経』安楽行品一巻と『阿弥陀経』一巻および紺紙金泥『般若心経』一巻はそれぞれ鎌倉時代の製作で、とりわけ花鳥図の見返絵が美しい『阿弥陀経』は、慶長七年（一六〇二）に亀井道場すなわち円福寺の宣阿による寄進識語が付されている。これら装飾経にはいずれも製作当時の識語等はなく、その企図と奉納の意願を知る術がない。それらは、たとえば厳島の平家納経のごとく、願文や経筥等からその作善の趣意や意匠を窺うことのできる手掛かりを欠いている。経典は、書写からはじまり仏神に捧げる供養までを営むことによってその功徳が生ずるのであり、第十一章に論じた如く、願文表白に趣旨を述べ経意を釈すことでその宗教テクストとしての機能が発揮される。それらを欠いた経典は、いかに美麗であろうとその魂を喪う。

その中にあって、熱田宮への祈願を知ることのできるのが、二種の『細字法華経』各一巻である。およそ縦一尺横一尺四寸の一紙のうちに法華経八巻を全て細密に書き写した驚くべきもので、うち一巻には徳治三年（一三〇八）尾張国梅須賀寺恵海の願文でもある識語が付される。[8]それによれば、八軸の妙典を熱田太神に献ずれば、「必ず二世の所懐を遂げ、殊には寒氷の群族を済《すく》い、一天の貴賤、四海の人民、皆な和光の恵を蒙り、菩提の因を蓄う（原漢文）」とあり、天下衆生の等しき救済を願う心意が端的に表明されている。それは、美麗な装飾経とは対極的な位相にある経典であるが、やはり宗教テクストのひとつの究極の様相を示したものといえるだろう。[9]この微細な文字を精魂込めて誤りなく写す難行苦行というべき書写――五種行の一環――に籠められた強烈な宗教的情熱が、識語と響き合って、それを貴重な信仰の遺産としているといえよう。

三　熱田宮における中世縁起の形成と展開

古代から中世にかけての熱田宮の宗教世界がどのように形成されたのか、という問いについてみれば、その焦点は他ならぬ熱田の祭神の神格であり、またその始源を説く縁起的言説およびその書物《テクスト》の成立と解釈をめぐる検討が中心となるだろう。ここでは、既に旧稿で試みた熱田宮の縁起についての考察(10)と、熱田神宮によって編纂・公刊された『熱田神宮史料　縁起由緒篇』(11)を土台として、その展開が中世宗教テクストのいかなる位相において果たされているかを眺望してみよう。

古代の熱田縁起を代表するテクストが、『熱田大神宮縁記（ママ）』であろう。寛平二年（八九〇）に、尾張連清稲の貞観十六年（八七四）の述作を添削し藤原村椙が清書して成ったと仮託する通称「寛平縁起」は、あえてその輪郭を単純化すれば『日本書紀』の熱田関連記事を骨格として、それに『古事記』および独自の所伝を加えて構成されたものといえる。そこにおいて祭神は、「以㆓神剱㆒為㆑主」と定められ、その由来を、前半は日本武尊の東征による草薙剱の霊威を主とし、尊と倶に東征に従った尾張連の先祖稲種公の活躍を従として叙《しる》される。その中には、『古事記』に拠ると思しい倭姫命から剱と共に燧《ヒウチ》の袋を賜ったとする所伝も含まれる。後半は、時を遡って素盞烏尊による大蛇退治と天藂雲剱の獲得の神話が記され、日本武尊が薨じた後の宮酢姫による神剱の祭祀が独自の所伝として加えられる。そして、天智七年（六六八）の新羅僧道行による神剱盗難事件、すなわち道行がひそかに五條袈裟に裹《つつ》んで盗み出すが、自ずと抜けだし宮に還って失敗し、更に七条、九条と試みるがついに露見して処刑された顛末が記され、宮中に留められた神剱が朱鳥元年（六八六）の託宣により熱田社へ返還されたことが述べられる。

最後に宮酢姫は氷上宮として祀られ、稲種公は尾張連の遠祖であり、熱田明神は尾張の氏神であると結ばれる。その成立については諸説あるが、(12)ここでは立ち入らない。熱田神宮蔵模写本の底本は室町期に遡る古写本と推察されて、その訓点も興味深い。その諸伝本と系統については、西宮秀紀による考証(13)を参照すべきであるが、そこで紹介されたうちの内閣文庫本『熱田縁記』に、「尾張熱田社辺南田嶋地蔵院書写畢、于時応安二年（一三六九）（中略）執筆金剛資律師永弁」と、社僧らしき密教僧による伝本のあることが注目されよう。総じていえば、寛平縁起は『書紀』に拠りながら更に在地の所伝を加え、熱田宮独自の縁起を構築したものであり、端的にいえば神典としての『書紀』を換骨奪胎し再創造したテクストなのである。

中世熱田宮の縁起として確かに位置付けられるのは、寛平縁起中の朱鳥元年（六八六）の託宣を中心に形成された、別名を「熱田本紀」とも称する『朱鳥官符』(14)である。全体は太政官符の文書形式に倣い、朱鳥元年三月の宣旨を得て、同年に解が注進され、これを受けて六月に官符が下された。そこに尾張忠命らの「解」として「熱田大明神天下御坐《アマクダリマシマス》根元子細注進状」が引かれるが、これが縁起説の本体部分である。そこには「神ノ本記文」の一節として、大化二年（六四六）五月一日に大明神が天下り、また白鳳二一年（六八一）十二月一日に託宣した詞を引いている。注目すべきは、その託宣で名《な》宣る神号であろう。

我ハ是、往古ノ大士、法身ノ如来也、則、魔醯首羅《マケイシユラ》智所城ノ主《アルジ》、三億摂領ノ大威徳五大尊五大力ノ示現スル熱田太神也

この長々しい神号は、同時に熱田大明神の本地を因位の菩薩、つまりは法身仏であり、天界の王であり明王ないし菩薩となって示現する変化身としての尊格であることを告げている。そのあと更に、「而るに化度利生の為に影を五鏡に像《かたど》り、沙界天照の神、其れ五鏗《こう》八鍜として、十二神将と八百万の眷属を引率して、且は国王人民の尊卑を守護せんが為、且は天下国土の夷狄を摧伏せんが為（原漢文、以下同）」に本朝の尾張国に天下り、「行向う草木、

自ら焼き枯れずということなければ」己を「遊行鴙草大明神」と号したという。これには細注が付され、それは「須佐尾《スサノオ》に随身し、名神に化す所てへり」と訓むのであろうが、つまり草薙剱の神格として名宣られていることになる。

以下はなお託宣の詞らしく、その主体が定かでないが、尾張氏ら当地で祭祀を司る家の起源をそこに託しつつ、この地に来現する神の験《しるし》として「天印《アマノシルシ》」の「鏗剱《コウケン》」の宝を納めた箱を掘り出せと指示し、そのとおり箱が出現して宮処が定められる。更に白鳳二十年（六八〇）に新羅僧道行が己（すなわち神剱）を三度も盗み去ろうとしたことを告げ、しかし「日本誓護之願」があるために留まった旨を述べて天皇の宣旨を請い、「天照五鏡日本第三之賢所者、神是我也」と再び名宣って長大な託宣が結ばれる。

全体の末尾には、この官符が神宮に到来して、それを載せた神輿を宝殿に安じ奉り、正文は「御内院」に籠め置き、案文の方に官幣使らが「大神昔ノ御託宣ノ旨并ニ天下リ給フ本末」を録《しるし》載せたものがこの記であるとして、縁起自体の成立と、テクストが神殿に安置され神体に準ずる宝物となることを価値づける識語が付されている。

長寛二年（一一六四）の本奥書を有し、特徴ある神号を自称した、熱田宮の中世的縁起の起点というべきこのテクストの成立は、その本奥書をさほど遡らない時点であろう。それは、計らずもあの「長寛勘文」[15]、つまり伊勢と熊野との同体説が朝廷を揺るがす事態となった記録の成立と同時代のことでもある。その一方で、熱田宮の縁起テクストは、託宣という聖なる言説を官符という公文書の様式に包み込んで権威化し、そのテクスト自体を公的儀礼の許で神聖化する仕掛けを施していることが注目される。十一世紀初頭に出現した寺院側の中世的縁起の出発点というべき、四天王寺や高野山のいわゆる〝御手印縁起〟が、聖徳太子や空海に仮託して、その手になると装って生々しく巧まれた自筆のテクストとして成立する。一方で、それらがまた〝太政官符〟の如き公文書として構築される現象に、『朱鳥官符』も相似することが注目される。

この『朱鳥官符』と相前後して成立した、もうひとつの中世熱田宮をめぐる重要な宗教テクストが、高野山金剛三昧院に伝来した『熱田明神講式[16]』一巻である。南北朝時代に高野山の声明家であった性吽の収集した講式類のうちの一点として伝わり、二条天皇時代（一一五八〜一一六五）の成立であることが指摘される文献である。[17]これは、熱田明神を本尊として祀る〝熱田講〟というべき仏事の講演の詞章、いわば台本であり、次第法則を含む〝儀礼テクスト〟といえよう。その次第は、惣礼《ソウライ》に始まり、まず神号として「南無帰命頂礼大悲応化熱田大明神王子眷属」と唱礼し、導師が着座、法用として神分が営まれ、そして表白以下の式文が五段にわたって展開する。そこには、熱田宮の縁起が儀式という異なった位相から説かれている。

その第一段、「垂迹縁起」では、「天照大神之御正躰」としての「叢雲剱《ムラクモノツルギ》」を「今の熱田大明神は是れなり（原漢文）」とし、「日本記の意《ココロ》」を案じて「神璽、宝剱、内侍《ないし》所」すなわち三種神器の縁起が説かれる。そして、神代より伝わるところの三つの神剱である石上《イソノカミ》社（布留）、内裏、そして熱田社を挙げ、また「草薙剱」を指して「熊野剱」と言い、「叢雲剱」を指して「熱田剱」であるとして、「三所異なりといえども宝剱は是れ一なり」と論ずる。第二段の「讃大宮権現」では、主祭神熱田明神の本地を顕わし、その徳を讃えるのだが、そこで注目されるのは、天喜三年（一〇五五）五月一日の御託宣として、さきの『朱鳥官符』の白鳳の託宣に示されたのと同様な神号が次のように称揚されることである。

我是、往古大士、法身ノ如来ナリ、則、魔醯首羅智所城ノ主、三億摂領大威徳五大尊五大力ノ示現スル熱田大明神我也、日本第三ノ神、是也

この段では熱田宮の主神である大宮五神の本地が明かされるが、冒頭では大日化現と観音応作の二説を併記し、そこにこの託宣における神の自称を参照して、「五智如来の応作か」と判ずる。これ以降、中世の熱田五神は大日如来とその応現として四智を司る五智如来と定まり、胎金一躰の尊格に統合されることになる。次いで第三段は、摂社である高蔵と八剱の本地を毘沙門と不動と明かし、第四段では同じく日破と源太夫を地蔵と文殊として讃え、最

後の第五段は氷上宮以下の王子眷属の諸神の本地を概説して、それらの威光を嘆じ、この法楽により総じてその功徳に一同が預かることを祈念して一篇を結ぶ。

この『熱田明神講式』に示された本地説に等しい諸尊として五智如来を中台に位置付け別尊曼荼羅風に配した、「熱田宮本地仏曼荼羅」とも称すべき遺例が、神宮徴古館所蔵の一幅である。(18) 鎌倉時代に遡るこの熱田曼荼羅は、もと名古屋広井の東光寺に伝来したものであったが、明らかにこのような講式を用いて営まれる〝熱田講〟の本尊図像として祀られたのであり、儀礼テクスト（講式）と図像テクスト（本尊）とが一具として成り立つ中世宗教テクストの典型を示すものといえよう。それは、中世熱田宮の神仏一体となった宗教空間を端的に象るものであった。

既に第III部に論じた如く、講式は、中世の仏教儀礼が創り上げた最も高度な宗教テクスト形式である。式文は作者の到達した思想を修辞と形式のうちに論理を整えて表明し、導師はこれを式読として演唱し聴衆に訴える唱導に用いる。それは、本尊として象り祀る尊格の図像を規定すると共に解説し、礼拝のうちにその宗教空間ないし信仰の世界を生成するという、多くの要素と位相を儀礼プロセスの上で統合する複合宗教テクストである。講式の対象は仏菩薩諸天に限らず、諸社の神祇にも及び、あるいは祖師先徳にわたる中世の〈聖なるもの〉を網羅すると言ってよい広がりを見せる。その講式の歴史のうえでも、院政期に成立したことが明らかな『熱田明神講式』は、神祇の講式として最も早い例である点も貴重である。しかし、何より重要なのは、この講式を用いて一同に集い熱田大明神を同心に礼拝讃嘆する信仰集団が成り立ったことが知られる、その証であることではないだろうか。

熱田宮において、講式という儀礼テクストの系譜は、室町時代に至っても受け継がれる。真福寺本『熱田講式』(19) は、啓白（表白）を加えた三段式で、第一段に本地を明かし、第二段に垂迹を讃え、第三段に廻向の功徳を挙げるという、シンプルな構成である。啓白は熱田縁起を説き、そこに熱田太神を「釼鏡二皇神」として、「神璽、宝釼、内侍所」の三種神器でもあると規定する。更に、「海底印文」より発するところの第六天魔王と天照太神の契約神話を説く。全体として、その縁起説は古い五段式を踏まえながら要約したものと見え、また明らかに「朱鳥宮符宣旨」の縁起を拠としていると思われる。第一本地段の中でも、「去ぬる白鳳に託して云く」として次のような神の名宣りが引かれている。

我是、魔醯首羅智所城主、三億摂領大威徳、五大力示現熱田太神也

その名宣りは、より神号化しているといえよう。次いで第二垂迹段では、当宮における神体の示現を、

忝《クモ》天照太神素戔雄尊、其訪㆓霊威㆒、神剱遣㆑名、及㆓人皇㆒倭武尊改㆓叢雲 字《アザナ》㆒称㆓草薙丸㆒

と因果を説き、東夷の凶徒を退治する霊剱としてこの蓬萊の地に祀られ、熱田太神と現じたとする。更に第三廻向段では、熱田宮の霊地たるべきことを、蓬萊不死宮は八葉九尊の蓮台であり九穴金亀の住所であり、大日の三摩耶形、都卒内院、九品浄土なりとし、ここに詣ずる一切衆生は裁断橋を渡って下品下生の鳥居から神の冥助により正路に赴くという、参詣の功徳を説いて一篇を了える。ここには、熱田宮への参詣を地獄より救済する功徳の行として諸国の霊地と連ねて位置付ける、天正十二年（一五八四）写『熱田大明神地獄讃嘆縁起』[20]の唱導と通底するものが認められるだろう。

むしろ、この三段式の最も大きな特徴は、式文に続いて「熱田講和讃」の歌謡が加えられていることであろう。「帰命熱田太神宮」と謡い始められるこの和讃は、神々がこの霊地に集い和光の塵に交わる「蓬萊山の濫觴」を叙事と叙景をもって歌い上げている。講式に和讃が付随する事例は、現に法隆寺の聖霊院で行われる聖霊会で今も見ることができる。そこでは、導師が聖徳太子講式を読誦した後、講衆と聴衆が一同で太子和讃を鼓の拍子に合わせて唱和する、管弦講の次第の一環として謡われる。この熱田講の場合にも、同様な唱和の場を想像できよう。

次いで神分では、全ての神祇諸天を網羅すべく、荒神から龍王眷属までを列挙し、最後に殊に当太神宮の神々に

及ぶ法楽荘厳のために心経を捧げ、その後に和歌三首が法楽歌として添えられる。その三首の末「世にかくて繋《つな》がるゝ身もすくはなん　生けるを放《はな》つ神の恵みぞ」は、正平二一（貞治五）年（一三六六）成立の『年中行事歌合』に収められる判者冷泉為秀の詠であった。(21)熱田宮で行われていた放生会のことは、この講式にも言及されるところだが、その成立考証の手掛かりとなることもさることながら、これに結縁する自らの済度をも欣《ねが》うその歌意が意義深いところである。更に興味深いのは、最後に位置する「魔界廻向」であろう。慢心の故に魔道に堕ちた僧つまり天狗を済度するこの表白は、中世に弘法大師作としても伝承流布したが、光宗の『渓嵐拾葉集』「怖魔」帖に解脱房作として収められ、また春日社西談義屋伝来の古写本が大谷大学図書館にあり、(22)その内容や文辞からも貞慶作と認めてよいテクストである。このような表白をなぜ熱田講の儀式全体の結びに廻向として加えたのであろうか。その背後の文脈はなお明らかでないが、中世の熱田宮も神宮寺や周辺の天台・真言寺院を含む神仏一体の領域であり、顕密仏教の世界観を共有していた。それゆえに、熱田神は魔界までも宰領するという、社頭をめぐる世界観の端的な反映がここに示されているのであろう。(23)

中世の熱田宮における儀礼とそのテクストについてみれば、この他に無視することのできない、今も生きている儀礼テクストがある。それが踏歌神事の頌文である。『踏歌詩』（熱田神宮踏歌祭文頌）一巻は、文永七年（一二七〇）の本奥書を有す古写本であり、前半は補われているが、宣命体の古態を残す表記で十三段にわたり熱田の神徳により国土の繁栄を言祝ぐ詞が連ねられている(24)（図15-2）。今も正月の踏歌神事ではこの頌文が詩頭により読み上げられるが、それは七段分のみである。省略された部分には、今は退転して無い神宮寺の本尊薬師如来の三十二相などの仏を讃嘆する詞がある。そのように、踏歌頌文は中世熱田宮の神仏一体の世界を荘厳するテクストなのであった。

その一方、神宮寺においては修正会が行われていた。この修正会ではおそらく古代以来の薬師悔過が修されていたはずであるが、その法則には、頌文に反映する三十二相ばかりでなく、神名帳の作法が欠かせなかった。日本国中の諸神祇と尾張一国内の諸社の名を悉く読み上げ奉り勧請する「神名帳」も、熱田宮に備わった宗教儀礼テクストのひとつであった。その一例が『熱田雑誌』[25]所収の座主坊の写本であるが、その冒頭には次のように熱田宮独自の日本国中諸神祇の呼称と配列を示している。

熱田太神宮／奉唱王城鎮守諸大明神／伊勢二所梵尊　比叡山王三聖大菩薩（以下略）

これは、平安後期に成立し中世に普遍化した二十二社体制に沿ったものではない。むしろ修験の霊山など習合系の神祇が連なっており、その構成や呼称は平安末期の七寺一切経に摺印して付される神名帳（図6－2参照）に近いものといえよう。[26]

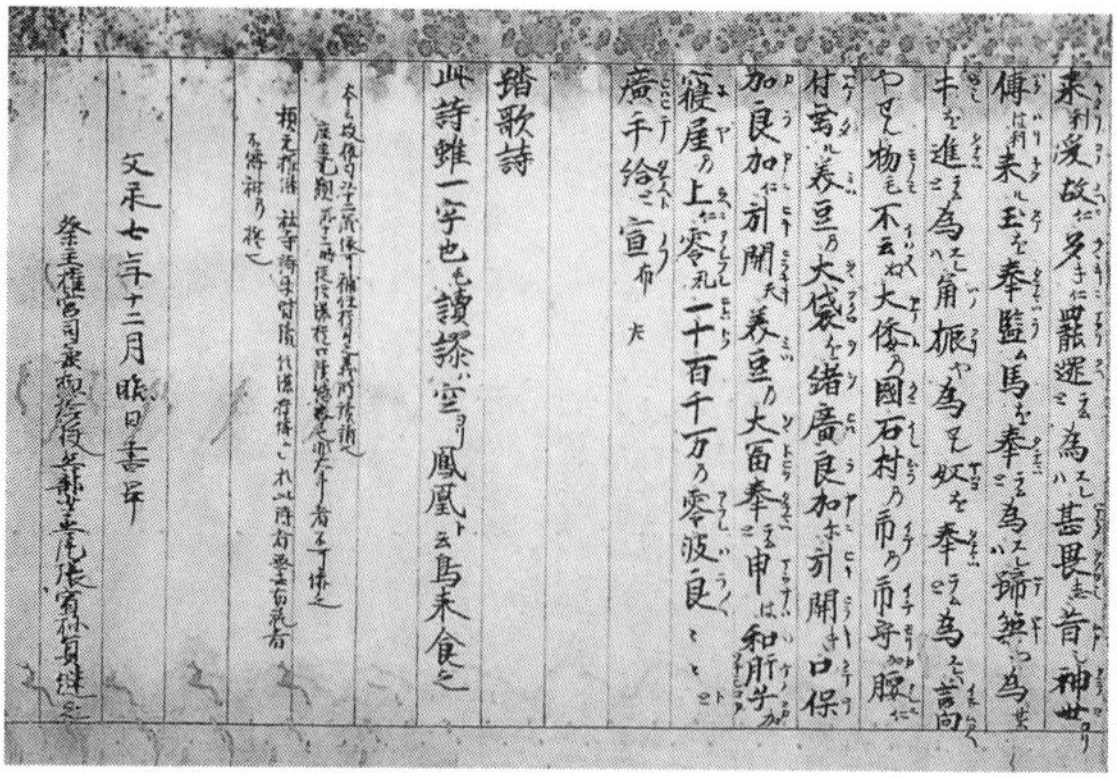

図 15–2　『熱田神宮踏歌祭頌文』奥書（熱田神宮）

　踏歌の頌文も神名帳も、いずれも儀礼の中で高声に読み上げられる、声に出して唱えられるテクストであった。その音声の響きが神仏の感応を喚び起こす。三河国猿投神社の神宮寺であった白鳳寺の修正会では、社僧がこの神名帳の奉読を担ったが、それは読み違えると社を追放される習いがあるほどに重い故実であった。熱田の踏歌の頌文も同様な故実を有する重い儀礼テクストであったらしい。文永古写本の本文末尾には、「此詩、雖一字也モ読謬ハ、空ヨリ鳳凰ト云鳥来食之」とあって、追い出されるよりも恐ろしいことになりそうであるが、神仏に直截に呼びかける〈聖なるテクスト〉としての儀礼テクストが帯びた特質をよく示すものである。

四　熱田宮炎上をめぐる託宣記と女房日記――『とはずがたり』の熱田参詣

中世熱田宮における仏事儀礼を代表する講式には、熱田縁起において形成された本地垂迹説を象る神号が、その核となって提示される。それらの神号は、それぞれ本地と垂迹の位相を顕すものと思われるが、同時に、その神格が遷移していく過程を示した複合的な呼称でもある。とりわけ注目されるのが、『朱鳥官符』の縁起に登場し、三段式の『熱田講式』に見える、託宣の中で名宣られる垂迹の方の神号であろう。素盞烏尊によりもたらされた天藂雲劒が倭武尊により名を改められ、「遊行鵄（薙）草大明神」と名付けられたというが、『熱田講式』ではそれが「遊行草薙丸」という神号に変じている。熱田宮においては、託宣によって本地から垂迹に至る神号が訓示され、そこに神格が次第に転換ないし生長していく姿が垣間見えるように思われる。

その動態を端的に示すテクストが、鎌倉後期に京都の宮廷で起きた熱田太神の託宣事件を記録した託宣記であろう。『熱田太神宮御託宣記』は、田島家に伝わった永禄十一年（一五六八）紹巴の本奥書を有する系統の本を祖本とするもので、都からもたらされたおそらくは宮廷由来の伝本と思しい。そこに記された託宣とは、正応四年（一二九一）二月に熱田宮が炎上した大事件に呼応するものであった。炎上から四箇月後の六月十六日、時の治天の君であった後深草法皇の姫君、すなわち伏見天皇の同母妹である内親王が病気となって、絶え入ったところ俄かに物云う気色を見せた。彼女は十九歳であったが、それまで言葉を発することがなかった、つまり聾啞の障害を患っていたのである。ところが法皇が御所に入ると、姫は「我をばいかなる者とか思食《おぼしめす》」と高らかに声を上げ、「年月《としつき》申たき旨ありて来るなり」と、関白基忠、内大臣実兼、および尾張氏出身の僧信賢をこの座に召し集めた。駆けつけた実兼が烏帽子直衣の常の姿であったのを無礼と叱るとともに自らの正体、つまり託宣の主体の神の名宣りがなされる。

知らずや、我は是、天照太神の首《おびと》素盞烏尊、日本武尊と化現し、天叢雲の字《あざな》を改め、草薙丸と遊行する、正一位熱田太神なり、天璽の位たりし事も一度ならず、其質《すがた》を心得ず王の御前にては此の如くこそ、

こう叱責するその姿は、束帯に太刀佩《は》き笏を正した神の躰そのものであった、と『託宣記』は言う。居住まいをただした一同に向かって、姫の口を借りて熱田太神が告げるのは、寂光の都より法性の山を動《ゆる》がせて垂迹し、百王鎮護のため東夷を降伏するのに熱田の神として蓬萊山に降臨して、利益を施したにもかかわらず、社の炎上を朝廷に奏聞せずに怠っていることを深く恨む詞であった。その思いは果てに感極まって詠み出された、まるで頼りとする男の訪れが絶えた女の恨み歎きに似た歌に託される。

荒れ果つる　我が宿問はぬ恨みをば　隠れてこそは思ひ知らせん

この神詠は、やがて貞治三年（一三六四）撰集の『新拾遺集』にも収められることになる。激情の炎の煙《けぶり》とともに思いの丈を吐露した神は、やがて「王と我とは隔《へだて》なし、往日は天璽の位たり、今は王を守る神なり」と法皇に語りかけ、法皇はこれに応えて「南無熱田太神」と神号を唱え、法楽の読経と酒宴を催し、今様で神を饗応する。その興宴の果て、延年舞の中で神は上がっていく。見捨てられた歎きを姫の口を介して訴えた神の託宣は、社殿の復興を約束させることで成就するに至ったのであった。

この正応四年の熱田宮炎上を目撃し記録した一人の女性がいる。彼女は、熱田神の託宣の受け手であった後深草院に仕えていた女房であり、かつ院の寵愛を得た女人でもあった。この、後深草院二条が書き遺した回想録としての日記『とはずがたり』に、この出来事はドキュメントされていたのである。(28) 院の寵を受けながら西園寺実兼はじめ貴顕たちに愛され翻弄されて、遂に宮廷を追われた二条は、遁世の尼となって東国、鎌倉を目指して旅立つ。巻四に記される二条の東下りは、後深草院皇子久明親王の新将軍就任を陰ながら支える役目も負っていたと推察され

るが、その途上で彼女は熱田宮に参り、尾張守であった父の久我雅忠と熱田神とのゆかりを記す。善光寺修行を果たしての帰途も再び参詣し、兼ねてよりの宿願である写経を遂げようとするのだが、大宮司の妨げにあって果たせず、空しく上洛する。南都巡礼をした後、法躰となった院と石清水八幡にて計らずも邂逅するが、そのまま都には留まらず、なお熱田宮での宿願すなわち華厳経の残り三十巻の書写と供養を果たそうと赴く。そうしてようやく本懐を遂げんと参籠し通夜した晩に、奇しくも炎上に遭遇することになるのである。すなわち、「御殿の上に火もへ上がりたり、宮人騒ぎののしる様《さま》、推《お》し量《はか》るべし。神火なれば、凡夫の消つべき事ならざりけるにや」。

忽ちに社殿は焼け落ち、翌日その焼け跡を大工や大宮司、祝詞《のと》の師（権宮司尾張氏）らが検分するところも、二条は眼を凝らしている。そこで「開けずの御殿」すなわち「神代の昔、（御神が）自ら造り籠り給ひける御殿」――これは本殿と並び立つ草薙剱を奉安する土用殿のことと思われる――に一行が到るところ、その柱が未だくすぶる礎石の傍らに、「赤漆なる箱の表一尺ばかり、長さ四尺ばかりなる、添え立ちたり」を見出す。これを、「神に殊更御むつまじく宮仕ふ者」という祝詞《のと》の師が取り上げ、開いて見れば、「赤地の錦の袋に入らせ給たりと覚ゆるは、御つるぎなるらむ」と見定めて、八剱宮の神殿に納めた。この奇瑞を目の当たりにした二条は、「さても不思議なる事は」と前置きして、おそらく祝詞の師が説いたと思しい「御つるぎ」の縁起を書きつける。

この御神は、景行天皇即位十年生まれましまくけるに、東の夷《えびす》を降伏のために、勅を承はりて下り給けるに、伊勢大神宮にまかり申に参り給けるに、先《さき》の生まれ素盞鳥尊たりし時、出雲の国にて、八岐の大蛇の尾の中より取り出でゝ、我に与へし剱《つるぎ》なり。錦の袋あり（焼津野伝承、中略）、御剱をば草薙の剱と申すなり、

この縁起説は「御記文の焼け残りたる」を弔問して記したものであったのだが、それは二条にとって己の見た夢の言葉に契合するところなのであった。その夢がどのようなものであったかは明かされないが、「不思議にも尊くも覚え侍りしか」と宗教的な感動をもって受けとめたことが告げられる。こうして、神剱顕現の奇蹟に転じたという

べき熱田宮炎上事件の顚末は、改めて披露され唱導された上での縁起説と併せて、二条によっても都、すなわち朝廷へもらされた可能性がある。あるいは、あくまで想像の範囲を出ないのだが、それが引き金となって院の姫宮、のちの永陽門院の託宣が惹き起こされたかもしれない。二条と姫宮の両者はともに後宮女性として、後深草院と熱田神との間を、限りなく神に接近しつつ重なり合って媒ちしているといえよう。しかも、それぞれが説き示す熱田神の神格と縁起説とは、きわめて近似している。両者の間に横たわる何らかの隠れたつながりに想い至らぬほうが、むしろ不自然ではないだろうか。(29)

さて、二条自身は、この炎上騒動に「経沙汰もいよ〳〵機嫌悪しき心地」と、自身の宿願の実現を望むような状況でないと判断し、津島を経て伊勢神宮へ赴く。以降の、二条による、まるで西行の如き参宮でのふるまいと、外宮と内宮の祢宜たちのもてなしぶりとは、きわめて印象深く、興味を覚える一段であるが、これはまた別稿で考察した。(30)この参宮において二条が伊勢に滞在している間に、後深草院から連絡があった。その顚末を記したあと、二条は都合四度目となる熱田参詣を果たし、そこでようやく華厳経の写経と供養を遂げることになる。但し、その経供養の仏事については、熱田社僧が務めた説経唱導の拙さを「何のあやめも知らぬ田舎法師」と酷評している。都で一流の唱導者の説経や作法に耳慣れていた二条にとって、尾張熱田宮の仏事儀礼とはそのような水準であったのであろう。ともあれ「十羅刹女の法楽なれば」、つまり十種供養を自ら女人として果たしたものと覚悟し仕方なく諦めて、更なる宿願を遂げるための巡礼の旅を続けるのである。

なお、この時に二条が奉納したであろう華厳経が熱田宮に残されていたかどうかはもはや知ることはできない。それとは全く関わりはないが、現在、熱田神宮には永正十六年（一五一九）七月七日（七夕は虫干の日で、この時に宝庫へ神宝を奉納する習いであったようである）(31)に、笠寺の乗範という僧の奉納識語を付す華厳経の一巻が伝わっている。それは南都東南院の経蔵から将来されたもので、光明皇后の妹「紅白女」が唐よりもたらした経であるという、幸若舞曲『大織冠《たいしょくはん》』の物語伝承を踏まえた由来を付会するのが興味深いところである。(32)

治天の君の姫宮に熱田神が憑いて託宣するという驚くべき記録《ドキュメント》は、一見すると突飛な幻想のように眺められるが、実は、それまでの中世熱田縁起ないし儀礼のテクスト生成をうながしていた諸位相の詞——言説——が、時機を得て、時代に呼応して一挙に浮かび上がったものと思えるのである。二条のような宮廷女房の遁世尼がその過程を側面から支えていた消息が、『とはずがたり』によって証言されていたといえよう。熱田の神が中世に発揮した力《パワー》は、託宣という言説において端的に発現するのであるが、その神の告げる意志は、『御託宣記』の最後に、吾が心を慰めるのは和歌に勝るものはない、と詠歌の法楽を求めるところに示されている。このように、神のメッセージもまた和歌に収斂するのであった。(33) この託宣の際の和歌が、熱田宮において後世に永く御詠歌つまり神詠として伝わったことも、そのあたりの機微と中世的な心意をよく物語っているであろう。

五　密教聖教テクストの象る熱田宮

中世の熱田宮とその周辺では、また異なった位相における宗教テクスト生成の運動が、神宮寺を中心とする顕密僧というべき社僧、とりわけ天台真言密教の徒によって担われていた。それは、密教の修法実践を含む論理作法に従い、経論儀軌の教学による知の体系に拠って、秘儀伝授の過程の中で表現された。この秘事口伝というべき宗教テクストは、密教聖教の事相書と教相書のはざまにおいて、特に神祇を主題として中世に生成する〈聖なるもの〉のありかを表象するのに、まことにふさわしい様態《モード》であったといえよう。

真福寺大須文庫に伝わる『熱田宮秘釈見聞』(34) は、中世熱田宮の本地垂迹説にもとづく世界像を密教の知的体系の許で記述した〝秘事口伝〟的宗教テクストの典型といえよう（図15-3）。その書名から窺えるように、密教聖教の一環としての「秘釈見聞」つまり一種の注釈テクストともいえる。本書は、真言宗の談義所つまり学侶養成機関と

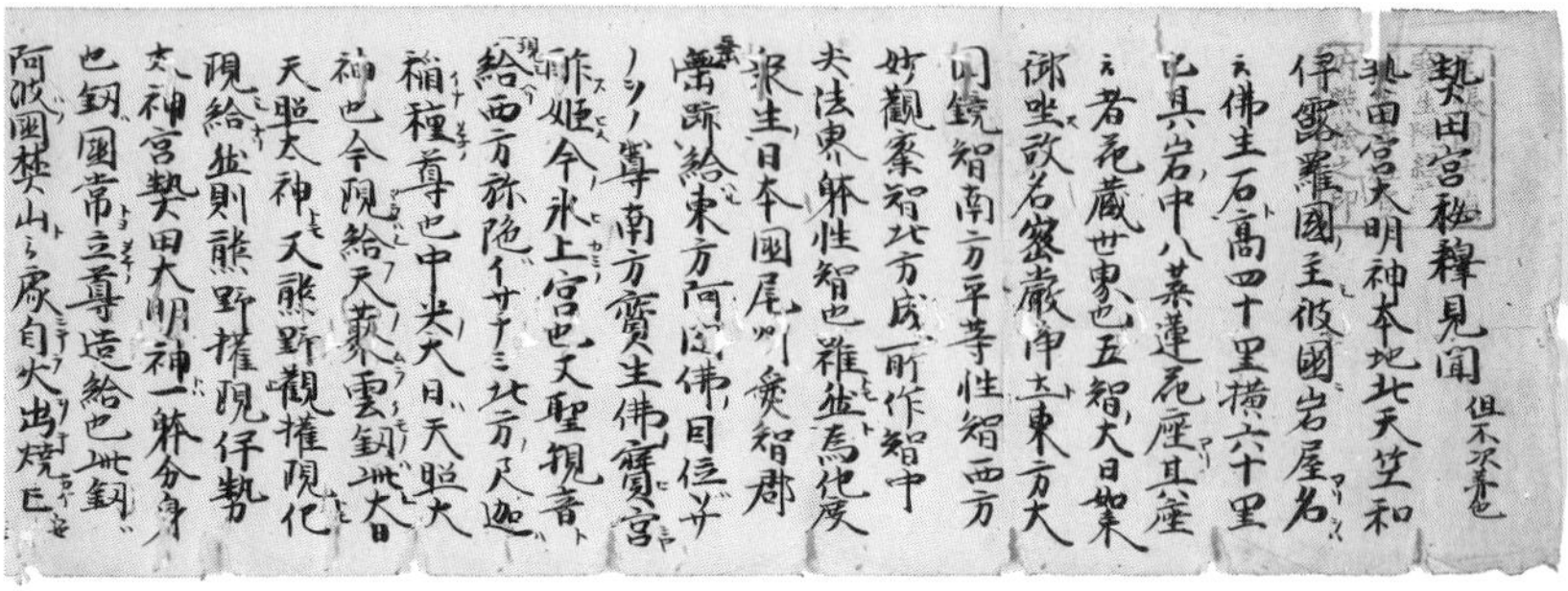

図 15-3　『熱田宮秘釈見聞』冒頭（真福寺）

して成立した真福寺の初代能信の弟子であり、かつ彼の法流伝受と書写を継承した宥恵が写したものである。当時の能信一門の収集した諸流の聖教を書き上げた宥恵編『聖教目録真福寺[35]』にも、数少ない神祇関係書のひとつとして挙げられており、小型の巻子本で、しかも本文末尾は紙背にまたがって書かれるという略式の体裁ながら、その枢要の聖教体系の一部を成すものであった。

『秘釈見聞』の内容は、およそ四部に分かたれる。まず一は熱田神の本地垂迹についての所説。熱田は華厳世界、密教浄土であり、五智如来の変作として北天竺和伊露羅国の主が仏生石の岩屋から垂迹した神であるという。これは中世後期に展開する本地物語の萌芽というべき所説のようである。その五仏は大宮五神と化現し、その中台大日は天照太神でもあるが、それは天藂雲剱、ひいては熊野権現として顕現するのであり、されば熊野、伊勢、熱田は一躰分身であると説く。これは『熱田明神講式』（五段式）の所説を元に、更に敷衍するものであり、前述した伊勢と熊野の同体説が熱田にまでも及んでいる、そのような所説といえるであろう。次の二は神剱の来歴についての所伝である。この霊剱は国常立尊の造るところとし、さまざまに変化を示しつつ諸国の霊山を遍歴し、出雲の肥河上で素戔烏尊が大蛇を斬って得た藂雲剱と十握剱も同じく大日の化身であると説く。三は熱田宮の世界像についての観念。熱田宮は金亀の上に建立されており、それには瑜祇経曼荼羅のイメージが投影されているであろう。また、それは蓬萊嶋だと言い、あるいは白鳥塚の九穴は、熱田宮の下より諸国の霊地、つまり富士の人穴、外浜の阿闕池、補陀落山、伊勢と高野山の奥院、白山の青池、諏訪の南宮と浅間山、天竺の無熱池に通じており、これを交通するのは善女龍王と素盞烏の甲斐の葦毛の龍馬であるとする。四は、熱田の宝物の由来についての伝承。大神宮の秘密の御財《タカラ》は、大師の化身たる道行聖人の梵網経と如意宝珠、大明神の第三生たる得（徳）道聖人の行う仏具などを三重の金箱に納め、宝殿の下に埋めたものである。その箱は、善光寺如来が因位の時に戒授長者が閻浮檀金をもって造り、紐は如是姫が組み打ったものと説くように、中世に流布した善光寺縁起とも遠く響き合っている。

天竺から日本各地の霊地に及ぶネットワークの中心に熱田が位置するという『秘釈見聞』の世界像は、大明神と聖人の垂迹、変作、化身、転生の因縁と併せて、壮大な曼荼羅を描くが、そのテクストだけでは文脈が明らかにはならない。それは、全体の一部が切り出され断片化したような所説である。但し、この『秘釈見聞』のテクスト自体が汎く流布していたことは、真福寺本の書写と隔たらない貞治五年（一三六六）頃の成立になる、天台宗において叡山周辺で編まれた『神道雑々集』[36]上巻「熱田大明神事」にも、これがほぼ同文で抄出されているところからも知られる。更に、室町末期に広く流布した神道書『神祇官』[37]の後半に、熱田宮の霊地の世界像を説くこの『秘釈見聞』の本文がそのまま摂り込まれているなど、それは、中世神道ひいては〝中世日本紀〟と称される知の水脈を生成するテクストに姿を変えつつ展開するのである。

そのような日本紀の神話の中世的変容と熱田宮の縁起説が草薙剱の流転をめぐって融合展開するありようは、天野信景が当宮に奉納した応永四年（一三九七）写本『宝剱御事』とも共通するものであり、いわゆる〝中世日本紀〟の典型的テクストとして流布する言説の核に『熱田宮秘釈見聞』が位置していたことは、注目すべき現象であろう。真言密教法流、それがどの流派か未だ特定に至らないが、その聖教の一端に形成された熱田の縁起説は、熱田神の本地垂迹説と神躰としての宝剱の由来、そして霊地および宝物に関する秘事口伝説の集成であり、縁起伝承と密教教理の合金《アマルガム》のごとき代物であったが、その基盤は、中世熱田宮の神宮寺周辺で形成されていた宗教テクストの世界にあったと考えられる。

高蔵不動院に伝わった『熱田太神宮秘密百録』上下二巻は、天文十二年（一五四三）の本奥書をもつ、熱田神宮寺社僧に伝えられた縁起と秘事口伝説の集成である。[38] その上巻冒頭には、「御詠歌ニ曰」としてまず「荒果ツル我カ宿問ヌ恨ヲハ陰テ社ハ思ヒ知セン」と、あの正応四年の『御託宣記』を代表する神詠が掲げられる。この神のメッセージとしての和歌がテクストの巻頭に位置付けられているのは示唆的である。託宣の記憶が想起されることで、その宗教テクストには強い求心力が与えられることになるだろう。

本書全体の序に相当する「神道相伝」の趣を述べるくだりに続く「熱田百録口伝秘密条々」では、神祇と仏法が「三界唯一心」によって統一的に捉えられる。それは、蓮華三昧経の偈を典拠とする中世宗教思想上の鍵語《キーワード》となるような用語であるが、その理をもって世界ひいては人間を解釈する論説が大半を占め、「条々」として伊勢と熱田の本地説とその一躰分身のこと、および社参の次第と大宮五所の次第が記される。次いで「神記」五巻が配列される。これらは、中に延久元年（一〇六九）の識語を含み、その時点での成立に仮託された縁起説テクストであるらしい。そこには天台、真言の祖師である伝教、弘法の両大師をはじめ、太子や祖師先徳の御記文がパッチワークのように引用されており、それぞれの所説において熱田の霊地なることが各種宗教テクストの言説形態を借りて表現されている。また、その「神記巻第一」の中には、再び正応の御託宣中の神詠「幾帰リ幾里人ヲ薩《タスク》ラン幾度契《チキ》ル皇《スベミ》神《カモ》」が引かれていることも注意される。それらの所説を一つひとつ紹介する余裕はないが、そのテクストの様式の種類だけでも掲げておくことにしよう。参宮御記文、作礼銘、宣旨、冥告、注進状、行法記文、碑文釈、碑牒文、御文、偈、官符注進状、未来注碑文、神名帳、勘文など、その多彩さに驚かされるが、それはすなわち中世宗教テクストを生成する豊饒なテクスト位相と変奏の範疇を示しているだろう。

下巻は、その前半に『秘釈見聞』との共通同文を多く含む熱田宮の秘説を記す。更に「日本ヲ神国トシテ仏法ヲ弘メ」るべき因縁としての第六天魔王説話が詳しく説かれるが、これは『神祇官』の前半部分の所説とほぼ共通しており、『神祇官』全体は、この『百録』が一端を示すように中世熱田の縁起説に拠っているであろうことが推察される。このくだりの末尾には「記スルニ及バザル口伝ノ事条々、右此ノ外口伝在之、是ハ纔ニ三分ノ一也、抜書」とコメントされるので、『秘密百録』には更に大部の口伝条々が存在したのであろう。事実、『熱田雑記』(39)には覚円房本『百録』より「七社御本地次第、宝釼法報応三身如来次第」など不動院本に見えない条々が引かれ、また大永五年(一五二五)本奥書『神仙秘訣集』のような異本(40)も報告されており、多様な伝本が派生する大きな母体が存在したと想像される。下巻の後半は、「藤沢大宮司正和御託宣」以下、一ッ書の条々が「伊勢二見浦石」、「伊勢国尾張国鏡釼ト申」、「内裏ニ被崇メ熱田太神宮事」、「御前等諸社秘説」、「大宮司職譲与故実」、「五所御次第」、「三種神器御事」などと連ねられ、末尾の識語には、公家の本と叡山天台宗の本とを見合わせて写したものとされている。それは、中世天台の記家であった光宗による類聚『渓嵐拾葉集』に山王神道の縁起説や祖師先徳の諸記文を引く中に、熱田宮を含む諸寺社の縁起説が交えられる光景(41)とも重なり合っている。中世寺社において、顕密仏教の徒が創り上げた秘事口伝説の宗教テクスト群は、一見それがいかに荒唐無稽に見えたとしても、それぞれが共有する普遍性をもった知の体系を構築していたというべきであろう。中世の熱田宮は、その点でも重要な知のネットワークの結節点であった。

六 「宝釼」をめぐるテクスト

中世の熱田宮を創り上げた諸位相の宗教テクストを眺めわたすことを通じて、熱田宮が、日本の中世的世界像を形づくる運動の焦点のひとつとして大きな役割を果たした宗教空間であったことが、改めて認識されることとなった。

しかし、未だ検討されるべき数多のテクストが神宮の内外に残っている。たとえば、「享禄古図」と称され、徳

図 15-4　熱田宮参詣曼荼羅　残欠，社頭中央部分（熱田神宮）

川美術館に蔵される一幅の熱田宮参詣曼荼羅とも称すべき熱田宮絵図[42]は、神宮にもその紙本彩色写本の断片（図15-4）が残されているが、それは社頭図として、社殿と神宮寺を中心に、神域からその周辺の摂末社ひいては門前の町屋や宮の渡しから海辺の魚棚までを描き、しかもその全体に参詣しなりわいを営む多数の人々を描き込んで、その賑わいをあらわす。それは中世の宮曼荼羅に必須の本地仏図像すなわち御正躰を描かないが、但し、神宮寺の伽藍中に神仏の尊像をあらわす[43]ところにその片鱗が窺える。神域に参詣者の僧俗や遊行宗教芸能者の姿を描き込むのは、中世掛幅画の縁起絵や高僧絵伝などにおいて胎動する、神仏という〈聖なるもの〉とそれが祀られる霊地に現世を生きる人々が参入するという、聖俗一体となった地続きの世界観をあらわすものといえよう。やがて参詣曼荼羅において全面的に開花するに至る開放された霊地のイメージが、熱田宮絵図の宗教テクストとしての特質である。

こうした、厖大に残されてある熱田をめぐる宗教テクストの遺産を、祭儀の伝承をはじめとして、確かに保存し、正当に評価する営みこそ重要な課題であるが[44]、今その試みの一端として、真福寺の蔵書からの最新の知見を紹介することで、中世熱田宮の宗教世界の背後にある奥深さを窺ってみたい。

「釼図」とその端裏外題に記された一巻の図像が、大須文庫の神祇書の中に含まれている[45]。墨色あざやかな白描で精細正確に長大な一振の釼の図のみが描かれる（図15-5）。その刀身には、それぞれの図形のうちに龍が描かれている五輪（宝珠、月、三角、円、方形）が間隔を空けて配され、三鈷形の柄の下にはウロボロスの如き蛇が六つ

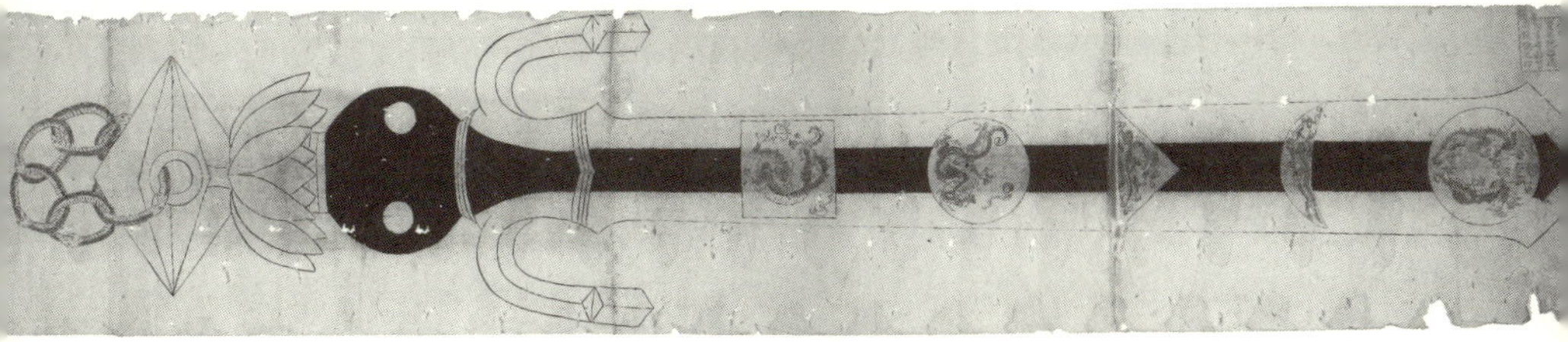

図 15-5　『釼図』一巻（真福寺宝生院）

の輪の索となって編まれている。まことに異様な釼のイメージだが、これは中世真言密教における神祇勧請の儀礼、すなわち本書第八章に言及した『麗気記』をその神典として道場を設け、切紙印信を用いて伝授を行う「麗気灌頂」の具のひとつ「神躰図」の一部をなす宝釼図なのである。真福寺には、初代能信へ三宝院流を伝えた武蔵高幡不動の儀海が更に宥恵に麗気灌頂を伝受した際の印信血脈と『麗気記』およびその一具としての「神躰図」が、ほぼ揃って伝来している[46]（これについては次章で詳述する）。これと共通したテクストが伝わる金沢称名寺には、このような「釼図」は備わらない。この、中世神祇テクストの一環となる図像テクストとしての釼は、いわゆる三種神器のうちの宝釼であるが、同時に「法釼」として独自の象徴性と解釈を与えられている。

　大須文庫には、この「釼図」について一紙の折紙が伝わる。『法釼図聞書』と題されるこの折紙は、「釼図」の略図を示し、これについての本文とその注釈とを記す「聞書」である。釼には「金剛峯寺大自在堅固根本法釼図」と銘されており、弘法大師が高野山大塔建立の際に地中より出現した法釼として、久成の古仏より大師に相伝された仏法護持、仏法根本のしるしである旨を大師の「御記」として載せている。その各条毎に密教による解釈が施され、更に裏書にこの題目「法釼図」を三宝に配当すると共に、神璽、宝釼、内侍所の「本朝三種宝」に同じと注《しる》す。ここに、「法釼」は熱田の草薙釼と重なることになる。

　更に大須文庫に伝わる『宝釼図注』一巻[47]は、能信自筆の可能性がある、この『法釼図聞書』の注釈である。つまり、「釼図」という図像テクストの注釈の、そのまた注釈という二重の注釈テクストなのである。熱田宮のことは一言も触れられておらず、少なく

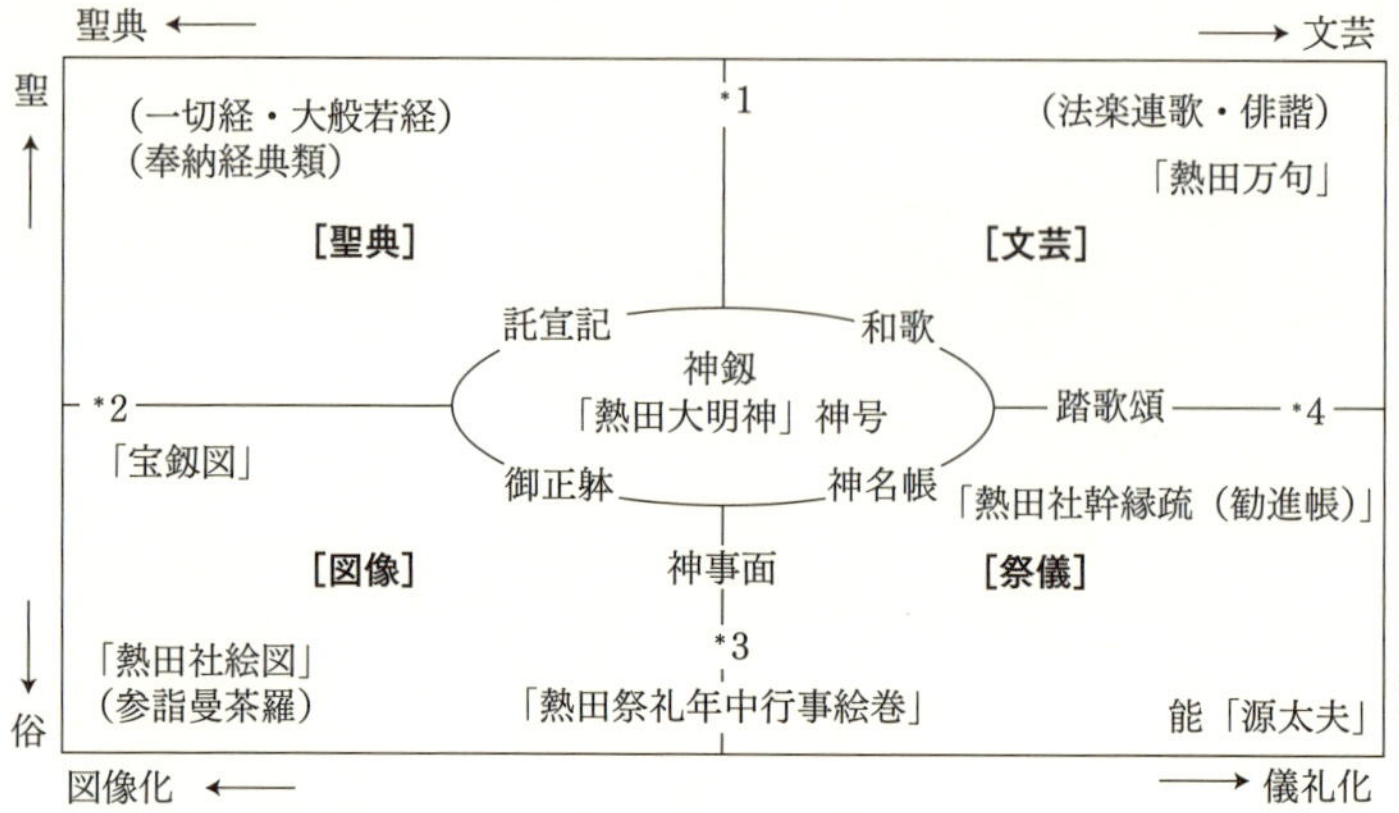

図 15-6　中世熱田宮宗教テクスト空間の座標

*1『日本書記』／紙背和歌懐紙
*2『熱田宮秘釈見聞』等秘事口伝書類／宝剱図
*3「熱田宮本地曼荼羅」／『熱田講式』
*4「熱田講和讃」

ともこのテクストが直接に宝剱を熱田の神躰に関して説いていると言うことはできない。但し、その奥書識語において、この「大日法文」を「大日本風儀」に合せ、大日すなわち天照の理《ことわり》を以て、また神道を密教を以て解釈を示した口伝を「尾州澄毫阿闍梨」の懇望により草案して与えたテクストであることが示される。この記主が果たして能信その人であるか否かはなお明らかでないが、こうした密教神道の神典と伝授儀礼の過程に生成した注釈が、熱田宮の所在する尾張国の密教僧に伝えられ、真福寺に伝来することは、これまでに取り上げてきた中世熱田宮の縁起テクストをはじめとする諸位相の宗教テクストの創り上げた世界の文脈と、確かに連なるものであろう。

以上に記述してきた中世熱田宮の宗教テクストの諸位相を全体として領域化し、その上に所産としての代表的なテクストを布置してみるならば、図15-6のような座標が想定されよう。その特徴は、儀礼と儀礼テクストを一体として範疇化し、文芸と祭儀の位相で分節していることである。ここでも熱田における代表的な宗教テクストは、多く位相の境界上に成立し、なかには一箇のテクストの上で双方にまたがって生成する事例のあることも注目される。更に、それらの中核を成すテクストは、熱田宮の場合、当然のことに神躰としての宝剱であるのだが、加えて、後水尾院宸筆になる「熱田大明神」御神号一軸の存在も無視できない。終章で改めて論ずることになる、神号や名号という〝聖なる名〟についても、熱田宮宗教テクストの核を表象するものと認めてよいだろう。

これらのテクストからは、まさに「熱田の深秘」というべき神躰としての宝劔についてのイメージと、そこからの思惟が言説化されていく様相が、伝授相承という宗教の場における注釈つまり解釈学的運動においてテクストが生成するところに如実に浮かび上がる。このような事例は、未だ見えざる全体像の一端に過ぎない。宗教テクストという視界から窺うならば、熱田宮の蔵す宗教空間の世界はなお発見の可能性に満ちている。

第十六章　真福寺神祇書のテクスト体系

一　宗教テクストとしての神祇書

「伊勢神道」ないし「度会神道」と称し、一方で「両部神道」もしくは「真言神道」等々の、中世神道の領域を示す呼称については、近年、その範疇そのものを問い直そうという研究が志向されている。(1) 中世神道においても度会家行の『類聚神祇本源』の如く、類聚の上に「漢家」「官家」「社家」「釈家」という部類を立てて引用書を分類するが、たとえば顕密仏教の中で神典として位置付けられた『麗気記』が延喜帝の御作であるとする説に従って「官家」と分類される如く、既にしてその認識自体が矛盾をはらむものであった。そのように、中世神道のカテゴリーを単純に一元化することは困難であろう。たとえば、暫定的に従来の伊勢神道という呼称の許に対象化されているのは、伊勢神宮を成立ないし流布の場とし、神宮の祢宜をその担い手とした神祇書である。それが外宮の祠官による場合であれば「度会神道」と呼ばれもする。こうしたいわゆる伊勢神道書を多く含む多様な神祇書が密教聖教を中心とした顕密仏教の宗教テクスト体系のうちにまとまって含まれているのが、真福寺の蔵書（大須文庫）である。加えて注目されるのは、それらが形成される過程と時期を隔てず伝来し集積されていると考えられることである。現在進行中の本格的な真福寺聖教全体の調査と、その中での神祇書についての書誌水準からの検討を行うことによって、「伊勢神道」ひいては「中世神道」とは何かを問う文献学的基盤が提供されることになろう。

ここに参照されるべきは、中世寺院蔵書として共通した知的体系と形成過程を示す、金沢称名寺（金沢文庫）の神祇書であろう。金沢北条氏の許で鎌倉中期以降、諸宗兼学の顕密寺院として発展した称名寺であるが、なかでも二世釼阿によって真言諸法流の伝受と共に厖大な聖教を書写収集する一環に、また神祇書も含まれていた。しかるに、その中核をなすのは、『麗気記』をはじめとする両部神道のテクスト群であり、神祇灌頂の印信切紙など、伊勢神宮に関わる秘伝の類は多いが、その中に伊勢神道書と認められるものはきわめて少ない。また、称名寺の蔵書に存在した、釼阿が識語を付した『日本書紀』は水戸彰考館へ、『古語拾遺』は尊経閣文庫へ移るなど、神典に加えて神祇書も多く流出し、その全体像は復原的に再構成する必要がある。それらの中には僅かに伊勢神道書が含まれ、『宝基本記』や内宮側の神祇本縁である『天照大神御天降私記』（尊経閣文庫蔵、釼阿写）などが注目されるが、外宮のいわゆる度会神道に属す神祇書の存在は知られていない。唯一確認されるのは、永仁年間の皇字沙汰事件に関して、内宮と外宮双方の申状を整理した『皇字沙汰文』であるが、これとても神祇書というよりむしろ記録であろう。つまり、称名寺聖教において「伊勢神道」テクストは、カテゴリーとして存在していないのである。これは真福寺の蔵書および神祇書との決定的な相違であろう。また、称名寺（金沢文庫）がその本来の蔵書の多くを喪っているのに対し、真福寺（大須文庫）が、中世以来の蔵書構成をほぼ損なうことなく伝えていることも、本章での考察を支える前提となっている。それゆえに、本章では、真福寺の神祇書全体を視野に入れ、そのなかで改めて「伊勢神道」書と呼ばれる神祇書テクストの位置付けの再認識を試みたい（以下、書名の下に示すのは真福寺大須文庫の函号整理番号である）。

二　真福寺聖教における神祇書の位置

真福寺に伝来する聖教典籍の中でも「神書」すなわち神祇書群が突出した存在であることは、近世に広く知られており、その理由を説明する伝説が幾つも生み出された。「外宮祢宜家の秘本一筺」の由来として、初代能信が度会家行の子であって、その許から借用したまま真福寺へ留められたという説（『塩尻』）や、家行より仏通禅師へ贈られた神書が伊勢安養寺にあり、能信が夢告により参宮した際、禅寺となった安養寺より真言の秘書と共にこれを相伝したという説（『尾陽雑記』）、また伊勢神宮側でも、真福寺の神祇書を写させたことに関して、昔、安養寺の僧が「山田の人」と交わり写し貯えたものを大須に携え来ったと説き（『圍炉間談』）、山田西河原の極楽寺に蔵せられていた「神蔵秘書」が真福寺へ移されたという伝（『蟄居紀談』）などである。[2] それらは全て、真福寺本神祇書が古事記の最古写本や度会行忠自筆写本を含む、神宮にも伝存しない希有な典籍群であると知られていたことから、その理由を解釈するために創り出された伝説であったろう。管見の限りそうした説を裏付ける資料を真福寺本のうちに見出すことはできない。今はそれらの伝説を一旦捨象し、真福寺本そのものの語るところに耳を傾ける必要がある。

まずは基本的な手続きとして、真福寺経蔵の目録に神祇書がどのように記載されているか、その輪郭を確認しておく。[3] 初代能信による「大須三流」の伝受書写に伴い形成された最初期の聖教の様相を示すのが、法弟宥恵の手になる『聖教目録真福寺』（文和五年〈一三五五〉頃成立、宥恵の伝受書写分も含まれる）である。この中には、まとまった神祇書の集合は見出されない。僅かに『熱田宮秘釈見聞』一巻（64甲―28）と『八幡大菩薩』一帖（51―73）（後者は能信本の永正五年〈一五〇八〉転写本）の二点が第一筺の書目中に見られるのみである。目録が対象とした範囲の外に神祇書が伝来ないし存在したとしても、この段階では、聖教体系のなかに神祇部といえるような集合は形成されていなかったと推定される。

神祇書のまとまった存在が知られるのは、室町末期成立の『大須経蔵目録』および『経蔵目録稿本』[4]（第二十一代鏡融〈天正十三年（一五八五）寂〉の頃の編と推定される）の段階である。この目録における大須経蔵は梵字による箱分類がなされ、聖教にもその梵字が識語として付されているが、神祇書は「神道」箱として別立てされている。この「神道」箱は、後述する文政目録の第六十四合に相当すると思われ、文政目録にはその合の目録末尾に、次のような「蓋面」および「底板裏」の墨書銘を録している。

神道一流箱真福寺経蔵奉寄進者也蓮乗院住持政伝／右箱天文十六年九月十六日（蓋面銘）

文明参年二月廿六日　主紹覚（底板裏銘）

現在の第六十四合甲箱の蓋面には「神道一流箱」の銘が判読される。以下の銘文を確認することはできないが、室町後期の文明から天文年間にかけて、「神道一流」箱に神祇書が一括されていた消息が窺われる。『大須経蔵目録』に記される神祇書のうち、書写年次が知られるのは天文十一年写『三種神祇并神道秘密』一冊（65乙―5）が最も新しく、一方、天文十七年写『日本記三輪流』一冊（64乙―7）の書名は見えない。このことは、天文十六年（一五四七）の時点までに集積された「神道」箱の内容をこの目録が伝えていることを裏付けていよう。

南北朝から室町時代にかけて二世紀余りの間に、およそ五十余点の神祇書が入蔵した。これが近世に至るまで、ほぼそのまま受け継がれてきたことは、江戸後期、文政四年（一八二一）の尾張藩寺社奉行による点検目録から知られるところである。真福寺大須文庫に所蔵される『宝生院経蔵図書目録』巻十七に収められる六十四・六十五（第一結〜第八結）・六十六・六十七の四合に神祇書は分載される（このうち六十六・六十七合は歴史書や記録類と併せて収められ、後に国宝、重要文化財に指定される貴重典籍を集中的に集めた箱である）。「神道」箱が既に近世初頭の時点で複数の箱に分かれていたことは、慶長十七年（一六一二）の『大須真福寺宝生院経蔵聖教目録』の末に付載された箱名目書き上げに「六神道二箱」また別に「神祇一箱」と見えて知られるところである。但し、それらに収められた書目は記されていない。文政四年当時の神祇書の配置と構成は、昭和十年の黒板勝美博士による整理と目録でも基本的に踏襲されており、第六十四合（甲・乙）・第六十五合（甲・乙）・第六十六合・第六十七合（上・下）と更に七合に分かたれ、そこから択ばれた貴重書が取り出され、別途保存されている。

右の目録のうち、神祇書の書目を載せる『大須経蔵目録』と『宝生院経蔵図書目録』は、それぞれ中世末期と近世末期の様相を示す重要な資料である。表16-1に両者を比較対照した。

表16-1　宝生院経蔵目録と大須経蔵目録に見える神祇書一覧

	宝生院経蔵図書目録		**大須経蔵目録**	
	第六十四合			
64甲—1	神体図記	二軸	神体図記 不具	三巻
	「以下十四件号麗気記」		麗気記	十四巻
64甲—2	二所大神宮麗気記 一	一軸		
64甲—3	降臨次第麗気記 二	一軸		
	同 三	一軸		
64甲—4	天地麗気記 四	一軸	天地麗記	一巻
64甲—5	鎮座麗気記 五	一軸		
64甲—6	五十鈴河鎮座次第 六	一軸	五十鈴河鎮座	一巻
64甲—7	心柱麗気記 七	一軸		
64甲—8	神梵語麗気記 八	一軸		
64甲—9	万鏡麗気記 九	一軸		
64甲—10	神号麗気記 十	一軸		
64甲—11	神形注麗気記 十一	一軸		
64甲—12	三界表麗気記 十二	二部 二軸	三界表麗記	一巻

64甲—13	現図麗気記 十三	一軸			
64甲—14	仏法神道麗気記 十四	一軸			
64甲—15	神将東通記 附 大神宮御託宣記	一軸			【両】
64甲—16	自性斗擻「巻頭題神性東通記」	一軸	*〈自性斗藪	一巻〉	
64甲—17	天都宮事太祝詞	一軸	天都宮事太祝詞	一巻	
64甲—18	十二所権現法楽次第	一軸			
64乙—15	大日本国開闢本縁神祇秘文	一軸	日本開闢本縁起	一巻	【両】
64甲—19	日諱貴記	一巻	日諱貴本記	一巻	【両】
64甲—20	宝釼図	一軸			
64甲—21	神名秘書	一軸	神祇秘記 行基作	一巻	【伊】
	（裏書）大和葛宝山記		*〈大和葛宝山記	一巻〉	【伊】
64甲—22	天下皇太神本縁	一軸	皇太神本縁	一巻	【両】
64甲—23	神法楽観解深法巻下	一軸	神法楽観深法	一巻	【両】
			*〈神法楽観解法	一巻〉	
64甲—24	両宮形文深釈	一軸	両宮深釈	一巻	【両】
64甲—25	神器伝授篇〔元々集〕	一軸	神器篇	一巻	
64甲—26	梵漢同名釈義	一軸	*〈梵漢同名釈儀	一巻〉	【両】
64甲—27	天照皇太神儀軌	一軸	〔駆箱〕天照大神軌儀(ママ)	一巻	【両】
			*〈天照大神儀軌 神道箱へ入之〉		
64乙—14	往代希有記	一軸	御気殿本記	一巻	【伊】
64乙—16	元応二年高宮御事	一軸	高宮御事	一巻	【伊】
64甲—28	熱田宮秘釈見聞	一軸			【中】
64甲—29	中臣祓	一軸	中臣祓	一巻	
64甲—30	熊野三所権現金峯金剛蔵王降下御事	一軸			【熊】
*	熊野権現蔵王宝殿造功日記	一軸			【熊】
*	熊野三所権現御記文	一軸			【熊】
66—44	熊野王子眷属	一軸			【熊】

64甲—33	万鏡霊瑞記	一冊	*〈万鏡霊瑞記神道箱へ入ル	一巻〉	
64乙—1	神祇秘抄	三冊	神祇秘抄	三巻	【中】
64乙—2	拾遺神名略解	上下二冊			
64乙—3	瑞柏伝記〔三角柏伝記〕	一冊	〔芽箱〕瑞柏伝記	一巻	【両】
64乙—4	麗気制作抄	一冊	麗気制作抄延喜御門作	一巻	
64乙—5	類聚既験抄神祇十	一冊			【唱】
64乙—6	高庫蔵等秘抄	一冊	〔冠箱〕高庫蔵等秘抄	一巻	【両】
64乙—7	日本記三輪流	一冊			【中】
64乙—8	神祇秘記	一冊	神祇秘 決《（ママ）》	一巻	
64乙—9	神道集一二三七	三冊	神道集不具	三巻	
64乙—10	神道血脈全	一冊	*〈神道血脈	一巻〉	
64乙—11	御降臨記天岩戸皇女事〔天照大神御天降記〕	一冊	御降臨記	一巻	【中】
64乙—12	本朝諸社記	一冊			【唱】
64乙—13	三国合運之事	一冊			
	第六十五合				
	［第一結］				
64乙—17	類聚神祇本源	十五冊	類聚神祇	十五巻	【類】
	［第二結］				
65乙—4	地神出生篇下〔元々集〕	一軸	地神出生篇	一巻	
65甲—11	神祇講私記	一軸欠残			
	御鎮座伝記〔神皇実録（後半）〕	一軸			【伊】
65甲—10	神皇系図／神皇実録	一軸			【伊】
65甲—21	神体図	一軸	神体図記不具	三巻	
65甲—12	神祇秘抄	一軸欠残	*〈神祇秘鈔	一巻〉	【伊】
65甲—19	天津祝詞	一軸			
65甲—7	伊勢二所太神宮神名秘書并序	一軸	大神宮名《（ママ）》秘書	一巻	【伊】

65甲—9	大元神一秘書	一軸	大元神一秘書	一巻	【伊】
65甲—8	両宮本誓理趣摩訶衍	一軸	両宮本誓	一巻	
65乙—3	大田命訓伝	一軸	大田命訓伝	一巻	【伊】
65乙—2	続別秘文	一軸	＊〈続 例（ママ） 秘文 空海作	一巻〉	【両】
65甲—20	鈒図	一軸			
65甲—15	天地霊覚秘書	一軸	天地霊覚＊〈天地霊覚秘書〉	一巻	【両】
65甲—14	上代本記〔神道簡要〕	一軸	神道 肝（ママ） 要＊〈神道簡要〉	一巻	【伊】
	［第三結］				
65甲—5	神道	一包 図一枚			
65甲—6	神道灌頂指図	一枚			
65甲—4	御流神道灌頂内堂義式	一冊	御流神道灌頂	一巻	
			＊〈神道灌頂内堂義式	一巻〉	
65乙—7	神道遷宮次第 大師	一冊	遷宮次第	一巻	
65甲—2	神道大意		一冊		
65乙—5	三種神祇并神道秘密	一冊			【中】
65甲—1	諸道勘文	一冊 欠残	諸道勘文	一巻	
65乙—6	神一徳義抄	一冊			
65乙—8	宗論判者記録 野山頼慶記	一冊			
65甲—3	御流神道父母代灌頂	一冊	＊〈御流灌頂	一巻〉	
	神道第三重三之切紙之大事	一枚			
	［第四結～第八結］（略）				
	第六十六合				
	（中略）				
66—10	高宮盗人闖入怪異事 元応二年庚申 中巻	一軸	高宮盗人異事	一巻	【伊】
	（中略）				
66—11	御遷宮々飾行事	一軸	御遷宮宮飾	一巻	
	（中略）				

66—28〜31	神皇正統録	四冊	神皇正統録	四巻	
	（中略）				
＊	古事記上巻抄	一軸	古事記抄不具	一巻	
	（中略）				
66—26	熱田講式	一冊	熱田講式	一巻	【中】
	（下略）				
	第六十七合上				
＊	古語拾遺（現存せず）	一冊			
67—9	大神宮諸雑事記	二冊	大神宮雑事	二巻	
	（中略）				
67—5	東大寺俊乗房伊勢太神宮参詣記	一軸	東大寺衆徒参詣伊勢記	一巻	【古】
	（下略）				
	第六十七合下				
＊	古事記	箱入三冊	古事記	三巻	
			（以下、文政目録に所見のない書目）		
			神代日記	一巻	
			太神宮宝基〔本記〕	一巻	
			神書	一巻	
			唯一神道法要抄	一巻	
			天照太神縁起	一巻	
			行事略記	一巻	

＊比較対照表は、上段に『宝生院経蔵図書目録』（文政目録）をその記載順に配列し、下段に『大須経蔵目録』の、上段の書目に相当すると判断された書目を配した。これに『経蔵目録稿本』にのみ見える情報を＊〈 〉を付して加えた。文政目録のうち、第六十五合後半の御流神道切紙や印信の類は省き、また各書目に付される奥書等の記述も省略した。上段欄外に、黒板目録による各書目の整理番号を示すが、貴重書として別置された分には整理番号が付されていないため、＊で示した。また下段欄外に、既刊の『真福寺善本叢刊』に収められている書目については、略号（【伊】＝『伊勢神道集』、【両】＝『両部神道集』、【中】＝『中世日本紀集』、【熊】＝『熊野金峯大峯縁起集』、【類】＝『類聚神祇本源』、【古】＝『古文書集 一』、【唱】＝『中世唱導資料集 二』）で示した。

右の表は多くのことを語っている。『大須経蔵目録』と稿本目録の間でも、『麗気記』合写本である『万鏡霊瑞記』（64甲—33）の如く、「神道箱へ入ル」と注記されて他から移し替えられたり、「駆箱」にあった『天照大神儀軌』（64甲—27）が同じ注記を付されて移されているように、神道箱に神祇書が聚められる動きが見え、稿本で七点増加している。その数は次第に増加して、その結果が文政目録に示されている。たとえば、伊勢神宮に関わる両部神道書として重要な伝本である『瑞柏伝記』（64乙—3）や『高庫蔵等秘抄』（64乙—6）は、それぞれ別の聖教箱に入れられており、聖教の一環として扱われていた。反面、伝世の過程で喪われた本もあった（表16-1末尾参照）。その中には、『大神宮宝基本記』の如く、伊勢神道の根本となる神典も含まれている。(5) なお、『大須経蔵目録』の神道箱の内容を検ずるに、そこには前述した能信と宥恵による聖教形成初期における僅かな神祇書のひとつである『熱田宮秘釈見聞』は見えない。それまでは本来の密教聖教体系の一部に属していたのであろう。それが文政目録に至り第六十四合に含まれることになる。加えて、同じく文政目録に初めて見える『宝剱図（宝剱図注）』一巻（64甲—20）は、前章にも言及したように能信自筆本とみなされるが、その末尾奥書に「尾州澄毫阿闍梨」に伝授した旨を記す、三種神器のうち宝剱の深義を密教の立場から説く、能信の神道伝授の内容が窺われて注目すべき神祇書といえよう。(6) また、稿本の神道箱目録に追加挿入された末尾には、「扶桑略記　一巻」と見え、文政目録には収められていないが、これは現存の『扶桑略記』巻一残欠一帖ないし巻三の一帖のいずれかに相当すると思しく、こうした史書が神祇書に分類されていくような認識も興味深い。

一方、文政目録で新たに神道箱に加えられたうち、大きなまとまりとして注目されるのは『熊野三所権現金剛蔵王降下御事』（64甲—30）等四巻の修験道縁起・記録の一群である。これらは、『大須経蔵目録』でも別箱に収められ分かたれたままの『役優婆塞事』（56—158）と共に一具を構成する、南都に由来する縁起集である。(7) 加えて、『本朝諸社記』（64乙—12）や『類聚既験抄神祇十』（64乙—5）など、本来南都伝来の聖教に含まれていたと思しい記録や抄物も、(8) その内容が神祇中心であるがゆえに神祇書としてまとめられるに至ったものだろう。文政目録に初めて登場する書目のうち『神一徳義抄』（65乙―6）一冊は、室町初期を遡る写本で、序を備えた本格的な伊勢神道周辺の諸書の抄出集成として他に伝本がなく注目される神祇書である。後述する古くから伝来した神祇書の一部でなく、新たに編まれた神祇書であろう（あるいは、その成立は真福寺の周辺かもしれない）。なお、文政目録の第六十七合上には「古語拾遺　一冊」の書名が見えているが、これは現存していない。『古語拾遺』が中世寺院に蔵される神祇書のうち『日本書紀』と共に主要な神典のひとつとして位置付けられていた消息は、称名寺（金沢文庫）伝来の諸本[9]について知られるところであり、真福寺においても同様であったことが推測される。但し、真福寺に『日本書紀』および『神代巻』の伝来は確認されない。

以上のごとく、真福寺経蔵には、室町中期の文明年間頃までには中核となる神祇書が入蔵しており、以降の永い時を経るうち、伝来を異にする多様な位相のテクストが「神道」のカテゴリーの許に次第に聚められ増加していく様相が窺われる。

三　真福寺本神祇書の書誌分類

南北朝から室町時代にかけて形成された真福寺の神祇書群は、鎌倉時代から室町時代にかけての幅広い時期の写本を含む。これらを通観すると、その料紙や装丁および書写年次や筆跡（書写者）など、書物としての性格が共通して、いわば一具となる写本群（具書）の存在が複数にわたって認められる。こうした観点からの分類は、それ自体に奥書識語などを有さず書写伝来を特定できない神祇書を同定し位置付けるための重要な手掛かりとなる。現在までの調査から、その主な具書として巻子本では七具、冊子本には二具が認知される。以下にこれらを列記して、その書誌的特徴から捉えられた神祇書相互の関係を考察しよう。それは自ずから伊勢神道書の位置を浮かび上がらせるはずである。まず、巻子本で大きなまとまりを成す主要な具書から述べる。

○巻子・濃黄楮紙打紙・墨界・墨訓点・朱傍注・合本・裏書

『天地霊覚秘書／仙宮秘文』一巻（65甲—15）・『神皇系図／神皇実録』一巻（65甲—10）・『神名秘書／（裏）大和葛宝山記』一巻（64甲—21）・『神祇秘鈔』（後欠）一巻（65甲—12）。

濃い黄蘗染の上質な料紙に整然と墨界を施し、全て一筆（但し『神名秘書』の筆は異なる）で書写した本文に同筆の朱注記が施され、また一巻のうちに二本を合写したり大量の裏書を加えるなど、密度の高い写本群である。四巻の具書のうち、『神祇秘鈔』は度会家行による元徳元年（一三二九）の撰述であるため、これらの書写はそれ以降の南北朝初期と推定される。原克昭[10]がその特徴を的確に示しているが、度会行忠の著『神名秘書』（図16-1上）が冒頭を書写して中絶した形で了り、その裏に『大和葛（木）宝山記』（図16-1下）が写されており、これが端裏題に「神祇秘記」と付されて、この書名で伝世していることが注目される。『天地霊覚秘書』に弘安九年（一二八六）の行忠伝受識語を付すことも併せ、行忠に関係する神祇書が聚められていると思しい。永仁六年（一二九八）に成る行忠の『古老口実伝』に、「神宮秘記数百巻内最極

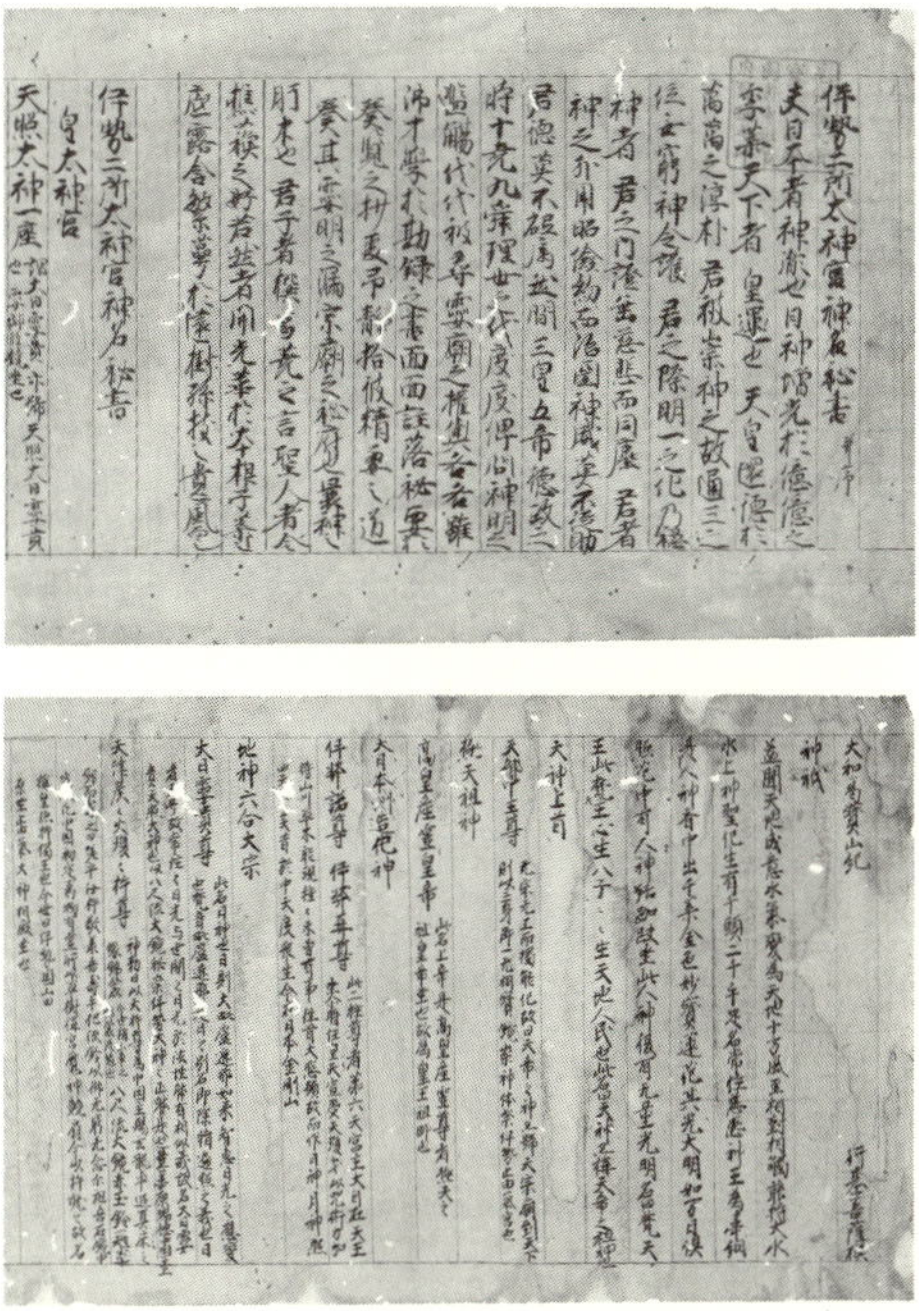

図 16-1　上：『神名秘書』，下：『大和葛宝山記』表裏各冒頭（真福寺宝生院）

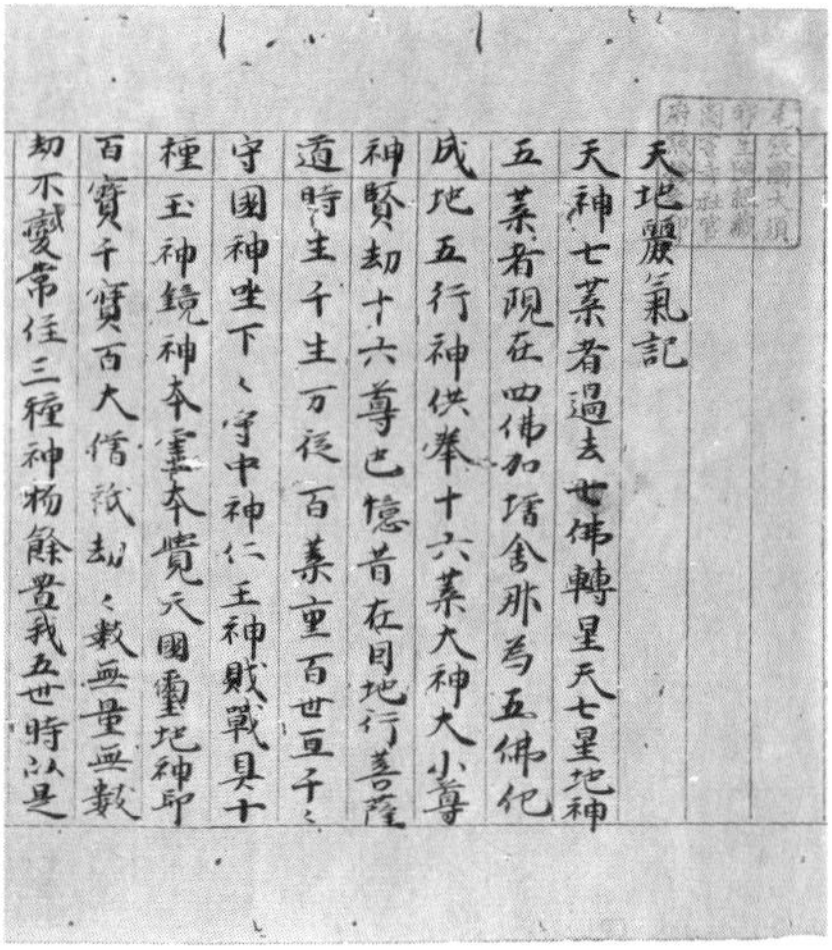

図 16-2　『天地麗気記』冒頭（真福寺宝生院）

書」として挙げられる五つの書目のうちに、「大和葛宝山記神祇部」と「神皇実録」が含まれていることも示唆的である。

○巻子・淡黄楮紙打紙・墨界・墨訓注・白描図像

『麗気記』十五巻（64甲―2～14）・『神体図記』二巻（64甲―1・2）・『神将東通記附大神宮御託宣記』一巻（64甲―15）。

十八巻一具の麗気灌頂の伝授に伴う南北朝期の書写本と思しく、一筆で統一されほぼ完全な形で伝来する遺例（『神道大系』真言神道（上）の底本となった）であるが、奥書識語なく伝来未詳である。但し、これについて参照されるべきは、麗気灌頂の伝受を唯一伝える資料として、儀海から宥恵に伝授された『二所皇大神宮麗気秘密灌頂印信』一通（65乙―1）の存在である。宥恵は観応三年（一三五二）から文和四年（一三五五）まで武蔵国高幡不動堂において儀海の許で多数の聖教を書写した。その間に伝授された各種の印信のひとつに麗気灌頂が含まれており、それと共に書写相伝された可能性がある。[11]これは儀海から宥恵への伝授書写の一環である事相聖教としての『野決』具書と共通した書体と装丁をもち、そこにも次の具書として示すように、神祇書が含まれている。なお、『麗気記』には同じ巻子本で表紙の楮紙・墨界による同時代の写本三巻『天地麗気記』（64甲―4）、『三界表麗気記』（64甲―12）、『降臨次第麗気記』（64甲―3）が別に伝わり、これらは宥恵の麗気記一具とほとんど同体裁の写本であり、同じく表紙の『鈫図』（65甲―20）一巻を含めてその副本と位置付けられる。但しこれらには詳細な訓点が付されており、伝授のために用いられたものかと推察される（図8-2参照）。前述した冊子本（粘葉・押界）の合写本『万鏡霊瑞記』（64甲—33）一帖も存する。

○巻子・楮紙打紙・墨界・墨訓点

『天照皇大神（内題「天照坐二所皇大神正殿観」）』一巻（44上—68）・『大日次第（内題「八幡本地行法次第」）』一巻（44上—70）。

第四十四合上に収められる、宥恵の書写になる全て巻子本の事相聖教一括は、仁和寺御室守覚が醍醐三宝院勝賢に諸尊法已下事相の秘事を問い、その答えを録した『野決』十二巻の具書であり、その中に右の二点が含まれる。その目録にあたる『野決目録』一巻（44上—60）[12]には、「野決十二巻」の後に「野決挿秘中目録」（已上二度分 三蔵大師御作 醍醐僧正北院御室御問答親王作 已上四人）として十二点の書目の中に「二所皇大八幡巻」の名が見える。右の二巻はこれに相当するものである。また同目録は続いて「行抄目録」（已上三度分 角洞院僧正北院親王御問答 親王守覚御作）二十巻の書目中に「九心経法 復神代上下」が見え、これは外題下に「九之内」の識語を付す『両宮形文深釈』上下二巻（64甲—24）に相当する。「本抄目録」十八巻の書目中に「遷幸時代抄」と見え、これが『二所天照皇太神遷幸時代抄』一巻（44上—6）に比定され、更に末尾の「又目録」中には「自性斗藪」の書名が見え、これは『自性斗藪（内題「神性東通記」）』一巻（44上乙—7）に比定できる可能性がある。いずれも『野決』具書と同筆（法量・界高等は不同）で共通の装丁である。更にこれらと同筆と思しいのが『古事記上巻抄』一巻（重文）である。修理に伴う改装のために原装は不明だが、以上一連の儀海伝授宥恵書写聖教および神祇書の筆体と酷似することが注目され、これが本来は『野決目録』のどの書目に属していたものかが問われる。これらの『野決』内具書とその神祇書については、次章で改めてその全体像を論ずる。

次に、伊勢神道書を中心として、他の神祇書と同筆ないし近似する筆体と認められる例を挙げよう。

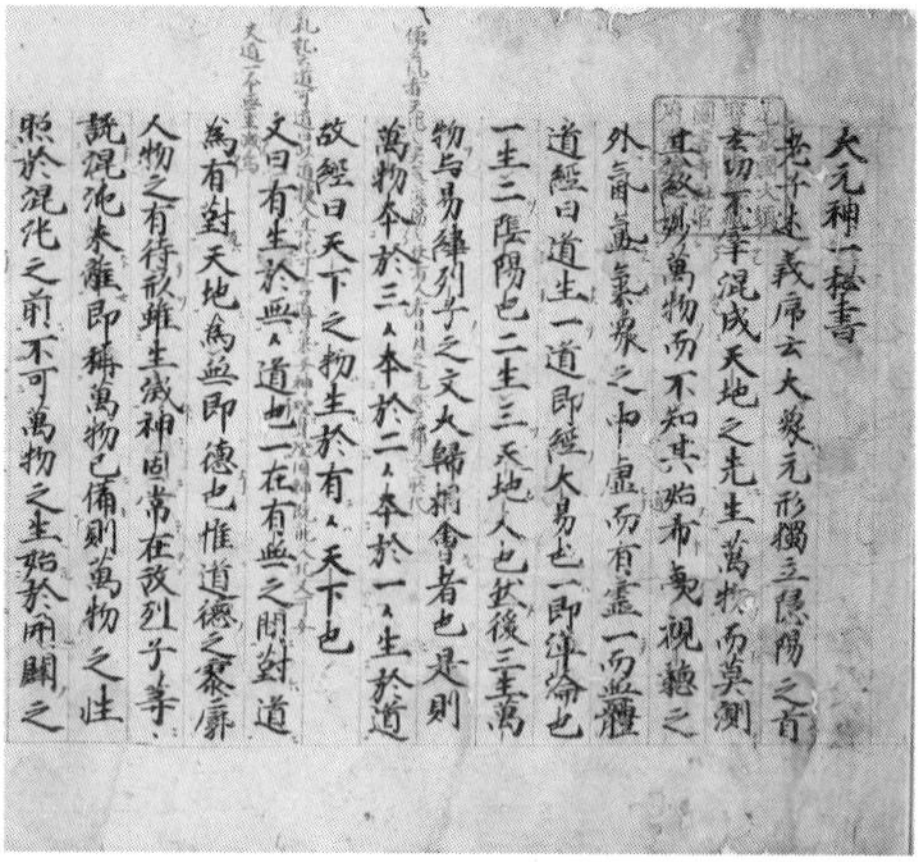

図16-3　『大元神一秘書』冒頭（真福寺宝生院）

○巻子・楮紙・墨界・墨訓点・朱頭注傍注（『天照皇太神儀軌』は朱注なし）
『大元神一秘書』一巻（65甲—9）・『天照皇太神儀軌』一巻（64甲—27）。
○巻子・楮紙・墨界および無界・朱訓点・朱頭注傍注
『伊勢二所太神宮神名秘書』一巻（65甲—7）・『大日本国開闢本縁神祇秘文』一巻（64乙—15）。

後者は弘安八年（一二八五）に成った度会行忠の代表的な著作で神宮本縁綜覧というべきものだが、その完本として広本に属しながら裏書をほとんど欠き、記載様式にも特徴がある特異な伝本である。これと同筆ではないが共通する装丁を有する『神祇秘文』が延文三年（一三五八）度会章尚の書写奥書を有し、度会常良の系譜に連なる外宮檜垣家一門に相伝された由緒ある伝本[13]と認められることは、『神名秘書』の伝来素性に関わって興味深い。一方、前者のうち『大元神一秘書』（図16-3）は中央の神祇官周辺で成立した可能性が提起される[14]、『神名秘書』との密接な関係が指摘される道教的神祇書であり、その主要な材料を提供した典拠として注目されるものだが、それがいわゆる両部神道書と一具で（あるいは同一筆者により）写された可能性が高いことは、真福寺本における注目すべき現象であろう。

伊勢神宮に関わる神祇書が同筆かつ巻子本の形態で写され、しかも両部神道書と一具を成す例はもう一組指摘される。

○巻子・楮紙・無界・朱書入・白描図・彩色図（『天下皇太神本縁』は朱墨頭注有り）

『御遷宮宮飾行事』一巻（66―11）・『天下皇太神本縁』（64甲―22）。

前者の奥書に「貞和元年（一三四五）十二月御遷宮之時、以此図書奉飾之」とあり、貞和度の遷宮に際し宮造や宮飾の規矩故実を図示解説したもので、先度の正中二年（一三二五）の遷宮記録を用いたものと推定される。後者は、これに対応して両宮＝両部の密教による「本縁」を図像を用いて開示したテクストで、両者相まって表裏一体として一具の関係をなすと思しい。神宮の「御形文」の故実および深義が遷宮に臨み相伝書写されるテクストとして貴重な遺例であり、『天下皇太神本縁』の成立も同じく正中年間に遡るものであろう。

更に、神宮の周辺において、伊勢神宮に関する神祇書が両部神道書と共に同一人物によって写されている例に、冊子本の形態で次の一組が存する。

○袋綴（仮綴）・楮紙・無界・墨訓

『天照大神御天降記（外題「御降臨記」）』一冊（64乙―11）・『両宮本誓理趣摩訶衍』一冊（55―27）。

いずれも貞和二年（一三四六）に伊勢鹿海村承安寺の僧である印隆の書写になる。印隆は他に『内証秘談抄』等数点の真言聖教を写している。前者は内宮を中心とした神宮の物語的縁起で、称名寺劔阿書写本（尊経閣文庫蔵）および全海書写本（金沢文庫蔵）があり、度会系の伊勢神道書とは一線を画する神祇書である。[15]後者は大師御作に仮託される両部神道書で、真福寺には別に神道箱伝来の巻子一軸（65甲―8）も存する。印隆写本は、真言事相聖教に交って伝来したものである。

冊子本として最も重要な一群は、二世信瑜とその一門による神典―神祇書類である。伊勢神道書を含むこれらの書写が、信瑜の仕えた聖珍法親王を門跡に戴く東大寺東南院においてなされたであろうことは、信瑜の書写になる聖珍および前門主聖尋の灌頂記録『摂嶺院授与記』一巻（40甲—29）の料紙に、家行撰『瑚璉集』冒頭断簡が用いられていることから推測される。[16] 但し、信瑜による神祇書書写は巻子本でなく、教相書全般に多く用いられる真言聖教の規格と様式によってなされている。

○粘葉・楮紙打紙・押界・墨訓・校合

『類聚神祇本源』一五帖（64乙—17）・『古事記』三帖（国宝）・『神祇秘鈔』三帖（64乙—1）・『瑞柏伝記（内題「三角柏伝記」）』一帖（64乙—3）・『高庫蔵等秘抄』一帖（64乙—6）。

度会家行による〝神道大系〟の集大成というべき『類聚神祇本源』の、秘伝とする巻十五を含む完備した写本は、応安五年（一三七二）の信瑜自筆書写識語を巻二奥書に付す。また、信瑜自ら全巻を校合していることも、[17] 彼が本書をいかに重んじているかを証している。その『類聚神祇本源』書写にも加わった賢瑜の、丁合に隠された書写識語により応安四年（一三七一）の書写であることが判明した『古事記』も、同じく信瑜一門により書写されたものである。やはり賢瑜が書写を分担したことが筆跡から知られる『神祇秘鈔』も、三巻三帖から成り、『古事記』と同じ装丁と構成による、序文を備えた体系的な両部神道書である。但し、この本には書写伝来の情報が全く記されていない。また、これらとは別筆ながら同装丁で同規格（但し無界）になる『瑞柏伝記』（図16-4）と『高庫蔵等秘抄』は、共に同筆で伊勢神宮に関する初期の両部神道書として重要な伝本である。前者には永仁六年（一二九八）の「度会神主」（行忠と推定される）による書写識語本奥書があり、後者も外宮高倉山に関する秘伝の集成という内容から行忠の関与が想定されている。[18] 両者は共に丁合に「[illegible]書写畢」「執筆[illegible]」の書写識語があり、後者は奥書末尾に「執筆沙弥暁帰」とあって、延文元年（一三五六）における法名暁帰すなわち度会実相の書写奥書であることが伊藤聡によって明らかにされている。[19] 但し、丁合識語の「〔梵字〕」と暁帰は別人と見なすべきで、両書は暁帰写本を更に信瑜が書写させたものと推定され、「〔梵字〕」はその書写担当者の署名であろう。注意されるのは、この『高庫蔵等秘抄』の延文元年（一三五六）度会章尚書写を示す本奥書識語が暁帰の署名を残して故意に抹消されていることである。それは、『類聚神祇本源』最終帖巻十五の延文元年書写本奥書識語がやはり同様に抹消されていることと共通しており、これも章尚の書写識語と知られる。前者の抹消識語末尾は「承村松長官家行神主仰以書写進之」と、後者も同じく「祢宜判者村松長官家行神主也」と復原され、それぞれ度会家行の意志を受けて書写したものと明示する。抹消はあるいはこれを憚った何人かの所為と推察されよう。前述した延文三年（一三五八）度会章尚自筆の『大日本国開闢本縁神祇秘文』の存在と併せ、その間の事情は今後の解明に俟つところが多い。

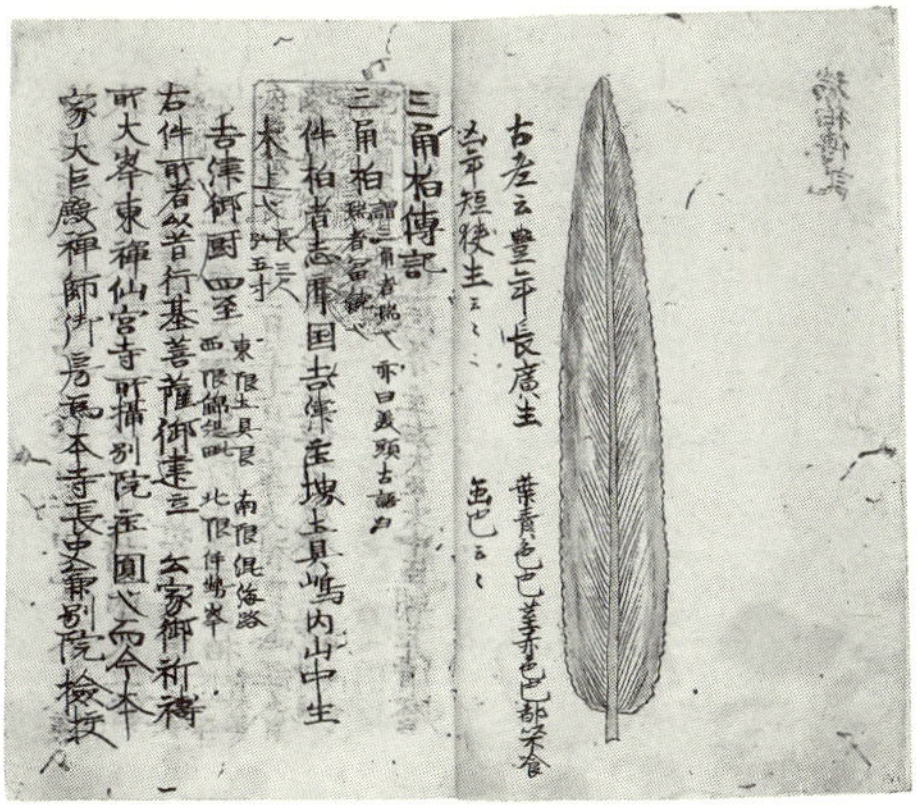

図 16-4　『瑞柏伝記』初丁見開き（真福寺宝生院）

信瑜以降、真福寺自体が神祇書書写の場となっていく。伊勢神道書についても、家行撰『神道簡要』一巻（65甲―14）は応永二年（一三九五）に恵海が真福寺で写した本であるが、その本奥書によれば、既に延文三年（一三五八）に権少僧都亮運が北畠顕能の伝授を得て真福寺で書写した本に拠ったことが知られる。更に、三世の任瑜も真福寺にて自ら両部神道書の書写を行い、共通した伝来と装丁の一具を残している。

○巻子・楮紙打紙・墨界・墨訓・校合

『続別秘文』一巻（65乙―2）・『梵漢同名釈義』一巻（64甲―26）。

いずれも康応元年（一三八九）五月に真福寺で写されている

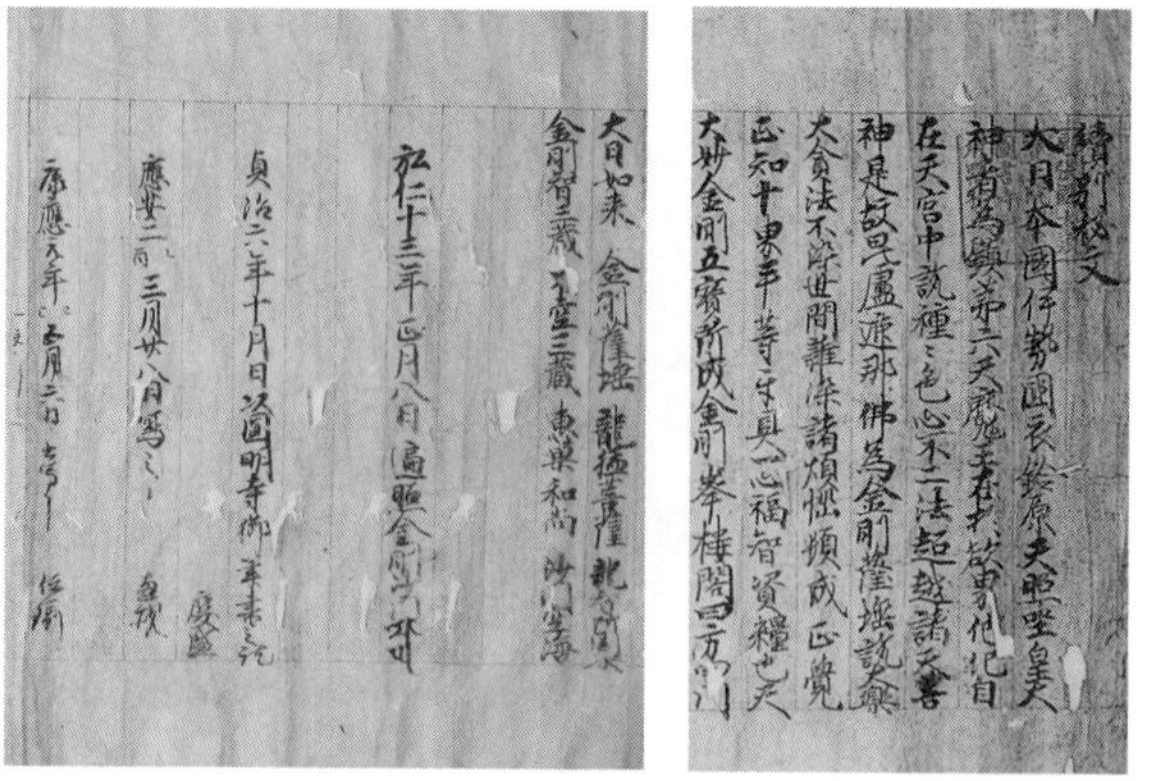

図16-5　『続別秘文』本文冒頭・奥書（真福寺宝生院）

が、共に「円明寺」すなわち覚乗の「御本」を貞治六年（一三六七）に慶盛が（鈴鹿野村にて）写し、更に応安二年に恵観が（興光寺にて）写した本を伝えたものである（図16-5）。『天照大神口決』を著し伊勢神宮周辺で活動した西大寺流律僧覚乗の伝えた神祇書の伝授の系譜が任瑜に繋がることは、真福寺の位置を考える上でも重要である。[20] 同年同月には寂俊により『麗気制作抄』一冊（64乙—4）が写されている。同じく真福寺において写された神祇書として注目すべきは、北畠親房の著『元々集』一巻（64甲—25）断簡（神器伝授篇）であろう。『古事記』が写されたのと同年の建徳二年（一三七一）に、宝生院において広範により写された。親房は延元二年（一三三七）に伊勢に滞在中、家行の許でその著作を多く写し、それが『神皇正統記』をはじめとする数多の著作に結実したことは周知のところだが、その影響を最も濃く受けた『元々集』が真福寺に伝来し、しかも南朝年号により書写識語が付されていることは、神祇書の受容をめぐって真福寺の置かれた複雑な立場を示唆するものである。

以上の真福寺本神祇書における、具書を軸とした分類と相互の関連を見わたした上で、他に同類本のない孤絶した写本について簡潔に紹介する。

筆頭に挙げるべきは、度会行忠の自筆本と認められる『大田命訓伝』（内題「伊勢二所皇御大神御鎮座伝記」）一巻（65乙—3）である。よく原装を存し、料紙は上質の楮紙打紙を用いている。とりわけ表紙見返の識語末尾にある花押と、巻軸継目の「行忠之」墨銘とが呼応し、また朱訓注を含め本文は全て一筆から成り悉く行忠の筆になると判ぜられる、希有の一本である（その詳細は岡田荘司によって詳論されている）[21]。その書写年次は、神宮文庫本にある行忠の永仁三年（一二九五）書写識語がないことから、それ以前と思しい。また、首尾に本文と同筆で加えられた識語は、行忠自身が神宮三部書のひとつとしての本書に付与した格別な性格や位置付けを語っている。とりわけ表紙見返の「六十未満以前不及披見」とは、自著『神名秘書』の故行忠神主本（神宮文庫蔵貞治二年大中臣時世写本）識語の「六十未満以前不披見秘記」の文言と共通し、本書そのものについても行忠の関与がきわめて深いことを推察させるのである（図16-6）。関連して、前述したところだが、その行忠の撰になる『神名秘書』（内題「伊勢二所太神宮神名秘書」65甲—7）一巻が改めて注意される。[22] これには書写奥書および伝来を示す識語等がなく、その真福寺に至る系路を知り得ないが、書写は確実に鎌倉期に遡る古写本である。

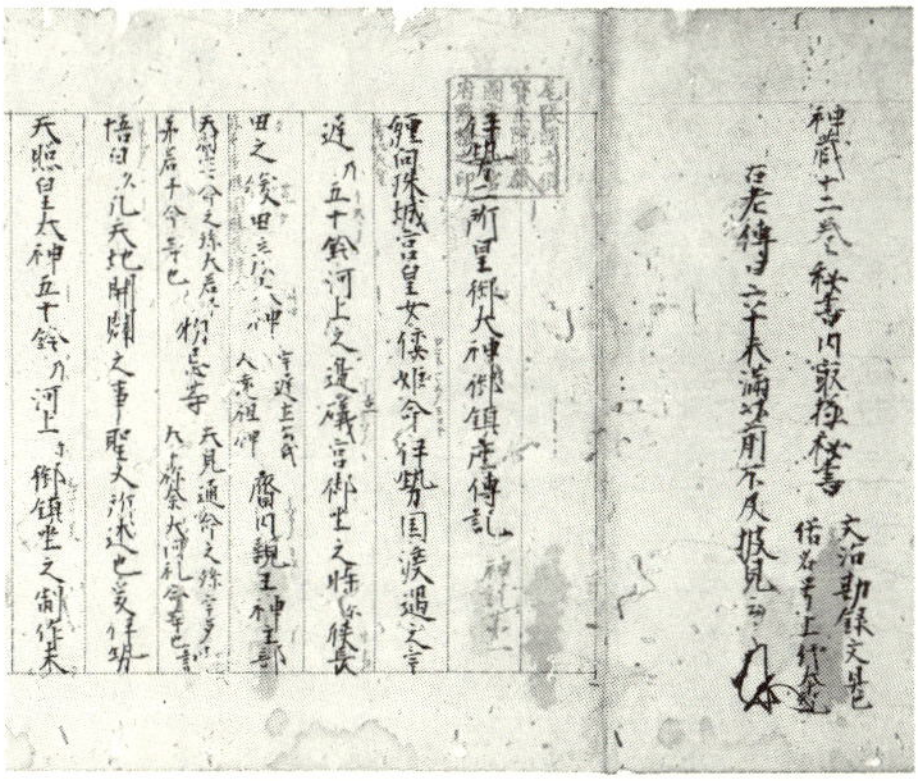

図 16-6　『大田命訓伝』表紙見返・本文冒頭（真福寺宝生院）

次に注目されるのは、外宮御饌殿の本縁というべき『往代希有記』（外題「御気殿本記」）一巻（64乙—14）である。弘安五年（一二八二）の書写奥書があり、その当時の写本と見てよい。その左に「西河原二祢宜貞尚本也」とあり、外宮で伝来書写された本である。本文末尾に天平二年豊受神宮祢宜神主安丸の奥書を付す本文は、『大神宮諸雑事記』をはじめとする諸書の抄出から成る。[23] 真福寺には『大神宮諸雑事記』の最古の伝本二冊（67—9）が伝来し、その関係が注目される。記録の抄出がそのまま縁起テクストと化すことの原初的な形態を伝えるものとして、弘安年間当時、行忠等によって急速に進展しつつあった外宮の神道説との関連が興味深い。また、ここに「御饌殿」が「御気殿」と変換されていることは、外宮豊受神の神格の変貌を端的に象るものであった[24]。

記録と神道説との中間に位置する、しかもその成立当時の原本というべきものが、『元応二年高宮御事』一巻（64乙―16）・『高宮盗人闌入怪異事』一巻（66―10）である。元応二年（一三二〇）秋に起きた外宮の別宮高宮の神鏡盗犯事件の注進状および勘文的性格の文書で、当時一祢宜の常良や家行など、伊勢神道を担った人物が名を連ねている。外宮別宮の第一として尊崇された高宮の大事に臨んで、盗まれた神鏡の本説を、諸書を参看しつつ開示する方法と引用文献の範囲は、同時代の神道説の地平と共通している[25]。特に後者は、その書写料紙に用いられた文書が解読され[26]、それにより事件直前の文保二年（一三一八）前後の外宮周辺の僧俗の日常交流の様相が浮かび上がった。両本は、紙背文書の有無、料紙、書写者、装丁など悉く異なるが、この一件に関する一具を成す[27]（なお下巻を加え三巻一組で構成されたものと推定される）外宮祢宜側の控えないし土台と見て間違いないだろう。

以上の四点は、写本そのものの性格からすれば、外宮祢宜家に伝来して然るべき由緒ある「神記」ないし記録というべき別格の典籍である。それが他の写本群に交って、なぜ真福寺に伝来したか、それぞれの写本自体には、その消息を窺う便りは遺されていない。その解明は、真福寺本の全体にわたる調査を経て、はじめて期されるべき課題でなのある。

四　中世神道の展開と真福寺本神祇書

伊勢神宮は、鎌倉時代の中期から南北朝にかけて、宗教思想ひいては政治文化の動向の大きな焦点であった。この時期に陸続と出現した神祇書群は、その運動をさながら体現するものであろう。それらの宗教テクストは、両宮の祭神と祭祀について記すにあたり、新たな神格の創成とあわせて神学を構築し、中世独自の始源の世界像を創り出した。その中心が外宮であり、運動を担ったのが祢宜の度会氏一族である。とりわけ大きな役割を果たしたのは行忠と家行であった。彼ら自身の著作はもとより、多くの神祇書を書写伝授し相承するという側面でも重要な事績を残している。前節に述べた如く、真福寺には、彼らが伝来に深く関与したことが知られる神祇書や自筆本を含め、その代表的な著作や相伝本が伝えられており、それらを核として神祇書の集合が形成されている。それぞれの真福寺への伝来過程はなお詳らかでないが、聚められた神祇書それ自体が、中世神道の歴史的展開をさながらに証すものといえよう。それらの書物を、中世神道が急激な生成展開をみせた十三世紀後半から十四世紀初期までの歴史に重ねてみると、そこに三つの画期が浮かび上がる。

第一の画期は、度会行忠の『神名秘書』著作をめぐる一連の神祇書伝来の動きである。[28] 弘安八年(一二八五)、当時三祢宜を解任され上洛中であった行忠は、関白鷹司兼平の命により『伊勢二所太神宮神名秘書』一巻を撰進した(神宮文庫貞和写本識語)。その前後、行忠は、建治三年(一二七七)に『宝基本記』を祭主定世本と比較して写し、弘安三年(一二八〇)には「神代十二巻之内最極秘書」とする『天口事書』を写している。また弘安九年(一二八六)には宮中神祇官で灌頂を授かり、『天地霊覚秘書』を伝受、それは弘安十一年(一二八八)に行忠から度会雅見に伝えられてその写すところとなった(真福寺本本奥書)。『神名秘書』撰進は、このような行忠の神祇書相伝書写の営みの中でなされたのである。

文永・弘安役を頂点とする蒙古来寇は、中世国家と社会全体に大きな衝撃を与え、「神国」意識の高揚と共に、広く神祇と古典への関心を喚び起こした。それは政権の中枢に及び、卜部兼文による一条家経・実経らへの日本紀の進講、ひいては兼方による神代巻書写、そして『釈日本紀』編纂へと結実していく。その一環に、真福寺本古事記の伝来も位置付けられよう。特にその中巻は、兼文が花山院通雅の本を文永五年(一二六八)に得て、更に同十年(一二七三)、兼平よりもたらされた鴨院文庫の秘本を校合したもので、これを弘安四年(一二八一)に写した家経本を、既に文永三年(一二六六)に写し得ていた上下巻と合わせて、祭主大中臣定世が弘安五年(一二八二)に写して完本となったものである。それは、おそらくただちに行忠の参看するところとなり、『神名秘書』に用いられた。真福寺本（65甲-7）における唯一の裏書である斎宮の注「草那藝劔」に関する一文は、その中巻からの引用としても唯一の例である。但し、真福寺本古事記の本文と異同が多いことには注意しなくてはならない(29)。行忠は、こうした中央の神祇古典をめぐる動向を直接受けとめ即座に用いることができたのである。

第二の画期は、外宮が内宮に対して等しい地位を主張して争った、永仁四年から五年（一二九六～九七）にかけての「皇字沙汰」である。行忠は、その前年の永仁三年に、「神宮三部書」と称される神典のうち「第一秘書」というべき『大田命訓伝』（御鎮座伝記）を写し、自らの奥書に「予六十歳拝見之」と識語し、祢宜として臈次を重ね初めて披見し得た本であることを銘記した（神宮文庫本奥書）。しかるに行忠の自筆になる真福寺本にはこの書写識語はなく、代わりに表紙見返に「古老伝曰、六十歳未満以前不及披見云々」と銘して花押署名する。それは、永仁三年以前に書かれた可能性の高い写本である(30)。『大田命訓伝』は、行忠にとって永仁三年の時点で初めて披露されるべき「神蔵十二巻秘書内最極秘書」なのであった。

『大田命訓伝』の本文には、前述した行忠の著になる『神名秘書』のうち、出典を示さず引用文でない本文と共通する部分（内宮鎮座次第の後半、外宮の冒頭段落など）が認められる。『神名秘書』は、弘安十年の三祢宜還補の後に「修訂」され、裏書等が加えられるが、そこには「大田命神記」ないし「神記」曰として『大田命訓伝』の存在が示され、その本文が参照されている。しかし真福寺本『神名秘書』はそれらの裏書をほとんど有さず、また『大田命訓伝』の書名を示さない。弘安八年の初撰本の段階では『大田命訓伝』は未だ成立しておらず、むしろ『神名秘書』の本文を元にして『大田命訓伝』の両宮鎮座に関する主要部分が書かれた可能性さえ提起できるのである。そして別宮風宮号宣下以降に成ったとされる略本『神名秘書』の当該部分は、逆に『大田命訓伝』とほぼ等しく、それに拠って改められたものと推定される。これらの現象からは、『大田命訓伝』が行忠自身により作られた（その時期は、末尾に加えられた月読宮の記事から、弘安十年の時点に絞りこめる(31)）可能性が強く示唆される。その上で、皇字沙汰が惹起する直前に『大田命訓伝』が行忠自らの手により披露された意図が、改めて問い直されるべきであろう。『皇字沙汰文』によれば、内宮側は、外宮の主張の根拠としての「秘記」や「本紀」を『倭姫命世記』や『宝基本記』と共に開示するよう再三要求しているが、外宮側は、当時在京使であった雅見を代弁者として、その「往昔ノ古書」は「最極之深秘」であって広覧に及ばずと提出を拒んでいる。その「神宮ノ秘記」たる「神記」の中心に、この『大田命訓伝』が位置付けられたことは想像に難くない。ちなみに、真福寺本には、表紙と内題および尾題の周囲に「神記」と銘打たれており、事々しくも厳重な識語と併せて、披見を禁じられた神典として装われていたことが見てとれる。

皇字沙汰の決着は定かでない。以後も行忠は亀山院と後宇多院の大覚寺統朝廷と結びつき活発な活動を繰り広げているが、嘉元元年（一三〇三）に奏覧された『新後撰和歌集』に彼は外宮祢宜として初めて勅撰入集を果たし、翌二年に一祢宜に昇っている。そして嘉元三年、亀山院崩御の年の末に卒去する。永仁の皇字沙汰において、行忠は朝廷に言上申披のため、権祢宜行家（後の家行）を上洛せしめているが、行忠没後は、この家行が外宮の神祇書撰述を領導する役割を担うことになる。

第三の画期は、家行が『類聚神祇本源』を著した元応二年（一三二〇）以後の数年間である。家行は正和五年（一三一六）に行忠の『神名秘書』を写し、文保元年（一三一七）には自らの『神道簡要』を撰んでいる。真福寺には『上代本記』（65甲—14）と外題された同書の古写善本を伝えている。そして元応二年正月、『類聚神祇本源』十五巻が成り、それは翌元亨元年から二年にかけて朝廷に進められ、後宇多院の奏覧に供された。一方、元応二年の歳末、外宮別宮の高宮で、神鏡盗難が発覚し、その次第を記した注進状に勘文を加えた『高宮盗人闌入怪異事』が元亨元年春に草され、後宇多院に上奏された。この件で殿内の検分には家行も加わり、連署にも名を連ねている。更に、院宣により、雅見が一祢宜常長に対し紛失した「霊鏡」について「神祇書」中に見えぬ不審を問い、これについて「神道神一之秘書」を披《ひら》いて再度提出した勘文が『元応二年高宮御事』である。その経緯と内容については伊藤氏の考証が委曲を尽くす。[32] 改めて指摘しておきたいのは、そこに参看された文献の引用から窺われるような多くの稀籍を用いてする高度な学問を外宮祢宜が蓄えていたことであり、それは時を同じくして家行が『類聚神祇本源』において達成した神宮における知の体系化と、軌を一にするものであろうことである。両者は全く別個のものではない。共に朝廷とりわけ治天の君による認知を求めており、高宮の事件を契機に外宮の神格を周知せしめ神威を発揚する意図があったものと思われ、『類聚神祇本源』はその主張の基盤を支えるものであったといえよう。そして、この『類聚神祇本源』こそは、真福寺の神祇書の頂点として、二世信瑜が自ら書写識語を付してその意義をしるしづけたテクストなのである（図16-7）。

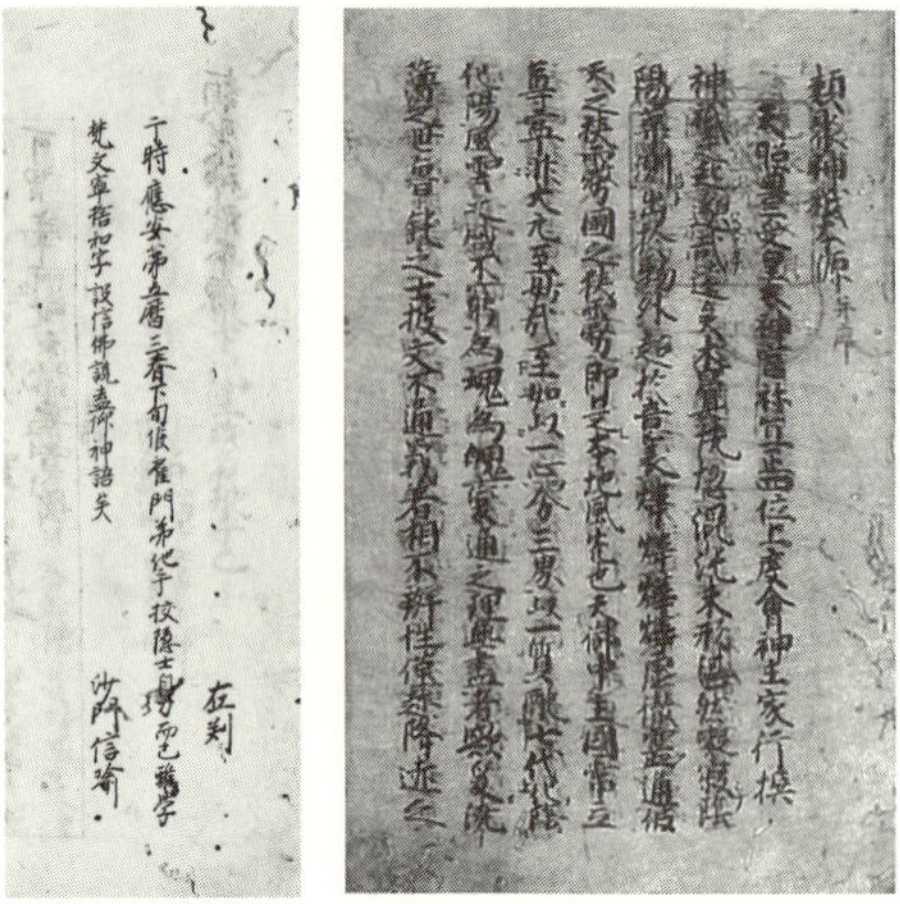

図 16-7　『類聚神祇本源』第二帖　奥書信瑜識語（真福寺宝生院）

元亨元年に、常良は神宮の秘事に属すであろう各種の祕本を後宇多院および後醍醐天皇に献上しており（『尚重解除抄』）、一方、『鼻帰書』[33]に常良が在京中に「大神宮御事」について後醍醐の下問に答えたと伝えるのは、高宮の一件に関しての上洛中のことかと思われる。その結果、宮中に伝わる「大神宮御体図絵」二巻を賜って写したともいうが、これがあるいは正中二年（一三二五）の遷宮に用いられたものかもしれない。ともあれ、紛失した神鏡もやがて出現し、高宮は元亨二年に遷宮が行われ、外宮の当面の目的は達成されたことになる。同年冬、この一件に関わった祢宜たち、常良、朝棟、家行を中心として『外宮北御門歌合』[34]が催され、二条為世が判者を務めた。最後に「神祇」を立て神徳を言祝ぐその歌合の趣意は、紛れもなく高宮一件の落着を受けて奉謝し神慮を慰めるためであったろう。この年に為世により撰進された『続千載和歌集』には、行忠の歌が再び入集している。先立って永仁二年（一二九四）に内宮側では、荒木田尚良以下一門の緇素が、祭主を戴いて『新伊勢名所絵歌合』絵巻を制作していた[35]（判者は同じく為世）が、外宮の歌合はその向こうを張る営みでもあった。神宮の祢宜たちが和歌に託す心意は、新たに創り出される神祇書にも確かに投影されている。家行の撰述した『神道簡要』の末尾には、勅撰歌人ともなった祢宜朝棟の夢想とそこで感得した和歌一首が載せられる。

あらはさはくもらぬものかいさきよき　心の影のうつるかゝみそ[36]

外宮を象徴する月輪を心の鏡に映し出そうと詠む夢中感得歌は、やがて外宮高宮における神鏡紛失と顕現を経た神威の高揚を予告するかのような気配である。

以上に概観したところからすれば、真福寺本神祇書には、その本自体に、またテクストのうちに、外宮を舞台とする中世神道の生成と展開が深く刻み込まれているといえよう。

五　東大寺東南院からの神祇書の伝来

最後に、こうして中世宗教思想の画期を証言する神祇書群が、その成立の直後といえる南北朝期に、なぜ、いかなる経路で真福寺にもたらされたのか、この最大の疑問について、いささかの推測を覚書しておきたい。これについては、初代能信の受法した伊勢安養寺の開山癡兀大慧（仏通禅師）と伊勢神宮とのつながりに由来する可能性が、既に萩原龍夫により指摘されている。[37]また、平泉隆房は、真福寺本古事記の伝来（大中臣定世から孫の親忠が伝えた本を吉田定房の所望により「家君御命」にて書写）と重ねて、祭主家ないし家行ら外宮祠官の周辺に伝わった神祇書が、それらと交りのあった大慧を介して安養寺へもたらされ、信瑜もその法弟寂雲を介して継承したかと推測する。[38] ここでは、前節までに述べた考証を踏まえて、それらと異なる可能性を提示してみたい。

真福寺本神祇書の集合は、真言法流相承の一環として密教聖教の体系の中に含まれる神祇書（野決具書のうち、および『麗気』一具など）を別とすれば、主として外宮が鎌倉時代後期から末期にかけて、内宮と拮抗しつつ朝廷に訴えた自己の本縁と、その根拠たるべき典籍群である。証本というべき行忠自筆本を頂点として、その基盤としての記録も、たとえば『大神宮諸雑事記』[39]の如く備わっている。それらが保管され読み用いられることを期する主体（場）は、外宮の「神蔵」秘庫を除けば、朝廷とそれに連なる権門が想定されよう。そこに注目されるのは、行忠に『神名秘書』撰進を命じ、大覚寺統との深い結びつきの契機をもたらした関白鷹司兼平である。『尊卑分脈』によれば、兼平の息に聖実（「入唐不帰朝」）と聖兼（永仁元年、五三歳入滅）の兄弟があり、共に東大寺東南院に入り、兄聖実を資として聖兼は東大寺別当および醍醐寺座主となる。更に兼平嫡子関白太政大臣基忠の息には、聖忠（文保三、七二歳入滅）と聖尋の兄弟が、これも東南院に入り、法務・一長者を勤め、東大寺別当となる。聖忠は醍醐寺阿弥陀院に拠って頼瑜の資として中性院流を受けてもいる。こうして鷹司家一門が代々管領したのが東大寺東南院なのである。元弘の変で聖尋は後醍醐天皇の笠置遷幸を導き支援した咎により配流される。いわば大覚寺統と運命を共にして没落した。

時を隔て、聖尋の後継となった聖珍法親王によって東南院門跡が再興され、信瑜がその許で『類聚神祇本源』を写すまでに空白はあるが、前代の遺産は聖忠および聖尋に仕えた頼心と頼済らにより護持されていたことであろう。歴代の鷹司家出身の門跡の許には、聖教とは別に、神祇書もまた鷹司家からもたらされ、預託されていた可能性がある。聖珍の代となっても外宮祀官とのつながりが維持され、家行の著作が東南院にもたらされていたことは、前述した如く『瑚璉集』の反古を用いて『摂嶺院（聖尋）授与記』が写された事実をもって証されるところであった（なおこの記録には、聖尋より聖珍が伝法灌頂を授かった記事が後半を占めている）。東大寺自体が、既に中世初頭より伊勢神宮と深い関わりをもっていた消息は、重源が率いる東大寺再興の営みの一環として、弁暁ら衆徒の参宮法楽の盛儀を記録した『東大寺衆徒参詣伊勢大神宮記』において知られることであるが、(40) 本来は東大寺に存したはずのその唯一の古写本もまた、広義の真福寺神祇書の一部を成して伝来するのであった（67合—5）。この一事に察せられる如く、外宮と同じく鎌倉末期に、「真言宗」の本所を自認し朝廷に訴えた東大寺東南院の蓄えた記録や典籍と神祇書とは、全く別の次元で存在するのではなく、同時代の一連の精神史的運動の所産として改めて位置付けられるべきテクストであろう。

第十七章　書かれたものとしての神道
――密教聖教の中の神祇書

一　テクストとしての中世神道

　中世において〝神道〟とはいかなる形で現象したのか。中世に立ちあらわれる神の姿は、多様な次元の豊かなイメージ、そしてコトバによって象られている。たとえば第十五章で熱田宮において見渡したように、神像や本地仏、社殿の建築や荘厳、奉納される経典や神宝、社頭や御正躰を象った曼荼羅、縁起絵巻や本地物語などが想い浮かべられるだろう。あるいは、熊野御幸に代表される参詣儀礼における法楽芸能としての和歌御会から、田楽や猿楽の延年、今様雑芸や巫女舞などのパフォーマンスとしても発現する。それはまた、〝神道〟として制度化され、もしくは観念される思想の言説体系として名付けられる。更には、それらの諸次元が一箇のオブジェとして場を形づくり、統合されることもある。

　その一例が、鎌倉時代中期、西大寺叡尊の製作になる「大神宮御正躰厨子」（図17-1）である。[1]一合の厨子の表裏に収まる二枚のパネルの内側に籠められた内外両宮の神体（御正躰）としての鏡を、パネルの表に描かれた種子曼荼羅や錦帳で荘厳する構造そのものが、すぐれて中世の伊勢神宮の世界像を形象するが、同時にその秘められた

図 17-1　大神宮御正躰厨子（西大寺）

内部には叡尊の参宮記などの文書記録が納められ、その中には空海に仮託された『大神宮啓白文』[2]という神祇書も含まれており、言語―文字―書物というテクストの次元でも、この厨子は中世の神祇世界をすぐれて象るもののひとつであった。しかし、こと〝神道〟と言う場合、それはとりわけ文字テクスト―書物の上で創り出され認識される概念であり、カテゴリーであろう。

書かれたものの水準での書物としての〝神道〟の位相は、中世の神祇の世界を認識し理解するためには欠かすことのできない重要な領域である。しかし、一方で中世神道について考察しようとするときに必ず直面する困難は、それら中世の神祇書の多くが真の著者や成立および伝来が明らかでなく、歴史の座標上に正確に定位することができないことである。[3]それは聖典や仮託書など〝聖なるテクスト〟に多くの場合共有される特質でもある。

そうした条件の許で中世神道を認識するためには、中世日本の宗教テクストの全体像――その構造や体系と歴史的変遷――の中で神祇書を改めて位置付け直さなくてはならないであろう。とりわけ本書の第II部において扱ったところの仏教のテクスト——経典や章疏（一切経とその注釈）——を中核とした寺院の経蔵を構成するテクスト体系が、その焦点となる。そこから中世には厖大な「聖教《ショウギョウ》」と総称されるテクスト群が生み出され、歴史史料としても注目されている。[4] 記録文書や儀礼詞章などを含む宗門寺院など仏法の世界を運営するための、またその所産としてのテクストの総体である。[5] その地平を見渡すと、そこに神祇書の存在が可視化されてくる。本章では、一群の神祇書を定位する試みを通して、その宗教テクストとしての位相と布置を追究してみたい。

二　真福寺聖教の中の神道テクスト

古代から中世にかけて、中央の大寺院の経蔵とその聖教の中に神祇書はどのような形で現れてくるだろうか。現存する顕密仏教ないし四箇大寺（叡山・園城・興福・東大寺）等の経蔵中に、中世の神祇書のまとまった存在を見出すことはほとんどない。[6] それは、中世に成立した寺院、それも地方の拠点寺院の経蔵に見出されるのである。

その代表が鎌倉・金沢の称名寺聖教（金沢文庫）と、尾張の真福寺聖教（大須文庫）である。称名寺の神祇書は十三世紀末から十四世紀初めにかけて鎌倉幕府の滅亡までに、二世釼阿を中心として他の密教諸法流聖教と共に形成された（但しそのかなりの部分が散逸している）。[7] 真福寺聖教の中核は、初代能信により十四世紀前期の鎌倉幕府滅亡直前から南北朝期にかけて形成され、そのうち神祇書は、主に二世信瑜の書写と将来により形成されたものであり、一部は三世任瑜の書写になるものもある。現存する真福寺の神祇書の全貌は、『真福寺大須文庫神祇書図録』[8] に目録化し、またそのうち主要なテクストについては『真福寺善本叢刊』[9] 神祇部に収録される。既に前章で詳説した如く、その資料化の過程で、書誌学的分析の結果として明らかになったのは、真福寺の神祇書のかなりの部分が、同一料紙、同一装丁、同一筆者によるいくつかのグループから成っていることである。この共通した一具の書物、すなわち「具書」としての神祇書群[10]を認識することは、真福寺の神祇書の聖教全体の中での位置付けや形成伝来の解明について重要な手掛かりを与えるものである。そればかりか、更に中世神道の成立や展開を溯って跡付けるための座標ともなるであろう。

　真福寺神祇書の具書群の核というべき重要なテクストが、度会行忠の自筆本であることが確認された『大田命訓伝』[11]である。伊勢（度会）神道を創り出した中心人物というべき行忠の署名が表紙見返識語の花押と巻軸に銘記され、全体が同一筆者の手になる本書（内題『伊勢二所皇御大神宮御鎮座伝記』）は、岡田荘司により弘安十年（一二八七）の成立と行忠の撰述した背後の状況までが明らかとなった[12]。それは行忠自身による新たな神宮の「最極秘書」である「上代本紀」の創出を鮮やかに示す希有な伝本であり、かつ〝原本〟ないし〝証本〟というべきテクストである。これと共に、行忠自身の著作として代表的な、伊勢神宮の「神名帳」つまり諸社便覧というべき『伊勢二所太神宮神名秘書』（一二八五成立）の古写本も伝わる[13]。これは行忠が関白鷹司兼平の命により撰進したもので、修訂され亀山院にも奏覧されたが、その面影をよく伝える古写本であり、唯一の裏書には『古事記』中巻から「草薙剱」の条が引かれ、序文には撰者である「行忠」の名を抹消し「予静」と改めた生々しい修訂の跡を残すテクストである（図17-2）。このように、行忠の関与した、伊勢神道ないし度会神道成立の画期を担う二つの鍵となるべきテクストが、なぜかこの真福寺に伝わっている。

　行忠に続いて伊勢（度会）神道を担い、自ら神祇書を著して編纂し、それを一箇の学問体系として大成した度会家行の代表的な著作もまた真福寺に多く伝わる。彼はまた行忠に引き続いて、大覚寺統と深いつながりをもち、後宇多院・後醍醐天皇・後村上天皇に一貫して奉仕した。その家行が関与したと推察される神宮の重大事件の記録と朝廷への報告書の原本ないし稿本と思われるテクストも伝わっている。元応二年（一三二〇）、外宮の別宮高宮（多賀宮）の神鏡盗難事件の注進状および勘文である『高宮盗人闖入怪異事』『元応二年高宮御事』二巻[14]は、その紙

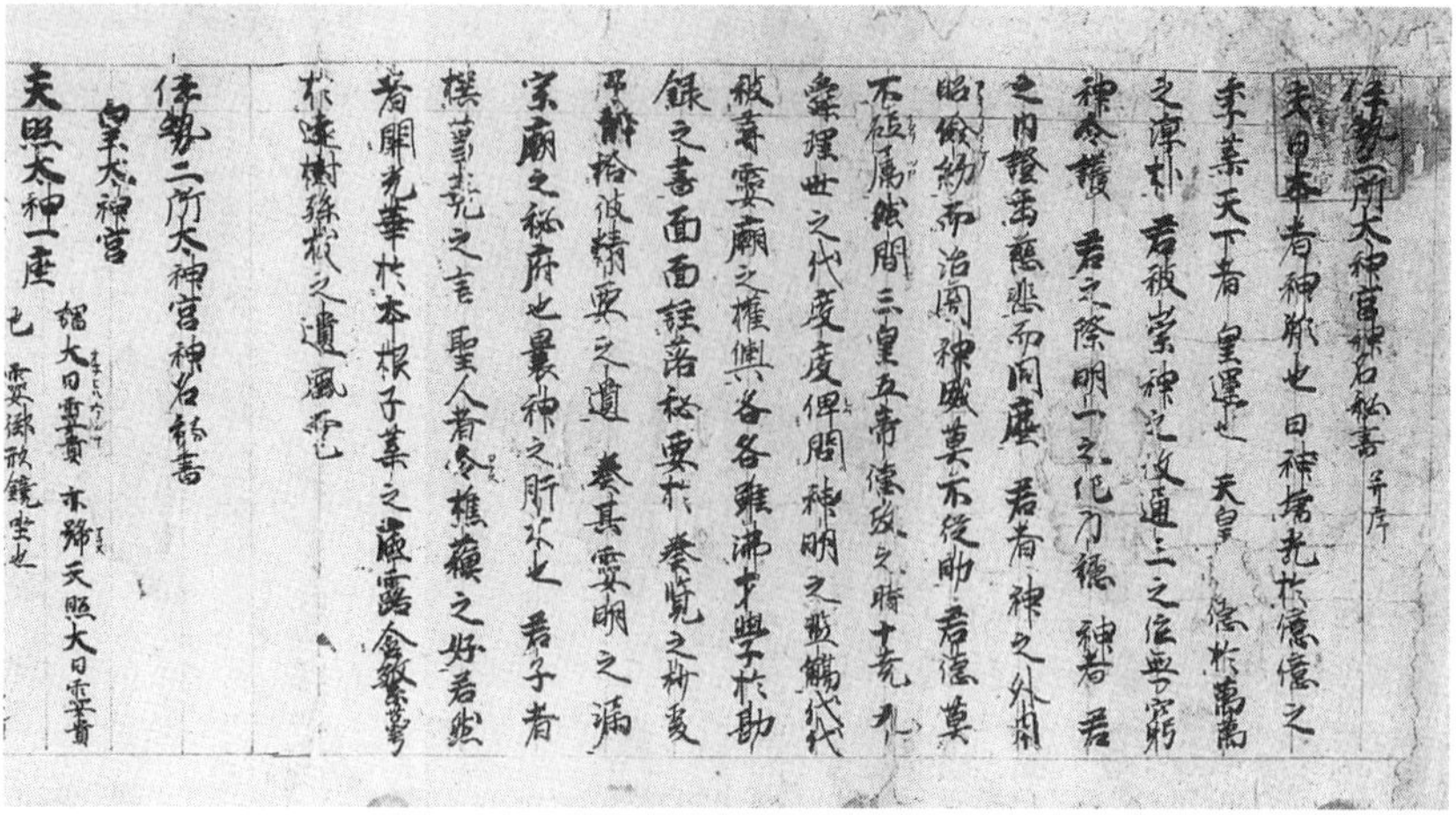

図 17-2　『神名秘書』冒頭序（真福寺宝生院）

背文書から当時の神宮周辺で書かれたと知られ、その作成には家行が関与した可能性が高い。

　真福寺には、行忠と家行の著作を中心とした神祇書のまとまり、すなわち〝具書〟が複数伝存する。ここでは、前章に指摘した内から主要な四種を挙げて紹介しよう。第一の具書群は、奥書識語を有さないが注目すべきテクスト上の特徴をもつ、黄紙・墨界の巻子本である。これら（『神名秘書／大和葛城宝山記』[15]『神皇系図／神皇実録』[16]『天地霊覚秘書／仙宮秘文』[17]『神祇秘抄』[18]）は一巻の内に二本を合写したり、表裏に別本を写したり、詳しい裏書や注記を加えるなど、きわめて密度の濃い写本であり、その内容も、行忠と家行の著作を含みつつ、伊勢（度会）神道に大きな影響を与えた両部神道の重要な伝本を含むものである。第二の具書群は、素紙・墨界の巻子本だが、家行の初期の著作である『神道簡要』（一三一七成立）の恵海による応永二年（一三九五）[19]写本のみ伝来（後村上天皇―北畠顕能―亮運〈一三四八〉―真福寺〈一三五八〉）が明らかで、他の本（『大元神一秘書』[20]『天照皇大神儀軌』[21]『両宮本誓理趣摩訶衍』）は奥書識語を有さない。また近似する写本に三世任瑜が恵観の本を康応元年（一三八九）に写した（西大寺律僧覚乗―慶盛へと伝えられた）『続別秘文』[22]『梵漢同名釈義』[23]があり、これらは伊勢神宮周辺に伝えられ南朝方の僧侶により真福寺にもたらされた神祇書群と推定される。

とりわけ真福寺の神祇書の伝来を解明する鍵となる重要な事例が第三の具書群である。いわゆる教相聖教と共通した、粘葉装で押界を施した冊子本の一群は、家行の代表的な著作であり、伊勢（度会）神道の学問的達成の頂点を成し、後宇多院や後醍醐天皇に奏覧された『類聚神祇本源』の、二世信瑜による応安五年（一三七二）写本十五帖[24]であるが、これと一具を成し一連の書写であったのが賢瑜写『古事記』（一三七〇〜七一、国宝）三帖や『神祇秘鈔』三帖[25]であった。また、伊勢神宮における両部神道の秘説を聚めた『瑞柏伝記[26]』『高庫蔵等秘抄[27]』（行忠―家行―暁帰（度会実相）と伝来された）各一帖も共通する写本である（なお、これらのうち『類聚神祇本源』と『高庫蔵等秘抄』は、それぞれ家行から度会章尚が延文元年〈一三五六〉に伝受書写した旨の識語が抹消されており、その伝来を早い時点で隠すべき何らかの事情があったことを示している。そこには当時の政治状況が直接に反映されていよう）。これらの神祇書を、信瑜は、彼の仕える東大寺東南院門主聖珍法親王の許から書写して他の聖教と共に真福寺にもたらしたと推察される。それを証すのが、信瑜（およびその師頼済、先師頼心）による東南院門主聖尋と聖珍による伝法灌頂の記録『摂嶺院授与記』一巻[28]の紙背料紙に、家行の著作のひとつ『瑚璉集』冒頭が用いられていた事実である。南北朝時代の東大寺東南院という宗教権門に伊勢神道テクストが伝来し、その門主に仕えた僧侶がこれらを利用したり書写し得たという事実[29]は、鎌倉後期の歴代東南院門主（聖基―聖兼―聖忠―聖尋）が、時の摂関として宮廷権力の中枢にあった鷹司兼平と基忠の子息たちに独占されて継承していたことと深く結びついていると思われる。上述した行忠が書写ないし著作した重要な伊勢神道書の伝来も、この事実と無関係ではありえまい。行忠と兼平の緊密な関係が、これら自筆本や証本というべき神祇書の背景にあったのではなかろうか。

一方、また異なった系列としての第四の具書群は、両部（真言）神道テクストの頂点をなす〝神典〟としての『麗気記』の一具である。[30]淡黄紙・墨界の巻子本で、神像や神器・神宮の御形文等の図像を含み、『神性東通記[31]』も加えられる。その全体は、真福寺聖教の中核となる法流と聖教の源泉であった武蔵高幡の儀海が初代能信の弟子宥恵に伝授した『二所皇太神麗気秘密灌頂印信』[32]および『麗気血脈』によって、〝神祇灌頂〟としての「麗気灌頂」の授受を介して相伝書写された所産であることが伊藤聡によって明らかにされている。[33]

三　「三宝院御流」聖教の中の神道テクスト

『麗気記』は真言密教の諸流の系譜の中でいかに伝えられ、ひいては形成されたのか。また、その具書を含む神道テクストは密教法流の聖教体系の中でいかなる位置を占めたのか。それを示すもうひとつの神祇書の一群が、本章の中心的な対象となる『野決』具書に含まれる一連のテクストである。『野決』十二巻は、醍醐寺三宝院勝賢が仁和寺御室守覚の問いに答えて小野流の諸尊法の秘伝を明かした口決を守覚が記したものであり、これに付随する聖教群が具書である。その全体像は、これらの具書に付属する『野決目録』（表17-1参照）によって俯瞰される。その奥書識語によれば、「三宝院御流」として醍醐寺勝賢の伝授、仁和寺守覚法親王の編纂になる、秘密事相の問答口決による秘説の集成である（なお、その注釈として『明月抄』も伝えられる）。

『野決目録』（第四十四合上―六十）一巻は、冒頭に野決「一部十二巻」の目録を挙げ、「已上全部十二箇巻（北院御室守覚親王問　醍醐寺僧正勝賢答）」と注して、更に以下に「野決挿秘中目録」「行抄目録」「親抄目録」「切紙深秘目録」「本抄目録」「又目録」の順で六種の目録を列記して、その奥に識語を加えている。各目録の下にもそれぞれ作者についての注記を加えており、その全体は、『野決』十二巻に付属する秘伝として、『野決』を初度とし、「野決挿秘中」を二度分、「行抄」を三度分として伝授する過程で形成された体裁を示している。「挿秘」には「三蔵、大師御作、醍醐僧正北院御室御問答、親王作、已上四人」の作者注記、「行抄」には「角洞院僧正北院親王御問答、親王守覚御作」とあり、更に「親抄」には「親王一人御作、無問答」と注され、それぞれが守覚の主体的関与（御作）について位

表17－1　野決目録（真福寺大須文庫蔵、第四十四合上六十号。□で囲んだ書目が神祇書）

野決目録 北院御室守覺二品親王御作 秘鈔口決又名白表紙　或云野月抄

一部十二巻

第一 阿閦　寶生　阿弥陀　釋迦　藥師　佛眼

第二 大佛頂　金輪　尊勝

第三 後七日　光明真言

第四 孔雀經　仁王經

第五 請雨經

第六 法花　理趣

第七 聖觀音　千手　馬頭　十一面　准胝　如意輪 不空羂索　白衣　葉衣　大勢至

第八 延命　普賢延命　招魂作法 五秘密　普賢　五大虚空蔵

第九 八字文殊　弥勒　大勝金剛 随求　地蔵

第十 轉法輪

第十一 愛染　不動

第十二 降三世　軍荼利　大威徳　金剛夜叉 烏芻沙摩

已上全部十二箇巻 北院御室守覺親王問 醍醐寺僧正勝賢答

野決挿秘中目録

真言本地二時式　　甲乙次第諸尊通

［二所皇大八幡巻］　　無名上下灌頂秘

雨言金剛聖天供 四　　無言造玉三巻頌

自行觀義心灌頂　　妙覺心地六月抄

五部灌頂五大尊　　弥勒大勝造玉口

菩薩五尊明王同　　一向一心自心決

已上二度分 三蔵　大師御作　已上四人 醍醐僧正北院御室御問答親王作

行抄目録

一變成男子法 付甲乙　　二夜護深法

三能延六月 付不動 又摩怛利神　　四陀都三巻 付自行別 顕次第

五光明真言二法　　六法花法 付如法花

七圓満金剛法　　八般若佛母法

［九心經法 復神代上下］　　十大般若法

十一文殊法　　十二虚空蔵法

十三求聞持法 又牛蘇 加持　　十四明星天法

十五毒病消除法 付藥師　　十六焔魔王法

十七摩利支天法　　十八妙見法

十九大梵天王法　　二十金剛薩埵

已上三度分 角洞院僧正北院親王御問答 親王守覺御作

親抄目録 親王一人御作　出説所行法護摩支度　巻数 無問答

大佛頂法　金輪法　佛眼法　尊勝法
阿閦法　寶生法　阿弥陀法　釋迦法
藥師法　光明真言法　五大虚空蔵法　八字文殊法
聖観音法　千手法　馬頭法　如意輪法
十一面観音法　不空羂索　准胝法　白衣法
葉衣法　馬鳴法　不動法　安鎮
降三世　軍荼利　大威徳　金剛夜叉
烏蒭摩　金剛童子
　已上三十巻
切紙深秘目録十七巻
始　色　首　大　言　能　樂
無　手　護　拳　印　字　観
輪　水　終
本抄目録
大傳法灌頂注式金胎　梵本式金胎

正覺壇古式　[梵字]
[梵字]　[梵字]
自心佛塔事　遷幸時代抄
行抄灌頂　大結界大伽藍法
八方橛壇法　六字深重
第一命法
[梵字]第一命法　[梵字]第一命法
　已上十八巻
又目録
日　月　瓔　珞
色心　平等　三世達磨　自性斗藪
　御流三寶院目録私記之、此抄者、在梵本、
或三蔵御傳、或青龍和尚御傳、或大師、
又醍醐僧正與北院御室御問答抄也、

相の異なることを示している。「切紙深秘」以下は目録に注記はないが、「本抄」に属す『行抄灌頂』（第四十四合上―29）一巻の識語をはじめとして、そのテクスト自体に識語が付されており、それによって作者や成立の経緯が示されている。目録全文の本文と併せて、その野決目録に属するそれら具書の識語も所見の限りを注に掲載するが、[34] その中で唯一年代を示すのは「揮秘」中の『[梵字]式』（第四十四合上―73）の守覚識語「仁安三年八月十五日／沙門守覚／我大師自勝賢伝之」のみである。また、「本抄目録」分の末尾に挙げられる『[illegible]第一命法』（第四十四合上―52）の奥書識語には「惣注置二百八十余巻」とあり、これは目録上に掲げられた巻数と現存する第四十四上合中の具書群の巻数に照らせば「一百八十余巻」の誤りかと察せられるが、ともあれそれだけの纏まった聖教が守覚の許で勝賢からの師伝によって形成されたことを銘記するのである。[35] このうちに神祇書は、およそ百八十巻のうち「挿秘」部に「二所皇大八幡巻」、「行抄」部に「心経法復神代上下」、「本抄」部に「遷幸時代抄」そして「又目録」部に「自性斗擻」の四点六巻を認めることができる。

『野決』十二巻の末尾には守覚の識語が付されるほか、上述の如く、具書では「挿秘」部と「本抄」部の聖教の中に守覚と勝賢の識語ないし問答（むしろ往復書簡というべきもの）が付される巻があり、その両者の遣り取りのうちに、真言の秘伝がテクスト化され生成する過程が明らかにされている。その中の神祇書も、やはり両者の授受における秘説の開示の一環として形成されたものである消息が、そのうち『天照坐二所皇大神正殿観』（図17-3）の末尾に付された次のような守覚の問状と勝賢の返答状によって知られる。

一、本朝神国、神御事可沙汰習事、尤詮要候歟。一切仏事、始用神分事、為護法神故歟、別子細歟。（守覚問ノ一）

一、伊勢大神宮御事、定相伝多候歟。故宮注文、多被引載神代日記。雖然、神代無仏法所判、唯三界主土許侍。若、両宮両部大日ト申御事候歟。又或伝、内宮者日天子観音ナト申伝、外宮月天子勢至ナト申候。大師御記、何様候哉。度々勢州参向ト承候。祢宜ナト申子細候歟。慥可注給候歟。若不然音、付顕密奉供法施、可為何様候乎。（守覚問ノ二）

如仰、有習御事候。顕ハ諸経論、但、般若部法施也。密ハ如例、観三密無相鏡候。此神相応仁天候歟。御形有様、粗注進仕候。行基菩薩云。外宮、俗体、尸棄大梵天王、娑婆世界主、如馬鳴菩薩乗白馬。正体ハ五大月

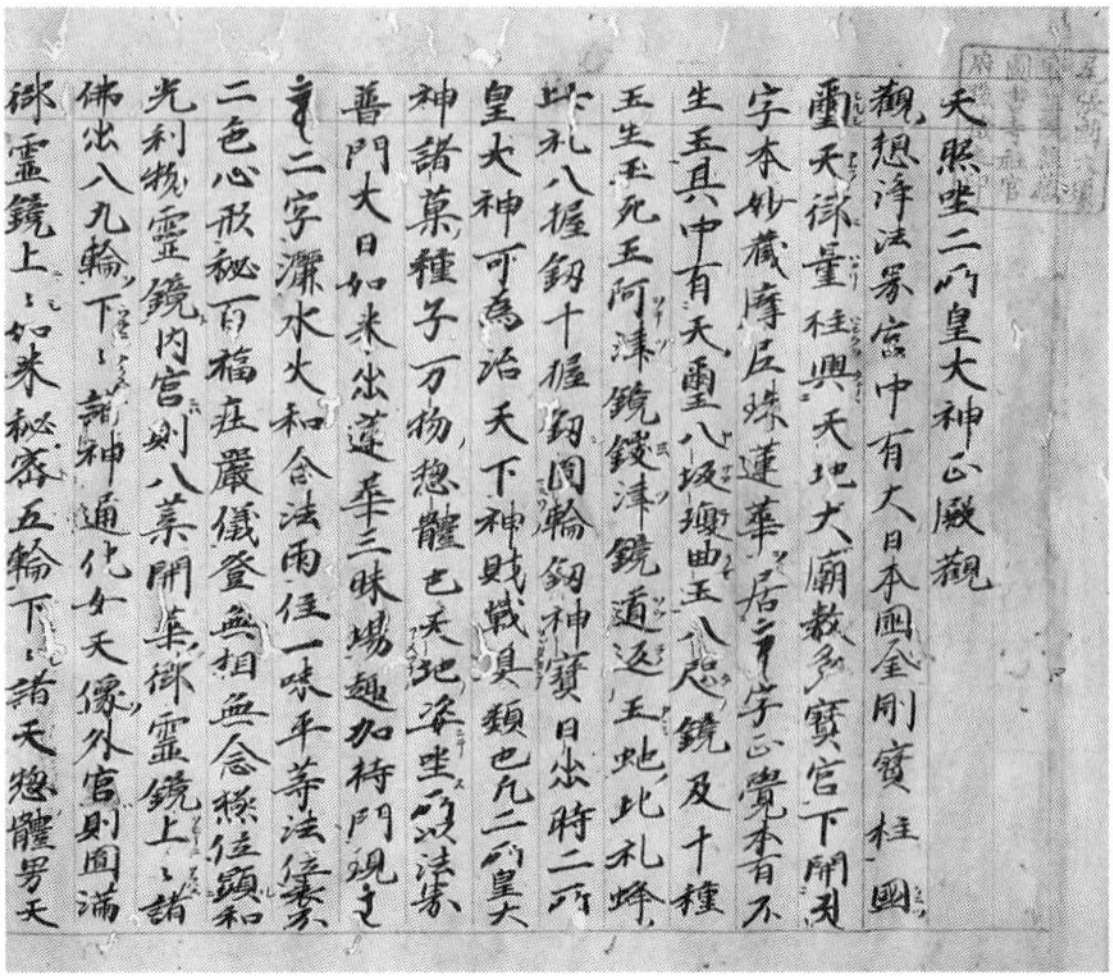

図 17-3　『天照坐二所皇大神正殿観』冒頭（真福寺宝生院）

輪一輪中、満𑖪𑖽字心坐、無相無為鏡、正覚正知本妙蔵、不生不滅正体云々。内宮、光明大梵天王、世界国土主、俗体、如菩提樹王、居多羅葉上。正体、八葉開華御霊鏡、本来本有𑖀字心生《坐イ》、正覚正知本形、不生不滅正体。弘法大師言。二所皇大神宮、両部遍照如来坐。仁寿殿御修正、後七日御修法、為本甲乙不二《仁》可奉修行云々。（勝賢答）

これら『野決』具書の真福寺への伝来は、「本抄」部の一巻『大伝法灌頂注式』の守覚識語の後に付された正和二年（一三一三）の宏瑜より鑁海への伝授識語および儀海―宥恵の伝授書写識語㊱によって辿られる。これが具書全体の中でも唯一の伝授識語であり、その全てが宥恵の一筆による書写であることを示すものである。なお、これは前述した麗気灌頂の印信と同じ文和二年（一三五三）の日付である。また『麗気血脈』によれば、その伝授系譜は宏瑜から遡って頼位―性仁―法助―道深―道助―道法―守覚へと繋がれており、それはむしろ「御流」の一部というべきものである。

守覚の創り上げた「御流」の巨大な密教聖教のテクスト体系については、既に『密要鈔目録（御流目録）㊲』と『文車第二目録㊳』によりその中核をなす事相書の体系が解明されている。本書第八章に言及したところであるが、「御流」の中核である『密要鈔』聖教と、それを取り巻き支える小野・広沢諸流の聖教群との二層構造から成るもので、これらを合わせて、当時数多く分岐した密教の諸法流を一身に統合し、他に超越した尊貴な「御流」を創出した。その証本というべきテクストが今も仁和寺御経蔵に伝来している。これら事相聖教の制作と共に、守覚は、東寺長者を統べ、法務僧綱を司る『東長儀』『法綱儀』、法親王が関与した顕密仏教の仏事法会の「次第」書—儀礼テクストの集成である『紺表紙小双紙』[39]、その法儀に用いられた「表白」—唱導テクストの集成である『表白御草』[40]をはじめ十二巻本『表白集』[41]や二十二巻本『表白集』[42]などを編んでいる。守覚は、このように高度に体系化された〝類聚〟によって、院政王権を支える仏法のシステムをテクストに形象し、テクストを生成する営みをその生涯にわたって追究した、中世天台の「記家」にも類えられる編纂者であり著作主体であった[43]。

「御流」聖教の中核は『密要鈔』であるが、その基盤を成す野沢諸流の聖教が『文車第二目録』の許に聚められ、そのうちの小野方の中心が勝賢による三宝院流であった[44]。この『目録』では、その勝賢から伝授された「予」すなわち守覚が「類聚」した尊法集を中心に「野月抄」と題した甲乙の二合にまたがって収められ、別に「野月新抄」も立てられる。その乙合の中に「野決十二巻」が含まれている。この「野決」の下位水準として、『野決』具書、つまり「三宝院御流」の秘説・秘事口伝テクスト群が守覚の記録と編纂の許に纏め上げられたということになるだろう。その一具の書たるべく、前に引用した守覚問状㈠のくだりにおいて表明された「本朝は神国として、神の御事を沙汰し習うべき事、尤も詮要に候か」(『天照皇太神』)という問題意識の許に、一群の神祇書が形成された。真福寺聖教は、それを一具一合丸ごと伝えているのである(なお、称名寺聖教中にも、釼阿の書写になる『野決』十二巻に付随して具書としてその一部が散在しながらも伝存しており、そのなかには神祇書も確認できるが、現在は多くが尊経閣文庫へ移転している)[45]。

四　『野決』具書神道テクストの概要と思想

『野決』具書の神祇書の輪郭を素描しておこう。「挿秘」部の「二所皇大八幡巻」は、①『天照坐二所皇大神正殿観』（外題「天照皇大神」）[46]と、②『八幡本地行法次第』（外題「大日次第」）の二巻から成る。①は、はじめに伊勢の内宮と外宮の神体（「御正躰」）について道場観の形式で「観想」を示し、次に「神法楽」として修法の際のダラニ（明）を列記する。末尾には前述した問答が付されている。②は大師（空海）による八幡の本地と神体感得の次第と法楽の明を記したもので、両者は共通した構造を有している。「行抄」部の九「心経法復神代上下」に相当するのは、③『両宮形文深釈』[47]と、④『神代本縁深釈』の上下二巻である。③の上巻は、まず東大寺大仏造立をめぐる縁起説として橘諸兄の参宮と聖武天皇への玉女の託宣、行基の参宮と天照の託宣が偈頌を交えて記され、次に天上の日宮と月宮の荘厳を説き、倭姫命がこれを移して神宮の内宮と外宮の社殿が造られたこと、次に天地開闢から神の出現と本地を説き、『釈論』と『大疏』を引用して神の境地を説く一節（『大元神一秘書』と共通）の後に心御柱以下神宮の社殿の「形文」の深義を釈していく。更に万物に変成する「大元尊神」としての神の究極は一心に帰すことを述べ（この末尾部分は『仙宮秘文』と共通）、最後に如上の要諦を偈頌を以て結ぶ。末尾に「天長十年（中略）大日沙門空海」の識語を掲げ、大師の著作に仮託している。下巻にあたる④『神代本縁深釈』は、法界元初の虚空の大毘盧遮那如来つまり大日の自性法身の種々の性相や徳用を説くところから、天神七代の諸神の種子・三昧耶形・密号・神号および本地と形相を明かして列記する。諸尊法の形に則した〝天神七代次第〟である。「本抄」に含まれる⑤『天照皇太神遷幸時代抄』[48]（図17-4）は、天孫降臨において皇御孫尊が授けられた神鏡に現れた「天照皇太神御霊形」の二様の神の図形を示し、次に崇神天皇の代に神霊を遷すと共に三種神器が作られ、更に諸国の行宮に次々と遷座して伊勢五十鈴河上に鎮座する経緯を『倭姫命世紀』に拠って記し、各行宮の奉斎の様を図を以て示し

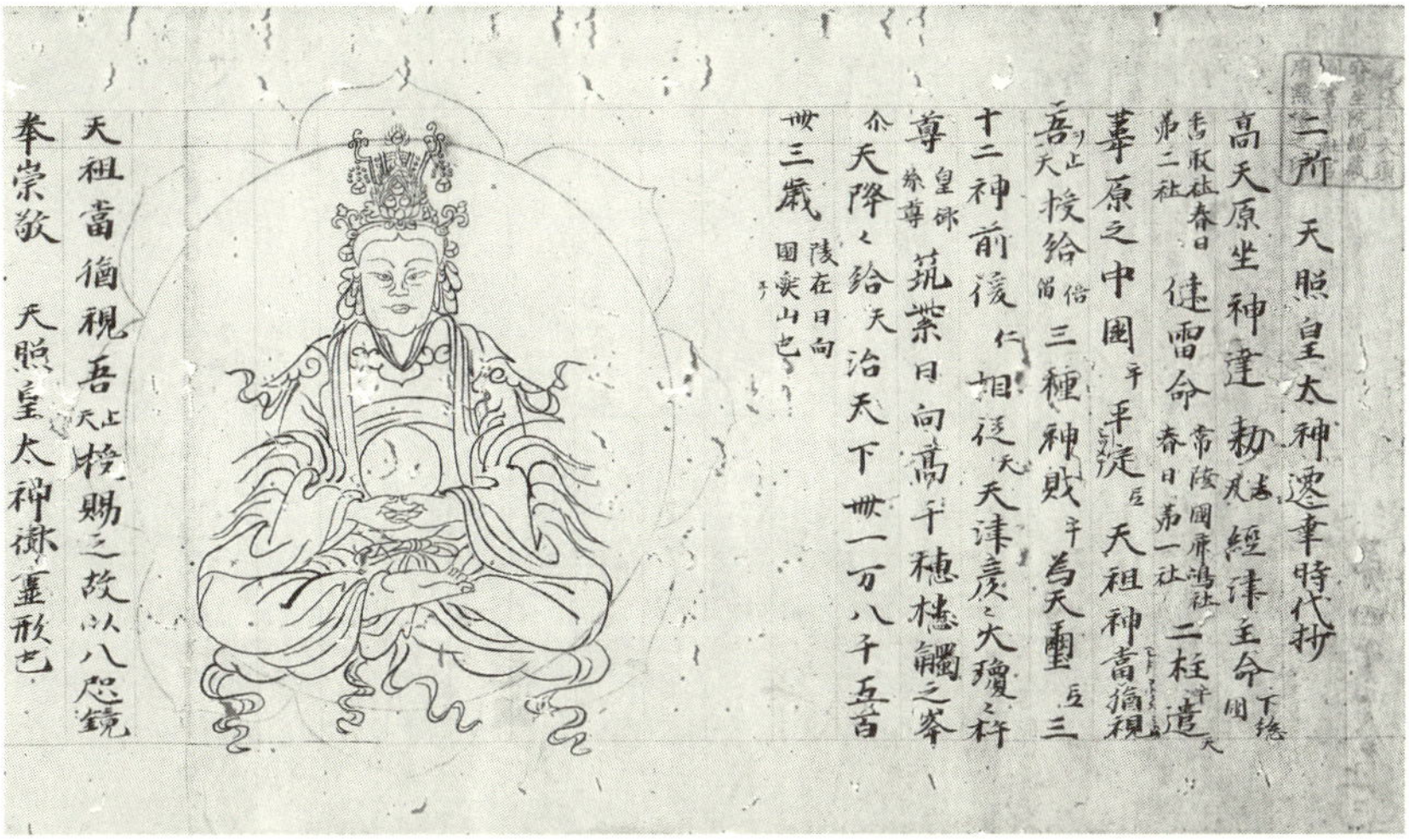

図 17-4　『天照皇大神遷幸時代抄』冒頭・神体図（真福寺宝生院）

ている。最後の「又目録」部にある⑥『自性斗擻』（内題「神性東通記」）は、和文を全て漢字と梵字で表記し訓を以て読みを示す特異な書法により、空海が入定した後、自ら高野奥院より伊勢外宮の多賀宮に飛び遷り、その秘所で神の正体を顕すことを告げるという、天照すなわち大師の一体分身なることを開示する秘事口決であり、末に『倭姫命世紀』を引いている。

以上の神祇書群の個々の概容と所説の特徴については、既に伊藤聡の『両部神道集』解題が簡潔かつ的確に指摘している。その上で、如上の知見にもとづいてこれらを全体として捉えるなら、各テクストはそれぞれに異なった位相から、神祇とりわけ伊勢神宮について、世界の元初から始まり、神々の生成から天照大神の誕生と伊勢への鎮座までを、総じて一貫した構想の許に説示しようとするテクストであったことが読みとられる。それは、まず神の存在と神体を観念―観想することに始まり、法楽の印明を含む法則次第（①）を基調とするもので、次に縁起を神の託宣の偈頌を交えて説き本地垂迹の相を開示するところから、天上梵宮の宮殿の観想と地上の社殿の宮造の深義を説くところを経て、神の存在を観念する定義に及ぶ（③）。これに法界元初から天神七代の神々に関する尊法次第が加えられ（④）、更に、天照の降臨から遷座を経て神宮の鎮座に至るまで

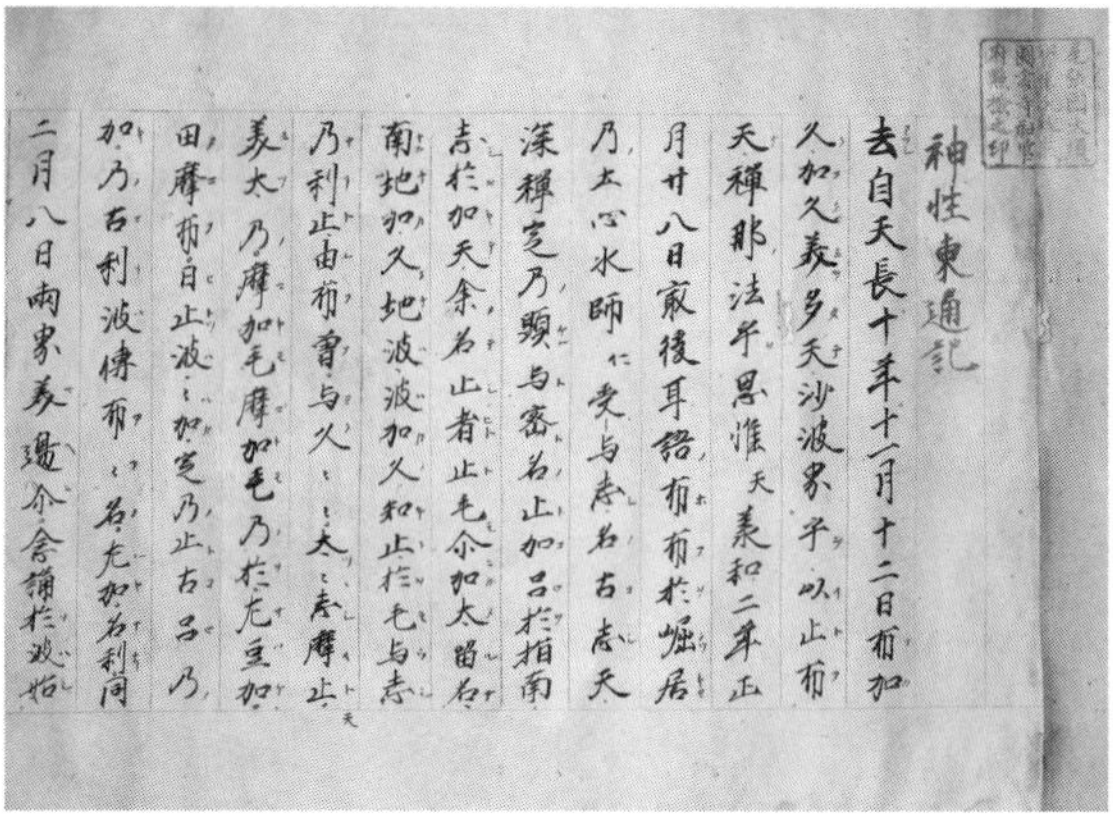

図 17–5　『神性東通記（自性斗擻）』冒頭（真福寺宝生院）

の次第を、御正躰・神器・各遷宮の図像を交えて表象する（⑤）。最後に天照の化身である空海による神宮秘所の顕示から、密教と神祇、高野と伊勢の一体的結合が伝授される仕組みである（⑥）。これに、大師御伝としての（②）『八幡本地行法私次第』[49]が、大日如来から種々に変成する如意宝珠が僧形八幡の御躰と化す道場観を、理趣経印明と併せ諸神法楽とする次第が側面を支えている。あわせて全体は、伊勢を中心とした秘密観想と法楽次第の口決というべき法儀テクストとして、修法のための実践的側面を備えている。それは、前に引いた守覚の問いに答えて勝賢が示した神法楽の作法と、その本地を明かすという基本方針に則し、かつそれを敷衍した内容となっていよう。

　これら『野決』神祇書の方法と文体は、『野決』十二巻と同様、中世の宗教テクスト一般の普遍性に根ざしたものである。それは顕密仏教の儀礼テクスト（事相書のカテゴリーに属す尊法次第を中心とする法則とその口決）および唱導テクスト（教相書のカテゴリーに連なる表白や因縁の言説）の方法にもとづいており、併せて図像（観想と尊像）の創出を伴うものであり、それは密教全般のテクストと共通する技法によっている。特に『両宮形文深釈』の縁起説の如く神話的言説を偈頌および和歌を含んで構成し、その要となる漢文に特異な和語（ヤマトコトバ）による仮名訓（秘訓《ひくん》）を付してその深秘を示したり、『神性東通記（自性斗擻）』の如く和語による秘事口伝を全て梵字と漢字の音表記によって示そうとする暗号的な秘伝テクストを創出していることが注目される[50]（図17–5）。

　次に、思想の水準において、これらの神祇書の特質を捉えてみよう。前述の如く密教のテクストの方法を用いながら神の存在と意義を宇宙論的に理念《イデア》として認識するために、その最大の焦点としての伊勢神宮について、内外両宮を火／水の二大元素や日／月の世界像ひいては胎金両部の曼荼羅と観念していく二元論的パラダイムに表層では拠りながら、それを多重に連ねることで多元的に〝聖なるもの〟に関する思惟を限りなく分節していく多声《ポリフォニック》的な志向が一方にあり、他方では同時に、その神の本質について、密教の究極の根源的シンボルである如意宝珠（それは後七日御修法の本尊である東寺の仏舎利すなわち宀一山《べんいちさん》の宝珠でもある）に全て集約されるとする志向がある。つまり、二つの一見相反するかに思える志向が、これらのテクストでは同居している。それは一にして二、二にして不二である。そこで観念される神は、世界そのものを網羅する曼荼羅として無限に微分されると同時に、全ては一の本質的なものとしての「一気」「一念」そして「一心」に帰するという、一なるものとしての「心」に収斂するダイナミックな思惟の運動として立ち現れている。そのような思想の動機《モティーフ》として、『両宮形文深釈』は心御柱の「形文」を釈すにあたり、これを天瓊戈を表す独古形として（密教の）「三部五部一体不二妙体、万物所生心」の体《かたち》であると定義した後で、それゆえに、

本覚常住之心蓮台之上、現一大三千界妙理也

と説くが、それは明らかに院政期の仏教思想の基調を貫く「本覚讃[51]」に拠るものである。

五　守覚法親王の宗教テクストと神祇

守覚によってこのような神祇書が著された背景を、より広く見渡すためには、十二世紀当時の歴史的な状況、特に祭祀と政治、宗教文化上のコンテクストを考慮する必要があるだろう。守覚や勝賢の位置（地位と役割）を考え

るならば、院政期王権の国家宗教政策の構想や動向の一環として、これら神祇書を位置付けることが可能ではなかろうか。

院政期の宗教政策の動きは、王朝国家の神社祭祀制度に端的に反映される。すなわち、中央では二十二社制が確立し、京と畿内周辺の有力諸社が撰ばれて祭祀を受け、全国的には諸国一宮制が展開して国守の奉幣を受けると共に、国衙の在地側では総社による祭祀が営まれ、それぞれの水準で神祇が集約されつつ再編され、中央と地方の双方の側から中世国家の神社制度の骨格が形成されていく。(52) 守覚の活動期は、治承・寿永の大内乱を経て東国鎌倉に武家政権が誕生する過渡の変革期であると同時に、神祇祭祀上における中世日本の世界像が確立する時期にも重なっている。

一方で守覚は、仁和寺御室の法親王として、院政期王権の仏法を統べる地位にあり、院の宗教政策を遂行する一画を担う存在であった。守覚による密教の諸法流の統合すなわち「御流」の創出は、その役割の実践の一部であった。それゆえ、彼の全ての著作および彼が関与したテクスト群は、その地位に伴う任務と無関係ではない。むしろ聖教とは、彼の務めを果たすために欠かせない装置として機能すべきものであり、単なる地位身分《ステイタス》に伴う象徴物や荘厳ではなかった。そのテクスト創出のために、守覚は勝賢(また覚成や心覚など)のような僧侶以外にも、世俗の学者文人や歌人との交流を持ち、文苑を主催しつつその秘説や本書また著作の提供を受け、更には召し取りにより進献されていた。その消息は、守覚の名の許で著された一群の「記」である『右記《うき》』『左記《さき》』や『真俗交談記』などに明らかな仮構を交えつつ描かれている。(53)

守覚の関与し自ら営んだ宗教テクストの創出における、院政期王権の祭政文化上の動向と連動する、神祇祭祀の側面を如実に示す例が、近年、守覚の著作の一部として確認かつ復原された『諸社功能』一帖である。(54) これは、前述した守覚による儀礼テクストとしての法儀次第——それは大江匡房による院政王権の国家儀礼(年中行事と臨事公事)を網羅し体系化した著作『江家次第』に匹敵する——である『紺表紙小双紙』の一部を成し、そのうちの

『諸尊功能』(勝賢と合作した『秘鈔』表白と同内容)と、いわば対をなすものである。また、同じく『紺表紙小双紙』に含まれる諸社の『奉幣次第』とも連なるものでもある。『諸社功能』は、主要な中央と地方の諸社の神の功能を讃嘆する詞について、院政期の代表的な儒者文人(匡房や敦光など)の願文等から抜粋した、これも〝類聚〟の所産である。この一帖に聚められた二十八社は、先の二十二社と諸国一宮に重なり、熊野や金峯山など修験霊場を加えた撰択であり、かくして御室法親王の仏法の立場から、(本尊の修法―功能と同じ水準で)神祇祭祀が位置付けられる。そのテクストは、院の御幸に準じて諸社へ参詣し神前で法楽仏事や供養を営むために規範とすべき典故の詞章であり、最小限に抜粋された儀礼テクストの核というべきアンソロジーである。彼の編纂した『表白集』と同じく願文等から類聚されたもので、いわば顕教的な位相での神祇テクストでもある。それは、院の王権の祭祀の秘儀的領域を司る密教世界を統べる法親王としては、不可欠な部類ではあれ、あくまで副次的なものである。むしろ、密教的次元の神祇テクストにおいてこそ(それを備えることこそ)、守覚による宗教テクストの世界は真に全きものとなるのではなかったか。そして、それこそが『野決』具書中の神祇書であったといえよう。

守覚と勝賢による神祇テクストの生成は、その背景として、また、平安時代に蓄積された本地垂迹説ないし縁起説が院政期に爆発的な展開を見せた、そのコンテクストの上にもある。それは、密教が領導した、神祇を中心とした対象とした思惟と表現による、中世を生み出す運動と言ってよい。[55]二人の共同作業は、秘事口伝の書記化と類聚による、中世王権を支える宗教システムの内実を形成するための、一見内部完結的な構築物に過ぎないかに思えるが、実は、古代から中世への世界像の転換を象徴する、十二世紀末の院政期国家の歴史的大事業と深く結びついて成立したテクストであった。そのことを勝賢の側からみれば、第七章に紹介した『三宝院経蔵目録』が、彼により治承三年(一一七九)から元暦二年(一一八五)の間に編まれた事実と無関係ではなかろう。しかもその編纂の背後には、後白河院による蓮華王院宝蔵への大師御書を中心とする密教聖教正本の収集事業が推進されていたのであり、両者の営みは、これと連動したプロジェクトの一環としてあったようである。

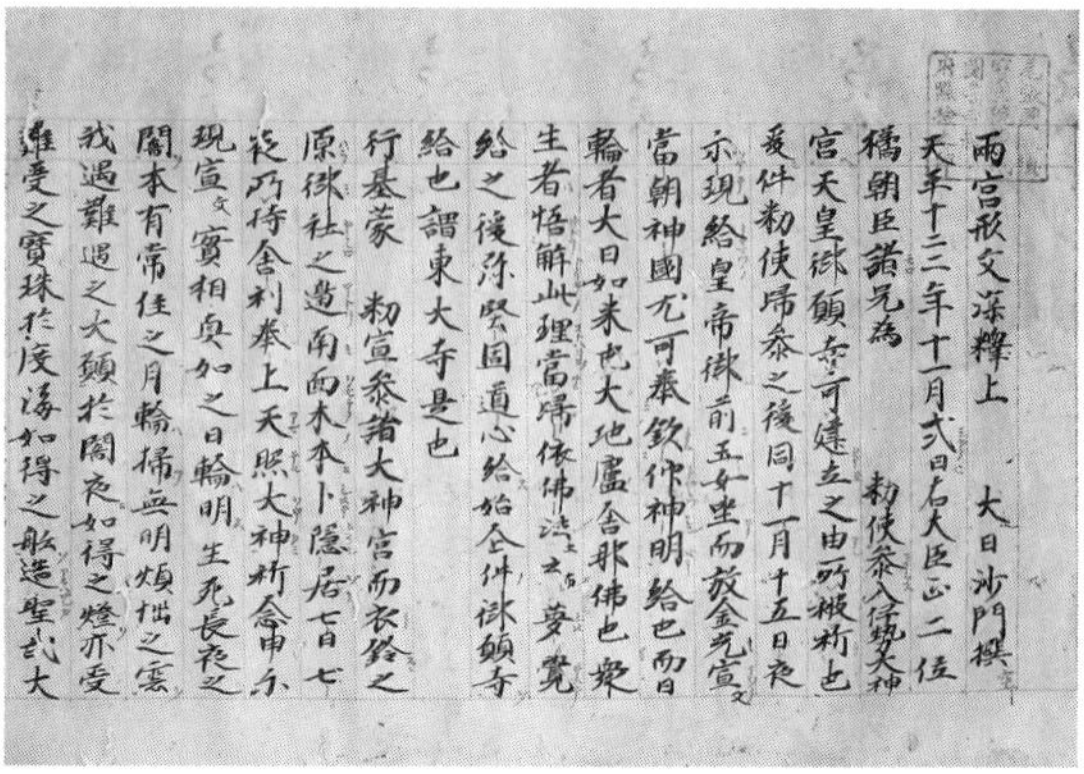

図 17-6　『両宮形文深釈』冒頭（真福寺宝生院）

『両宮形文深釈』冒頭の縁起説（図17-6）は、橘諸兄の参宮と聖武天皇への「玉女」つまり天照の夢告すなわち託宣として、天照の本地としての大日如来が毘盧舎那仏であることを明かし、次いで行基による参宮と舎利の奉納に応えてもたらされた託宣が、偈頌と和歌により天照と豊受、つまり内外両宮の本地が大仏の本質としての舎利であることを示すというものである。それは、「神国」としての日本にこそ仏神本迹の究極が東大寺の大仏に体現され、それをうながし証明するものが天照大神であり、伊勢神宮の場《トポス》であるという、大仏と天照が一体なることを説く神話である。前者の勅使諸兄の参宮と聖武霊告の伝承は、既に十二世紀前半の『東大寺要録』や『大神宮雑事記』に見えており、院政期の東大寺と伊勢神宮の両者が共有する神話であった[56]。後者の行基参宮伝承については、その骨格は初期の両部神道書『中臣祓訓解』に見える偈を含む注釈の一節が早い例であるが、確かなところでは、鎌倉中期十三世紀後半成立の通海による『大神宮参詣記』に見えるものであって、『深釈』を守覚―勝賢の著作とすれば、これが最も早い時期の〝神話〟化された言説と言いうるのである。そして、その偈頌を核として舎利を仏神本迹の象徴に用いる縁起は、伊藤聡も論ずるように、治承四年（一一八〇）に炎上焼失した東大寺大仏の、後白河院と重源を中心とした院政王権による再建事業が色濃く投影され、その復興勧進の活動を背景として形成された〝中世神話[57]〟といえよう。

東大寺大仏と伊勢神宮を一体として結びつける歴史と神話のコンテクストと『野決』具書神祇書との呼応は、前に本文を示した『天照坐二所皇大神正殿観』の末尾に載せる守覚と勝賢の問答により裏付けられる。守覚はその問いの最後に、勝賢が伊勢神宮に度々参向したことを指摘して、そこで存知したであろう祢宜の所説を尋ね、本地について秘説の開示を求める。これに応えて勝賢が披露するのは、顕密についての伊勢神宮における仏法の詮要（顕においては般若部の法施とは、当時の参宮において大般若経と心経を供養することを指し、密に「三密無相鏡」を観ずるとは、無相鏡を天照の神体と説く『大和葛城宝山記』等の所説と対応する）を述べ、更に行基の説として、外宮は尸棄大梵天王、内宮が光明大梵天王であるとする、『大和葛城宝山記』と共通する本地説[58]が示されて、それぞれの俗体と正体が説かれる。また、大師の言として二所皇大神宮が両部遍照大日であり、後七日御修法の甲乙大法の不二なることに集約されると結んでいる。こうした神話的概念を操作し象徴体系を創出し媒介する勝賢は、現実の活動の上でも東大寺の大仏と伊勢神宮の両者にわたって立ち働いている。彼は、勧進聖重源による大仏の造立と東大寺再建の大事業に参加して、その中で大きな役割を果たしているのである。すなわち、三宝院流の伝承では、大仏に〝生身〟性を付与すべく自ら宝珠を造作して、その胎内（もしくは眉間）に納入したと言い[59]、また建久六年（一一九五）の東大寺大仏殿供養には呪願を勤めている（なお、守覚はこの時に証誠の役を勤めている）。そして、大仏開眼の翌年の文治二年（一一八六）に重源が参宮し夢告と宝珠を賜ったのを契機として、東大寺衆徒が参宮し東大寺再興を祈願した記録『東大寺衆徒参詣伊勢大神宮記』には、この後、建久四年（一一九三）に勝賢が参宮して重源の大般若経供養の導師を勤めたことが記されているのである。こうした東大寺再興をめぐる伊勢神宮と大仏を焦点とする一連の営為と勝賢や重源らの活動の背後には、紛れもなく自ら大仏開眼の筆を執って点じた、守覚の父、後白河院の強烈な意志がはたらいていた[60]。その事情を守覚も承知して、その問いを発したのであろう。

僅かにあらわれる手掛かりを辿ることで、これら一連の『野決』具書神祇書に伏在する中世宗教の思いかけず大きな動きが浮かび上がることとなった。これらの神祇書は、そこに集約され体系化された神道説を含めて、中世王権の中枢にある宗教権門が主体的に形成したテクストとして、中世神道のパースペクティヴを測るひとつの基準点となるものだろう。

第十八章　修験道における宗教テクスト空間

一　宗教テクストとしての修験道

日本における独自の宗教複合の所産というべき修験道を構成する宗教空間とは、いかなるものであったか。それは、修験道という領域がどのようなテクストから成り立っているか、という問いかけに置き換えることができる。つまり、修験の世界をテクストの概念によって分節する企てである。修験道は、その儀礼の位相において、自らの行儀をテクストになぞらえ、テクスト化するといえるような実践的宗教空間を創出している。修験を代表する山林抖擻の修行は「峯入り」であるが、それは基本的にテクストによって構造化される。たとえば、吉野と熊野を往還する大峯奥駈道は、金胎両部曼荼羅の諸尊の座位と観念され、行者はそこに己の身体を運んで行法を修しながら即身成仏を体現する。これはまさに宇宙論的水準でテクストとの一体化を実践する営みである[1]。葛城の場合は、それが法華経二八品によって象られる点で、より端的な宗教テクスト＝宗教空間を生成している。一方、古代から中世にかけて形成された修験の領域を書物の上でテクスト化したのが、後述する慶政の書写になる九条家本『諸山縁起』[2]である。ここに網羅された金峯、大峯、葛城、一代峯などの諸山の縁起は、以下本章で述べるように役行者伝とも複合するが、熊野参詣の作法や故実伝承を含むのをはじめ、諸山の抖擻修行における「宿」など行場霊所での次第が中心であって、その点で儀礼テクストとしての性格を多く有している。そのテクストからは、既に平安時代には修験道がきわめて高度な宗教テクストの体系を構築していたことが如実に窺われる。

永い歴史を経て形成された宗教文化の総体としての修験道は、しかし明治初年の廃仏毀釈によって解体され、甚大な打撃を蒙り、その宗教空間は回復不能なまでに破壊され、それらを構成する諸要素は散逸を余儀なくされた。僅かに伝世し残存したその一部をなす遺産を、いかにしてかつて存在したであろう豊かな世界の中に位置付け、再びそれを蘇らせることができるか。そのような本来の宗教テクストの文脈を取り戻す復原的な解読作業は、何より修験道においてこそ求められる。そこにこそ、宗教をテクストとして解釈する方法の有効性が問われるであろう。

二　御正躰としての蔵王権現尊像と埋納聖典の位相

まず、修験の霊山の中心であり頂点というべき大和国の金峯山上に顕現し、また造顕された〈聖なるもの〉に注目しよう。大峯山寺の山上本堂は、その内陣に秘められた深秘の空間が今も生き続け、登拝する行者の絶えぬ場所であるが、その周囲からは厖大な奉納物の遺品が発見されており、その全貌は未だ明らかでない。しかし、その中核を成すのが、この地より〝涌出〟顕現した蔵王権現の尊像《イコン》としての御正躰であることは、遺品の大半をその作例が占めることで明らかであろう。[3] その御正躰は、金銅製の立体的な彫像と、鏡面上に線刻や半肉《レリーフ》で象られた鏡像とに大別される。

これらの中で、最も重要な座標となる遺例が、現在は東京都足立区の西新井総持寺所蔵の蔵王権現鏡像である（図18-1）。下部を欠損するが、巨大な三葉型の鏡面に線刻された偉大な忿怒形の蔵王菩薩の像容がほぼ窺え、こ

図18-1　蔵王権現御正躰鏡像（西新井大師）

れを数多の異類鬼形の眷属群像が囲繞する。現存部分からも充分に窺える力強い描線と緊密な構成は、圧倒的な迫力を生み出している。背面には阿弥陀・釈迦・弥勒・大日等の諸仏の梵字種字および聖観音・大日真言が刻まれて本地を示し、この尊像群が垂迹像として一種の立体的な本迹曼荼羅を構成すべく観念されていたことを示す。長保三年（一〇〇一）に朝廷直属の工房で制作された旨の銘[4]を有し、蔵王権現の尊像図像の成立を告げる、まさしく記念碑的な作品である。その伝来については正確な記録を欠き、誰の発願により造立されどのように祀られたかを詳らかにしない。但しこれは『金峯山古今雑記』にいう「山上導師所蔵霊鏡」のうちの一面であったと推測され、その中でもとりわけ貴顕による御願として山上本堂内陣に安置された格別な御正躰であったろう。[5]

ここに想起されるのが、元禄四年（一六九一）の山上本堂の改築に際し出土したと伝える、藤原道長により寛弘四年（一〇〇七）の御嶽詣において奉納された自筆の紺紙金泥経と、それを納めた金銅製経筒である。既に第六章および第十一章において論じたところだが、その金峯山参詣儀式は、自筆の日記『御堂関白記』に詳しく記録されており、何より経筒胴部に願文が銘記されて、そこに道長自身の意願と作善の全貌が知られることが重要である。[6]願文によれば、そこで彼は蔵王に親近して、数年にわたり営んでいた法華経以下の諸経書写供養の功徳により滅罪と臨終正念、極楽往生と当来導師値遇を願っている。道長は己の率いた道俗と共に香を焚き礼拝祈願の後に、奉納した経の上に金銅燈楼を立て、常灯を点じた。おそらく、それに加えて数多の供具荘厳が備えられたことであろう。かの長保三年銘の蔵王権現御正躰も、そのような御願供養の一環として、聖典と共に奉納されたものであった可能性が考えられる。

金峯山上に奉納される〈聖なるテクスト〉として、金色に輝く蔵王権現の御正躰という尊像図像と、金銅容器に納まる法華経等の聖典文字テクストとは、その供養を司りまた供養される僧宝と併せて、仏宝と法宝として一具を成すものと捉えるべき遺品ではなかったか。但し、両者がどのように埋納、奉安されていたか、その関係性を示す考古学的な例証は、寡聞にして管見に入らない。近年の山上本堂の修理に伴う内陣周囲の発掘調査は[7]、多くの貴重な知見をもたらしたが、奈良時代に遡る祭祀遺構が確認されたことや平安前期の金造小仏像の発見の他に、なおその遺品群の布置を解釈する手掛かりを得ない。

ここで参照されるべきは、熊野那智山において神体である大滝のもとに営まれた那智山経塚より近代に出土した多数の遺品のうち、金銅製の金剛界曼荼羅を構成する一具であろう[8]。この他に類を見ない尊像と三摩耶形から成る諸尊集会の立体曼荼羅は、何時、誰により、いかなる経緯で造立奉納されたものか、その消息を明らかにする「縁起」が那智山に伝えられていた。第六章にも言及したところの『那智山滝本金経門縁起』は、那智山沙門行誉が大治五年（一一三〇）に記したもので、その近世の転写本が遺る[9]。行誉は幼少の頃に叡山飯室に登り、少年の時に出家し諸国霊山で修行して、大治二年、三十歳にて那智山に参籠し、ここで金泥大般若経・法華経・最勝王経等を書写しようと大誓願を発した。度々の霊夢の告げを蒙り、漸く諸国貴賤の助成を聚めた。更に静西という僧が立山にて感得した舎利を加え、この舎利を拝見し書写に参加した人々に奇瑞のあったこと、作善に助業した人々の霊験を説く。ついに洛中に知識を唱え、奉加を六万九千余（法華経の文字数）人に宛てて名字を録し、結縁の族として写経の供養を了えた。この営みは不軽菩薩の行と等しく、同志の僧等の助成を得て成し遂げられたという。院政期の天台僧による、諸国霊山の修行者と洛中貴賤の諸階層を作善事業の勧進によって繋ぐネットワークの様相が、具さに窺える資料である。

『縁起』の冒頭には、作善目録が掲げられる。まず、熊野三所権現と若宮王子の二尺御体（御正躰）を鋳造し、これらは本宝殿に安置し、また（飛滝権現の御躰たる）千手一体を滝本に安置した。更に三尺多宝塔一基と三尺金鼓一口、そして金剛界三十七尊の尊像と三昧耶形（出土した金銅製立体曼荼羅）、これに八供養具（感得した舎利を納める塔鈴以下の密教法具一括、これらは後掲の如法経供養に供えるため奉納）、そして最後に如法経（大般若経、法華経、開結二経、最勝王経、随求・尊勝陀羅尼、千手・阿弥陀大呪、七仏薬師、法華懺法）が挙げられ、これらは供養の日に巌窟に奉納すると定められる。この目録により、霊地での舎利を核とする聖典をめぐる宗教テクストの布置がおよそ明らかになる。しかも『縁起』には、テクスト形成に至る願主の経歴と発願旨趣、その宗教活動に伴う霊夢や託宣なども克明に記録されており、それは道長など摂関家の権力の頂きに立つ者による作善とは対極の位置にある営為かもしれないが、なお両者に共通するであろう、霊地をめぐる宗教テクスト造立の普遍的なプロセスと、そこに描かれる世界構想を示唆するものといえよう。

三　修験縁起説と役行者伝の位相

一宗において、祖師の伝記とその開基寺院の縁起とは互いに交錯し合い、その史伝としての縁起および伝記は、宗教テクストのうちに枢要な位置を占めるだろう。その消息は、修験道にあっても同様だと思われる。修験が日本仏教のなかで、果たして一箇の宗として成立したか否か、客観的考証とは別に、修験における自己認識としては、縁起において主観的に主張する根拠が創出されるのである。更に開祖としての役小角《えんのおづぬ》の事蹟とその験徳を、伝記として叙述するところにおいても、同様な機能が認められるといえよう。

役小角（尊称：役行者、役優婆塞《うばそく》）は、古代国家の側からは罪人として処断された人物、つまり体制から排除された存在として記録されるに過ぎない。『続日本紀』文武天皇の大宝三年（七〇三）に、弟子韓国連広足の讒言によって国事犯として罪を着せられて伊豆大島に配流されたという短い記事に加えて、彼が葛木山中で修行し能く鬼神を使役するという異能が記されるだけである。それに対して、寺院の側から日本の仏法史を構成しようとする景戒の『日本霊異記』は、逆に役行者の側に立ってその威徳を讃える一話を設けている。

行者は金峯と葛木峯の間に椅《はし》を渡して通おうと、孔雀の呪法を以て鬼神たちを駈使したので、神々は愁い、ついに葛木一言主大神が「託《くる》い讒《しこ》」じて行者を謀叛の咎ありと訴えた。天皇は勅により捕えようとしたが験力によって叶わず、ついに母を捕えると行者は自ら捕われ、伊豆の嶋に流された。但し、その身は海上に浮かび走ることは陸を履《ふ》む如く、体は万丈の山に鳳《おおとり》の如く飛ぶありさまで、昼は勅命に従い嶋に居て行うも、夜は富士の嶺に往き修していた。やがて死罪を宥《ゆる》されて都近くへ戻ろうと願うも、なお危うく処刑されることを遁れ富士に登った。三年後に赦され、大宝元年に帰洛するに至ったが、遂に仙《ひじり》となって天に飛び去ったという。更に、その後日譚として、入唐僧の道照が、五百の虎の招きにより新羅の山中で法華経を講じた際に、虎たちの中から倭語《やまとことば》で問う人があり、それは役優婆塞であって、高座より下りて求むるに姿をかくした、という奇妙な挿話を加えている。されば行者は海波の国に亡命したともいえるのである。

総じて行者の威厳と神異を強調する記事に満ちているが、特定の寺院等の縁起として機能する文脈をもつわけではない。役優婆塞は、国家仏教の秩序に必ずしも属さない自度沙弥（後世に聖《ひじり》や上人と称される民間宗教者で、行基菩薩をその指導者と仰ぐ）のさきがけと見ることができ、『霊異記』独自のモティーフである〝隠身の聖〟の一典型として象られていると言ってよい。

源為憲の『三宝絵』法宝には、日本の仏法を創り出した聖徳太子に続いて、役優婆塞の伝を載せる。その役行者伝は、ほぼ『霊異記』に拠るが、文体は仮名物語に一変し和らげられている。また、末尾には「古人の伝へて曰く」と別伝を挙げ、行者が日本を去るに際し母を鉢に乗せて渡したことや、行者により葛木山に縛された神が深谷に今も呻《によ》ぶことなど、他の所伝に拠った記事が散見される。

この『三宝絵』は、後世の史伝や説話の世界に大きな影響を与えた。役行者の場合も、『今昔物語集』第十二においては『三宝絵』から採って三国の仏法史を構築する一環として位置付けられるに至った。あるいは、『扶桑略記』巻五にも、日本の仏法伝来史というべき年代記の一画に、「為憲記」として『三宝絵』の役行者伝が引かれる(但し、漢文化されて引用)。加うるに、『扶桑略記』ではむしろ「役公伝」によって主に行者伝が構成されているのであるが、これとほぼ同文が修験縁起として伝わる。前述した慶政により写された九条家本『諸山縁起』(10)に収められる「金峯山本縁起」がそれである。金峯山の本縁起と題しながら、内実は『霊異記』の役優婆塞説話に沿ってこれを独自の文章で構成した行者伝というべきテクストであり、文中に大宝元年より貞観十五年(八七三)に至るまで百六(七)十三年という一節があって、その時点に成立を想定することができる。この役行者伝と金峯山縁起の複合テクストは、鎌倉時代に東大寺東南院周辺で編まれた『類聚既験抄神祇十』(11)の中にも、「葛木一言主明神石橋事」と題す一条にほぼその本文を省略せず収められているように、中世に一定の範囲で流布していたと考えられる。

金峯や葛木等の中心的な諸山以外にも、役行者の開基を伝える霊山寺院の縁起として、行者伝においても大きな位置を占めるのが、箕面寺の縁起である。やはり九条家本として伝来する『箕面寺縁起役行者』(12)は、慶政も『当麻寺流記』(13)奥書にその一部を引用していることからすれば、平安末期には成立していたであろう。この縁起では、神武天皇から説きおこし、欽明天皇の代の仏法伝来と、同天皇六年の行者の誕生、聖徳太子と守屋の合戦を経ての四天王寺建立、そして白鳳二十年(六八〇)に行者が当山に登り瀧を拝し、龍穴に入って善徳大王に導かれ宮殿にて龍樹菩薩と弁才天女を礼拝、帰還して草庵にその像を安じて箕面寺を開いたとする。次いで白鳳二一年に金峯山に登り(つまり箕面は金峯より先んじて開かれている)、金剛山にも行き通い、一言主神を使役したので怨まれ禁獄配流されたことなど、従来に見ない行者伝が叙述される。特にこの縁起では、一言主神への行者の報復というべき酷烈な責苦が詳らかである。そして大宝元年の渡唐に際し当山で啓白して去ったこと、加えて行者による「寺家起請」、いわば遺誡が示される。最後は「略頌」として八句の偈によって結ぶ。

大唐国第三仙人　日本国役優婆塞　金剛山法起菩薩　金峯大政威徳天
箕面寺龍樹弁才　瀧基大聖不動尊　三世施化随類身　愛惜留跡是箕面

この偈頌は、川崎剛志によれば、興福寺の覚憲が承安四年（一一七四）に草した大職冠聖霊（藤原鎌足）御影供養の表白『三国伝燈記』に用いられており、早く南都において享受されていたのみならず、日本仏法の伝流を説く文脈の一環で典拠とされていたことが注目されている。[14]『箕面寺縁起』は、欽明朝を画期とする仏法伝来を枠組みとする点（太子による天王寺建立に及ぶ点は『御手印縁起』からの影響が想起される）、行者の〝御記文〟を眼目とする点、そして何より、この結びの偈頌が、行者の分身を明かしつつ、その開基になる諸山を結合する強力な統辞句として流布し受用されることにより、修験道全体を統括し象徴するテクストとなる点が重要である。

院政期に成立した『箕面寺縁起』は、中世に継承され、近世には絵巻として再構築（再テクスト化）される。『箕面寺秘密縁起』三巻[15]は、『縁起』を土台とし、その間に各種の修験縁起その他のテクストを組み込んで構成され、随所に長短の絵を挿入する。これに行者七生の名を顕すことを首尾に配して、役行者伝としての結構も備えるのである。それは、修験道縁起の集成であると同時に、役行者伝記絵巻というべく、まさに複合的な宗教テクストと化している。

箕面の縁起と同じく鎌倉前期までに成立した修験霊山縁起の体系において、役行者伝が枢要な位置を占める例は、真福寺蔵の一連の「熊野金峯縁起」書群において認められる。これは中世の南都において形成され、東大寺東南院より伝来した聖教・記録・神祇書等の一部であったと思しい修験縁起のテクストで、同筆の六巻一具である。[16]この縁起群は、修験道において根本の〝秘書〟として伝承される〈聖なるテクスト〉[17]——後世まで「大峯縁起」と

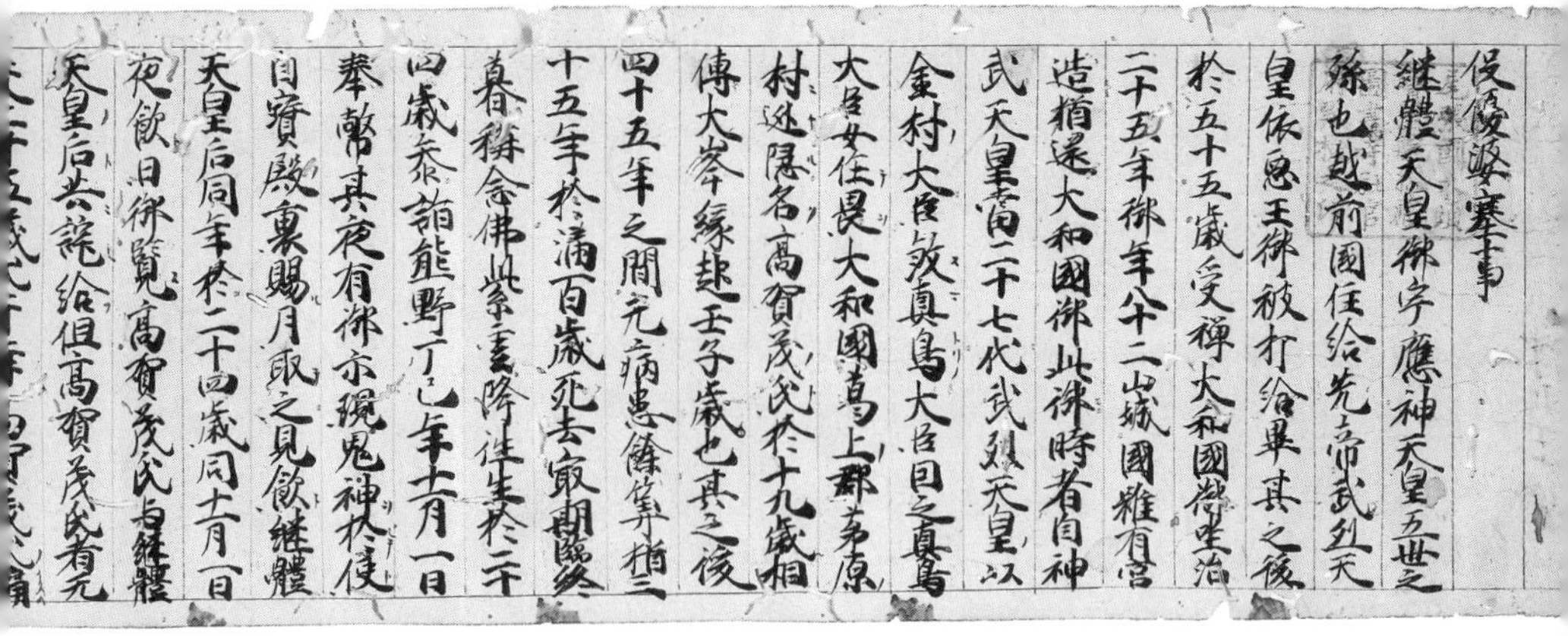

役優婆塞事
継體天皇御宇應神天皇五世之
孫也越前國住給先帝武烈天
皇依忽王御被打給畢其之後
於五十五歳受禅大和國御坐治
二十五年御年八十二山城國雅有宮
造楢還大和國御此御時者自神
武天皇當二十七代武烈天皇以
金村大臣放眞鳥大臣曰之眞鳥
大臣女任是大和國葛上郡茅原
村逃隠名高賀茂氏於十九歳相
傳大峯縁起壬子歳也其之後
四十五年之間无病患餘算猶三
十五年於滿百歳死去欽明天皇
眷稱念佛此業除往生於二千
四歳癸酉熊野丁巳年十二月一日
奉幣其夜有御示現鬼神扶侍
自寶殿裏賜月取之見欽継體
天皇后同年於二十四歳同十二月一日
夜欽日御覧高賀茂氏与継體
天皇后共説給但高賀茂氏着元

図 18-2　『役優婆塞事』冒頭（真福寺宝生院）

通称される——の面影を伝えるものであり、そのテクスト内部において自己言及的に主張するように、役行者にはじまりその系譜を引く行者や代々の一族により「大峯縁起」を相伝することによって成り立つ正統性と、その所説の真正性を構築する巧みに満ちたものである[18]。全体の中核が「熊野三所権現金峯山蔵王権現縁起」であり、これに「宝殿造功日記」「御記文」「降下御事」「王子眷属本位」等の、年代記・記文・本地垂迹など、位相を異にするテクストが付随する。

更にもうひとつ縁起群の核となるのが『役優婆塞事』（図18-2）であって、この一巻が全体のうち「行者御記文」等の説く行者の諸事蹟、特に縁起相伝の内実を明かしている。但し、そこに説かれる行者伝は、これまで述べたようなものに較べてきわめて特異である。行者は欽明天皇と同時に誕生した聖者であり、その前生においても互いに結ばれていた因縁が明かされる。そして天皇は観音の垂迹、行者は明王の化身であるとする。金峯山の蔵王に関しては、行者は十九歳の時に初めて大峯に入り百日修行して金峯山に至り、蔵王より汝は三生の行者であると先生の修行を示されたという。すなわち、如上の前世の因縁は、全てこの蔵王の教示であったことになる。ここに行者は大峯縁起の相伝を得て、四五年の寿を保つことが強調される。後半には、行者の誕生に伴う舎利の奇瑞が説かれ（これは太子伝の南無仏舎利伝承の換骨奪胎といえよう）、その舎利が誕生地および縁起相伝の象徴であり、相伝者の寿元がこれを得て一粒を東大寺に安置したことを以て結ぶ。この帰結に、これら縁起群の主張する立場と根拠が示唆され、その特異な行者伝の文脈が理解される。

中世において役行者伝は、伝記と縁起という領域にまたがるというのみでなく、修験道宗教テクストの位相の上で特に注目される二つの側面において、テクスト化されている。ひとつは儀礼テクストの位相であり、もうひとつは秘事口伝テクストである。修験も顕密仏教の一環として、抖擻修行のみが儀礼ではなく、寺院において恒例として営まれる法儀や年中行事がその組織において重要な儀礼であり、そのためのテクストが用意されていた。中世に普遍化した仏教儀礼テクストの典型としての講式は、修験においても重要な儀礼テクストであった。その講の本尊として、現在もなお数多く伝存する役行者の木像や画像が造立され、行者堂に祀られた。その式講に用いるべく『行者講式』として役行者伝が再テクスト化される。既に金峯山では、役行者御影供という祖師礼拝儀礼が平安後期から恒例として行われていた。『金峯山草創記』には、下山にて六月七日に御影供が鳥羽院御願の一乗寺において「行者報恩」のために修され、また「役行者御影堂供養法」が嘉承元年（一一〇六）に始められたとあり、更に山上年中行事でも「役行者御影供」が六月六日の山伏出峯より七日にかけて行われ、これは康和五年（一一〇三）に始められたという。

いずれも院政期に、役行者の祖師像を本尊とした影供の儀式が創められている。[19] その式がいかなるものかは知られないが、注目すべき資料が存在する。川崎剛志の紹介した真福寺本『本朝諸社記』である。[20] これは伊勢神宮をはじめとする諸社霊山の縁起説を集成した記録であるが、その熊野山と大峯の項に「行者講式」を引いており、特にその「表白」段の引用には、「夫、六月七日ハ役優婆塞、去テ日域堺一、移新羅ノ朝ニ一、以此日一准シテ彼御遷化多（ママ）ニ一、金峯山ニハ殊所修影供也。又、毎月七日ハ、行者遥来此土、拝金峯蔵王、礼箕面滝水」とあり、金峯山の御影供に言及している。その儀礼の場における伝統の許で中世に創出された、古い『行者講式』の逸文であろう。また、その熊野と大峯の段の引用では、それぞれの縁起説の文脈の許で行者伝に関する珍しい所説が言及される点も注目される。また、各段の末に配される礼拝のための偈頌たる「伽陀」が引かれていることも興味深い(21)。

現行の『修験常用集』(22)に、『神祇講式』と共に収められる『行者講式』は、表白に続き「第一明行者ノ本地内証」「第二述高祖出現行徳」「第三廻向発願功徳」の三段から成る。伝記にあたるのは第二段で、誕生の霊瑞から、三二歳で出家、三六歳で箕面の瀧穴に入り龍樹に謁し、金峯蔵王感得と葛木一言主呪縛のことを述べ、「広考二旧伝一、多載二瑞相一、連々威厳、不レ遑羅縷一」と省略して、行者入峯修行の行体の意義を説き、文武天皇三年の大宝元年に七一歳で入唐したことを以て了《おわ》る。その伽陀は、次のように行者を讃嘆する。

本覚毘盧尊　応化優婆塞　結縁衆生者　当生一仏土

もうひとつの位相は、縁起テクストにも連なる秘事口伝説である。中世の金峯山に成立した縁起テクストのもうひとつの到達点を示すのが、第九章に論じた文観弘真による、延元二年（一三三七）成立の『金峯山秘密伝』(23)である。三巻からなり、上巻に金峯大峯における金剛蔵王の行者による感得縁起に始まり、その眷属摂末社、また天河弁才天と熊野権現および十二所それぞれの本地垂迹を明かし、その名号・尊像を示すという、密教事相の尊法・口決に倣う形でその宗教世界を開示するテクストである。中巻は金剛蔵王の最極秘密の習事に始まり、諸神諸尊の秘密の習いを次第に説示する。八大金剛童子の尊形や蔵王曼荼羅を示し、後半に金剛蔵王行法次第と眷属および行者の本地供が加えられ、下巻もその変奏たる行法次第が列記される。総じて金峯山を中心に天河と熊野を加えた修験霊地の全体を、秘密事相の方法でテクスト化したもので、尊法作法に伴う図像テクストと儀礼テクストの位相を兼ねた、複合的な宗教テクストと言ってよい。しかも本章の主題とする修験道宗教テクストの視点からみれば、更に多元的なテクスト複合を企てたものなのである。

この『秘密伝』の中で、中巻冒頭の「金剛蔵王最極秘密習事」において行者伝が説かれる。「爰ニ役優婆塞ハ、此ノ金剛山法基菩薩ノ応現也」とその略伝が叙べられ、孔雀明王の神呪を持《たも》ち「或亦、箕面龍窟拝二龍樹菩薩ノ浄土二」「或時、行二葛木峰一、責二鬼神一渡レ橋」など主要な事蹟が要領よく述べられる。更に、上巻冒頭の縁起と呼応し、金峯山に赴いて本尊を求め、龍池宝石の地にて釈迦・千手・弥勒の三仏が化現するも、なお行者が「辺土降魔尊」を求めると蔵王が涌出したという本尊顕現の縁起が説かれる。これにより金峯山は「日本無双ノ霊地、我朝ヲ号二スルハ大日本国一ト、専此ノ勝地ノ名也」と宣べるのである。また「金剛蔵王名号習事」条では、行者は白鳳十一年正月八日に金峯山に初めて登り、蔵王の宝窟を開いて「生身ノ御体」を拝し、これを後に「柘楠艸ノ霊木」を以てその生身像を模し、自ら造立し八角堂に安置した。これが根本山上蔵王堂であると記す。ここにも金峯山縁起および本尊造立と行者伝とが、分かちがたく説かれていることが明らかである。

　他方で役行者伝は、中世の唱導テクストにも受用されるが、その展開は興味深い様相を呈している。唱導とは、儀礼を介して仏法をいわば社会化する媒体であり、かつその内実としての言説体系でもある。既に古代の行者伝の成立において、それぞれ画期をなした『霊異記』や『三宝絵』も唱導テクストであったし、中世の『類聚既験抄』も、その一端をなすテクストであった。安居院の唱導書の類聚が代表するように、唱導テクストは日本における仏法の範疇《カテゴリー》を創出し表象する役割を負うもので、その対象に神祇や修験の世界も包摂されるのである。中世において、その運動は、浄土門の唱導においても同じく展開した。正嘉元年（一二五七）常陸で成立した愚勧住信の編になる『私聚百因縁集』巻八の「役行者事」は、それまでに成立し流布していた行者伝の集大成といえるほどに諸伝承が網羅されており、特に修験道における縁起の秘伝として形成された所説を大幅に摂取利用していることが注目される。[24]その一部は、南北朝の貞和五年（一三四九）に編まれた天台宗において神道の縁起説を類聚した『神道雑々集』や、室町初期、永享八年（一四三六）に成った浄土宗鎮西派の学僧酉誉聖聡の著『当麻曼荼羅疏』にも共有される。

　その所説とは、たとえば行者が箕面瀧に修行し異界を巡歴して、熊野をはじめ霊地を抖擻し、霊所や護法の名を列記するところであり、それは『箕面寺縁起』に関連する秘説である。また、金峯山において己の第三生の骸骨より独鈷を取るという、奇怪な前生譚も共有されることが注意されよう。特に聖聡の『疏』との共有は、当麻曼荼羅を安置する当麻寺が元来その縁起において役行者の修行と行者が本尊孔雀明王を祀り行うことを説くように、この寺が葛木修験の重要な拠点であったことに遡って繋がるのだろう。このように、唱導テクストを媒介として、中世には宗派や寺院を超え多様な宗教テクストの位相の上で、それぞれの文脈と結合して、修験の縁起説の根幹ないし秘説としての役行者伝が汎く流通していた。そのことは、ちょうど役行者の像や御影が広く各地の諸山や寺社に遺されて伝存するように、中世の宗教世界における修験の領域の影響《プレゼンス》の巨大さを物語るのである。

四　霊地を象る宗教テクスト複合――文観『金峯山秘密伝』と吉野曼荼羅彩絵厨子

役行者伝を包摂した金峯山縁起の変奏としての『金峯山秘密伝』は、改めてその全体を俯瞰してみるなら、前述した縁起説の秘事口伝化という規定に収まり切らないほどに、複雑な性格をもったテクストである(25)。それは、多面的に吉野―金峯山および天河と熊野の宗教空間を解釈し表象しようと企てた、創意あふれた著作といえる。三巻のうち、上巻に金峯山金剛蔵王権現を中心とした、天河弁才天・熊野権現の三所およびそれらの眷属諸神を含む、巨大な霊地の仏神の世界像が開示される。本書の全体を見渡すと、その記述様式が大きく二つに区分される。中巻半ばまでの前半は一ッ書きで分節され、表題を付す。その各題目は末が「習事」（…と習ふ事）と結ばれ、その題目が論題として設定され主題となる口決形式の注釈テクストである。中巻半ば以降の後半には「次第」が連ねられており、蔵王以下、諸神の本地、諸神行法の次第が、必ず道場観を備え、印明等を完備した儀礼テクストである。これら二つの対照的なテクストの位相（口決と次第）が共存、連絡することからして興味深いが、密教聖教一般からすれば不思議なことではない。

その諸神の「習」は、本地垂迹を明かし、その霊地の縁起が説かれ、その名号を釈し、更に種子と三昧耶形を示すという、密教の尊法口決を応用し敷衍した普遍的なテクスト文法に拠ろう。それらの「習」は、蔵王権現以下の眷属諸社については、その「神体」や本地垂迹を明かすことに集約される。熊野権現も同様であるが、特に天河弁才天のみは、その尊格についての秘説が詳しく述べられ、更に天河の霊地の意義を釈し、なおその持物であり三昧耶形でもある琵琶について「本誓」とその「内証」を詳細に説き、その果ては五音に発する五行五大説による音楽理論に至る。これは当時の王権が琵琶の秘曲伝授を灌頂として秘儀化し王権儀礼の一環としていたことや、後醍醐天皇自身も持明院統に対抗し超克すべく積極的に秘曲伝授を相承したことが反映されているだろう。[26]これらに弁才天の尊像口決を併せ、本書において天河は「吉野熊野宮」と称され、両者の霊地を合一し包摂する不二の神体として、格別に仰がれるところなのである。

中巻は、前半が先述した金峯山縁起と不可分な役行者伝の習から始まり、行者の感得した蔵王の涌現する宝石をめぐる秘説として、蔵王が本地三仏の一身一体なる理の具現であることが開示される。また、蔵王が尊勝仏頂法の諸位相を体現する習、そして蔵王の名号に幾重にも渉って託される秘決が明かされ、最後に行者による山上蔵王生身御体の造立と、行基による山下本堂本尊造立のことで結ばれる。更に八大金剛童子の名号・持物・本地等（これは下巻にも印真言と尊形の記事が加えられる）を記し、次に蔵王権現を中心とした八大童子と眷属諸神を内外院に配した（吉野曼荼羅というべき）種子曼荼羅（図18-3）が図示される。後半には、その曼荼羅を本尊として修するかのように、「金剛蔵王行法次第」から始まる、蔵王権現と眷属諸神および役行者の本地供等の修法次第が連なる。蔵王については、下巻にも三種（別様・亦様略観・最極深秘重）のそれぞれ位相を異にする次第が加えられ、また勝手・子守の二社の本地供と「天河大弁才功徳天法」が如意宝珠法として修され、これのみに秘印真言と口伝が付される。勝手と子守の修法はそれぞれ「勝敵毘沙門法」と「将軍地蔵法」の別名を付すように怨敵降伏のために修され、また蔵王や弁才天にも調伏法の側面が含まれる。

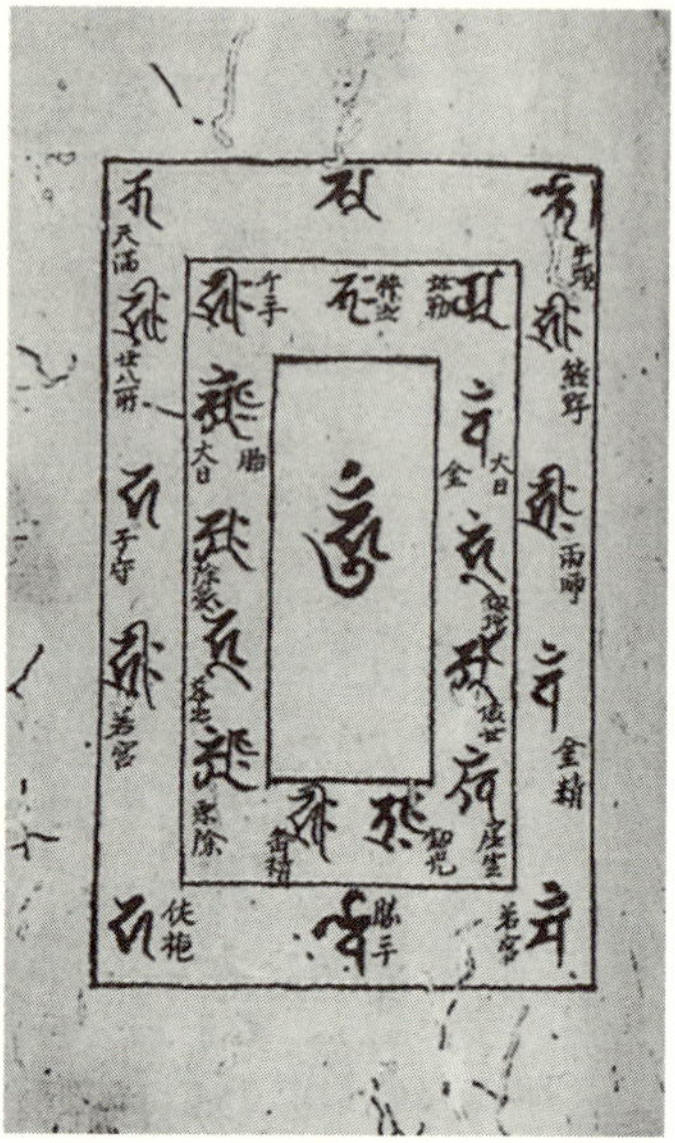

図 18–3　『金峯山秘密伝』巻中「種子曼荼羅」（東南院）

文観は、下巻末尾の著作識語に、「奉為　主上御修行、蔵王次第記進上、彼中記之了」と、時に吉野に拠って北朝と対抗していた後醍醐天皇の「修行」のための次第としてこのテクストを著したとする。されば、その儀礼がすこぶる闘争的な負荷を与えられていることが諒解される。それは、同じく吉野山の如意輪寺に伝来する、同年の文観著作である『護摩次第』の識語(27)および修法の期するところと共通し、呼応する志向を示しており、単に修験道一般の世界観を象るのみではない。それらを儀礼実践の反映とみた場合、『金峯山秘密伝』の複合宗教テクストは、直面する現実の状況に即応すべく生み出された、すぐれて時代の所産なのである。既に第九章に指摘したところだが、文観によりこの後（延元三～四年〈一三三八～三九〉前後）にかけて集中的に著される（再治を含む）、いわゆる三尊合行法という独創的な密教実践体系の思想構造が、本書には深く投影されており、それは、中心的な尊格たる蔵王権現および天河弁才天について「三尊合一体」かつ「両部不二秘尊」等と定義する基本的論理と、全く一致同調するものなのである。

このようにして、文観という一箇の巨大な知の主体の営みにおいては、歴史の諸状況と思想上の文脈とが重なり合って創出される、儀礼と図像を結合した宗教テクストの〝場〟として、修験道がその最も高度に集約された先端の舞台となるのである。それは更に、吉野の地に現存する宗教造型としても創出され、その遺産《レガシイ》は今に伝えられるところであった。

金峯山の宗教空間を象る記念碑的な尊像―図像テクストが、吉野に今も遺存している。それが如意輪寺に伝来す

図 18-4　蔵王権現像吉野曼荼羅彩絵厨子（如意輪寺）

る蔵王権現像とその厨子である。この尊像は、運慶一門に属する仏師源慶の手になる嘉禄二年（一二二六）制作の木彫寄木造彩色の三尺像である。制作年代の明らかな蔵王権現像の基準となる作例であるが、注意すべきは、巌座に涌出する一面二臂三目で三鈷冠を頂く青黒色の像容が、おおよそ『金峯山秘密伝』に説く蔵王の尊形と一致していることであろう。加えて、この像を奉安するべく百十年後の延元元年（一三三六）に厨子が造られる[28]が、その内部には全面に吉野―金峯山曼荼羅が彩画され荘厳されたのである。吉野曼荼羅彩絵厨子という、これも吉野曼荼羅の基準作である（図18-4、18-5）。本尊後壁とその両側には白い雲海に紅葉鮮やかな山岳が露頂し、その巌上に八大金剛童子が各の持物を携えて蔵王を取り巻く。左右の側面扉と正面扉には、四季の移ろう山岳中に垂迹形の蔵王眷属諸神（右上から左下へ、若宮・子守・天神・勝手・牛頭天王・役行者・金精明神・佐抛・八王子）が配されて蔵王を巡る。これら曼荼羅中の諸尊のうち、八大金剛童子の尊形と持物は『秘密伝』の所説と共通していることが指摘されている。またその眷属諸神の配置も、役行者の他はおよそ『秘密伝』中の種子曼荼羅の諸尊と（その上部の内院の本地三尊と両界曼荼羅、外院の熊野と天河等を除けば）下半部が共通している。

　つまりこの蔵王権現像―吉野曼荼羅彩絵厨子は、併せて立体的な金峯山曼荼羅を構成し、その図像体系は同時代の『金峯山秘密伝』と呼応するものなのである。更に踏み込んで言うならば、このような多元―立体曼荼羅については、その制作当時に住山していたすぐれた図像家でもある文観の積極的関与を

図 18-5　吉野曼荼羅彩絵厨子内部・扉・色紙型銘（如意輪寺）

想定しないことはむしろ困難だろう。『秘密伝』の複合宗教テクストの水準を以てしても実現し得ない次元での蔵王と金峯山の宗教空間を、本尊の尊像図像の更に外部の空間に拡大して可視化しようと企てた、野心的なプロジェクトとして、それはあったはずである。

しかもなお、この厨子には更なる水準―高次の宗教テクストが、金峯山の宗教空間を表象すべく刻み込まれている。それが各扉の上部に画された色紙型に書かれた、後醍醐天皇の宸筆と伝承される「金峯蔵王讃」というべき七言絶句、四首一六行の偈頌銘文である。その本文を右から示せば、次のようになる。

崝崛月前為教主　金峰嵐底現蔵王
班荊禅客安居砌　緇素群焉満願望
風月澄心文道祖　火雷宥忿法陀尊
日蔵聖感瑞夢処　太政天為教誨繁
両山梯峻古仙跡　四海船浮権化神
行積僧衹鑑末世　威政鬼類縛其身
慈風扇境四海渇　惑霧晴心六道差
碧樹集雲飛鷲嶺　黄金敷地契龍華(29)

この偈頌の大意は、金峯に涌現した蔵王の本地が教主釈尊なることを讃え、この霊地に修行参詣する者の願望を満たす功徳を説き（第一首）、文道の祖たる管公すなわち火雷天神の忿怒を宥める蔵王尊であり、日蔵が夢に導かれ大政威徳天と化した道真より教誨を蒙るのも蔵王の功徳であると説く（第二首）。金峯と葛木の両山に石梯を懸け渡さんとする役行者の威厳を讃え、その僧祇劫の修行は末世の行者の鑑であり、前鬼後鬼を駆使し一言主を縛す行者の威力を示す（第三首）。蔵王の慈風は四海に遍く吹きわたり、六道輪廻の衆生の惑障を吹き払う功徳を讃え、金峯山が天竺霊鷲山飛来の峰であり、蔵王はそこにある黄金を龍華三会の暁まで守護する誓いを示す（第四首）。

総じてこの讃は、蔵王権現の霊威を天神と役行者の験徳を介して嘆賞するもので、そこには『日蔵夢記』や行者伝が縁起説と共に踏まえられて作文されている。[30]詩の形式を用いた文芸テクストにより、本尊蔵王と諸尊の曼荼羅図像は更により高い次元で荘厳され、それは偈頌として声に出して唱えられて讃嘆されるのである。かくして、中世における修験霊山の最頂を象る宗教テクスト複合が成立した。おそらくはその形成の営みが、王権と宗教の双方においてすぐれて能動的な主体によるものであったことは、修験道の宗教テクストが中世宗教世界の中で占める位置がいかに至上のものであったかを、よく物語っている。

終　章　中世宗教テクストのゆくえ

一　宗教テクストにおける中世

四部にわたって扱ってきた、日本の諸領域の宗教テクストが示す生成と展開の動態を眺めわたすと、それらは自ずと共通した変遷を辿り、同時代的な現象を見せていると認められる。この、互いに相似した軌跡を重ね合わせることができる範囲を、宗教テクストにおける中世と呼ぶことができるのではなかろうか。

第Ⅰ部における聖徳太子の宗教テクストを例に挙げれば、その始発となる尊像や聖典、宝物を核とする太子の聖所は奈良時代に創成され、それら太子遺蹟寺院を拠に平安時代前期までに伝記と絵伝が形成されて、摂関期には正典というべきテクストや縁起という神話テクストが成立して大きなインパクトを与えた。それは院政期に大きな展開を遂げ、宗教テクストの集合が舎利の如き聖遺物を中心に新たな宗教空間を構成し、その運動は鎌倉時代に諸階層に汎く浸透・発展し、更に鎌倉末期から南北朝期にかけて全国へ爆発的な拡がりを見せる。それぞれの画期は、いずれも時代の大きな転換期と重なっており、いわゆる乱世とは、太子宗教テクストの歴史の上では豊饒な達成を遂げた時代であった。

第Ⅱ部で扱った寺院における経蔵ないし聖教の宗教テクストの事例も、奈良時代の一切経の移入と形成が出発点となる。古代王権の事業として始められたその営みは、平安前期の顕密仏教各宗の寺院における、入唐八家ら祖師の請来による経蔵と聖教体系の形成によってその基礎を築くことになった。それは摂関期から院政期にかけて、それぞれの権力が主体となる一切経蔵の大規模造営へと展開し、更に「宝蔵」として舎利を核とする王権の表象回廊と化し、さながら目録に象られる。鎌倉時代には、密教に顕著な法流の分岐と伸張の過程で、儀礼と結合した聖教テクストが厖大な増殖と全国への流伝を遂げ、その一端は鎌倉末期から南北朝期にかけて各地に〝知の体系〟の集積をもたらす一方、王権と一体化した文観の聖教テクストの如き突出した果実を産み出した。

順序が逆になるが、第Ⅳ部で対象とした神祇書を中心とする神祇テクストについてみれば、それは経蔵と聖教テクストの展開の最終段階に至る過程で形成され、たちまちのうちに目ざましい達成を示している。密教法流の中世的展開において灌頂儀礼の一環として成立した『麗気記』の如く、中世神祇テクストを代表するいわゆる両部神道と伊勢神道のテクストは、なおその成立について明確な共通認識に達していない。だが、真福寺大須文庫の神祇書を、それを含む宗教テクスト全体の伝来・形成と照らし合わせて検討した結果、両部神道の萌芽は院政期に「御流三宝院」の聖教体系を母体として成立し、法流の展開の過程で発展したことが明らかになった。更に鎌倉中期から後期にかけて、伊勢神宮と中央の権門との交渉の所産として形成された神祇書が、東大寺東南院という権門寺院を介して集積され、書写を経て伝来する過程が捉えられた。つまり、中世における神祇テクストの布置と展開について、その一端を捉えることが可能となったのである。

第Ⅲ部で主題とした宗教儀礼と芸能について、遺された資料や記録からは、中世こそがその規模においても多彩な生成においても最も豊かな達成を迎えた時代であったことが知られる。しかし、人の声の響きや所作によって生ずる感興は瞬間に消え去って残り留まることはない。後白河院が『梁塵秘抄口伝集』巻第十に記した歎きは、声わざに限らず音楽芸能に携わるものにとっての永遠の宿命であるが、それゆえにこそそれらを記し留めようとする試みもまた、中世において顕著に認められる営為であった。宗教テクストが儀礼の声を文字の上に記し留めようとする運動も、声明や唱導において院政期を画期として開始され、それはたとえば安居院唱導という一流の芸能として相伝される領域を、唱導書というテクスト体系の上に示すことにもなった。仏事法会においても、古くは願文が遺されるばかりであったが、導師による表白や説法詞も記されるようになり、更には類聚・集成されるに至ったのである。とはいえ、儀礼テクストのみならず、儀礼というテクスト——すなわち、儀礼の場において声と所作が織りなす時空——が生成・伝承される機構を捉えるという最も困難な課題については、遺されたテクストの静態的分析のみでは叶わない。古代に創始され、中世を通じて継承され、現在も実修されている東大寺二月堂の修二会を対象に、それを構成するテクストと儀礼の全体を諸位相のテクストの運動ないし統合として分析する試みも必要であった。それは、中世の全期間を経ることによって、その変容自体に中世の宗教テクストが刻印され、ないしは体現されているのである。加えて、その場は、そこに響く声明と所作の身体を携わる人々が今も絶えず経験化し続ける、伝承のフィールドであることが何より貴重であろう。

中世から遠く隔たった近代に始まり現在において伝承される真宗寺院の法会に響く声にも、同様な経験化が可能である。そこには、絵解きや開帳という、声の文化に加えて視覚文化メディアも複合する儀礼の場が現出し、聖徳太子絵伝において考察したような中世のテクスト複合と、それが統合されるテクストの運動を復原する上で欠かせないフィールドとなっているのである。

二　中世宗教テクストの普遍性——図像における複合と舎利による統合

中世として大きく区分される歴史の流れの上で、通時的に生成と変化の相を伴う宗教テクストは、それを構成する諸位相の相互関係においても共通する、普遍的な性質を示すように思われる。中世宗教テクストの基本的な枠組みとして、本書において一貫して提起してきた仏法の原理としての三宝（仏・法・僧）は、その理念において同相と別相に分別される。全ては真如に発するゆえに一体として同相であるが、そのはたらきは教主としての仏と、その教えとしての法、そしてそれを行う僧の教団との三種に別相としてあらわれる。更にそれは住持三宝として、この世間において仏像（図像）と経典（文字言語）と僧侶の仏事（儀礼）という形をとって現象し実践され、仏法を成就すべく寺院が建立されるのである。そのように仏教とは、すぐれて自らを体系的に構築する機構であり、神祇を含む宗教テクストの生成と諸位相の布置、相互の関係性を理解するためには、この原理と現象を結びつける解釈学的アプローチが有効であろう。テクストが現象する場では、この三者の位相は、それぞれの座標の内部でただ固定され、静止してはいない。それらは互いに働きかけ、絶えず結合と分離を繰り返しつつ顕われる動態を示している。その活動を、本書ではテクスト複合と称した。第Ⅰ部では、その具体相を聖徳太子宗教テクストにおいて論じたが、尊像や絵伝において認められたように、その複合は、すぐれて図像の位相で可視化される運動であった。以下、終章では、各部で詳しく言及することができなかった重要なテクスト複合と統合の事例を取り上げて、中世宗教テクストの普遍性とそのゆくえを探っていきたい。

中世仏教の前衛というべき位置に立った浄土教を代表する本尊図像が、当麻曼荼羅である。奈良時代に唐から舶載された綴織《つづれおり》という驚嘆すべき高度な技術で織り上げられた巨大な浄土変相図は、おそらく朝廷から当麻寺に、これを安置する厨子と堂舎ごと施入された。それは、この寺が后妃を出した当麻氏の氏寺であり、(1)古代以来の聖地のトポスに立地したことによるものだろう。その経緯を含めて歴史上の文脈が平安時代の間に永く忘却されていた当麻曼荼羅は、法然の門下であり、慈円にも庇護されて広く帰依を得ていた善恵房證空によって再発見された。證空は、その図様が善導の主著『観経四帖疏』の忠実な図像化であることを確認し、専修念仏の拠るべき新たな本尊図像としてそれを唱導し流布させたのである。(2)善導の浄土教が観無量寿経の解釈によって立てられたものであれば、その注釈テクスト（『疏』）をそのまま図像テクストに移し変えたものこそ真正な本尊というべきであろう。その運動は、何よりこの曼荼羅の忠実な、同時に簡便なサイズに縮少した摸写を大量に造立する営みとなった。それは、同時代の善光寺一光三尊阿弥陀如来像と、画像と彫刻との違いはあれど共通する現象であり、念仏聖の勧進により組織された社会集団によって作善として営まれる、新たな儀礼を伴うものであった。こうした運動の源泉となった当麻曼荼羅そのものが、中心の浄土変だけでなく、その周囲に注釈によって分節された経典テクストの説話と修行および霊験の図像化を文字と共に布置した、すぐれて自己解説的な構造を有するテクストであり、日本中世における流布とは、時と場を遥かに隔てながらも実現した、その機能の拡張的展開ともいうべき現象なのである。

当麻曼荼羅の本尊造立と勧進唱導の過程では、聖典に還元されない新たな縁起が生み出された。曼荼羅講説や談義など図像テクストの再言説化の中から、曼荼羅縁起として、本願の女人（中将姫）を主人公とする造立の奇蹟と来迎往生を説く霊験説話が語り出されたのである。それは鎌倉中期に『当麻曼荼羅縁起絵巻』（光明寺蔵）として絵巻化され、説話図像の中に曼荼羅が織り出される姿が再現され、更に織りあらわされた曼荼羅を前に化尼（生身の弥陀）が絵解きをする。つまり、曼荼羅図像の解釈行為が画中画としてメタテクスト化されている。最後の場面では曼荼羅を前に本願女人が往生し、来迎図が引用されて全体を荘厳する。当麻曼荼羅の縁起絵は掛幅画としても制作され、同じく鎌倉期の成立で古態を示す高野山清浄心院の一幅本は、本尊の当麻曼荼羅一幅と一具として、併せて縮約された「曼荼羅堂」というべき宗教空間を構成していたのであろう。この、本尊図像と説話図像の〈外部〉複合は、既に第I部の聖徳太子絵伝ひいては太子堂においても見たところである。更には、当麻曼荼羅一幅の左右縁に縁起の説話図像を〈内部〉で複合させる龍谷大学蔵本のような作例（図終-1）も見出されており、[3] ここにも太子絵伝と共通した図像テクスト複合の文法が存在することが示唆される。

儀礼との複合もまた、当麻曼荼羅は鮮やかに示す。当麻寺に近い二上山麓に生まれた天台学僧源信による『往生要集』は、中世浄土教の基盤を成すテクストであると共に、往生の実践のための手引書でもあった。源信はまた二

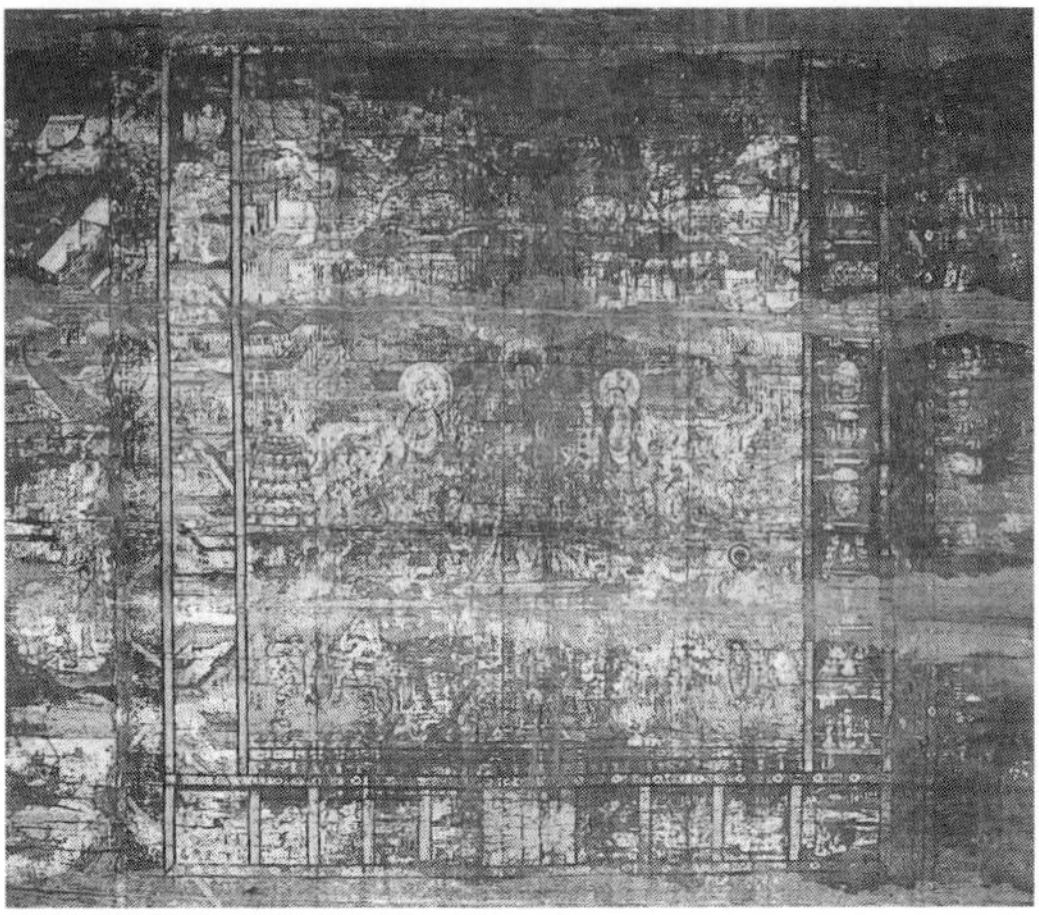

図終-1　当麻曼荼羅（龍谷大学）

十五三昧会という往生実践の組織化を企て、その儀礼テクストとして発願文を含む『二十五三昧式』[4]を作り、その活動と往生の記録として『二十五三昧結衆過去帳』が遺された。その運動は、慶滋保胤による最初の往生伝『日本往生極楽記』に結実する。彼らの儀礼実践は、日常の作法や臨終行儀だけでなく、迎講という演劇的で芸能を伴う法儀を生み出した。仮面と装束により菩薩に扮した伶人の奏楽による行道《プロセッション》は、叡山から京洛、そして中世には全国に広がったが、いつしか当麻寺でも営まれ、練供養と呼ばれる恒例の法会として本願中将姫の往生の日に催される。それは曼荼羅を浄土と見立て、堂から橋を渡して娑婆堂に二十五菩薩が到り、本願尼を迎える所作が大勢の観衆の目前で繰り広げられる祝祭劇である[5]。かつては、曼荼羅の傍に今も安置される阿弥陀仏行像が出御した。こうした中世の迎講の光景は、室町後期に当麻曼荼羅そのものの再テクスト化（文亀本）を企てた勧進聖祐全による、新たな当麻曼荼羅縁起絵巻『当麻寺縁起』三巻[6]の末尾に写しとられている。それは古い縁起絵巻の来迎図を、当代の来迎会の儀式の有様をもって置換しているのである。

『当麻寺縁起』はまた、中将姫の出家発願に至るまでの因縁の受難物語を大きく展開し、いわば物語絵巻と化している。原拠《プレテクスト》となったのは、鎮西派の学僧であった西誉聖聡の『当麻曼陀羅疏』という、それまでの曼荼羅談義の集大成というべき注釈テクストであったが、それを詞書は仮名物語として整えて次元を改めたのである[7]。それは、やがて独立して『中将姫』絵巻や絵本となり、物語草子として近世にかけて広く流通する[8]。一方、『縁起』成立と同時代に、この物語は能『雲雀山《ひばりやま》』に脚色されて舞台に上り、室町初期には、古い縁起にもとづいて世阿弥が『当麻』に夢幻能として見事にその宗教伝承の世界を再現前させたように、その後、芸能の位相での創造も触発する。こうして、文芸を含む儀礼と図像との複合が、中世後期の当麻曼荼羅をめぐる宗教テクスト創出の焦点となっていく。

中世における当麻曼荼羅の再テクスト化の運動は、新たな再創造としての曼荼羅図像テクストに到達した。それが当麻奥院蔵『十界図屏風』である。(9) この六曲一双の屏風は、右双に日、左双に月を配し、全体に山水を背景とする点で、日月山水屏風の系譜に連なる。その代表として金剛寺の『日月山水屏風』——大胆な図案で風流装飾化して山水の自然が密教の宇宙観と融合した傑作——が想起されよう。密教寺院の灌頂道場の荘厳として、その宗教空間を表象する儀礼図像テクストであるところの山水屏風を背景の文脈とするなら、それが浄土教の世界像を表象する屏風として置換されたこの『十界図屏風』の創意は、いちじるしくユニークである。日月山水のもとに、前景として通仏教的な十界をあらわすが、しかしその主役は地獄極楽を含む六道図と言ってよい。右双に地獄が配され、左双の端の山岳からは当麻曼荼羅が迫り出してくるようにあらわされ、画中画として中尊の姿を示す（図終-2）。それはまさに、山越しに来迎する来迎図を変換しつつ引用するものだ。確かに尊像図像を布置しているのだが、あと一歩でパ

図終-2　『十界図屏風』左双一面（当麻奥院）

ロディと化してしまうような、きわどい巧みである。その世界像はまた、文字テクストの位相でも十界を象るべく、宗教文芸の諸テクストを引用して重ね合わせられる。『往生要集』等からの仏教の要文と、勅撰集から撰ばれた法文歌が、ともに色紙型に書かれ、銘文として全体に配置される。十界に配当された法文と和歌は、それぞれ等しく図像の意義と心を示す宗教テクストとして機能し、ここにおいて説話図像と聖俗の文字の位相複合は見事な結合を遂げている。

紛れもなく宗教テクストである『十界図屏風』のあらわす世界は、しかし左右双にまたがって中心に展開する人界の種々相こそが主役である。右双の富貴繁昌の姿は、従前の六道絵における四苦八苦相とは全く趣を異にする。左双の酒宴や花下連歌を含む遊楽の姿は、海辺で漁をする人や舟の光景も含めて、ただ煩悩や造悪の所業として描かれるのではない、現世の享楽のありさまである。本尊図像として継承される曼荼羅の伝統からすれば、何より仏界としての極楽に相当する当麻曼荼羅こそが、画面の全体を統合する中心であり、焦点となるはずである。しかしこの屏風ではそうはならず傍に退いて（山に隠れつつある、とさえ見える）、むしろ世俗画とさえ評すことができる。但し、絶対的な超越者が中心にいないことは、十界の世界像を含めて諸位相を統合するものの不在という事態ではなかろう。そこでは、曼荼羅を含めて全てが等価な〈聖なるもの〉として表象されているのであり、人界の俗世も仏界や他界と隔絶したところではなく、全てが連なり繋がっているのであって、日月はそれらの世界を皆、平等に照らし出しているのである。やがて室町末期に成立し、近世初頭には比丘尼によって絵解かれた唱導の具である「観心十界図」[10]は、一幅のうちに日月を配して世界を象り、上に人間の生死を「老の坂」の図を以てあらわし、下には地獄の諸相を示すが、これも十界を網羅する曼荼羅なのであり、それらは全て中央の「心」字から発するように配置されている。宋の『観心十法界図』を種子として、それを民衆教化の唱導メディアへと展開させたその複合宗教図像テクストでは、ただ一文字に世界が統合されている。

当麻曼荼羅における中世宗教テクストの運動においては、尊像図像を軸としてさまざまな位相のテクスト複合が常にうながされる。それは、図像単独の次元では完結せず、絶えず儀礼や文字テクストの位相と結合し、新たなテクストを産出する。その展開の軌跡からは、やがて前述の『十界図屛風』が示す如く、あらわされた世界全てをさながら〈聖なるもの〉と観念させる宗教空間を創り出すに至る。そこから浮かび上がるのは、中世宗教テクストを成り立たせる諸位相を複合させ多様な変奏を生み出す運動の核となるものは何か、という問いであろう。『観心十界図』の「心」字の如く明示的ではないにしろ、『十界図屛風』がそれを全く欠いてその豊かなテクスト複合が成就することはない。比喩的に言えば、それは日月の象徴図像の間に姿を隠しているのである。この当麻曼荼羅では可視化されない、宗教テクストの複合と統合を生み出し、象るものは何であろうか。

本書における、聖徳太子（第Ⅰ部）、経蔵と聖教（第Ⅱ部）、仏教儀礼（第Ⅲ部）、神祇（第Ⅳ部）の検討を通じて注目されるのは、それら宗教テクストの多くが〈舎利〉を根源的なものとして、そこから諸位相のテクストが発して生成展開するように位置付けられ、また多様なテクストの位相を複合する求心力として〈舎利〉に収斂する志向が認められることである。中世宗教テクストの「核」としての〈舎利〉といえば、法隆寺上宮王院宝蔵および四天王寺金堂の南無仏舎利、またその祭祀儀礼としての聖霊会に太子像と共に渡御し奉祀される舎利が、ただちに想起されるだろう[11]（本書第Ⅰ部参照）。この聖霊会の基盤となったのは、より広汎な宗派や寺院を通じて行われていた舎利会であり、それは古代から中世にかけての仏教法会および芸能の基本となった儀礼であった。経蔵に目を転じてみても、聖護院蔵智證大師像の胎内に納入された円珍請来目録の軸中に納められる舎利をはじめとして、顕密大寺院の経蔵や諸権門による王権の表象空間としての宝蔵に秘蔵される宝物の筆頭としての舎利（第七章参照）などが、ただちに想起される。それらの中で最も大きな役割を果たしたのは、東寺の大経蔵（宝蔵）に伝来した後七日御修法本尊となる空海請来の舎利であり、更に中世の東寺は、舎利を核として西院御影堂に新たな大師の宗教空間を構築する。文観による三尊合行法においては、東寺舎利の縁起を含む『御遺告』を典拠として、この舎利を真言宗の霊宝としての宀一山舎利、すなわち如意宝珠および大師をはじめとする種々の尊格と一体と観念して儀礼体系の統合の中核に位置付けた（第九章参照）。宗教テクストを生み出す主体が、舎利を信仰の中心対象として儀礼を創始することは、慈円が九条家の繁栄を祈るために、大懺法院で舎利報恩会を興行した営みにおいて格好の事例を見出すことができる。慈円はそのための式（『舎利報恩講次第』）[12]を作り、菅原為長が願文（『舎利報恩会記』）を草した[13]。そこでは管弦音楽が奏され、童舞がその主役であったという[14]。この会に臨んだ人々は和歌を法楽として詠じ、慈円をはじめ参加した一同の詠歌は『拾玉集』等に遺されているため、その祈りの内実を窺うことができる[15]。『大懺法院条々起請事』に構想された慈円の宗教空間を成就するために不可欠な過程を舎利報恩会は構成し、それを統合する核となったのが舎利であった。同時に、その儀礼を構築するための芸能を含む諸位相の宗教テクストから最終的に析出されたのは、和歌という文芸テクストであった。ここでは、むしろ和歌によってこそ舎利という〈聖なる記号〉の宗教テクストを統合する過程が照らし出されるだろう。

また、儀礼テクストの領域で舎利の宗教的権能を発現させる代表的な中世の宗教テクストが、講式である。たとえば、南都法相宗の仏教教学を代表する学侶として、法然の唱えた専修念仏を公に弾劾する起草者となり、同時に遁世することによって仏法の興隆と寺社の勧進唱導に務めた貞慶の担った中心的なテクストが挙げられるだろう。熱烈な釈迦信仰者である貞慶の宗教テクスト上の実践と創造は、笠置般若台の造立や釈迦念仏会の創始など多岐にわたるが、何より『舎利講式』の制作[16]に焦点化される。それは、同じく南都に学びながら遁世して高山寺に修学した華厳学匠の明恵においても共通するところである。明恵はその初期に『十無尽院舎利講式』を草し、更に『四座講式』という壮大な釈尊追慕の儀礼を『舎利講式』を中心として制作し、それは以降、真言宗をはじめ汎く用いられる規範的テクストとなった。この両者の春日神への信仰と霊験は『春日権現験記』に大きく扱われるが、その中でも社頭における舎利の感得と授与が験記の説話構成の要となっている。真言宗では、院政期に覚鑁が『舎利供養式』を作っており、また守覚法親王にも『奥院舎利講式』[17]がある。文観は、覚鑁の式を元にして『秘密舎利式』（金剛寺蔵）[18]を草し、そこに「大師請来舎利縁起」を加え、『御遺告』に拠る宀一山舎利すなわち如意宝珠を本尊として密教の国土観を説いている。それは文観一個人の意楽《いぎょう》という次元を越えて、中世密教の目指す、舎利を本尊とする儀礼テクストを介した諸位相の統合をうちたてようとする強い志向に満ちている。おそらく文観も三尊合行本尊として造立したであろう舎利塔ないし舎利厨子は、この舎利という中世宗教テクスト統合の象徴的典型を、その構造と意匠において図像学的に示す格好の遺品といえる。

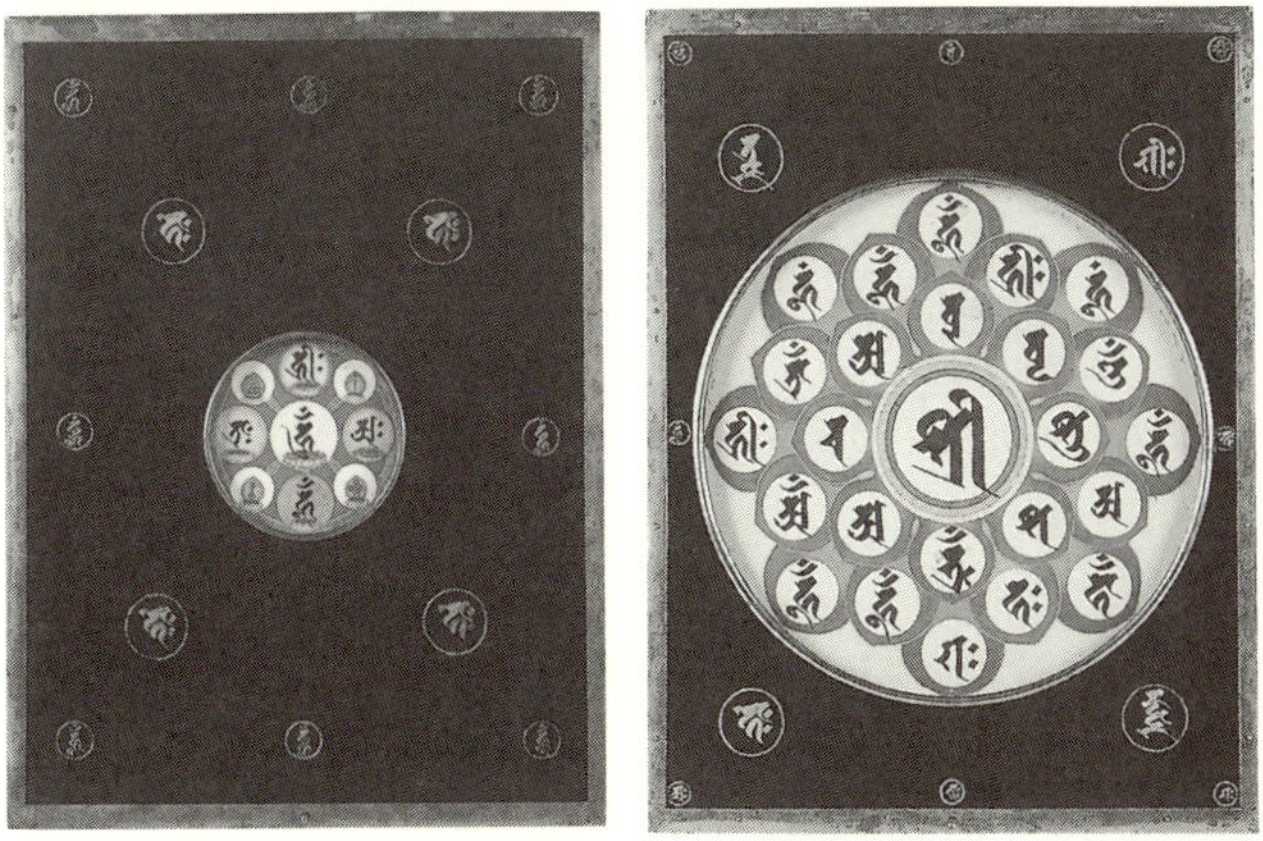

図終-3　大神宮御正躰厨子　右：内宮（仏眼曼荼羅），左：外宮（愛染曼荼羅）（西大寺）

中世における舎利荘厳の造型を担った主体として、その頂点に立つのが、文観の祖師にあたる西大寺叡尊である[19]。叡尊は舎利崇敬と共に神祇への深い信仰を、伊勢への三度に及ぶ参宮という行動で示している。貞慶の春日信仰と共通した行動様式を示すのであるが、彼も舎利と神祇が重なり合った複合宗教テクストを創出している。叡尊の伊勢信仰の所産として造立されたのが、西大寺愛染堂の脇壇に安置されていた大神宮御正躰厨子一合である。両面に扉の付いた墨漆塗厨子の内部に、羯磨紋錦の御帳に隠れて二面のパネルが収められる。それぞれ扉に面して胎蔵界と金剛界の種子曼荼羅が描かれ、内に向かい合う面には丸く仏眼と愛染の種子曼荼羅がやはり極彩色で描かれている（図終-3）。そこに大小の白銅鏡が嵌め込まれ、それぞれが内宮と外宮の御正躰となっている。両宮を両部と顕わし、更にその内証を秘めた重層的な仕組みは、その構造だけをみても、密教によって観念された神祇の複合的な位相を一体として造顕した希有な遺品である[20]。更にこの両宮のパネルの間の空隙には、叡尊の参宮記やその際に下された託宣の記録が収められ、おそらく本地供として営まれた修法の際の五香五穀など儀礼の遺品と共に、神との結縁を記念する記録庫《アーカイヴ》となっている。[21] これらに加えて、文字の位相において神体に相当する〈聖なるテクスト〉が併せて籠められていた。それが、空海作と伝えられる『大神宮啓白文』の抜書である。

如来以三密利生、如来身密舎利、如来語密経巻、如来意密神明文。弘法大師啓白文也。

（如来は三密を以て利生す。如来の身密は舎利、如来の語密は経巻、如来の意密は神明といへり。弘法大師の『啓白文』なり。）

仏は真言密教を体現する身口意の三密加持において世間に利生を施す。三密として顕われるのは、身密の舎利すなわち仏宝、語（口）密としての経巻すなわち法宝、そして意密として顕われる神明であるという。この『啓白文』は、空海が「大神宮」天照大神の所変化現であることを大師自ら「神道阿闍梨」として開示する秘事口伝テクストである。[22] つまり、僧宝としての空海がすなわち神明に他ならず、それはまた経典であり舎利として一体三宝、すなわち仏法そのものとなるのである。この一紙のテクストを納めることにより、叡尊は彼の造立した複合宗教テクストとしての伊勢御正躰厨子を、舎利を中心とする仏法の許に統合したといえよう。

宗教テクストの諸位相を統合する役割を果たしたであろう舎利のはたらきを捉えるためには、そのモノないし記号としての位相以外の姿を確かめておく必要がある。仏塔における舎利奉安はもちろん、仏像などの尊像造立にあたり、これに仏性というべき聖性（生身性）を付与するために、その内部に舎利を籠めることが行われた。[23] これを「法舎利」として経典を以て代えることも、また多くの例があり、法華経の如くどの尊格にも通ずる普遍的な経典から、阿弥陀仏の場合の阿弥陀経のように、その尊格にふさわしい特定の経典を納める場合もある。また、古代の百万塔に印刷された無垢浄光大陀羅尼を納め、舎利と等しい功能を陀羅尼の文字（その機能としての音声も含まれる）に託すことも行われた。平安時代には、密教の導入と共に、唐代に五台山信仰と重なって大流行した仏頂尊勝陀羅尼が、その仏と等しい功能と破魔の霊験を以て汎く受容された[24]。更に、空海によって請来された不空訳『宝篋印陀羅尼経』（『一切如来心秘密全身舎利宝篋印陀羅尼経』）は、仏舎利と等しい功能と霊験をその因縁と共に仏説として経典化する、いわば自己言及的テクストである。それは院政期に至って流布し、仏塔や仏像造立に用いられるようになるが[25]、その代表的な例が、東大寺再建においても見出される。重源の『南無阿弥陀仏作善集』には、大仏の胎内に仏舎利と共に『宝篋印陀羅尼経』が納められたことが記される[26]。また、南大門の仁王像には、造立した仏師運慶が自身の願経として『宝篋印陀羅尼経』を書写し納入している[27]。あるいは、西大寺の叡尊においても、前述した大神宮御正躰厨子と一対として祀られた愛染明王像の造立に際し、舎利と願文および所依経典である瑜祇経に加えて『宝篋印陀羅尼経』が写されて胎内に納入される[28]。これらのように、〈内部〉に納めることでテクスト複合を遂げながら、あくまで経典それ自体は独立した写経であるのに対し、経典そのものが〈聖なるテクスト〉として荘厳されるべく、その〈内部〉において複合するテクストと化した興味深い例も、中世に出現する。

河内金剛寺に伝来する『金字宝篋印陀羅尼経』一巻は、嘉応二年（一一七〇）、寂真の識語[29]を有する金字経である。注目すべきはその料紙であって、冒頭の消息から末尾の陀羅尼本文を写した部分までの間に、今様や和歌を書き聚めた料紙を交え、その中に願文や結縁文を組み込んでいる。これらの上に界線を施し、直接に金泥で経文が書きつけられているのである。今様歌群は無常を謡い往生を欣う展開を示して願文に至り[30]、和歌も無常和歌群が結縁文に連なり、更に建春門院の女房と廷臣らが大井河に逍遥した際に詠まれた歌集ともいえる一篇[31]、更に古歌から撰び出された歌を配した色紙型と趣向を凝らしつつも、おそらく消息の主であろう故人の形見として追善の意図を籠めた巧みをなす。和歌や今様の文芸テクストや願文等の儀礼テクストを交え、その上に金字経が重ねられることで、世俗男女の遊び戯れの狂言綺語が、さながら仏の密語である舎利へと変成するのであり、〈聖／俗〉の一体不二なることが象られている。すなわちこの経典は、多元的な中世世界をテクストの位相に象って舎利において統合する、複合宗教テクストということができるだろう。

舎利を象る宗教テクストは、中世の中で更なる変貌を遂げる。高野山金剛三昧院に伝来した『宝積経要品』一帖は、奥書の足利直義の願文によれば、康永三年（一三四四）、霊夢に感得した「南無釈迦仏全身舎利」の仮名十二文字を冠に詠じた天皇以下の公家・武家・歌人の和歌百二十首の短冊を貼り継ぎ、紙背に夢窓疎石を間にはさみ直義と尊氏兄弟が『大宝積経』の要品を書写、荘厳を施して十月八日に奉納したものである（尊経閣文庫現蔵）[32]。同月日には、直義が深く帰依した夢窓の仮名法語『夢中問答集』も刊行されており、両者は一連の営みであった[33]。そこに抄書された『宝積経要品』（摩訶迦葉会、優婆離会）の説くところは、如来舎利を供養する功徳の甚深なることであり、その眼目としての「なむさかふつせむしむさり」は、前述した『宝篋印陀羅尼』と全く等しい尊格を讃える尊号である。その作善の意義はまた、尊氏と直義が幕府の事業として全国に安国寺と利生塔を建立し、各塔婆に朝廷より下された舎利を納めて戦乱に滅んだ亡魂の得脱を祈ることに重なるものだろう。それは、国土を挙げて寺塔（仏宝）と経と法語（法宝）およびその供養仏事（僧宝）によって、三宝の諸位相にわたる作善を満たし、その利生を期すしわざであるが、全ては舎利に収斂する営為であることが、この『宝積経要品』に示される。何より意義深いのは、和歌《ウタ》のコトバの水準において舎利を頂戴すべく、その名字を冠として一同が詠歌する紙上の会座が成就し、その結縁の功徳と経典の功能を一体化した構想である。ここに経典と和歌の聖俗は表裏一体をなして舎利を礼し、経を書写し歌を詠む人々もその威力に浴することになる。すなわち多元的なテクスト複合は、紛れもなく舎利と詠歌によって統合されるのである。それは、中世が実現した宗教テクストの一箇の極相と言ってよい。

三　中世宗教テクストの達成としての文字本尊——名号と題目

中世仏教の展開に則して、その運動を担った主体としての宗教者の営為をみるとき、彼らはどのような宗教テクストを、その究極の〈聖なるもの〉として創り上げたのであろうか。最初に提示しておくならば、それは文字として書きあらわされる本尊である。礼拝されるべき尊像図像が文字として顕わされるのであり、それは読まれ唱えられることにおいて役割を果たす。いわば仏宝が法宝として現じ、あるいは法宝が仏宝と化し、ひいては僧宝のはたらきを含み喚起するものであって、三宝を包摂し統合する表象となるだろう。

文字が本尊として仰がれるという宗教テクストの姿を象徴的かつ寓意的に語る霊験譚が、『古事談』巻五「神社仏寺」[34]にある。一連の賀茂社本地感得説話の最後に、篤く賀茂を信仰する式部大夫実重が本地の拝見を祈れば、夢中の社参に上社から百官の供奉する行幸に逢う。鳳輦《ほうれん》の内に立つのは一巻の金泥経であり、その外題には「一称南無仏、皆已成仏道」と書かれていたという。神はそこでは本地の仏の形像ではなく、法宝の経巻が玉座に立ち、それは称名念仏の僧宝の行儀を勧める金色の聖句として、併せて三宝として示現したことになる。この前には、勢多尼上が神は何を好むかと問うたのに七日の別時念仏と示された、儀礼つまり僧宝と示現する話、範兼卿が本地を祈ると焼け焦げた十一面観音が夢中に顕われ、仏像すなわち仏宝と示現する話が配され、最後にその霊験として三宝を兼ね備えた文字本尊が登場するという構成をとる。こうして説話の位相ではあくまで寓意と比喩の上で象徴的に示されるが、それが宗教テクストの主体によって実践されるところでは、端的に文字こそが三宝を統合する。

文字本尊を創出した宗教者として第一に挙げるべきは、明恵であろう。『明恵上人行状』および『明恵上人伝記』によれば[35]、上人は建保二年（一二一四）に高山寺において三時三宝礼を始め、翌三年に『三時三宝礼釈』一巻を著し[36]、更に四年には『自行三時礼功徳義』を著して[37]、その意義を平易に解説する。それらは唱導教化のための仮名法語である。つまり、本尊図像とその釈義のテクストの二つの位相によってテクスト体系を構築したのである。この時に制作された、明恵自筆と伝えられる「三時三宝礼曼荼羅」一幅（高山寺蔵、図終-4）は、『釈』の冒頭にその文字配置が掲げられるが、およそ次のような構成である。全体は縦三列に区画され、中央に「南無同相別相住持仏法僧三宝」と大きく墨書された文字が蓮台上に立つ。向かって左列は二段に分かれ、上に「万相荘厳金剛界心」、

図終-4　三時三宝礼曼荼羅（高山寺）

下に「大勇猛幢智恵蔵心」、右列は上に「如那羅延堅固幢心」、下に「如衆生海不可尽心」の文字がそれぞれ蓮台に乗る。これらは『華厳経』十廻向品に説かれる二十菩提心[38]のうちの四菩提心であり、これらに守護されてあらゆる位相にあらわれるところの三宝を礼拝するという仕組みである。最上段には、横一列に三宝の名字が梵号で一字ずつ月輪中に種子として書き並べられ、本尊図像は梵漢、『釈』は和語と三国の言語文字を用いて示される宗教テクスト体系である。

四種菩提心に守られた三宝は、「同相」と「別相」すなわち真理の両側面を示す。その本質は同じくひとつである（同相）が、仏身と教理と修行の三位相に分かれて顕われ（別相）、更に世間では仏像、経巻、僧侶という「住持」の三宝となって、その集合体としての寺院を建立し仏法を成就させる。興味深いことに、多くの「夢記」を遺した明恵は、この三宝礼本尊についても夢想を記している。喜海による『明恵上人行状（仮名行状）[39]』は、彼が夢中に三鈷の如き大樹より無量の果実を取って施すと見て、それを自ら解釈して曼荼羅の配置に充てたと伝えている。明恵の「夢記」は自身の夢体験をただちに解釈（テクスト化）する運動に満ちているが、この場合は、それが本尊としての文字曼荼羅の創造をうながしているのである[40]。

明恵による三宝礼創始と本尊制作および法語著作には、明らかな思想史的文脈が認められる。三宝礼を始める二年前の建暦二年（一二一二）、明恵は法然の『撰択本願念仏集』を批判する『摧邪輪』を著した。それは法然入滅の年であった。翌年にはこれを朝廷に献じ、続けてこれを補うべく『摧邪輪荘厳記』を書く。余行を排し自行のはからいを否定する専修念仏への批判は、明恵にとって他への批難にとどまることなく、却って自身の仏道修行において真に礼拝し行うべきものは何かを問い直し、進んであるべき様を提起する契機となったのであろう。[41] それはまた、単に自行として完結するのではなく、儀礼テクスト『阿留辺幾夜宇和』掛板（高山寺蔵）の日中作法の中に位置付けて寺中の共同の法儀と定め、この本尊を一日に「三はう十五枚」[42] も書いて人々に与えたり、仮名法語を著して勧信唱導したりするように、化他の具として用いられた。こうした彼の思想の展開としての宗教テクスト創出は、紛れもなく法然の専修念仏の主張と行儀を受けとめたところに発している。但し、法然やその周囲の門弟たちの間では、仏像以外に文字（名号）による本尊は造られておらず、[43] それは明恵による独創的な営為であった。

念仏門における文字本尊の創出は、法然の門弟として承元の法難に連座して配流された親鸞（奇しくも明恵と同じ承安三年〈一一七三〉の生まれである）の活動においてなされるが、それは遥か後年のことであった。親鸞による名号本尊が書かれたのは、関東における布教生活を終えて帰洛した最晩年、康元元年（一二五六）八四歳の時である。高田専修寺と岡崎妙源寺に伝えられた自筆の名号本尊は五点、年代の明らかな分は全てその年の十月に集中しており、銘文と識語を付して関東下野の高弟、高田派の祖となった真仏らに与えられたものと推定される。[44] その名号は、「南无阿弥陀仏」の六字（これのみが西本願寺蔵）、「南无不可思議光仏」の八字、そして「帰命尽十方無碍光如来」の十字の三種がある。その形式は共通しており、本紙の中央に名号を大書し、その下に蓮台を白描で描く（この部分のみは専門の絵仏師の手になる）。その上下に紙を継いで経論の要文（大無量寿経の四十八大願からの抜粋と天親の浄土論の偈からの抄出など）を銘文として自筆し、銘の末尾には「愚禿親鸞敬信尊号八十四歳書之」と識語を自署し、この本尊を「敬信尊号」、また裏書には「方便法身尊号」と称している。これら自筆墨書の簡潔な紙本名号本尊に対して、専修寺蔵の一幅のみは絹本であり、黄白色の胡粉下地の上に十字名号を太く図案化した双鈎塡墨の技法をもって書き、光の中から名号が大きく浮かび上がるように巧まれ、これを截金を用いて極彩色で描かれた蓮台が荘厳する（図終-5）。同様に銘は上下に配され、左下隅には八三歳と建長七年（一二五五）の時点の親鸞自

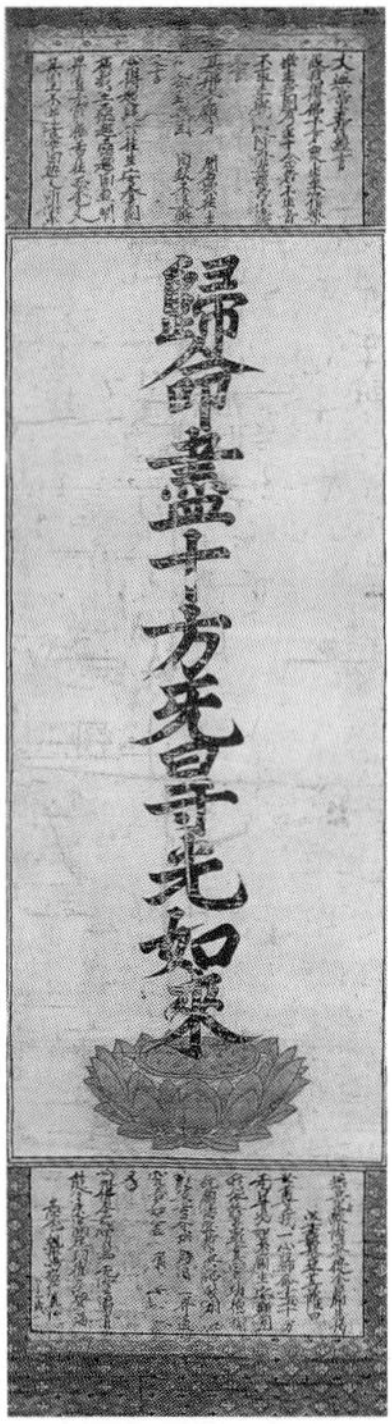

図終-5　絹本黄白地十字名号本尊　親鸞自筆銘文（専修寺）

筆識語が銘文の末に付されている。同年この絹本名号の銘については、同年に彼が著した『尊号真像銘文』（略文）[45]と題する、自らが本尊や祖師先徳像に賛として付した経論釈の銘文に注釈を加え、高田門徒の覚信に与[46]えたテクストに収めた銘と一致している。そこから帰納されるのは、親鸞が一貫した構想の許に、その典拠となる本文とその意義文脈までを明示し、「尊号」（本尊名号）として荘厳された名号を讃嘆するように設計した配慮である。また、自著『弥陀如来名号徳』には、この十字名号の功徳を讃える一節があり、[47]名号を本尊として礼拝する営みが、まさしく親鸞その人に発する企図であったことを証している。

親鸞自筆名号には、この他に専修寺蔵の「南无尽十方無碍光如来」の十字のみが書かれた一紙がある[48]（図終-6）。これは蓮台を描かず銘文も付けないので、本尊として用いられなかったのであろう。「帰命」を「南无」とする点から尊号として採られなかったものだろうか。但し注目されるのは、本紙中央に折目があり、親鸞はその上から勢いよく筆を運んで、その折目が名号の中心軸となって揺るぎなく垂直線上に文字が並ぶ姿である。よく見るとその折目に沿って細い補助線も引かれており、いかに彼が名号を貫く中心軸に意を用いたか、その書法が鮮明に窺える希有な一幅である。

晩年に至って殊に強くあらわれる親鸞の独特な筆躰、すなわち字画の末を鋭く撥ねあげる楷書の筆遣いによる名号本尊は、以上の紙本五点が伝来するばかりであり、孤立して以降に継承されない。むしろ初期真宗の本尊として流布するのは、絹本による籠字の十字名号であり、それが流布していた消息は覚如の『改邪抄』の記述からも認められる。[49]その類として最も古くかつ重要な尊号は、やはり専修寺に蔵される絹本の紺地十字名号である。全高一九〇糎の大幅で、名号部分は金箔を押して極彩色の蓮台上に浮かび、名号からは八十五条の光が放たれる。親鸞自筆になる上下の賛銘は、やはり黄白地十字名号と同じく『尊号真像銘文』に等しいが、その制作も真仏の許でなされ、建長七年よりも遡ると推定されている。[50] 大規模な道場の本尊にふさわしい偉容と荘厳を兼ね備えた、礼拝する者に強いアウラを感じさせずにおかない圧倒的な威力を放つものである。それは、自筆の紙本墨書の禁欲的な尊号とは対照的な位相にある。

宗祖の関与の許に、その出発点から既に荘厳化する名号本尊の尊像図像化への志向は、鎌倉後期から南北朝期にかけて発展した初期真宗諸派の本尊造立の大きな流れをかたちづくる。その中心を成すのが光明本尊（光明本・光明品）[51]である。その一般的な形式は、大型の掛幅に金色の籠字であらわした三様の名号本尊（中尊から「南无不可思議光如来」の九字、右に「帰命尽十方无碍光如来」の十字、左に「南無阿弥陀仏」の六字）をあらわし、中央九字名号の左右に釈迦と弥陀二仏の尊像を配し、更に三国の浄土高僧先徳と菩薩および太子らの像を左右に配置して、画面の上下には多数の銘文を書いて構成される。名号本尊の構造を基本として、更に「方便法身尊像」としての仏像や「真像」の高僧先徳像などの図像を加え、それらの拠となるべき要文も銘に追加するなど、諸位相のテクストを一幅のうちに複合させた曼荼羅の如き本尊である。しかし、その全体を統合するのが名号であることに変わりはなく、中央の名号から発する金色の光条が画面全体に遍満するように放たれるのである。

光明本尊のこのような特色あるテクスト複合の前躯形態が、既に親鸞在世中に成立していたことが、妙源寺に伝来する三幅一

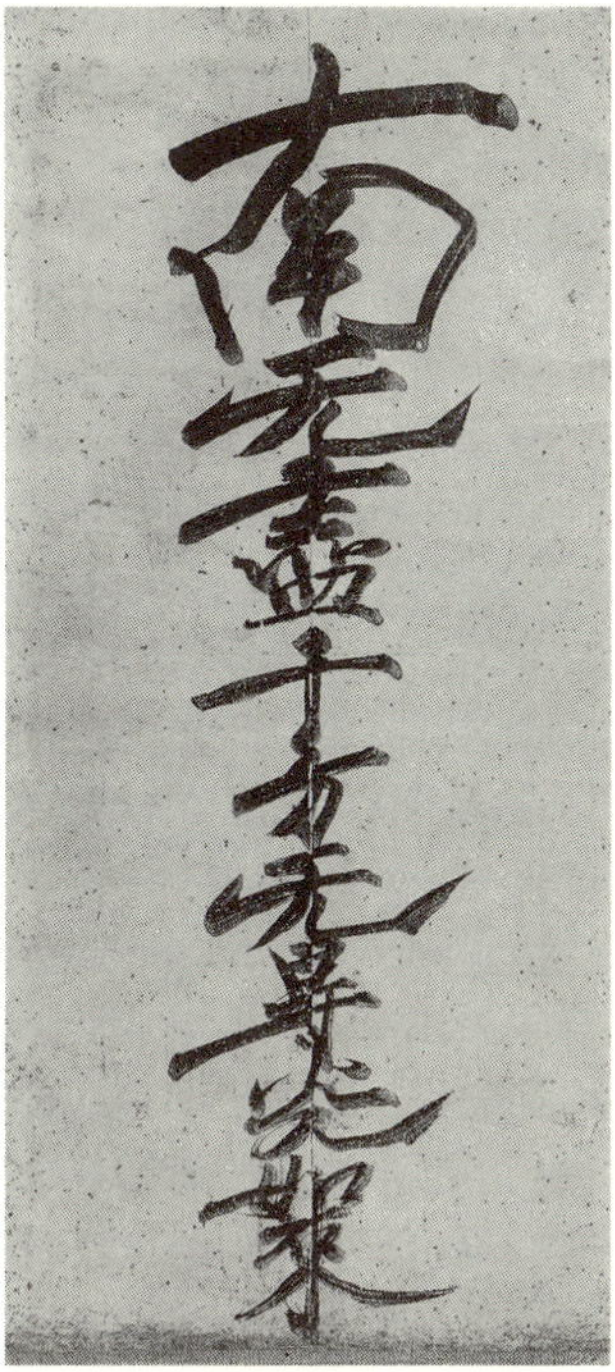

図終-6　紙本十字名号　親鸞自筆（専修寺）

図終-7　光明本尊（三幅一具，妙源寺）

対の光明本尊によって知られる（図終-7、第一章も参照）。中央幅は「南无不可思議光如来」の九字名号、左幅は天竺震旦高僧連坐像、右幅は和朝太子先徳連坐像で構成される。中央幅の名号本尊は紺地に金泥の籠字で荘厳され、左右幅を併せて掛けるなら、いわば〈外部〉から複合して全体として一体化した光明本尊となって顕われる仕組みである。各幅上下の銘文（やはり『尊号真像銘文』と対応する）の筆者は、師に先立って逝去した真仏と認められ[52]、つまり聖人の在世中にはこうした荘厳を具備した複合的名号本尊が形成されていたのであった。こうして、親鸞における本尊をめぐる宗教テクストの創出は、名号を焦点とする統合と複合の運動として、彼の最晩年に集中し、その門弟の布教唱導活動とあいまって急激な生成展開を現出していたのである。

親鸞に続いて、その十数年後には、日蓮による文字本尊として文字曼荼羅が創出された。法華本門正宗を唱えた立教以降、絶えず迫害を蒙った日蓮は、ついに文永八年（一二七一）、幕府に捕えられ、龍口法難を経て鎌倉を追放される。彼は佐渡へ配流される途上、相模依智の本間氏館にあって一紙の本尊を書きあらわした。筆もなく楊枝を用いたと伝える、立本寺に伝来する「楊枝本尊」である（図終-8）。中央に「南無妙法蓮華経」の題目と、その両側に愛染・不動二明王の種子、そして日蓮自署と花押のみという簡潔な、しかし日蓮の文字本尊としては最初かつ類例のない、「一遍首題」式とされる形である。これがいわば契機となって、翌九年には、題目の両側に釈迦・多宝の二如来を加えた「一塔両尊」式があらわれ、更にその両翼に本門の四菩薩を加えた「二尊四士」式と呼ばれる形式となる。その上で大きな画期となるのは、佐渡配流中の文永十年（一二七三）であった。その四月に主著のひとつとなる『観心本尊抄』を著したあと、七月に自ら筆を執って絹布の大幅上に、いわゆる「佐渡始顕の大曼荼羅」を「図」したのである。以降、弘安五年（一二八二）の入滅まで、日蓮は現存するだけでも一三〇幅近くの曼荼羅本尊を遺す。それらの真蹟にこそ、「法華経の行者」日蓮の晩年に到達した境地が象られている。[53]

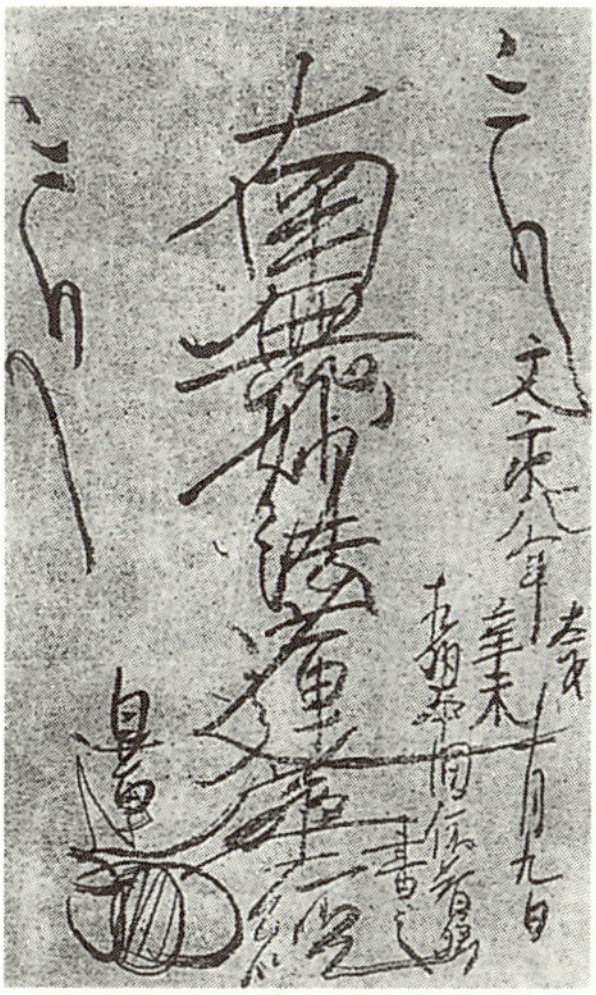

図終-8　楊枝本尊　日蓮自筆（立本寺）

　大曼荼羅の形式はほぼ共通しており、その構成は、右に述べた形成途上の過程というべき三種の類型の要素（首題、二明王、二尊、本化四菩薩、自署花押）を基本として、その下に迹化四菩薩、鬼子母神と十羅刹女、天台・伝教両大師、天照大神と八幡大菩薩などが首題の両側に配座され、全体の四隅に四天王、そして首題の下に「日蓮」の自署と花押が一体となって位置するようになる。また、これらの余白には鑽（讃）文として法華経の各品から要文が抄書され、授与者や年代等の識語を加えている。中心軸をなす首題の両側に翼を広げるように配座される仏・天・神・祖師等の尊号は入れ替わり変化を見せるが、基本的な構成は安定しており、それらは三国にわたり高い次元から現世に至る法華経護持の階層を示し、それを宝塔でもある首題の直下において日蓮の花押がまるで蓮台の如く受持して、上に顕わされた法華経世界を流布する役割を示すといえよう。

日蓮による文字曼荼羅の達成について、高木豊は三点の特質を挙げる。⑴仏像本尊製作に伴う制約の限界を超え（仏宝の位相）、⑵経典としての法華経に替わる役割を果たし（法宝の位相）、⑶授与する日蓮を与えられた檀越が師として仰ぐことで、師檀関係の表象かつ紐帯となる（僧宝の位相）とする。[54]つまり、三宝にわたって画期的な意義をもたらしたと指摘する。そのような観点からすれば、文字曼荼羅とは、文字による三宝の統合を体現した宗教テクストなのである。この認識は、大曼荼羅の創出に先立って、その思想的根拠を表明した聖教である『観心本尊抄』の主張とも重なるものであろう。田村芳朗はその主張を要約して、「法（真理）、仏（人格ないし生命）、菩薩（人間ないし実践）の三要素を「妙法蓮華経」という題目に集約させ、それを通して信仰対象としての本尊を確立した」[55]と把握するが、その三要素とはすなわち三宝に他ならない。更に『観心本尊抄』は、そのあらわすところの本尊として、今まさに「一閻浮提第一本尊」をこの国に立つべし、と予言するのであるが、それは佐渡始顕大曼荼羅の鑽文に「此法華経大曼荼羅、仏滅後二千二百二十余年、一閻浮提之内未曽有之」を「日蓮始図之」と書きつけるのに呼応するのである。

文字曼荼羅は、その中心である首題をはじめ、ほとんどが漢字で書かれるが、唯一、左右の脇に位置する愛染と不動の二明王のみは、一貫して梵字の種子を以てあらわされ、それは原点の楊枝本尊から変わらない。その背景となる日蓮の宗教図像生成の文脈として想起されるのが、安房妙本寺に伝来する「生身愛染・不動感見記」という日蓮自筆聖教である。それは、建長六年（一二五四）正月、朔日の日蝕に拝見した日輪中に乗馬する特異な愛染明王像（図終-9）と、中旬に拝見した月輪中に踊躍する不動明王像を「感見」し、その図を描いて大日如来より嫡々相承の旨の伝授識語を「新仏」に付した、密教の印信というべき二紙一具の図像テクストである。立宗宣言の直後に感得した二明王の尊形は、日蓮にとって重要な意義を秘めるものだろう。既に清澄寺で出家する際にも、「生身の虚空蔵菩薩」より大智恵を象る宝珠を賜ると見たと伝え、あるいは覚鑁『五輪九字明秘密釈』を写しているように、日蓮の宗教世界形成の基盤には密教が大きな位置を占めていた。しかも、彼の立教の闘いの末に到達した本尊を「曼荼羅」として題目の両脇に愛染・不動の二明王を配するのは、おそらく中世密教を通じて普遍的に共有されていたであろう一仏二明王の本尊観が影響したのではないだろうか。(56) それは東密小野流において殊にいちじるしい展開を示し、本書第九章で論じたとおり、文観の三尊合行法とその本尊を含む宗教テクスト創出に至るのであるが、日蓮の属した台密の側も同様な思惟の系譜が存在し、かつ「生身」という生命論的本尊観と併せて、独自な本尊を創り出したのであろう。(57)

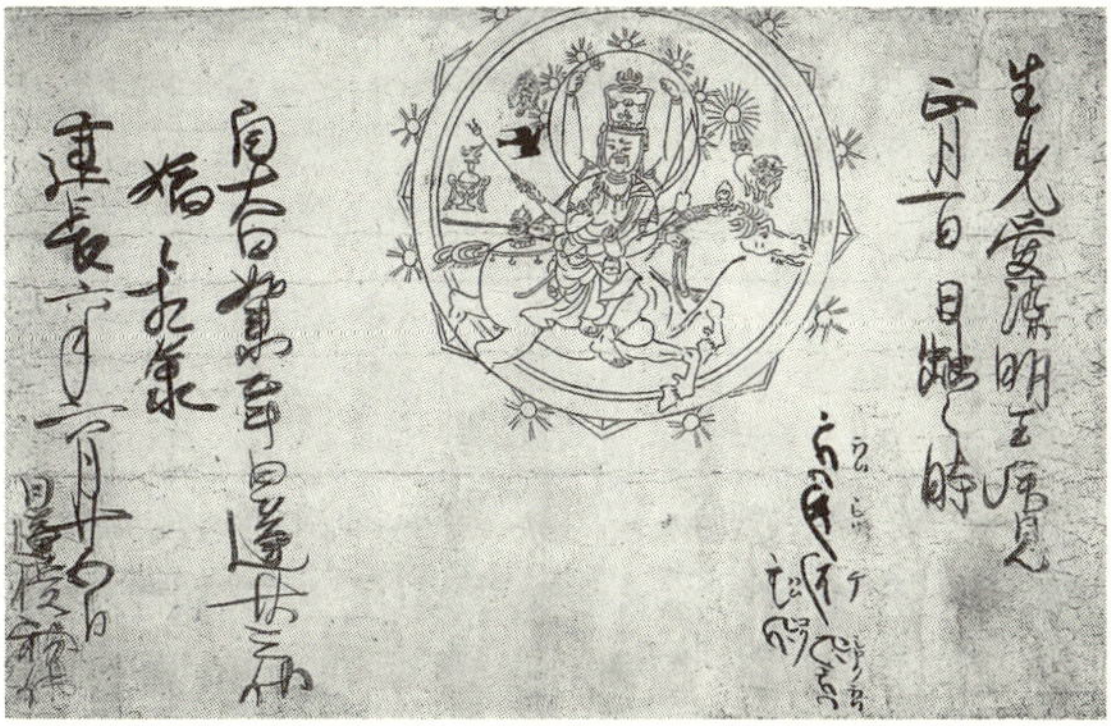

図終-9　生身愛染感見記（妙本寺）

日蓮の独創は、密教に還元されるのでなく、むしろその地平を超える〝文字即仏身観〟というべき思惟の実践である。法華経の一字が如来と一心同躰となり、経の文字はさながら「生身の釈迦如来」であって、文字としての法華経こそ生身の仏と主張するに至る。

> 法華経の文字を拝見せさせ給ふは、生身の釈迦如来にあひ進らせたりとおぼしめすべし（『四条金吾殿御返事』）

更には、より端的に、「今の法華経の文字は皆生身の仏なり」（『法華鈔』）と断言する。それゆえに経による文字曼荼羅は、仏の三十二相のうち「梵音声の一相」を欠いた木像や絵像の仏を具足円満する「心法」を示し、如来滅後にこの相を変じ形を文字と顕わして衆生利益を担うものとして位置付けられる（『木絵二像開眼事』）。そこでは、声と意とは色心の二法が不二にして二つのものであるとして、「仏の御意現れて法華の文字となれり。文字変じて又仏の御意となる」という不断の運動として捉えられる。この、仏（声）⇅文字（心）のダイナミックに生成し続ける関係性を、日蓮は自ら筆を執って紙の上に文字曼荼羅として書く（「図顕」する）ことによって顕わしだすのである。

前述した親鸞の名号本尊と日蓮の文字曼荼羅は、それぞれを等価に宗教テクストの運動としてみるとき、その本質を照らし出すような興味深い対照を見せる。自身の手になる染筆は、基本的には紙と墨という著作物や消息と共通する素材（支持体）の上に、本尊としての仏（経）を文字によって書きあらわす点で等しい。それはあくまで名号ないし題目こそ主格であり、直接これに加えるものは皆無か最少限の要素に留まる。一方で、これに銘や讃および自署を含む識語というパラテクストを自ら書き添えて、それぞれの文字本尊の真正性を証明し正統性を保証する操作を加えることは、二人の祖師に共通しており、独創としての本尊を成り立たせて後継者に受持されるための必須の要素であった。他方で、両者の差異もまた注目に価する。本尊として三宝のうちの仏か経かという根本的な立脚点の違いもさることながら、そのテクストとしての表象のありようもきわめて対照的である。その本紙自体には名号のみを書く、禁欲的な親鸞の名号本尊は、晩年の限られた一時期の分しか現存せず、後世の蓮如の六字名号の如く量産したとは到底言うことができない。他方、日蓮の文字曼荼羅は、その始めから本紙のうちに二明王種子と自署を付すように、密教の曼荼羅の原理と親和し、題目の周囲に諸尊を次々と集めて配し、その位置は絶えず変化する。その増加に従い法量も大型化して、終焉に至るまで旺盛な制作を続け、ひとつとして同じものがないような動的変化を示すのである。

何よりも、それぞれの文字が本尊として純粋に〈聖なるもの〉を体現するべく志向する。親鸞の筆跡は名号において殊に並ぶもののない緊張感と力を、その鋭い撥ねと直線的に伸びる一字一画から感じさせる。他方、日蓮の題目（図終-10）は、その著作とりわけ御書において見せる逸出し乱舞する自由奔放な書跡の上に、俗に鬚題目と呼ばれるほどに（中央の「法」を除いて）字の一角を長く外へ向けて伸ばし、それは放たれる気の如くに流出する。これは「光明点」とも称され、経典を読誦し唱題するときに「題目の光、無間に至て即身成仏しけむ」（『御義口伝』巻上）と説くように、声が光と化すのを象ったとも解釈することができる。[58] 曼荼羅全体においても、首題の文字から放たれる直線と諸尊の文字の曲線とが交錯する様は、まさしく文字が織り成す曼荼羅としてそれらの意味するものを顕現させるように、多声的な交響を遂げているといえよう。

日蓮による文字曼荼羅の創出は、更に「絵曼荼羅」として、そこに「図顕」された尊格の図像化を中心とした、文字テクストから図像テクストの本尊への位相転換を喚起することになる。その曼荼羅図像化の運動は、祖師入滅後ほどなくして、遺弟たちの門流の幾つかで相前後して始まった。

最も古い作例として注目されるのは、三島の妙法華寺に伝来する「十界勧請大曼荼羅」と称す十四世紀初期の大幅である。この大曼荼羅は、上段に首題を文字として篇額中に示す他は、これを中尊として釈迦・多宝の三尊と二菩薩を涌雲上にあらわし、その下方の中心軸上に供華と香炉を並べ、両側に諸天・十羅刹女・祖師と八幡・天照の二神を全て図像化して配し、下隅に四天王のうち二天のみを立てる。妙法華寺は六老僧の一人、日昭が鎌倉に創建し、その甥にあたる日朗の比企谷門流と連なるが、日朗は『観心本尊抄』を日蓮から送られた下総の檀越、曽谷教信と深いつながりがあった。その点で、この大曼荼羅の構成や諸尊の配座が「佐渡始顕大曼荼羅」に近似すると指摘されることは興味深い[59]。ここには、祖師滅後の檀越や門弟が、祖師の聖典の解釈を、彼の書くところの文字曼荼羅にのみ収斂させるのではなく、本尊図像という位相において積極的にその図像化を創り上げるという撰択によって示す、優れた実例がある。しかもその表現技法は、宋画の影響を感取でき、海彼より伝来した諸尊衆会図の変奏ということも可能な大作なのである[60]。

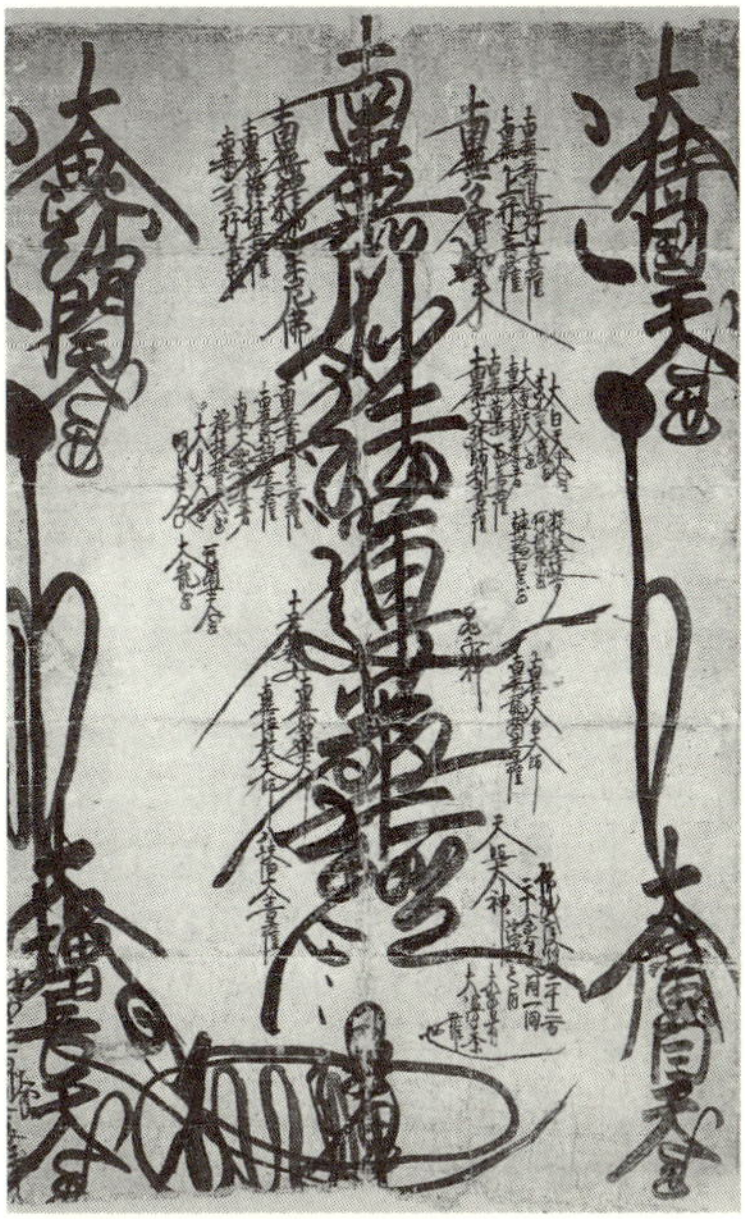

図終-10 題目大曼荼羅（妙本寺）

図終-11　法華宝塔曼荼羅（本興寺）

同じく下総において、日蓮の筆頭檀越であった富木常忍は、中山法華経寺の開基となった。この中山門流では、題目を文字ではなく宝塔であらわす「法華宝塔曼荼羅」が生み出された。これは、首題と二尊に代えて、中央に涌現する宝塔の内に二仏を並座させ、塔を囲繞する諸尊も全て尊像にあらわす点で、図像化を徹底する。もと法華経寺に伝来したとする京都妙本寺本[61]がその古様を伝える。類似の作例である戸塚本興寺本[62]は、宝塔の左右に愛染と不動の二明王も図像化されており、これによって更に本格的な密教の曼荼羅と化している（図終-11）。それは、あたかも文観の三尊合行（御遺告）曼荼羅を見るかのようである。

一方、京都に布教した日像（日朗の弟子）による、妙覚寺を拠点とした四条門流では、まず日像が自筆の文字曼荼羅の荘厳化を始めている。首題に天蓋や蓮台を加え、四天王など周辺から図像化する志向を示す。これを更に推進したのが、西国に進出したその弟子の大覚や後継者の朗源である。彼らの絵曼荼羅は、全体を紺地として首題の文字を金色に荘厳化した上で、自署花押や授与者等の識語も金字に輝く[63]。更に周囲の諸尊を全て尊像にあらわして虚空会に配座するように図像化する。

これらの中世法華宗諸門流における絵曼荼羅の、それぞれ位相を異にしつつも多彩な展開は、前述した初期真宗門徒の名号本尊の荘厳化と光明本尊の宗教図像テクスト複合とも対比される現象であろう。祖師によって書かれた名号ないし題目の、あくまで文字の位相における禁欲的かつ求心的な統合とは対極に赴く図像複合への志向を、これら門徒・門流による宗教テクストの再テクスト化というべき運動は示しているのである。

四　神祇における中世宗教テクストの到達点——神号と託宣

神祇の領域においても、中世宗教テクストの運動は、仏教と同じく文字テクストの位相によってその最も〈聖なるテクスト〉を創り出すに至るだろう。神祇祭祀における神の姿は、古代のある時期から神社の神殿内部に安置される神像として造り顕わされるようになるが(64)、そこに至る過程の記録は乏しく、その像容もまた人の眼に触れるものではなかった。それは不可視の存在であることによって〈聖なるもの〉としての霊威《アウラ》を発し、祭祀儀礼もその如在を前提として執行されるのであり、寺院の秘仏や聖徳太子の霊像も同様の構造の許で内陣や厨子の帳のうちに隠されることになったのであろう。

しかるに中世に至って、図像化《イメージ》された神の姿を、その図像に拠って新たな尊像として造立するという営為が顕在化してくる。それは宗教テクスト創成の明確に意識化された運動といえよう。その端的な事例が、重源による東大寺僧形八幡神像の造立である。再建された東大寺の鎮守、手向山八幡宮の新たな神躰として、重源は朝廷に鳥羽勝光明院宝蔵に納められていた（もと神護寺金堂に弘法大師影と共に祀られてあった）空海感得の八幡神影画像を望んだ。しかし、神護寺復興を担っていた文覚もその返還を主張し、結局、東大寺の願いは却下された。それが神護寺に還るのは、遥か後の嘉元三年（一三〇五）のことである。その結果、重源はこの画像をただ摸写するのでなく、その図像をそのまま立体的な彫像として手向山に祀ることを企てた。それは快慶が施主となり、上皇以下多数の結縁者の交名をその胎内に銘記した彩色も鮮やかな等身の僧形八幡神像として、建仁元年（一二〇一）に造立された。神護寺に伝わる僧形八幡神影画像の忠実な写しと較べると、快慶の像は、あくまで画像の図様を忠実に立体化して再現した像であるが、それは驚くほど生々しい壮年の僧侶の風貌としてあらわされて、「巧匠」の手腕の非凡さに感嘆を禁じ得ない。だが、驚くべきはその巧みばかりではない。

院政王権の秘蔵宝物となった〈聖なる神の像〉を、僧形八幡神像は彫像という次元に移し替えた。これはいわば、位相の変換によって〈聖性〉の増大を図る、意図的なテクスト上の操作の所産である。そこには公家の所有する霊宝を、勧進という自由な手段により、寺家の側に拉し来たろうとする力学もはたらいている。この神像は、そうした権威を超越した大胆な離れわざの所産ともいえよう。それは、重源の惹き起こした室生山の舎利盗掘事件と[65]、根本において通底する行為ではなかろうか。それは「聖なる盗み《フルタ・サクラ》」として、聖遺物である舎利の分散と流布によって利益の増加をもたらそうとする企てである（これは、第三章に扱った聖徳太子御廟における遺骨盗犯事件とも重なるものである）。ひいては祭祀と荘厳、霊験利生の唱導に連なる、新たな価値と意味を生み出す解釈活動であり、すぐれてテクスト創出の営みに他ならない。中世の宗教テクストの創造は、その始発において強烈なまでの位相変換を遂げるのであり、それは既成のテクスト（図像）の変奏ないし改作という評価に回収し得ない、一箇の革命的な事態とさえ見なすことができよう。

それならば、中世の形成過程の中で生み出された神祇における宗教テクストは、いかなる姿をとって、どのような布置を諸位相の座標上で示すのだろうか。更には、生成しつつある座標上に顕われて、なお分化し複合しながら運動を続けるテクストを統合するものは何であろうか。それを、天神の宗教空間において窺ってみたい。

怨霊から御霊神へ、人が神として祀られる宗教運動の頂点に登場した天満大自在天神は、中世を代表する神祇のひとつである。北野宮寺（天満宮）を中心とするその宗教空間にも、中心には創祀の初期から神像としての菅公像や本地仏としての十一面観音像などが祀られたであろうが、それらは公開されず確認されていない。彫像では、鎌倉時代の俗体衣冠束帯の神像として、長谷与喜天満宮の正元元年（一二五九）銘神像と鎌倉の荏柄天神社の弘長元年（一二六二）銘像（図終-12）が最も古い作例である。前者は天神が最初に影向したと伝える、長谷寺十一面観音の霊場の鎮守神であり、その縁起と深く結びついて勧請された神像として、勧進聖により造立されたものである[66]。後者は鎌倉幕府の守護神として勧請され、宗尊親王が将軍として下向した時にあたり、神主平政泰が国土安穏を祈り造立したもので、その胎内には五臓六腑が納められていたと伝え、内部は骨格や男根まで墨書されている生身像であった。また、同社には影向像というべき立像も伝来しており、同じ図像の大幅の天神影向画像も伝わる。[67]一方、与喜天満宮天神像の頭部には本地十一面観音像を線刻した鏡が籠められている。このように御正躰として鏡面の表に本地仏の尊像図像をあらわす、本地垂迹の構造を可視化する方法は、天神の祭祀においても共有されている。御正躰は更に大型化して社殿の正面に掛けられて礼拝の目睹となり、また一方では本地仏として観音像が独立して奉安される場合もあった。天神の尊像図像の位相には、これらの神像と本地御正躰図像がその座標の中軸に布置されるだろう。その中でも、神影としての天神御影の画像が最も広汎に描かれ流布している。その典型は彫像と共通した俗躰像で、束帯把笏にして瞋恚《しんに》の相をあらわした姿に描かれるものである。天神画像は多くの変奏を生じ、たとえば綱敷天神の如く配流中の姿をあらわす、縁起説話と結びついた天神像もあれば、禅僧の天神信仰の許であらわされた渡唐天神像のように、中世後期の代表的天神図像として広く流布するものもある。[68]これらの天神画像の特徴は、画中に銘や賛など詩文を書く例が多いことで、それらの文芸テクストの複合は、学問と和漢の詩歌の守護神として転生した「菅公」像にふさわしい位相である。そうした天神図像の中には、甲府一蓮寺の天神画像のように傍に六字名号を掲げる作例もあり、それは名号と複合する時衆の信仰と儀礼の文脈から成立した尊像図像である。

図終-12　天神様像（荏柄天神社）

　天神の説話図像を代表するのが縁起絵巻である。中世初頭、建久年間に成立した『北野天神縁起』は、建保年間の改訂を経て、承久元年（一二一九）には「本地絵像」にあらわす絵巻化が企てられ、それは「聖廟絵」と称される如く北野社の内陣に神宝として奉納される記念碑的な大型絵巻として創り出された。この縁起の起草から絵巻化に至る宗教テクスト制作の主体となったのは、天神とその本地観音を九条摂関家ならびに天台宗の守護と仰ぐ天台座主慈円と推定されており、[69] その可能性は否定できない。但しこの承久本絵巻は未完成のまま、後半の日蔵冥界行の箇処から六道絵に転換して終結させている異様な体裁であり、前半の天神の「本地」を絵伝として物語図像化し、火雷天神と化して猛威を現ずる圧倒的な迫力を示すところから宗教図像としての六道絵がそのまま借用されるだけの展開は実に不自然であって、テクスト複合とは評価し得ないものである。むしろ、縁起の典拠《プレテクスト》となった『日蔵夢記』を忠実に説話図像化したメトロポリタン美術館蔵天神縁起絵巻が、[70] 欠脱はあるものの延喜帝の堕地獄の姿からその後の託宣と社の創祀、種々の霊験利生譚までを描き出しており、中世に成立した天神縁起の図像化のオリジナリティを如実に伝えている。

天神縁起絵巻の諸伝本はその詞書によって、承久本やメトロポリタン本を代表とする甲類と、津田天満宮本（一二九八）を代表とする乙類、正嘉二年（一二五八）本を祖本とする丙類、そして安楽寺本を代表とする丁類の四類型が提起されている。[71] 丙類の北野天満宮本として制作された弘安本の如く、各地の天満宮において天神の本地と利生を説き霊験を唱導する媒体として絵巻が制作・奉納され享受された。関東では荏柄天神社に藤原行長が元応元年（一三一九）に甲類本により絵巻を奉納しており（前田育徳会蔵）、西国では周防の防府に所在する松崎天満宮に土師信定が丙類本にもとづき応長元年（一三一一）に絵巻を奉納した。後者の『松崎天神縁起絵巻』は、その末尾に松崎天神社の縁起と利生譚および社頭図を加えて、独自の在地性を示している。これらの天神縁起が、いずれも絵巻というテクストの形態で制作され流通し、「太子絵伝」のような掛幅画という形態をとるものが少ないことは、[72] 天神縁起絵巻がその中世の始発から壁画や障壁画の如き大画面説話画の場に淵源をもたず、絵巻としてその宗教テクスト創出が始発した独自の来歴によるのであろう。当麻曼荼羅のようなそれ自体テクスト複合の頂点に在るような拠るべき図像をもたない天神の宗教図像体系では、宮曼荼羅の遺品も乏しい。唯一、室町中期の制作になる『北野社絵図』（図終－13）は、社殿中に大きく天神像と御正躰を顕わし、上方に諸尊を配した北野宮曼荼羅として認められる。但し、その社頭には多くの参詣者が満ちあふれ、静謐な神域とは程遠い信仰と遊楽の重なり合った世界である。(73)

図終–13　北野社絵図（北野天満宮）

「文道の祖」(74)と仰がれる道真にふさわしく、天満宮に備えられるべき聖典としては、その詩文を編んだ『菅家文草』と、縁起にもその成立と伝来が説かれる『菅家後集』をはじめ、紀伝道の博士として編んだ『三代実録』や『類聚国史』など国史の著作を併せた御作の典籍が挙げられる。北野社では、近世の寄進になるものではあるが、『日本書紀』の古写本(75)を蔵して国書の側面を代表させている。内典の側では、これも近世に奉納されたものであるが、「天神御筆」と伝承される紺紙金泥法華并開結経の一具をはじめ、法華経が天神の持経として重んじられる。(76)中世北野社における聖典造立の運動として最も注目されるのは、将軍義満が応永八年（一四〇一）に創建した経王堂に社僧増範が願主となって一切経を奉納した事蹟である。応永十九年（一四一二）、増範勧進の許に諸国の僧俗によって書写された五千巻余の一切経は、翌年完成した輪蔵に納められ、この経を転読する万部経会も恒例として営まれた。(77)かつて院政期の王権が一切経蔵の勧進と造立によって国土を「経蔵化」しようと企てた営み（第六章参照）は、室町時代に至って、武家政権の許で天神の宗教テクストにその場を移したのである。

　天神の聖典としてとりわけ興味深い宗教テクストが、大宰府において菅公が法華経二十八品の要文（偈頌）を主題としてその心を和歌に詠んだと伝える『妙法天神経』[78]であろう。もとより仮託であるが、聖典としての法華経と文芸としての和歌を天神御詠の許に融合させた複合宗教テクストとして中世に生み出された、新たな聖典である。近世に至って、これに元賢が注釈を施した『妙法天神経解釈』も成立し[79]、これを拠に流布唱導しようとする運動の拡がりまで確認できる。こうした独自の天神宗教テクスト創造の基盤には、北野のみならず中世の天満宮が平安期の文人たちの詩会に加えて、中世初頭には早く慈円が「北野百首」を諸社法楽百首の一環として詠んだのをはじめ、元久元年（一二〇四）に後鳥羽院が北野社歌合を催したように、北野社は和歌の場となった。また、南北朝の合一を遂げた明徳二年（一三九一）には義満が北野万句を、次いで応永五年（一三九八）には北野法楽連歌を興行したように、連歌の場ともなった[80]。当代の王権による文芸の座としての北野社は、やがてその荘厳として宗教テクストとしての「天神御詠」を求めたのであろう。

法楽連歌が、天満宮の社頭の一角にある会所に天神御影などを本尊として文台を置き、会衆が一座して儀礼空間を創り出したように、天満宮における祭祀儀礼の空間は、儀礼テクストによって分節され意味付けられる。中世において天神の儀礼テクストの基調をなすのが、菅原為長の作になる『天神講式』であろう[81]。この天神講の式文は、五段構成で垂迹としての天神の因縁と本地観音の本誓を示し、現世利益と後世引導を願う。それは、縁起とは異なる儀礼言語と偈頌唱和の声による祈りである。その本文中に元久元年（一二〇四）夏より北野社で毎月十八日にこの講を始めたとあることから、成立はその時点に遡る可能性がある。前述した社頭法楽和歌の場の始まりとも呼応する、記念すべき儀礼の記憶を留めた講式である。

北野社は、祭礼と芸能の舞台でもある。天神縁起諸本の多くは、その末尾に六月の北野祭を描いて結び、神幸の行列が社に参入する有様は、社頭を祝祭の空間として象る。これに奉仕する神人の集団や芸能者を描くことは、北野社が誰によって支えられていたかを雄弁にものがたる。北野社ではまた、天神講の日に舞楽が催された。この芸能空間を象るのが北野天満宮に伝来する『舞楽図』であろう。「北野社根本障子」と称された二面の障子絵は、もと社殿内陣の衝立障子の表裏をなしていた。[82] 一面（図終-14）は桜花爛曼の許での童舞であり、これを囲み見物に興ずる衆徒たちを描いて春の寺院の庭をあらわし、もう一面は神楽の庭燎をめぐる人長舞と伶人および踏歌と思しい輪舞が描かれ、秋冬の朝廷の御神楽ないし社頭の臨時祭をあらわす。鎌倉時代の卓越した技量によるこの障子絵は、宝前の荘厳として飾られることで、北野社の祝祭芸能空間をすぐれて表象し、不断に天神の法楽に捧げられるものとなることだろう。

図終-14　舞楽図障子絵（北野天満宮）

社頭では室町時代に至ると猿楽が演ぜられ、能『輪蔵』は経王堂一切経蔵を舞台とするものである。やがて出雲阿国による歌舞伎発祥の地となる、祭儀と芸能のトポスとしての北野の宗教空間から生み出されるのは、日本の芸能史そのものといえる。

こうしてその一端を垣間見た、中世の天神および天満宮の宗教空間は、およそ尊像図像／説話図像／聖典文芸／儀礼芸能の四つの位相によって構成されると見なされる。それは、第I部に提示した聖徳太子の宗教テクスト体系の座標《マトリックス》とも共通する様態を示している。いま、試みに右に挙げた諸位相の宗教テクストをその座標上に位置付けてみると、図終-15のような布置が浮かび上がるだろう。その上で、ただちに問われるべきは、この天神の宗教テクスト体系において諸位相を媒介し、更に統合するのは何であったか、ということである。本論でこれまでに検討したところから導き出される仮説からすれば、ここでもやはり舎利と名号（神号）が焦点となるだろう。

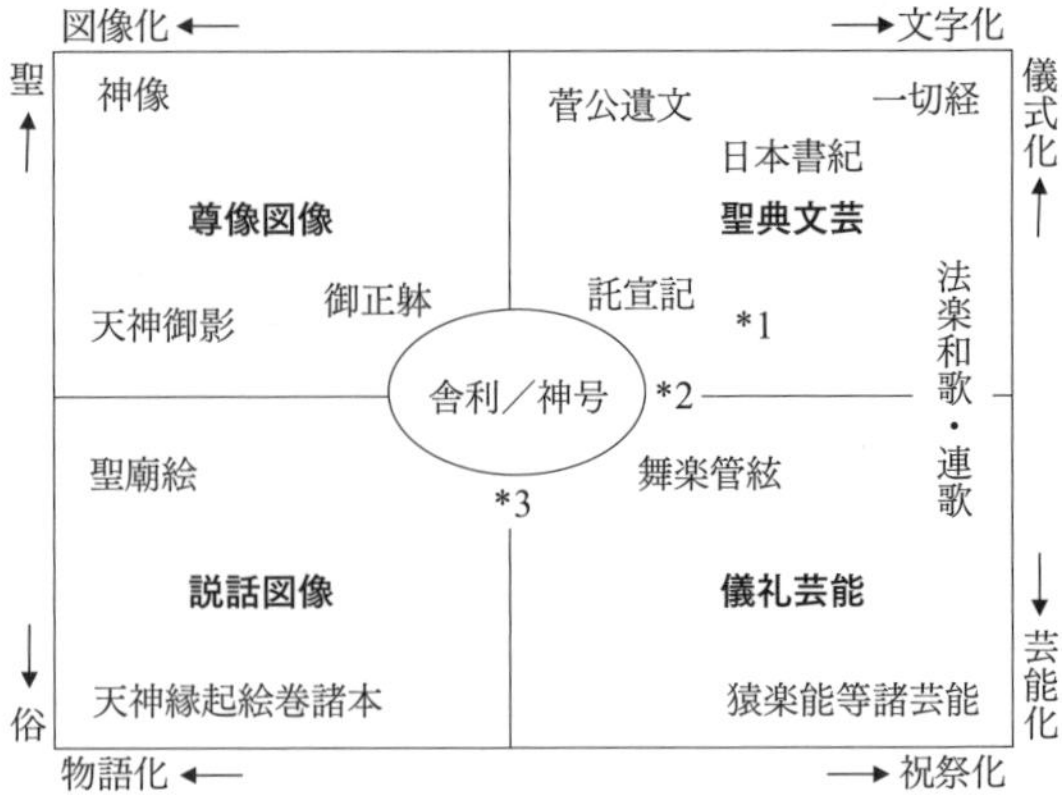

図終-15　北野天満宮における天神宗教テクスト体系

図中の数字はそれぞれ，*1『妙法天神経』，*2『天神講式』，*3『舞楽図』の位置を示す。

『松崎天神縁起絵巻』(83)を鎌倉末期に創出した防府天満宮には、より時代を遡って、平安末期の承安二年（一一七二）に周防国目代であった藤原季助を願主として仏舎利が奉納されている。それは、金銅宝塔中の青瑠璃舎利容器に納められて宝殿に安置された。塔に刻まれた願文には、後白河法皇の後生善所以下、一族の子孫繁昌と国土豊饒が祈られ(84)（その旨趣は荏柄天神社神像とおよそ共通している）、それは神体とほぼ等しい価値を与えられている。また、茨城常総市の大生《おおの》郷天満宮に、本地十一面観音画像と共に伝わる神影「御廟天神」画像（室町時代、図終-16）は、左右に梅と松を配した蓮台上の宝珠が本尊図像である。社伝では道真三男の景行が父の遺骨を同国鳥羽に祀り、のち当地に遷したのに始まる。つまりこの天満宮では、神体が菅公遺骨すなわち舎利であり如意宝珠なのである。(85)そして、他ならぬ北野天満宮の本殿には、明治二年の神仏分離令まで、後戸に舎利塔が祀られていた。それは「御襟懸舎利」と称され菅公生前の御持物であったと伝えられて、後門より参詣者に礼拝されていた。(86)この舎利に対する中世の解釈を記すのが、光宗の『渓嵐拾葉集』巻四「神明等事秘々極々」で、北野社参の口伝として舎利に三重の習ありとし、第三重に舎利が天神の御躰であり、「一切諸神ノ本源ハ舎利ト習也」という認識へ導くのである。(87)

天神の宗教テクストの展開を辿ってみると、特徴的なのは神号の本尊化ともいうべき現象である。「南無天満大自在天神」という尊号は、冒頭に帰命の詞を置いて仏と同じ尊格であることを示し、それは『天神講式』各段末尾の礼拝において「南無帰命頂礼天満天神」と朗唱する儀礼の声（第十三章参照）とつらなるものである。神号軸として書かれるようになるのがいつからかは定かでない。貞成親王（後崇光院）の『看聞日記』には、天神神号についての記事が散見し、親王自身の染筆のみならず、後小松院や妙法院宮など当時の貴顕による神号が求められた消息が窺われる。それらは詩会の本尊として用いられるもので、神号の両側には道真の詩を揮毫した色紙が配されたという。[88]また『後奈良院宸記』では、和歌会の本尊として用いられた神号の左右に住吉と玉津嶋を配して掛けられたという。[89]現存する多くの神号は後陽成天皇の筆になるもの（図終-17）に代表される如く、独立した大幅であり、これを掲げることにより、一座は天神講であれ連歌会であれ、儀礼と文芸の場を統合する文字の放つアウラによってたちどころに支配されたことだろう。歴史的な展開の上でも、神号が中世の天神宗教テクスト体系の最終的な到達点を示すものであることは、およそ認めてよい。〈聖なるものの名の文字〉は、そこで他の諸位相の要《かなめ》となるばかりでなく、その名を声に出すことで儀礼の場を生気付けて発動させ、それがまた詩歌を詠み出す声をうながすように、新たなテクストを生成する種子なのである。

図終-16　御廟天神画像（大生郷天満宮）

では、中世の神祇全体を考えた場合、諸社の祭祀の中で形成展開する宗教テクスト体系において、神号はいかに現れ、はたらくのか。天神を除くとその事例は思いのほか少ない。たとえば、春日社を代表する尊像図像としての春日宮曼荼羅の多様な変奏の中で、僅か一例ではあるが「春日大明神」の神号を中心にあらわす遺品がある[90]（図終-18）。社頭図としての春日野に社殿や本地御正躰を描かず、鳥居の上、参道の処に金泥で神号を大書して名号のように浮か

図終-17　天神神号　後陽成天皇宸筆（北野天満宮）

図終-18　春日各号曼荼羅（奈良国立博物館）

び上がらせる。それは、『春日権現験記』がその序文で主張するように、春日の地をさながら浄土として礼拝を勧めるための可視化として、最も端的な手立てであったろう。そこに掲げられた春日の神号は、この『験記』とも密接な関係を示す、南都の神祇信仰[91]を反映した宗教テクストである説話集『撰集抄』にも登場する。西行の作と仮託されたこの仏教説話集には、興福寺の高僧が遁世し、諸国流浪の末に大和国三輪山の麓で東に向かい「南無春日大明神」と唱えて臨終したという話を見出すことができる[92]。そこでは、浄土往生を願う念仏聖の行儀を、神国である日本において（巻九第一話「日本神国事」参照）、この南都で実践することが名号の称名でもある「春日大明神」の神号に託されているといえよう。

かくして、中世宗教世界を展望すれば、その至るところで繰り広げられる宗教テクストの運動の収斂するところに、文字本尊ないし神号という〈聖なるテクスト〉の極相の姿が浮かび上がる。その神号をめぐる中世の思想的運動の新たな段階としての「三社託宣」を最後に検討することを通じて、本書の考察をまとめることにしよう。

託宣ないし託宣記という、神祇の宗教テクストの中の大きな領域は、たとえば前述した北野天神における縁起の成立過程で、冥途記と並んで重要な役割を果たす神の詞《コトバ》でありメッセージであった。特に八幡神においては、その託宣する神という特質からも古代から厖大な託宣が発せられ、それが編まれて幾つもの託宣集が中世に成立している。[93] 数多の神々の名が特定の神号へと収斂するように、これら無数の限りない「神言」の森から、中世を代表する神の託宣詞が集約されて結晶化していく。その到達点が「三社託宣」であり、そのテクストとして書かれた形態は、神号のそれと等しい姿であった。三社において日本の神祇を代表することも、中世前期に成立した二十二社制から中世を経て到達した最小限の神祇体系ということができよう。それぞれ天皇家と公家と武家の祖神宗廟であり、かつ皇大神・大明神・大菩薩の三種の神格を代表する社である。三社はまた、仏法の三尊をはじめとするその最も基本的な名数との類比（アナロジー）関係にあり、かつ帝王の「三種神祇（重宝、神器）」の如き中世王権の象徴とも通じあうだろう。その一例を、「三社託宣」を創出したとされる聖珍法親王の自筆と伝えられる一軸（図終-19）によって次に示してみよう。[94]

八幡大菩薩　銅焰雖為食、不受心穢人之物、銅焰雖為座、不至心穢人之室、（八幡）
天照皇大神　謀計為眼前利潤、必当神明罰、正直非一旦依怙、終焉日月憐、（伊勢）
春日大明神　雖曳千日注連、不至邪見之家、雖為重服深厚、必至慈悲之室、（春日）

「天照皇大神」を中心に、右に「八幡大菩薩」、左に「春日大明神」を配する三社の神号が上段に掲げられ、それぞれの神号の下に各二行で託宣文が書かれる。ここに示されているのは、それぞれ「正直」（伊勢）、「不穢（清浄）」（八幡）、「慈悲」（春日）という徳目であって、それ自体は取り立てて仏教的な性格を帯びないニュートラルな教誡である。それらはまた北畠親房が『神皇正統記』に説く三種神器の備える徳目とも共通しており、同時代の徳治思

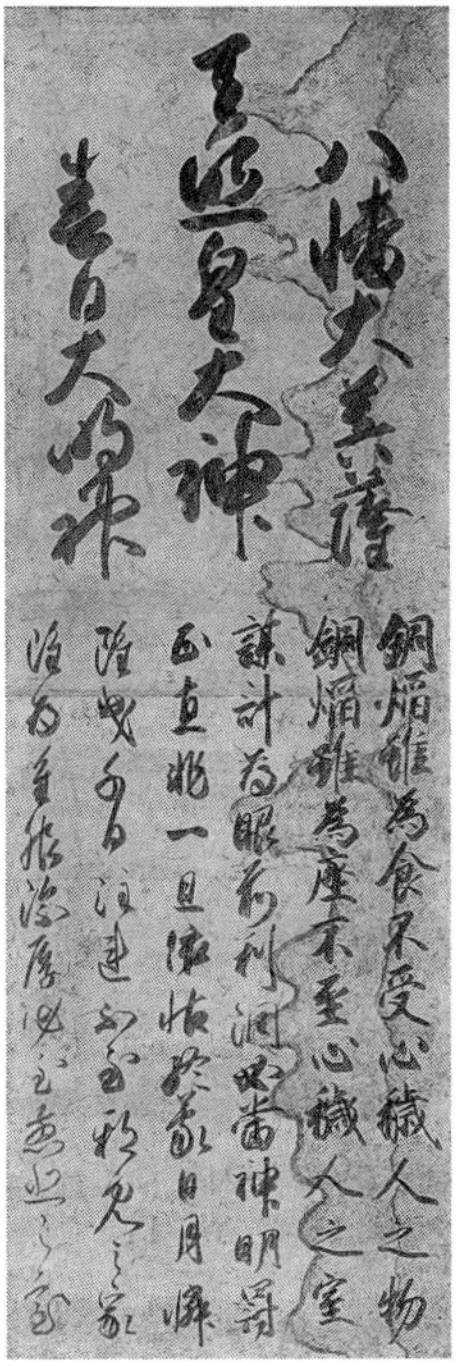

図終-19　三社託宣（伝聖珍法親王筆）

想の影響下に成立したことを示唆している。この託宣が後に唯一宗源神道を唱えた吉田兼倶により広められ、近世には神道家に限らず儒者の間にも汎く流布するに至ったのは、そうした多様な立場からの解釈を許容する一種の普遍性を備えていたからではなかろうか。平易な対句が構成する善悪二元論的倫理は、絶対的な一義性に帰結する思想言語ではない。絶えず異なるコンテクストの許でその意味が解釈されることを受け入れる、いわば被注釈テクストである。それは、託宣という〈聖なるテクスト〉のもつ本質的な性格でもあるのだが、それぞれが有していたであろう本来のコンテクストから切り離されて、ただ三社の神号の許に整序された「三社託宣」の平面において、更に抽象化された次元で異なるコンテクストに開かれるべく、流通を始めるのである。

この「三社託宣」は、南北朝時代、東大寺東南院門主であった聖珍法親王が東南院南庭の池上に示現した文を感得し、これを写して人々に書き与えたものと伝えられる。[95] 東南院は東大寺において三論宗と真言宗を兼帯する本所として永い伝統を有する顕密仏教の拠点であり、その門主は東大寺別当を務めるのみならず、東寺長者法務に任ぜられ真言密教の頂点に立ち、また醍醐寺では阿弥陀院を拠として座主を兼ねるなど、中世寺院世界の中枢に位置する権門であった。聖珍は伏見天皇の皇子として、鎌倉末期の東南院門主聖尋の許で受法し、その後継者となってこれらの要職を歴任した貴種であった。[96] この聖珍に仕え、密教法流を受法したのが、大須真福寺二世の信瑜である。彼はまた、東南院の経蔵に集積された顕密の聖教典籍を大量に書写し、初代能信によって築かれた密教聖教体系の上に、神祇書（第十六章参照）を含む中世宗教テクストが加えられた。そこには聖珍はじめ歴代東南院門主の自筆本を含む「重書」が写され授与されて、真福寺大須文庫には信瑜が東大寺からもたらした、聖珍の許での宗教テクスト体系が今も伝来しているのである。その中に『三社内證』一巻が含まれる。[97]

八幡宮　一念成就風者、払四重煩悩之雲、三尊来迎月者、留五趣輪廻之空、
天照太神宮　真如実相月輪、照無明深夜之闇、本来常住日輪、輝生死長（夜）之暁、
春日明神　四重円明暮者、瑩内證三身（之）玉、五眼具足朝者、放外用八相之光、

これは三社それぞれの神祇の、本地としての「内證」が四句偈の形で示される。八幡と春日は名数を多用し対偶を成して、前者は阿弥陀の来迎を、後者は釈迦の八相成道を以てその本誓を示す。中央の天照大神は、日月輪の破闇の功徳をもって内外両宮すなわち両部大日の本地の徳用を顕わすと読める。更にこの偈は、典拠とそれに伴う中世宗教世界創成の神話的文脈《コンテクスト》までも負っている。語句こそ入れ替わってはいるが、その元となったのは、院政期に成立した最古の両部神道書のひとつ『中臣祓訓解』に、「伊勢大神託曰」として示される次の託宣文である。

実相真如之日輪、照生死長夜之闇、本有常往之月輪、掃無明煩悩之雲、

これは行基菩薩が聖武天皇の勅使として参宮し、東大寺大仏造立を祈るときに告げられた神明の詞であり、日月両輪を内外両宮として両部不二が示される。この文句は更に空海仮託の『両宮形文深釈』ではより詳しい文脈の中にあらわれ、そこではこの四句を頭としてより長大な託宣文となる。それは、伊藤聡が中世神祇の言説を博捜してその展開を提示した、[98]東大寺大仏と伊勢天照大神を本地垂迹と説く、中世神道説の出発点に位置する行基参宮説話の許で説き出されるところの〈聖なる詞〉なのである。

『両宮形文深釈』（本書が勝賢伝授、守覚記になる『野決』具書の一環をなす聖教でもあることは、すでに第十七章で論じた）が示す行基参宮説では、この文句を、行基が参宮の際に所持の舎利を天照大神に奉って祈念し得た託宣と

し、舎利は奉賽として飯高郡の地に埋納したとする、神前での舎利による祈りと奉納儀礼を伴うことが注目される。そこには、前述した、神祇の神体を舎利と観念し、神祇の諸位相を統合する象徴となってはたらく役割も説明されている。『深釈』のこの一節は、「興《タテタリ》三国一ノ伽藍、駄都与神力所レ課《ハタス》也」と結ばれる。すなわち、僧の参宮のはたらきを介して舎利と神明が一体として寺院（大仏）を造立したとする、三宝を具現する中世宗教テクストの理想的な統合を象徴するものが、ここでは舎利なのである。

中世の東大寺では、この縁起説がきわめて重要な意義を担う神話として、験記や縁起から、ひいては『東大寺具書』のような訴詔文書にまで、寺家の主張の拠として登場する。[99] その本拠地が東南院であり、そこに歴代門主が蓄えた〝知の体系〟が聖珍から信瑜の手にわたり、真福寺に伝来しているのである。こうした背景を考慮すると、聖珍は、自己の拠って立つ根本の託宣文を変奏し、自ら「感得」した三社託宣の「内證」を創出した、と推測することも可能である。しかし、強いてそうした主体を特定せずともよかろう。これら神号と託宣の間に立ちあらわれる神話の文脈は、聖なる文字のコトバに託された中世宗教テクストの諸位相の編み目を織り成し結び合わせる、旺盛な生命力の賜物である。神号の文字に結晶化する、そのテクスト生成の運動にこそ目を凝らさなくてはならない。

三社の神号が結びつける中世宗教テクスト生成の所産は、再び図像の位相と複合して、王の肖像となってあらわれた。遊行寺に伝えられる「後醍醐天皇御影」（口絵2参照）は、その特異な天皇影の上に三社の神号をそれぞれ大書した紙を貼り付けて掲げる。いわば神号として影向した神祇の下で、後醍醐帝は文観弘真を大阿闍梨として瑜祇灌頂に入壇し、空海の如く即身成仏を遂げた姿であらわされる。それは文観の創出した三尊合行法の究極の達成であり、そこに三社の神号に象られる神祇を勧請することによってこそ、その成就が果たされたのであろう。ここに後醍醐天皇は、自身が王法と仏法を体現した存在として顕わされる。神号は、それを更に日本の神祇の許で統合する三位一体の冥合の象徴となるだろう。ここには確かに、中世宗教テクスト複合の運動が辿りついた果ての相貌が立ちあらわれているのである。

注

序章

（1）テクスト解釈学についての基本的な考察は、名古屋大学グローバルCOEプログラム「テクスト布置の解釈学的研究と教育」（二〇〇七〜一一年）の総括論文集である、松澤和宏編『テクストの解釈学』（水声社、二〇一二年）の「序」（松澤和宏）に提示されており、これを参照している。テクスト解釈学とは、ガダマーの解釈学（『真理と方法』一九六〇年）に示唆されながら、これを人文学全体へと発展的に開いていく試みである。第一にテクストとは、所与のものとして人間の前に立ちあらわれ、己を読解することを要求する記号体系のまとまりである。それは、その解釈の操作を措いては存在し得ず、しかもこれを一箇のテクストとして撰び出す価値観の審級を共有する解釈共同体に根ざしている。「本文」や「作品」としてのテクストは、引用・模倣・注釈・翻訳などの操作の対象となると同時に、誤読や改変、忘却に抗して、自己同一性を保ち継承され尊まれようとするものである。そこでのテクストは、正典《カノン》として己に価値や権威を付与する社会・文化的所産であり、その生成過程で複雑な歴史的文脈が刻み込まれている。その背景をなす文脈《コンテクスト》とは、明示的かつ潜在的な重層した堆積物である。一方、解釈する側もそれぞれの帰属する文化や歴史的文脈に条件付けられ、そこで形成される社会・文化的暗黙知の総体のうちに生きている。その負うところのコンテクストと、テクストのコンテクストとが出会うことによって生ずる葛藤や対話こそ、テクスト解釈といえよう。それは、ガダマーの言う「地平の融合」とも評すべき事態である。このテクスト解釈とは、直感的に全体の統合に向かう仮説によるヴィジョンと、暫進的に部分を積み上げていく経験知とが相互に修正を重ねつつ整合されていく往還運動であって、「解釈学的循環」と呼ばれる。それはテクストの解釈者にとって、まず投機として試みられた仮説の、テクストそのものからの絶えざる問い直しであり、己の拠る先入見が揺らぎ、暗黙知が変容し、ひいては新たな世界の発見に至る過程に他ならず、これを「解釈学的経験」と言う。本書におけるテクストとの対話としての解釈の営みも、このような認識と志向を共有するものである。

宗教テクストの概念は、テクスト解釈学研究の基盤となった21世紀COEプログラム「統合テクスト科学の構築」に胚胎し、その一環として企てた研究集会の報告書、阿部泰郎・佐藤彰一編『中世宗教テクストの世界へ』（名古屋大学文学研究科、二〇〇三年）に具体化した。21世紀COEの研究成果は、最終報告書『統合テクスト科学の地平』（名古屋大学文学研究科、二〇〇七年）に提示されている。宗教テクストの位相の一画をなす図像テクストの基本的な特性と機能を開示し、かつ図像と文字テクストとの「複合テクスト」に注目してその機構を論じた木俣元一「図像テクストの濃密性と体系性」も本報告書に含まれ、参照される。なお、本研究では、文字テクストの範疇のうちに思想（宗教）、歴史（史料）、文学、言語の各テクスト位相が含まれ、これらと図像および身体所作（儀礼）テクストとは並置されて扱われているが、位相相互の複合や豊かな関係性には木俣論文を除いて注目されていない。更にグローバルCOEにおいては、研究対象が文字言語テクストの領域に限定され、図像と儀礼のテクスト位相は捨象されることになり、「統合テクスト科学」が志向した人間文化の多様かつ豊饒な所産の大きな側面が欠落してしまうことになった。本書における宗教テクストとは、そこでの研究枠組みとは一線を画して、単に文字テクストの一部門ではなく、むしろ図像と儀礼を積極的に包摂する統合的なテクスト範疇として想定される。

（2）およそ、いかなるテクストにあっても、テクストが生成されるにあたり多様なテクストの位相を現出する。それらは相互に明示的もしくは潜在的に結ばれる諸関係の束として現象し、テクストはその結節点となる。そうした諸関係をテクストの布置として捉えることができるだろう。これは、伝統的な西欧古典テクスト作成・解読の技法（修辞学《レトリック》）として規範化されて継承されていたが、現代のテクスト論の許でその意義が再発見された（ロラン・バルト『旧修辞学　便覧』一九七〇年）。いま、これらの布置の総体を広義のテクストとするが、その諸位相の関係を図式化すれば、次のようなモデルとなるだろう。（注（1）に挙げた松澤和宏編『テクストの解釈学』の「序」に私案を加えている）

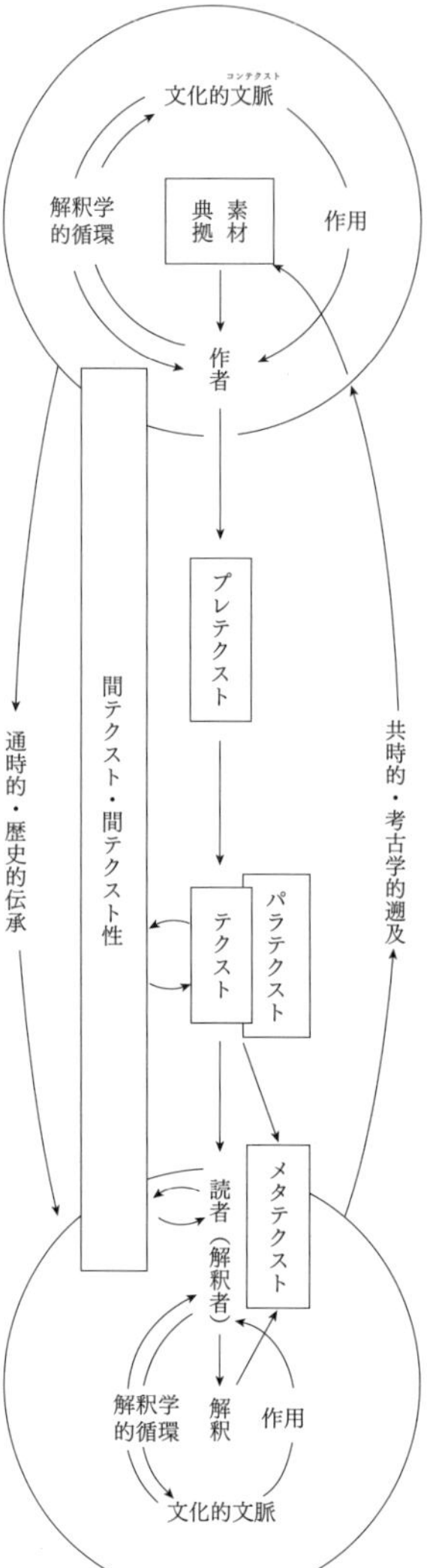

ここでは間テクストの領域を拡大させて、作者と読者（解釈者）の双方のコンテクストに接し、開かれたものと捉えている。また、両コンテクスト間の交通として、作者から読者への通時的かつ歴史的な伝承の方向性のみではなく、逆に後者の側から前者へ、

更にその先の背後へと遡及し回帰する、いわばアルケオロジーとしての営みが想定され、そこにテクストを巡る全体的な解釈学的循環を指摘してみたい。

なお、前近代の世界では、多くの場合、作者が明らかでないことがむしろ一般的であった。「作者」に帰属する作品《テクスト》という認識そのものが明瞭でなく、作者主体という概念も絶対的ではない社会におけるテクスト生成位相モデルは、右図のような鮮明な輪郭や関係をもたないだろう。口頭伝承や儀礼芸能など集団的な共同体の営みにおいて産出されるテクストの文化は、必ずしも明晰単純な線で結ばれる関係にとどまらない。それは中世において殊に顕著な現象であるが、そこで間テクストがとりわけ繁茂することも留意しておきたい。また、宗教テクストがはじめから匿名を義務付けられた許で成り立つという一面も確かに存在するのであり、それら厖大な無名氏の営みを無視して作者の顕われた部分だけを特権的に扱う、美術史や文学史の理念モデルによる考察は、いささかならず公平を欠いたものであることも配慮すべきである。

（3）下田正弘「聖なる書物のかなたに——あらたなる仏教史へ」（『岩波講座　宗教第五巻　言語と身体——聖なるものの場と媒体』岩波書店、二〇〇四年）は、仏教における聖典としての経典の独自の位相について、絶対神から預言者に啓示された神言としての聖典とは異なる性質と経緯を示す仏典の生成過程を検討して、次のように総括する。仏のコトバ、つまり仏説としての口承から、文字テクストとしての経典への展開とは、それが変化する歴史の中で、釈迦（ブッダ）の「体験内容にみちびくことばとして機能するからこそ「聖なる」書物なのである」と説く。また、キリスト教の聖書がその歴史を通じて異言語への翻訳による流布に積極的であったのと対照的に、イスラームのクルアーンが原則的に異言語への翻訳を許容せず、しかも文字テクストの書写と声による誦唱に限って、その図像化や神の形象を厳しく排するのは、聖典というテクストの志向がいかにその宗教にとって本質的なバイアスを顕わし出すか、その典型を示すものだろう。

（4）本書は、まず暫定的に想定される仮説によって事象を分節し位置付け、そこから導き出される法則性から、更に仮説を修正しつつ、より蓋然性の高い解釈に到達しようとする、仮説形成的推論というべき解釈学的方法に拠る。そして、この〝解釈学的経験〟を通じて、中世日本の宗教テクストという異質な世界に参入しようと試みる。その世界は、近代を経た筆者にとって遠く時空を隔て、全く異なる世界観と人間理解の許で生まれた所産である。この、中世人が共有し、もしくは相克した世界観、ひいては文化的コンテクストにおいて形成された記憶の遺産として宗教テクストを捉え、その解釈から中世の文化体系ないし知の範疇を見出そうとする探究については、アローン・グレーヴィチ『中世文化のカテゴリー』川端香男里・栗原成郎訳、岩波書店、一九九二年（原著一九八四年）、および同『同時代人の見た中世ヨーロッパ——十三世紀の例話』中沢敦夫訳、平凡社、一九九五年（原著一九八九年）を参照した。

（5）中世宗教に関するテクストの基礎的な資料研究についての、近年の主要な成果を分野ごとに列挙して掲げてみよう。仏教においては、経典に関して、七寺古逸経典研究会編『七寺古逸経典研究叢書』全六巻、大東出版社、一九八五～二〇〇〇年。密教聖教について、阿部泰郎・山崎誠編『守覚法親王と仁和寺御流の文献学的研究』（論文篇）勉誠社、一九九八年。神祇においては、神社史料等の公刊を除けば、縁起・験記絵巻について、須賀みほ『天神縁起の系譜』中央公論美術出版、二〇〇四年。神戸説話研究会編『春日権現験記絵注解』和泉書院、二〇〇五年。仏教・神祇の双方全般に関しては、国文学研究資料館編『真福寺善本叢刊』第一期・第二期、臨川書店、一九九八〜二〇一一年。宮廷・公家においては、田島公編『禁裏・公家文庫研究』第一輯〜第四輯、思文閣出版、二〇〇四〜一二年。願文について、山崎誠『江都督納言願文集註解』塙書房、二〇一〇年。日記・記録について、明月記研究会編『明月記研究』1〜13号、八木書店、一九九九〜二〇一二年。仏教儀礼に関しては、東大寺二月堂修二会について、元興寺文化財研究所編『東大寺二月堂修二会の研究』中央公論美術出版、一九八九年。東京国立文化財研究所編『東大寺二月堂修二会の構成と所作』法蔵館、二〇〇〇年。法会次第について、仁和寺紺表紙小双紙研究会編『守覚法親王の儀礼世界』勉誠社、一九九五年。唱導について、福田晃他編『唱導文学研究』第一集〜第八集、三弥井書店、一九九六〜二〇一一年。講式について、山田昭全・講式研究会編『貞慶講式集』山喜房佛書林、一九九〇年。寺院建築を中心とする宗教空間については、東京国立博物館編『内山永久寺の歴史と美術』東京美術、一九九四年。美術においては、密教図像について、覚禅鈔研究会編『覚禅鈔の研究』親王院堯榮文庫、二〇〇四年。本尊・祖師絵伝等について、信仰の造形的表現研究委員会編『真宗重宝聚英』全十巻、同朋舎メディアプラン、二〇〇六〜八年。真宗史料刊公会編『大系真宗　史料［特別巻］絵巻と絵詞』法蔵館、二〇〇六年。仏教説話画について、泉武夫・加須屋誠・山本聡美編著『国宝　六道絵』中央公論美術出版、二〇〇七年。山本聡美・西山美香編『九相図資料集成——死体の美術と文学』岩田書院、二〇〇九年。小栗栖健治『熊野観心十界曼荼羅』岩田書院、二〇一一年。絵図について、大阪市立博物館編『社寺参詣曼荼羅』平凡社、一九八七年。音楽に関しては、宮廷音楽について、宮内庁書陵部編、圖書寮叢刊『伏見宮旧蔵楽書集成㈠〜㈢』明治書院、一九九〇〜二〇〇二年。上野学園大学日本音楽史研究所『日本音楽史研究』一〜七号、一九九六〜二〇一一年。仏教音楽について、新間進一編『金沢文庫資料全書　歌謡・声明篇』便利堂、一九八四年。文学においては、物語について、横山重・松本隆信編『室町時代物語大成』全十三巻・補遺、角川書店、一九七三〜八八年。徳田和夫編『お伽草子事典』東京堂、二〇〇二年。軍記について、延慶本注釈の会『延慶本平家物語全注釈』第一巻〜第六巻（既刊）、二〇〇五〜一二年。説話について、川端善明・荒木浩校注『古事談・続古事談』新日本古典文学大系41、岩波書店、二〇〇五年。中野真麻里『一乗拾玉抄の研究』臨川書店、一九九九年。廣田哲通他『日光天海蔵 直談因縁集』和泉書院、一九九八年。および「偽書」について、伊藤聡他編『日本古典偽書叢刊』全三巻、現代思潮社、二〇〇四年。以上は、暫定的に抽出した一例に過ぎない。

（6）中世の宗教とそのテクストに関する諸分野の研究者の論著および論集について、以下に近年の主要な業績を列挙する。仏教史および寺院史に関しては、寺院史研究会編『中世寺院史の研究』法蔵館、一九八八年。永村眞『中世寺院史料論』吉川弘文館、二〇〇〇年。国立歴史民俗博物館編『中世寺院の姿とくらし——密教・禅僧・湯屋』山川出版社、二〇〇四年。井原今朝男『中世寺院と民衆』臨川書店、二〇〇四年（増補版二〇〇八年）。上川通夫『日本中世仏教形成史論』校倉書房、二〇〇七年。同『日本中世仏教史料論』吉川弘文館、二〇〇八年。横内裕人『日本中世の仏教と東アジア』塙書房、二〇〇八年。神祇史にわたる宗教史として、上島享『日本中世社会の形成と王権』名古屋大学出版会、二〇一〇年。神社史として、一宮研究会編『中世一宮制の歴史的展開』岩田書院、二〇〇五年。神祇および神祇書について、牟禮仁『中世神道説形成論考』皇學館大学出版部、二〇〇〇年。伊藤聡『中世天照大神信仰の研究』法藏館、二〇一一年。原克昭『中世日本紀論考——註釈の思想史』法藏館、二〇一二年。仏教儀礼に関しては、佐藤道子編『中世寺院と法会』法藏館、一九九四年。松尾恒一『延年の芸能史的研究』岩田書院、一九九七年。佐藤道子『悔過会と芸能』法藏館、二〇〇二年。横道萬理男『体現芸術として見た寺事の構造』岩波書店、二〇〇五年。小峯和明『中世法会文芸論』笠間書院、二〇〇九年。舩田淳一『神仏と儀礼の中世』法藏館、二〇一一年。建築史に関しては、藤井恵介『密教建築空間論』中央公論美術出版、一九九八年。山岸常人『中世寺院社会と仏堂』塙書房、一九九〇年。同『中世寺院の僧団・法会・文書』東京大学出版会、二〇〇四年。黒田龍二『中世寺社信仰の場』思文閣出版、一九九九年。冨島義幸『密教空間史論』法藏館、二〇〇七年。美術史に関しては、加須屋誠『仏教説話画の構造と機能——彼岸と此岸のイコノロジー』中央公論美術出版、二〇〇三年。高岸輝『室町王権と絵画——初期土佐派研究』京都大学出版会、二〇〇四年。内藤栄『舎利荘厳美術の研究』青史出版、二〇一〇年。同『仏舎利と宝珠』日本の美術529、ぎょうせい、二〇一一年。伊藤大輔『肖像画の時代——中世形成期における絵画の思想的深層』名古屋大学出版会、二〇一一年。渡邉里志『仏伝図論考』中央公論美術出版、二〇一二年。小山正文『親鸞と真宗絵伝』法藏館、二〇〇〇年。津田徹英『中世の童子形』日本の美術442、至文堂、二〇〇三年。同『中世真宗の美術』日本の美術488、至文堂、二〇〇七年。仏教学および仏教文学に関しては、蓑輪顕量『日本仏教の教理形成——法会における唱導と論義の研究』大蔵出版、二〇〇九年。村上學『中世宗教文学の構造と表現——佛と神の文学』三弥井書店、二〇〇八年。柴佳世乃『読経道の研究』風間書房、二〇〇四年。音楽史に関しては、磯水絵『説話と音楽伝承』和泉書院、二〇〇〇年。福島和夫編『中世音楽史論叢』和泉書院、二〇〇一年。福島和夫『日本音楽史叢』和泉書院、二〇〇七年。宗教文芸に関して、小林健二『中世劇文学の研究——能と幸若舞曲』三弥井書店、二〇〇一年。恋田知子『仏と女の室町——物語草子論』笠間書院、二〇〇八年。日沖敦子『当麻曼荼羅と中将姫』勉誠出版、二〇一二年。僧侶の著述および和歌・文芸に関しては、多賀宗隼『慈円の研究』吉川弘文館、一九八〇年。山本一『慈円の和歌と思想』和泉書院、一九九九年。石川一『慈円和歌論考』笠間書院、一九九九年。田中貴子『『渓嵐拾葉集』の世界』名古屋大学出版会、二〇〇三年。平野多恵『明恵——和歌と仏教の相克』笠間書院、二〇一一年。小島孝之監修『無住　研究と資料』あるむ、二〇一一年。中世宗教儀礼とその宗教空間に関しては、山本ひろ子『変成譜——中世神仏習合の世界』春秋社、一九九三年。同『異神　中世日本の秘教世界』平凡社、一九九八年（ちくま学芸文庫、二〇〇三年）。斎藤英喜『いざなぎ流　祭文と儀礼』法藏館、二〇〇二年。福原敏男『祭礼文化史の研究』法政大学出版局、一九九五年。なお掲げるべき多くの研究と著作があることを承知するが、いま本書の論ずるところに直接関わる分野を中心に主なものを挙げるにとどめた。更に加えて、以上の諸分野を通じて中世宗教テクスト探究の基盤を築いた先学として、筑土鈴寛の中世宗教芸文研究に導かれていることを銘記しておく。『筑土鈴寛著作集』全五巻、せりか書房、一九七六年。

（7）名古屋大学グローバルCOEプログラム「テクスト布置の解釈学的研究と教育」において、これらの諸領域における宗教テクストの解明に向けて、第四回国際研究集会「日本における宗教テクストの諸位相と統辞法」を、二〇〇八年七月に開催した。その報告書は、阿部泰郎編『日本における宗教テクストの諸位相と統辞法』（名古屋大学文学研究科、二〇〇九年）として刊行されている。また、六部会に及んだ諸位相の部門のうち、和歌（「宗教テクストとしての和歌」）に関しては、コーディネーターを勤められた錦仁教授との共編による論文集『聖なる声――和歌にひそむ力』（三弥井書店、二〇一一年）として公刊した。和歌におけるテクスト論としては、川平ひとし『中世和歌論』（笠間書院、二〇〇三年）、同遺稿集『中世和歌テキスト論――定家へのまなざし』（笠間書院、二〇〇八年）が切り拓いたところだが、その地平を更に宗教を視座として拡げようと試みたものである。『日本における宗教テクストの諸位相と統辞法』では、その研究集会のプレ・カンファレンスとして行われた、真福寺大須文庫における末木文美士教授を座長とするワークショップ「栄西と初期禅宗に関する新出聖教断簡の復原」の報告を収録し、更に科研費研究成果報告書に全文を収録した。そこでは、いわば解体し断片化したテクストの構成要素《エレメント》を復原し、かつて存在した一箇の未知の宗教テクストの全貌をよみがえらせる、端的な実験的探究が試みられている。僅か一葉の残欠でも、それは宗教世界のテクストの宇宙を担う一部分として創り出され、意味と役割を有することを示しており、そのテクストの座標の最小単位の枡目を埋めていく作業から始まって、壮大な宗教史ないし思想史の発見に繋がる種子となろう。同時に、それらが中世にいかなるテクストとして成立したのか、テクストそのものが支えられる素材から出発し、一箇のテクストとして成立した形態までが如実に辿られることになろう。末木文美士「思想の運動としての宗教テクスト――栄西の新出著作断簡の復原と分析から」阿部泰郎編『中世文学と寺院資料・聖教』竹林舎、二〇一〇年。末木文美士編『栄西集』中世禅籍叢刊第一巻、臨川書店、二〇一三年。

（8）中世仏教儀礼におけるテクスト、いわゆる儀礼テクストを、唱導を中心とした仏教儀礼の歴史的展開とその諸位相について網羅的に検討する綜合研究を、国立歴史民俗博物館の公募型共同研究（「中世における儀礼テクストの綜合的研究――田中家旧蔵『転法輪鈔』を中心に」二〇〇九～一一年）として行った。その総括報告は論文「中世仏教における儀礼テクストの綜合的研究」として、『国立歴史民俗博物館年報』（二〇一三年度）に掲載される予定である。

（9）本書第十二章第四節を参照。『日本における宗教テクストの諸位相と統辞法』（注（7）前掲書）所収の梅野光興「いざなぎ流 祭文と呪術テクスト」に紹介される、いざなぎ流の儀礼における祭文の「読み上げ」「りかん」の方法が、神仏への働きかけという点できわめて示唆に富んでいる。

（10）阿部泰郎「中世における聖徳太子崇敬の展開」『説話文学研究』35号、一九九八年。この論文を大幅に改稿したものが、本書第三章である。

（11）阿部泰郎「『正法輪蔵』解題」『国文学解釈と鑑賞』54-10号、一九八九年。国文学研究資料館編、真福寺善本叢刊第二期第五巻

『聖徳太子伝記集』臨川書店、二〇〇六年。本書第一章も参照。

(12) その折の夢告と伝える記文が高田専修寺に伝来している。真宗高田派教学院編『影印高田古典』第一巻、真宗高田派宗務院、一九九六年。現在掛幅に別装丁されているこの「親鸞夢記」は、親鸞の高弟真仏が書写した『経釈文聞書』という聖教冊子の一部であった。

(13) 真宗史料刊行会『大系真宗史料〔特別巻〕絵巻と絵詞』小山正文解説、法蔵館、二〇〇六年。

(14) 法隆寺蔵「聖徳太子勝鬘経講讃図」は興福寺絵所の尊智により承久四年(一二二二)に舎利殿に描かれたものと思われ、また同構図の鎌倉時代講讃図一幅も存する。同図様の鎌倉期に遡る講讃図は斑鳩寺にも伝来し(図序-2)、この図様が典型として強い規範性を持っていたことを示している。勝鬘経講讃図のこの典型は、法隆寺伝来の勝鬘経見返絵(献納宝物)にも用いられ、また真宗における太子図像として光明本尊の一部に用いられることもあり、単行の礼拝図として太子絵伝を兼ねた尊像に位置付けられる。

(15) 東京国立博物館編『法隆寺献納宝物』一九九六年。なお、献納宝物の一部を成す顕真自筆『聖徳太子伝私記』上巻前半は、この上宮王院宝蔵の宝物目録というべき性格を示している。本書第三章参照。

(16) 落合俊典「中世に於ける経蔵の目録学的分類と諸相」『説話文学研究』41号、二〇〇六年。

(17) 国文学研究資料館編、真福寺善本叢刊第二期第一巻『真福寺古目録集二』所収、臨川書店、二〇〇五年。

(18) 石山寺文化財綜合調査団編『石山寺資料叢書　聖教篇二』法蔵館、一九九九年。「薫聖教」というゆかしい命名の由来として、淳祐の師観賢による高野山入定大師拝見伝承が結びついて語られることも、聖教の纏うアウラの性質を窺う上で注目すべき現象であろう。

(19) 注(17)前掲書所収。

(20) 注(17)前掲書所収。山崎誠「院政期東密に於ける書籍目録の編纂」『説話文学研究』41号、二〇〇六年。

(21) 注(17)前掲書所収。

(22) 橋本義彦『正倉院の歴史』吉川弘文館、一九九七年。杉本一樹『正倉院　歴史と宝物』中央公論新社、二〇〇八年。

(23) 東宝記刊行会『国宝東宝記　原本影印』東京美術、一九八二年。

(24) 斎藤利彦「平等院一切経会と舞楽」『仏教史学研究』45-2号、二〇〇二年。

(25) 阪本龍門文庫『阪本龍門文庫覆製叢刊』第二巻、川瀬一馬解説、龍門文庫、一九五九年。

(26) 阪本龍門文庫『龍門文庫善本叢刊』第十二巻、川瀬一馬解説、勉誠社、一九八八年。

(27) 上島享「随心院と随流の確立」『仁海——仁海僧正御誕生一〇五〇年記念』小野随心院、二〇〇五年。

(28) 国立歴史民俗博物館蔵、田中穣旧蔵典籍『慈尊院伝受私記』(国立歴史民俗博物館資料目録1『田中穣氏旧蔵典籍古文書目録〔古文書・記録類編〕』国立歴史民俗博物館、二〇〇〇年)。

(29) 竹居明男『日本古代仏教の文化史』吉川弘文館、一九九八年。
(30) 田島公「中世天皇家の文庫・宝蔵の変遷」『禁裏・公家文庫研究』第二輯、思文閣出版、二〇〇六年。
(31) 注(17)前掲書。
(32) 阿部泰郎・山崎誠編『守覚法親王と仁和寺御流の文献学的研究』(論文篇)勉誠社、一九九八年。顕證の『密要鈔目録』による御流聖教の相承と増加については、永村眞「聖教の相承」『(醍醐寺文化財研究所)研究紀要』16号、一九九八年)に翻刻を含めて考察が備わる。
(33) 阿部泰郎「守覚法親王のテクスト宇宙」名古屋大学文学研究科二一世紀COEプログラム討議資料2、二〇〇三年。本書第八章(図8―1)参照。
(34) 仁和寺紺表紙小双紙研究会編『守覚法親王の儀礼世界』勉誠社、一九九五年。『紺表紙小双紙』のプロトタイプが、真福寺蔵『法則集』(国文学研究資料館編、真福寺善本叢刊第二期第十一巻『法儀表白集』所収、臨川書店、二〇〇五年)である。仁和寺僧兼賢の「日記」から次第や法則が故実の口伝を交えて法儀書として生成するプロセスが鮮明に捉えられる。
(35) 阿部泰郎「〝次第〟を読む」『日本文学』44-5号、一九九五年。
(36) 山崎誠「守覚法親王と表白の類聚――『表白御草』再考」阿部泰郎・山崎誠編『守覚法親王と仁和寺御流の文献学的研究』注(32)前掲書。真福寺善本叢刊第二期第十一巻『法儀表白集』注(34)前掲書。阿部泰郎・山崎誠・福島金治編『守覚法親王と仁和寺御流の文献学的研究』(資料篇)勉誠出版、二〇〇〇年。
(37) たとえば、金沢文庫本にも含まれる『造玉口伝』の如く、梵漢の文字を用いて和文の宝珠造作法の口決を明す文体とする特異な暗号的表記をなすテクストがその一例として挙げられる。
(38) 伊藤聡「中世密教における神道相承について」今谷明編『王権と神祇』思文閣出版、二〇〇二年。
(39) 神仏習合研究会(大正大学綜合佛教研究所)編『麗気記I』法藏館、二〇〇一年。
(40) 中世神祇信仰研究会「『神祇秘鈔』註解」『論叢 アジアの文化と思想』10、12号、二〇〇二年、二〇〇三年。国文学研究資料館編、真福寺善本叢刊第一期第八巻『中世日本紀集』臨川書店、一九九九年。
(41) 密教寺院における「神道」の伝授の具としての『日本書紀』およびその具書としての『麗気記』については、中村啓信「日本書紀と中世神道」(『中世文学』44号、一九九九年)参照。日光山輪王寺に伝来する応永六年(一三九二)銘を有す宇都宮二荒山神社の社僧貞禅の寄進になる『日本書紀』神代巻を納めた春慶塗筥には、「麗気記十八巻」が「神系図一巻」と共に一具となっていた。中世神道語彙研究会編『神道資料叢刊十 日本書紀私見聞』皇學館大学神道研究所、二〇〇四年。鈴木英之『中世学僧と神道――了誉聖冏の学問と思想』勉誠出版、二〇一二年。磯馴帖刊行会編『磯馴帖』「村雨篇」和泉書院、二〇〇二年所収。阿部泰郎「良遍『日本書紀』注釈の様相」『国語と国文学』71-11号、一九九四年。原克昭『中世日本紀論考――註釈の思想史』法藏館、二〇一二年。

(42) 神奈川県立金沢文庫特別展図録（西岡芳文編）『陰陽道×密教』二〇〇七年。西岡芳文「式盤をまつる修法」『金沢文庫研究』318号、二〇〇七年。同「金沢称名寺における頓成悉地法――企画展「陰陽道×密教」補遺」『金沢文庫研究』320号、二〇〇八年。本書第八章も参照。

(43) 国文学研究資料館編、真福寺善本叢刊第二期第三巻『中世先徳著作集』所収、臨川書店、二〇〇六年。本書第九章も参照。

(44) 黒田日出男「肖像画としての後醍醐天皇」『王の身体　王の肖像』平凡社、一九九三年（ちくま学芸文庫、二〇〇九年）。内田啓一「弘真と後醍醐天皇」『文観房弘真と美術』法蔵館、二〇〇六年。遊行寺（清浄光寺）には、この後醍醐天皇御影に関する「清浄光寺記録」が伝来しており、この御影が天皇の追善仏事のために描かれ、導師を勤めた文観による天皇の瑜祇灌頂入壇の姿を象った像であることが知られる。

(45)『報恩講式』は、『伝絵』制作の前年、永仁二年（一二九四）に成立した。真宗高田派では、この『報恩講式』を依用して、本山専修寺の報恩講において初夜勤行に各段が読まれ、満座には全段通読される。なお、翌日満日中には、存覚『嘆読文』（延文四年〈一三五九〉）が読まれる習いである。常磐井慈裕『祖師親鸞賛嘆　報恩講式と嘆徳文』山喜房佛書林、二〇一一年。

(46) 真宗寺院に伝承される蓮如上人絵伝の絵解きにおいて欠かせないエピソードとして、吉崎御坊炎上の段では、親鸞御自筆の『教行信証』の信の巻を蓮如が置き忘れたところ、弟子本向房が火中に飛入り、己の腹を割いて中に蔵めて焼死し、その遺骸の腹から無事に聖教が見出され、蓮如は感涙にむせぶという、〝腹籠りの聖教〟の話が語られる。また、堅田源兵衛の段では、一時預けた親鸞の「御真影様《ごしんねさま》」を返そうとせず、あまつさえ生首を要求する三井寺の難題に対し、堅田衆の源右衛門は自ら打ち落とした伜源兵衛の首を持参して取り戻したという、〝源兵衛生首〟の話も同じく必須である。これは、今も堅田本福寺に伝えられる髑髏の前で語られる因縁話でもある。宗祖御自筆の聖教と、宗祖の御真影という二つの位相において、それぞれ宗教テクストの極としての真正性と聖性は、蓮如伝記（蓮如忌に拝読される『御伝記』など）の外伝というべき絵解きや開帳の唱導において、身替りや捨身の代受苦の悲劇、または英雄的殉教者の感動的な物語として、現在もなお再生産され続けている。しかもそれは、たとえば南都大寺院の周縁で生み出された中世の縁起伝承である、興福寺中金堂本尊仏眉間珠の海人の珠取り物語（「志度寺縁起絵」の絵解きの唱導から、能や幸若舞曲の芸能となって中世に展開した物語）と同じ発想の、換骨奪胎であった。ここに宗教テクストのアウラ発生装置は、民間伝承と物語芸能の地平に連なるものであり、その媒体として唱導儀礼が不可欠な役割を果たすことが察せられる。

(47) 錦仁・小川豊生・伊藤聡編『「偽書」の生成――中世的思考と表現』森話社、二〇〇三年。

(48) 寺院社会の存在要件として三宝を指摘し、聖教文書を中心とする寺院史料をその原理の許に位置付けたのが、永村眞『中世寺院史料論』（吉川弘文館、二〇〇〇年）である。

(49) 寺院の宗教空間を構成する宗教テクストの世界を、資料学の研究文脈から、「寺院資料」および「聖教」として課題化することも試みられた。そのために、文学、思想、宗教、歴史、美術、民俗芸能等諸分野の研究者と共同して研究集会を企て、論文集を編んだのが、阿部泰郎編『中世文学と寺院資料・聖教』(竹林舎、二〇一〇年)である。この論集では四つの座標を設定して寺院の宗教テクストについて立体的な把握を試みた。すなわちⅠ「仏教史の基盤と通時的座標」、Ⅱ「仏教カテゴリーの諸表現媒体と共時的座標」、Ⅲ「宗教テクストの場の空間的座標」、Ⅳ「宗教者の主体的座標」である。これらの諸位相は、本書で以下に提示する中世宗教テクストの諸座標と重なり、かつ、より広い地平で位置付けられるであろう。

(50) 徳田和夫「法楽と遊楽のコスモロジー」『絵語りと物語り』平凡社、一九九〇年。西山克『聖地の想像力——参詣曼荼羅を読む』法蔵館、一九九八年。下坂守『描かれた日本の中世——絵図分析論』法蔵館、二〇〇三年。大高康正『参詣曼荼羅の研究』岩田書院、二〇一二年。

(51) 寺院の文化財調査において什宝・蔵書を目録化する際に、多くの場合、前近代から近代にかけて幾次にもわたり作成された目録が伝存していることが知られる。現在の文化財登録台帳も、目録という次元で連続性を有するテクストである。更に現代においては、寺院に関する展覧会とその図録が、前近代の出開帳と宝物目録との関係との連続という点で注目される。

(52) 大日本仏教全書のうち『寺誌叢書』に収録されたものが、寺誌の範囲についておよその目安となる。更にこれに神社誌を加え、併せてそれらの編纂行為とテクストの体系について考察する必要があろう。多賀大社の如く、近世に至って「儀軌」と題した社誌を編んでいることが興味深い。

(53) 岩波書店による『六大寺大観』や『大和古寺大観』のような大規模な編纂事業として営まれる場合があり、近年も『醍醐寺大観』三巻(二〇〇一年)として継続されている。

(54) 阿部泰郎「寺院資料調査と中世文学研究」『中世文学』44号、二〇一一年。

(55) 国文学研究資料館編『方丈記』図録、二〇一二年。

(56) 牧野和夫『延慶本『平家物語』の説話と学問』思文閣出版、二〇〇五年。

(57) 冷泉家時雨文庫編『冷泉家時雨亭叢書』全八四巻、朝日新聞社、一九九二〜二〇〇九年。同編『冷泉家の秘籍』朝日新聞社、二〇〇二年。同編『冷泉家　王朝の和歌守展』朝日新聞社、二〇〇九年。

(58) 中世文学会編『中世文学研究は日本文化を解明できるか』、第一部「資料学——文庫と注釈をめぐる」、執筆:赤瀬信吾・西岡芳文・渡辺匡一、笠間書院、二〇〇六年。

(59) そのテクストとしての問い直しの試みとして、「巡礼記」という中世宗教テクストについて行われた研究会(二〇〇三〜一二年)の活動は、『巡礼記研究』第一集〜第八集の刊行と共に注目される。大橋直義『転形期の歴史叙述——縁起巡礼、その空間と物語』慶應義塾大学出版会、二〇一〇年。

第一章

（1）林雅彦他編『絵解き――資料と研究』（三弥井書店、一九八九年）所収「聖徳太子伝記」は、井波別院の太子伝会絵解きを担う寺家のひとつに伝わる太子伝の翻刻紹介である。同様な絵解きのための太子伝は、他の寺家でも伝持しているが非公開である。別院には仮名書の『聖徳太子伝』写本（いわゆる「覚什本」と称される、中世太子伝『正法輪蔵』の仮名による訓み下し本で、近世初期に広く流布した系統の一本）を所蔵するが、これが公式に寺伝の太子伝と位置付けられてはいない。なお、絵解き説法を担う寺僧は、太子伝の典拠としてその語りのなかで「十巻伝」という太子伝にしばしば言及するが、これは覚什本を土台として寛文六年（一六六六）に絵入りで刊本化された十冊本の『聖徳太子伝』を指すものであろう。寛文刊本と中世太子伝の関係については、高橋貞一「聖徳太子伝寛文刊本の成立」『仏教文学研究（八）』（法蔵館、一九六九年）を参照。

（2）中世聖徳太子伝絵解き台本『正法輪蔵』の鎌倉末期に遡る古写本（高田専修寺、専空写本）が氷見光久寺および八尾聞名寺等に伝来するが、それらは井波瑞泉寺「宝蔵」に伝わっていたことが、金沢大学暁烏文庫蔵『正法輪蔵』識語に見える。山本一編『金沢大学附属図書館暁烏文庫蔵『正法輪蔵』』和泉書院、一九九四年。遡って、中世初頭までの寺院における聖徳太子伝の存在形態を尋ねてみよう。院政期真言寺院経蔵の聖教体系の全体像を示す典型として、仁安三年（一一六八）に醍醐寺で範杲が書写した龍門文庫蔵『小野経蔵目録』（『龍門文庫善本叢刊』第十二巻、勉誠社、一九八八年所収）がある。これは小野曼荼羅寺の仁海の許で形成された聖教の全貌を伝えるものだが、また、範俊を経て鳥羽院に献ぜられ勝光明院経蔵（鳥羽宝蔵）に収められた、その経蔵目録である可能性が上島享により指摘されており（序章注(27)参照）、もし然らば平安期の真言聖教の基幹を示す重要な目録である。その、大師御書・真雅・観賢・仁海の各聖教筥と四群の厨子に収められた聖教の二群のうち、「仁海僧正書」第三合に「聖徳太子起請文一帖」が、また「東厨子」下段に「弘法大師伝一巻」等と共に「聖徳太子伝一帖」が見える。次に参照すべきは、本書第七章四節で論じる醍醐寺三宝院経蔵目録である。義演准后の書写になる、顕密に大別されたうちの『三宝院御経蔵顕教見在書目録』（『醍醐寺文化財研究所』研究紀要』20号）は、永仁六年（一二九八）に憲深自筆本を隆勝が写した本奥書と、更に元暦元年（一一八四）に乗遍が目録を作成した旨の識語を有し、勝賢の時代に溯る聖教体系を伝える。そのうち諸宗の章疏に連なり「日本高僧伝櫃銘云諸大師伝」があり、筆頭に「聖徳太子伝一巻」を掲げる。前者も後者も、共に「聖徳太子伝」であり、一帖ないし一巻であって、現行の上下二巻の『聖徳太子伝暦』ではないが、平安時代後期に中央の真言寺院経蔵に伝来した太子伝の存在が、ここに確かにしるしづけられている。

この「日本高僧伝櫃」に聚められた僧伝類は、それ自体が貴重な伝記目録だと思われるため、以下にその書目を再録しておく。聖徳太子伝一巻、行基菩薩伝一巻、文殊化儀　招提和尚伝本末二巻、弘法大師伝四本別本、同大師行状一巻、神護寺僧正伝一巻、貞観寺僧正伝一巻、高岳親王伝一巻、安祥寺和尚伝一巻複経録、禅林寺僧正伝一巻、慈済僧正行状一巻、自青龍和尚至小野僧正略伝一巻、叡山元初祖師行業記一巻、天台伝南岳心要一巻、慈覚大師伝一巻、日本名僧伝一巻、石清水縁起複検校別当次第、傅大士観心偈一巻、根

本僧正伝般若僧正御手跡本在御経蔵内手跡宮一本奥醍醐官符案、八大師略伝、一行略伝、浄蔵伝一巻、性空上人伝一巻、仁斅僧都伝一巻。

（3）『日本書紀』第二二、推古紀元年夏四月朔日条、「立二厩戸《ウマヤト》豊聡耳《トヨトミミ》皇子《ミコ》一為皇太子《ヒツキノミコ》、仍録摂政《マツリコトフサネツカサトラシム》《マツリコトヲトリフサネカワラシム》、以二万機《ヨロツマツリコト》一悉委《ユタヌ》焉」（東洋文庫蔵古写本、藤原猶雪編『聖徳太子全集　第三巻　太子伝（上）』龍吟社、一九四二年）。歴史上の「聖徳太子」の存在については、その全てが『日本書紀』の上で創り上げられた架空の虚像であり、『書紀』編著の構想の所産として史上の実在を否定する大山誠一『〈聖徳太子〉の誕生』（吉川弘文館、一九九九年）の立論が示され、これに対して遺された史資料の解釈からその存在を認めるべきとする、東野治之「ほんとうの聖徳太子」（『大和古寺の研究』塙書房、二〇一一年）の論がある。聖徳太子像の全てを『書紀』の捏造に還元する議論は肯定し得ず、その前提として既に太子をめぐる強い信仰上ないし思想的な世界観が、太子の遺跡としての斑鳩宮の故地を中心に成立していたことが遺物をめぐる伝承から想定されるところであり、むしろ『書紀』はそれらを正史の上に改めて布置し「歴史」化したと捉えるべきであろう。同時に、「聖徳太子」の存在をめぐる議論が実在か非在かという次元に終始するだけでなく、その思想史的意義について論ぜられるべきであろう。

（4）『聖徳太子伝暦』の諸伝本とその系統については、阿部隆一「室町時代以前成立聖徳太子伝記類書誌」（聖徳太子研究会編『聖徳太子論集』平楽寺書店、一九七一年）が参照される。その甲類本には『続群書類従』に収められる書陵部蔵（和漢講談所旧蔵）本や『大日本仏教全書』に収められる狩野文庫本等が刊行されるが、訓点は省かれる。乙類本では東大寺図書館本を日中交流史研究会（代表：蔵中進）『東大寺図書館蔵／文明十六年書写『聖徳太子伝暦』影印と研究』桜楓社、一九八五年）に釈文および略注を付して収録する。その伝記における歴史叙述と注釈の複合的性格については、阿部泰郎「中世における歴史叙述と注釈――聖徳太子伝をめぐりて」（『古代文学』44号、二〇〇一年）に論じた。

（5）法隆寺の聖霊会に関しては、昭和十六年（一九四一）に催された太子一千三百二十年御忌法要の記録記念誌として刊行された法隆寺勧学院同窓会編『法隆寺聖霊会』（朝日新聞社、一九四三年）所収の「聖霊会の回顧」（富貴原章信執筆）が、関係史料を網羅してその沿革について詳細に跡付けており、基礎的研究となっている。

（6）伊東史朗編『調査報告　広隆寺上宮王院聖徳太子像』京都大学学術出版会、一九九七年。『奈良六大寺大観』法隆寺四、岩波書店、一九七一年。

（7）奥健夫「生身仏像論」『講座日本美術史4　造型の場』東京大学出版会、二〇〇五年。

（8）阿部泰郎・生駒哲郎・奥健夫・稲垣泰一「シンポジウム「生身」をめぐる思想・造型と説話」『説話文学研究』43号、二〇〇八年。

（9）奥健夫「裸形着装像の成立」（『ＭＵＳＥＵＭ』589号、二〇〇四年）に紹介。本書第四章参照。

（10）法隆寺献納宝物上宮王院絵殿の障子絵伝には、乳母に抱かれて合掌する太子の姿が描かれている（後掲図2-1参照）が、独立した尊像として造立されたのは、『吾妻鏡』承元四年（一二一〇）十一月二十二日条に将軍実朝が御持仏堂に「聖徳太子御影南無仏」

を供養するとあるのが史料上の初見である。『太子伝玉林抄』巻二は、菩提寺（橘寺）二歳像を日域最初御影とし、同寺の敬願房が律院とするため持明院王子の三歳の姿を霊告によって摸して造立したと伝える。現存する作例は、奈良元興寺極楽坊像や兵庫善福寺像など十三世紀末に遡る遺品があり、前者は胎内に舎利容器と思しい水晶五輪塔を納める。制作年代が明らかな例では、米国サックラー美術館像が夥しい胎内納入品のうち正応五年（一二九二）の願文を伝える最古の遺品であり、以降、南都を中心に十四世紀初頭に集中的に出現する。それらのうち、伝香寺像（一三〇四）や円成寺像（一三〇九）には、経典・摺仏図像と共に舎利を納めており、南無仏太子像の造立における宗教テクスト布置の構想をよく伝えている。大阪市立美術館編『聖徳太子信仰の美術』東方出版、一九九七年。

（11）多賀宗隼『慈円の研究』吉川弘文館、一九八〇年。本書序章参照。

（12）注（11）前掲書所収。本書第三章参照。

（13）大阪市立美術館編『聖徳太子信仰の美術』注（10）前掲書収録。その色紙型銘文は、「敬礼救世観音／伝燈東方粟散王／従於西方来誕生／開演妙法度衆生」。童形太子画像の銘文の四句の偈頌は、法隆寺では聖霊会所用『聖徳太子讃嘆式』第二「垂迹功徳」段の伽陀に用いられており（注（5）前掲書、六八頁）、また親鸞自筆の讃文集にも収められ、更に「御廟寺」の講式である伝親鸞作『太子講式』の伽陀にも用いられており、中世において流布していた形跡が確かめられる。

（14）多賀宗隼『校本拾玉集』吉川弘文館、一九七一年。

（15）橋川正『上宮太子御記の研究』丁子屋書店、一九二一年。

（16）高田本山専修寺蔵真仏筆「親鸞夢記」一軸は、もと親鸞著作『経釈文聞書』の忠実な真仏写本より夢記部分のみを取り出して別仕立てにしたものである（岡崎市美術博物館編『三河念仏の源流』二〇〇八年。同書中の新行紀一「三河真宗の源流をさぐる」参照）。

（17）信仰の造形的表現研究委員会編『真宗重宝聚英』第二巻『光明本尊』同朋舎、一九八八年、同朋舎メディアプラン、二〇〇六年再刊。

（18）阿部泰郎「中世日本の世界像」末木文美士他編『日本思想史講座2　中世』ぺりかん社、二〇一二年。阿部泰郎「中世聖徳太子絵伝の世界像」飯田市美術博物館編『伊那谷の仏教絵画――聖徳太子絵伝と真宗の宝を集めて』二〇〇八年。

（19）平松令三編『真宗史料集成』第四巻「専修寺・諸派」同朋舎、一九八二年所収。

（20）注（19）前掲書所収。

（21）小山正文『親鸞と真宗絵伝』法蔵館、二〇〇〇年。安城市歴史博物館編『本證寺　その歴史と美術』一九九七年。

（22）阿部泰郎「〈聖なる童子〉の世界――中世日本の幼な神たち」彦根城博物館編『美術のなかの童子』二〇〇〇年。津田徹英『中世の童子形』日本の美術442、至文堂、二〇〇三年。

(23)武田佐知子『信仰の王権　聖徳太子――太子像をよみとく』中公新書、一九九二年。
(24)顕真の自筆本は上宮王院宝物の一部として、現在は法隆寺献納宝物（東京国立博物館蔵）の内に伝来する。荻野三七彦『聖徳太子伝古今目録抄の基礎的研究』森江書店、一九三七年。
(25)重懐『法隆寺縁起白拍子』（石田茂作編『聖徳太子全集　第五巻　太子関係芸術』龍吟社、一九四三年）。
(26)林幹彌『太子信仰の研究』吉川弘文館、一九八〇年。
(27)阿部泰郎「中世聖徳太子伝『正法輪蔵』の構造――秘事口伝説をめぐりて」『絵解き――資料と研究』注(1)前掲書所収。
(28)神奈川県立金沢文庫（高橋秀栄）編『仏教説話』図録、一九九二年。
(29)太田昌子「法隆寺の聖徳太子絵伝を読み解く――絵の描かれた「信仰環境の総体」をテクストとして」阿部泰郎編、名古屋大学グローバルCOEプログラム「テクスト布置の解釈学的研究と教育」第四回国際研究集会報告書『日本における宗教テクストの諸位相と統辞法』名古屋大学文学研究科、二〇〇九年。
(30)梅沢恵「法隆寺献納宝物四幅本聖徳太子絵伝について」『日本美術史の杜』竹林舎、二〇〇八年。
(31)大阪市立美術館編『聖徳太子信仰の美術』注(10)前掲書所収。
(32)大阪市立美術館編『聖徳太子ゆかりの名宝――河内三太子　叡福寺・野中寺・大聖将軍寺』二〇〇八年。
(33)朝賀浩「四天王寺聖霊院絵堂聖徳太子絵伝の再検討」大阪市立美術館編『聖徳太子信仰の美術』注(10)前掲書所収。
(34)刀田山鶴林寺編『鶴林寺と聖徳太子　聖徳太子絵伝の美』法蔵館、二〇〇八年。
(35)奈良国立博物館編『聖徳太子絵伝』東京美術、一九六九年。
(36)関西大学なにわ・大阪文化遺産学研究センター編『杭全神社宝物撰』杭全神社、二〇一〇年。
(37)東京国立博物館編『法隆寺献納宝物』一九八六年。
(38)三経義疏に関する研究は、これを太子の真撰とする立場と偽撰・仮託とする立場とに大別されつつ現代に至るまで多くの蓄積があるが、その主要な議論は『聖徳太子と飛鳥（日本仏教宗史論集1）』「三経義疏の成立をめぐって」（吉川弘文館、一九八五年）に収録される。
(39)有賀祥隆「斑鳩寺本太子講讃図覚書」大阪市立美術館他編『聖徳太子展』二〇〇一年。
(40)注(25)前掲書「聖徳太子講式集」所収。
(41)阿部泰郎「宝珠と王権――密教儀礼と中世王権」『岩波講座東洋思想16　日本思想II』岩波書店、一九八九年。
(42)本書第十三章参照。阿部泰郎「聖なる声」『岩波講座　宗教第五巻　言語と身体――聖なるものの場と媒体』岩波書店、二〇〇四年。錦仁・阿部泰郎編『聖なる声――和歌にひそむ力』三弥井書店、二〇一〇年。
(43)近本謙介「『和州橘寺勧進帳』解題・翻刻」阿部泰郎編『仁和寺資料第三集［縁起篇］』名古屋大学比較人文学研究年報、二〇〇二年。

(44) 注(40)前掲書所収。

第二章

(1) 東野治之「法興年号と仏法興隆」『大和古寺の研究』塙書房、二〇一一年（初出二〇〇八年）。

(2) 家永三郎『上宮聖徳法王帝説の研究』三省堂、一九五一年。

(3) 蔵中しのぶ『延暦僧録注釈』大東文化大学東洋研究所、二〇〇八年。

(4) 王勇『聖徳太子時空超越——歴史を動かした慧思後身説』大修館書店、一九九四年。

(5) 東野治之「日唐交流と聖徳太子慧思後身説」『大和古寺の研究』注(1)前掲書（初出二〇〇四年）。

(6) 平了照「霊山同聴について」(『天台学報』14号、一九七二年）によれば、この説の起源は天台大師智顗の弟子灌頂の著『隋天台智者大師別伝』であり、これを道宣『続高僧伝』が引いて流布し、早く日本にも伝来した。更に『弘賛法華伝』『法華伝記』や『華厳五教章』『探玄記』など天台・華厳教学の基幹を成す論や伝記に受用され、天台宗の〝立祖相承論〟の根幹にあたる所説となった、と位置付けられる。この説が日本でも受容された結果として、早く恵思と太子の転生伝承を喚起した可能性を指摘できよう。

(7) 後藤昭雄『平安朝漢文文献の研究』吉川弘文館、一九九三年。

(8)『高僧図像』太子童形図像図版は大阪市立美術館他編『聖徳太子展』図録（二〇〇一年）に収録。同図録の朝賀弘による解説を参照。

(9) 新川登亀夫『上宮聖徳太子伝補闕記の研究』吉川弘文館、一九八〇年。

(10) 杏雨書屋本『伝暦』正暦三年識語は以下のとおり。

正暦三年歳次壬辰孟夏中旬、挿於中、僅得一本、歓喜且千、委計年代、頗皮闕暦、補闕紕偽、拾年知真、遠近数本、皆以髣髴、今為後代、引日本紀、具以記所々要文、一々相加、分為上下云々

(11) 林幹弥『太子信仰の研究』吉川弘文館、一九八〇年。

(12) 本書第五章参照。

(13) 大東急記念文庫善本叢刊第十六巻『聖徳太子伝』汲古書院、二〇〇八年。

(14) 渡邉里志『仏伝図論考』（中央公論美術出版、二〇一二年）には、その淵源を古代に遡る中世の仏伝図や釈迦八相図および涅槃図が網羅されて紹介され、位置付けられている。これら仏伝図と太子絵伝との関係をいかに認識するかは今後の大きな課題であり、それはまた中世仏伝（国文学研究資料館編、真福寺善本叢刊第一期第五巻『中世仏伝集』臨川書店、二〇〇〇年）と太子伝との相互関係を問うことでもある。

(15)『提婆羅惹寺麻訶所生秘訣』（『大日本仏教全書』には法隆寺蔵本により『古今目録抄』と題して収録される）。

(16)渡辺信和「頼長の見た障子伝と絵解と——鳥羽法皇の四天王寺参詣をめぐって」『聖徳太子説話の研究——伝と絵伝と』新典社、二〇一二年（初出一九九三年）。なお、渡辺氏はそこで頼長の読んだ太子伝を『伝暦』と異なる天王寺独自の伝とするが、その根拠に乏しく、やはり『伝暦』と見てよい。

(17)阿部隆一「室町時代以前成立聖徳太子伝記類書誌」『聖徳太子論集』平楽寺書店、一九七一年。

(18)『源氏物語』若紫巻において光源氏は北山にて紫上を見出すと共に、病加持の僧都から聖徳太子の数珠を（聖からの独鈷と共に）授与される。これは妻宝と共に獲得された王権と仏法のレガリアとして象徴的な意義を帯びていると解釈されるが、そこに『伝暦』等の太子伝の反映が想定される。

(19)注(17)前掲論文。

(20)飯田瑞穂「解題」法隆寺編『法隆寺蔵尊英本太子伝玉林抄』吉川弘文館、一九七八年。

(21)近世の『伝暦』刊本に、本文欄外部分を大きく取ってそこに注釈を挿む、いわゆる纂注本の形態を有するものが多いのも、その注釈テクストの延長上の現象といえよう。既に室町後期にはこうした纂注本形式の写本が見出される。

(22)慶應義塾大学附属研究所斯道文庫編『中世聖徳太子伝集成』第五巻、勉誠出版、二〇〇五年所収。

(23)奈良国立博物館編『聖徳太子絵伝』（東京美術、一九六九年）に絵巻の図版が収録されるが、詞書は収められず、未翻刻である。テクストについては、その詞書のみの近世転写本である天理図書館吉田文庫『聖徳太子縁起』二軸に拠った。

(24)阿部泰郎「中世太子伝『正法輪蔵』の輪郭」『国文学解釈と鑑賞』51-9号、一九八六年。同「『正法輪蔵』解題」『国文学解釈と鑑賞』54-10号、一九八九年。

(25)注(14)渡邉前掲書参照。仏伝図は、中世日本において八相図と涅槃図に特化し、更に両者の複合である八相涅槃図等の変奏を生むが、それは仏伝および仏伝図が涅槃会、常楽会、舎利会、舎利講などの儀礼と密接に結び付いて成立し利用されたことと深い関係が認められる。太子絵伝も聖霊会や太子講とその本尊との関係のうえで位置付けられるとすれば、中世仏伝図との対偶を想定してもよかろう。

(26)秋山光和「法隆寺絵殿の聖徳太子伝障子絵」『平安時代世俗画の研究』吉川弘文館、一九六四年。

(27)東京国立博物館編『聖徳太子絵伝1～5』法隆寺献納宝物特別調査概報28～32、二〇〇八～一二年。

(28)太田昌子「法隆寺旧絵殿本聖徳太子絵伝の二つのメディア——「絵」と「銘文」が絡み合ってどのように働きかけてくるか」隔月刊『文学』10-5、二〇〇九年。

(29)藤田経世編『校刊美術資料』中巻「法隆寺本古今目録抄（聖徳太子伝私記）」中央公論美術出版、一九七五年。

(30)太田昌子「法隆寺絵殿本「聖徳太子絵伝」の語りの構造——太子絵伝研究序説」『金沢美術工芸大学紀要』42号、一九九八年。同

「法隆寺の聖徳太子絵伝を読み解く――絵の描かれた「信仰環境の総体」をテクストとして」名古屋大学グローバルCOEプログラム「テクスト布置の解釈学的研究と教育」第四回国際研究集会報告書『日本における宗教テクストの諸位相と統辞法』名古屋大学文学研究科、二〇〇九年。

(31)国文学研究資料館編、真福寺善本叢刊第一期第九巻『中世高野山縁起集』臨川書店、一九九九年。

(32)法隆寺蔵「五尊像（太子五尊曼荼羅）」（鎌倉時代）一幅は、金剛界大日如来を中尊として上に如意輪と虚空蔵、下に大師と太子童形倚像を配す、他に類のない尊像図像であるが、大日を介して太子と大師の本地を示す、叡尊の許で密教的に解釈された法隆寺における太子像の記念的形象として大師を等しく位置付ける点で、注目すべき作例である。この他、唐招提寺本および愛知乾坤院本「釈迦三尊十六羅漢図」（南北朝時代）の如く、それぞれ羅漢群像の下に太子と大師を配す作例も西大寺律との関係が示唆されている。注(8)前掲図録所収。

(33)中世太子伝では、『正法輪蔵（文保本聖徳太子伝）』十六歳条が、守屋と太子の合戦を「無明法性ノ虚軍《ソライクサ》」として仏法の寓意的譬喩と解釈しつつ物語を展開する。つまりこの戦が方便の為のしわざであることを端的に種明かしするのである。これが絵解きの用途を含んでテクスト（台本）化する太子伝において顕されることは興味深い現象である。牧野和夫「無明法性のこと覚書――『無明法性合戦状』の背景」『中世の説話と学問』和泉書院、一九九一年。

(34)中世の太子勝鬘経講讃図についての展望は、有賀祥隆「斑鳩寺本太子講讃図覚書」（注(8)前掲図録所収）を参照。

(35)刀田山鶴林寺編『鶴林寺太子堂とその美』法蔵館、二〇〇七年。

(36)障子絵伝の第四面において現状で確認できるのは、土坡の間に牛が放牧され庵の中に人が閑居する世俗画モティーフのみであるが、この箇所が明らかに後代の補絹であり、その上に補筆された図様であれば、ここに本来は飢人説話が描かれていた可能性もある。但し、それでも色紙型銘までを全く省いてしまう理由は明らかでない。飢人説話の不在は、後世の画絹の脱落に伴う補筆の過程で生じた結果かもしれないが、そうだとしても、この著名な説話場面を補わずに済ませたのは意図的であったと言いうるであろう。それは、中世の南都における片岡山伝承の故地であり、禅宗の拠としての達磨寺に対する対抗（敵対）意識を反映した、政治的措置と解釈することも可能である。

(37)尊経閣文庫本『聖徳太子御筆（外題）』鎌倉時代写本が「提婆羅惹寺麻訶所生秘決」の内題を有する本書の古写善本である。『大日本仏教全書』所収「古今目録抄」は同内容の法隆寺所蔵室町時代写本を底本としたもの。

(38)注(30)前掲論文。

(39)『聖徳太子伝私記』上巻の当該部分を示せば、次のとおりである（『校刊美術史料』中巻、注(29)前掲書、四七～四八頁。但し私意によって改めた箇処がある。以下も同様）。

次、中宮寺ト者《イハ》、太子ノ母ノ穴穂部《アナホヘ》ノ皇女之宮也、而ヲ新タニ成ヌ寺、名テ鵤尼寺ト云《イフ》中宮寺トモ、但シ以此ノ寺ヲ名法興寺ト有異説、此レ不審也、无遮ノ大会ヲ行ハル、事モ本元興寺歟、即見二巻ノ伝文ヲ、更ニ不見中宮寺トハ、絵殿ニ書ケル無遮ノ大会之儀式ヲ此レ誤歟、但、二巻ノ伝ニ法興寺ノ註ニ云鵤尼寺、依之絵歟、伝誤歟、若此法興寺中宮寺ナラ者《ハ》、列ヌル諸ノ寺ヲ之所ニ中宮寺ト法興寺トヲ並テハ不可書、但シ、並テ挙元興寺ト法興寺トヲ者、彼ノ元興寺ニハ四面ニ皆有別名、此ヲ誤テ書歟、唯シ法興寺ト者《イハ》諸寺ノ中ニ立始《タチハシメ》ノ之寺惣シテ名タル歟、尓レ者可通中宮寺ニモ云々、（以下略）

（40）『聖徳太子伝私記』上巻の当該部分を次に示す（同六二～三頁）。

太子御壊（ママ）胎之間、胎内ノ語聞外ニ云々、御魂行漢土之時御共人土師《ハシ》ノ八嶋《ヤシマ》カ哥云々、已上ノ三事ハ不知人事也、最秘密ノ事也、先、胎内ノ御言ト者《イハ》、

衆生无邊誓願度（衆生可利益）　煩悩无邊誓願断（煩悩可断尽ス）

法門无尽誓願知（法門可変知）　无上菩提誓願證（菩提可證得）

次、八嶋《ヤシマ》カ哥ハ秘シテ不《ス》言ハ云々穢土云々、又、衡山御共調（ママ）、已上三秘事ヲハ天王寺之絵殿説相伝之云々。

（41）叡尊『感身学正記』（西大寺蔵重懐写本）奈良国立文化財研究所編『西大寺叡尊伝記集成』法蔵館、一九七七年。

（42）西大寺蔵永仁二年（一二九四）写本。石田茂作編『聖徳太子全集　第五巻　太子関係芸術』龍吟社、一九四三年所収。その叡尊識語に「為報恩謝徳草之」とある。

（43）村松加奈子「中世聖徳太子絵伝の展開と受容――中世絵伝のネットワーク」注(30)前掲書所収。

（44）法隆寺良訓写、元文元年（一七三六）写本に収められる冒頭の逸題縁起文、延久二年（一〇七〇）以前成立。『大日本仏教全書』寺誌叢書所収。東野治之「初期の太子信仰と上宮王院」石田尚豊編『聖徳太子事典』柏書房、一九九七年。

（45）法隆寺源朝が保安二年（一一二一）に発見した本の良訓写本（注(44)を参照）として伝来。『法隆寺史料集成』一に影印を収録。

（46）藤田経世編『校刊美術史料』上巻、中央公論美術出版、一九七二年。

（47）第一章第三節参照。南無仏太子像の図像上の特徴である合掌は、その掌中に拳内舎利を表象する。

（48）注(46)前掲書所収。

（49）注(29)前掲書所収「法隆寺本古今目録抄」に拠る。『聖徳太子伝私記』上巻の舎利殿「拳内御舎利」に関する記事を次に示す（同一七～八頁）。

次、御舎利殿之内ニ在種々宝物、先ッ御拳内ノ御舎利一粒、随レ時ニ其ノ色変ニス黄白一ニ、即チ神反也、唯シ有ニテ不信之者一、不《ス》レ見《ミ》ト二拳内一ヲ云事云々、此不可思議外道也、以ニテ二巻之伝一推レトモ之ヲ、此レ見ニユ分明一ナリ、即、二月十五日之朝唱ニ南无仏一ト、此則、尺尊入滅日也、欲三シテ表ニセムト其ノ御舎利一ヲ、点ニシ此日一ヲ給也、又、其レヲ不レル記者ハ、世間ニ皆悉ニ知之一ヲ故ニ不レ記セ、或又、秘蔵セルカ故ニ不レ記レ之、又、十二巻伝ニ見レタリ之云々、在ニ宇治ノ宝蔵一、

奉レ出二舎利一在レ盤、銅也、又在レ箱、蒔絵蓮花文也、入二塗香箱一蒔絵也、奉レ入二舎利壺一銀、杓《シャク》銀、在レ机、在二打敷之錦一、奉レ入二宝物一之唐櫃二合、供養ノ法ノ前机、脇机、鈴杵等、灑水塗香ノ器物二口、馨并台、礼盤等在レ之、舎利ノ御前机作二リ紫檀一也、舎利塔ノ下ニ在二花足作一リ、

今此御舎利事者、委細見二本薗記一、即彼ノ記ニ云ハク、引二六巻ノ太子伝一ヲ曰ク、聖徳太子ノ拳下ル舎利ハ在二法隆寺一ニ等文、又、扶桑略記云ハク、太子ノ拳下ル舎利等文、

又、有二愚悪輩一、法隆寺御舎利、非二拳内所持一有二成レ疑之者一、此放逸不信甚也、差令三安二置妹子将来宝物一、今世一生御持物、皆悉奉二納当寺一、何至二御拳内御舎利一、不レ令三安二置一所一給耶、若其御舎利不レ在二此所一者、有二何寺院一耶、更无二余所一々安證文、不レ如上只下信二宝物同所義一、況有二證文一、有二秘伝一、余寺所二不レ知一也云々、

(50) 注(49)前掲書所収。『聖徳太子伝私記』下巻の上宮王院舎利講に関する記事を次に示す（同一二二頁）。

次、舎利殿毎日舎利講一座、式師、五師成業所作、毎座法花廿八品普賢無量、毎一品配講尺之、初四日、重勝鬘経一日、維摩経二三四日副之、伽陀、学衆供料在之、式者五段也、即、舎利与太子共讃歎式也、供養法長日、在過去・現在二帳、栄真得業始行也、又、在長日供養法并法花経・阿弥陀経一巻副読之、従レ之近年決定、日中御舎利奉二出拝一、集会鐘二度、一度ハ如普通、今一度名七鐘ト、此午尅也、次、毎月五日講所法花経一部、此経有二供僧一、僧晴西始之、次、従十月廿□□釈迦念仏、□ヶ日夜、解脱上人始レ之、次、□□年四月□日舎利供養（以下欠）

(51) 注(42)前掲書所収。

(52) 阿部泰郎「中世芸能と太子伝」『観世』48-2号、一九八一年。同「声の芸能史」『聖者の推参』名古屋大学出版会、二〇〇一年（初出一九九〇年）。

(53) 奈良六大寺大観刊公会編『奈良六大寺大観　法隆寺』（岩波書店、一九七一年）を参照。

(54) 訓海『太子伝玉林抄』（文安五年〈一四四八〉成立）巻十五「霊山定円法印就御宝物種々物事」に全文を引用。加賀元子『中世寺院における文芸生成の研究』汲古書院、二〇〇三年、第二章。『法隆寺蔵尊英本太子伝玉林抄』（飯田瑞穂解説）に法隆寺本を影印。鷲尾順敬編『日本思想家史伝全集』第一巻（東方書院、一九二九年）に東大寺本を翻刻。

(55) 信如による天寿国曼荼羅発見と中宮寺再興については、九条家本『中宮寺縁起』（宮内庁書陵部編、圖書寮叢刊『伏見宮九条家本諸寺縁起集』明治書院、一九七〇年所収）に叙べられるが、更に中世太子伝『正法輪蔵』別伝「天寿国曼陀羅出現」にも説かれ、太子絵伝を介した唱導の機縁ともなった。阿部泰郎「中世聖徳太子伝『正法輪蔵』の成立基盤」『元興寺文化財研究所月報』16号、一九八三年。信如と南都寺社の仏神との関わりについては、同「中世寺社の宗教と芸能」『聖者の推参』第四章（初出一九八六年）に論じた。

『正法輪蔵』「天寿国曼陀羅出現」には、定円による「曼陀羅銘文」解読と共にその勧進再興に関する消息が伝えられる。それは、

太子遺跡寺院に伝えられた。太子およびその妻后の形見としての遺品を銘文解読というテクスト解釈から始めて、唱導の仏事儀礼を介して「新曼陀羅」という新たな本尊図像を制作する、中世宗教テクストの運動を如実に捉えている。平松令三編『真宗史料集成』第四巻「専修寺諸派」満性寺蔵『聖法輪蔵』（五五四頁）。

　信如房、件ノ曼陀羅ヲ京都ニ持参ス。当院(亀山院)御拝見アテ、大ニ随喜シ給ヘリ。即、彼ノ曼陀羅ノ銘文ハ、大サ一寸四五分ノ亀ノ甲ノ上ニ顕ハシ給ヘリ。一百ノ亀ノ甲ノ上ニ、四百ノ文字也。次第ヲ調《トノ》ヘテ読人更ニ無カリキ。平野《ラノ、》神主ハ日本記ノ家也。神主兼《カネフ》輔(文)卿、次第前後ヲタヽシテ読ミアカシ、注点《テム》シテ公家ニ奉リ一本ヲ、曼陀羅ニ付テ中宮寺ニ送リ奉リキ。僧中ニハ、霊山ノ定観(円)法印、是ヲ読ニ依テ、両院(亀山・後深草)御本願トシテ新曼陀羅ヲヌイ奉カ為ニ、霊山ニシテ時ノ明僧定観(円)法印ヲ導師トシ、三十ケ日ノ間ヲ法花経ヲ講シ、御勧進有テ、御所々々ノ貴人ヲ御勧メアテ、急速ニ新曼陀羅ヲヌイアラハシ奉ツリ給ヘリ。是則、本曼陀羅旧損《キウソム》破《ハ》壊《エ》ヲ痛《イタワ》リ奉給故也。新本二舗《フク》共ニ一ニ朱ノ唐櫃ニ納メ奉ッテ、本寺中宮寺ヘ送リ奉リ給ヘリ。依テ寺本願ノ囊《ナウ》日《ムカシ》ノ如ニ再ヒ修造セラレ給ヘリ。彼ノ曼陀羅ノ銘文ニ、太子ノ母后ノ御隠レ并ニ太子ノ崩御ノ年月日時、分明ニヌイアラハシテ、滅後五百八十七年ニ当タテ、此曼陀羅出現セムカト御記文タカハス、文永十一年ニ出現有リ。実ニ太子滅後ノ奇特、末代ノ勝事也。

　曼陀羅出現ヨリ以来、正和六年マテ四十五年也、次去徳治年中ニ、本寺中宮寺ニシテ彼曼陀羅銘文ヲ相伝セリ、

（56）注(42)前掲書所収「聖徳太子講式集」。

（57）『太子伝玉林抄』巻十五「一、霊山定円法印天下無レ隠明匠也、付二当寺宝物一歌あり、其序云」として全文を引用するが、その法隆寺内の伝承を示す以下のような識語を併せて載せている。

　写本云、うつすとて文字ともニ不審多、

　私云、此状者、霊山法印定円、後十月十二日中宮寺参詣、卅余日参籠間、当寺之入堂之時、堂塔御舎利拝見之後、老僧衆徒少々曼多羅供調進之、三双番論義勤仕之後、感二此等事一、此状被二置写一者也、十一月十八日上道了。

弘安元年十一月廿日、為レ納二御舎利殿一注レ之了、　栄範

定円法印、柳本本庄、被レ寄二中宮寺一、五十石庄、無二旱水一処也。

(本云)于時、嘉元三年乙巳閏十二月廿日、於二法隆寺東院一書了、　執筆僧恵厳法印

第三章

（1）伊東史郎編『調査報告　広隆寺上宮王院聖徳太子像』京都大学学術出版会、一九九七年。

（2）注(1)前掲書によれば、広隆寺上宮王院聖徳太子像には、像本体に書き付けられた墨書銘（像内背面墨書銘願文／同胸腹部墨書結縁交名）と、像内納入品（金銅蓮台上心月輪／勝鬘経・法華経普門品一巻／布胎漆箱壜笘納入物）にそれぞれ加えられた銘・奥書・識語等によって、願主定海の造立意図が多元的に表示されている。これら納入品は、太子の本地御正躰としての心月輪が仏宝

を、太子の受持講説された経典が法宝を、そして筥内に収集納入された太子遺蹟寺院の遺物を勧進・結縁する営みの所産とすれば僧宝と解釈できよう。筥内納入物の包紙には悉く定海が由来を識しており、それらは、「法隆寺金堂内壇中心土」「上宮王院御経蔵籠納太子御袈裟并御衣及綿等破」「上宮王院宝帳内土并御帳破等」「橘寺本堂仏宝冠餝并同堂幡足破等」「四天王寺金堂内救世観音御座下土」「四天王寺御座下土并金物等」「舎利御座下土并餝玉等」「塔中心土」であった。これら法隆寺、橘寺、四天王寺の太子霊地の本尊・舎利など〈聖なるもの〉の一部か、それに触れた「破《ヤレ》」や塵土までを含む〝聖遺物〟の来歴を証す識語が全て「四天王寺亀井水」を以て硯水として書かれたように、徹底した太子への結縁の方法意識に貫かれたテクスト複合の営みといえよう。定海のその願念は、背面墨書銘の願文が最も詳らかであり、諸位相のテクストを代表し、統合してこの太子像を成立させる〝文〟といえる。

抑、仏子定海、幼少之昔、生年十四歳春比、有事縁、誓太子、奉結大縁、殊奉書写細字勝鬘経、持之不離身。十余箇年後、為守師跡、登叡山、始構小室、住東塔北谷虚空蔵尾、随分受学三密教法。従潤慶阿闍梨受戒灌頂、遂本意畢其時生年四十歳。生年四十三之歳、遁世発心、念仏為宗。弥太子興法利生、慈悲広恩、深心存念也。仍、且為報慈悲広恩、且為蒙臨終引摂、奉造立也。仰願、上宮聖霊、仏子現在生之間、払三障四魔之怖、行住坐臥、増堅固菩提心、最後臨終之時、必影嚮給、令成就臨終正念、往生極楽之望給、乃至結縁法界平等利益。

（3）注（1）前掲書、高田倭男「御装束」によれば、広隆寺上宮王院聖徳太子像には、後奈良天皇（在位一五二六～五七）より、後水尾、後西、東山、中御門、桜町、後桜町、光格、仁孝、明治、大正、昭和の歴代天皇の御袍、御冠以下の御装束が伝えられており、詳細な一覧が報告されている。

（4）『聖徳太子伝私記下』冒頭条に「或抄物　云ハ」として引用された定海勘文は、彼の太子信仰を語るのみならず、院政期の宗教文化と宋・高麗国との仏教交流について貴重な情報が含まれており、その文脈の許に広隆寺太子像の造立がなされている消息を示している（『校刊美術史料』中巻、八七～八頁）。

仏子定海、常毎ニ見ニ此ノ伝暦ヲ一、落字不審不レ息。爰去年ノ冬十月ノ十五日ニ、有人談シテ曰ク、叡山ノ静闍梨、往年相語テ云ク、我レ昔以テレ有ニシヲ事ノ縁一遠至ニル西海一ニ、彼之間ニ転読ヲ為レキ勤、而ニ有テニ遠商一ラ、授二与シテ細字ノ法花経一帖ヲ一曰、予為レニ交（ママ）二関　万ノ物一ヲ、向二于高麗国一ニ、彼ノ国之王子伝二授シテ斯経ヲ一曰ク、弘法在テレ意ミ、為レナリト備ニカ流布一ニ云々。其ノ経ノ薬王品ノ中ノ、勤行大精進捨所愛之身ノ半偈ノ下ニ、更ニ有ニ二句之文一云々。定海、従レ聞ニ斯ノ語一ヲ、身心无聊、常ニ自念言ク、慧慈ハ高麗ノ人也。受テニ太子之開示一ヲ、早ク還ニ本土一ニ、今従ニ彼ノ国一所レノ伝経ノ中ニ、新シク有コト二句ノ文者ハ、疑クハ是レ恵慈帰国之後ニ、以テニ太子之金言一ヲ流二布スル彼ノ国一ニ歟カ。為レ散ニ蒙昧一ヲ、鎮ニ祈ニル此ノ事一ヲ。遂ニ以ニ今年ノ二月廿四日一ヲ、適《タマタマ》届ニ静闍梨之処一ニ、尋テ得タリニ彼ノ経ノ二句之文一ヲ。所謂ル、供養於世尊為求无上恵、是也。加レ之、闍梨語テ曰ク。往年、経二廻セシ鎮府一ニ之日、有テニ一ノ上人一、奉レ持ニ法花一ヲ。披二見ス其ノ経一ヲ、薬王品ノ中ノ捨所愛之身偈ノ下ニ、更ニ以テ朱字ヲ書ニ此ノ二句一。又、以レ朱ヲ書テニ勘注ヲ一云ク。南嶽大師令メ三下シ伝二授天台大師一ニ之時キ、有ト此ノ二句云々。定海、如ク此ノ視聴スル事ト已テ、忽ニ詣シテ上宮王院ニ、宝蔵ヲ開テ検スルニ妹子請来ノ経ヲ、无レ有コト此ノ文。当テ于斯ノ時ニ、亦自念言ク、太子所将来経、空ク以テ飛ヒ去テ、世ニ无《か》流布本之故ニ、今ノ人ノ不レ知其ノ文ヲ。聴テ此ノ静公ノ一言ヲ、案ルニ彼《カノ》太子之伝暦ヲ、南嶽ノ恵思大師ト者《イハ》、太子ノ前身也。六タヒ生レテ于衡山之嶺ニ、世々修无上道ヲ云々。然ハ則チ、太子請来之経ノ中ニ、豈无ラム伝授天台之二句哉。抑、事是レ浮華ナリ、難シ取真実ヲ。然則トモ、不レ求信受ヲ于他人ニ、為ナリ散暗昧ヲ于己カ意ニ而已。于レ時、永久四年丙申三月六日庚子、浪迹沙門釈定海、染テ筆ヲ記スヲ之。当ル于太子滅後四百九十七箇年ニ矣。

永久四年丙申 七月廿二日、書了。僧覚春許ノ聖人始テ相ヒ談シ給時キ、随喜シテ写之テ云々。

ここに言及される高麗の王子とは、義天のことであろうか。太子将来経の真偽を知るために諸方を訪す定海の疑問の種が『伝暦』であり、法華経の本文を検ずるところに、その宗教テクスト形成の起点に聖典への拘りが一貫してあることが示されている。

更に、法空『上宮太子拾遺記』にも法華経落字の諸説を掲げる中に、右に先立って定海が法隆寺上宮王院宝蔵の経典を一覧した際の記録を引いており、次の定海識語を載せる。

已上、永久三年 九月十六日 辰時、斑鳩上宮王院参拝、開宝蔵所写訖也。即時比受慥畢。

釈子定海生年四十九夏 三十六云々

（5）『大日本仏教全書』聖徳太子伝叢書「保安三年十一月十二日、於洛陽写之、本書是、広隆寺住大連房定海聖人本也」。

（6）「四天王寺解」（建保二年）『鎌倉遺文』四巻二一一四。

（7）真福寺蔵『五智光院御灌頂記』（四十合二号）。

（8）「安元二年九月天王寺御逆修旨趣」（永井義憲・清水宥聖編『安居院唱導集上巻』二四三頁）。

夫、上宮太子者、卜處ヲ西方ニ、補処位雖高、和光東隅、随類応物機ニ。忝ナクモ以テ蓮台ノ諸ノ君トシテ、仮為粟散ノ摂禄。立テ八箇ノ伽藍ヲ、崇三宝ノ福田ヲ、製シテ十七ノ憲法ヲ、為万機ノ綱維。此ノ四天王者、即聖徳太子崇仏乗ヲ之砌、救世観音利スル衆生ヲ之場也。下ニハ青龍卜居ヲ、遥伝ウ阿耨達池之名テ。東ニハ白石吐水ヲ、承天台玉泉之流ヲ。五層ノ鴈塔ヲ納尺尊砕身舎利ヲ、百済ノ仏像知太子前生之尊容ヲ。故、向ハ南ニ泣五百大願之慈悲ニ、跪テハ北ニ拝ス三十三身之本主ヲ。昔此ノ地何ナル事有シ、尺迦如来転法輪處。今正向シ何ノ方ニカ当、極楽国土東門中心。観夫、白浪起テ寄東ニ、自知ル観音如海之弘誓。夕陽落テ沈ム西ニ、暗フニ催ス安養日想之観門ヲ。堺ヒハ在テ王地ニ非ス王地ニ、以テ常住ノ三宝ヲ為ス主。地ハ摂シテ国郡ニ非国郡ニ、以テ護世四天ヲ為ス吏ト。定ムル戒律ヲ之庭ナレハ、放逸者削跡ヲ。望ム浄土ヲ砌ナレハ、不信者無来コト。宜哉。聖霊兼テ発願ヲ於此地ニ。善哉、法皇修シ御事ヲ善ヲ於此処ニ。一花一香ヲ捧タル此処ニ者、指テ九品台ヲ同クシ契ヲ。一塊一塵ヲ抛ル此ノ砌之輩ハ、期シテ一仏土結縁ヲ。是則、太子ノ遺誡也。豈非ヤ聖徳ノ金言ニ哉。然則、造仏造経、貝葉敷テ而任風ニ、鳥瑟顕レテ迎月ヲ。敬田慈田、飲食充飽香、衣服遍シテ隠ス膚ヲ。不ス異ナラ戒日無遮之昔シニ、相同清涼平等之施ニ。是以、聖霊者発願之旧主也。三十二ノ妙相ヲ可備給安養之台ニ。法皇者当時之檀那也、百二十ノ宝算ヲ可保チ御貝茨之洞ニ。（以下略）

『御手印縁起』の本文を巧みに織り込みつつ、本願の太子聖霊と願主の法王の功徳を対比する修辞を凝らし、以下にはこの直前に逝去した建春門院を追悼する悲嘆と追善に及んでいる。

(9) 川岸宏教「四天王寺別当としての慈円――御手印縁起信仰の展開」『四天王寺学園女子短期大学研究紀要』6号、一九六四年。

(10)『慈鎮和尚伝』正応二年（一二八九）写本。天台宗典編纂所編『続天台宗全書』史伝2、春秋社、一九八八年。この神田本『慈鎮和尚伝』の当該四天王寺条の全文は以下のとおり。

四天王寺長吏両度補任之間、諸堂修営非一。支壊補欹、畳蹟覆漏。朽墁之功必精、赭堊之飾必良。於是、龕像無燥湿　渤之危一、寺僧有二経行宴座之安一。金堂六斎舎利、講堂十二口西行懺悔、聖霊院懺法、絵堂講演仏事等、継絶興廃。皆是、所置不退之行法也。奏二聞五箇庄之顚倒一、如旧付二本寺一。因玆、云二僧借往供料一、云二舞人楽人等供田一、皆復二古昔一、皆悉興行。毎人無不二悦可一。

(11) 多賀宗隼『慈円の研究』吉川弘文館、一九八〇年。桜井好朗「慈円と太子信仰」『中世日本文化の形成――神話と歴史叙述』東京大学出版会、一九八一年。

(12) 渡部泰明他『慈円難波百首全釈』歌合・定数歌全釈叢書十二、風間書房、二〇一〇年。

(13) 注(11)多賀前掲書。

(14) 赤松俊秀「愚管抄について」『鎌倉仏教の研究』平楽寺書店、一九五七年。

(15) 恵谷隆戒編『勅修御伝法然上人行状絵図』平楽寺書店、一九七二年。銘を含む前後の文脈は以下のとおり。

四天王寺の別当に補任せられし時は、大僧正行慶寺務のとき顚倒して後としひさしくなりにし絵堂を新造して、漢家本朝の往生伝をえらび、尊智法眼におほせて、九品往生の人を画図にあらはし、入道相国　以下、九人の秀才をすすめて、和歌を詠じて九品面々の行状を称嘆し、菅宰相　為長卿をして四韻の周詩を賦せしめ、権大納言教家卿色紙形をぞ清書せられける。所謂（以下、九品往生人讃・和歌本文は省略）

色紙形記銘云

貞応三年甲申始自二去冬一、三春孟夏之間、以二絵師法眼尊智一、守二本様一依二伝文一図絵既訖。今於二西面一、更画二作九品往生之人一。殊勧二進一乗浄土之業一、表裏共不交二他筆一、尊智図之。以二詩歌一形二其心一、詩句九品、同令下菅大夫為長卿作上之一。和歌丞相以下、広勧二九人一、各詠二一首一。復当二南北裏、同画二四天像一。此堂、大僧正行慶寺務之間倒顚之後、以二聖霊院礼堂東廂一為二其所一。今新建二立于旧足一、彰二興隆之本意一也。

別当前大僧正法印大和尚位慈円記之。

これ、ひろく諸人の心をすすめて、欣求のおもひをはげまさんためなり。まことにこのい状を見て、たれの人が穢悪充満のさかひをいとひ、浄土不退の砌をこひねがはざらむ。自證の得脱のみにあらず、化地の御こころざしふかかりける、ありがたくたとくも侍るかな。

(16) 多賀宗隼「皇太子五段歎徳」『論集中世文化史下』法蔵館、一九八五年(初出一九七一年)。以下、参照する本文は多賀宗隼『慈円の研究』注(11)前掲書に拠った。

(17) 東京大学史料編纂所蔵『慈恵大師講式』一巻は、慈円自筆識語を有し、本文は弟子成源に清書せしめた自草原本にきわめて近い写本である。

(18) 阿部泰郎「慈円作『六道釈』をめぐりて——慈円における宗教と歴史および文学」『季刊文学』8-4号、一九九七年。本書第五章参照。

(19) 山本一『『難波百首』とその和歌思想」『慈円の和歌と思想』和泉書院、一九九九年。

(20) 朝賀浩「四天王寺聖霊院絵堂聖徳太子絵伝の再検討」大阪市立美術館編『聖徳太子信仰の美術』東方出版、一九九六年。

(21) 津田徹英「中世における聖徳太子図像の受容とその意義」『密教図像』16号、一九九七年。

(22) 藤岡穣「聖徳太子像の成立——四天王寺聖霊院像を基点とする太子像の史的理解のために」『文学(隔月刊)』11-1号、二〇一〇年。

(23)『日本書紀』本文の引用は、日本古典文学大系『日本書紀』下巻(一九六七年)の訓読による。

(24) 家永三郎『上宮法王帝説の研究』三省堂、一九五一年。

(25) 新川登亀夫『上宮聖徳太子伝補闕記の研究』吉川弘文館、一九八〇年。

(26)『大日本仏教全書』聖徳太子伝叢書。

(27) 新日本古典文学大系『三宝絵　注好選』一九九七年。

(28) 新日本古典文学大系『今昔物語集』一九九三〜九九年。

(29)『今昔物語集』においては、一方でその直前に位置する法隆寺の縁起は、「聖徳太子建法隆寺語第二十」という標目のみが建てられ、その本文を欠いている。むしろ『今昔物語集』にのみ伝えられる、天王寺と法隆寺との関係を示す注目すべき説話が、巻第十四「天王寺為八講於法隆寺写太子疏語第十一」である。天王寺別当であった天台僧定基(彼は、道長の金峯山参詣埋経に参仕した側近である)が道長のために天王寺で法華八講を始行し、次いで斉祇僧都(道綱息)がその料として、法隆寺に伝える太子の法華義疏を用いて講じようと発起する。「法隆寺ノ東ノ院ハ昔シ太子ノ住給ヒケル所也。其ノ所ニ、太子ノ御物ノ具共置給ヘル中ニ、其ノ疏有リ」と聞いて、寺僧を遣して書写せしめようと赴いたところ、法隆寺の側では、あらかじめ「太子ノ御告」として「上宮王ノ疏」を天王寺より求めて到来することを夢告に知り、待ち受けていたという。それは、院政期の定海聖人の細字法華経落字勘文のことに先立って、摂政期に太子遺蹟寺院間で太子の聖典をめぐって宗派を超えた交流のあった消息を伝える。

(30) 石田茂作編『秘宝四天王寺』講談社、一九六八年。大阪市立美術館編『聖徳太子信仰の美術』東方出版、一九九七年。

(31) 大阪市立美術館編『聖徳太子信仰の美術』注(30)前掲書。
(32) 同上所収。
(33) 宮内庁書陵部編、圖書寮叢刊『伏見宮家九条家本諸寺縁起集』明治書院、一九七五年。
(34) 赤松俊秀「南北朝内乱と未来記」『鎌倉仏教の研究』法蔵館、一九五七年。
(35) 国文学研究資料館編、真福寺善本叢刊第二期第五巻『聖徳太子伝集』臨川書店、二〇〇六年、付録。真福寺大須文庫蔵『御手印縁起』断簡、本奥書識語。

　手印貳拾伍也。生年廿四記件縁起也。寛弘四年歳次丁未八月一日、長吏下寺之日、件縁起正文、祈禱四天王霊蹤、金堂内金御塔中見出也。即、都維那十禅師慈運求出之、諸大衆悉流涕。即明以同二日、大衆参会、調音声伏楽、奉請聖霊院件縁起文、開白由縁、転読法花経、六種廻回。次、貞快十禅師、随喜乞誓本金堂内。即日記之。

(36) 注(34)前掲論文。
(37) 川岸宏教「釈迦如来転法輪所・当極楽土東門中心」蒲池勢至編『太子信仰』雄山閣、一九九九年（初出一九七七年）。
(38) 為康は承徳二年（一〇九八）夢中に臨終来迎を感見するが、往生を猶予される。その虚実を知らんと天王寺に赴いて金堂舎利に祈禱する。その段りを以下に示す。

　爰、康和元年九月十三日、参天王寺、修念仏行。経九箇日、満百万遍。于時、往詣金堂、奉礼舎利。即祈禱請曰、吾、順次往生之願、弥陀現世之夢、倶非虚妄者、舎利併可出現。若不然者、勿顕現。救世観音、護世四王、太子聖霊、護法青龍、同可證明。如此、再三祈請、奉写舎利。瑠璃嚢裏、有金玉声。予、合掌念之、寄眼見之、舎利三粒、依数出現。予、感悦之涙不覚而下。随喜之人、不期而多。信敬已訖、作礼而去。

ここに知られるのは、天王寺参詣の目的のひとつが金堂舎利の礼拝であり、しかもそれが前行の精進を経たのち、本尊と太子聖霊・護法等に祈請しつつ、舎利をその容器から「写（移）」して顕現するか否かにより往生や所願の可否を判ずる一種の卜占の如き儀式として行われていることである。この伝統は鎌倉時代にもなお継承されていたらしく、『一遍聖絵』巻八において、一遍上人もこの金堂舎利に祈請し出現の奇瑞を顕わしている（図3‐6参照）。

(39) 阿部泰郎「『正法輪蔵』東大寺図書館本——聖徳太子伝絵解き台本についての一考察」『芸能史研究』82号、一九八三年。
(40) 平松令三編『真宗史料集成』第四巻「専修寺・諸派」同朋舎、一九八三年。
(41) 牧野和夫「慶應義塾図書館蔵『聖徳太子正法輪』翻印並びに考察」『東横国文学』16号、一九八四年。
(42) 阿部泰郎「中世聖徳太子伝『正法輪蔵』別伝における四天王寺縁起——勧修寺大経蔵本『正法輪蔵』解題・翻刻」『勧修寺論輯』第三・四合併号、二〇〇七年。
(43) 国文学研究資料館編、真福寺善本叢刊第二期第五巻『聖徳太子伝集』臨川書店、二〇〇六年。

（44）小島恵昭・渡邉信和「共同研究——万徳寺蔵『聖徳太子伝』解題・書誌・翻刻」『同朋学園仏教文化研究所紀要』2号、一九八〇年。

（45）万徳寺本寛正三年（一四六二）書写、寛正五年松原広長寄進識語『聖徳太子伝』第五冊の奥書識語を左に掲げる。

右此伝者、芹田坊之秘伝也。於四天王寺東門村蓮華蔵院護摩堂、書写之。
彼本奥書云、不可出院中、雖然、以起請文、唯一人付属。穴賢、不可他見、可秘々々。
右伝者、龍雄長老、雖為秘本、道見依有誓約之儀、蜜写了。
于時、寛正三年壬午　孟夏吉日。　　　筆者沙弥元泰誌之。

（46）『仏法最初弘仁伝』初丁「天王寺七不思議之事」。（真福寺善本叢刊第二期第五巻『聖徳太子伝集』注(43)前掲書）

一、宝塔第一ノ露盤、閻浮檀金以二一千両一奉鋳、末代色不替。
二、亀井ノ水、天竺従二無熱池一竜宮ヘ以二銅樋一為被レ懸ケ。又竜宮ヨリ天王寺ヘ為被懸末代不可絶者也。
三、金堂ノ西ノ露不凹。故ヘハ太子、従二天竺霊鷲山一天竜ニ被地ニ為ル被運故ヘ也。
四、池不立音事、此池底十六丈大蛇祭沈給也。七頭也。其気恐不泣也。
五、金堂内陣ノ柱ハ赤梅檀ヲ天竺ヨリ八大竜王カ為被引セ。去レハ末代不可朽。
六、石ノ鳥居ハ西門、極楽浄土ノ東門ノ心当ルト云ヘリ。去西門ニコソ二王ハ立チ給フヘケレ共、何ソ南大門ニ立玉フ事ハ、太子ハ末代徳ノ仏ニテ、補陀落山ニ通ヒ給ヘハ、其ノ故ニテ南大門ニ為被立チ。此ノ二天金剛像王ハ、天竺ヨリ力士像王自ラ下給テ造リ給へり。日本作者無□去ハ此二王ノ空ニハ小鳥モ更ニ不ト飛云ヘリ。
七、天王寺ノ大木、金堂・宝塔ヨリ高ク生ヒ立ス。若シ天ヘ上ル枝ハ下ヘ指ト。故ハ、毎日天人降テ石上ニテ法会ヲ宣、供養ヲナシ給ニ依テ、枝ハ下ヘ指云ヘリ。

（47）東京国立博物館編『法隆寺献納宝物図録』一九八六年。
（48）大阪市立美術館編『聖徳太子信仰の美術』注(30)前掲書。
（49）信仰の造形的表現研究委員会編『真宗重宝聚英』第七巻『聖徳太子　絵像・絵伝・木像』同朋舎、一九八七年。
（50）大阪市立美術館編『聖徳太子信仰の美術』注(30)前掲書。
（51）大阪市立美術館編『聖徳太子ゆかりの名宝——河内三太子　叡福寺・野中寺・大聖将軍寺』二〇〇八年。
（52）刀田山鶴林寺編『鶴林寺と聖徳太子——「聖徳太子絵伝」の美』法蔵館、二〇〇八年。
（53）注(49)前掲書。
（54）村松加奈子「中世聖徳太子絵伝にみる〈本伝〉と〈別伝〉——勝鬘皇寺本聖徳太子絵伝をめぐって」『仏教芸術』293号、二〇〇七年。

(55)小松茂美編『日本絵巻大成20』『一遍上人絵伝』中央公論社、一九七八年。

(56)阿部泰郎「巡礼記としての『一遍聖絵』」『巡礼記研究』第六集、二〇〇九年。

(57)中世善光寺絵伝の作例には、最古の根津美術館蔵三幅本以下、悉く善光寺伽藍を中心とする霊地図像が含まれる。

(58)川端善明、荒木浩校注『古事談　続古事談』新日本古典文学大系、二〇〇五年。

(59)叡福寺には、この「太子御記文」を刻んだ所謂「瑪瑙石」の断片が伝えられている。それは「起注文」後半の蓋に当たる部分の上半で、四行にわたり「今年歳次辛……」「……拾余……」「王大臣□起寺……」等の銘文が針書されて刻まれている。注(51)前掲書。

(60)宮内庁書陵部編、圖書寮叢刊『伏見宮家九条家旧蔵諸寺縁起集』明治書院、一九七〇年（平林盛得解題）。

(61)林幹弥『太子信仰』社会思想社、一九七〇年。

(62)武田佐知子『聖徳太子　信仰の王権』中公新書、一九九三年。

(63)なお、「聖徳太子御墓事」条の冒頭には、治安四年（一〇二四）の河内国慈円聖人による太子墓に関する注進状が収められており、これは磯長の太子墓に関する最古の記録である。既に道長時代に太子廟に関する情報発信があったことを示す点で注意される。

(64)国文学研究資料館編、真福寺善本叢刊第二期第五巻『聖徳太子伝集』臨川書店、二〇〇六年。

(65)赤松俊秀「一遍の著述と推定される聖教について」『鎌倉仏教の研究』平楽寺書店、一九五九年。

(66)いわゆる「廟崛偈」二十句の太子御記文は、親鸞『上宮太子御記』をはじめ多種多様な位相でテクスト化されているが、ここでは法隆寺顕真『聖徳太子伝私記』に収める「太子廟崛内石面自注記文松子写此令流布」によって示す（なお、四句文を一行としている）。

　大慈大悲本誓願　愍念衆生如一子　是故方便従西方　誕生片洲興正法
　我身救世観世音　定恵契女大勢至　生育我身大悲母　西方教主弥陀尊
　真如真実本一躰　一躰現三同一身　片域化縁亦已尽　還帰西方我浄土
　為土末世諸衆生　父母所生血肉身　遺留勝地此廟崛　三骨一廟三尊位
　過去七仏法輪所　大乗相応功徳地　一度参詣離悪趣　決定往生極楽界

(67)小山正文「三尊形式の聖徳太子像」『親鸞と真宗絵伝』法蔵館、二〇〇〇年、（初出一九九三年）。

(68)津田徹英「中世における聖徳太子図像とその意義」『密教図像』16号、一九九七年。

(69)石川知彦「時空を超えた聖徳太子像」大阪市立美術館編『聖徳太子展』二〇〇一年。

(70)「弘法大師御記」についても、「此正文也」と注して引く顕真『聖徳太子伝私記』によって示そう。その本文は諸伝本毎に少なからず異同があり、起注文や廟崛偈ほど安定したものではない。

　嵯峨天皇御宇弘仁元年、以河内国霊処建立道場、卜籠居処之間、参詣上宮聖霊御廟一百箇日、第九十六日之夜半、有一霊建（ママ）。御廟洞之内、有微妙小音、誦大般若理趣分、応音有光明。爰、空海祈念、此妙事誰者所現哉、願示我。応誓之願、廟崛前有一光明輪、中有微妙音、唱云。我是救世大悲之垂跡也。我昔於安養世界、為利益此土衆生、捨彼安楽、来此穢土。我母后者是、我本師無量寿仏化身垂応也。我定恵妻女者、得大勢至菩薩之垂跡也。三尊結契、受生於和国、施化日域。已遷化年久、凝彼三尊之位、並三骨於一廟。忽然光中、現弥陀三尊像。有妙音、誦法花勝鬘等大乗要文。依見仏聞法力、空海證得第三発光地已畢。

(71)『弘法大師全集』第九巻、六大新報社、一九三五年。

(72)六巻本の高野山地蔵院蔵『高野大師行状図画』では第四「大師上宮御廟参詣事」段に載せ、また、十巻本の元応本（白鶴美術館蔵）も第四巻にほぼ同文を載せる。

(73)藤田経世編『校刊美術史料』中巻、中央公論美術出版、一九七五年。荻野三七彦『聖徳太子伝古今目録抄の基礎的研究』森江書店、一九三七年。

(74)『百練抄』建仁三年五月廿八日条（新訂増補国史大系）権中納言定輔卿参入。被レ行二流人事一。是破二上宮太子御墓一。犯二用御歯一之僧侶二人。浄戒遣二備前國一。見光遣二周防國一。件輩可レ處二遠流一。而東大寺上人〔重源〕申請。配二知行國一。

(75)注(41)前掲論文。

(76)林幹弥『太子信仰の研究』吉川弘文館、一九八〇年、第一章「上宮一家と上宮王院」。

(77)村山修一「河内国磯長叡福寺の法会行事とその史料」『古代仏教の中世的展開』（法蔵館、一九七六年）所引『転法輪寺古記録』には、正応年間（一二八八〜九三）以降、永禄年間の文書の存在を伝えており、中世には天台宗の転法輪寺と叡福寺が併存していた。更に翻刻紹介された『応永年中旧記』は、応永二七年（一四二〇）前後の一山の年中行事であり、正月一日に御廟拝殿等で行われる管弦講に始まり、普門寺の修正会・修二会から大乗会、毎月の例講、大念仏、田楽猿楽など勤仕の芸能者の所役得分にも及び、十二月の仏名に至る。特に注意されるのは末尾に付記される応永二八年の「御影堂十六歳御衣新調事」で、この十六歳太子像が現在聖霊殿に安置される童形太子着衣像と推定され、その御衣召替の記録である点が貴重であろう。

(78)注(51)前掲書。

(79)朝賀浩「中世聖徳太子絵伝をめぐって」注(78)前掲書所収。

(80)注(79)前掲論文。

(81)高橋秀栄「『沙石集』の生蓮入道と舎利信仰」『駒澤大學仏教學部論集』43号、二〇一二年。

(82)阿部泰郎「女人と仏教」『浄土教（図説 日本の仏教）』新潮社、一九八九年。

第四章

(1)正典としての太子伝記と物語唱導の太子伝の文字テクストの位相、尊像と物語説話図像にわたる太子絵伝の図像テクスト位相の一体不可分な関係を体現する事例が、第二章に扱った法隆寺上宮王院の童形太子像と同時に制作された障子絵伝であり、その銘札に書かれた『伝暦』から抄出された太子事蹟のテクストであろう。

（2）阿部泰郎「宗教図像テクスト複合としての聖徳太子絵伝」佐野みどり・新川哲雄・藤原重雄『中世絵画のマトリックス』青簡舎、二〇一〇年。

（3）阿部泰郎「中世日本の世界像」末木文美士編『日本史講座』第二巻中世、ぺりかん社、二〇一二年。

（4）平松令三編『真宗史料大系』第四巻「専修寺・諸派」同朋舎、一九八二年。

（5）吉原浩人「観音の応現としての聖徳太子・親鸞――『聖徳太子内因曼陀羅』」『国文学解釈と鑑賞』54-10号、一九八九年。

（6）小山正文「四天王寺絵所」『さろん日本文化』18号、一九八七年。同「遊行寺本『聖徳太子伝暦』の書写者と伝持者」『親鸞と真宗絵伝』法蔵館、二〇〇〇年（初出一九八六年）。

（7）阿部泰郎「「正法輪蔵」東大寺図書館本――聖徳太子伝絵解き台本についての一考察」『芸能史研究』82号、一九八三年。

（8）第一章に言及した井波別院瑞泉寺太子伝会では、内陣両側に四幅づつ掛け並べ、これを絵解きの進行に応じて順次並べ替えて、本尊太子の最も近い両側に絵解きに用いる画幅を移動するのが参考となる。

（9）中世太子絵伝においても、情報量の多い銘札（伝の抄出テクストとして読解できる）を有する作例が例外的に散見する。橘寺本（八幅）、頂法寺（六角堂）本（四幅）、広隆寺本（六幅）など室町時代の製作になるもので、詳細な伝銘文を各説話画面に配すが、それらが多く太子遺跡寺院に伝えられる絵伝であることは、あるいはそれらの原型となった旧絵伝の系譜を継承するものかもしれない。一方、太子遺跡寺院の中世太子絵伝でも、太子墓磯長叡福寺の太子絵伝（八幅）の如く、銘札を全く有さず、四季絵的大景観のうちに各歳の説話図像を配す注目すべき作例も存在する。大阪市立美術館編『聖徳太子ゆかりの名宝』二〇〇八年。

（10）国文学研究資料館編、真福寺善本叢刊第二期第五巻『聖徳太子伝集』臨川書店、二〇〇六年。

（11）「中世聖徳太子伝『正法輪蔵』の構造――秘事口伝説をめぐりて」『絵解き――資料と研究』三弥井書店、一九八九年。

（12）鶴林寺旧蔵、文明三年（一四七一）写本『太子伝』、磯馴帖刊行会編『磯馴帖』「村雨篇」和泉書院、二〇〇二年所収。

（13）刀田山鶴林寺編『鶴林寺と聖徳太子――聖徳太子絵伝の美』法蔵館、二〇〇八年。鶴林寺本絵伝は全八幅のうち第一～二幅が善光寺絵伝をもって構成されており、太子絵伝と善光寺絵伝が複合している特異な例であるが、鶴林寺本『太子伝』もまたこれと対応するかのように善光寺縁起の部分を大きく含むことが注目される。

（14）終章第一節を参照。阿部泰郎「中将姫物語と曼荼羅縁起」元興寺文化財研究所編『日本浄土曼荼羅の研究』中央公論美術出版、一九八六年。

（15）太子と善光寺如来の「御書」消息の応答伝承については、法隆寺にその「御書」を納めた箱が伝来することも知られているが、その史料上の座標として、顕真『聖徳太子伝私記』の記事を示す。

推古天皇廿年、太子生年卌(四)一壬申歳、善光寺阿弥陀仏之御許、太子御消息送之。即、阿弥陀御返事自書之給云々。硯紙ヲ置御仏

前、即書給了云々。其上書云。本師阿弥陀如来云々。（上巻末尾）

太子ノ献善光寺ノ阿弥陀如来ニ給フ御文ノ事、表書云。謹上本師阿—如来云々。下ニ鵤厩戸云々。御文ノ語ハ、大慈大悲本誓願等之廿句也松子伝ノ文。法興元世一年辛巳十二月十五日、厩戸《勝鬘》上。

阿弥(陀)如来御返事云。上宮王救世大聖御返事、善光上。御文ノ語ニ云ク。善哉々々大薩埵、善哉々々大安楽、善哉々々摩訶衍、善哉々々大智慧。左右不具云々。同月ノ日善光カ上ケ、今月ノ十八日還来云々。其日、即、御廟ノ中ノ自廿句文書之給。御使、調子乗黒駒云々。

この「御書」は、称名寺聖教（金沢文庫寄託）中の『上宮菩薩秘伝』の如く太子伝秘事口伝説中の秘事として流通していたもので、弘安九年（一二八六）造立の道明寺聖徳太子孝養像胎内納入品「太子献善光寺之阿弥陀如来一給御文事」一巻にも同文が見える。太子御書の内容《テクスト》が所謂「廟崛偈」廿句文であることは、この伝承の拠点を想像するうえで示唆的である。

(16) 中世太子伝において、太子善光寺御書往反伝承は、増補系諸本（叡山文庫天海蔵『太子伝』など）に見え、太子四十一歳条で天王寺西門において四十九日念仏を催す事について説かれている。それが鎌倉時代に遡る伝承であることは、道明寺孝養太子像胎内納入品中の「御書」後半に示される。

太子、天王寺ニシテ、祖父欽明天皇ノ御報恩ノ為ニ七日念修、以蘇我大臣御使トシテ甲斐黒(駒)ニノセテ善光寺ヘツカハシタマウ御消息。

名号称揚コト七日已《ヲハヌ》　斯此為《タメナリ》二報広大ノ恩一　仰願本師弥陀尊　助ケテ我済度一　常《ツネニ》護念

如来御返事

一年称揚无息留　何況七日大功徳　我待《ナム》衆生心无間《ナキコトヒマ》一　汝能済度豈不護

(17) 安城市歴史博物館編『ものがたり善光寺如来絵伝』二〇〇三年。岡崎市美術博物館編『三河の念仏』二〇〇九年。

(18) 小山正文「法然絵伝と真宗」『親鸞と真宗絵伝』注(6)前掲書（初出一九八八年）。

(19) 注(4)前掲書所収。その著述意図を説く序文の一部および跋文を掲げる。

（前略）就レ中ニ、梵漢和ニ伝通シ、正像末ニ翩ヘテ、無仏世界ノ衆生ノ導師、興法利生ノ慈悲ノ大聖、日域伝燈ノ根源、片洲濁世ノ二諦ノ能化、上宮法王ノ本迹ニ付キ、三国出世ノ次第ニ於ヒテ、巨海ノ滞水ヲ慰メ、九牛ノ一毛ヲ挙ケテ、恩山ノ頂キニ加ヘムカ為ニ、懋ヰニ三巻ノ画図ヲ録シテ、剰サヘ先師ノ素意ヲ顕ハシ、聖徳太子内因ト是ヲ号ス。（序）

今此云二内因曼陀一者、於二本所記録家一、相伝細旨宏博而《シテ》、輙ク難レ闚二其奥旨一一者哉。爰ニ有二一人行者一、湛二多年専修之法水一、偏ニ積二但信称名之劫功一。併ラ帰ル二他力本誓一余リ、恭二敬上宮法王一。剰ヘ造二移シテ彼尊像一、安二一堂一。然而、於二当流一、故《コ》ニ帰伏之、強ニ雖崇敬、不レ知二其由来一、亦復不レ存二先師素意一。依之一、発二一願一、望レ知二大概一之処ニ、即賤テ於二太子渇仰ノ持者一、見二彼懇志一黙シテ難レ止。是以、且闚二太子絵伝巨細一、且守二祖師上人之御本意一、今愍讃二嘆太子因位形状一、而次記二祖師上人御本意一。是則、為レ果二一人愚望一、不三顧二後見広智嘲弄一者也。（下略）（跋）

（20）梅沢恵「法隆寺献納宝物四幅本聖徳太子絵伝について」村重寧先生・星山晋也先生古稀記念論文集編集委員会編『日本美術史の杜』竹林舎、二〇〇八年。
（21）阿部泰郎「『聖徳太子伝集』総説・解題」真福寺善本叢刊第二期五巻『聖徳太子伝集』臨川書店、二〇〇六年。
（22）阿部泰郎「聖徳太子伝──中世太子伝「正法輪蔵」の輪郭」『国文学解釈と鑑賞』51‐9号、一九八六年。同「『正法輪蔵』解題」『国文学解釈と鑑賞』54‐10号、一九八九年。
（23）注（4）前掲書。
（24）村松加奈子「中世浄土真宗における善光寺如来絵伝と聖徳太子絵伝の共存──本證寺本善光寺如来絵伝の図像をもとに」『美学美術史研究論集』21号、二〇〇五年。
（25）信仰の造形的表現研究委員会編『真宗重宝聚英』第七巻『聖徳太子絵像・絵伝・木像』同朋舎、一九八八年。
（26）小島恵昭・渡邊信和「万徳寺蔵『聖徳太子伝』翻刻」『同朋学園佛教文化研究所紀要』2号、一九八〇年。
（27）安城市歴史博物館編『よみがえる上宮寺の宝物』二〇〇三年。同書所収の絵伝は、一九八八年の火災で焼失した。
（28）津田徹英『中世真宗の美術』日本の美術488、至文堂、二〇〇七年。
（29）山梨県立博物館編『祈りのかたち──甲斐の信仰』二〇〇六年。
（30）信仰の造形的表現研究委員会編『真宗重宝聚英』第四巻『親鸞聖人絵像・絵伝・本像』同朋舎、一九八八年。
（31）信仰の造形的表現研究委員会編『真宗重宝聚英』第十巻『慕帰絵・絵系図・源誓上人絵伝』同朋舎、一九八八年。
（32）小山正文「関東門侶の真宗絵伝──甲斐万福寺旧蔵絵伝を探る」『親鸞と真宗絵伝』法蔵館、二〇〇〇年（初出一九七九年）。
（33）大阪市立美術館編『聖徳太子ゆかりの名宝』二〇〇八年。
（34）安城市歴史博物館編『ものがたり善光寺絵伝』二〇〇三年。
（35）注（25）前掲書。
（36）村松加奈子「岡崎市・勝鬘皇寺本聖徳太子絵伝第四幅の構成について」宮治昭先生献呈論文集『汎アジアの仏教美術』中央公論美術出版、二〇〇七年。
（37）注（25）前掲書。
（38）注（25）前掲書。宇多法王宸筆と伝承される瑞泉寺本絵伝八幅の色紙型銘文は、各幅毎に配置を変え、第一幅から第二幅にかけて「廟崛偈」廿句文を、第三幅は「昔在霊山名法花、今在西方名弥陀尊、為利故示現女身、産生法王帰還西方」と太子墓起注文「銅蓋銘曰」初句「吾為利生彼出衡山此入日域、降伏守屋邪見、終顕仏法之威徳」。第四幅が「狐非獅子類、燈非日月明、池無巨海納、丘無嵩笠栄」。第五幅が「法雲垂世界、善種得開崩、顕通希有法、処々化群生」と「我身本来空、為弘仏法故、幻陽応化身、尽空還本土」。第六幅は「敬礼救世観音、伝燈東方粟《(ママ)》片土、従於西方来誕生、皆演妙法度衆生」の太子敬礼文と第七幅にかけて「名号称揚七日巳」以下「汝能済度豈不護」までの太子善光寺如来御書の文。同じく第七幅に「一切諸法、本来常住、愚夫顛倒、生死流転、大聖救世、慈悲方便、機興即生、縁謝離滅」。第八幅に「非生現生、我身大覚、化縁能尽、終帰本覚、仰願同生、止宮浄土」とあり、他に類例を見ない偈頌を多く含む。但しその意味は太子絵伝の描く伝記の展開に沿い、もしくは呼応するもので、全体の宗教的プログラムの一環として廟崛偈や御書の文と共に導入布置された意図が察せられる。

(39)注(25)前掲書。

(40)渡邊信和「芹摘后説話について」『聖徳太子説話の研究』第二章第四節、新典社、二〇一二年（初出一九八七年）。

(41)注(5)前掲論文。

(42)注(13)前掲書。

(43)牧野和夫・川崎剛志・藤井奈都子・佐藤愛弓「天理図書館蔵鶴林寺本『太子伝』」解題と翻刻、『磯馴帖』「村雨篇」注（12）前掲書。

(44)注(25)前掲書。

(45)小山正文「愛知県本證寺の聖徳太子絵伝」『聖徳』29号、一九九一年。

(46)注(24)前掲論文。

(47)大阪市立美術館編『聖徳太子信仰の美術』東方出版、一九九六年。

(48)真宗史料刊行会『大系真宗史料〔特別巻〕絵巻と絵詞』小山正文編、法蔵館、二〇〇六年。

(49)注(25)前掲書。

(50)『聖徳太子信仰の美術』（注(47)前掲書）所掲の「光明本尊厨子」は、文明十四年（一四八二）銘を有し、阿弥陀立像を納める厨子の内側に漆箔を施し、奥壁に九字名号を中央に、左右に六字と十字の名号を施し、左右扉に天竺震旦高僧連坐像・和朝太子先徳連坐像を描いて立体的に光明本尊をあらわすが、太子絵伝には及ばない。

第五章

(1)落合俊典「中世に於ける経蔵の目録学的分類と諸相——一切経・章疏・聖教」『説話文学研究』41号、二〇〇六年。

(2)阿部泰郎「如是我聞の文学——日本における対話様式の系譜」『岩波講座文学　第四巻　超越性の文学』岩波書店、二〇〇三年。

(3)小泉弘・高橋伸幸編『諸本対照三宝絵』笠間書院、一九八三年。

(4)黒田彰「神道集、真名本曾我と平家打聞」『中世説話の文学史的環境』和泉書院、一九八七年。

(5)上川通夫「一切経と古代の仏教」『日本中世仏教史料論』吉川弘文館、二〇〇八年。

(6)皆川完一「光明皇后願経五月一日経の書写について」『日本古文書学論集3　古代Ⅰ』吉川弘文館、一九八八年。

(7)国文学研究資料館編、真福寺善本叢刊第二期第一巻『真福寺古目録集二』臨川書店、二〇〇五年。

(8)密教に限らず諸宗全体を視野に入れるなら、興福寺永超が嘉保元年(一〇九四)に編んだ『東域伝灯目録』が、院政期において成立した当時の仏教学の範疇を示す典型といえよう。末木文美士「『東域傳燈目録』の諸問題」『高山寺本東域傳燈目録』(高山寺資料叢書第十九冊)東京大学出版会、一九九九年。

(9)園城寺編『園城寺文書　第一巻　智證大師文書』講談社、一九九八年。大阪市立美術館他編『国宝三井寺展』図録、二〇〇八年。

(10)新見康子『東寺宝物成立過程の研究』思文閣出版、二〇〇八年。

(11)橋本初子『中世東寺と弘法大師信仰』思文閣出版、一九九一年。

(12)小原仁「『三宝院経蔵目録』(一)・(二)」『(醍醐寺文化財研究所)研究紀要』20・21号、二〇〇五・二〇〇六年。

(13)『醍醐寺新要録』巻第十下諸院部三宝院篇、聖教等類(醍醐寺文化財研究所編『醍醐寺新要録』法藏館、一九九一年)。

(14)永村眞「遍智院成賢の教説と聖教」同編『醍醐寺の歴史と文化財』勉誠出版、二〇一一年。

(15)『阪本龍門文庫覆製叢刊』第二巻、龍門文庫、一九五九年。本目録の末尾には、惟宗孝言作「納和歌集等於平等院経蔵記」延久三年(一〇七一)(『本朝続文粋』所収)が加えられている。その中で、「顕密之法文」に「讃嘆佛乗之句偈」として世俗の歌詠を奉納する意義を説くことが、経蔵の宗教テクスト布置の要に和歌を位置付ける意図を表明する点で注目される。

(16)阿部泰郎「宝珠と王権――中世王権と密教儀礼」『岩波講座　東洋思想16　日本思想II』岩波書店、一九八九年。

(17)法隆寺においては、この「大経蔵」の内実としての一切経は未だ古代には存在しない。それに対応するのが、「夢殿行信願経」と伝称される大般若経であったと考えられる。一切経は院政期に至って漸く聖霊院の創建と共に成立することになる。堀池春峰「平安時代の一切経書写と法隆寺一切経」『南都仏教史の研究――諸寺篇』法藏館、一九八二年(初出一九七一年)参照。

(18)本書第三章参照。

(19)田口和夫、馬淵和夫「翻刻・醍醐寺蔵『転法輪秘伝』」『(醍醐寺文化財研究所)研究紀要』18号、二〇〇〇年。阿部泰郎「唱導――〝唱導説話〟考」『説話の講座3　説話の場――唱導・注釈』勉誠社、一九九三年。

(20)清水宥聖「澄憲と説法道」櫛田良洪博士頌寿記念会編『高僧伝の研究』山喜房佛書林、一九七六年。山崎誠「東寺宝菩提院蔵『公請表白』刊謬」「安居院唱導資料纂輯(四)」『(国文学研究資料館)調査研究報告』16号、一九九四年。

(21)山崎誠「守覚法親王と表白の類聚」阿部泰郎・山崎誠編『守覚法親王と仁和寺御流の文献学的研究』(論文篇)勉誠社、一九九八年。牧野淳司「十二巻本『表白集』解題」『法儀表白集』真福寺善本叢刊第二期第八巻、臨川書店、二〇〇六年。

(22)仁和寺紺表紙小双紙研究会編『守覚法親王の儀礼世界――仁和寺蔵『紺表紙小双紙』の研究』勉誠社、一九九五年。

(23)小峯和明『中世法会文芸論』笠間書院、二〇〇九年。国文学研究資料館編、真福寺善本叢刊第一期第四巻『中世唱導資料集』臨川書店、二〇〇〇年。同第一期第二巻『法華経古注釈集』臨川書店、二〇〇〇年。同第二期第四巻『中世唱導資料集二』臨川書店、二〇〇八年。
(24) 阿部泰郎「仁和寺本『釈門秘鑰』翻刻と解題」「安居院唱導資料纂輯（六）」『（国文学研究資料館）調査研究報告』17号、一九九六年。同「説話と説経師」『伝承文学研究』45号、一九九六年。
(25) 山崎誠「龍門文庫蔵『雑念集』翻刻と解題」「安居院唱導資料纂輯（五）」『（国文学研究資料館）調査研究報告』16号、一九九五年。同「澄憲の晩年と雑念集」『仏教文学講座第八巻　唱導の文学』勉誠社、一九九五年。
(26) 平雅行「安居院聖覚と嘉禄の法難」『日本中世の仏教と社会』塙書房、一九八九年。
(27) 永井義憲・清水宥聖編『安居院唱導集　上巻』角川書店、一九七五年。
(28) 東大寺図書館本は、山崎誠「東大寺図書館蔵宗性写『転法輪鈔仏三身』翻刻と解題」『（国文学研究資料館）調査研究報告』18号、一九九七年。国立歴史民俗博物館蔵本は、阿部泰郎・牧野淳司編「『転法輪鈔』翻刻と解題・索引」『国立歴史民俗博物館研究年報』（二〇一三年度刊行予定）。
(29) 田島公「中世蔵書目録管見」（科学研究費基盤研究(A)「禁裏・宮家・公家文庫収蔵古典籍のデジタル化による目録学的研究」研究成果報告書、二〇〇六年）に紹介される、醍醐寺地蔵院経蔵の一端を伝える京都大学蔵「大通寺文書（影写本）」所収「北御経蔵御聖教納物目録」（正和元年〈一三一二〉）には「車去車少（転法輪鈔）一合、角赤手箱」と見える。また同目録に「法苑大門櫃一合」と見える分は、東京大学史料編纂所蔵「大通寺文書（影写本）」所収「北御経蔵目録」に「法苑釈門櫃」として「法花経釈九帖／阿字事一帖／法苑詞花（十五帖現在）／釈門秘鑰廿五帖」等とその内容が記される。
(30) 注(27)前掲書所収。畑中栄編『言泉集』古典文庫（第六三九冊）、二〇〇〇年。
(31) 牧野淳司「安居院流唱導書の形成とその意義」阿部泰郎編『中世文学と寺院資料・聖教』竹林舍、二〇一〇年。同論文では、特に仏宝の領域において舎利の部類に付与された意義の大きさを指摘している。
(32) 村山修一『普通唱導集――翻刻・解説』法蔵館、二〇〇六年。
(33) 阿部泰郎「唱導と中世芸能――説経師をめぐる芸能と伝承」小林健二編『中世の芸能と文芸』竹林舍、二〇一二年。
(34) 『雑談集』における〝書くこと〟への志向は、その「雑談」が「愚老」の「述懐」であることと裏腹な意識である。そうした両義性は、たとえば巻八「コレハ甚深ノ法門口伝也、輙不可記、然ドモ本来法ヲ秘スル心ナク侍マヽニ、老後ニ同法ニヲシヘタク存ジテ記セリ、深秘ノ口伝也」という表明にも示されている。山田昭全校注『雑談集（中世の文学）』三弥井書店、一九七三年。
(35) 多賀宗隼『慈円』（人物叢書）吉川弘文館、一九七四年。同『慈円の研究』吉川弘文館、一九八〇年。
(36) 赤松俊秀・岡見正雄校注『愚管抄』（日本古典文学大系）岩波書店、一九六八年。
(37) 多賀宗隼『校本　拾玉集』吉川弘文館、一九七一年。
(38) 山本信吉他編『青蓮院吉水蔵聖教目録』汲古書院、一九九九年。

(39) 多賀宗隼「二九一箱」『中世の思想と文化　僧侶篇』法蔵館、一九七八年。
(40) 多賀宗隼『慈円の研究』注(35)前掲書、第二部第四章「修行と信仰形成」、四三三頁。
(41)「三種悉地真言」は、善無畏訳『三種悉地破地獄転業障出三界秘密陀羅尼法（三種悉地秘密真言法）』（『大正蔵』一八所収）に相当すると考えられる。
(42) 赤松俊秀「慈鎮和尚夢想記について」『鎌倉仏教の研究』平楽寺書店、一九五七年。多賀宗隼『慈円の研究』注(35)前掲書。
(43) 天台宗典編纂所編『続天台宗全書　密教1』春秋社、一九九九年。
(44) 東京国立博物館・東京大学史料編纂所編『時を超えて語るもの』特別展図録、二〇〇三年。
(45) 山本一『慈円の和歌と思想』和泉書院、一九九九年、第三章「早卒露胆百首」、第十五章「建保・承久期法楽百首群の範囲と性格」。
(46) 注(45)前掲書、第十四章「難波百首とその思想」。慈円和歌研究会『慈円　難波百首全釈』風間書房、二〇〇九年。
(47) 石川一『慈円和歌論考』笠間書院、一九九八年、第二章第七節。
(48) 赤松俊秀「愚管抄について」『鎌倉仏教の研究』注(42)前掲書。
(49) 多賀宗隼『慈円の研究』注(35)前掲書。
(50) 阿部泰郎「慈円作『六道釈』の発見――慈円における歴史と宗教および文学」『(季刊) 文学』6-3号、一九九七年。
(51)『毎日可守時刻次第』、『自行次第』、『大法秘法事』は、多賀宗隼編『慈円全集』(七丈書院、一九四五年) 所収。
(52) 注(51)前掲書所収。
(53) 多賀宗隼『慈円の研究』注(35)前掲書、第十六章。
(54) 村田正志「青蓮院吉水蔵に於ける慈円史料」『歴史地理』84-1号、一九五三年。

第六章

(1) 宗教テクストとしての一切経および一切経蔵の事例としては、春日社一切経蔵が挙げられる。春日社一切経は、康和二年（一一〇〇）、白河院により奉納された。それは法勝寺一切経に先立ち、院による一切経造立の初例である。同時にこの一切経による毎日不断転読が始行され、その供料として越前国河口荘が寄進され、それは中世を通じて興福寺を支える有力荘園となった。これは院による摂関家の宗教的権威への積極的な挑戦であり、寺社勢力としての春日社・興福寺を取り込むべく強い政治的意図を籠めた施策であろう。その背景には『春日権現験記』巻一から巻二に取り上げられる、寛治六年（一〇九二）の白河院金峯山参詣（この時に春日神が院自身に憑いて不満を表明したと伝える）と、翌七年の春日社御幸という一連の宗教施策があった（「其後、康和年中、一切経論をかゝせられて、社頭に経蔵をたて、百口の僧をゝかれて転読せらる。越前国河口庄をながく供料に寄進せらる」『験記』

巻二「春日行幸事」)。社頭における一切経転読の儀礼の場として、本殿前に「一切経御廊」と呼ばれた回廊が建てられ、ここに興福寺僧が結番して勤仕し、名字を記した懸札は、室町時代半ばまで康和の始行の時のままに惣蔵司が黒塗の上に胡粉で書く習いであった(『大乗院寺社雑事記』長禄四年〈一四六〇〉三月二十二日条)。松村和歌子「春日社興福寺の中世的確立――毎日一切経転読の開始と東西御廊の成立を中心に」『立命館文学』624号、二〇一二年。この一切経蔵の位置や規模を含む、中世春日社の宗教空間については、大塚紀弘「中世春日社の仏教的空間」『日本宗教文化史研究』13-1号(二〇〇九年)に考察が備わる。

また、この春日社一切経蔵の内部構造とその中の宗教テクストの配置が詳細に記された指図と注文が、興福寺大乗院記録に含まれている。末柄豊「興福寺蔵『大乗院御門跡御文庫古文書写』」『興福寺旧蔵文書による古文書と古記録の関連についての文献学的研究』科学研究費基盤研究(C)研究成果報告書、二〇〇八年。解題によれば、「一切経」図が春日社一切経蔵の指図であり、その内容と配置が『大乗院寺社雑事記』に収められる文永元年(一二六四)の惣蔵司賢位による「注文」と一致することが指摘される。指図によれば、一切経蔵は南面し、東、北、西の三方に棚が設けられ、中央に逗子を置く。三方棚の各下二重に毎日不退一切経八十五合を並べ、うち五合は真言経であった。中心をなすのは、白河院の一切経と後深草院等の御願勅筆になる唯識論、および摂関家の発願による大般若経、五部大乗経、法華経等であるが、これに真言経と音義が加えられる。また注目すべきは、それぞれの願文が添えられることと、一切経について河口荘の置文証文が併せて保管されることで、更に不断転読を運営する根本記録というべき「古今着到」を納め、ここが宗教テクストの機能し続ける場であることを示している。

(2)中世における五部大乗経書写の意義と歴史的位置については、湯之上隆「平安時代の写経と法会――五部大乗経をめぐって」河添房江他編『音声を書くこと』(叢書「想像する平安文学」第八巻)勉誠出版、二〇〇一年。同論は、天台宗の五時教判に由来し五時講等により講説された五部大乗経が、白河院による金字五部大乗経供養に発する大乗会において国家法会となったことを画期と認めており、白河院の一切経造立供養の基盤に接続することが裏付けられる。

(3)上川通夫『日本中世仏教史料論』吉川弘文館、二〇〇八年、「一切経と古代の仏教」(初出一九九八年)、「一切経と中世の仏教」(初出一九九九年)。

(4)上川通夫「奝然入宋の歴史的意義」『日本中世仏教形成史論』校倉書房、二〇〇七年(初出二〇〇二年)。

(5)堀池春峰「平安時代の一切経書写と法隆寺一切経」『南都仏教史の研究――諸寺篇』法藏館、一九八二年(初出一九七一年)。法隆寺一切経に関しては、竺沙雅章編『法隆寺一切経の基礎的研究――大谷大学所蔵本を中心として』平成八―一〇年度科学研究費基盤研究(B)成果報告書、一九九九年。宮崎健司「法隆寺一切経と『貞元新定釈教目録』」『日本古代の写経と社会』塙書房、二〇〇六年。大谷大学博物館編『法隆寺一切経と聖徳太子信仰』二〇〇七年。

(6)元興寺文化財研究所編『大和郡山市西方寺所蔵一切経調査報告書』大和郡山市教育委員会、一九八四年。中尾堯編『京都妙蓮寺蔵「松尾寺一切経」調査報告書』大塚巧藝社、一九九七年。京都府教育委員会編『興聖寺一切経調査報告書』京都府教育委員会、一九九八年。

（7）『金剛寺一切経の基礎的研究と新出仏典の研究』平成十二―十五年度科学研究費基盤研究(A)研究成果報告書、研究代表者：落合俊典、二〇〇四年。『金剛寺一切経の総合的研究と金剛寺聖教の基礎的研究』科学研究費基盤研究(A)研究成果報告書、研究代表者：落合典俊、二〇〇七年。

（8）行成の孫にあたる藤原定信による一筆一切経書写については、『宇槐記抄』仁平元年十月七日条「定信朝臣、年来自ラ書ニキ一切経一ヲ、已ニ終ルニ其ノ功一ヲ。書写ノ間経ニ二十三年一ヲ」。『今鏡』藤波の中第五水茎「定信の君は、一切経と一筆に書き給へる、たゞ人とも覚え給はず、世になきことにこそ侍るめれ」。

（9）高野山天野社一切経会については、「天野舞楽の史的展開」遠藤徹編『天野社舞楽曼荼羅供――描かれた高野山鎮守社丹生都比売神社遷宮の法楽』岩田書院、二〇一一年。

（10）菊地大樹「文治四年後白河院如法経供養記」について――新出『定長卿記』の翻刻と研究」『中世仏教の原形と展開』吉川弘文館、二〇〇七年。文治四年の後白河院による如法経供養の導師を勤めた澄憲の草になる『十種供養』金剛寺蔵本が、恋田知子により紹介されている。「新出金剛寺蔵『十種供養』をめぐって――法華経の唱導と儀礼」文部科学省私立大学学術研究高度化推進事業学術フロンティア「奈良平安古写経研究拠点の形成」公開研究会、二〇〇九年。

（11）比叡山延暦寺蔵。その仮名願文は『門葉記』如法経二（『大正新修大蔵経』図像部所収）に引載される。

（12）京都国立博物館編『藤原道長――極めた栄華・願った浄土』二〇〇九年。

（13）『平安遺文』第11巻、六二八〇。

（14）『拾遺往生伝』巻上に収められる経暹の伝によれば、一切紙の料紙を求めて但馬国にあった弟子の慈応は、夢に師の極楽往生を見たという。

（15）宇佐宮が如法経埋経の中心拠点であった背景には、八幡本地釈迦説と霊山信仰の宗教的伝統が存在した可能性がある。それを示す遺品が神輿障壁画であった霊鷲山説法図（室町時代制作）である。

（16）飯沼賢司「道長の夢」『弥勒憧憬』大分県立歴史博物館、一九九五年。同『八幡神とは何か』角川書店、二〇〇四年。

（17）上島享『日本中世社会の形成と王権』名古屋大学出版会、二〇一〇年。

（18）上川通夫「一切経と中世の仏教」注(3)前掲論文。阿部泰郎「院政期文化の特質」『日本史講座第三巻　中世の形成』東京大学出版会、二〇〇四年。

（19）『七寺一切経目録　尾張史料』七寺一切経保存会、一九六八年。

（20）「藤原清衡立願文案」『平安遺文』古文書篇第五巻、二〇五九。

（21）東北歴史資料館編『名取新宮寺一切経調査報告書』東北歴史資料館、一九八〇年。

（22）『本朝続文粋』巻第十三「白河法皇八幡一切経供養願文」。
（23）久安五年（一一四九）経帙銘。
（24）栗田勝弘「経塚勧進僧の行動と連鎖の軌跡——同一名の追跡試論」小田富士雄・平尾良光・飯沼賢司編『経筒が語る中世の世界』思文閣出版、二〇〇八年。
（25）『平安遺文』金石文篇。奈良国立博物館編『経塚遺宝』東京美術、一九七七年。
（26）明暦二年（一六五六）写本、個人蔵。東京国立博物館編『那智経塚遺宝』東京美術、一九八五年。
（27）奈良国立博物館編『経塚遺宝』注（25）前掲書所収。上川通夫「中世仏教と「日本国」」（注（4）前掲書所収）に作善の一覧を示す。
（28）『宇治拾遺物語』「仲胤（忠）説法事」等を参照。阿部泰郎「唱導——〈唱導説話〉考」『説話の講座3　説話の場——唱道・注釈』勉誠社、一九九三年。
（29）注（8）参照。
（30）中世に、帝王による紺紙金泥般若心経の書写は、嵯峨天皇の創始と伝える大覚寺心経堂への奉納経の如く、国家護持と災厄消除の祈願として伝統化し、室町末期まで継承された。
（31）建長三年（一二五一）富士滝本往生寺にて書写の本奥書を有す。西岡芳文「尊経閣文庫所蔵『古文状』について」『金沢文庫研究』305号、二〇〇〇年。
（32）西岡芳文「新出『浅間大菩薩縁起』にみる初期富士修験の信仰」『史学』73-1号、二〇〇五年。
（33）浅間神社社務所編『浅間文書纂』足立鍬太郎「富士山頂三島嶽経塚遺文中の経筒と経巻につきて」富士宮浅間神社、一九三一年。
（34）『三国伝記』巻十二最終話「富士山事」池上洵一校注、三弥井書店、一九八九年。

第七章

（1）『修学土代』とも題す。本書は、永村眞「遍智院成賢の教説と聖教」同編『醍醐寺の歴史と文化財』（勉誠出版、二〇一一年）に、醍醐寺本（元和元年〈一六一五〉堯円写）により全文の翻刻を含めて紹介され、解説が備わる。内題に「真言師可沙汰事」、末尾に「己上条々、為初心人、随思出記之、東寺沙門成─（賢）」の識語を付す。本文は、（事）自相・教相・目録・血脈・支度巻数・日記先例・図像・香薬・梵字悉曇・声明法則・持戒行業の十一項にわたって、真言師の弁えるべき密教修学の要諦を簡潔に教訓した入門の手引である。醍醐寺本には本奥書に建保六年（一二一八）憲深の書写識語があり、成立はそれ以前に遡る。同書は、成賢の主著である事相類聚尊法集成『薄双紙』「作法部」中の一帖としても含まれており（勧修寺大経蔵本、金沢文庫寄託称名寺本）、富士市六所家伝来東泉院旧蔵本『真言土代』一帖も「薄双紙内」と注して、中央の大寺院ないし地方寺院に流伝した三宝院流報恩院方に必備の聖教として伝来した消息が窺える。以下の引用は東泉院本に拠った。成賢の事績に関しては、西弥生『中世密教寺院と修法』勉誠出版、二〇〇九年参照。
(2)『園城寺文書』第一巻「智証大師文書」講談社、一九九八年。
(3)滋賀県立琵琶湖文化館編『仏像——胎内の世界』一九九九年。
[聖護院蔵智證大師像胎内納入品]
・『円珍入唐求法惣目録』末尾円珍自筆奥書識語
此求法目録一巻謹送上上
太政大閣下伏奉結縁日本天安三年歳次己卯四月十八日僧円珍録上
・覚忠願文
康治二年八月十三日丁酉、以佛師良成、於御室戸、令奉造写唐院大師御真像、同十八日壬寅、佛舎利一粒、大師御筆、入唐求法
惣目録一巻并如意輪心中心真言一帋、令奉入籠件真像中畢、
願大師、垂照見加護念、世々生々為門弟、同共悟元生忍矣、　三井寺沙門権大僧都覚忠記
(4)『青蓮院門跡吉水蔵聖教目録』汲古書院、一九九九年。大正新修大蔵経『昭和法宝目録』第二巻所収。本来四帖で構成されたうち二帖分が伝存したものと推定される。
(5)安嶋紀昭「金色不動明王画像の研究——根本像と曼殊院本」『東京国立博物館研究紀要』29号、一九九四年。
(6)『東宝記』東京美術、一九八〇年。東寺宝物館編『東寺と「東宝記」——東寺ルネッサンス』一九九六年。
(7)高野山大学附属高野山図書館編『善本聚粋』第二巻、高野山大学、一九九六年。高野山光明院文庫蔵、勧修寺大経蔵本。同じく寛信自筆識語本として『東寺冊帖策子目録』一巻も併せて伝来している。大正新修大蔵経『昭和法宝目録』第一巻所収(奥書の署名は「寛胤」と翻印されているが、寛信の自筆識語本であり、訂されなくてはならない)。
(8)景山春樹『舎利信仰——その研究と史料』東京美術、一九八六年。
(9)『東宝記』法宝下(巻第六)『国宝東宝記原本影印』東京美術、一九八二年。
(10)新見康子『東寺宝物の成立過程の研究』思文閣出版、二〇〇八年。
(11)橋本初子『中世東寺と弘法大師信仰』思文閣出版、一九九一年。
(12)注(10)前掲書。
(13)上島享「随心院と随流の確立」『仁海——仁海僧正御誕生一〇五〇年記念』小野随心院、二〇〇五年。
(14)栄海『慈尊院伝受私記』(序章注(28)前掲書参照)。
(15)小原仁「『三宝院経蔵目録』㈠・㈡」『(醍醐寺文化財研究所)研究紀要』20・21号、二〇〇五・二〇〇七年。
(16)永村眞編『醍醐寺聖教文書目録』第六巻(勉誠出版、二〇〇六年)によれば、第百七函にその一部である『三宝院真言経蔵目

録目録并櫃等記』満済写本一巻分のみが伝存することが知られる。

(17) 醍醐寺文化財研究所編『醍醐新要録』法蔵館、一九九一年。

(18) 右真言蔵聖教佛像道具等目録、都十二巻、伝現在所令実録也。不可散失之由、雖有祖師御起請。其後、粗有散失歟。淩遅之基、何事加之哉。仍、今一々録了。兼又、聖教等云、本書云、抄記委加被覧、取去重本、相分部類了。向後、若有散在之、不審者、任目録可合点。更不可有違失状、如件。

治承三年六月十日　　蔵司乗遍

座主法印権大僧都勝賢

(19) 吉田経房『吉記』承安四年（一一七四）八月十三日条に、院命により経房らが参上して、執行静賢を中心に、蓮華王院宝蔵に収められる「御書」を点検し目録を作成する作業を行う記事があり、そこに証本となる書を採り重本を除く基本方針が示されており、聖教と典籍にわたり共通した宝蔵「御書」の撰定基準と、それが後白河院自身の意向によることが知られる。

(20) 注(17)前掲書所収。この時期は、同年七月一日の鳥羽法皇の崩御により惹起する保元乱の直前にあたり、その政治的な背景や動機が考慮されてよいであろう。

(21) 土谷恵『中世寺院の社会と芸能』吉川弘文館、一九九九年。

(22)『続群書類従』巻八二五、底本は真福寺大須文庫本。

(23) 竹居明男『日本古代仏教の文化史』吉川弘文館、一九九六年。阿部泰郎「院政期文化の特質」『日本史講座第三巻　中世の形成』東京大学出版会、二〇〇四年。

第八章

(1)『大日本仏教全書』法儀部。真福寺大須文庫にも、二世信瑜が東大寺東南院門主の許に在った本を書写した善本一帖が伝えられる。

(2) 村山修一「守覚法親王の北院御室日次記」『古代仏教の中世的展開』法蔵館、一九七六年。仁和寺紺表紙小双紙研究会編『守覚法親王の儀礼世界——仁和寺蔵『紺表紙小双紙』の研究』勉誠社、一九九五年所収。

(3) 阿部泰郎・山崎誠編『守覚法親王と仁和寺御流の文献学的研究』（論文篇）勉誠社、一九九八年。

(4) 阿部泰郎「守覚法親王と密要鈔」、注(3)前掲書所収。

(5) 阿部泰郎「『文車第二目録』解題」国文学研究資料館編、真福寺善本叢刊第二期第一巻『真福寺古目録集二』臨川書店、二〇〇五年。

(6) 注(2)前掲書。

（7）阿部泰郎・山崎誠『守覚法親王と仁和寺御流の文献学的研究』（資料篇）勉誠出版、二〇〇〇年所収。
（8）注（2）前掲書所収。
（9）阿部泰郎「守覚法親王と紺表紙小双紙」、注（2）前掲書所収。
（10）荒木浩「随心院本『啓白諸句』解題と翻刻」荒木浩編『小野随心院所蔵の密教文献・図像調査を基盤とする相関的・総合的研究とその探究』二〇〇四年度大阪大学大学院文学研究科共同研究報告書、二〇〇五年。
（11）山崎誠「守覚法親王と表白の類聚――『表白御草』再考」、注（3）前掲書所収。
（12）牧野淳司「十二巻本『表白集』巻四」解題、国文学研究資料館編、真福寺善本叢刊第二期第八巻『法儀表白集』臨川書店、二〇〇六年所収。
（13）注（7）前掲書所収。
（14）山崎誠『江都督大納言願文集注解』塙書房、二〇一〇年。
（15）国文学研究資料館編、真福寺善本叢刊第一期第六巻『両部神道集』（臨川書店、一九九九年）に、①のうち『八幡本地行法次第』を除いた全点が収録される。伊藤聡による解題参照。
（16）本書第十八章参照。
（17）麗気記研究会編『麗気記』上巻、法蔵館、二〇〇三年。
（18）伊藤聡「中世密教における神道相承について――特に麗気灌頂相承血脈をめぐって」『中世天照大神信仰の研究』法蔵館、二〇一〇年（初出二〇〇二年）。
（19）伊藤聡「神祇灌頂の世界」奈良国立博物館「神仏習合」展公開講演会資料、二〇〇七年。
（20）国文学研究資料館編、真福寺善本叢刊第一期第七巻『中世日本紀集』臨川書店、一九九九年所収。
（21）磯馴帖刊行会編『磯馴帖』「村雨篇」和泉書院、二〇〇二年所収。
（22）久保田収「御流神道」『中世神道の研究』神道史学会、一九五九年。
（23）阿部泰郎「即位法の儀礼と縁起」『創造の世界』93号、小学館、一九九〇年。
（24）赤松俊秀「慈鎮和尚夢想記について」『鎌倉仏教の研究』法蔵館、一九五七年。
（25）上川通夫「即位灌頂の成立」『日本中世仏教形成史論』校倉書房、二〇〇七年（初出一九九二年）。
（26）小川剛生『二条良基研究』笠間書院、二〇〇五年、第二篇第一章「即位灌頂と摂関家」。
（27）『三僧記類聚の総合的研究』平成十二～十五年科学研究費基盤研究Ⓑ研究成果報告書（研究代表者：武内孝善）。
（28）松本郁代『中世王権と即位灌頂』森話社、二〇〇五年。なお、本書に対する筆者の評価は、書評「松本郁代『中世王権と即位灌頂』を評す」（『日本文学』二〇〇六年七月）に述べた。

（29）櫛田良洪「神祇灌頂の展開」『真言密教成立過程の研究』山喜房佛書林、一九六八年。

（30）神奈川県立金沢文庫特別展観図録（西岡芳文編）『陰陽道×密教』二〇〇七年。西岡芳文「金沢称名寺における頓成悉地法――企画展「陰陽道×密教」補遺」『金沢文庫研究』320号、二〇〇八年。

（31）守覚著と伝えられる『北院御室拾葉集』（『続群書類従』巻八三六）は、東寺中門夜叉神について、これを聖天・大黒天、吒天と秘説を示すが、これは最古の三天合行法を示唆するものであろう。

（32）阿部泰郎「慈童説話の形成――天台即位法の成立をめぐりて」『国語国文』600・601号、一九八四年。

（33）『今昔物語集』巻第四「龍樹俗時作陰形薬語第二十四」。

（34）『今昔物語集』巻第三十一「湛慶阿闍梨還俗為高向公輔語第三」。

（35）阿部泰郎「絵ものがたりの秘密――観音の神話をめぐりて」石川透編『広がる奈良絵本・絵巻』三弥井書店、二〇〇八年。

（36）彌永信美『大黒天変相　仏教神話学Ⅰ』法藏館、二〇〇五年。

（37）真福大須文庫『即位』一帖（第45合153号）、『頓成悉地法』一帖（第47合14号）、『頓成悉地大事等（輪王灌頂大事）』一帖（第47合149号）、『吒枳尼王別行儀軌』一帖（第50合37号）。

（38）阿部泰郎「宝珠と王権――中世王権と密教儀礼」『岩波講座　東洋思想16　日本思想Ⅱ』岩波書店、一九八九年。入江多美「日光山輪王寺蔵「伊頭那（飯縄）曼荼羅図」について」（『栃木県立博物館研究紀要――人文』25号、二〇〇八年）によれば、南北朝時代の下野国宇都宮大明神の社僧であった貞禅が日光山に奉納した飯縄（吒枳尼天）曼荼羅の中核部分が、この『多聞吒枳尼経』の所説に拠った図像であることが指摘されており、盤法との関連も論じられている。同論文が指摘するように、貞禅は応永六年（一三九九）に二荒山神社に『日本紀』三巻（神代上下と神武紀）と具書として『麗気記』十八巻および「神系図一巻」を奉納しており（二荒山神社蔵春慶塗筥銘）、経典の書写、縁起制作などを含めた宗教テクストの担い手として注目すべき存在である。

（39）阿部泰郎「中世宗教思想文献の研究（3）『輪王灌頂口伝』翻刻と解題」『名古屋大学文学部研究論集』（文学）55号、二〇〇九年。

（40）『中外抄』下（五二）仁平四年（一一五四）三月の談話に、「先年、高野の覚鑁上人をば、院已下殊に帰依す。よりて、我（中略）清隆の家にて見むと召して、上達部の座におひて逢ひたり。暫し心をしづめて見しに、鳶《とび》の尾羽挿しけたるにて見えしかば、かかる物にこそありけれとて、その後は召さじと定む。而るに、遂に事ありて高野を払はれ了んぬと」。池上洵一校注『江談抄　中外抄　富家語』新日本古典文学大系、岩波書店、一九九七年。

（41）『覚鑁聖人伝法会談義打聞集』は、中野達慧編・富田斅純校訂『興教大師全集』上巻（一九三五年）に校訂本文が収録され、永井義憲「『真言宗談義聴聞集』の説話――平安末期高野山教団内の説話資料」（『日本仏教文学研究』第三集、新典社、一九八五年（初出一九六七年））に、これに含まれる説話が紹介された。更に、藤井佐美『真言系唱導説話の研究　付・翻刻　仁和寺所蔵『真言宗打聞集』』（三弥井書店、二〇〇八年）に仁和寺本の紹介と分析が行われた。このうちの、年次未詳（大治四年〈一一二九〉～長承三年〈一一三四〉頃）「伝法会談義」には、弘法大師南円堂鎮壇説話の前提として、藤原氏の縁起というべき、真言方御即位法の因縁の原型が次のように語られている（藤井氏翻刻二五二頁）。

ヒタチ国小童、京上テ、漸々成瀧口一、殺大臣、超シテ成大臣一、是ヲ大職冠ト云也。（以下略）

また、同談義末尾には「堪慶還俗相」についての断片的なコメントがあり、「堪慶アサリ、即高大夫是也、讃岐守也、姓高向、還俗」という文脈は明らかに『今昔物語集』の堪慶説話が想起されている。

(42) 中世仏教における儀礼テクストに関する研究として、国立歴史民俗博物館公募共同研究（二〇〇九～一一年）「中世における儀礼テクストの綜合的研究――田中穣旧蔵『転法輪鈔』を中心として」（研究代表者：阿部泰郎）が行われ、その成果は『国立歴史民俗博物館年報』（二〇一三年刊行予定）に掲載される。特に、その総論としての「中世仏教における儀礼テクストの綜合的研究」を参照されたい。

(43)『愛染明王紹降記』（永井義憲『日本仏教文学研究』第三集、新典社、一九八五年所収）や『六字経験記』（千本英史『験記文学の研究』勉誠社、一九九三年所収）などがその好例である。

(44) 中世密教における灌頂印明の伝授に伴う口決のテクスト化として注目すべき聖教に、勝賢の伝授になり成賢の聞書とされる『纂元面受』がある。本書については、永村眞「遍智院成賢の教説と聖教」同編『醍醐寺の歴史と文化財』勉誠出版、二〇一一年。

第九章

(1)『太平記』巻十二「千種殿并文観僧正奢侈事付解脱上人事」に描かれる文観一党の威勢と没落の対比は、その間に挿まれる、貞慶が参宮して夢中に感得した、第六天魔王が貞慶を後鳥羽院の帰依僧となして堕落させようとの企てから逃れるため遁世したという出離因縁によって示される。承久乱による院政王権の没落を建武政権の命運と類比するための、手の込んだ説話化である。ここでの文観は、貞慶とは逆に〝魔〟に取り込まれた遁世僧として位置付けられる。また、巻二「三人僧徒関東下向事」は、元弘の変の一味として六波羅に捕えられ鎌倉へ送られた忠円、文観、円観の三人の「僧正」について叙す（その捕縛を元徳二年六月とするが、史実では元弘元年六月である）が、円観のみは無実の罪による配流として、王難による僧の刑死を説く因縁説話を挿んで同情的に描いている。文観および円観については、岡見正雄校注『太平記』第一・二巻（角川文庫、一九七五年・一九八二年）補注を参照。

(2)『宝鏡鈔』に関する分析は、彌永信美「密教儀礼と「念ずる力」――『宝鏡鈔』の批判的検討および『受法用心集』の「髑髏本尊儀礼」を中心として」（ルチア・ドルチェ／松本郁代編『儀礼の力――中世宗教の実践世界』法蔵館、二〇一〇年）に詳しい。

(3)『続真言宗全書』第三三巻、続真言宗全書刊行会、一九八八年所収。

(4) 黒板勝美「後醍醐天皇と文観僧正」『六大新報』602号、一九一五年（『史学雑誌』28-2号、一九一七年再録）。

（5）中村直勝「報恩院文観」『日本文化史』第七巻、大鐙閣、一九二二年（『中村直勝著作集』第二巻、淡交社、一九七八年再録）。
（6）辻善之助「両統対立の反映としての三宝院流嫡庶の争」『歴史と地理』12－1号、一九二三年（『日本仏教史之研究』続篇上、岩波書店、一九八四年再録）。
（7）東京大学史料編纂所『大日本史料』第六篇之二十一、一九二四年。
（8）長谷宝秀「文観上人の事跡」『伝燈』209号、一九〇〇年（『長谷宝秀全集』第一巻、法蔵館、一九九七年再録）。
（9）水原堯栄『邪教立川流の研究』冨山房書店他、一九二三年（『水原堯栄全集』第一巻、同朋舎出版、一九八一年再録）。
（10）守山聖真『立川流秘密史　文観上人之研究』森江書店、一九三八年。
（11）守山聖真『立川邪教とその社会的背景の研究』鹿野苑、一九六五年。
（12）水原堯栄『弘法大師影像図考』六大新報社、一九二六年（『水原堯栄全集』第二巻、同朋舎出版、一九八〇年再録）。
（13）真鍋俊照『邪教・立川流』筑摩書房、一九九九年（ちくま学芸文庫、二〇〇二年再録）。
（14）網野善彦『異形の王権』平凡社、一九八六年（平凡社ライブラリー、一九九八年再録）。
（15）奈良国立文化財研究所編『西大寺叡尊伝記史料集成』法蔵館、一九七六年。
（16）戒律文化研究会編『戒律文化』1～8号、二〇〇二～二〇一二年。
（17）内田啓一『文観房弘真と美術』法蔵館、二〇〇六年。
（18）大谷大学図書館蔵『瑜伽伝燈鈔』享禄四年（一五三一）写本十巻五冊（大通寺旧蔵）。辻村泰善「『瑜伽伝燈鈔』にみる文観伝」『元興寺文化財研究』69号、一九九九年。
（19）内田啓一「文観弘真の付法について（上・下）」『昭和女子大学文化史研究』7・8号、二〇〇三年・二〇〇四年、注(17)前掲書に収録。
（20）中山一麿「三宝院流儀経生成の一端――随心院蔵『即身成仏経とその周辺――附・随心院蔵『録外秘密経軌目録』」荒木浩編『小野随心院所蔵の密教文献・図像調査を基盤とする相関的・総合的研究とその探求』大阪大学大学院文学研究科荒木研究室、二〇〇五年。牧野和夫・高橋悠介「四天王寺国際仏教大学図書館所蔵『寶悉地成佛陀羅尼経』奥書識語と随心院蔵『大日如来金口所説一行法身即身成仏経』一巻の解題と紹介――宝珠・舎利と後醍醐天皇の周辺」『実践女子大学文学部紀要』47号、二〇〇五年。牧野和夫「新出『宝悉多陀羅尼経』（前欠）一巻をめぐる二、三の問題」『随心院聖教と寺院ネットワーク』3号、二〇〇七年。伊藤聡「勧修寺蔵『大日如来金口所説一行法身即身成仏経』について」『勧修寺論輯』8号、二〇一一年。
（21）阿部泰郎「宝珠と王権――中世王権と密教儀礼」『岩波講座東洋思想16　日本思想II』岩波書店、一九八九年。
（22）国文学研究資料館編、真福寺善本叢刊第二期第三巻『中世先徳著作集』臨川書店、二〇〇六年。
（23）『秘密源底口決』の諸本と本文については、渡辺匡一「善通寺蔵『秘密源底口決』翻刻・紹介」（『善通寺教学振興会紀要』6号、一九九九年）が最初に紹介し、『中世先徳著作集』には反映されていない。旧東泉院本については、阿部泰郎「東泉院聖教の復原と『秘密源底口決』の発見――調査中間報告」（『六所家総合調査だより』5号、富士市立博物館、二〇〇九年）。静岡県富士市立博物館所蔵東泉院旧蔵文中二年写本および高野山金剛三昧院蔵仙恵写本は初撰本系の源流となる古写本で、これに対し真福寺の信瑜写本は再治本である。

(24) 注(22)前掲書所収「秘密源底口決」「二寸合行秘次第」解題（阿部泰郎）。

(25) 三尊合行法の基盤となる中世密教の生み出した思惟とその実践については、ルチア・ドルチェ「二元的原理の儀礼化――不動・愛染と力の秘像」ルチア・ドルチェ／松本郁代編『儀礼の力――中世宗教の実践世界』法蔵館、二〇一〇年。

(26) 三尊合行法の本尊としての一仏二明王については、『一仏二明王口決』と題する口決が存在する。真福寺大須文庫蔵鎌倉時代写本『一仏二明王口決』の一帖（高野山大学寄託金剛三昧院にも同書を伝える）は、その原型となる一仏二明王法の要諦を伝える口決。

(27) 注(7)前掲書所収。

(28) 西大寺蔵『自行次第』折本一帖（第六四函一一六号）室町時代後期写本は、内題に「自行次第最極秘」、冒頭に「本尊ニ安置スル三尊ヲ也。／不動明王不三寸台極／本尊両部不二能具入／愛染明王五指量金極」とあり、道場観と本尊加持および護摩を中心とする三尊合行法の次第であり、真福寺本「二寸合行秘次第」の略作法と位置付けられる。その末尾には、年記は記されないが、「右、遺告大事、自宗大事、我道肝心不一、長者頂戴不見之、座主相承大事也。為付法記之、輙不外見、穴賢々々、勿異而已。法務前大僧正弘真在判」という文観識語を付す。

(29) 水原堯栄『弘法大師影像図考』（注(12)前掲書）に、親王院所蔵本の全部の図像と共に本文の一部が紹介されるが、該本の書誌情報等は詳らかにされない。全体の影印は、牧野和夫・藤巻和宏「実践女子大学附属図書館山岸文庫蔵『御遺告大事』一軸　解題・影印」『実践女子大学文学部紀要』44号、二〇〇二年。

(30) 真鍋俊照「虚空蔵求聞持法画像と儀軌の東国進出」『金沢文庫研究』294号、一九九五年（『密教図像と儀軌の研究』上巻、法蔵館、二〇〇〇年再録）に紹介され、全体の影印は奈良国立博物館編『仏舎利と宝珠――釈迦を慕う心』（二〇〇一年）に収録される。

(31) 空海『御遺告』諸本は、その最も広本というべき「二十五箇条」を含めて、高野山御影堂宝庫に『御手印縁起』（山図を含む）と共に、大師御自筆本と伝称される〝原本〟が蔵され、それらは『弘法大師伝全集』第一巻（六大新報社、一九三五年）に翻印されるが、文観が直接依拠したのは、現在醍醐寺に伝えられる伝大師御自筆本二十五箇条『御遺告』一巻であろう。本書には、延元三年（一三三八）四月に、文観が後醍醐天皇の「高覧」を経てその「震筆」を以て下された「相伝本」として秘蔵すべしとの文観識語が付され、「法務大僧正弘真奉持本」として花押が捺されている。天皇の証明を得て祖典としての典拠テクストの聖典化をはかり、ひいては自己の聖教体系全体の権威化を企てる意図が示されている。

(32) 『御遺告大事』が、『御遺告』末尾三箇条の〝秘密縁起〟の秘事を、三尊合行法本尊図像の変奏を表示しながら釈義を付する図像注釈テクストであることの様相は、阿部泰郎「宝珠の象る王権——文観弘真の三尊合行法聖教とその図像」（内藤栄編『舎利と宝珠』日本の美術539、ぎょうせい、二〇一一年）に詳論した。またその仁和寺本（享保元年写）による原色図版は『芸術新潮』「密教」特集号（二〇一一年八月号）に掲載した。

(33)『続真言宗全書』第二十六巻所収。その底本に対校本として掲げられる宝暦九年秀範写本の元になるのが宝徳四年（一四五二）宥覚写の真福寺本（58合151号）であり、この他にも東寺観智院本など多くの写本を伝える。

(34)ラポー・ガエタン「『三尊合行秘決』解題・翻刻」阿部泰郎編『中世宗教テクスト体系の復原的研究——真福寺聖教典籍の再構築』平成十九～二十一年度科学研究費基盤研究(B)研究成果報告書、名古屋大学文学研究科、二〇一〇年。

(35)ラポー・ガエタン「『当流最極秘決』解題・翻刻」注(34)前掲書所収。高野山大学光明院文庫本『最極秘密鈔』巻五奥書の伝来識語によれば、深円は明徳三年に内山永久寺中院において「故光明院殿御自筆之御本」つまり教賢の写本を写している。本書もおそらく同様の伝来を経たと推察される。

(36)注(22)前掲書所収。

(37)阿部泰郎『文観弘真著作の研究——「三尊合行法」関係聖教資料集』（ロンドン大学SOAS日本宗教研究センター／名古屋大学文学研究科共催ワークショップ「日本宗教のフィールドワーク」資料集、二〇〇八年）に巻三を翻刻・復原。全巻の奥書識語を抄出、目録化して掲載。

(38)高野山大学図書館蔵、金剛三昧院寄託聖教『遺告法』粘葉装三帖（2普／金／13）応永二十九年（一四二二）常重写本。

(39)赤塚祐道「中世における舎利信仰の一考察——『秘密舎利式』と『道場観大師法最秘』をめぐって」『密教学研究』42号、二〇一〇年。

(40)『日本大蔵経』修験道章疏第一巻。

(41)第五帖末の奥書には、南朝年号で元中九年（一三九二）光賢の伝授識語と北朝年号で同年にあたる明徳三年五月の深円の書写識語が記され、大和国内山永久寺の中院にて「故光明院殿御自筆之御本」を賜って写したとする。金剛三昧院本巻第一奥書の深円書写識語によれば、これは内山上乗院西輪院光賢の師であった教賢のことである。光明院本は、深円から更に栄耀に応永二九年（一四二二）に伝えられ、天正五年（一五七七）に玄瑜が写したもの。万徳寺本第三帖との関係は定かでない。

(42)阿部泰郎「中世宗教テクストの世界像」（『日本文学』57‐7号、二〇〇八年）において概要を紹介した。

(43)ラポー・ガエタン「『四度加行』解題・翻刻」注(34)前掲書所収。この、宝蓮が「師主」文観の教示を受けて撰述した密教修行入門書は、貞和四年（一三四八）に伊賀大岡寺で恵観が「師主御聴許」により書写している。これは『瑜伽瑜祇秘肝抄』の奥書に、貞和四年（一三四八）伊勢弘正寺にて恵観が「妙印上人御本」を以て書写し、明徳二年（一三九一）に伊賀大岡寺にて深泉が書写した識語を載せるのと呼応し、両書の伝来が重なることを示している。

（44）注(17)前掲書、第四章「弘真と後醍醐天皇」（一二〇頁）。
（45）注(14)前掲書。注(17)前掲書。黒田日出男『王の身体　王の肖像』平凡社、一九九三年（ちくま学芸文庫、二〇〇九年）。
（46）注(17)前掲書、第四章（一四九頁）。
（47）本著作年譜の作成にあたり、内田啓一『文観房弘真と美術』（注(17)前掲書）付載年譜および『大日本史料』第六編之二、守山聖真『文観上人之研究』等を参照した。なお、東寺三密蔵聖教識語の確認には坂本正仁氏の、また東大寺図書館、智積院蔵書等の識語の確認にはラポー・ガエタン氏の、それぞれ御教示を賜わった。記して感謝申し上げる。

第十章

（1）東大寺蔵「東大寺縁起絵」二幅は、鎌倉時代後期（十四世紀）作、絹本着色の掛幅縁起絵で、もと聖武天皇御陵前にあった西大寺流津院眉間寺に伝来した。東大寺大仏殿を中心とした伽藍図（および東大寺供養図が重ねられる）に加え、左右に東大寺縁起説話図と行基創建の天地院縁起図（シカゴ美術館蔵）を合わせた三幅対構成であった。奈良国立博物館編（中野玄三執筆）『社寺縁起絵』角川書店、一九七五年。
（2）阿部泰郎「〝次第〟を読む――守覚法親王「紺表紙小双紙」の世界から」『日本文学』44-4号、一九九五年。
（3）山本真吾『平安鎌倉時代に於ける表白・願文の文体の研究』汲古書院、二〇〇六年。
（4）『維摩講師研学竪義次第』宮内庁書陵部、一九七三年。
（5）佐藤道子『悔過会と芸能』法蔵館、二〇〇二年。
（6）中野玄三『悔過の芸術――仏教美術の思想史』法蔵館、一九八二年。上川通夫「古代仏教の歴史的展開」『日本中世仏教形成史論』校倉書房、二〇〇七年。
（7）元興寺文化財研究所編『東大寺二月堂修二会の研究』中央公論美術出版、一九七九年所収。
（8）神名帳と過去帳の儀礼テクストとしての機能と意義に関しては、本書第十二章参照。
（9）小松茂美編『東大寺大仏縁起・二月堂縁起』（続々日本絵巻大成　伝記・縁起篇6）中央公論社、一九九四年。
（10）『群書類従』一四二巻。山崎誠「『釈氏往来』考」『国文学研究資料館研究紀要』19号、一九九三年。
（11）石川謙編『日本教科書大系　往来編　古往来』第二巻、講談社、一九六七年。
（12）森正人「大鏡〈物語の場〉と法華経」『場の物語論』若草書房、二〇一二年（初出一九九〇年）。小峯和明「大鏡の語り――菩提講の意味するもの」『院政期文学論』笠間書院、二〇〇六年（初出一九八六年）。
（13）永井義憲「唱導文学史稿」『日本仏教文学研究　第一集』豊島書房、一九六六年。関山和夫『説教の歴史的研究』法蔵館、一九七三年。

(14) 東宝寺菩提院旧蔵、大正大学蔵『公請表白』。『源平盛衰記』巻四。清水宥聖「澄憲と「説法道」」櫛田良洪博士頌寿記念会編『高僧伝の研究』山喜房佛書林、一九七三年。
(15) 本書第五章第三節参照。阿部泰郎編『中世における儀礼テクストの綜合的研究――田中穣旧蔵『転法輪鈔』翻刻と解題』国立歴史民俗博物館研究年報、二〇一三年刊行予定。
(16)『続群書類従』巻八二五『表白集』底本の真福寺大須文庫本は、勝賢表白集の一部。他に室町時代写本『密宗表白集』一冊およびその断簡を蔵する。杏雨書屋蔵、勝賢『表白集』成賢写本も伝来する。
(17) 阿部泰郎・山崎誠・福島金治編『守覚法親王と仁和寺御流の文献学的研究』（資料篇）勉誠出版、二〇〇〇年
(18) 阿部泰郎「守覚法親王のテクスト宇宙」名古屋大学文学研究科二一世紀COEプログラム討議資料2、二〇〇三年。
(19) 荒木浩「随心院本『啓白諸句』解題と翻刻」同編『小野随心院所蔵の密教文献・図像調査を基盤とする相関的・総合的研究とその探求』大阪大学大学院文学研究科荒木研究室、二〇〇五年。
(20) 村山修一『普通唱導集　翻刻・解説』法蔵館、二〇〇六年。
(21) 松尾恒一・大東敬明「真福寺蔵『中堂呪師作法』翻刻」阿部泰郎編『中世宗教テクストの復原的研究――真福寺聖教の再構築』科学研究費基盤研究(B)研究成果報告書、二〇一〇年。
(22) 大東敬明「真福寺大須文庫所蔵『中堂呪師作法』――法呪師研究の一助として」『芸能史研究』192号、二〇一一年。
(23) 松尾恒一「六勝寺修正会儀礼の構造――饗宴・呪師・天皇」『日本民俗学』184号、一九九〇年。同「院政期法会論・院御願寺修正会をめぐって」院政期文化研究会編『宗教と表象』森話社、二〇〇四年。
(24) 能勢朝次「咒師考」『能楽源流考』岩波書店、一九三八年。
(25) 山本興造「常行堂修正会と芸能」『翁の座――芸能民たちの中世』平凡社、一九九〇年。
(26) 山本興造解題「日光山常行堂延年資料」『日本庶民文化史料集成第二巻　田楽・猿楽』三一書房、一九七四年。福原敏男『祭礼文化史の研究』法政大学出版局、一九九五年。
(27) 本田安次『延年』木耳社、一九七六年。
(28) 山本ひろ子「摩多羅神の姿態変換」『異神――中世日本の秘教的世界』平凡社、一九九八年（ちくま学芸文庫、二〇〇三年再刊）。
(29)『大正新修大蔵経』第七六巻、光宗『渓嵐拾葉集』「怖摩事」。
(30) 小松茂美編『続日本の絵巻2　融通念仏縁起絵巻』中央公論社、一九九二年。田代尚光『増訂　融通念仏縁起之研究』名著出版、一九七六年。梅津次郎「初期の融通念仏縁起について」『絵巻物叢考』中央公論美術出版、一九六八年。内田啓一「融通念仏縁起明徳版本の成立背景とその意図」『日本仏教版画史論考』法蔵館、二〇一一年。高岸輝「清凉寺本『融通念仏縁起絵巻』と足利義満七回忌追善」『室町王権と絵画――初期土佐派研究』京都大学学術出版会、二〇〇四年。阿部美香「『融通念仏縁起』のメッセー

ジ――正和本絵巻成立の意義をめぐって」昭和女子大学女性文化研究所編『女性と情報』御茶の水書房、二〇一二年。
(31) 恵心尼文書、第一通添書「この文《もん》ぞ、殿（親鸞）の比叡の山に堂僧つとめておはしましけるが、山をいでゝ、六角堂に百日籠らせたはまひて、構成のこといのりまうさせたはひける九十五日のあか月の御示現の文なり」。
(32) 名畑応順「解説」『親鸞和讃集』岩波文庫、一九七六年。
(33) 五来重『高野聖』角川書店、一九七六年。同『善光寺まいり』平凡社、一九八八年。
(34) 阿部泰郎「『七天狗絵』とその時代」『文学（隔月刊）』2―3号、二〇〇三年。
(35) 落合俊典「一遍の新出法語と和讃をめぐって――密教寺院の浄土教聖教」阿部泰郎編『中世文学と寺院資料・聖教』竹林舎、二〇一〇年。
(36) 五来重『踊り念仏』平凡社、一九八〇年。
(37) 阿部泰郎「儀礼の声――念仏の声とその儀礼」兵藤裕己編『思想の身体――声の巻』春秋社、二〇〇七年。本書第十三章。
(38) 關信子「〝迎講阿弥陀像〟考（一）～（五）」『仏教芸術』221、223、224、228号、一九九五～九六年。
(39) 関山和夫『説教と話芸』岩波新書、一九七八年。
(40) 金田一春彦『四座講式の研究』三省堂、一九六五年。
(41) 阿部泰郎「慈円作『六道釈』の発見――慈円における歴史と宗教および文学」『文学（季刊）』7―4号、一九九七年。
(42) 花野憲道「仁和寺蔵後鳥羽天皇御作無常講式　影印・翻刻並びに解説」『鎌倉時代語研究』11号、一九八七年。
(43) 石田茂作編『聖徳太子全集　第五巻　太子関係芸術』龍吟社、一九四三年所収、「聖徳太子講式集」。
(44) スティーブン・ネルソン「藤原孝道草『式法則用意条々』における講式の音楽構成法」福島和夫編『中世音楽史論叢』和泉書院、二〇〇一年。
(45) 菅野扶美「『音楽講式』について」『国語と国文学』65―5号、一九八六年。『音楽講式』は高野山大学図書館寄託、金剛三昧院蔵講式集所収。
(46) 阿部泰郎「中世の音声――声明／唱道／音楽」『中世文学』46号、二〇〇一年。

第十一章

(1)『寧楽遺文』。堀池春峰「仏典と写経」『南都仏教史の研究――遺芳篇』法蔵館、二〇〇四年（初出一九八三年）。
(2) 奈良国立博物館編『東大寺のすべて』二〇〇三年。東大寺ミュージアム編『奈良時代の東大寺』二〇一一年。
(3) 東大寺蔵、神護景雲元年（七六七）別当聞崇、知事平栄識語写本。注(2)前掲書『奈良時代の東大寺』参照。
(4) 堀池春峰「維摩会と閑道の昇進」注(1)前掲書所収（初出一九八八年）。高山有紀『中世興福寺維摩会の研究』勉誠社、一九九六年。
（5）国文学研究資料館編、真福寺善本叢刊第二期第二巻『講説論議集』臨川書店、二〇一一年、山崎誠「解題」。本書は『続群書類従』巻七二三に収める「維摩会記」の底本である。
（6）京都国立博物館編『藤原道長——極めた栄華・願った浄土』二〇〇七年。
（7）山崎誠『江都督納言願文集註解』塙書房、二〇一〇年、巻一「白河院金峯山参詣願文」条。
（8）川崎剛志「院政期における大和国の霊山興陵事業と縁起」阿部泰郎編『中世文学と寺院資料・聖教』竹林舎、二〇一〇年。
（9）『大正新修大蔵経』図像部第十一・十二巻『門葉記』九十二、如法経。
（10）藤田経世編『校刊美術史料』中巻、中央公論美術出版、一九七六年。
（11）『諸寺供養類記』所収の藤原行成の『権記』七月条には、行成が道長に召され「法成寺」の寺額を書くよう命ぜられ、供養前日に広業の持参した願文を清書し、当日早朝に寺額と供養経の外題を書いた消息が詳らかに記される。
（12）日本古典文学全集、山本裕他校注『栄花物語』第二巻、小学館、一九九八年。
（13）阿部泰郎「対話様式作品論再説——〝語り〟を〝書くこと〟をめぐりて」『名古屋大学国語国文学』45号、一九九五年。
（14）『諸寺供養類記』所収の法勝寺供養記類三種（①〜③）の願文を読む部分の記述に注目してみると、①は当該部分が欠けて次第が不明、②通俊卿記は「次打金鼓、導師権僧正覚尋所説表白、皆勤寸丹、義説春水、詞朗秋月、能説之甚、不異鶖子、次揚経題」とあり読願文の記述がない。③法勝寺供養別記も、威儀師が願文を取り導師に授けることは記すが、その後は「次打金鼓、導師表白」とあるのみで、やはり読願文のことが記されない。同期所収康和四年（一一〇二）尊勝寺供養記を見ると、堂荘厳において、「御願文」と「呪願文」が杖に挿まれそれぞれ西東の机に倚すことが記され、威儀師が舞台上で「書杖」を取り、高座上の導師と呪願師に授けた後、「次打金鼓、導師表白」とのみあり、読願文の次第を記さず、同別記でも「次打金鼓、此間威儀師作慶俊（中略）昇舞台取願文呪願（文）、渡導師呪願（師）、件御願文等夾鳥口、倚立行香机、威儀師抜取奉之、御願文者式部大輔、右京大夫定実朝臣清書之、導師表白」とあり、やはり読願文とは記さない。こうしてみると、これらの記録では、導師の表白作法のうちに願文を読むことが包摂されていると思われる。但し、執行する寺家の側では「読願文」の作法が確立していたことは、本節に論ずる如くである。
（15）仁和寺紺表紙小双紙研究会編『守覚法親王の儀礼世界——仁和寺蔵『紺表紙小双紙』の研究』勉誠社、一九九五年。
（16）国文学研究資料館編、真福寺善本叢刊第二期第八巻『法儀表白集』臨川書店、二〇〇五年、小島裕子「解題」。
（17）顕證の『紺表紙小双紙目録』（注(15)前掲書所収）によれば、「高座仏経供養次第」は仁和寺本に含まれていたが現在は散逸している。しかし真福寺本「高座仏経供養次第北院御室」（後欠）がそれに相当するものと推定される（『法儀表白集』参考資料所収）。その「読御願文」の次第部分も新たに断簡中から見出されており、『法則集』とほぼ同文であることが確認される。

(18) 仁和寺蔵古写本『続群書類従』巻七六四には「法守親王曼荼羅供次第院御堂供養儀」として収められる（仁和寺蔵「黒塗手箱」所収）。

(19) 表白においては、仁和寺蔵守覚自筆本『孔雀経御修法表白』に甲乙の指示が付されている。阿部泰郎・山崎誠編『守覚法親王と仁和寺御流の文献学的研究』（論文篇、勉誠社、一九九八年）所収の山崎論文に影印を所収。

(20) 仁和寺御経蔵に守覚自筆草稿本を伝えている。これが法守法親王の参照した資料のひとつを存したものであろう。

(21) 例として院政期の造像銘墨書願文の例を挙げれば、法隆寺上宮王院の聖徳太子童形像（治暦五年〈一〇六九〉、図1-2）のそれは、「敬白、奉造顕聖徳太子御童子形御影高三尺六寸一躰事、右、始自太子生年壬辰、及治暦五年五百五歳、事偏為自他法界共成仏道、法隆寺大衆為結縁奉造顕也、如右、敬白、治暦五年歳次己酉二月五日」（『平安遺文』金石文篇）とある。

(22) 玉桂寺旧蔵、浄土宗蔵の阿弥陀如来三尺立像は、建暦二年（一二一二）に法然上人周忌追善のため門弟の源智が四万六千余人の結縁者を集めて造立した。胎内にはその結縁功名と源智の願文一紙が納められていた（『日本彫刻史基礎資料集成　鎌倉時代二』）。

(23) 筒井寛昭校訂『東大寺要録』国書刊行会、一九四四年。同供養式の願文条には作者名が注されないが、呪願と同様、菅原是善作と認めて良いであろう。なお同式の菩薩や舞楽の供養を伴う大法会は、以降の舞楽付四箇法要形式の原型を成す大法会の成立を示す点でも大きな歴史的意義のある記録であろう。

(24) 以下、特に注を付さない願文は、いずれも『本朝文集』（国史大系）所収。

(25) 尊経閣文庫蔵、重文。平安遺文所収。

(26) 『続々群書類従』第十一宗教部一所収。

(27) 国文学研究資料館編、真福寺善本叢刊第一期第八巻『古文書集一』臨川書店、二〇〇〇年、阿部泰郎「解題」。

(28) 伊藤聡「文治二年東大寺衆徒伊勢参宮と弁暁――「大神宮大般若供養」をめぐって」『中世天照大神信仰の研究』法蔵館、二〇一一年（初出二〇〇一年）。

(29) 『東大寺要録』本願章、天平十四年十一月三日条「大神宮祢宜延平日記云」として、左大臣橘諸兄が勅使として大神宮で聖武天皇の御願寺建立を祈り、帰京後、同年十五日に天皇に示現した霊告という形で記される。同文が『大神宮雑事記』同年同月条に収められている。

(30) 阿部泰郎「伊勢に参る聖と王――『東大寺衆徒参詣伊勢大神宮記』をめぐりて」今谷明編『王権と神祇』思文閣出版、二〇〇二年。

第十二章

(1) 千本英史「「お水取り」の文学」『論集　東大寺二月堂――修二会の伝統とその思想』ザ・グレイトブッダ・シンポジウム論集第8号、法蔵館、二〇一〇年。

（2）僧宝の六「修二会」条「此の月の一日より、もしは三日・五夜・七夜、山・里の寺々の大なる行《おこな》ひなり。つくり花をいそぎ名香をたき、仏の御前をかざり、人のいたつき（礼拝・頂礼）をいるゝこと、つねの時の行《おこな》ひに異なり。（以下略）」（出雲路修校注『三宝絵』平凡社・東洋文庫、一九九〇年）。

（3）阿部泰郎『聖者の推参——中世の声とヲコなるもの』名古屋大学出版会、二〇〇四年、第一章「声の芸能史」。

（4）本章後半の常行堂の堂衆「堂僧」も、同様の職能と役割を負った結衆であった。

（5）山岸常人「悔過会と仏堂（東大寺二月堂）」『中世寺院社会と仏堂』塙書房、一九九〇年（初出一九八二年）。藤井恵介「東大寺修二会と二月堂」『密教建築空間論』中央公論美術出版、一九九八年（初出一九八二年）。

（6）藤田経世編『校刊美術史料　寺院篇』上巻、中央公論美術出版、一九七二年所収。

（7）修二会儀礼の全体的な概略については、下記の二著が参考となる。元興寺文化財研究所編『東大寺二月堂修二会の研究』中央公論美術出版、一九七九年。堀池春峰他『東大寺お水取り——二月堂修二会の記録と研究』小学館、一九八五年。

（8）東京国立文化財研究所芸能部編（佐藤道子担当）『東大寺修二会の構成と所作』平凡社、一九七五〜八二年。なお、同書の前提となった儀礼の記述に声明を中心としたレコード解説『東大寺修二会観音悔過（お水取り）』（日本ビクター、一九七一年）がある。

（9）鈴木正崇「東大寺修二会の儀礼空間」（『民族学研究』47-1号、一九八二年）は、文化人類学の立場から修二会儀礼の構造論的分析を試みた先駆的研究であり、そのコスモロジー的分節と解釈を参照した。

（10）堀池春峰「二月堂炎上と文書・聖教の出現」『南都仏教史の研究　上　東大寺篇』法藏館、一九八〇年（初出一九七〇年）。

（11）元興寺文化財研究所編『東大寺二月堂修二会の研究』資料篇（注(7)前掲書）所収。

（12）注(10)前掲論文所引の修中日記正応二年（一二八九）条。また、佐藤道子『悔過会と芸能』（法藏館、二〇〇二年）所収の「東大寺修二会の伝承基盤」によれば、同書文和五年（一三五六）条にも式帖講読が練行衆に対して行われたことを紹介する。

（13）注(10)前掲論文所引の修中日記応永十二年（一四〇五）条・同文亀二年（一五〇二）条。山岸常人「修二会と二月堂——その相互関係をめぐって」（『論集　東大寺二月堂——修二会の伝統とその思想』ザ・グレイトブッダ・シンポジウム論集8号、法藏館、二〇一〇年）は、修二会の練行衆が臨時の僧団として運営される機構を、二月堂内外の空間の変遷と関連させ、練行衆が犯した罪過を懺悔する場としての機能に注目する。また『修中日記』の分析から、衆中評定等による自律的な処分により作法の規範の維持が計られ、結果として修法の聖性が保たれることを論じている。

（14）三橋健『国内神名帳の研究』おうふう、一九九九年。

（15）筒井英俊篇『東大寺要録』国書刊行会、一九四四年。堀池春峰「東大寺要録編纂について」注(10)前掲書所収。

（16）国文学研究資料館編、真福寺善本叢刊第一期第八巻『古文書集二』臨川書店、二〇〇〇年。

（17）小山正文・渡邊信和「東大寺縁起絵詞の研究と翻刻」『同朋大学仏教文化研究所紀要』10号、一九九二年。

(18)小松茂美編『東大寺大仏縁起・二月堂縁起』(続々日本絵巻大成　伝記・縁起篇6)中央公論社、一九九四年。

(19)奈良国立博物館編『社寺縁起絵』角川書店、一九七五年。中段に描かれる実忠の難波津における本尊感得場面には、補陀洛山も描かれ、海上を折敷に乗って影向する小観音があらわされる。

(20)第二幅下端に描かれる光明皇后湯施行説話で化現するのが、東大寺縁起では阿閦仏であるが、本図では文殊菩薩として表されていることが、律宗側の伝承であることを示している。

(21)注(14)前掲書、論考編。同書には、修正会・修二会で奉読されたことが明らかな神名帳の例を多く挙げる。なお、その先行研究として、近藤喜博「中世以降社寺に於ける神名帳の奉読について」(『神社協会雑誌』35-5号、一九三六年)、肥後和男「宮座の行事」『宮座の研究』(弘文堂、一九四一年)、池田源太「神名帳と修正」(『神道学』25号、一九六〇年)などがあり、特に東大寺二月堂修二会の神名帳を中心として佐藤道子『悔過会と芸能』(法蔵館、二〇〇二年)所収の「神名帳——その性格と構成」(初出一九七四年)が重要である。更に「東大寺二月堂修二会の神名帳奉読について」(注(1)前掲書所収)は、二月堂における神名帳奉読作法について、その現状と歴史的変遷を詳述すると共に、中世後期からその「能読」練行衆が登場することに注目し、法華経能読など芸能化との関連を指摘する。

(22)大東敬明「儀礼篇——寺院儀礼における中臣祓」新井大祐・大東敬明・森悟朗『言説・儀礼・参詣——〈場〉と〈いとなみ〉の神道研究』第二部、弘文堂、二〇〇九年。

(23)『平家物語』に含まれる祇王説話がその好例である。簗瀬一雄「梓弓の歌の伝承」『説話文学研究』三弥井書店、一九七四年。なお、こうした過去帳に女人(の亡魂)が結縁を求めて出現するという伝承は、室町期の『法華経直談鈔』や『直談因縁集』など、直談の領域でも語られた宗教伝承であった。

(24)阿部泰郎『湯屋の皇后——中世の性と聖なるもの』名古屋大学出版会、一九九八年、第二章「女人禁制と推参」(初出一九八八年)および第五章「山に行う聖と女人」(初出一九八九年)参照。

(25)柴佳世乃『読経道の研究』風間書房、二〇〇四年。

(26)注(14)前掲書所収の「猿投神社神宮寺の修正会と『三河国内神名帳』の奉唱」によれば、同社神宮寺修正会における神名帳奉読の作法故実では、一臈の社僧が勤める「読人」に対し、「聞人」役がその読みを聴いて正し、もし読み誤った場合には社より追放すると伝えるほど厳重なものであった。

(27)高野辰之編『続日本歌謡集成』第二巻、東京堂出版部、一九六〇年。

(28)本田安次『延年』木耳社、一九七六年。

(29)福原敏男『祭礼文化史の研究』法政大学出版局、一九九五年、第三部第一章「多武峰常行堂修正会延年とその史料」。

(30)注(29)前掲書所収、史料篇12。

(31) 注(29)前掲書所収、史料篇6。
(32) 芸能史研究会編『日本庶民文化史料集成第二巻　田楽・猿楽』三一書房、一九七四年、「日光山常行堂延年資料」。
(33) 山路興造「常行堂修正会と芸能」『翁の座――芸能民たちの中世』平凡社、一九九〇年。
(34) 鹿沼市史編纂室編『鹿沼市史　資料篇』古代・中世、一九九九年。上記史料による日光山常行堂の堂僧組織とその儀礼については、千田孝明「日光山常行堂小史」菅原信海・田邉三郎助編『日光　その歴史と宗教』春秋社、二〇一一年参照。
(35) 表章「観世新九郎家の伝書」『観世』39号、一九六七年、同『大和猿楽参究』岩波書店、二〇〇七年。
(36)『大正新修大蔵経』続諸宗部第七六巻所収、巻六七（本文は私に訂している）。
(37) 山本ひろ子「摩多羅神の姿態変換」『異神――中世日本の秘教的世界』平凡社、一九九八年（ちくま学芸文庫、二〇〇三年再刊）。
(38) 三木紀人『多武峰ひじり譚』法蔵館、一九八八年。
(39) 阿部泰郎「『僧賀上人夢記』について――僧賀伝の新資料」『仏教文学』7号、一九八一年。
(40) 続群書類従、巻八四九所収。
(41) 奈良国立博物館編『談山神社の名宝』二〇〇四年。本絵巻の画像は『多武峯談山神社所蔵貴重資料画像集』奈良女子大学奈良地域関連資料画像データベースプロジェクト、二〇〇九年収録。
(42) 阿部泰郎「笑いの芸能史」注(3)前掲書。
(43)『栄花物語』巻十九に「賀茂の祭の一条の大路に出で来てのゝしる新阿弥陀、前阿弥陀などいふ法師原」とあり、重源以前に阿弥号を称す聖の祝祭の場への登場も興味深い。また『袋草紙』巻上では、花山天皇近臣であった惟成が遁世して「後には賀茂の祭の日、鹿杖《かせづゑ》もちて一条大路をわたると云々」と伝える。
(44)『古事談』巻三―八八「賀茂祭ニ聖人渡事者、聖宝僧正渡始ケリ、其後、僧賀上人被渡云々」。
(45)『明宿集』は、宿神として信仰される猿楽の翁とは何かという問いについて、その根源と化用を尋ねる考察の自筆草案《プレテクスト》であるが、同時に『花伝第四神儀』の如き猿楽縁起説についての注釈でもある。その縁起説を「上宮太子ノ自筆ノ目録」とし、その本文について、諸社の縁起、神祇書、仏説、歌学書、参詣記など諸位相のテクストを参照し、その上に灌頂や口伝を加えて解釈行為を内在させた宗教テクストと化している。その中で、「河勝ノ段」について、禅竹自身が太秦広隆寺に参詣し、猿楽の祖秦河勝の墓所と先生の秦始皇の髑髏を収める地を訪れ、また桂宮院に河勝の垂迹大避大明神の祠と太子本地の本尊如意輪観音像を拝して、彼此を由緒甚深の霊地と承知したうえで、太子と河勝も翁であると説き、参詣と信仰を勧める。続く「春日・翁一体之御事」段においては、藤原氏の祖としての大職冠鎌足もまた翁であるとして、次のように多武峯の神事猿楽伝承に言及する。

　多武ノ峯ニ於キテ、毎年法（華八）講ノ神事、四ノ座ヲ以テ勤ム。是又、春日ノ御子孫、大職冠ニテマシマセバ、翁一体分明也。惣ジテ、カノ寺ニ、昔ノ儀ヲ改《アラタ》メズ、六十六番ノ猿楽ヲ年始ゴトニ行ワル。同ジク翁ノ神変奇特メンマシマス。行ヒノ功ヲ経テ、コノ面ヲカケテ後、一臈ノ位ニワナリ給トカヤ。此義委可尋（表章校注『世阿弥　禅竹』日本思想大系二四、岩波書店、一九七四年）。

（46）注(29)前掲書、第三部第三章二節「引声念仏と摩多羅神の諸事例」6広隆寺。同書によれば、牛祭は大酒神社の祭礼でもあり、同社は元は桂宮院の鎮守として院内に祀られていたとされ、『明宿集』の記述と付合する。永禄十二年（一五六九）『恒例常行堂摩陀羅神風流事』によれば、中世には常行堂の八月に行われる不断念仏中日に催される、堂僧により金鼓銅拍子で囃す「十烈」の「風流」であった。また、『太秦牛祭画巻』は、寺蔵の応永九年（一四〇二）の古画によって文化十四年（一八一七）に板行したものとする。

第十三章

（1）櫛田良洪「声明成仏思想の受容」『真言密教成立過程の研究』山喜房佛書林、一九六四年。阿部泰郎「中世の音声――声明／音楽／唱導」『中世文学』41号、二〇〇一年。

（2）阿部泰郎「聖なる声――古代・中世の神仏の声と歌」『岩波講座宗教　第五巻　原語と身体――聖なるものの場と媒体』岩波書店、二〇〇四年。

（3）佐藤道子『悔過会と芸能』法蔵館、二〇〇二年。

（4）注(3)前掲書。

（5）小島裕子「仏「三十二相」の四季」『文学（季刊）』8-4号、一九九七年。

（6）松尾恒一『延年の芸能史的研究』岩田書院、一九九八年。

（7）山路興造「日光山延年資料」『日本庶民文化資料集成』第二巻、三一書房、一九七四年。福原敏男『祭礼文化史の研究』法政大学出版局、一九九五年。

（8）奈良国立博物館編『社寺縁起絵』一九七五年。大永四年（一五二四）成立。

（9）国文学研究資料館編、真福寺善本叢刊第二期第六巻『伝記験記集』臨川書店、二〇〇四年。

（10）五来重『踊り念仏』平凡社、一九八八年。

（11）多賀宗隼「弾偽褒真抄について」『中世文化史　下　僧侶編』法蔵館、一九八五年。

（12）天台宗典編纂所編『続天台宗全書　史伝2』春秋社、一九八九年。

（13）『大日本仏教全書』法儀部。

（14）片岡義道「真源『順次往生講式』の復原」横道萬里雄・片岡義道編『声明辞典』声明大系特別付録、法蔵館、一九八四年。関口静雄『順次往生講式小考』私家版、一九九二年。鎌倉初期に宮廷の楽所預であった琵琶西流の楽人藤原孝道が著した口伝書『知国秘鈔』（安貞三年〈一二二九〉成立）の末に、「なかごろ山崎に《ママ》浄土谷に、たうとき聖人をはしけり。名は勝深聖人と申ける人、やうこつなき道心者の笛吹、すべて管弦あひし、すき人にをはしけり。順次往生講式とて七段の式に、楽の唱歌に法文をつくり、催馬楽ごとくなどをつくりをき給へる。このごろもする人やあらむ。ちかごろまでは、天王寺住僧なども、その唱歌しけるとかや（下略）」とあって、「こわゝざ（声技）」に関連する事である故として、記憶するところの詞章と譜を記している。この一事をもってしても、中世において聖俗の声明法儀と管絃音楽とが分かちがたく活動し生成していた消息が察せられる。宮内庁書陵部編、圖書寮叢刊『伏見宮旧蔵楽書集成三』明治書院、一九九八年。

（15）安本雅彦「管絃講の音楽的実相」『伝承文学研究』38号、一九九〇年。

（16）岩田宗一『声明の研究』法蔵館、一九九九年。

（17）菅野扶美「『音楽講式』について」『国語と国文学』65-5号、一九八七年。

（18）スティーヴン・ネルソン「講式読誦法の研究」福島和夫編『中世音楽史論考』和泉書院、二〇〇一年。

（19）菊地勇次郎「醍醐寺聖教のなかの浄土教」『源空とその門下』法蔵館、一九八五年（初出一九八三年）。

（20）天台宗典編纂所編『天台宗全書　法儀1　聲明表白類聚』春秋社、一九九六年所収。

（21）注(15)前掲論文。

（22）成田守『盲僧の伝承』三弥井書店、一九八五年。中世の芸能者が祀る宿神の古い事例として注目されるのが、藤原孝道が元久二年（一二〇五）に著した秘曲伝授作法と故実を記す儀礼テクスト『琵琶灌頂次第』である。灌頂道場の本尊として勧請される妙音天と琵琶の他に、「次に賀茂大明神、管絃のしゆくん神にてわたらせ給よし、申つたへたるゆへ也」という。宮内庁書陵部編、圖書寮叢刊『伏見宮旧蔵楽書集成一』注(14)前掲書。

（23）恵谷隆戒編『勅修御伝法然上人行状絵詞』平楽寺書店、一九四三年。

（24）『続古事談』巻二―二二「妙音院大相国禅門云。舞を見、歌を聞て国の治乱を知は漢家のつねのならひなり。然を世間に白拍子といふ舞あり。その曲を聞ば、五音の中にはこれ商の音也。この音は亡国の音也。舞のすがたを見れば、たちまはりて空を仰てたてり。そのすがた、はなはだ物思すがたなり。詠曲、身躰、ともに不快の舞なり、とぞのたまひける」。ここに歌曲の音声だけでなく、舞の身体も含めて「不快」と認識されるのは、念仏の声とその身体へのまなざしとも重なって注意されるところである。一方、顕密仏教の寺院権門側も専修念仏を批難し朝廷に訴える論理の一環に「亡国の音」を用いた消息は、貞応三年（一二二四）『延暦寺大衆解』（『鎌倉遺文』四、三二三四）等に見えるところである。弓削繁「亡国の音――承久の乱の解釈をめぐって」『岐阜大学国語国文学』19号、一九八九年。阿部泰郎「中世の声」『聖者の推参――中世の声とヲコなるもの』名古屋大学出版会、二〇〇一年。

（25）注(16)前掲書。

（26）『真宗史料集成』第一巻、同朋舎、一九七四年所収。

(27)注(16)前掲書。

(28)注(16)前掲書。

(29)高橋慎一郎「如法念仏の芸能的側面」五味文彦編『芸能の中世』吉川弘文館、二〇〇〇年。

(30)大谷大学文学史研究会編『明義進行集——影印・翻刻』法蔵館、二〇〇一年。

(31)注(23)前掲書。以下、引用は同書による。

(32)大橋俊雄校注『一遍聖絵』岩波文庫、二〇〇〇年。以下、引用は同書による。

(33)梅津次郎「天狗草紙考察」・「魔仏一如絵詞考」『絵巻物叢誌』法蔵館、一九七二年。同「天狗草紙について」『新修日本絵巻物全集』第27巻、角川書店、一九七八年。原田正俊「天狗草紙にみる鎌倉時代後期の仏法」『日本中世の禅宗と社会』吉川弘文館、一九九八年。高橋秀栄「七天狗絵の詞書発見」『文学(隔月刊)』4–6号、二〇〇三年。三角洋一「『七天狗絵』略注」(一〜三)『超域文化科学紀要』9・11・13号、二〇〇四〜〇八年。土屋貴裕「天狗草紙の復原的考察」『美術史』159号、二〇〇五年。同「七天狗絵と天狗草紙——二つの天狗草紙とその成立背景」『仏教文学』30号、二〇〇六年。Haruko Wakabayashi(若林晴子), *The Seven Tengu Scrolls-Evil and the Rhetoric of Legitimacy in Medieval Japanese Buddhism*, University of Hawaii Press, 2012.

(34)阿部泰郎「『七天狗絵』とその時代」『文学(隔月刊)』4–6号、二〇〇三年。

(35)注(16)前掲書。

(36)『真宗史料集成』第一巻、同朋舎、一九七四年所収。

(37)注(16)前掲書。

(38)注(16)前掲書。

(39)名古屋大学宗教儀礼テクスト研究会『城端別院善徳寺虫干法会調査報告書』名古屋大学比較人文学研究年報別冊、二〇〇八年。同『城端別院善徳寺の虫干法会』名古屋大学文学研究科比較人文学研究室、二〇〇九年。

(40)阿部泰郎「説話・伝承の場としての真宗寺院開帳法会——善徳寺虫干法会における儀礼とテクスト」説話・伝承学会編『説話・伝承の脱領域』岩田書院、二〇〇八年。本書第十四章参照。

(41)但し、この「恩徳讃」の作曲は大正期であり、明らかに西欧音楽の影響の許に創造された宗門近代化の所産である。

第十四章

(1)城端別院善徳寺蓮如上人五百回御遠忌記念誌編纂委員会編『城端別院善徳寺史』城端別院善徳寺、一九九九年。現在の公式な寺伝もこれに即して説明されている。

(2)金子千章・細川健太郎『端唄の流れる里——城端曳山祭と庵唄』桂書房、二〇〇五年。

（3）注（1）前掲書。
（4）本林靖久「善徳寺の年中行事」注（1）前掲書所収。
（5）前善徳寺宝物館館長斎藤氏の談話（平成十七年七月の座談会で取材）。
（6）『城端時報』昭和二年八月十一日号、昭和十一年八月十一日号（南砺市立城端図書館蔵）。
（7）砺波の真宗風土ワーキング・グループ編、展覧会図録『真宗の説教者たち』砺波郷土資料館、二〇一〇年。
（8）砺波の真宗風土ワーキング・グループ編、展覧会図録『砺波の真宗風土』砺波市美術館、二〇一〇年。
（9）虫干法会における講組織とそれを支える社会集団については、蔡佩青編、阿部泰郎監修、名古屋大学宗教儀礼テクスト研究会『城端別院善徳寺の虫干法会』（名古屋大学文学研究科比較人文学研究室、二〇〇九年）に記述される。
（10）城端別院善徳寺虫干法会については、二〇〇五年より二〇〇七年まで名古屋大学文学研究科比較人文学講座阿部研究室では、「儀礼と宗教テクストフィールドワーク演習」による調査を行い、その成果として二〇〇八年三月、名古屋大学比較人文学研究年報別冊『城端別院善徳寺虫干法会調査報告書』を刊行した。二〇〇九年七月『城端別院善徳寺の虫干法会』（注（9）前掲書）刊行、寺院にて一般に頒布。本章は、その序章と第二章を元に再構成し加筆訂正したものである。説話・伝承学会編『説話・伝承の新領域』（岩田書院、二〇〇八年）に「説話・伝承の場としての真宗寺院開帳法会」として改稿のうえ再録。二〇一二年二月二四日、第一回「城端絵解きフォーラム」をじょうはな座（城端伝統芸能館）において城端別院と共催にて開催、その成果を踏まえ、新たな調査・取材によって二〇一三年七月に、新版『城端別院善徳寺の虫干法会』の刊行を予定している。
（11）浦池勢至『蓮如と真宗行事』木耳社、一九九一年。同「御文と門徒伝承——御文から御消息へ」同朋大学仏教文化研究所編『実如判五帖御文の研究』研究篇上、法蔵館、二〇〇〇年。
（12）岡村喜史「蓮如自筆御文と御文流布の意義」『講座蓮如』第二巻、一九九七年。稲城正己『〈語る〉蓮如と〈語られた〉蓮如——戦国期真宗の信仰世界』人文書院、二〇〇一年。
（13）蓮如上人絵伝調査研究班『蓮如上人絵伝の研究』真宗大谷派宗務所出版部、一九九四年。村松加奈子「教化の体系としての宗教絵画——浄土真宗における絵画の機能〝統制〟と〝逸脱〟」阿部泰郎編『中世文学と寺院資料・聖教』竹林舎、二〇一〇年。
（14）塩谷菊美『真宗寺院由緒書と親鸞伝』法蔵館、二〇〇四年。同『語られた親鸞』法蔵館、二〇一一年。松山由布子「親鸞聖人妻玉日姫伝承に関する一考察」『アリーナ』（中部大学）14号、二〇一二年。
（15）大谷貞子の事績を顕彰する記念誌『輝く信徳』（婦人法話会城端支部発行）が、貞子の七回忌に臨んで大正九年（一九二〇）に刊行されている。
（16）真宗における大蛇済度伝承については、以下を参照。堤邦彦「仏教説話における近世——真宗の大蛇済度譚をどう読むか」『国文学　解釈と教材の研究』49号、二〇〇四年。同『女人蛇体——偏愛の江戸怪談史』角川書店、二〇〇六年。また、蓮如伝および蓮如上人伝承については、村上學「縁起に見る蓮如上人——教義・歴史・伝承のはざま」(『中世宗教文学の構造と表現——佛と神の文学』三弥井書店、二〇〇六年）を参照。
(17) 注(9)前掲書。
(18) 注(10)参照。

第十五章

(1) 安居院澄憲は、日吉山王の大宮の前に懸かる橋殿（波止土濃）について、山王七社の御正躰と法華経による仏経供養として説法し、その功能を讃えた。『転法輪鈔』神社下「日吉大宮橋殿供養」において、いわば〝橋尽し〟というべきあらゆる橋の功徳と意義を繰り出す弁才に、仏法による神祇と社頭の宗教空間のテクスト化が唱導によって見事に実践されていることを確かめられよう。永井義憲・清水宥聖編『安居院唱導集』上巻、角川書店、一九七二年、二九九～三〇一頁。
(2) 歴史学の古文書史料調査の成果として、大山喬平監修『上賀茂のもり・やしろ・まつり』（思文閣出版、二〇〇六年）がある。
(3) 卜部（吉田）兼熙の『日本書紀』書写・講説活動については、原克昭『中世日本紀論考——註釈の思想史』（法蔵館、二〇一二年）の〈中世日本紀〉関連年譜、貞治五年（一三六六）、応永七年（一四〇〇）項が参照される。永徳三年（一三八三）八月、二条良基の諮問を受け『紀』『拾遺』を勘じて草薙剱につき答申している（『兼熙卿記』）。
(4) 久曽神昇『熱田本懐紙歌集』熱田神宮官庁、一九六九年。
(5) 吉永登・神堀忍「高田大明神縁起について」、吉永登・東郷富規子「至徳百首和歌について」関西大学／島根大学共同隠岐調査会編『隠岐』毎日新聞社、一九六八年。なお、良基の序を付したこの百首歌詠進者中に兼熙も参加して交わっている。吉永登他「隠岐高田明神百首歌について」『関西大学文学論集』6-3・4号、一九五七年、同「隠岐島の文学」『国語国文』26-11号、一九五七年。
(6) 阿部美香「『高田大明神縁起』の故地を訪ねて」『昭和女子大学女性文化研究所紀要』32号、二〇〇五年。
(7) 熱田社一切経については、『熱田雑記』巻三所収「木津山神宮寺記聞」の「輪蔵」条に「在二子安社ノ南一右王社ノ傍、蔵二一切経一、太政入道浄海ヵ所レ造、三月八日修二一切経会一、今廃ス」とある。『熱田神宮史料　縁起由緒続編（二）』熱田神宮官庁、二〇〇九年。
(8) 「細字法華経」恵海本識語。「右写八軸之妙典、謹献熱田太神、必遂二世之所懐、殊済寒氷之群族、一天之貴賤、四海之人民、皆蒙和光之恵、悉蓄菩提之因焉。徳治三年戊申七月七日、当国梅須賀寺院主金剛佛子恵海　法名賢空生年四十」。
(9) 長保寺蔵、聖護院道興准三后筆「細字法華経」一軸（応仁二年〈一四六八〉）が、もと那智山に奉納された中世の細字法華経の類例として挙げられる。和歌山県立博物館編『熊野・那智山の歴史と文化』二〇〇六年。

(10)阿部泰郎「熱田宮の縁起――『とはずがたり』の縁起語りから」『国文学解釈と鑑賞』63-12号、一九九八年。

(11)熱田神宮宮庁編『熱田神宮史料　縁起由緒編』熱田神宮宮庁、二〇〇二年。

(12)尾崎知光『尾張国熱田太神宮縁起』熱田神宮文化叢書第一、神田神宮宮庁、一九六七年。注(11)前掲書。

(13)西宮秀紀「『尾張国熱田太神宮縁記』写本に関する基礎的研究」『愛知県史研究』4号、二〇〇〇年。

(14)注(11)前掲書。

(15)川尻秋生「『長寛勘文』の成立」『山梨県史研究』11号、二〇〇三年。

(16)注(11)前掲書。

(17)久保田収「中世における熱田社の崇敬」『神道史の研究』皇學館大学出版部、一九七三年（初出一九五九年）。

(18)注(11)前掲書、二四頁。岡田米夫「熱田神宮の中世期的信仰」加藤玄智編『日本文化史論纂』中文館書店、一九三七年。

(19)『続群書類従』巻六八、国文学研究資料館編、真福寺善本叢刊第一期第七巻『中世日本紀集』臨川書店、一九九九年。注(11)前掲書。

(20)注(11)前掲書。

(21)注(11)前掲書「熱田講式」解題に指摘される。

(22)大谷大学図書館蔵室町時代後期写本『魔界廻向作法』一巻。奥書「春日社　論議屋」。後に享保六年秀清の修補識語を付す。

(23)中世春日社の場合に典型的であり、春日山の下に地獄を設け、ここに堕した僧を救済する方便とした伝承が中世初期に成立している。『春日権現験記』巻十八の貞慶説話に続く、その弟子であった璋円の霊験譚に詳述されている。阿部泰郎「中世寺社の宗教と芸能」『聖者の推参――中世の声とヲコなるもの』名古屋大学出版会、二〇〇一年（初出一九八六年）。

(24)熱田神宮編『熱田神宮の踏歌神事』熱田神宮文化叢書、熱田神宮官庁、一九六七年。なお、この踏歌に登場する高巾子の役が付ける仮面など、熱田宮に伝えられる古儀・祭儀には古面が多く用いられる。これが踏歌の頌を唱える役割の詞章テクストを媒介する役割《キャラクター》としての性格（神格ないし異人性）を示す具とすれば、宗教テクストと祭芸能との関係性を示唆するものとなりうる。

(25)熱田神宮宮庁編『熱田神宮史料、縁起由緒続篇(二)』熱田神宮宮庁、二〇〇九年。

(26)井後政晏「七寺一切経摺記の鎮守十五所権現大明神の検討」『皇學館大学神道文化研究所所報』68号、二〇〇九年。

(27)注(11)前掲書。

(28)阿部泰郎「霊地荘厳の声」注(23)前掲書（初出一九九九年）。

(29)注(10)前掲論文。

(30)阿部泰郎「霊地を巡る女人――『とはずがたり』の道行と伊勢」『古代文学』49号、二〇〇九年。同「西行における〈神〉の発見――参宮というテクスト」『西行学』創刊号、二〇一〇年。

（31）熱田宮における七月七日の虫干の習いについては、注（25）前掲書所収『熱田雑記』参照。なお、三河の猿投神社も七夕が「虫干会」であった。

（32）大織冠伝承をまとう東南院経蔵伝来と伝承する華厳経と真福寺への東南院本伝来（第十六章参照）との関係は明らかでない。但し舞曲大職冠の成立背景には、南都興福寺・春日社をめぐる縁起説の唱導があった。阿部泰郎「大職冠の成立」『幸若舞曲研究』第四巻、三弥井書店、一九八六年。

（33）真福寺本『熱田講式』付載の三首和歌も参照。

（34）『続群書類従』、真福寺善本叢刊第一期第七巻『中世日本紀集』注（19）前掲書。注（11）前掲書。

（35）国文学研究資料館編、真福寺善本叢刊第一期第一巻『真福寺古目録集』臨川書店、一九九九年。

（36）落合博志「『神道雑々集』の基礎的問題」伊藤聡編『中世神話と神祇・神道世界』中世文学と隣接諸学3、竹林舎、二〇一一年。

（37）伊藤正義「熱田の深秘――中世日本紀私注」『人文研究』31-9号、一九八〇年。同「続熱田の深秘――資料『神祇官』」『人文研究』34-4号、一九八二年。

（38）注（11）前掲書。

（39）注（25）前掲書。

（40）注（11）前掲書。

（41）『渓嵐拾葉集』巻六「山王御事」（『大正新修大蔵経』巻七六）

問。以㆓我国㆒ヲ習㆓蓬莱宮㆒ト方如何。答。唐ノ玄宗皇帝、共㆓楊貴妃㆒至㆓蓬莱宮㆒。其蓬莱宮ト者、我国、今ノ熱田ノ明神是也。此社檀ノ後ニ有㆓五輪ノ塔婆㆒。五輪銘ニハ釈迦ノ種子字ヲ書タリ。此塔婆ハ楊貴妃ノ墳墓也ト熱田ノ神儀ニ見タリ。

尋云。以㆓熱田社㆒習㆓五智如来㆒方如何。答。熱田明神ト者、金剛界ノ大日也。故ニ以㆓五智㆒習㆓本　智（ママ）㆒也。或又、以㆓真言三部経㆒為㆓本地㆒。或又、以㆓宝剣㆒為㆓神体㆒ト也。皆是、金剛界智門ノ表示也。（中略）

又云。金剛界ノ曼荼羅、大海ノ中ニ有㆓金亀㆒。金亀上ニ有㆓宝山㆒、宝山ノ上ニ有㆓宝塔㆒矣。今ノ熱田ノ社檀ノ相貌ハ、伊勢ノ海ノ如㆓月輪㆒之円満海也。北ノ端ノ中央ニ有㆓金亀ノ島㆒。今ノ社頭、是也。神体ニ有㆓三部経㆒。蓬莱又有㆓三ノ山㆒。多クク生㆓不死ノ薬㆒ヲ。不死ト者天仙ノ名也。今ノ真言教ノ持明仙ノ義、深ク可㆔㆑思㆓合之㆒。

（42）大阪市立博物館編『社寺参詣曼荼羅』平凡社、一九八九年。

（43）室町中期制作の北野天満宮曼荼羅は、本殿の中に天神の図を大きく描く点でその先蹤をなしている。終章第三節（図終-13）参照。

（44）熱田宮における文芸領域の宗教テクストの所産の典型例として、法楽連歌と『熱田万句』等の俳諧資料がある。

（45）（六十五合甲二十号）一軸。名古屋市博物館編『大須観音』図録（真福寺宝生院、二〇一二年）収録。

（46）『麗気記』の神体図像については、鈴木英之『中世学僧と神道――了誉聖冏の学問と思想』勉誠出版、二〇一二年。

（47）『麗気』伝授の灌頂儀礼の本尊としてこの鈎図を含む図像体系は、仁和寺御経蔵に伝来する室町後期の神道灌頂資料がある。阿部泰郎編、伊藤聡・原克昭・松尾恒一著『仁和寺資料　神道篇　神道灌頂印信』名古屋大学比較人文学研究年報第二集、二〇〇〇年。第十六章注（6）参照。

第十六章

（1）牟禮仁『中世神道説形成論考』皇學館大学出版部、二〇〇一年。伊藤聡『神道の歴史』中公新書、二〇一一年。

（2）伊藤聡「『類聚神祇本源』解題」、国文学研究資料館編、真福寺善本叢刊第二期第九巻『類聚神祇本源』臨川書店、二〇〇四年。

（3）国文学研究資料館編、真福寺善本叢刊第一期第一巻『真福寺古目録集』臨川書店、一九九九年所収。

（4）注（3）前掲書、山崎誠「解題」。

（5）『宝基本記』は現存していないが、大須文庫（百十合）の聖教断簡中より、その本文の一部を含む巻子断簡一紙が見出され、岡田莊司氏によって紹介がなされている。平成十九～二十一年度科学研究費補助金研究成果報告書『中世宗教テクスト体系の復原的研究――真福寺聖教典籍の再構築』二〇一〇年。平成十五～十八年度科学研究費補助金研究成果報告書『中世寺院の知的体系の研究――真福寺および勧修寺聖教の復原的研究』二〇〇七年。

（6）『宝鈎図注』奥書識語「右於二大日法文一ニ者、合ス大日本風儀一、載日輪一者、神髪円流転、意密号心神、遍作飛日輪、破暗之天照之遍照、揮金剛摧迷ヲ之金剛、号観世音之佛身、得度執金剛之神、名初後不二更問。十如是、逆順無尽無余之説相、惣持惣相之口伝、依尾州澄毫闍梨之懇慮一ニ、染卒尓物忩ノ草案之幹墨ヲ、俄烏付明暁之鰭《キ》尾、現乍二臥癰瘡《サウ》之病席一記之。」（『真福寺大須文庫神祇書図録』名古屋大学比較人文学研究年報別冊、二〇〇五年）。

（7）国文学研究資料館編、真福寺善本叢刊第一期第十巻『熊野金峯大峯縁起集』臨川書店、一九九八年。

（8）国文学研究資料館編、真福寺善本叢刊第二期第四巻『中世唱導資料集二』臨川書店、二〇〇八年。

（9）太田正弘「真福寺本『古語拾遺』に就いて」（『神道及び神道史』37・38号、一九八二年）に紹介された「大須本」は、文政四年寺社奉行点検の際に記録され、茜部与理刀の模写した本の明治三九年転写本である。西宮一民『古語拾遺』（岩波文庫、一九八五年）解説によれば、この真福寺本は伊勢本の系統に位置付けられる。

（10）原克昭「『神皇系図／神皇実録』・『神名秘書／大和葛宝山記』・『神祇秘抄』解題」、国文学研究資料館編、真福寺善本叢刊第二期第八巻『伊勢神道集』臨川書店、二〇〇五年。

（11）伊藤聡「『両部神道集』解題」、国文学研究資料館編、真福寺善本叢刊第一期第六巻『両部神道集』臨川書店、一九九九年。同「中世密教における神道相承について――特に麗気灌頂相承血脈をめぐって」今谷明編『王権と神祇』思文閣出版、二〇〇二年。

(12) 本書第十七章に目録全文を掲出。
(13) 伊藤聡、注(11)前掲書解題。
(14) 牟禮仁、注(1)前掲書。
(15) 阿部泰郎「『中世日本紀集』解題」(天照大神御天降記)、国文学研究資料館編、真福寺善本叢刊第一期第七巻『中世日本紀集』臨川書店、一九九九年。
(16) 阿部泰郎「『類聚神祇本源』真福寺本と信瑜の書写活動」「付録『摂嶺院授与記』について」、注(2)前掲書。
(17) 伊藤聡、注(2)前掲書解題。
(18) 伊藤聡、注(11)前掲書解題。
(19) 伊藤聡、注(11)前掲書解題。
(20) 伊藤聡「伊勢神宮における西大寺流の動向」『中世天照大神信仰の研究』法蔵館、二〇一〇年。
(21) 岡田荘司「『伊勢二所皇御大神御鎮座伝記』解題」、注(10)前掲書。
(22) 原克昭「『伊勢二所太神宮神名秘書』解題」、注(10)前掲書。
(23) 岡田荘司「『往代希有記』解題」、注(10)前掲書。
(24) 山本ひろ子『中世神話』岩波新書、二〇〇三年。
(25) 伊藤聡「『元応二年高宮御事』『高宮盗人闖入怪異事』解題」、注(10)前掲書。
(26) 福島金治「『高宮盗人闖入怪異事』紙背文書」、注(10)前掲書。
(27) 伊藤聡、注(25)前掲書解題。
(28) 牟禮仁、注(1)前掲書「度会行忠と仏教」。
(29) 岡田荘司「伊勢神道書と古事記」青木周平編『古事記受容史』笠間書院、二〇〇三年。
(30) 岡田荘司、注(21)前掲書解題。
(31) 岡田荘司、注(21)前掲書解題。
(32) 伊藤聡、注(25)前掲書解題。
(33)『神道大系　論説編　真言神道(下)』神道大系編纂会、一九九二年所収。
(34)『群書類従』巻二〇五。
(35)『新修日本絵巻全集』28、角川書店、一九七九年。この歌合絵巻が描き出す世界像については、丸山陽子「『伊勢新名所絵歌合』の邸宅図と和歌」佐野みどり他編『中世絵画のマトリックス』青簡舎、二〇一〇年。
(36) 注(10)前掲書所収。

(37) 萩原龍夫「中世における禅密一致と伊勢神宮」『神々と村落』弘文堂、一九七八年。
(38) 平泉隆房「類聚神祇本源」解題『神道大系　論説編　伊勢神道（上）』神道大系編纂会、一九九三年。
(39) 真福寺大須文庫蔵室町初期写本（67合上9号）。井後政晏「大神宮諸雑事記真福寺本系の諸本」『神道史論叢』国書刊行会、一九八四年。
(40) 国文学研究資料館編、真福寺善本叢刊第一期第十巻『古文書集一』臨川書店、二〇〇〇年。

第十七章

(1) 阿部泰郎「神道曼荼羅の構造と象徴世界」桜井好朗編『神と仏』大系・仏教と日本人第一巻、春秋社、一九八五年（二〇〇〇年再刊）、三三八頁、納入文書の中には『行基菩薩御参宮記』があり、叡尊の参宮が行基参宮伝承を先蹤とするものであった消息を示している。また愛染王修法の具としての五香・五薬も一緒に納められ、本地法楽儀礼と一体の記念碑的造型であることを示すものである。奈良国立文化財研究所編『西大寺叡尊伝記集成』法蔵館、一九五六年、三三二～三三四頁。
(2) 『大神宮啓白文』については、伊藤聡『中世天照大神信仰の研究』法蔵館、二〇一〇年、二五四頁参照。
(3) 中世神道の文献について、その成立年代を相互の関係を含めて考察した研究として、久保田収『中世神道の研究』（神道史学会、一九五九年）がある。本書の達成は、その後の批判や検証により訂すべき部分はあるが、現在でも全体としていまだ乗りこえるに至っていない。
(4) 上川通夫「中世聖教史料論の試み」『史林』79-3号、一九九六年。
(5) 永村眞『中世寺院史料論』吉川弘文館、二〇〇〇年。中世寺院の「聖教」について、人文学全体にわたる諸学横断的な立場と比較の視点から「宗教テクスト」として捉える研究の試みが、名古屋大学21世紀COEプログラム「統合テクスト科学の構築」第一回国際研究集会報告書『中世宗教テクストの世界へ』（佐藤彰一・阿部泰郎編、二〇〇三年）において提出された。
(6) 京都の顕密仏教大寺院の経蔵に伝来した神祇書の報告として、仁和寺御経蔵における十六世紀（室町後期）の神道灌頂関係聖教の集成を行った。阿部泰郎編、伊藤聡・原克昭・松尾恒一著『仁和寺資料　神道篇　神道灌頂印信』名古屋大学比較人文学研究年報第二集、二〇〇〇年。しかし、仁和寺にも他の神祇書は伝来していない。
(7) 神奈川県立金沢文庫編（津田徹英担当）『金沢文庫の中世神道資料』一九九六年。伊藤聡「称名寺の中世神道聖教――特に伊勢神宮に関する伝書をめぐって」『中世天照大神信仰の研究』法蔵館、二〇一〇年（初出二〇〇五年）。
(8) 阿部泰郎編『真福寺大須文庫神祇書図録』名古屋大学比較人文学研究年報別冊、二〇〇五年。
(9) 国文学研究資料館編、真福寺善本叢刊第一期第六巻『両部神道集』臨川書店、一九九九年。同第七巻『中世日本紀集』臨川書店、一九九九年。同第二期第八巻『伊勢神道集』臨川書店、二〇〇五年。同第九巻『類聚神祇本源』臨川書店、二〇〇四年。以下、書名のみで略記する。
(10) 中世に寺社において書写伝来した『日本書紀』等の神典に『麗気記』等の神祇書が「具書」として付属していたことが、中村啓信「日本書紀と中世神道」(『中世文学』44号、一九九九年)に指摘されている。
(11)『伊勢神道集』(岡田莊司　翻刻五〇一〜五一九頁、解題七五五〜七六三頁)。
(12) 岡田莊司「真福寺本『伊勢二所皇御大神御鎮座伝記』(大田命訓伝)の伝来」『國學院雑誌』107-11号、二〇〇六年。
(13)『伊勢神道集』(原克昭　翻刻五五五〜六〇五頁、解題七八八〜七九二頁)。
(14)『伊勢神道集』(伊藤聡　翻刻六八三〜七二八頁、解題八〇五〜八一八頁)。
(15)『伊勢神道集』(原克昭　翻刻六〇九〜六二五頁、解題七九二〜七九六頁)。
(16)『伊勢神道集』(牟禮仁　翻刻六二九〜六五六頁、解題七七七〜七八七頁)。
(17)『両部神道集』(伊藤聡　翻刻三八一〜四一六頁、解題五三四〜五三六頁)。
(18)『伊勢神道集』(原克昭　翻刻六五九〜六六一頁、解題七九七〜七九九頁)。
(19)『伊勢神道集』(伊藤聡　翻刻六六五〜六七九頁、解題八〇〇〜八〇五頁)。
(20)『伊勢神道集』(牟禮仁　翻刻五二九〜五五二頁、解題七六九〜七七六頁)。
(21)『両部神道集』(伊藤聡　翻刻三五七〜三六〇頁、解題五二五〜五二九頁)。
(22)『両部神道集』(伊藤聡　翻刻四八三〜四九一頁、解題五四八〜五五三頁)。
(23)『両部神道集』(伊藤聡　翻刻四八三〜四九一頁、解題五四八〜五五三頁)。
(24)『類聚神祇本源』(伊藤聡　解題六四一〜六五五頁)。
(25)『中世日本紀集』(阿部泰郎　翻刻三七五〜四〇一頁、解題五〇四〜五一一頁)。
(26)『両部神道集』(伊藤聡　翻刻三六三〜三七七頁、解題五二八〜五三四頁)、内題『三角柏伝記』を書名とする。
(27)『両部神道集』(伊藤聡　翻刻三六三〜三七七頁、解題五二八〜五三四頁)
(28)『類聚神祇本源』(阿部泰郎　翻刻六一三〜六二〇頁、解題五二八〜五三四頁)
(29) 阿部泰郎「『類聚神祇本源』と信瑜の書写活動」『類聚神祇本源』六二三〜六三六頁。
(30) 真福寺本『麗気記』は、神道大系『真言神道』所収の『麗気記』の底本となっている。
(31)『両部神道集』(伊藤聡　翻刻四五九〜四六三頁、解題五四二〜五四五頁。但し、所収本は『麗気記』の具書ではなく、独立した『神性東通記附太神宮御託宣記』である)。
(32)『両部神道集』(伊藤聡　翻刻四七九頁、解題五四七〜五四八頁)。
(33) 伊藤聡「中世密教における神道相承について――特に麗気灌頂相承血脈をめぐって」今谷明編『王権と神祇』思文閣出版、二〇〇〇年、二二八頁。

（34）〔野決〕（守覚識語）

本記云、

全部十二ヶ巻、皆予書、不審賜醍醐勝賢僧正、〻〻委被注付（併為彼自筆）、自元所知、強雖不及其蒙、為聞僧正説、今更発疑所相尋也、文躰甚以見苦、一切不可披露、若有問輩、以詞可答、背此命之門弟・本尊・本師、速加冥罰而已、

沙門守覚

〔真言出現本地偈（真言本地二時式）〕

佛法求学沙門守覚（守覚識語）

〔胎蔵界乙（甲乙次第諸尊通）〕

上自高祖法身、累代所相承也、補宮中真言院、為朝家鎮護重宝、登宗長者、応後七日請者、自身殆冀再見、長納三衣箱底、不可外聞名字矣、（守覚—勝賢識語）

〔無名抄上（無名上下灌頂秘上）〕

已上、一師伝是也、祖師等御釈文中、未見委細候、御流祖師伝候、何祖師にや、尤不審々々、委細参上時、面談仕候ヘシ、（勝賢書状）

〔無名抄上（無名上下灌頂秘上）〕

蒙仰候、五部灌頂のひんかけ令書進候、如此事ハ只阿闍梨用心にてこそ候へ、あまりうゐ〳〵しくこゝろをほへ候へき、し（さ）りなから本説本文を書進候、かまへて〳〵このゝちか様御尋あるましくハ、この七八年せめふられまいらせ候間、老歳身弥々無術候、不便々々、さりなから仏法私なき事にて候、能々御案候て可被記置候、（勝賢書状）

〔無名抄下（無名上下灌頂秘下）〕

此書者、臨帰寂期、授付法一人名題許、敢雖不伝一句義理、求法誠不浅、奉感為半偈軽身命之志、忘冥顕照覧、遠資師誓誡授与、

（勝賢伝授識語）

〔[梵字]《ハサラダシャホウチ》式（金剛胎蔵秘密式）〕

右、佛々之金言、師々之玉章、暫雖抄万一、猶管見謬、恐有後難、任地為養蒙昧之愚眼、為備随分恵解、且捜顕密要枢、且補権実方軌、聊蔟経論秘文、敢莫忽緒、不可及他見者也矣、

仁安三年八月十五日／　沙門守覚　／我大師自勝賢伝之

〔無言造玉三果頌（無言造玉上）〕

仏種徒縁興、依縁滅正法、依時栄、依仁弘、只密教繁昌、依秘有悉地成否、縦雖上足智行、輙不可授非器、此雑秘文、努々可秘々々、若及他見者、東寺仏法、忽衰微者歟、二十万頌最頂、千部論骨勢、即身成仏要枢也矣、／沙門守覚（守覚識語）

〔[illegible]（自行観）〕
以一念為千万歳、以一心為無量境、此事非世間智者、憶度寿量、能尽具源底、亦非可疑之処、独夢者、親証知、今此真言行者瑜伽之夢、亦復如是、或須臾間、備見无量加持境界、或不起千座経多劫、或遍遊諸仏国土、親近供養、利益衆生、此事、諸衆因縁中、観察都無所起、不出一念浄心、然亦、分別不謬、此事、誰能思議、出具所以、然実独証者、自知耳、〔面奉受五箇御筆、永可納家重宝者也（裏書）〕／大師御作如斯／五箇伝持沙門勝賢（勝賢伝授識語）沙門守覚、首礼足両部諸尊、十方三宝密教大都、如来心地心上摩尼、大悲果海法性源底也、然者、高祖大師、於和尚御前、手自翰墨五箇秘法、余流人々未聞不見、曾不相伝之、我大師覚洞院僧正、依被干　付法流、製作多々文、敢不可出困外、若背誓文者、宗三宝加治罰給矣、／沙門守覚（守覚伝授識語）
〔六月抄（妙覚心地六月抄上）〕
依仁和寺宮仰、集深重口決文証、奉之、醍醐寺三宝院中大事、角洞院勝賢、（勝賢識語）

〔大伝法灌頂注式〕
沙門守覚／雖感得両部灌頂式、依　為梵本、義理未詳、故尋申僧正之処、不分明、弥不審繁多、蒙昧之甚、訪流々、伺密々、不演一毛恵解、心神忙然、無拠于所求、仍請加被於三宝、精信力於一心、則感題名字義於夢中、然得両曼荼羅、集字再配儀軌本経等、意加字義説、金界者、明曼荼羅種子、九会共感衆会儀、胎界者、演供養行儀、不説種子、衆会儀、唯両部内存、自身是仏深奥、此両巻、宗最長、道肝心者也、于時、令見僧正、巻舌呑声、不及是非、雖致授与懇志不然、書写免許、況於末学非器輩間、名字於以（カ）有深秘、豈寄易為哉、噫云、料簡紕謬之翰策、狼籍恐与憚余相半、何縦雖為門徒、付法一人之外、敢不可他見努々、（守覚識語）
〔同書本奥書〕
正和二年癸丑正月九日、書写功訖、御流三宝院重書、本抄三巻、師伝本、先年所奉為相伝也、彼末書十巻、手染自愚筆書写了、是依鑁海上人懇志也、為後日印璽也、／権律師宏瑜
文保三年四月十一日、於下野国小山金剛福寺、賜師主鑁―御本、書写功了、／権律師儀海
観応三年九月十九日、武州於高幡不動堂、書写了、／金剛仏子宥恵（以上、〔大伝法灌頂注式〕に付される真福寺本の伝来を示す本奥書）
〔行抄灌頂〕（冒頭）
行抄中秘密重、無沙汰ニテ功畢事、無念覚候上、諸尊行法時、本尊加持以伝法印明行之、未承本説本文候、此抄中委細記置候はやと相存候、挿事、委細注給候者、弥我大師とこそ奉仰崇候はめ、第一変成男子法者、得心候畢、第二夜護、未覚悟候、経論中夜護亦夜行なんとこそ見候へ、夫モ国王向天向地敬崇三宝、発起無縁慈悲済度スト衆生見タリ、亦仏因位時、和光同塵シテ不捨其躰一、直其心一不趣大涅槃、暫住其心云事こそあれとも、五及天地南北星ト不見、又伝法印明如此行する事、何祖師相伝哉、若大師なんとの御行

法＊云何、此事等一々無不審様ニ注給へく候、（守覚書状）
（以下、勝賢状）
委細御尋候之間、儀軌本経、論蔵伝記、私口伝等、毎御定披見して注進仕候へは、顕密一代聖教結縁多幸候へとも、余尋天尋失候者、童部の申候、極楽すきて荒畠へや罷候なんすらんと存候、一々以御思慮、諸事可有行法候、左様ニ候へはこそ、流々品々にも候へは、さたにも候はすは本より大師一人御相伝、何各別異儀候へきや、但、諸人未詳本説本文候故、悉地成就人稀候也、此宗事、顕密一代百億聖教、浮心中、磨瑩心玉一、不縁セ是非一ニ、可受与人と覚悟仕候、又経論ニモ兼莫勿授与無智人小乗律師独覚声聞一ニ、重々炳誡候、我ヲ始テ毎人ニ一流ノ姿をも得心候はて、得心法ハ有ラテ、唯不知事ヲハ秘事秘曲任汝性行候事、都大師三宝納受候はしと覚候、亦押《ヲサヘテ》行候事をも師伝一の料理《シツラヒ》と申候、師悪名、道の淡《アハチ》をも不知類、世中多候間、末代不覚仁候、但、不得心本説本文一ヲ、妄リニ師伝ノ由称之一、定僻事多候ぬと相存候、偏為ニ章勧三宝一ヲ、流大事、宗旨秘決、一向一心ニ奉相伝御壇所候也、愗ニ一門一流長者、其師下其流、付法上足トハ被謂タリ、世中ニ悕望仁多不知是非一、請スレハ不知己徳、挙人短一隠身失、先支度一ヲ後行法一、不法にて布施をは多思けに候間、佛法姿既廃候、御所ハ世間悕望も不御坐候間、但出世一道御事相存候、放手離家、世出世大事秘事ヲ注申候へは、皆文作シテ後代ニ御留候、末世何になり候はんすらんと存候へとも、日本国神祇冥道、定御加護候へとも、心地法門心無作佛大事ヲ申候也、此宗大事、心上果珠心不生也、大日如来成佛神変加持、只此事也、心上果珠何仁都磨瑩仁須留、心神者常住不生那留曽具我不可得々心不観事相字儀歟、亦自性波本有大日都観、即大日歟、根本ヲ思ヒ解ク賀能観仁天台曽阿留羅妙無始曠劫以降、迷一心自性一、不開一念覚一ヲ念者観也、事相事儀於観須留曽即一念ノ覚於開示須留也心上果珠万物不生円珠是名如意珠、此珠三世諸佛心法也法身躰是也実相真如是也、三十七尊住心城是也、（以下略）
〔行抄灌頂〕（末尾）
一日御注千万々々、仏法源底心地、即極見へ侍、何様《サマニモ》心法修行用心薄シテハ可悪候と相存候、重々釈文下、[illegible]躰形、亦水火因縁、面口決存候、去冬可令参之由申候へは、やがて八候、付是非参拝十三日、申剋相存事、水火[illegible]姿承候也、恐惶謹言、／三月八日、／沙門守覚在判（守覚書状）畏承候訖、／水火ハ天地自然姿、因縁和合全躰也、今始ての御定云何[illegible]、天地種子也、姿ハ如雨如火、火下不座、水上不成大、自性無自性なれは、如水火尋《イクタヒ》も以言語非可申、又非言亡慮絶候、相伝大事、大師御記十二日已点可合持参候、恐惶謹言、／三月八日／沙門勝賢（勝賢識語）
〔大結界常住大伽藍法〕
此法者、三国相乗之大法、両部秘密之大事也、即門徒之外、他流之輩、不可披見之、若及他見者、両部諸尊三国高祖、別五大八大諸大忿怒、令加治罰給、穴賢々々、莫忽緒矣、／沙門守覚
〔大結界八方撅壇〕
一、如此委細記文之外、猶不思議事無候哉、偏御芳志にて如此甚深殊勝のありさま承上、面受口決事等蒙仰候、来十一日以吉日承り候、可同ハ前日有入御心、尤本意々々、又堂上事等、依不審、聊廻愚案、依口伝記候事、無奉見合たくは、恐々謹言、／十一

月二日　守覚／御壇所（守覚書状）同三日、乗馬にて来臨、此定深奥、仏法源底、但此事候、七枚巻物一巻、懐中して乍立手わたしにして其給御所、々々不思議御事御座候之間、家大事一紙も不留家、令進之候、又如此上者、古御流深奥新御記録、於御前、蒙御免許拝見之志候《（カ）》之間、借馬揚鞭馳参候、早々御覧々々、（勝賢識語）

一、奉見僧正一言、不覆《（寝カ）》之前、時剋をとへ亥終に罷来之由奏之間、非夢非幻、化人歟若ハ魔縁歟、たゝ事にあらす、身も豎、心惶とも、手をあさへて一巻の巻物をうけて、無外題、披見内題、大結界定意法と給へり、一紙未開、僧正誰手跡とか御覧候、親祖師御顔を拝する心地して候、是ハ給候、一見候、先承たし、家をとりはなち候上は、君御意也、さては祖師御前にて首尾拝見とて、相無ニ参壇場して、開ては感歎し巻ては落涙し、互に拝祖師て、めと〳〵みあはせて、是ハうつゝかゆめか、再三自今日礼誓、汝等我世々生々間、馬鳴龍樹のことくならん、於我聖教一々にみ給へ、今かへし＊つゝけて候へ、

うつゝともゆめともたれかのりしれる　たかむまたつなかよふけふかな

只今御心中こそ、摩尼の如くにみゑ候へ、自同来申入候事共も被聞食甲斐ありて、たかひに心の眠覚ぬへし、今かへし度覚候へ、

のりしれるたつなはたれもとるなれと　むまのこゝろをしるにありけり

此書、雖可為一巻、依多深秘、両巻分之、若臨帰寂期、＊面受口決有　聖教中、於両部三宝御前、能々請加被有其許者、則於祖師御前、焼香散花慇懃、請加被護念、加以伝受儀式、可令再見、不然者、雖見有若不可惑見、々謬於背此旨者、両部海会、定三宝令加冥罰給矣、（守覚識語）

〔第一命法〕

惣注置二百八十余巻之中、此雑抄四巻者、宗旨奥頤、仏法枢機也、於親疎、聊不及視聴、是則、或受師々口伝、或拾経々本説、拾詮要者也、（守覚識語）

(35)『野決目録』に対応する、神祇諸を含む「野決具書」聖教群は、第四十四上一合に一括して伝来しているが、全て宥恵の一筆になると推定される巻子装墨界の同一体裁・装丁である。但し、そのうち「親抄」三〇巻と「切紙深秘」一七巻は半切の小巻子である。また、この一部の注釈と思しい『明月抄』が小巻子ないし枡形折帖等の形で文庫中に散在している。なお、宥恵筆の同一体裁で「野決具書」の連れと判断されるのが、重文『古事記抜書』一巻であり、他にも別合に移り、あるいは断簡となっている分があり、全貌の復原はなお今後の課題である。

(36)注(33)前掲論文、二三二頁。

(37)阿部泰郎・山崎誠編『守覚法親王と仁和寺御流の文献学的研究』（論文篇）勉誠社、一九九八年。

(38)国文学研究資料館編、真福寺善本叢刊第二期第一巻『真福寺古目録集』（阿部泰郎　翻刻五四五～五六〇頁、解題六六九～六九二頁）。

(39)仁和寺紺表紙小双紙研究会編『守覚法親王の儀礼世界』勉誠社、一九九五年。

(40) 山崎誠「守覚法親王と表白の類聚――『表白御草』再考」注(37)前掲書、五七九〜五八九頁。

(41) 国文学研究資料館編、真福寺善本叢刊第二期第十一巻『法儀表白集』(牧野淳司 翻刻五八七〜六〇〇頁、解題六七五〜六九九頁、但し巻四のみ)。

(42) 阿部泰郎・山崎誠・福島金治編『守覚法親王と仁和寺御流の文献学的研究』(資料篇)勉誠出版、二〇〇〇年。

(43) 阿部泰郎「中世宗教テクストの世界から――日本中世寺院の「聖教」をめぐりて」名古屋大学21世紀COEプログラム「統合テクスト科学の構築」討議資料2、二〇〇三年。

(44) 守覚は十代の初入門の頃から勝賢に師事し、その建久七年の入滅まで、一貫して伝授を受けている。これが「御流」の形成において小野流の側の中核となったものであるが、その経緯は、特に請雨経法の伝受と聖教形成を素材として、土谷恵により仁和寺御経蔵聖教の分析を通して詳細に論じられている。土谷恵「中世初頭の仁和寺御流と三宝院流――守覚法親王と勝賢、請雨経法をめぐって」『守覚法親王と仁和寺御流の文献学的研究』(論文篇)勉誠社、一九九八年。同論文では、御流のみならず中世に広く流布した三宝院流にとって謂わば標準となった『秘抄』、その口決聞書『野決』および再編集成『野月抄』の成立過程について考察している。『野決』については、その最終的成立が、勝賢が醍醐座主を退いた建久四年(一一九三)十月以降と推定する。なお、同論文の勝賢年譜によれば、『野決』具書に含まれる『鑁阿抄』を守覚が勝賢から伝受書写したのが仁安元年(一一六六)、同じく『金剛胎蔵秘密式』の伝受書写識語が仁安三年(一一六八)であり、既に早い時点で『野決』関連の聖教伝授とテクスト作成は始まっており、勝賢の側もその一部である『自性灌頂法』を晩年の建久二年(一一九一)に後白河院の六条内裏壇所で「代々秘本」として写しているのであり、彼の生涯にわたって追求していた秘伝テクストであったことが知られる。また仁和寺笈文書中の建久七年(一一九六)五月二九日付守覚宛勝賢書状には、後七日と愛染法について勘状を進上した旨が記されており、入滅の直前まで守覚に対する秘説の提供を続けていたことが知られる。

(45) 称名寺(金沢文庫)に現存する『野決』具書神祇書は、管見の限り『天照皇大神』初丁断簡(剱阿外題・粘葉)と『大日次第神』(内題「八幡本地行法私次第」)一帖(素睿写・粘葉)のみであるが、尊経閣文庫蔵『両宮形文深釈』二帖(剱阿写)、『神性東通記』一巻、および『天照大神遷幸時代抄』一巻等もその一具かと推定される。

(46)『両部神道集』(伊藤聡 翻刻四五一〜四五五頁、解題五五一〜五五二頁)。

(47)『両部神道集』(伊藤聡 翻刻四三一〜四四〇頁、解題五三八〜五四〇頁)。『両宮形文深釈』について、門屋温「伊勢「御形文」考――『両宮形文深釈』をめぐって」(菅原信海編『神仏習合思想の展開』汲古書院、一九九六年)が、その諸伝本を含め詳論する。

(48)『両部神道集』(伊藤聡 翻刻四五九〜四六三頁、解題五四二〜五四五頁)。

(49) 舩田淳一「頼輔『八幡講秘式』と異国襲来」(『神仏と儀礼の中世』法蔵館、二〇一一年)注(23)に、「頼助以降に成立したと思われる八幡行法次第」として、この真福寺本『八幡本地行法私次第』を取り上げ、東大寺図書館本『八幡本地供次第』（新禅院旧蔵、文和三年〈一三五四〉写）と同内容であることを指摘する。鶴岡八幡宮寺別当を務めた佐々目遺身院頼助は仁和寺の開田准后法助より御流も相承しており、その周辺に御流三宝院聖教が伝来していた可能性もある。なお、同書が金沢文庫蔵称名寺聖教や西大寺にも存在することが報告される。

(50)『両宮形文深釈』にみる、容易に外部者の読み得ない「秘訓」が『麗気記』に共通してみられることが、伊藤論文に指摘されている。こうした特殊な訓点を付すのは、秘事口伝の方法の一環で、やはり灌頂に伴う伝授で行われた跡を示すものだろう。また『神性東通記』の如く、一篇の全体を特殊な梵・漢交雑した表記により、秘訓を付さなければ解読し得ないテクストを敢えて作ることは、梵・漢・和の三国の文字言語を一如として、なお和語ひいては和歌こそ真実の仏語（陀羅尼）の所詮とする中世日本の宗教言語観を反映したものといえよう。なお、類似した特殊な表記を用いて如意宝珠造作法を説くものに『造玉口伝』（称名寺聖教）があるが、その成立や伝来を詳かにしない。

(51)『蓮華三昧経』を出典として、安然の著作に引用されることを確実な初見として、院政期から広く流布した「本覚讃」の思想史的系譜については、吉原浩人「院政期における〈本覚讃〉の受容をめぐって――『心性罪福因縁集』と大江匡房の文業を中心に」（菅原信海『神仏習合思想の展開』汲古書院、一九九六年）。「本覚讃」を介した本覚思想が中世神道、ひいて中世神道思想に与えた影響（例として『大和葛城宝山記』末尾の「本覚讃」引用参照）は、改めて考察されるべき課題であろう。

(52)岡田莊司「二十二社の成立と公祭制」『平安時代の国家と祭祀』続群書類従完成会、一九九四年。井上寛司「中世諸国一宮制と二十二社・一宮制」『日本史研究』474号、二〇〇二年。一宮研究会編『中世一宮制の歴史的展開』岩田書院、上・下、二〇〇〇年、二〇〇四年。

(53)山崎誠「秘説の饗宴――『真俗交談記』考」『中世学問史の基調と展開』和泉書院、一九九三年。阿部泰郎「守覚法親王の文献学」『守覚法親王と仁和寺御流の文献学的研究』（論文篇）勉誠社、一九九八年、七～三二頁。

(54)田中幸江「専修大学図書館蔵『諸社縁起発端』について」『中世文学』48号、二〇〇三年。

(55)上島享は、密教により神祇—王権—国土を統合して観念しようとする儀礼および神祇灌頂が既に十一世紀の真言宗小野流の仁海ないし成尊の聖教に見出されることを、随心院蔵『護持僧作法』の分析を通じて論じている。上島享「日本中世の神観念と国土観」『日本中世社会の形成と王権』名古屋大学出版会、二〇一〇年（初出二〇〇四年）。また、建築史からこの運動を綜合的に捉えようとした試みが、富島義幸『密教空間史論』（法蔵館、二〇〇七年）第九章「中世神仏世界の形成と両界曼荼羅」、第十章「中世の王権と両界曼荼羅」（三六一～四三七頁）である。

(56)久保田収「伊勢神宮の本地」『神道史の研究』皇學館大学出版部、一九七三年、二九九～三一〇頁。

(57)久保田収「重源の伊勢神宮参詣」注(56)前掲書、三一一～三二六頁。木下資一「『行基菩薩遺誡』考・補遺――行基参宮伝承の周

辺」『神戸大学教養学部紀要論集』41号、一九八八年。小峯和明「伊勢をめざした僧——行基の伊勢参宮をめぐる」『論文（日本文学）』95号、一九九六年。阿部泰郎「伊勢に参る聖と王——『東大寺衆徒参詣伊勢大神宮記』をめぐりて」今谷明編『王権と神祇』思文閣出版、二〇〇二年、一九三〜二一八頁。

(58) この本地説自体は、『仙宮秘文』にも見えるものだが、それが行基菩薩説とされる点では、天平十一年（七三九）の行基作と仮託された『宝山記』に拠るものと思われ、同書の成立時期の問題にも及ぶものである。

(59) 伊藤聡「重源と宝珠」『中世天照大神信仰の研究』法蔵館、二〇一一年（初出二〇〇二年）。

(60) 阿部泰郎「『東大寺衆徒参詣伊勢大神宮記』解題」、国文学研究資料館編、真福寺善本叢刊第一期第八巻『古文書集一』臨川書店、二〇〇〇年、同「伊勢に参る聖と王——『東大寺衆徒参詣伊勢大神宮記』をめぐりて」注(57)前掲論文。

第十八章

(1) 宮家準『大峯修験道の研究』佼正出版社、一九八九年。

(2) 桜井徳太郎校注「諸山縁起」日本思想大系『寺社縁起』岩波書店、一九七五年。

(3) 石田茂作・矢島恭介編『金峯山経塚遺物の研究』帝室博物館学報8、東京堂出版、一九二七年（一九七九年再刊）。

(4) 裏面陰刻銘は、種子や真言と共に籠字であらわされる。「長保三年辛丑四月十日辛亥内匠寮史生壬生□」

(5) 大阪市立美術館編『役行者と修験道の世界』（一九九九年）の解説によれば、同記に記される「霊鏡」のうち別の一面は、現存する文治三年（一一八七）後白河院の御悩平癒のために造立した旨の銘を有す勝手明神像を線刻した御正躰である。

(6) 注(1)前掲書、第三章「大峯寺と修験道」第一節。

(7) 菅谷文則・前園実知雄・西藤清秀「大峯寺発掘調査について」『仏教芸術』168号、一九八六年。

(8) 石田茂作『那智発掘仏教遺物の研究』帝室博物館学報1、東京堂出版、一九二七年（一九八一年再刊）。東京国立博物館編『那智経塚遺宝』東京美術、一九八五年。

(9) 神山登「那智山経塚と『那智山瀧本金経門縁起』」『仏教芸術』66号、一九六七年。同書の影印は和歌山県立博物館編『熊野・那智山の歴史と文化——那智大滝と信仰のかたち』（二〇〇六年）図録に掲載。なお同解説によれば、青岸渡寺蔵『如法経縁起』（永享八年〈一四三六〉）に「行誉聖人感金墨而写経典」とあり、中世にも那智山でこの縁起が如法経勧進の先蹤として認識されていたことが指摘されている。

(10) 注(2)前掲書。なお、近年の成果として近本謙介・川崎剛志による科研共同研究報告書『大峯の口伝・縁起形成に関する文献学的研究——『諸山縁起』を中心に』（二〇〇五年）がある。

(11) 国文学研究資料館編、真福寺善本叢刊第二期第四巻『中世唱導資料集二』臨川書店、二〇〇八年所収。

(12)宮内庁書陵部編『図書寮叢刊伏見宮家九条家旧蔵諸寺縁起集』一九七〇年所収。
(13)同前。
(14)川崎剛志「院政期における大和国の霊山興隆事業と縁起」阿部泰郎編『中世文学と寺院資料・聖教』竹林舎、二〇一〇年。
(15)五来重編、山岳宗教史研究叢書18『修験道史料集II西日本篇』名著出版、一九八四年、鈴木昭英翻刻・解題。絵巻の影印は、石川知彦・小澤弘編『図説役行者——修験道と役行者絵巻』河出書房新社、二〇〇〇年収載。徳田和夫「文学メディアとしての『十界図屏風』と『箕面寺秘密縁起絵巻』」中世文学会編『中世文学研究は日本文化を解明できるか』笠間書院、二〇〇六年。
(16)国文学研究資料館編、真福寺善本叢刊第一期第十巻『熊野金峯大峯縁起集』臨川書店、一九九八年。
(17)注(1)前掲書、第四章二節「大峯縁起考」。
(18)注(16)前掲書。
(19)神山登「役行者の信仰とその尊像」『大阪市立博物館研究紀要』18号、一九八六年。石川知彦「役行者像——岩座に腰掛けて坐るということ」注(5)前掲図録。なお、吉野山金峯山寺の一山行事とその歴史については、首藤善樹『金峯山寺史』総本山金峯山寺、国書刊行会、二〇〇四年、第二部「年中行事」参照。
(20)国文学研究資料館編、真福寺善本叢刊第二期第四巻『中世唱導資料集二』臨川書店、二〇〇八年所収。
(21)「権現」段の伽陀は「印土尺迦尊　方便和光身　為度衆生故　示現大明神」、「大峯」段の伽陀は「中天霊鷲山　飛来自本国　為度衆生故　名大菩提峯」とある。
(22)日本大蔵経編纂会編『修験道章疏』第一巻、図書刊行会、二〇〇〇年（再刊）所収。
(23)同前、第三巻所収。
(24)高橋伸幸・北海道説話文学研究会編『私聚百因縁集の研究　本朝篇（上）』和泉書院、一九九〇年。
(25)佐藤虎雄「金峯山秘密伝の研究」『天理学報』47号、一九六六年。
(26)阿部泰郎「芸能王の系譜」『天皇と芸能』『天皇の歴史』第十巻、講談社、二〇一一年。
(27)『護摩次第』文観識語「奉為今上聖主御願成就、早為逆徒退治天下静謐、為勤行、任相承秘伝、所記之、甚深秘法也、輙不可授教、付法一両人外、不可授之、仏法之磨滅、王法衰微、只此時也、此尊本誓、尤亦此時也」。本書第九章「文観弘真著作年譜」参照。ラポー・ガエタン「南北朝動乱期の王権と調伏法——文観著『護摩次第』の秘密修法」小島毅編『中世日本の王権と禅・宋学』東アジア海域叢書、二〇一三年刊行予定。
(28)鈴木昭英「金峯山信仰と吉野曼荼羅」『修験道歴史民俗論集2　霊山曼荼羅と修験巫俗』法蔵館、二〇〇四年（初出一九六九年）。
(29)首藤善樹編『金峯山寺史料集成』総本山金峯山寺、国書刊行会、二〇〇〇年。
(30)阿部美香「浄土巡歴譚とその絵画化——メトロポリタン美術館本『北野天神縁起』をめぐって」『説話文学研究』45号、二〇一〇年。

終章

（1）『大和古寺大観　第二巻　当麻寺』岩波書店、一九七八年。

（2）西誉聖聡『当麻曼荼羅疏』『浄土宗全書』第十三巻、山喜房佛書林、一九七一年。浄土宗西山三派遠忌記念事業委員会編『西山国師絵伝』西山浄土宗宗務所、一九九四年。

（3）日沖敦子「当麻曼荼羅と中将姫説話――物語絵の享受」『当麻曼荼羅と中将姫』勉誠出版、二〇一二年。

（4）『大日本仏教全書』法儀部。

（5）關信子「〝迎講阿弥陀像〟考（一）～（四）」『仏教芸術』221・223・224・228号、一九九五～九六年。

（6）奈良国立博物館編『社寺縁起絵』角川書店、一九七五年。

（7）徳田和夫「享禄本『当麻寺縁起』絵巻と「中将姫の本地」」『お伽草子研究』三弥井書店、一九八八年（初出一九七八年）。

（8）阿部泰郎「中将姫物語と絵伝」『国文学解釈と鑑賞』63-8号、一九九八年。

（9）大串純夫「十界図考」『来迎芸術』法蔵館、一九八三年（初出一九四一年）。有賀祥隆「十界図解説」注（1）前掲書。河田昌之「『十界図屏風』の主題と構成について――色紙型を手掛かりに」『美術史を楽しむ』思文閣出版、一九九六年。同「『十界図屏風』の主題典拠について――『宝物集』との関連を中心に」説話論集八『絵巻・室町物語と説話』清文堂、一九九八年。鶴崎裕雄「当麻奥院蔵『十界図屏風』と連歌会図・花の下連歌」『芸能史研究』141号、一九九八年。高岸輝「当麻寺奥院所蔵『十界図屏風』の研究」『室町王権と絵画――初期土佐派研究』京都大学学術出版会、二〇〇四年（初出一九九七年）。徳田和夫「文学メディアとしての『十界図屏風』と『箕面寺秘密縁起絵巻』」中世文学会編『中世文学研究は日本文化を解明できるか』笠間書院、二〇〇六年。

（10）小栗栖健治『熊野観心十界図集成』岩田書院、二〇一〇年。

（11）舎利会の儀礼とその意義に関する最古の包括的な記述は、源為憲『三宝絵』僧宝の「比叡の舎利会」である。

（12）『大正新修大蔵経』図像部第十一・十二巻所収『門葉記』。

（13）『本朝文集』巻六十六（『新訂増補国史大系』第30巻、吉川弘文館、一九六六年）。

（14）谷知子「九条家の舎利会と和歌」『中世和歌とその時代』笠間書院、二〇〇四年。

（15）土谷恵「慈円の童舞」『中世寺院の社会と芸能』吉川弘文館、二〇〇一年。

（16）舩田淳一「貞慶撰五段『舎利講式』の儀礼世界」『神仏と儀礼の中世』法蔵館、二〇一一年。同書中の「貞慶撰五段『舎利講式』の展開」によれば、醍醐寺においては貞慶『舎利講式』を〈顕〉、覚鑁『舎利供養式』を〈密〉とし、この顕密一具として寺中年中行事の舎利講関連儀礼を行っていたことが指摘される。

(17)『興教大師全集』下巻。清水宥聖「守覚法親王の舎利講式――紹介と翻刻」『密教学研究』33号、二〇〇一年。
(18)赤塚祐道「中世における舎利信仰の一考察――『秘密舎利式』と『道場観大師法最秘』をめぐって」『密教学研究』42号、二〇一〇年。
(19)奈良国立文化財研究所『西大寺叡尊伝記集成』法蔵館、一九七七年。
(20)近藤喜博「伊勢神宮御正躰――叡尊の参宮と蒙古調伏に関連して」荻原龍夫編『伊勢信仰Ⅰ』雄山閣、一九八五年(初出一九五九年)。
(21)注(15)前掲書。
(22)伊藤聡「天照大神・空海同体説の形成」『中世天照大神信仰の研究』法蔵館、二〇一一年。
(23)奥健夫『清涼寺釈迦如来像』日本の美術513、至文堂、二〇〇九年。同「生身仏像論」『講座日本美術史四　造型の場』東京大学出版会、二〇〇五年。
(24)郭麗英「仏頂尊勝陀羅尼の伝播と儀式」『天台学報』特別号、平成15年開催国際天台学会論集、二〇〇七年。上川通夫「如法尊勝法聖教の生成」阿部泰郎編『日本における宗教テクストの諸位相と統辞法』名古屋大学グローバルCOEプログラム「テクスト布置の解釈学的研究と教育」第四回国際研究集会報告書、名古屋大学文学研究科、二〇〇九年。
(25)国際仏教学大学院大学・日本古写経研究所『テクストとしての『宝篋印陀羅尼経』とその展開』公開シンポジウム講演資料集、二〇一二年。
(26)『南無阿弥陀仏作善集』「東大寺大仏御身仏舎利八十余粒并宝篋印陀羅尼経、如法経」(『俊乗房重源資料集成』)。
(27)平岡定海「東大寺南大門仁王像吽形像納入宝篋印陀羅尼経について」『日本歴史』509号、一九九〇年。
(28)奈良国立博物館編『西大寺展』一九九〇年。
(29)近藤喜博「金剛寺本宝篋印陀羅尼経の文学について」『國学院雑誌』58-2号、一九五七年。小島裕子「金剛寺伝来の『宝篋印陀羅尼経』二本と舎利信仰」『いとくら』7号、二〇一一年。
(30)植木朝子「「宝篋印陀羅尼経」今様について――歌謡における『源氏物語』摂取の一例として」『十文字国文』9号、二〇〇三年。
(31)中村文『後白河院時代歌人伝の研究』笠間書院、二〇〇五年、第四章「平親宗」。
(32)財団法人前田育徳会編『国宝宝積経要品――高野山金剛三昧院奉納和歌短冊』勉誠出版、二〇一一年。
(33)西山美香「『高野山金剛三昧院和歌』奉納」『武家政権と禅宗――夢窓疎石を中心に』笠間書院、二〇〇四年(初出二〇〇二年)。
(34)川端善明・荒木浩校注、新日本古典文学大系『古事談　続古事談』岩波書店、二〇〇五年。
(35)高山寺資料調査団編『明恵上人資料第二』高山寺資料叢書第一冊、東京大学出版会、一九七五年。
(36)『大日本仏教全書』法儀部。

（37）『日本大蔵経』華厳宗章疏巻下。

（38）『明恵上人伝記』（刊本）巻上は、三時三宝礼とその本尊について華厳経の十廻向品に説く二十菩薩心が激烈な捨身行であることを明恵の夢想を介して説いており、『行状』とは異なる角度から明恵の三宝礼創始の心意を説明している。久保田淳・山口明穂校注『明恵上人集』岩波文庫、一九八一年。

（39）注（35）前掲書、『明恵上人行状』施無畏寺本。「上人先年夢ニ、一ノ大樹アリ。其形三鈷ニニタリ。其樹ニアケヒニ似ル実多クナリタリ。数人樹下ニアツマレリ。コレヲ取テ施スルニ尽期ナシト見ル云々。此ノ夢ハ、三宝ノ形ヲ見タルナリ。三鈷ト云ハ三行ノ文ナリ。其実ト者《ハ》、上ノ梵号ヲ列ネタルカ見タリ也。」

（40）伊藤大輔『肖像画の時代——中世形成期における絵画の思想的深層』（名古屋大学出版会、二〇一一年）の第III部「「明恵上人樹上坐禅像」考」は、この夢記を媒介として、明恵樹上坐禅像を三時三宝礼本尊の明恵自身における実践の具象化であり、その根本を支えるのは華厳の事々無礙思想であると論ずる。この見解を受け入れるなら、樹上坐禅もまた三宝礼の本尊と教説と修行を全て自身の上に体現することを示した複合が統合された宗教テクストとして捉えることが可能であろう。

（41）三宅守常「明恵の三宝礼信仰について——『三時三宝礼釈』および『自行三時礼功徳義』を中心として」『精神科学』13号、一九七四年。

（42）高山寺典籍文書綜合調査団編『高山寺古文書』高山寺資料叢書第四冊、東京大学出版会、一九七五年。

（43）法然門下の造像活動として確認できるのは、法然入滅後一周忌に源智によって発願造立された玉桂寺三尺阿弥陀仏立像（現浄土宗像）をその典型とする仏像と、前節で扱った證空による当麻曼荼羅であろう。また、教化唱導の具としては、貞慶が『興福寺奏状』でその失を非難した「摂取不捨曼荼羅」があったが、現存する作例はなく、ただ正和本『融通念仏縁起絵巻』（クリーブランド美術舘蔵）に「引用」される形でその図様が知られるばかりである。あるいは、善導『観経疏』の譬喩を図解した説話画である「二河白道図」がその代表的な例として指摘できる。加須屋誠「二河白道図試論」『仏教説話画の構造と機能』中央公論美術出版、二〇〇四年。

（44）岡崎市美術博物館編『三河念仏の源流——高田専修寺と初期真宗』二〇〇八年。信仰の造型的表現研究委員会編『真宗重宝聚英』第一巻『名号本尊』同朋舎、一九八八年。

（45）『親鸞聖人真蹟集成』第四巻、法蔵館、二〇〇五年。

（46）親鸞消息には、覚信は病を押して関東より上洛し、聖人の許で名号を唱えながら臨終したと伝える。

（47）注（44）前掲書『名号本尊』所収。

（48）注（44）前掲書『名号本尊』所収。

（49）石田充之・千葉乗隆編『真宗史料集成』第一巻『親鸞と初期教団』同朋舎、一九七四年。

(50) 注(44)前掲書、宮崎圓導「真宗本尊論序説」。
(51) 信仰の造型的表現研究委員会編『真宗重宝聚英』第二巻『光明本尊』同朋舎、一九八八年。
(52) 注(51)前掲書。
(53) 日蓮による文字曼荼羅の自筆諸本とその分類については、下記を参照。山中喜八『日蓮聖人真蹟の世界』上・下、雄山閣、一九九二〜九三年。同編『日蓮聖人真蹟集成』第十巻『本尊集』法蔵館、一九七七年。同編『御本尊集』立正安国会、一九九二年訂補版(初版一九五二年)。文字曼荼羅全般については、渡辺喜陽『文字マンダラの世界』(岩田書院、一九九七年)を参照した。身延山宗宝として伝来した佐渡始顕大曼荼羅は、明治八年の火災で焼失したが、日亨『御本尊鑑』にその写しが伝えられる。中尾堯『日蓮聖人の法華曼荼羅』臨川書店、二〇〇四年。
(54) 高木豊『日蓮――その行動と思想』評論社、一九七〇年。
(55) 田村芳朗『日蓮――殉教の如来使』日本放送出版協会(NHKブックス)、一九七五年。『観心本尊抄』の主張の核心にあたる「四十五字法体段」の直後には、次の如く本尊の「為体」を示す一文がある。「その本尊のていたらく、本師の娑婆の上に宝塔空に居し、塔中の妙法蓮華経の左右に釈迦牟尼仏・多宝仏、釈尊の脇士は上行等の四菩薩なり、文殊・弥勒等は四菩薩の眷属として末座に居し、迹化・他方の諸菩薩は、万民の大地に処して雲客月卿を見るが如し、十方の諸仏は大地の上に処したまふ。迹仏・迹土を表はすが、ゆえなり」(原漢文)。
(56)『不動愛染感見記』として『昭和定本日蓮聖人遺文』第一巻(身延山久遠寺、一九八九年)所収。高野山金剛三昧院、真福寺大須文庫などに鎌倉時代写本『一仏二明王口決』一帖が伝わり、真言行者の入三摩地の境地。弥陀を本尊として愛染不動二明王が三毒の躰より行者の観念に応じて成仏の相を示す理を問答体として口決する。L. Dolce, "Criticism and Appropriation: Ambiguities in Nichiren's Attitude towards Esoteric Buddhism", *Japanese Journal of Religious Studies*, 26, 3–4, 1999. ルチア・ドルチェ「二元的原理の儀礼化――不動・愛染と力の秘像」、ルチア・ドルチュ、松本郁代編『儀礼の力――中世宗教の実践世界』法蔵館、二〇一〇年。
(57) 中尾尭「曼荼羅本尊の信仰と礼拝」『日蓮聖人の法華曼荼羅』注(53)前掲書。
(58) 渡辺喜陽『文字マンダラの世界』注(53)前掲書。以下、引用する日蓮御書は『昭和定本日蓮聖人遺文』(身延山久遠寺、一九五九年)に拠り、私に読み易く改めたところがある。
(59) 注(40)前掲書。日蓮自身の言説に、このような図像化の契機はなかったのであろうか。御書の中には、本尊について、まるで軍に臨んでの陣立ての如き、立体的な曼荼羅の配座について述べるところがある。「首題の五字は中央に懸かり、四大天王は宝塔の四方に坐し、釈迦・多宝・本化の四菩薩肩を並べ、普賢・文殊等、舎利弗・目蓮等坐を屈し、日天・月天・第六天の魔王・龍王・阿修羅其の外、不動・愛染は南北の二方に陣を取り、悪逆の達多・愚痴の龍女一座を張り、三千世界の人の寿命も奪う悪鬼たる鬼子母神・十羅刹女等、加之、日本国の守護神たる天照大神・八幡大菩薩・天神七代・地神五代の神々、総じて大小の神祇等体の神つらなる。其の余の用の神、豈もるべきや」(『日女御前御返事』)。

(60) 行徳真一朗「日蓮諸宗本尊画試論――題目本尊から絵曼荼羅へ」東京国立博物館編『大日蓮展』二〇〇三年。

(61) 注(60)前掲図録所収。

(62) 戸塚本興寺は、妙満寺派の日什により創建され、本曼荼羅は弟子追善のために一三八八年に図絵されたと寺伝する。注(60)前掲図録所収。

(63) 注(60)前掲図録所収。

(64) 神像の造立に関する史料上の初見は、『多度神宮寺伽藍縁起并資料帳』における天平宝宗七年(七六三)に満願禅師が神託により造立した「神御像」である。

(65) 『玉葉』建久二年九月条。重源の弟子で宋人であった空諦房鍐也の室生山舎利盗堀事件については、重源と配下の勧進聖集団の舎利および生身仏信仰との関係が指摘されている。中尾尭『中世の勧進聖と舎利信仰』吉川弘文館、二〇〇一年。また、元久二年に起きた磯長太子廟太子御歯盗難事件(本書第三章参照)も、同様の文脈で捉えられる。生駒哲朗「中世の生身信仰と仏像の霊性――重源の仏舎利信仰を中心に」中尾尭編『中世の寺院体制と社会』吉川弘文館、二〇〇二年。

(66) 奈良国立博物館編『泊瀬にますは与喜の神垣――與喜天満神社の秘宝と神像』二〇一一年。

(67) 東京国立博物館他編『天神さまの美術』二〇〇一年。

(68) 今泉淑夫・島尾新編『禅と天神』吉川弘文館、二〇〇〇年。

(69) 源豊宗「北野天神縁起絵巻について」『北野天神縁起』新修日本絵巻全集9、角川書店、一九七七年(初出一九五九年)。

(70) 村瀬喜美子「メトロポリタン本天神縁起絵巻」新修日本絵巻物全集別巻二、角川書店、一九八一年。

(71) 山本五月『天神の物語・和歌・絵画中世の道真像』勉誠出版、二〇一二年。梅津次郎「天神縁起絵巻――津田本と光信本」『絵巻物叢考』中央公論美術出版、一九六八年。村上學「神道集第九〈北野天神事〉ノート」「お伽草子〈天神本地〉ノート」『名古屋大学国語国文学』15・17・18・21号、一九六四~六七年。須賀みほ『天神縁起の系譜』中央公論美術出版、二〇〇四年。

(72) 注(67)前掲図録参照。京都、和東天満宮伝来の四幅本天神縁起絵(室町初期)は例外的な掛幅縁起絵であるが、その図様構成は絵巻に比較して最終幅の社頭図を除き独自のものをもたない。

(73) 大阪市博物館・福原敏男編『社寺参詣曼荼羅』平凡社、一九八七年。

(74) 慶滋保胤「賽菅丞相廟願文」『本朝文粋』巻十三所収、寛和元年(九八六)作。天満宮に文士を集め詩篇を奉るにあたり作られる。「天満天神」号の初見である。

(75) 北野本『日本書紀』は、平安末期から鎌倉・室町時代にかけての取り合せ本であるが、そのうち平安時代写本は白川神祇伯家に伝来し、のちト部兼永の証本となった由緒をもつ。京都国立博物館編『北野天満宮神宝展』二〇〇一年。

(76) 注(75)前掲図録所収。
(77) (北野経王堂一切経造立について)『門葉記』如法経十、応永八年(一四〇一)五月、義満は北野社参を行った際、道場に「天神御筆」紺紙金泥法華経を安置し、経王堂を創建した。
(78) 大阪屯倉神社蔵『妙法天神経』識語には、性空上人が北野参籠中に青衣童子より授与されたものと伝える。
(79) 小峯和明編『宝鏡寺蔵『妙法天神経解釈』全注釈と研究』笠間書院、二〇〇一年。
(80) 伊地知鐵男「北野信仰と連歌」『連歌・連歌史』(伊地知鐵男著作集Ⅱ)汲古書院、一九九六年(初出一九五五年)。
(81) 『続群書類従』巻五十七所収。注(75)前掲図録掲載の大阪青山短大所蔵本など諸本により本文に相違があり、それが用いられる天神社独自の記事の増加が認められる。
(82) 注(67)前掲図録参照。
(83) 小松茂美編『続日本の絵巻16　松崎天神縁起』中央公論社、一九八三年。
(84) 注(75)前掲図録参照。
(85) 注(65)前掲書参照。なお、同社には『北野伝絵』と題す応永二二年(一四一五)写の甲類本に属す天神縁起絵巻を蔵す。
(86) 黒田龍二「北野天満宮本殿と舎利信仰」『中世寺社信仰の場』思文閣出版、一九九九年。
(87) 『渓嵐拾葉集』巻第四「一、参二詣北野一者可レ正直一事」(『大正新修大蔵経』巻七六)には次のように記されている。師物語云。北野天神ニ参詣スルニハ、北向ノツイ垣ノキハニシテ、後門ノ妻戸ニ向テ奉二念誦一也。就レ之、三重ノ習事、有レ之。初重ニハ、此ノ神ハ菅丞相《カンセウ》ニテ御座時、依二無実之咎一被レ罪給ヘリ。故ニ妄語ヲ殊ニ誡メ給ヘリ。而ニ世間ノ人ハ、皆不実ノ意ヲ以参詣、万人ノ意楽、皆神慮ニ背ケリ。仍、北方ヘ向給フ故ニ、北面ヨリ参詣シテ所念ノ事ヲ奉二祈請一也云々。第二ニハ、此社檀ノ後門ニ舎利塔ヲ安置。此ノ舎利ノ処ニ天神常ニ居シ給ヘリ。故ニ北面ニ参シテ祈念スル也云々。第三重ニハ、今舎利、即、天神御体也。一切諸神ノ本源ハ舎利ト習也。加レ之、此天神ハ、元ト弁才天ノ法ヲ行給ヘリ。即、以二舎利一為二最極大事ト也。其上、此ノ神ハ不妄語ノ神体、金界ノ大日ノ全体ト習也。〇口伝云々。身密舎利、口密経教、意密神明。又云。伊勢・八幡モ等以二不妄語一為レ体也。サレハ正直ノ頭ニヤトラント誓ヒ給也。可レ思レ之云々。
(88) 鈴木元「室町初期の北野信仰と伏見宮」森正人編『伏見宮文化圏の研究――学芸の享受と創造の場として』平成十～十一年度科学研究費補助金研究成果報告書、二〇〇〇年。
(89) 『後奈良天皇宸記』天文四年(一五三五)十二月条。島谷弘幸「道真の書と天神信仰の書蹟」注(67)前掲図録所収。
(90) 根津美術館学芸部編『春日の風景――麗しき聖地のイメージ』二〇一一年。
(91) 高木豊「撰集抄管見」『日本歴史』300号、一九八〇年。
(92) 小島孝之校注『撰集抄』第五「真範僧正事」桜楓社、一九八〇年。

（93）重松明久校注・訓訳『八幡宇佐宮御託宣集』現代思潮社、一九八六年。小野尚志『八幡愚童訓諸本研究』三弥井書店、二〇〇一年。
（94）奈良国立博物館編『神仏習合――かみとほとけが織りなす信仰と美』二〇〇七年所収、個人蔵「三社託宣」一軸。
（95）永島福太郎「三社託宣の源流」『日本歴史』512号、一九九一年。
（96）阿部泰郎「『類聚神祇本源と信瑜の書写活動』」、国文学研究資料館編、真福寺善本叢刊第二期第八巻『類聚神祇本源』臨川書店、二〇〇四年。
（97）真福寺大須文庫九十一合一四十七号。
（98）伊藤聡「天照大神・大日同体説の形成」注（22）前掲書。
（99）国文学研究資料館編、真福寺善本叢刊第一期第八巻『古文書集一』臨川書店、二〇〇〇年。阿部泰郎「伊勢に参る王と聖――『東大寺衆徒参詣伊勢大神宮記』をめぐりて」今谷明編『王権と神祇』思文閣出版、二〇〇二年。

あとがき

厳寒の高野山上の凍てつくような冷気に満たされた収蔵庫の中で、学芸員の手によって壁に掲げられた一幅の曼荼羅に向き合って、ここに辿り着くまでの道程を想いめぐらしていた。この曼荼羅は、長い間、幻のような存在だった。それは、文観弘真という中世密教の魔術的師範によって創り出された秘法体系を図像化した、本格的な尊像の集合であった。すなわち、空海が入定にあたり遺したという、真言宗の縁起というべき聖典『御遺告』の注釈として文観が著した『御遺告大事』、つまり彼の独創的な密教体系の中核をなした聖教テクストの統合的図像化がこの曼荼羅なのである。この一幅を所蔵する親王院主とは、ここ二十年来親しく交わり、仁和寺の調査には一貫して支援をいただいたばかりか、彼の依頼によって京都勧修寺の経蔵調査に従事し、共にその大経蔵目録の復原という大きな目標に向けて歩んできた間柄であった。その先々代にあたる偉大な学匠、水原堯榮氏の著作（『弘法大師影像図考』）にただ一葉不鮮明な写真が載せられたばかりのその曼荼羅こそは、文観の創出した宗教テクストの中核「三尊合行法」の精華というべき本尊図像である。その消息を一度だけ尋ねてみたことがあるが、どうやら彼自身もよく知らない重宝であるようだった。その院主は、昨年十月に病をえて、我々にも思いがけない痛恨の喪失感を残していち早く世を去ってしまった。その弔問に訪れた秋、紅葉に囲まれた高野山霊宝館に、この曼荼羅が展示されていた。随分以前に寄託されたまま、その存在をほとんど忘れられていたのだが、筆者がその前に発表した小論（内藤栄編『仏舎利と宝珠』日本の美術529所収）が契機となって、展示されることになったのだった。彼は最後に、この曼荼羅を私に示して旅立ったのである。彼、安田弘仁氏の思い出に、まず出来上がった本書を捧げよう。

本書の主題である「宗教テクスト」の発想は、筆者の職場である名古屋大学文学研究科における人文学の綜合研究プロジェクトであった、21世紀COEプログラム「統合テクスト科学の構築」（二〇〇二～〇六）に、思想部門の研究推進者として参加したことに端を発する。チームリーダーの佐藤彰一氏（西洋史学）とともに、第一回国際研究集会「中世聖教テクストの東と西」を開催し、その報告書を佐藤氏と共編で『中世宗教テクストの世界へ』と題して刊行したところに、「宗教テクスト」の着想が生じた。言語、文学、思想、歴史、美術、そして人類学の諸分野の第一線の研究者たちが、己の取り組む多彩な文化遺産の探究と諸フィールドでの豊かな知見にもとづき、テクストという普遍的な認識概念のもとでその生成の秘密を解き明かすために集い、それぞれの持てる方法と解釈の成果を開陳し討議するという、希有な場が現出しようとしていた。その活動の過程を伝える討議資料が、熱気に満ちた人文学生成の運動の状況を伝えるが、その片端に連なって得た知見とアイディアが、本書の源泉となっている。それゆえ、佐藤氏をはじめ故天野政千代氏、松澤和宏氏、釘貫亨氏、和田壽弘氏、稲葉伸道氏、宮治昭氏、木俣元一氏、周藤芳幸氏、そして和崎春日氏等々、このプログラムに参加したすべてのメンバーに、日頃の研究教育でお世話になったことを含めて感謝申し上げる。COEの後継プログラムとして文学研究科が提案し、採択されたのは、そこで育まれたテクスト学をより高度な人文の学として練り上げ、かつ国際的に開かれた研究として、若手研究者を育成するためのグローバルCOEプログラム「テクスト布置の解釈学的研究と教育」（二〇〇七～一二）であり、同じくリーダーを務められた佐藤彰一氏にこれにも参加を許されて提案し開催したのが、第四回国際研究集会「日本における宗教テクストの諸位相と統辞法」である。同題の成果報告書を二〇〇九年に刊行し、そこにおいて「宗教テクスト学」として研究上の方法枠組みの構築と体系化を目指し、本格的な取り組みを宣言したのである。このグローバルCOEは、筆者にとって、まさに「宗教テクスト学」の揺籃であった。

筆者個人の研究においては、名古屋大学に着任してほどなく採択された科学研究費補助金基盤研究「守覚法親王と仁和寺文化圏の文献学的研究」（一九九六～九七）が大きな画期となった。御室仁和寺に守覚法親王が残した宗教テクストの世界を探究する試みは、すでに有志と仁和寺紺表紙小双紙研究会を結成し、その成果を『守覚法親王の儀礼世界』（勉誠社、一九九五）として公刊したところにひとつの達成をみたが、なお、さらなる深みを尋ねて申請し採択されたことにより、仁和寺御経蔵の悉皆的調査を許されて、その過程で守覚による「御流」聖教体系「密要鈔」の発見と復原に至った。その成果は、金沢文庫に保存される称名寺聖教中の御流聖教類の全容を明らかにすることに繋がり、あわせて『守覚法親王と仁和寺御流の文献学的研究』（勉誠社、全三冊、一九九八、二〇〇〇）として結実した。

筆者にとって、もうひとつの重要な宗教テクストの場《フィールド》は、仁和寺の調査研究を導いてくれた国文学研究資料館の山崎誠氏に誘《いざな》われた、名古屋真福寺の大須文庫である。資料館による調査とマイクロフィルム撮影による採訪事業を支援することから始まった大須観音経蔵の探究は、その成果報告として、国文学研究資料館編『真福寺善本叢刊』第一期（臨川書店、一九九八〜二〇〇〇）、第二期（二〇〇三〜一一）として学界に提供されたが、山崎氏と共に筆者も責任編集として実質的な編者の役目を担うことになった。これは文字通りの責任を負った幾多の試練の果てに、ようやく完結を迎えたが、この過程で大須文庫の調査を共同研究として人文学各分野の先端研究として遂行すべく提案し、採択されたのが、基盤研究「中世寺院における知的体系の研究」（二〇〇〇〜〇七）であり、『善本叢刊』はその共同研究の記録《ドキュメント》であり結晶であった。共同研究メンバーと出版社の編集者（特に相馬容子氏の御名前を銘記しておきたい）との苦楽を共にした歩みの中で、かけがえのない文化遺産であるアーカイヴ調査の社会的意義とこれに従事する研究者の使命の何たるかを身をもって知ることとなった。それはCOEによる研究活動と一体となり、寺院の経蔵とそこに形成され伝来した聖教典籍を、図像と儀礼とともに全体として宗教テクストと捉える試みを始めたのもこの時期である。個人では挑戦的萌芽研究「中世宗教テクスト体系の探究」（二〇〇六〜〇八）として、共同研究では基盤研究「中世宗教テクスト体系の復原的研究」（二〇〇八〜一〇）として、大須文庫の基盤的な整備のために、断簡となった文献の整理とそこからの宗教テクストの復原作業を敢行した。この間の継続した調査と研究の展開は、真福寺に限らず、畿内の大寺院から地方の寺院にまで拡がった悉皆調査による目録化とその研究情報のネットワーク化ともいうべき、新たな学問上の動向と繋がるものであろう。その成果の一端は、筆者の編になる論集『中世文学と寺院資料・聖教』（竹林舎、二〇一〇）として示されている。このような研究潮流を更に加速するべく企て、幸いに採択されたのが、現在進行中の基盤研究「中世宗教テクスト体系の綜合的研究――寺院経蔵聖教と儀礼図像の統合」（二〇一〇～一四）なのである。

この間、国立歴史民俗博物館の松尾恒一氏と連携して、その公募型共同研究として『中世における儀礼テクストの総合的研究』（二〇〇九～一一）が採択され、唱導文献を中心に広く仏教儀礼全般を視野に入れたフィールドワーク調査をも含んだ多元的な儀礼テクストの研究を試み、宗教テクストの重要な位相のひとつの領域を見渡すための大きな契機となった。それは更に、松尾氏を代表とする歴博共同研究「東アジアの宗教をめぐる交流と変容」として、国際的な学術研究交流へと発展している。宗教テクストのもうひとつの重要な位相である図像の領域では、学習院大学の佐野みどり氏の基盤研究「中世寺社縁起絵の総合的研究」（二〇〇七～〇九）およびその後継科研プロジェクト「大画面説話画の総合研究」（二〇一〇～一三）に妻の美香とともに参加し、聖徳太子絵伝を中心に中世宗教図像の基盤的かつ総合的な研究の飛躍に参画することができたのは、かつて大学時代に故武者小路穣先生のもとにおいて美術史を学ぶところから出発した筆者にとって、懐かしくも心躍る学問ステージであった。

学際的な人文学研究の運動は、既成の文学や歴史学の枠組みを超えて進展しているが、宗教テクスト研究は、それらの最も先端的な試みとも多面的に連携することになった。文学の側からは、筑波大学の近本謙介氏による「院政期の宗教施策に関する寺院文芸研究」（二〇〇九～一二）と、歴史学においては、勧修寺の調査を共にする京都府立大学の上島享氏による「人類の思想的営みとしての宗教遺産の形成に関する総合的研究」（二〇一〇～一四）に、それぞれ研究分担者として参加し、その意欲的な挑戦の企てに大きな刺激を受け、触発されている。何よりも新鮮な経験は、これらの大型共同研究が、従来の学問分野を超えた領域融合型ともいうべき、諸分野間を越境する研究者たちの集う機会であり、また海外の日本研究者たちと連携し、その研究拠点大学や美術館に赴いて調査を兼ねて催されるワークショップや研究集会として行われることが一般的になったことである。すなわち、国際的な日本研究の展開と連動するように、これら複数の研究プロジェクトとの連携が実現している。

筆者自身の上にも、〝国際化〟は急激に到来した。二〇〇三年に和崎氏にアフリカのカメルーンへ王権の調査に連れ出されて幾人もの〝王様〟に拝謁したのは、もはや遙かな想い出のひとつとなったが、その帰路、パリにて高等研究院のハルトムート・O・ロータモンド氏を訪れたのが契機となって、二〇〇五年に同僚のジャン・N・ロベール氏とロータモンド氏の二人からソルボンヌへ招かれて集中講義「魔王と生身」を行うことになり、また同年にはロンドン大学アジア・アフリカ学院のルチア・ドルチェ氏に招かれて、シンポジウムで報告を行った。更に、コロンビア大学のベルナール・フォール氏による日本宗教研究センターでのシンポジウムにも、二〇〇七年、二〇一〇年、二〇一一年に招かれて報告を行った。そうした場で海外の優れた日本研究者たちと出会い、その問題意識や方法論に接する機会が格段に多くなった。日本でもこうした方々を招聘しての国際研究集会が、我々のCOEプログラムも含めていくつも催されるようになった。こうした交流の媒ちを果たしてくださった彌永信美氏には殊に感謝したい。更に、筆者も幾度か協力させていただいた慶応義塾大学の石川透氏による国際奈良絵本・絵巻プロジェクトのように、臨機応変に国内外での研究会やワークショップを開催する機会も増えてきた。二〇〇九年に伊藤信博氏や高橋亨氏そして故山本節氏と共に、アルザス・欧州日本学研究所において「文化創造と知の発信としての図像解釈」研究集会を行ったのも、その流れの一環である。

これらの機会に臨んで用意した報告や講演が、本書を構成する各章の多くの部分を占めている。その幾つかは日本語論文としては学術誌に掲載されなかったものもあり、それらはむしろ本書の一部として位置付けることがよりふさわしい文脈のもとで書かれたものといえる。

本書のもとになった諸論考は、そのような疾風怒濤の中で書かれ、かつ語られたものであったが、その十余年の間はまた前述の真福寺大須文庫における調査研究の深みに一層沈潜していく時期でもあった。一九三〇年代に東京帝国大学の黒板勝美氏によって整理と目録化が行われた大須文庫の、未来への保存と継承を期して新たな目録作成のための悉皆調査を実施すべく、その前提となる厖大な断簡類を再整理する作業に取りかかった。その過程で数多の貴重な資料と思想文献が見出されることになったのである。何より有り難いのは、その営みを契機として、尊敬する多くの研究者に出会うことができたことだろう。茨城大学の伊藤聡氏や國學院大學の岡田荘司氏とともに神祇書の調査に取り組み、その中で岡田氏と共に『大田命訓伝』における度会行忠自筆の証を軸銘に確認した時の喜びは今も鮮やかに甦る。七寺一切経の調査をはじめ仏典研究を推進してこられた国際仏教学大学院大学の落合俊典氏には、真福寺の経蔵としての真価を次々と教示していただき、まさに国際的なその広がりに驚かされ続けている。そして国際日本文化研究センターの末木文美士氏は、断簡の中から栄西の新出著作『改偏教主決』の復元と解読を、明治大学の牧野淳司氏や神戸学院大学の米田真理子氏らと共に取り組まれて、その思想テクストの宝庫としての研究の可能性を開示していただいた。それは更に、金沢文庫等の禅籍と併せて『中世禅籍叢刊』という新たな宗教テクスト領域を再発見しようと試みる企画に繋がることになった。こうした十年来の共同研究による連携の成果は、筆者のこの論集に確かに反映し、結びついている。

こうした調査研究が可能となったのは、ひとえに、文庫を伝持して来られた大須観音宝生院の岡部快圓貫主がお見守りくださったことに拠っている。そして、文庫の保存管理に尽力される名古屋市博物館の鳥居和之氏には、研究を社会と繋ぐ大切な務めを、その実践から教えられた。そうした連携の集大成というべき「大須観音展」が二〇一二年一二月に開催され、筆者も博物館と協同してその企画・実施に取り組み、大須文庫の調査研究に参加する研究者一同で結成した「真福寺大須文庫調査研究会」と博物館との共編で、展覧会図録を兼ねた『大須観音』の一冊を刊行することができた。大須文庫の調査や研究集会の運営、そして図録の編集と同時に本書の索引作りを担ってくれた三好俊徳君と、協力してくれた名古屋大学文学研究科比較人文学研究室の院生と留学生諸君に、深く感謝する。自身の著書編纂においては、土台となった旧稿としての論文や報告、講演など、叙述も文体も異なるプレテクストを再構成し、削除・補訂・改稿・加注など、まさしくテクストの生成と変容とそれに伴って生ずる苦痛と快楽を自ら経験することになった。この過程で前提となったいくつもの報告書やテクストデータの作成には、㈱あるむの吉田玲子氏のお世話になった。それをもとに更に著書として密度の高い研究書を目指すべく、筆者を叱咤してくれた名古屋大学出版会の編集部長橘宗吾氏と編集担当者三原大地氏には、その果たした役割が本書の完成にとって極めて大きなものであったことを感謝とともに銘記しておきたい。

最期に、ここに至るまで筆者を支え励ましてくれた多くの方々に御礼を申し上げたい。現在の職場である名古屋大学そして宗教テクストの場である大須文庫へ導いてくださった山下宏明氏、文学としての宗教テクストの世界を照らし出していただいた村上學氏、同僚かつ岩瀬文庫の主として常にその熱い志で筆者を鼓舞し続けてくれている塩村耕氏、ともに比較人文学講座の一員としてもうひとつの宗教テクストのフィールドである奥三河の花祭に取り組み、地域の伝承者と協同して文化創出を目指す佐々木重洋氏、このほか御名前を掲げきれない多くの方々に、本書の成るに当たって感謝の念を捧げる。その思いは上記の調査研究の営みを共にしつつ連携し、更に未来にその真価を伝え、あらたな探究を担うべく模索する次の世代の方々すべてに捧げられるものでもある。その意味でこの一冊は、これから皆と共に出会うことになるだろう、より広大で豊饒な宗教テクストの世界の深みへと赴くための通過点に過ぎない。

なお、本書の刊行にあたっては、日本学術振興会の平成二四年度科学研究費補助金（研究成果公開促進費「学術図書」）による助成を受けたことを銘記し、感謝申し上げる。

二〇一二年一二月

阿部泰郎

初出一覧

序　章　「布置としての宗教テクスト学の構築」阿部泰郎編『日本における宗教テクストの諸位相と統辞法』名古屋大学グローバルCOEプログラム「テクスト布置の解釈学的研究と教育」第四回国際研究集会報告書、名古屋大学文学研究科、二〇〇九年。

第一章　「中世宗教テクストの世界像」『日本文学』57-7号、特集「中世宗教と文学」二〇〇八年。

「宗教テクストの森へ」阿部泰郎編『中世文学と寺院資料・聖教』中世文学と関連諸学2、竹林舎、二〇一〇年。

(以上を大幅に改稿のうえ再編)


第二章　「聖徳太子の世界像――太子をめぐる中世宗教テクスト体系の形成」『日本宗教文化史研究』15-1号、二〇一一年。

(日本宗教文化史学会第十四回大会記念講演)

一～五節「聖徳太子伝と絵伝――平安朝の複合宗教テクスト」高橋亨編『王朝文学と物語絵』平安文学と隣接諸学10、竹林舎、二〇一〇年。

六・七節「聖徳太子絵伝の世界像――平安朝における太子宗教テクストの複合的生成とその布置」高橋亨編『日本語テクストの歴史的軌跡――解釈・再コンテクスト化・布置』名古屋大学グローバルCOEプログラム「テクスト布置の解釈学的研究と教育」第八回国際研究集会（プラハ・カレル大学）報告書、名古屋大学文学研究科、二〇〇九年。

第三章　一・二節「院政期における聖徳太子崇敬の展開」『説話文学研究』35号、二〇〇〇年。
三～五節「四天王寺をめぐる聖徳太子伝と絵伝――霊地を創る太子」阿部泰郎編『文化創造の図像学　日本の宗教空間と身体』アジア遊学154号、勉誠出版、二〇一一年。（ストラスブール大学・名古屋大学共催国際研究集会「文化創造と知の発信としての図像解釈」（アルザス・欧州日本研究所）、二〇〇九年）

六〜八節「祭儀空間における生身の太子――中世宗教テクストとしての聖徳太子尊像／絵伝と礼拝空間」コロンビア大学・日本宗教研究所第四回国際シンポジウム「仏教美術と身体性」報告、二〇一〇年。

第四章 「中世聖徳太子絵伝におけるテクスト複合――太子絵伝の〈内部〉と〈外部〉」学習院大学人文学共同研究プロジェクト「中世掛幅縁起絵の総合的研究」日米国際ワークショップ「中世日本の競う文化――信仰と芸術」（メトロポリタン美術館）報告、二〇〇九年。

第五章 「文学研究としての中世宗教テクスト諸位相の探求」阿部泰郎編『中世文学と寺院資料・聖教』中世文学と関連諸学2、竹林舎、二〇一〇年。

第六章 「中世における国土の〈経蔵〉化――一切経形成と霊地埋経運動の統合的把握」筑波大学・ハーバード大学共催国際研究集会「日本仏教研究の領域複合的解明の試み――汎宗派的考察への回路」（ハーバード大学）報告、二〇一二年。

第七章 「中世宗教テクスト体系の範疇――密教寺院の成立と展開における経蔵とその目録の形成をめぐりて」『日本宗教文化史研究』14-1号、二〇一〇年。

第八章 「儀礼と宗教テクスト――中世密教聖教の権能をめぐりて」ルチア・ドルチェ、松本郁代編『儀礼の力　中世宗教の実践世界』法蔵館、二〇一〇年。（立命館大学アートリサーチセンター・ロンドン大学ＳＯＡＳ日本宗教研究センター共催国際シンポジウム「儀礼の力――学際的視座から見た中世宗教の実践世界」二〇〇六年）

第九章 「文観著作聖教の再発見――三尊合行法のテクスト布置とその位相」『名古屋大学比較人文学研究年報』6号、二〇〇九年。（名古屋大学・ロンドン大学ＳＯＡＳ日本宗教研究センター共同ワークショップ「日本宗教のフィールドワーク」特別セミナー、二〇〇八年）

第十章 「中世日本の儀礼テクストと芸能――宗教テクストとしての仏教儀礼の世界」国立歴史民俗博物館共同研究「中世における儀礼テクストの総合的研究」、名古屋大学・イリノイ大学共催国際研究集会「東アジアにおける宗教テクストと表象文化」（イリノイ大学）基調講演、二〇一〇年。

第十一章 “The Position of *Ganmon* in Medieval Japanese Buddhist Rites : *Ganmon* as Core Religious Texts”『國際東方學者會議紀要』第57冊、二〇一二年。（「中世日本の仏教儀礼における願文の位相――宗教テクストの核心としての願文」第五

七回国際東方学者会議シンポジウム「日中「願文」の比較」報告、二〇一二年）

第十二章　一～五節「「お水取り」のテクスト科学試論——東大寺二月堂修二会における宗教テクスト」名古屋大学21世紀COEプログラム「統合テクスト科学の構築」紀要『SITES』2-1号、二〇〇四年。

六・七節「多武峯の芸能と説話伝承——常行堂修正会と僧賀上人伝承をめぐりて」能楽学会編『能と狂言』5号、ぺりかん社、二〇〇七年。

第十三章　「儀礼の声」兵藤裕己編『思想の身体　声の巻』春秋社、二〇〇七年。

第十四章　「説話・伝承の場としての真宗寺院開帳法会——善徳寺虫干法会における儀礼とテクスト」説話・伝承学会編『説話・伝承の脱領域』岩田書院、二〇〇八年。

蔡佩青編『城端別院善徳寺の虫干法会』名古屋大学儀礼テクスト研究会、二〇〇九年。

第十五章　「中世熱田宮の宗教世界——熱田をめぐる宗教テクストの諸相」『神道史研究』58-2号、二〇一〇年。

第十六章　国文学研究資料館編、真福寺善本叢刊第二期第八巻『伊勢神道集』総説、臨川書店、二〇〇五年。

第十七章　“Shinto as Written Representation : The Phases and Shifts of Medieval Shinto Texts”, Cahiers d'Extreme Asie 16, 2009, コロンビア大学、日本宗教研究所国際シンポジウム「中世神道」報告「書かれたものとしての神道」、二〇〇七年。

第十八章　「修験道における宗教テクストの輪郭——その縁起と図像をめぐる覚書」川崎剛志編『修験道の室町』岩田書院、二〇一〇年。（名古屋大学比較人文学先端研究研究集会「室町時代における修験道の展開」、二〇〇八年）。

終　章　書き下ろし（ロンドン大学SOAS日本宗教研究センター・筑波大学共催国際研究集会「ことば・ほとけ・図像——中世宗教のかたち」総括報告（二〇一〇年）にもとづく）

《著者略歴》

阿部泰郎《あべやすろう》

1953年　横浜に生まれる
1981年　大谷大学大学院文学研究科博士課程満期退学
大阪大学文学部助手，大手前女子大学文学助教授等を経て
現　在　名古屋大学大学院文学研究科教授
著　書　『湯屋の皇后』（名古屋大学出版会，1999 年）
『聖者の推参』（名古屋大学出版会，2001 年）
『中世高野山縁起の研究』（元興寺文化財研究所，1983 年）
『中世文学と寺院資料・聖教』（編著，竹林舎，2010 年）
『守覚法親王と仁和寺御流の文献学的研究』（共編，勉誠社，1998 年）
『真福寺善本叢刊』（全 24 巻，共編，臨川書店，1998-2011 年）他

中世日本の宗教テクスト体系

2013 年 2 月 28 日　初版第 1 刷発行

定価はカバーに
表示しています

著　者　阿　部　泰　郎

発行者　石　井　三　記

発行所　一般財団法人　名古屋大学出版会

〒 464-0814　名古屋市千種区不老町 1 名古屋大学構内
電話(052)781-5027 / FAX(052)781-0697

印刷・製本 ㈱クイックス　ISBN978-4-8158-0723-8

人名索引

（神仏名を併せて掲げる）

あ 行

か 行

さ　行

た　行

な　行

は　行

ま　行

や　行

ら　行

わ　行

事項索引

（宗教テクストの範疇としての書名，遺品名，
儀礼名称の他に，寺社名を併せて掲げる）

あ 行

か　行

さ　行

た 行

な　行

は　行

ま　行

や　行

ら　行

わ　行

図表一覧

第 17 章

図 17-1　大神宮御正躰厨子（西大寺）（神）…… 431
図 17-2　『神名秘書』冒頭序（真福寺宝生院）（筆者撮影）…… 434
図 17-3　『天照坐二所皇大神正殿観』冒頭（真福寺宝生院）（筆者撮影）…… 440
図 17-4　『天照皇大神遷幸時代抄』冒頭・神体図（真福寺宝生院）（筆者撮影）…… 443
図 17-5　『神性東通記（自性斗擻）』冒頭（真福寺宝生院）（筆者撮影）…… 444
図 17-6　『両宮形文深釈』冒頭（真福寺宝生院）（筆者撮影）…… 448
表 17-1　野決目録（真福寺大須文庫，第四十四号上六十号）…… 437-438

第 18 章

図 18-1　蔵王権現御正躰鏡像（西新井大師）（大阪市立美術館編『役行者と修験道の世界』1999 年）…… 452
図 18-2　『役優婆塞事』冒頭（真福寺宝生院）（筆者撮影）…… 458
図 18-3　『金峯山秘密伝』巻中「種子曼荼羅」（東南院）（大阪市立美術館編『役行者と修験道の世界』1999 年）…… 464
図 18-4　蔵王権現像吉野曼荼羅彩絵厨子（如意輪寺）（大阪市立美術館編『祈りの道』2004 年）…… 465
図 18-5　吉野曼荼羅彩絵厨子内部・扉・色紙型銘（如意輪寺）（同上）…… 466

終　章

図終-1　当麻曼荼羅（龍谷大学）（龍谷ミュージアム編『“絵解き”ってなぁに？』2012 年）…… 474
図終-2　『十界図屏風』左双一面（当麻奥院）…… 475
図終-3　大神宮御正躰厨子　右：内宮（仏眼曼荼羅），左：外宮（愛染曼荼羅）（西大寺）（神）…… 479
図終-4　三時三宝礼曼荼羅（高山寺）（京都国立博物館編『高山寺展』1981 年）…… 484
図終-5　絹本黄白地十字名号本尊　親鸞自筆銘文（専修寺）（三）…… 486
図終-6　紙本十字名号　親鸞自筆（専修寺）（信仰の造形的表現研究委員会編『真宗重宝聚英』第一巻『名号本尊』同朋舎，1988 年）…… 487
図終-7　光明本尊（三幅一具，妙源寺）（三）…… 488
図終-8　楊枝本尊　日蓮自筆（立本寺）（中尾堯『日蓮聖人の法華曼荼羅』臨川書店，2004 年）…… 489
図終-9　生身愛染感見記（妙本寺）（東京国立博物館編『大日蓮展』2003 年）…… 491
図終-10　題目大曼荼羅（妙本寺）（同上）…… 493
図終-11　法華宝塔曼荼羅（本興寺）（同上）…… 494
図終-12　天神様像（荏柄天神社）（東京国立博物館編『天神さまの美術』2001 年）…… 497
図終-13　北野社絵図（北野天満宮）（京都国立博物館編『北野天満宮神宝展』2001 年）…… 499
図終-14　舞楽図障子絵（北野天満宮）（同上）…… 501
図終-15　北野天満宮における天神宗教テクスト体系 …… 502
図終-16　御廟天神画像（大生郷天満宮）（東京国立博物館編『天神さまの美術』2001 年）…… 503